HISTOIRE
DES
DEUX
RESTAURATIONS

L'auteur et l'éditeur de cet ouvrage se réservent le droit de le traduire ou de le faire traduire en toutes les langues. Ils poursuivront, en vertu des lois, décrets et traités internationaux, toutes contrefaçons ou toutes traductions faites au mépris de leurs droits.

HISTOIRE
DES
DEUX
RESTAURATIONS
JUSQU'A L'AVÉNEMENT DE LOUIS-PHILIPPE

(DE JANVIER 1813 A OCTOBRE 1830)

PAR

ACH. DE VAULABELLE

CINQUIÈME ÉDITION
REVUE AVEC LE PLUS GRAND SOIN PAR L'AUTEUR

TOME QUATRIÈME

PARIS
PERROTIN, ÉDITEUR DE BÉRANGER
41, RUE FONTAINE-MOLIÈRE, 41

1860

L'auteur et l'éditeur se réservent le droit de traduction et de reproduction à l'étranger.

HISTOIRE
DES DEUX
RESTAURATIONS
JUSQU'A L'AVÉNEMENT DE LOUIS-PHILIPPE

CHAPITRE PREMIER

1815.— Réaction royaliste.— *Départements :* massacres de Marseille.— Assassinat du maréchal Brune à Avignon; procès fait aux assassins. — Massacres de Nîmes et d'Uzès; incident à la Chambre des députés. — Assassinats des généraux Lagarde et Ramel, à Nîmes et à Toulouse.— Procès des frères Faucher de la Réole, à Bordeaux; leur condamnation et leur exécution.

Lorsque la rapide nouvelle du désastre de Waterloo était parvenue aux extrémités de l'Empire, elle y avait été accueillie par les manifestations les plus opposées. Dans les départements de l'Est, parmi les patriotiques populations que le voisinage de l'étranger familiarise avec le bruit des armes et avec la lutte, à Grenoble, entre autres, ceux des habitants que le souvenir du despotisme impérial avait éloignés du gouvernement des Cent-Jours arborèrent immédiatement la cocarde tricolore, et, se présentant devant les autorités, mirent au service de la France et de l'Empereur leur fortune et leurs personnes. Dans le Midi, à Marseille, pays où l'instinct militaire et le sentiment national sont peu développés, où dominent les passions individuelles ainsi que les affections et les haines locales, on répondit à l'annonce du désastre par des cris de *Vive le roi!* par le pillage et par des massacres.

Ce fut le dimanche, 25 juin, que le bruit de la défaite se répandit dans le chef-lieu du département des Bouches-du-Rhône. Marseille, le matin, était calme et semblait déserte. Les propriétaires, les négociants, les principaux marchands, avaient quitté leurs maisons pour les nombreuses *bastides* qui enceignent la ville; le reste des habitants remplissait les églises. Vers midi, quelques cris de *Vive le roi!* partirent du milieu d'un groupe de désœuvrés réunis sur une des places; bientôt ces cris se multiplient et s'étendent; des gens du peuple, des petits marchands, parcourent les rues, annonçant le triomphe des Alliés et le retour de Louis XVIII; des rassemblements considérables ne tardent pas à se former et à se porter devant les corps de garde occupés par la troupe de ligne, qu'ils provoquent par des injures et par des vociférations royalistes. Les soldats, immobiles derrière leurs armes rangées en faisceaux, répondent à ces clameurs et à ces injures par le chant de la *Marseillaise*. Le général Verdier, commandant la ville et la garnison, accourt; il traverse les groupes au pas de son cheval, et confirme imprudemment la défaite, en invitant la foule au calme et à la modération. Ce langage presque timide et l'attitude passive des soldats, au lieu de modérer les passions en effervescence, les exaltent. L'insurrection semble facile et sans danger; on s'insurge. Un jeune homme fond sur un des postes, le pistolet au poing et en criant : *Bas les armes!* Il tombe, percé de deux balles. Au bruit de cette double explosion, des tambours se répandent dans tous les quartiers, battant la générale; le tocsin sonne dans toutes les églises; la population de Marseille se jette dans les rues, où ne tardent pas à paraître, à leur tour, quelques-unes de ces bandes de volontaires royaux organisées par le duc d'Angoulême trois mois auparavant, et que le bruit du tocsin fait précipitamment accourir des campagnes voisines.

Les populations du Midi sont plus bruyantes que résolues. Le général Verdier disposait d'un régiment d'infanterie, de quelques escadrons du 14e de chasseurs, d'une batterie d'artillerie et d'un nombre assez considérable d'officiers à demi-solde, braves et dévoués. Ces forces étaient suffisantes pour contenir l'émeute ; il n'était besoin que de lui tenir tête, de ne point paraître la redouter ; mais, soit crainte de se commettre dans un changement politique que rendait probable l'abdication de l'Empereur, dont la nouvelle lui était arrivée le matin et qui pouvait avoir le retour des Bourbons pour dernier mot, soit manque de sang-froid et d'énergie, le général Verdier prit un parti malheureux : abandonnant les deux forts qui commandent Marseille, il donna aux troupes l'ordre d'évacuer cette ville et de se retirer sur Toulon, quartier général du maréchal Brune. La retraite eut lieu le soir même, sans être autrement inquiétée que par quelques coups de fusil tirés de loin contre l'arrière-garde ; un petit nombre de cavaliers du 14°, isolés dans la ville, purent même la traverser au galop, aux cris de *Vive l'Empereur !* et rejoindre leurs camarades. Marseille, quand vint la nuit, n'avait plus de garnison ; l'émeute était la maîtresse. Ce facile triomphe l'enivra ; victorieuse, il lui fallait des vaincus. Plusieurs bandes font aussitôt irruption sur les demeures des habitants signalés comme bonapartistes, enfoncent les portes, brisent les cloisons, et jettent par les fenêtres les objets mobiliers trop lourds pour être emportés. Les maisons pillées, on tue les propriétaires. Pendant ce temps, d'autres bandes envahissaient un quartier misérable, retiré, où se trouvaient réunis les débris de cette colonie de Mameluks et d'Orientaux venue d'Égypte à la suite de Napoléon et de l'armée française. Il n'y avait rien à dérober chez ces pauvres gens, qui avaient choisi la France pour patrie ; on se mit à les égorger. Ceux qui cherchaient à s'enfuir étaient poursuivis dans les rues, sur les places, jusque dans les maisons des autres habitants. Ni l'âge, ni le sexe, ne trouvaient grâce devant la rage des bourreaux ; des femmes, des enfants, furent massacrés jusque dans le port ; la mer elle-même ne pouvait les sauver ; des coups de carabine allaient les chercher au milieu des flots. Une Égyptienne, blessée à mort en essayant de s'échapper à la nage, disparut au moment où elle poussait le cri de *Vive Bonaparte!* Pendant quelques instants on put voir sa main s'agiter au-dessus de l'eau, comme si elle eût voulu achever par signes le cri déjà commencé. Cette fureur de meurtre s'étendit bientôt jusque sur les passants; tout individu signalé comme bonapartiste était immédiatement assailli et frappé. Le matin du 26, les ruisseaux des rues étaient rouges de sang. Les pillages, non les crimes, effrayèrent enfin la bourgeoisie : tremblants pour leurs maisons, leurs magasins et leurs boutiques, la plupart des propriétaires, des négociants et des petits marchands prirent les armes dans les premières heures de cette seconde journée, et marchèrent contre les pillards; il fallut lutter pour faire lâcher prise à ceux-ci; le soir, le calme était à peu près rétabli; du moins on ne pillait plus. — Marseille venait de donner le signal des massacres; les principales villes du Midi allaient y répondre; et bientôt, au milieu de l'ancienne cité des papes, devait tomber le maréchal d'Empire que le général Verdier et la garnison de Marseille étaient allés rejoindre à Toulon.

Quand Napoléon, après la capitulation du duc d'Angoulême au Pont-Saint-Esprit, voulut envoyer dans le Midi un homme de tête et de cœur qui pût, avec un très-petit nombre de soldats, maintenir dans la soumission les ardentes populations encore agitées par la dernière tentative de guerre civile, il hésita entre les quatre ou cinq maréchaux ralliés à sa cause. « Écrivez au maréchal Brune, dit-il enfin; c'est un homme sur qui je peux compter; c'est une âme forte! » Dédaigneux des sollicitations et indifférent aux faveurs qui en sont habituellement le prix, Brune était, de tous les maréchaux, celui que l'on voyait le plus rarement aux Tuileries. Doué de toutes les qualités qui font l'homme de guerre de premier ordre, diplomate distingué autant que bon administrateur, nul n'avait rendu de plus signalés services à la France; mais, caractère modeste et fier tout à la fois, esprit studieux et intelligence cultivée, il n'avait ni cet amour du bruit, ni ces défauts brillants qui frappent la foule et donnent la popularité. Sa nomination au poste de chef du corps d'observation du Var lui causa une impression pénible et dont il ne pouvait se rendre compte; d'autres auraient refusé; il accepta. « Je ne sais, dit-il à un de ses amis en lui montrant la réponse qui renfermait son acceptation ; mais il me semble que c'est mon arrêt de mort que je viens de signer. — Alors, pourquoi consentez-vous? — L'Europe est en armes ; elle nous menace ; quel que soit le poste que l'Empereur m'assigne, mon devoir est de m'y rendre. » Au moment du départ, descendant l'escalier de son hôtel, il tomba et se blessa assez grièvement à l'épaule : « Voilà de sinistres augures, dit-il ; un Romain remettrait son départ. — Que ne le retardez-vous? lui répondit-on encore. — Je ne le dois pas, répliqua-t-il avec tristesse ; l'intérêt du pays doit passer avant mes répugnances; mais je vais à ma perte. »

Brune ne trompa point l'espérance de Napoléon : avec moins de 7,000 hommes, il réussit à garder la frontière du Var et à maintenir dans le calme Marseille ainsi que le reste de la Provence. Ferme autant que bienveillant, il ne permit aucune réaction ; nul, dans son gouvernement, n'eut à souffrir ni à se plaindre. Sa tâche, au reste, ne devint rude qu'après l'arrivée des régiments amenés à Toulon par le général Verdier. La nouvelle des massacres de Marseille avait exaspéré les troupes Brune, maîtrisant leur colère, empêcha toute vengeance. Il fit plus : la nouvelle de la capitulation de Paris et de la rentrée du roi lui parvint vers le milieu de juillet; méprisant les menaces des chefs de quelques bandes de volontaires royaux, ainsi que les insultes des royalistes de son gouvernement, il n'hésita pas à proclamer Louis XVIII, et, par son ascendant, décida les officiers et les soldats sous ses ordres à substituer la cocarde blanche à la cocarde tricolore. La soumission achevée, le maréchal remit son commandement au représentant du gouvernement royal en Provence, au marquis de Rivierre, et, sur les instances de ses officiers, qui le conjuraient de ne pas s'exposer aux fureurs du parti royaliste alors en armes dans tout le Midi, il consentit à tenter de sortir de Toulon par la voie de mer, afin de gagner un des ports du Piémont, et de rentrer en France par la Savoie ou par la Suisse. Une escadre anglaise, commandée par lord Exmouth, gardait l'entrée de la rade de Toulon; le maréchal fit demander au chef de cette croisière s'il apporterait quelque obstacle à sa sortie sur un navire portant les couleurs du nouveau gouvernement; lord Exmouth lui fit transmettre une réponse dont nous allons donner la traduction littérale, où respirent toutes les passions de cette époque, et où se montre, pour ainsi dire, dans chaque mot, l'espèce de fureur qui animait les coalisés contre le chef de l'Empire et ses principaux lieutenants, fureur que les générations nouvelles auront peine à comprendre, et dont les emportements, chez tous les adversaires de la Révolution, étrangers comme regnicoles, devaient aller, comme on le verra, jusqu'à la cruauté; voici cette réponse :

« Puisqu'il paraît que c'est la mode en France de permettre à cette *bande de coquins de maréchaux* de quitter tranquillement le pays, je ne m'opposerai pas à ce que le *prince des Drôles*, le maréchal Brune, se rende sous pavillon blanc *à Tunis*. Quant à l'envoyer en *pays chrétien*, je ne pense pas que personne s'en arroge le pouvoir; car il n'est pas un pays ayant conservé son bon sens qui puisse vouloir recueillir de *pareils garnements*[1]. »

Une faveur accordée en des termes aussi outrageants était un véritable refus. Le maréchal dut se résigner à tous les périls d'un voyage à travers les populations qui lui reprochaient comme un crime l'obéissance où il avait su les maintenir. Il quitta Toulon pour se rendre directement à Paris, dans la nuit du 31 juillet au 1ᵉʳ août, sous la seule protection d'un

---

[1] *Recueil des lettres et papiers de sir Hudson Lowe*, Londres, 1853. Sir Hudson Lowe commandait les forces anglaises alors réunies à Gênes et qui ne tardèrent pas à aller occuper Marseille; il était en relations journalières de service avec lord Exmouth, qui lui transmit une copie de la lettre que nous venons de reproduire. Sir Hudson Lowe était encore à Marseille lorsque, à peu de mois de là, il reçut sa nomination de gouverneur de l'île de Sainte-Hélène.

passe-port signé de son successeur, le marquis de Rivierre. Son voyage ne fut pas inquiété jusqu'à Aix ; mais, arrivé dans cette ville et obligé de s'arrêter à la poste pour y changer de chevaux, il vit sa voiture immédiatement entourée par un groupe de ces royalistes qui, postés à l'entrée de chaque bourg, de chaque cité, sur chaque pont, à l'embranchement des principales routes, exerçaient à cette époque, sur toute la surface du royaume, une police de surveillance d'autant plus sévère, qu'elle était le volontaire résultat d'un zèle politique plus ardent. On lui demanda son passe-port : son nom, prononcé à haute voix par les individus auxquels il le présenta, fit immédiatement amasser une foule considérable, qui, se répandant d'abord en injures contre lui, ne tarda pas à lancer une grêle de pierres sur sa calèche. Les chevaux, heureusement, se trouvaient attelés; ils prirent le galop, et le maréchal fut bientôt hors de toute atteinte. Avertis par ce premier péril, ses aides de camp insistèrent pour quitter la route de la vallée du Rhône, et prendre celle de Gap et de Grenoble. Brune repoussa ce conseil, poursuivit l'itinéraire qu'il s'était tracé, et le 2 août, à neuf heures du matin, entra dans Avignon. Il descendit pour déjeuner à l'hôtel du *Palais-Royal*, où se trouvait la poste aux chevaux, et qui est situé à peu de distance du Rhône, sur la place dite de l'Ousle, à quelques pas de la porte du même nom.

Nous avons parlé, dans le premier volume de cette histoire, des odieuses calomnies publiées par les écrivains anglais contre Napoléon. Mais les journalistes et les pamphlétaires aux gages du cabinet britannique ne se contentaient pas de présenter l'Empereur comme un assassin et un empoisonneur infatigable[1], ils lui donnaient encore pour complices le plus grand nombre de ses maréchaux. L'écrivain Goldsmith, entre autres, ne sachant sans doute quels reproches adresser au maréchal Brune, l'avait accusé d'être un des assassins de la prin-

---

[1] Voyez le tome I*er*, page **106.**

cesse de Lamballe et d'avoir promené dans les rues de Paris la tête de cette infortunée. Nous ne ferons pas à la mémoire du vainqueur de Berghem l'injure de discuter cette calomnie; il ne se trouvait même pas à Paris lors des journées de septembre; mais, plus l'accusation était grossière et stupide, plus elle devait trouver crédit dans cette portion aveugle du parti royaliste qui ne voyait alors que des buveurs de sang ou de malhonnêtes gens dans tous les hommes mêlés à la lutte de la Révolution contre l'Europe ou contre l'ancienne monarchie. Un grand nombre de royalistes de Marseille ou de la Provence, lorsque, deux mois auparavant, Brune était arrivé au milieu d'eux, avaient réveillé ce bruit; la tourbe l'avait répété; aussi la rumeur fut-elle grande parmi les nombreux désœuvrés, bourgeois ou portefaix, stationnés près de la porte de l'Ousle et sur la place, quand un jeune homme appelé Soulié, après avoir interrogé quelques personnes de l'hôtel, vint jeter le nom du maréchal à la curiosité de ces groupes d'oisifs. Le sieur Soulié, à cette occasion, ne se contenta pas de rappeler les calomnies de l'Anglais Goldsmith; écho complaisant de rumeurs qui avaient tout à la fois leur source dans les insultes dont le maréchal avait eu à se plaindre depuis son séjour à Toulon, et dans la crainte de justes représailles pour les massacres qui ensanglantaient alors la Provence et le Languedoc, ce jeune homme ajoutait que Brune n'avait quitté son commandement que pour aller se mettre à la tête de l'armée de la Loire, et revenir *châtier le Midi*. Alors des cris furieux s'élèvent contre le maréchal; on se précipite vers l'hôtel, on entoure la voiture déjà attelée, on se jette sur les chevaux et on les détèle.

Le nouveau préfet de Vaucluse, M. de Saint-Chamans, arrivé le matin même à Avignon, était également descendu à l'hôtel du *Palais-Royal*: les aides de camp du maréchal invoquent l'autorité de ce fonctionnaire; par son ordre, on attelle une seconde fois; le maréchal peut partir. Mais, en même temps que sa calèche quitte la place et gagne le quai du Rhône par la porte de l'Ousle, la foule, s'élançant par des rues détournées, s'efforce de devancer la voiture à la porte de Paris, point où la route s'éloigne des murs de la ville, et où se trouvait un poste de gardes nationaux, commandé par le jeune Verger, fils du procureur du roi. Quelle que fût la vitesse déployée par les gens accourus de la place de l'Ousle, ils étaient encore en trop petit nombre, quand le maréchal arriva devant le poste, pour opposer un obstacle sérieux à son passage. Brune allait donc leur échapper; mais les gardes nationaux l'arrêtent, et lui demandent son passe-port : le maréchal présente celui que lui a donné M. de Rivierre. Le sieur Verger l'examine, et, invoquant la lettre de nous ne savons quels règlements, il déclare qu'il ne laissera passer le maréchal qu'autant que le passe-port sera revêtu du *visa* du commandant militaire de la ville. Vainement les aides de camp font observer que la dignité de leur chef le dispense de cette formalité insignifiante, bonne tout au plus pour les officiers de troupe ou les soldats voyageant avec une feuille de route ; vainement ils montrent la foule qui s'amasse, et font valoir avec force les périls d'une halte que chaque minute de retard rendait plus dangereuse, le sieur Verger se retranche derrière la nécessité des formes ; il s'empare du passe-port, le retient, puis l'envoie au commandant militaire. Bientôt M. Puy, maire de la ville, le nouveau préfet et le sous-préfet, M. de Balzac, avertis de la position du maréchal, arrivent pour faciliter une seconde fois son départ. Il n'était plus temps; l'émeute, incessamment grossie, se trouvait la plus forte, et, malgré les ordres et les prières de M. Puy, elle contraint les postillons de ramener la voiture dans la ville. Le quai, pour revenir à la place de l'Ousle, était resserré entre le Rhône et les murailles de la cité ; ce trajet, parcouru au pas, au milieu d'une foule immense, délirante, qui s'enivrait de ses propres cris, fut marqué par les scènes les plus odieuses; on accablait le maréchal d'injures et d'insultes ; des pierres pleuvaient sur sa voiture : « A mort! à mort! criait-on. Il ne faut pas qu'il rentre dans Avignon ! Il faut qu'il meure ici même! au Rhône! au Rhône! » Enfin le maréchal put arriver en face de l'hôtel ; les voitures entrent brusquement dans la cour ; on ferme subitement la grand'porte, malgré les efforts de quelques furieux, qui maintenaient leurs bras entre les battants, au risque de se faire broyer les os ; ces battants, fortement barricadés à l'intérieur, défient bientôt toutes les secousses de la foule ; le maire, le préfet et le sous-préfet, restés sur la place, se rangent devant la porte.

Dans ce moment, la générale battait dans toutes les rues ; mais, en même temps que le passage de ces tambours dans les différents quartiers avertissait la garde nationale d'avoir à prendre les armes, leur appel faisait accourir sur la place de l'Ousle tout ce qu'Avignon renfermait de gens sans aveu ou fanatisés. Bientôt 15 à 1,800 individus, armés de haches, de sabres, de piques ou de fusils, couvrent la place et envahissent les fenêtres ainsi que les toits des maisons voisines. Des cris de mort continuent à s'élever du sein de cette foule, et un grand nombre d'hommes, armés de carabines ou de fusils, et postés sur tous les points d'où l'on peut dominer l'asile du maréchal, tiennent en joue toutes les ouvertures de l'hôtel, prêts à faire feu à la moindre tentative de sortie ou d'évasion. Avignon ne renfermait pas un soldat ; le marquis de Rivierre, peu de jours auparavant, en avait éloigné la garnison ; sur les 30,000 âmes composant la population de la ville, une centaine de gardes nationaux fut la seule force que les appels du tambour firent arriver auprès des autorités toujours rangées devant l'hôtel. Ce détachement était commandé par M. de Montagnat, habitant d'Avignon, qui, l'année précédente, avait protégé le passage de l'Empereur se rendant à l'île d'Elbe contre la fureur de quelques forcenés amassés autour de sa voiture. Les opinions royalistes de M. de Montagnat n'avaient pu lui faire pardonner cet acte de courage ; sa vue alluma la colère de la foule : « Il a sauvé Bonaparte, criait-on ; il veut maintenant sauver un autre ennemi du roi ! Nous l'en empêcherons bien ! à bas Montagnat ! » Le major Lambot, commandant militaire du département, paraît en ce moment sur la place ; il était à cheval. Royaliste comme M. de Montagnat et comme M. Puy, mais homme de cœur et d'honneur comme eux, il accourait pour essayer de sauver la victime. « Que voulez-vous faire? s'écriait-il en poussant son cheval au milieu des groupes les plus furieux : commettre un crime? assassiner le maréchal? Il vous faudra me passer sur le corps pour arriver jusqu'à lui! » Mettant bientôt pied à terre, il vient, à son tour, se ranger devant la porte. A cet instant, l'exaspération de la foule contre M. de Montagnat était à son comble; le major, craignant un crime, invite ce courageux citoyen à se retirer ; M. de Montagnat répond par un refus ; un ordre formel le contraint enfin de s'éloigner et de céder son commandement à M. Hughes, chef de bataillon de la ligne, alors en congé à Avignon. Mais, à peine ce dernier a-t-il pris la place de M. de Montagnat à la tête du peloton, qu'une troupe de forcenés se jettent sur lui, le renversent et le foulent aux pieds. M. Puy se précipite à sa défense ; la rage de la foule se tourne alors contre lui : « Eh quoi ! s'écrient cent voix, nous souffrons ici un maire des Cent-Jours ! il ose se présenter devant nous ! » Des menaces de mort se font entendre. Le major et le préfet pressent M. Puy de se retirer ; il s'y décide. La foule devenue plus hardie, fond sur la porte ; plusieurs individus, armés de haches, s'efforcent de la briser. Le major Lambot saisit le plus acharné et lutte avec lui. Ce furieux, espèce de colosse, renverse le major, qui roule par terre, et de nouveau il attaque la porte. M. de Saint-Chamans essaye d'intervenir ; la hache le blesse au doigt. Cependant le major se relève et ordonne au commandant Hughes, replacé à la tête du détachement, de charger ces misérables à la baïonnette et d'occuper le devant de la porte avec ses hommes, rangés sur six de profondeur. L'ordre est exécuté ; les gardes nationaux refoulent les assaillants, et M. de Saint-Chamans, las, fatigué, profite de ce succès pour se retirer à son tour.

A ce moment, il était près de deux heures; les autorités

luttaient depuis dix heures du matin. D'aussi longs efforts semblaient avoir lassé la foule elle-même. Les cris, du moins, n'avaient plus la même violence. Le major Lambot et le sous-préfet, restés seuls devant l'hôtel avec les gardes nationaux et leur commandant, espèrent que cette horrible tempête commence enfin à se calmer, et que, la nuit venue, le maréchal pourra poursuivre sa route. Tout à coup des acclamations, des applaudissements, partent des fenêtres et de tous les lieux élevés qui dominent la place; les regards de tous les individus qui s'y trouvent postés sont dirigés vers les combles de l'hôtel; ces cris se font entendre : « Ils sont entrés par les toits! » Une forte rumeur éclate en même temps à l'intérieur. Le major, pressentant une catastrophe, veut se faire ouvrir la porte et y frappe violemment; on la débarrasse de ses barricades; mais, au moment où il se précipite dans la cour, deux coups de feu, partis à l'étage supérieur, lui annoncent qu'il arrive trop tard. Une quarantaine d'individus parmi les plus acharnés, et au nombre desquels se faisaient surtout remarquer le taffetatier Fargès et le portefaix Guindon, dit Roquefort, avaient, en effet, pris le parti d'escalader les toits, et, parvenus sur les combles, ils étaient descendus dans les corridors intérieurs. Deux d'entre eux pénètrent dans la chambre de Brune, alors debout et tenant à la main plusieurs lettres de la maréchale, qu'il relisait comme un adoucissement à ces longues heures d'agonie; ils reconnaissent la victime à sa haute stature. A l'aspect des deux bandits, la mâle et belle figure du maréchal resta calme : « Que me voulez-vous? » leur dit-il. L'un d'eux, pour toute réponse, s'avance un pistolet à la main et presse la détente; le maréchal lui rabat le bras; la balle va frapper le mur. « Je vais te montrer comment il fallait t'y prendre! » s'écrie aussitôt le second misérable en déchargeant sur le maréchal une carabine dont la balle atteint et traverse la partie inférieure de la tête. Le maréchal tombe; il était mort. Les assassins quittent aussitôt la chambre, et l'un d'eux, paraissant aux fenêtres de la place, annonce que Brune a cessé de vivre. Des cris de joie accueillent cette nouvelle ; la foule bat des mains, et les autorités averties, arrivent bientôt à l'hôtel pour dresser procès-verbal du crime. Ce procès-verbal, où l'on constate que l'hôtel fut pillé, et que le vol de tous les objets mobiliers garnissant cet établissement accompagna le meurtre, contenait les dépositions de deux témoins, le sieur Didier, serrurier, et le sieur Bondon, boucher, qui osaient affirmer que la mort du maréchal était le résultat d'un suicide. Après que les principales autorités d'Avignon, par une lâche faiblesse, eurent revêtu de leurs signatures ce mensonge coupable, le corps fut enseveli et enfermé dans une bière grossière pour être conduit à la chapelle de la caserne de cavalerie [1]. Mais l'assassinat de Brune ne devait pas suffire à la rage de ses bourreaux. Lorsque le modeste cercueil renfermant les restes du glorieux soldat dont l'épée avait vaincu à Berghem les Anglais et les Russes et conquis la Hollande et la Suisse sortit de l'hôtel et parut sur la place, la horde de sauvages qui depuis le matin s'acharnait sur cette noble vie se précipite sur la bière, la met en pièces, déchire le linceul, s'empare du cadavre, le traîne sur les pavés jusque vers le pont, puis, à la suite de nouveaux outrages, le lance dans le Rhône, où elle le poursuit encore de ses insultes et de ses cris. Des coups de feu, par une dérision odieuse, saluèrent le moment où le corps disparut sous les flots.

En précipitant le corps du maréchal dans le Rhône, les assassins espéraient que le fleuve emporterait la victime jusqu'à

---

[1] Ce procès-verbal, dressé par M. Piot, juge d'instruction, en présence de M. Verger, procureur du roi, du préfet et des autres autorités, est daté du 2 août, quatre heures de l'après-midi, et contient ce passage : « Le corps était couché sur le ventre, la figure nageait dans le sang; il était encore chaud et avait deux plaies de forme orbiculaire, l'une à la partie antérieure du larynx, pénétrant le cou d'outre en outre et correspondant à une autre plaie située derrière le dos entre les deux épaules et entre la troisième et la quatrième vertèbres cervicales. Ces deux plaies ont été faites par un seul coup d'arme à feu, et la balle, dans son trajet, a fracturé non-seulement le corps des vertèbres, mais déchiré les artères jugulaires et carotides, *ce qui a dû procurer une mort prompte au sujet.* »

la Méditerranée, et que cette mer ensevelirait à jamais les preuves du meurtre au fond de ses abîmes. Mais, de distance en distance, le Rhône rejetait le cadavre sur ses bords... Chaque fois, soit passion politique, soit lâcheté, les riverains rendaient au fleuve le sanglant dépôt. Ce fut seulement à dix-huit lieues environ au-dessous d'Avignon, entre Tarascon et Arles, vis-à-vis du domaine le *Mas des Tours*, appartenant au baron de Chartrouse, que, repoussé de nouveau par le Rhône, le cadavre put rester sur le sable de la grève; il y demeura plusieurs jours. Un garde champêtre, dit-on, ancien soldat sans doute, dont l'attention fut éveillée par le vol d'un grand nombre d'oiseaux de proie qu'attirait la présence de ces lamentables restes, creusa furtivement le sable, et, protégé dans son acte pieux par la solitude et par la nuit, recouvrit d'un peu de terre le général illustre dont il avait rencontré le regard, entendu la voix peut-être, dans un de ces jours de bataille où Brune ajoutait à la gloire et à la grandeur du pays. Averti par les confidences des gens de son domaine, M. de Chartrouse, dans les derniers jours de 1815, ordonna de mettre le corps à l'abri du fleuve, qui, dans une crue, pouvait ressaisir sa proie. On était en hiver. Le jardinier du *Mas des Tours*, nommé Berlandier, et un pauvre pêcheur dont nous regrettons d'ignorer le nom, profitant des épaisses ténèbres d'une longue nuit, enlevèrent le corps à son premier asile et vinrent le cacher, à une grande profondeur, dans un fossé servant de clôture au jardin du domaine. Il y resta deux ans. Le secret de ces soins pieux, qui étaient un crime à cette époque de réaction furieuse, et que la persécution et l'exil auraient punis, fut longtemps gardé. De longues et persévérantes recherches firent pourtant connaître à la veuve le lieu où reposait la victime. Sur sa prière, M. de Chartrouse se rendit en Provence, et, dans la nuit du 5 au 6 décembre 1847, aidé par Berlandier et par deux autres de ses gens, qui s'étaient munis de lanternes et des instruments nécessaires, il procéda à une seconde exhumation. Le corps, retiré de la terre, fut placé dans une caisse que M. de Chartrouse amena lui-même à Paris, et, le 24, la maréchale put enfin posséder ces tristes et chères reliques. Elle invita M. de Chartrouse à venir recevoir ses remercîments le lendemain.

Arrivé à l'hôtel, le propriétaire du *Mas des Tours* fut reçu par des domestiques revêtus de deuil; le vestibule, les escaliers, étaient tendus de noir; introduit dans un salon décoré avec le même appareil funèbre, M. de Chartrouse y trouva la maréchale en grands habits de veuve et entourée d'un petit nombre d'amis et de parents de son mari. Elle se leva en l'apercevant, le présenta à chacune des personnes présentes, et, lui témoignant devant tous sa reconnaissance, elle l'invita à assister au repas des funérailles. La maréchale, dans cette réunion, annonça sa résolution de venger la mémoire de son époux. Toutefois, elle dut attendre, pendant deux autres années, non des juges, il existe toujours des hommes revêtus de ce titre, mais le moment de la justice. Enfin, le 19 mars 1819, quittant la retraite où elle était restée jusqu'alors ensevelie, elle vint solliciter de Louis XVIII l'autorisation de poursuivre les assassins de son mari. Elle avait espéré que les collègues de Brune, ses frères d'armes, les anciens maréchaux de l'Empire, tiendraient à honneur de l'accompagner aux Tuileries. Tous, redoutant la désapprobation de la cour et du parti royaliste, lui refusèrent ce service; un seul, le maréchal Suchet, cédant à de nouvelles sollicitations, consentit enfin à donner la main à la noble femme, et à la conduire devant le roi. Sa requête, renvoyée à M. de Serres, garde des sceaux, fut accueillie par ce ministre, et, le 24 février 1821, six ans après l'assassinat, la cour d'assises de Riom procéda au jugement. Protégés par leurs nombreux complices et par quelques-unes des autorités mêmes du Midi, les accusés n'avaient pu être arrêtés; l'assassinat, toutefois, fut prouvé; mais l'assassin demeura impuni : Guindon, dit Roquefort, fut condamné à mort *par contumace.* Ce n'était pas le ministère public, si prodigue habituellement d'arrestations, de recherches et de poursuites criminelles, qui avait pris l'initiative de ce procès, intenté à la requête seule de la veuve; le condamné et la partie civile furent donc solidairement obligés au payement des frais de cette longue et coûteuse procédure; Guindon n'avait rien. Brune, chef intègre et l'une des plus pures gloires de nos armées, était mort pauvre; la maréchale se présenta pour acquitter sur sa fortune personnelle cette dernière dette de son union; le gouvernement eut l'indignité d'en toucher le prix.

Cependant la mémoire de Brune était vengée de cette odieuse imputation de suicide que le *Moniteur* et toutes les feuilles royalistes s'étaient empressés de reproduire; la maréchale avait accompli sa tâche; elle rentra dans sa retraite. Le courage de cette femme héroïque n'avait pas faibli une seule fois : toujours calme et digne, elle avait religieusement assisté aux débats de la cour d'assises; elle fut présente à toutes les séances. On raconte qu'au moment du procès, complimentée par une personne qui s'étonnait de son énergie, elle se leva, et, conduisant le visiteur près de sa chambre, dans une pièce où tout était sombre et sévère, elle écarta un voile qui recouvrait un objet soigneusement conservé : c'étaient les restes du maréchal. « Il demeurera là, dit-elle d'une voix émue mais ferme, jusqu'au jour où j'aurai vengé sa mémoire et fait punir ses assassins. Je demande uniquement à Dieu de me laisser vivre assez pour qu'il me soit permis d'enfermer l'arrêt vengeur dans sa tombe; ce devoir rempli, je pourrai m'endormir près de lui dans notre couche de terre. »

Dans le même moment où sur la rive gauche du Rhône, au sein d'une ville de trente mille habitants, dont l'immense majorité, enchaînée par la lâcheté la plus déshonorante, était demeurée, pendant quatre heures, spectatrice immobile de la lutte de ses autorités contre quelques centaines de bandits, un maréchal d'Empire tombait sous les balles d'assassins armés au nom de la politique; de l'autre côté du fleuve, à Nîmes, d'autres victimes, poursuivies au nom de la religion, payaient également de leur vie la chute du gouvernement impérial et le triomphe des coalisés.

Un assez grand nombre d'individus, revêtus du titre de *commissaires du roi*, soit par le duc d'Angoulême lors de sa courte campagne du Midi, soit par les ministres de Louis XVIII durant le séjour de ce prince à Gand, ou pendant les haltes de son retour, avaient envahi les départements de la Provence et du Languedoc, immédiatement après la rentrée du roi aux Tuileries. Ces commissaires s'étaient empressés d'appeler une seconde fois aux armes les détachements de volontaires royaux licenciés après la convention de la Palud : l'un d'eux, le comte René de Bernis, avait porté son dévouement dans le département du Gard. Arles, Beaucaire et quelques autres villes de la vallée du Rhône lui fournirent, en peu de jours, quelques milliers d'anciens volontaires, à la tête desquels il marcha sur Nîmes, où le drapeau tricolore, soutenu par le général Gilly et par quelques compagnies du 13° de ligne, continuait de flotter. Grossies en chemin par une foule de gens étrangers à toute opinion politique et qu'attirait seul l'espoir du meurtre et du pillage, ces bandes cernèrent la ville. Malgré le petit nombre de soldats dont il pouvait disposer, le général Gilly aurait eu facilement raison de ces rassemblements, si le rétablissement du gouvernement royal n'avait pas rendu toute lutte inutile. Une capitulation fut convenue : la ville arbora le drapeau blanc le 15 juillet; le lendemain, 16, tous les postes furent livrés aux volontaires, et les soldats du 13°, aux termes d'un article fort imprudent du traité, déposèrent leurs armes, et sortirent des casernes pour quitter la ville. Les volontaires formaient la haie sur le passage de la petite garnison; ils la laissent s'avancer dans les rues, puis, quand elle s'est ainsi livrée sans défense, ils déchargent leurs armes sur les malheureux soldats, les poursuivent et les rejettent sur le chemin d'Uzès, où d'autres individus embusqués les fusillent à bout portant. Les volontaires se portent ensuite sur la caserne de la gendarmerie, en chassent les gendarmes et pillent la caisse. Bientôt le tocsin sonne dans toutes les églises. A ce signal, plusieurs milliers de furieux se précipitent dans les rues, enfoncent les maisons des habitants signalés comme bonapartistes et massacrent les propriétaires. Nîmes, pendant deux jours, eut l'aspect d'une ville prise d'assaut. La première rage assouvie, le meurtre et le pillage reçurent une sorte d'organisation; on procéda méthodiquement; chaque jour eut ses vols et ses assassinats désignés à l'avance; ensuite on en élargit le cercle; du chef-lieu, les exécutions s'étendirent progressivement aux communes et aux habitations isolées, situées dans un rayon de cinq lieues. Un matin, on mettait un village à rançon; le soir, on en pillait un autre; le lendemain, c'était une maison de campagne que l'on brûlait; le jour suivant, on allait arracher des vignes, couper des oliviers ou bien enlever les grains dans quelques fermes; d'autres fois il s'agissait de battues faites dans les districts signalés comme servant de refuge à des proscrits, et qui devenaient une occasion de fouiller les maisons, les masures, le moindre pli de terrain, et de faire la chasse des hommes comme on aurait pu la faire des bêtes fauves. Ces bandits, qui reconnaissaient pour chefs les nommés Servan, Truphémy ou Truphême, et Jacques Dupont, dit Troistaillons ou Trestaillons, ne se bornaient pas à tuer et à dévaster, ils volaient; impitoyables pour leurs adversaires pauvres, jamais ils ne leur faisaient grâce et les dépouillaient sans pitié; la fortune, en revanche, les trouvait parfois plus indulgents : plusieurs proscrits, parmi ceux qu'on leur désignait comme victimes, rachetèrent leur vie ou leurs biens au prix de rançons énormes. M. François Saussine, ancien capitaine au 11ᵉ de ligne, fut moins heureux : cet officier, complétement sourd, couvert de blessures et retiré du service depuis quinze ans, possédait une maison que convoitait la sœur de Trestaillons. Truphémy tua le capitaine le 1ᵉʳ août, en plein jour, devant une des portes de Nîmes; Trestaillons chassa la veuve de la maison et y installa sa sœur.

La passion politique n'était point l'unique mobile de ces vols et de ces assassinats. Les haines enfantées par la rivalité de deux communions religieuses placées en présence l'une de l'autre et longtemps en lutte entraient pour une grande part dans ces fureurs. La population du Gard, sur 325,000 habitants, comptait 115,000 protestants. La Révolution, en restituant à ceux-ci la plénitude de leurs droits politiques et civils, ainsi que la complète liberté de leur culte, avait fait disparaître les barrières qui, avant 1789, plaçaient les deux croyances dans une condition différente; l'Empire avait maintenu l'une et l'autre communion dans cette position de complète égalité; les événements de 1814 ravivèrent les anciennes divisions. Dans la pensée des catholiques, le retour de Louis XVIII était le rétablissement de la vieille monarchie, et cet événement, en restituant au culte romain son ancienne suprématie, devait rejeter les protestants dans l'infériorité civile et politique d'où la Révolution les avait tirés. Les processions et toutes les cérémonies extérieures du catholicisme, interdites par les lois dans les communes habitées par des citoyens de sectes différentes, avaient immédiatement été rétablies avec une pompe et une affectation insultantes pour les dissidents; des pétitions, colportées dans toutes les maisons, vinrent en même temps solliciter le gouvernement et les Chambres de rappeler les jésuites; et des groupes d'artisans catholiques, réunis sur les places et dans les carrefours, faisaient entendre des chansons ayant pour refrain « qu'il fallait laver ses mains dans le sang des protestants. »

Alarmés par ces menaces, qu'accréditait, d'ailleurs, la marche générale du gouvernement royal, les protestants avaient donc accueilli le retour de l'île d'Elbe avec une joie qui, en mettant le comble à la colère du parti alors vaincu dans la personne des Bourbons, rendit plus profonde encore la ligne de séparation déjà creusée entre les deux opinions. Aussi n'était-ce pas seulement des adversaires politiques que les royalistes du Midi, tous catholiques fervents, poursuivaient dans les partisans de la journée du 20 mars et des institutions issues de la Révolution, mais encore des adversaires religieux. Ce double fanatisme devait imprimer à la réaction une violence et une durée exceptionnelles, et donner aux vengeances un caractère particulier. C'est ainsi que les assassinats étaient habituellement suspendus les dimanches et les jours de grande fête religieuse ; mais, à Nîmes, les assassins savaient se dédommager. Le 15 août, jour anniversaire de l'Assomption de la Vierge, les femmes de tous ces bandits se répandent dans les rues, arrêtent les femmes calvinistes, femmes mariées ou jeunes filles qui viennent à passer, les saisissent, les renversent, leur découvrent la partie postérieure du corps, aux applaudissements des hommes, spectateurs de ces scènes odieuses, et, s'armant d'un battoir garni de ferrures imitant les fleurs de lis et appelé par elles *battoir royal*, elles font publiquement subir à leurs victimes un châtiment ignominieux.

Les autorités ne se bornaient pas à rester inactives en présence de ces actes abominables, elles s'efforçaient de les excuser. Voici en quels termes le commandant des volontaires royaux, M. de Bernis, avait annoncé au gouvernement le massacre des malheureux soldats du 13ᵉ de ligne : « La garnison a capitulé et quelques soldats ont péri ; malheur qu'on ne pouvait ni prévenir ni prévoir. » Quand le fonctionnaire sous l'administration duquel se commirent les principaux assassinats, M. de Calvières, en faisait rendre compte dans le journal officiel du département, il les présentait comme le résultat de désordres provoqués par les protestants, de rixes engagées entre les bonapartistes et les amis du roi, de combats dont les royalistes étaient sortis vainqueurs. Le blâme, parmi les fonctionnaires les plus indignés, n'allait pas au delà de ces mots : *Cela est bien malheureux*. Cette partialité scandaleuse se retrouvait dans toutes les mesures de l'administration. Le département du Gard, dans les 100 millions de contributions de guerre imposés par l'ordonnance du 16 août, était taxé à 940,000 fr. Les catholiques formaient les trois cinquièmes de la population, les protestants les deux cinquièmes ; Nîmes et plusieurs autres villes renfermaient en outre quelques israélites; ceux-ci furent obligés de payer 200,000 fr., les protestants 600,000, et les catholiques 140,000 fr. seulement. De tous les fonctionnaires, toutefois, aucun n'eut une attitude aussi criminelle que le sous-préfet d'Uzès, Vallabrix.

A la nouvelle des premiers massacres de Nîmes, un habitant d'Uzès, nommé Graffan, réunit quelques bandits, les conduit à l'assaut des maisons appartenant aux protestants les plus riches de cette petite ville, tue les propriétaires, jette les femmes par les fenêtres, et emporte ou détruit toutes les valeurs, tous les objets mobiliers. Les demeures des principaux religionnaires, une fois saccagées ou dépouillées, et leurs habitants tués ou en fuite, Graffan cherche de nouvelles victimes. On lui annonce que six protestants viennent d'être incarcérés comme bonapartistes; il se rend aussitôt à la prison et commande au concierge de les lui livrer. Le gardien refuse; puis, intimidé par les menaces de Graffan et de sa bande, il consent à aller prendre les ordres du commandant militaire de la ville. Cet homme, dont nous regrettons de ne pouvoir signaler le nom, donne l'ordre de livrer les prisonniers; Graffan s'empare de deux de ces malheureux, les conduit sur la place de l'Esplanade, sous les fenêtres du sous-préfet, alors chez lui, et les égorge. Deux fois il se rend encore à la prison, et, deux fois, il ramène au même lieu deux détenus, qui subissent le même sort. Deux autres protestants, arrêtés également pour cause de bonapartisme, se trouvaient encore dans la geôle. Graffan en est informé; il accourt, et demande qu'ils lui soient livrés. Le concierge résiste : l'ordre du commandant, disait-il, était pour *six* et non pour *huit*. Graffan recourt au commandant et au sous-préfet, qui lui donnent l'autorisation verbale de se faire remettre les deux prisonniers. Le concierge, désespéré, déclare qu'il n'obéira cette fois ni au sous-préfet, ni au commandant, et qu'il est décidé à repousser la force par la force. Graffan recula devant cette menace.

Ces massacres, accomplis en plein soleil, au milieu d'une

ville de 6,000 habitants, avec le concours des autorités, portèrent la terreur dans les localités voisines. En ce moment-là même, les bandes armées, sorties de Nîmes dans le but de parcourir les campagnes, pillaient, rançonnaient ou égorgeaient les fermiers ou les cultivateurs protestants dans un rayon fort étendu. Les habitants de plusieurs villages éloignés de tout secours voulurent se mettre en mesure de repousser les assassins ou les pillards : ceux de Saint-Maurice, entre autres, obtinrent du sous-préfet d'Alais l'autorisation de se garder; pour plus de sûreté, tous arborèrent en même temps la cocarde blanche et le drapeau blanc. Ces précautions prirent, aux yeux du sous-préfet Vallabrix, le caractère d'une rébellion. Le 2 août, il donne à Graffan l'ordre de marcher contre les prétendus rebelles. Fier de cette mission, Graffan se porte avec un détachement de trente hommes sur Saint-Maurice, y arrive pendant la nuit, et répond par une décharge de tous les fusils de sa troupe au *qui vive* d'un garde national placé en sentinelle, et qui tombe mortellement frappé; Graffan entre aussitôt dans le village, s'empare de six habitants, les amène triomphalement à Uzès, les conduit sur la place de l'Esplanade, sous les fenêtres du sous-préfet, encore dans sa demeure, et les fusille malgré leurs cocardes blanches et leurs protestations de royalisme, au même lieu où s'étaient faites les précédentes exécutions. Ce meurtre, qui valut à Graffan le surnom de Quatre-Taillons, était le contre-coup de nouveaux assassinats commis à Nîmes, quatre jours auparavant, à l'occasion de l'élection des députés.

Les électeurs protestants étaient nombreux. Si la plupart, frappés de terreur, étaient d'abord restés cachés, ou avaient pris la fuite, cependant, vers le milieu d'août, ils commençaient à reparaître. Nîmes, depuis quelques jours, semblait, en effet, plus calme; les autorités publiaient des proclamations où elles engageaient les fugitifs à rentrer; et le préfet provisoire venait d'ouvrir les portes des prisons à plusieurs religionnaires que lui-même y avait fait enfermer. Les instigateurs secrets des massacres ne voulurent point permettre à leurs adversaires de prendre part aux opérations électorales; ces élections étaient fixées au 22 août : les 19, 20 et 21, les pillages recommencent; seize personnes sont égorgées et portées à la voirie, et, parmi elles, quelques-uns des prisonniers récemment élargis. Ces assassinats eurent le résultat espéré par leurs auteurs; pas un protestant ne parut aux élections, et MM. de Calvières, René de Bernis, ainsi que l'avocat général Trinquelague, un des protecteurs les plus ardents de Trestaillons et de ses complices, furent nommés députés.

Pendant deux mois, pas une voix dans la presse ni au sein des pouvoirs publics ne s'éleva contre ces attentats commis en pleine élection générale, au milieu d'une ville de 40,000 habitants. Une protestation fut cependant essayée le 23 octobre dans la Chambre des députés. On discutait un projet de loi qui donnait aux préfets le droit de faire arrêter ou d'exiler pour *suspicion politique* tout individu signalé comme dangereux. M. Voyer-d'Argenson, invoquant l'exemple donné par le parlement anglais en 1795, lorsque les ministres avaient demandé la suspension de l'*habeas corpus*, réclame une enquête sur la situation intérieure du royaume : « Nous ne pouvons pas voter sans cet examen, dit-il; est-ce d'après des faits isolés, des rapports partiels, que nous pouvons nous former une opinion sur la nécessité d'une telle mesure? Les uns parlent de clameurs séditieuses, les autres de provocations à la révolte; d'autres annoncent que des protestants ont été massacrés dans le Midi... » A ces derniers mots la Chambre entière se lève; des paroles de colère se font entendre dans toutes les parties de la salle; les cris : *C'est faux! A l'ordre!* partent de tous les bancs. Une foule de membres, parmi lesquels se fait remarquer l'avocat Bellart, demandent la parole. « Il se croit encore au *Champ de Mai!* » s'écrie un député en faisant allusion à la présence de M. d'Argenson dans la Chambre des Cent-Jours, où nul plus que lui pourtant n'avait insisté pour la chute de Napoléon. « On doit laisser l'orateur s'expliquer, » dit le président. « Non! répliquent plusieurs voix; de telles faussetés révoltent! il est impossible de contenir son indignation! » Vainement M. d'Argenson, demeuré à la tribune, fait observer « qu'il n'a rien avancé, rien affirmé; que ses paroles ne sont qu'une simple allusion à des bruits vagues que, pour sa part, il ne croit nullement fondés; » la Chambre, furieuse, exige son rappel à l'ordre, qui est prononcé par le président.

Lorsque les pouvoirs publics imposaient avec cet emportement tout silence à la plainte; quand les hommes les plus courageux en étaient réduits, comme M. d'Argenson, à déclarer qu'ils regardaient comme indigne de confiance la nouvelle d'affreux assassinats dirigés contre toute une classe de citoyens, et ayant la population d'un département entier pour témoin, il était difficile que les assassins ne se crussent pas autorisés à commettre de nouveaux crimes. Effrayé de l'audace que Trestaillons et les siens pouvaient puiser dans l'incroyable incident parlementaire que nous venons de rapporter, M. d'Arbaud-Jouques, qui venait de remplacer M. de Calvières dans les fonctions de préfet du Gard, appela les Autrichiens. La présence des troupes alliées dans le reste de la France était une charge intolérable, un malheur; dans le Gard, elle devint une protection; les bandits nîmois se trouvèrent momentanément contenus. Mais lorsque, dans les derniers jours d'octobre, les arrangements diplomatiques obligèrent les troupes autrichiennes à se replier vers les Alpes, leur départ fut signalé par une recrudescence de meurtres. Le préfet, aidé du nouveau commandant de la division, le général Lagarde, osa faire enfin arrêter Trestaillons et quelques-uns des siens; et, à défaut de soutien matériel contre leurs nombreux complices, il invoqua l'appui moral du duc d'Angoulême, alors en voyage dans les départements voisins des Pyrénées. Le duc fit son entrée à Nîmes le 5 novembre. Pendant deux jours, ce prince, cœur honnête, s'efforça de ramener la confiance parmi les protestants; il écouta leurs plaintes, accueillit leurs pasteurs, les fit asseoir à sa table et ordonna la réouverture de leurs temples, fermés depuis plusieurs mois. Les protecteurs de Trestaillons, de leur côté, ne restèrent pas inactifs : un assez grand nombre de femmes, parmi les principales de la ville, secondées par les membres les plus élevés du clergé catholique, vinrent solliciter sa liberté. « Il faut laisser agir les lois contre les assassins et les incendiaires, » leur répondit le prince. Le 7, il quitta la ville en recommandant au général Lagarde de protéger avec énergie les protestants, ainsi que le libre exercice de leur culte. La réouverture de leurs temples, fixée à cinq jours de là, eut, en effet, lieu le 12 novembre. Le prêche était déjà commencé, lorsqu'un lointain tumulte annonce l'approche de bandes catholiques; bientôt les fenêtres, assaillies par une grêle de pierres, volent en éclats, les portes du temple sont enfoncées, et une multitude furieuse, envahissant l'enceinte, saisit et maltraite les ministres, blesse et meurtrit les hommes, foule aux pieds les vieillards et les femmes. Le général Lagarde accourt avec quelques soldats destinés à former un des régiments de l'armée nouvelle; il pousse son cheval au milieu des groupes et veut les calmer; aux premiers mots qu'il prononce, un homme saisit les rênes de sa monture, tandis que le nommé Boivin, sergent de la garde nationale, s'approche un pistolet à la main, ajuste le général et lui décharge son arme en pleine poitrine. Bien que blessé grièvement, le général se maintient pourtant debout et parvient, à l'aide des soldats, à contenir la multitude. Le duc d'Angoulême, alors à Toulouse, se hâte de revenir; il rentre à Nîmes le 17, et, par sa présence, il réussit à mettre enfin un terme à ces scènes abominables. Si les persécutions, après le départ du prince, eurent encore pour résultat de nombreuses condamnations prononcées contre de prétendus bonapartistes, dont le seul crime était leur titre de protestants, le sang, du moins, ne fut plus répandu que par la main du bourreau.

Il peut sembler étrange que tant de crimes aient pu se

commettre au milieu d'une ville considérable, chef-lieu d'une division militaire et résidence d'une cour royale, surtout lorsque les bandits qui, pendant cinq mois, tinrent sous cette terreur le département du Gard, étaient en réalité assez peu nombreux. Leurs noms, d'ailleurs, étaient connus de tous, et leurs réunions se tenaient publiquement dans une maison que désignait aux regards de la foule cette inscription tracée sur la porte en lettres gigantesques : *Les Bourbons ou la mort!* A la vérité, ils suppléaient au nombre par l'audace et par la force que leur donnaient la complicité de la partie riche ou élevée de la classe catholique, mais surtout la protection des autorités administratives et judiciaires; car c'est le malheur des temps de réaction politique de voir la justice faillir trop souvent à ceux qu'elle devrait protéger. Emportés par la lâcheté commune, ses interprètes, loin de lutter contre les passions dominantes, s'en font, au contraire, les instruments serviles; leur action, au lieu de se montrer tutélaire, vient en aide à l'arbitraire et à la violence; et le glaive que la loi leur a confié pour défendre le faible contre le puissant, mis par eux au service du parti victorieux et des proscripteurs, ne frappe et n'atteint que les vaincus et les proscrits. Nul tribunal ne suspendit ses audiences dans ces jours de deuil; loin de là, les poursuites étaient plus nombreuses que de coutume, et chaque jour on voyait paraître sur le banc des accusés, non les catholiques pillards, mais les protestants pillés, non les bourreaux, mais les victimes. Celles-ci avaient à rendre compte d'injures adressées aux voleurs et aux assassins; de coups qu'elles avaient pu porter en défendant leurs biens ou leur vie; de regrets qui leur étaient échappés en faveur du gouvernement ou des lois sous lesquelles elles avaient longtemps vécu paisibles; enfin, de plaintes proférées contre le régime où elles ne trouvaient que ruine et persécution. Cette résistance, ces regrets, ces plaintes, dénoncés par Trestaillons et ses complices, qui jouaient en ces occasions le rôle d'accusateurs et de témoins, étaient invariablement transformés en voie de fait, en propos séditieux, en projets de rébellion, qui trouvaient les juges inexorables; nos codes n'avaient pas de peines assez sévères pour les malheureux accusés. En revanche, si Trestaillons ou quelqu'un des siens comparaissait comme prévenu de vols ou d'assassinats, il était acquitté aux applaudissements de la foule et porté ensuite en triomphe dans les principales rues de la ville. Le sergent Boivin lui-même, bien que confessant son crime, fut absous comme *ayant agi en cas de légitime défense*. Telle était la soumission honteuse de la magistrature et des gens de police aux passions personnifiées dans ces bandits, que longtemps après 1815, jusqu'en 1817, ces derniers pouvaient peupler encore les prisons au gré de leur haine ou de leur caprice. Nîmes n'avait pas, au reste, le privilége de ces scandales. L'impunité qui venait de protéger le sergent Boivin avait également couvert, à Toulouse, les assassins du général Ramel.

Ce général était le commandant des grenadiers de la garde des deux Conseils qui, complice de Pichegru au 18 fructidor, avait été condamné avec ce dernier à la déportation [1]. Nommé, au mois de juillet précédent, après le retour du roi, commandant militaire de Toulouse, ses services et sa proscription furent impuissants à conjurer les fureurs qu'il souleva contre lui dès son arrivée en s'efforçant de réprimer les désordres et les excès des royalistes de cette ville, excès et désordres qui ne rencontraient dans l'administration municipale, alors dirigée par M. de Villèle en qualité de maire, que la tolérance la plus coupable. Le 17 août, un nouveau tumulte appelle son intervention; il accourt au milieu des groupes; la foule aussitôt l'entoure et le sépare de son escorte. Un seul soldat, resté près de lui, est tué en le couvrant de son corps. Cent voix accusent aussitôt le général du meurtre de son défenseur; cent bras le saisissent; il tombe percé de coups. Ses assassins, le croyant mort, l'abandonnent. Quelques habitants le transpor-

---

[1] Voyez tome Ier, pages 23 et 24.

tent dans la chambre d'un ouvrier; bientôt le bruit se répand qu'il respire encore; la foule revient et fait le siége de la maison. Le désordre durait depuis six heures; aucun agent de la force publique n'intervient; les magistrats municipaux et leur chef, M. de Villèle, continuent de rester dans la plus lâche inaction; la foule, enhardie par la liberté qu'on lui laisse, attaque la porte, et s'efforce de la briser. Vainement le chirurgien qui panse les blessures du général paraît à la fenêtre et annonce qu'il est frappé mortellement; la porte, à la fin, est enfoncée; la chambre de Ramel est envahie; on achève de le tuer, et ses meurtriers se retirent sans que la justice paraisse songer à les poursuivre. Lorsque, longtemps après cet assassinat, les plaintes de quelques citoyens courageux vinrent obliger le gouvernement de donner enfin l'ordre de faire le procès aux assassins, on arrêta, non point les misérables qui avaient frappé les premiers, mais ceux qui, revenus sur Ramel gisant sur son lit de mort, « l'avaient déchiré encore tout vivant de mille coups. Ils sont mis en jugement. On allègue en leur faveur qu'ils *n'ont pu donner la mort* à un homme *déjà blessé de coups mortels;* et deux d'entre eux sont seulement condamnés à la réclusion [1]. »

Bordeaux ne devait pas rester en arrière de Marseille, d'Avignon, de Nîmes et de Toulouse; cette ville eut aussi son sacrifice humain; les victimes offertes furent deux généraux, deux frères, dont la vie, pendant plus d'un demi-siècle, avait été inséparable, que le même jour avait vus naître, et que le même jour vit mourir.

Frères jumeaux et fils d'un officier qui, forcé par ses blessures de quitter le service, avait successivement rempli les fonctions de secrétaire à l'ambassade de Turin, de chargé d'affaires près la république de Gênes et de secrétaire général du gouvernement de Guienne, César et Constantin Faucher étaient nés à la Réole, le 12 septembre 1760. Entrés l'un et

[1] Discours prononcé par M. de Serres, garde des sceaux, à la séance de la Chambre des députés du 23 mars 1819.

l'autre à l'âge de quinze ans (1ᵉʳ janvier 1775) aux chevau-légers de la maison du roi, tous deux, au mois d'août 1780, avaient passé officiers dans le même régiment de dragons. Leur ressemblance était si parfaite, qu'elle trompait leurs parents eux-mêmes, et que, dans leurs garnisons, ils étaient obligés, pour éviter les continuelles méprises de leurs camarades et de leurs subordonnés, de porter une fleur différente à la boutonnière. Retirés du service à l'époque de la Révolution, les deux jumeaux furent appelés à des fonctions publiques par le choix de leurs concitoyens : César était commandant des gardes nationales et président du district de la Réole, Constantin, chef de la municipalité de cette ville, lors de la journée du 21 janvier : ils plaignirent le sort de Louis XVI, blâmèrent son supplice, et, donnant un exemple de courage civil bien rare à cette époque, tous deux se démirent de leurs fonctions. Leur inaction, toutefois, fut de courte durée : l'appel aux armes poussé par la Convention à la suite des revers militaires de 1793 les fit presque immédiatement accourir dans les rangs de la nouvelle armée. Entrés, à l'âge de trente-trois ans, comme simples volontaires dans un des corps dirigés contre la Vendée, ils obtinrent par leur intelligence et leur bravoure, en toute rencontre, un avancement rapide; chaque grade fut le prix d'une action d'éclat; chaque promotion eut lieu sur le champ de bataille; et tous deux, s'élevant chaque fois du même pas, furent nommés le même jour et pour le même fait, généraux de brigade[1]. Constantin, dans cette dernière rencontre, avait été démonté et blessé; César, atteint déjà seize fois par le fer ou par les balles des Vendéens, venait de recevoir douze nouvelles blessures. Retirés à Saint-Maixent pour y attendre leur guérison, ils furent arrêtés dans cette ville, le 1ᵉʳ janvier 1794, sur une dénonciation partie de leur département, et traduits, par l'ordre du représentant du peuple Laignelot, devant le tribunal révolutionnaire de Rochefort. L'accusation leur repro-

[1] Le 13 mai 1793, à l'attaque de la forêt de Vouvans.

chait d'avoir fait l'éloge de Louis XVI, en annonçant, comme fonctionnaires de la République, la mort de ce souverain, et d'avoir publiquement porté son deuil. Condamnés à la peine capitale pour ces faits, dont ils n'hésitèrent pas à reconnaître la vérité, ils entendirent leur sentence avec le même calme qu'ils affrontaient la mort sur le champ de bataille; affaiblis par la souffrance et par la maladie, tous deux pouvaient à peine se tenir debout; ils ne voulurent pas moins se rendre à pied sur le lieu du supplice, et, se faisant aider dans leur marche, ils arrivèrent, ainsi soutenus, jusqu'au pied de l'échafaud; César s'apprêtait déjà à en franchir les degrés, quand le représentant du peuple Lequinio ordonna de suspendre l'exécution. Leur sentence, révisée par un autre tribunal, fut annulée, et les deux frères, renvoyés absous, se firent transporter à la Réole. Obligés par le nombre et la gravité de leurs blessures de renoncer au service actif, ils obtinrent leur réforme. Ce repos forcé profita à leur pays natal : la fortune des jumeaux leur permit, en 1794, d'opérer au loin des achats de céréales qui détournèrent de la Réole le fléau de la famine; et leur influence, mise au service d'un grand nombre de proscrits, fit obtenir aux uns leur liberté, à ceux-là leur radiation de la liste des émigrés, à d'autres la restitution de leurs biens. Le Consulat vint : César accepta le titre de sous-préfet de la Réole, Constantin celui de membre du conseil général du département. Ils gardèrent ces fonctions aussi longtemps que dura la République ; mais, lorsque Napoléon quitta sa dignité de Premier Consul pour celle d'Empereur, les jumeaux votèrent contre ce changement, se démirent de leurs fonctions, et rentrèrent dans la vie privée. Ce fut dans cette position que les trouva l'invasion de 1814. Les royalistes de Bordeaux, voyant en eux des adversaires du gouvernement de Napoléon, leur firent quelques ouvertures en faveur du rappel des Bourbons; non-seulement les deux frères répondirent qu'ils resteraient étrangers à tout mouvement qui n'aurait pas pour but de combattre l'ennemi, mais ils proposèrent aux autorités impériales de se charger de la défense d'une partie de la rive droite de la Garonne. Cette offre, qui ne fut cependant pas accueillie, rapprochée du refus qu'ils venaient d'opposer aux ouvertures des royalistes bordelais, leur valut, pendant la première Restauration, le renom de révolutionnaires et de bonapartistes incorrigibles. Leur attitude, lors du retour de l'île d'Elbe, donna une nouvelle force à cette double accusation : les jumeaux ne se bornèrent pas, en effet, à saluer avec joie la journée du 20 mars; César, nommé membre de la Chambre des représentants, et Constantin, élu maire de la Réole, usèrent de toute leur influence pour diriger l'opinion de leurs concitoyens en faveur du gouvernement des Cent-Jours, puis d'une résistance énergique à l'invasion. Liés, en outre, depuis longues années, avec Clausel, qui commandait, comme on le sait, la division militaire, leur intimité avec ce général était un nouveau crime aux yeux des royalistes bordelais.

Clausel, après la bataille de Waterloo, avait déclaré le département de la Gironde en état de siége, et donné à Constantin le commandement des arrondissements de la Réole et de Bazas. Le 12 juillet, on connut à Bordeaux la rentrée de Louis XVIII aux Tuileries; mais ce fut seulement le 21, au matin, que la nouvelle de la soumission de l'armée de la Loire parvint au général Clausel en même temps que les premiers ordres du nouveau ministre de la guerre Gouvion-Saint-Cyr; un de ces ordres, daté du 16, enjoignait à tous les généraux nommés par suite de l'état de guerre ou de l'état de siége de cesser immédiatement leurs fonctions; partout, en outre, le drapeau blanc devait remplacer le drapeau tricolore. Constantin Faucher reçut copie de cet ordre le soir du 21; le 22, à l'aube du jour, en présence du lieutenant de gendarmerie, seule autorité militaire de la Réole, il fit enlever les couleurs tricolores et arborer le drapeau blanc. Le procès-verbal constatant cette substitution de drapeau, et la déclaration écrite par les deux frères, qu'ils cessaient sur-le-champ toutes fonctions, se trouvaient déjà aux mains du sous-préfet depuis plusieurs heures, quand un détachement du 41ᵉ de ligne, se rendant de Toulouse à Bordeaux, et composé de 23 hommes, vint à traverser la ville. Ces soldats avaient encore la cocarde tricolore au shako; la vue des drapeaux blancs arborés sur la sous-préfecture et sur la mairie les irrite; aidés par quelques nègres appartenant à un bataillon colonial formé depuis le 20 mars, ils abattent les étendards royalistes, les déchirent, les livrent aux flammes, puis continuent leur route. Après leur départ, les drapeaux blancs sont rétablis; le soir, cet incident était déjà oublié. Mais la nouvelle avait été portée à Bordeaux, et s'était grossie singulièrement en chemin : il ne s'agissait plus d'un acte de colère de quelques soldats en marche; l'exagération habituelle aux populations du Midi donnait à ce désordre de quelques instants les proportions d'une révolte : la Réole, soulevée, disait-on, par les généraux Faucher, refusait de reconnaître l'autorité royale. Le surlendemain 24, une troupe nombreuse de volontaires bordelais à cheval, commandée par M. Jonhston, accourut à la Réole. Contre l'attente de ce détachement, le plus grand calme régnait dans la ville; le drapeau blanc flottait sur tous les édifices; les volontaires ne se précipitèrent pas moins dans les rues, le sabre à la main et aux cris de : *A bas les brigands Faucher! à bas les généraux de la Réole! Il faut les tuer!* Ces courses et ces cris se prolongèrent pendant six jours, et ce fut seulement le 30 que, fatigué sans doute de ce rôle ridicule, M. Jonhston repartit avec son détachement. Aussi longtemps qu'avait duré le séjour de ces volontaires à la Réole, les jumeaux étaient restés enfermés dans leur demeure avec quelques domestiques et plusieurs voisins, décidés à repousser toute attaque de vive force. « Nous ne laisserons pas violer notre domicile, nous nous défendrons, » avaient-ils écrit au nouveau maire, qui approuva leur résolution dans une lettre dont lecture fut donnée plus tard devant le conseil de guerre. Malheureusement ils ne s'étaient pas bornés à écrire à ce fonctionnaire; ils avaient également prévenu le général Clausel de leur séquestration volontaire par une lettre où quelques railleries se mêlaient à la plainte, confidence adressée, non pas au supérieur, mais à l'homme privé et à l'ami, lettre qui fut tout le procès, et dont voici le début : « Général, vous commandez encore, et jusqu'au dernier moment nous vous rendrons compte de la situation des contrées que vous *aviez* confiées à notre commandement. Nos fonctions de général *cessèrent avec la journée du* 21 *juillet.* Le 22, à l'aube, conformément à votre ordre du jour, le drapeau blanc fut arboré par nos soins... » Suivaient le récit de l'insulte faite au drapeau royal dans la même journée; l'annonce de l'arrivée des volontaires royaux, ainsi que la relation des cris et des menaces proférés par ces volontaires, qui avaient pour complices, disait la lettre, les sieurs Durand-Laubessac et Durand-Lavison, parents du sous-préfet Pirly, l'âme de tout ce mouvement. Les jumeaux ajoutaient : « Dans cet état de choses, notre maison est réellement en état de siége; et, au moment même où nous vous écrivons, nos armes sont là, nos avenues sont éclairées et le corps de la place en défense, et nous ne craignons pas la désertion de la garnison. Cet état respectable est respecté par ces messieurs, qui attaquent et frappent des enfants et des femmes. » Après avoir rapporté plusieurs exemples de cette violence, ils terminaient en ces termes : « Nous enlèverions ces messieurs (les volontaires) et nous comprimerions facilement leurs satellites; ce serait l'affaire de deux heures en plein midi avec les seules forces que nous offre la population bonne; mais nous craignons que cet acte de juste défense ne puisse être le signal de la guerre civile. Nous vous aurions une grande obligation si vous nous disiez quelle est la marche que nous devons tenir pour venir en aide à la patrie en souffrance. — La Réole, le 27 juillet 1815. »

Le général Clausel, entré à Bordeaux trois mois auparavant, à la tête de 25 gendarmes et de 150 fantassins, avait maintenu cette ville dans la soumission la plus absolue avec moins de 1,200 hommes; même après le changement de drapeau, il la commandait encore, et ce fut seulement le 30 juillet qu'il prit le parti de se retirer. La lettre des frères Faucher lui était donc parvenue; mais, soit inadvertance, soit légèreté, il l'avait officiellement transmise, le 28, au nouveau préfet de la Gironde, M. de Tournon, qui, prenant au sérieux les exagérations railleuses des jumeaux sur leurs préparatifs de défense, et *considérant que de cette lettre résultait l'aveu que les sieurs Faucher avaient dans leur maison un amas d'armes et qu'ils y avaient réuni des individus armés*, enjoignit, par un arrêté du 29, au commandant de la gendarmerie du département, de se transporter à la Réole, de faire dans la maison des deux frères les plus sévères perquisitions, et de remettre son procès-verbal au procureur du roi du lieu, *pour être pris telles mesures que de raison*. Dans l'après-midi du 31, César et Constantin se trouvaient seuls dans leur salon, quand 30 gendarmes, un détachement de 70 Espagnols et une centaine de gardes nationaux volontaires entourent leur demeure, dont toutes les portes, au reste, étaient ouvertes, envahissent les cours et les chambres, visitent les écuries et les greniers, les meubles et les placards de chaque pièce. Après avoir constaté que l'on n'avait rencontré dans la maison envahie qu'un seul domestique mâle, trois domestiques femmes, un enfant de onze ans appartenant à l'une de celles-ci, et deux adolescents, neveu et nièce des jumeaux, le procès-verbal de visite énumère ainsi les armes trouvées en la possession des deux frères : « Deux fusils doubles de chasse; huit fusils simples de chasse, dont trois hors de service; un fusil de munition; une carabine de chasse; deux paires de pistolets d'arçon ; trois sabres de cavalerie légère ; deux briquets (sabres d'infanterie), dont un sans fourreau; sept vieilles épées, dont cinq ne peuvent sortir du fourreau; *huit pétards* montés sur affûts, du calibre du *petit doigt* et propres seulement à *faire du bruit;* sept piques, dont deux pour drapeaux. »

Remis par le capitaine de gendarmerie au procureur du roi J.-J. Dumoulin, ce procès-verbal faisait tomber la double accusation d'un dépôt d'armes et d'une réunion d'hommes armés. Ce résultat trompait l'espérance de M. Dumoulin et du sous-préfet Pirly, qui, promus l'un et l'autre à leurs fonctions sous l'Empire, demeurés en place sous la première Restauration, et maintenus pendant les Cent-Jours par l'influence de César et de Constantin, voyaient dans l'arrestation de deux généraux signalés comme ennemis des Bourbons un titre à l'indulgence du nouveau régime, et un moyen de conserver leur position et leurs traitements. Tous deux se consultèrent avec le nouveau commandant militaire de la Réole, le chevalier Dunoguès; on décida de passer outre, et le procureur du roi, bien que le procès-verbal de visite fût sous ses yeux, n'hésita pas à remettre au capitaine de gendarmerie l'ordre écrit suivant : « Le *bruit public* m'informe que vous avez trouvé chez les frères Faucher plusieurs fusils, épées, sabres et *pierriers* ; si ce fait est vrai, il me paraît constituer le crime prévu par l'article 95 du Code pénal. En conséquence, j'ai l'honneur de vous requérir de faire saisir et traduire devant moi les deux frères Faucher[1]. » Cet ordre, qui eut pour résultat l'arrestation immédiate des jumeaux, décidait de leur sort; aux époques d'orages politiques, un homme arrêté est presque toujours un homme perdu. Le lendemain, 1ᵉʳ août, le juge d'instruction Richon changea le *mandat d'amener* de la veille en *mandat de dépôt*, et, le jour suivant, M. Rateau, procureur général près la cour royale, ordonna d'extraire les deux frères de la prison de la Réole, et de les amener à Bordeaux, où ils arrivèrent le 4. Incarcérés au fort du Hâ et placés dans la division des condamnés, au milieu de forçats attendant la *chaîne* qui devait les emmener au bagne, ils subirent deux interrogatoires devant M. Rateau, les 8 et 9 août. L'accusation, devant ce magistrat, sembla changer de caractère. Arrêtés primitivement comme

[1] Les *pierriers* sont des canons de petit calibre en usage sur les navires de guerre. Or, dans le moment même où M. J.-J. Dumoulin libellait son ordre d'arrestation, un des gendarmes présents dans son cabinet tenait *sur sa main* les huit prétendus pierriers liés ensemble, ainsi que leurs affûts, par la même ficelle.

détenteurs de *canons* et d'autres armes de guerre, ils n'eurent à répondre à aucune question relative à ce chef de prévention; toutes les demandes du procureur général eurent pour objet les actes des jumeaux depuis la journée du 20 mars; on jugera de la nature et de la portée des questions qu'il leur adressa par celle-ci : « A votre retour de Paris à la Réole, n'avez-vous pas distribué, par petits morceaux, au peuple qui entourait votre maison, un gros pain que Bonaparte vous avait donné dans ce but? » Si le chef du parquet bordelais, en présence du procès-verbal de visite, était obligé de garder le silence sur la détention d'armes de guerre, unique motif, pourtant, de l'arrestation des deux frères, il ne pouvait davantage incriminer leur conduite depuis le retour de l'île d'Elbe; César et Constantin n'avaient fait rien de plus que les fonctionnaires encore en activité dans Bordeaux, rien de plus que les membres eux-mêmes de la cour royale et le magistrat qui les interrogeait; la récente ordonnance du 24 juillet, d'ailleurs, interdisait, dans les termes les plus formels, toute espèce de recherche pour les faits antérieurs au retour du roi qui ne concerneraient pas un des cinquante-sept proscrits désignés dans les deux premiers articles. Or les jumeaux ne figuraient pas sur cette liste; l'équité la plus vulgaire exigeait donc leur mise en liberté. Mais la justice est avare : quelle que soit la proie que la haine, l'envie et même l'erreur lui aient livrée, elle se résout difficilement à la rendre. On possédait la lettre écrite le 27 juillet par les deux frères au général Clausel; cette lettre fut soumise à l'examen de plusieurs légistes qui, torturant chaque pensée, imposant à chaque mot une signification qu'il n'avait pas, y découvrirent trois chefs d'accusation auxquels on n'avait pas d'abord songé, et qui seuls motivèrent le renvoi des jumeaux devant une commission militaire.

La poursuite et l'instruction de cette accusation nouvelle, confiées par le comte de Vioménil, gouverneur de la division, à M. de la Porterie, son chef d'état-major, et au chevalier de Ricaumont, nommé capitaine rapporteur, devinrent pour les accusés l'occasion de véritables tortures. Pendant les quelques jours où ils étaient restés sous la juridiction ordinaire, on leur avait laissé l'usage d'un lit, d'une table, d'un banc et d'une chaise; ils pouvaient avoir, en outre, de la lumière et du feu. Devenus les justiciables de MM. de Vioménil, de la Porterie et de Ricaumont, ils furent transférés à la tour dite des Forçats, dans une pièce immense, ouverte à tous les vents, que dix-sept galériens avaient quittée la veille, et où on leur donna pour meubles une cruche, pour lit deux bottes de paille; on daigna par grâce y ajouter une mauvaise couverture et un matelas. Le feu et la lumière leur furent interdits; on ne leur laissa ni rasoirs, ni couteaux, ni fourchettes; ils ne purent obtenir ni un bois de lit, ni une chaise, ni un banc, parce qu'ils pourraient les briser, disaient MM. de la Porterie et de Ricaumont, et s'en faire des armes. Crainte étrange, si l'on songe que les guichetiers n'entraient jamais dans le cachot des jumeaux qu'armés d'une double paire de pistolets, de sabres nus, et accompagnés de quatre gardes nationaux également armés. Les prisonniers demandèrent au moins une de leurs malles pour s'asseoir; ils ne purent l'obtenir. On leur refusa jusqu'à un vase de nuit, sous prétexte qu'il existait, dans l'intérieur de leur cachot, une ouverture au niveau du sol, servant de lieux d'aisances. L'infection résultant de cette ouverture toujours béante et qui recevait, en outre, les déjections des prisonniers des étages supérieurs; l'absence de feu, dans cette vaste pièce ayant des murs épais de huit pieds, et dont les longues fenêtres, garnies de deux rangs de barreaux de fer, étaient dépourvues de toute autre fermeture et laissaient librement arriver l'air extérieur; les nuées d'insectes immondes qui couvraient la chambre, et dont les morsures, dès le soir du premier jour, avaient fait de leur corps une seule plaie, tous ces maux étaient encore tolérables auprès d'une autre souffrance, l'impossibilité de pouvoir être assis. Lorsqu'ils étaient las de marcher, ils s'arc-boutaient l'un contre l'autre en se tournant le dos; mais leurs douleurs et leurs blessures les obligeaient bientôt de quitter cette position; alors ils se remettaient en marche ou se couchaient. « Nous croupissons dans la vermine, écrivaient-ils le 15 septembre, un mois et demi après leur arrestation; notre linge fait horreur. Les vents se croisent sur notre grabat, et l'autre nuit la pluie y est venue. Pour être moins tourmentés des insectes qui nous dévorent, nous nous découvrons; mais un moment après nous sommes roides de nos blessures et de nos douleurs; nous remettons alors sur nous la mauvaise couverture et nous nous pressons bien l'un contre l'autre; la chaleur, la moiteur, reviennent, et de petits accès de fièvre sont les moindres résultats de cette manière d'être. Nous ne pouvons dormir que le jour. Vous savez que nous ne buvions pas de vin; il nous devient nécessaire comme remède. » A ces tortures physiques qui durèrent jusqu'au dernier jour, venaient se joindre des tortures morales qui eussent abattu des cœurs moins intrépides : un major de la Bouterie, à qui ils remettaient, tout ouvertes, les lettres écrites par eux à leurs amis ou à leurs gens d'affaires, avait l'impudence de leur dire que chacune d'elles était immédiatement envoyée à sa destination, et cependant il les gardait. Tous ceux qui les approchaient, guichetiers, gardes nationaux, officiers de ronde ou gens de police, leur montraient, en outre, la mort comme le terme de leur détention; il n'était jamais question, devant eux, d'autre chose que des massacres qui ensanglantaient alors le Midi; les uns leur disaient : « On marche dans le sang dans toutes les villes voisines, ce sont de justes représailles; on achève contre les révolutionnaires les vengeances commencées en l'an III[1]. » D'autres ajoutaient : « Les représailles des *honnêtes gens* s'avancent avec rapidité de Marseille à Avignon, à Nîmes, à Uzès; elles sont arrivées à Toulouse; on les attend à Bordeaux. »

Enfin, les 18 et 19 septembre, ils subirent deux interrogatoires devant M. de Ricaumont, capitaine rapporteur, qui, le jour suivant, 20, se présenta à leur prison et leur annonça

[1] Réaction thermidorienne.

que, le surlendemain 22, ils comparaîtraient devant le conseil de guerre. On leur laissait un jour pour préparer leur défense. « Voulez-vous me donner la liste de vos témoins? dit ensuite M. de Ricaumont avec un jurement. Mon ordonnance attend depuis trois heures, et je veux qu'elle arrive demain à la Réole. Quelque chose que vous disiez ou que vous fassiez, vous serez jugés vendredi. Ainsi, ajouta-t-il en jurant de nouveau, vous voilà prévenus. » Avant de les quitter, il leur annonça qu'il requerrait contre eux la peine capitale.

Le matin de cette même journée 20, un avocat, défenseur habituel des intérêts privés des jumeaux devant les tribunaux de la Gironde, leur avait écrit qu'il était forcé de renoncer à les défendre. Cet avocat, M. Ravez, était leur allié, leur ami; c'était à lui, comme à l'homme de leur intimité, qu'ils avaient eu recours dès le lendemain de leur arrestation ; il avait formellement promis de se charger de leur cause. César et Constantin, après la visite de M. de Ricaumont, répondirent à M. Ravez : « Nous allons tomber sous la hache que l'on aiguise depuis deux mois pour nous frapper. Nous tomberons avec le sentiment de notre innocence. Si nos ennemis sont parvenus à enchaîner votre âme indépendante, quels succès n'auront-ils pas sur les autres défenseurs que nous pourrons demander? Nous n'avions qu'un patron, on nous l'arrache; c'est nous condamner à la mort. Nous saurons y marcher avec la fermeté que vous devez attendre d'hommes qui eurent votre amitié. » Ces paroles si tristes, si résignées, étaient un dernier appel au sentiment du devoir; M. Ravez garda le silence. Les deux frères se tournèrent alors vers un autre avocat : « Deux de vos amis vous appellent, écrivirent-ils à M. Gergerès; ils demandent vos conseils pendant quelques instants. On ne leur donne que peu d'heures pour préparer leur défense. Vous lirez ; vous les entendrez : si à la vue des charges et des dépositions, vous avez des doutes *sur un seul fait*, et que nous ne les levions pas à l'instant, nous ne demanderons pas à l'amitié des soins dont la conscience ou la délicatesse auraient à souffrir. — Nous vous attendons! » Instances vaines! M. Gergerès ne répondit même pas. Des efforts furent encore tentés auprès d'autres avocats. Victimes d'une lâcheté que nous croyons sans exemple, ces hommes, dont la longue vie était une carrière toute d'honneur et de loyauté; pour lesquels la fortune reçue de leurs pères n'était qu'une sorte de dépôt qu'ils restituaient en bienfaits répandus autour d'eux; ces patriotes, qui avaient mis leur influence au service des proscrits de tous les régimes, surtout des proscrits royalistes, et que, moins de deux mois auparavant, on avait encore vus protéger et sauver plusieurs partisans des Bourbons qu'on leur ordonnait d'arrêter et de punir; ces hommes ne purent trouver dans Bordeaux, ville de 100,000 habitants, peuplée de légistes, un seul avocat qui consentît à venir les défendre contre l'accusation de crimes purement imaginaires! Le 22 septembre au matin, ils se présentèrent donc seuls devant le conseil de guerre. Accueillis par des injures et par des huées à leur sortie du fort du Hâ; obligés par les bandes de furieux rassemblés devant cette prison de ne pas faire usage de la voiture amenée pour les conduire, et de parcourir à pied le trajet qui les séparait du tribunal, ils subirent les mêmes insultes durant tout le chemin; la présence seule des juges empêcha les mêmes manifestations de se renouveler à l'arrivée des deux frères dans la salle du conseil. Ce conseil était ainsi composé : le chevalier de Gombault, colonel de cavalerie, *président*; Bontemps-Dubarry, chef d'escadron, Boisson, Montureux, capitaines; Colas, lieutenant au 10ᵉ de ligne; Moulinié, sous-lieutenant d'infanterie de ligne; Fabre, sergent-major de la garde nationale de Bordeaux, *juges*; Dupuy, capitaine au 10ᵉ de ligne, *commissaire du roi*; le major de la Bouterie remplaçait comme *rapporteur* le chevalier de Ricaumont « légitimement empêché. »

Le conseil, avant l'ouverture des débats, dut statuer sur l'absence des défenseurs; il décida qu'aux termes de l'article 20 d'une loi du 11 brumaire an V le *refus* des défenseurs et l'*impossibilité d'en trouver un* ne pouvaient retarder le procès. Cet incident vidé, on interrogea les accusés, puis on entendit les témoins; ceux-ci habitaient tous la Réole, et, parmi eux, on remarquait les principaux fonctionnaires de cette ville, entre autres le maire, M. Arnaud de Peyrusse, dont la femme et la belle-mère devaient aux jumeaux, la première, sa liberté, la seconde, la restitution de ses biens, et qui lui-même leur était redevable de la conservation de sa fortune et de sa radiation de la liste des émigrés. Leurs dépositions, dictées par les questions mêmes que posait le président, étaient toutes dans le sens de l'accusation; toutes se ressentaient de ces haines de petite ville, sourdes, implacables, qu'engendrent la sottise et l'envie, qu'alimentent un mot mal entendu, un sourire ou un geste mal compris, et qui, nourries souvent durant vingt années, s'attachent surtout aux hommes que distingue la supériorité du cœur ou de l'intelligence. Le réquisitoire de M. de la Bouterie, basé tout entier sur la lettre confidentielle écrite par les deux frères au général Clausel, ne fut qu'un commentaire partial et passionné de cette unique pièce du procès; l'envoi seul de cette lettre était à ses yeux la condamnation des accusés. Il conclut à la peine de mort. César et Constantin avaient fait preuve, durant tout le débat, du plus grand calme et d'une rare fermeté; leur défense ne fut ni moins ferme ni moins digne; ils furent éloquents, ont dit les contemporains. Ce qui étonna surtout les auditeurs, c'est la facilité avec laquelle chacun des jumeaux continuait la pensée et la discussion de celui des deux frères que la fatigue forçait à se reposer; ayant la même taille, les mêmes vêtements, le même visage, le même son de voix, l'un d'eux se taisait depuis longtemps, que l'on croyait encore l'entendre parler. Mais que pouvaient leurs efforts contre la passion des juges? César et Constantin, avant de paraître devant le conseil, étaient déjà condamnés. Vainement la lettre écrite au général Clausel constatait en termes formels que, revêtus d'un commandement purement nominal, ils avaient abdiqué leur titre et cessé toute fonction dès que l'ordre leur en avait été transmis; en vain le procès-verbal de visite établissait que trois enfants, trois femmes et un domestique mâle étaient les seules personnes que l'on eût rencontrées dans leur demeure; vainement, enfin, tous deux firent établir par les témoins eux-mêmes que, pendant leur commandement, la Réole n'avait jamais vu de soldats, ils n'en furent pas moins condamnés à la peine de mort, à l'unanimité des voix, comme coupables : 1° d'avoir retenu, contre la volonté du gouvernement, un commandement qui leur avait été retiré; 2° d'avoir commis un attentat ayant pour but d'exciter à la guerre civile et d'armer les citoyens les uns contre les autres, en réunissant dans leur domicile des gens armés et qui criaient : *Qui vive?* aux patrouilles de garde nationale; 3° et d'avoir comprimé, par la force des armes et par la violence, l'élan de fidélité des sujets de Sa Majesté.

César et Constantin, ramenés à leur prison pendant la délibération des juges, entendirent la lecture du jugement sans que leur visage trahît la moindre émotion; seulement on put voir leurs mains se chercher, s'unir, puis s'étreindre. On les mit sur-le-champ aux fers. Une chance leur restait, la révision : ils refusèrent d'abord de la tenter, les supplications d'un membre de leur famille les y décidèrent. Les accusés ne comparaissent pas devant les conseils de révision; les moyens de cassation sont présentés par un défenseur; le commissaire du roi justifie le jugement attaqué; puis le conseil prononce. L'intervention d'un avocat était donc indispensable. On recourut d'*office* au bâtonnier de l'ordre. N'osant assumer sur lui seul le soin, disons mieux, le blâme d'une défense que tous ses collègues avaient repoussée devant le tribunal du premier degré, ce dignitaire s'adjoignit le bâtonnier de l'année précédente, celui de l'année judiciaire qui allait s'ouvrir, et le doyen du conseil de discipline. La condamnation avait été prononcée le 22; le conseil de révision se réunit le 26. Ce second conseil, formé pour la circonstance, comme le premier, par le comte de Vioménil, se composait du maréchal de camp comte de Puységur, *président;* du prince de Santa-Croce, colonel; de M. Lacoste, chef de bataillon d'artillerie; du chevalier de Bois-Saint-Lis et du vicomte de Fumel, capitaines adjoints à l'état-major, *juges.* L'ordonnateur Lucot d'Hauterive faisait les fonctions de *commissaire du roi.* On pourrait croire que, honteux pour leur ordre et pour euxmêmes des refus exprimés quatre jours auparavant, les avocats donnés d'office aux généraux Faucher firent entendre quelques paroles de repentir ou d'excuse : il n'en fut rien; loin de là, ils demandèrent, pour ainsi dire, pardon aux juges de la défense qu'ils allaient prononcer. « Nous ne pouvons croire que notre conduite (l'acceptation de la défense), que ce *pénible* dévouement, soient critiqués ou blâmés par aucun de ceux dont nous sommes jaloux de conserver l'estime, dit l'avocat Emerigon. Il nous était impossible de repousser la voix suppliante de deux hommes frappés par une condamnation capitale et sur la tête desquels la mort a déjà levé sa faux menaçante; nous ne nous occuperons ni de leur conduite, ni même des délits qui leur sont imputés. Notre ministère se borne à examiner la procédure instruite et le jugement rendu. Nous sommes les avocats de la loi plutôt que les défenseurs des accusés. » Après ces lâches paroles, M. Emerigon développa les moyens de cassation indiqués dans des notes qui lui avaient été envoyées par les jumeaux du fond de leur prison[1]. M. Emerigon termina ainsi : « Le devoir que nous venons de remplir n'a pas été *le moins pénible* de ceux que notre profession nous impose. Mais l'homme courageux, ajouta-t-il en élevant la voix, n'hésite jamais quand il s'agit de remplir un devoir. » Une pareille défense était à la fois une

[1] Le premier chef de condamnation ne pouvait frapper que Constantin, qui seul avait été revêtu du commandement militaire des arrondissements de Bazas et de la Réole. Cette partie du jugement offrait un moyen de cassation indiqué par les deux frères; mais César avait ajouté de sa main : « Toutefois, on ne perdra pas de vue, en faisant valoir ce moyen, que, s'il ne devait amener la cassation du jugement qu'en faveur de César, on doit l'abandonner parce qu'il veut partager le sort de son frère. »

insulte pour les condamnés et une véritable moquerie, ce qui n'empêcha pas M. Lucot d'Hauterive de commencer son réquisitoire par un pompeux éloge « du noble courage du barreau de la ville fidèle » et de poursuivre en ces termes : « Deux frères, se glorifiant d'une *horrible* solidarité, placés sous l'égide de la clémence royale, osaient lever audacieusement leur tête *hideuse d'un demi-siècle de crimes*. Après vingt-cinq ans d'absence, assise sur le trône de ses aïeux, Sa Majesté avait défendu aux lois, avait défendu aux tombeaux, d'accuser les *dévastateurs* de la France. Les tombeaux restaient silencieux! Les parents des victimes laissaient vivre leurs bourreaux! Les frères Faucher vivaient à la Réole! Avides de nouveaux crimes, ils accoururent à Paris quand l'ennemi du monde y apparut de nouveau (Napoléon), menaçant la France des jours de deuil de 1793. Exécuteurs de ses ordres, ministres de ses *vengeances*, les frères Faucher furent envoyés au *nommé* Clausel, bien digne de tels agents. César, élu membre du *club patriotique* connu sous le nom de Chambre des représentants, fut jugé par la *bande* propre à remplacer dans nos belles contrées les proconsuls régicides. Constantin se fit élire maire de la Réole. Dès lors la révolte, les dévastions, le pillage, les concussions et la guerre civile furent organisés dans les deux arrondissements livrés à la *fureur* des frères Faucher. » Tout le reste du réquisitoire est dans cet esprit et dans ce style; les arguments légaux sont à la hauteur de ce pathos sans nom, où l'ignorance, la sottise et l'exagération politique à froid revêtent les formes les plus grotesques[1]. M. Lucot d'Hauterive n'en

---

[1] Le fait suivant donnera la mesure de l'emportement auquel se croyaient alors obligés tous les hommes revêtus de fonctions publiques, tous les ambitieux aspirant à des positions officielles. Bordeaux comptait parmi ses nombreux avocats M. de Martignac, homme de mœurs élégantes et faciles, et dont la parole douce, polie, tolérante, devait faire la fortune sous la seconde Restauration. Il eut un grand renom d'obligeance et de bonté; ses compatriotes ont même élevé une statue à cette bienveillance qui était sa principale vertu. Or voici en quels termes M. de Martignac, qui n'était pas seulement l'ami des deux frères, mais leur obligé, qui avait usé de leur crédit et puisé dans leur bourse, parlait de ces infortunés le 17 décembre 1815, trois mois après

— 1815 —

convainquit pas moins les juges; ils confirmèrent la condamnation. L'exécution fut fixée au lendemain 27.

Dans tous les faits de ce déplorable procès, il n'y aurait eu que bassesse et lâcheté sans le courage de deux cœurs purs, énergiques, dont le dévouement ne se démentit pas un seul jour. A la vérité, ces amis, âmes d'élite, étaient bien

leur exécution. Il plaidait dans un procès fait à quelques-uns des soldats du 41ᵉ de ligne, qui, le 22 juillet, avaient abattu à la Réole les drapeaux blancs rétablis le matin par les jumeaux. Son système de défense consistait à présenter les accusés comme les instruments et les victimes des deux frères; il disait : « Les crimes qui vous sont dénoncés aujourd'hui sont, vous n'en doutez pas, l'ouvrage des deux frères dont la Réole conservera longtemps l'*effrayant* souvenir. Ces deux grands coupables ont payé leurs *forfaits* de leur vie. Vous ne confondrez pas l'égarement avec le crime, l'erreur d'un jour avec la *scélératesse de vingt-cinq années*; j'oserai même dire les victimes avec leurs *bourreaux*. »

Ce langage, au reste, n'appartenait pas uniquement aux fonctionnaires ou aux ambitieux de province; on ne s'exprimait pas autrement à Paris sur les hommes mêlés aux faits de la Révolution ou aux événements de l'Empire : c'était, en un mot, le langage de l'époque. M. de Chateaubriand, annonçant dans le *Journal des Débats* du 10 août le départ de Napoléon pour Sainte-Hélène et la disparition de ses principaux adhérents, disait : « Buonaparte, que tant de bras environnaient il y a peu de temps, ne saurait même se flatter de trouver aujourd'hui une main d'esclave qui lui rende le service de le tuer. Au-dessous de l'efféminé Othon, plus malheureux que Néron, il n'a pas su se donner la mort et n'est pas assuré maintenant de l'obtenir. Tous ces rois, tous ces princes de sa façon, que nous avons vus figurer avec lui dans des costumes et avec des attitudes plus ou moins dramatiques et grotesques, fuient dispersés comme une troupe de masques le lendemain du carnaval, jetant leurs couronnes, leurs sceptres et leurs manteaux. Le roi Murat, surnommé *Franconi* à cause de l'affectation de sa parure militaire, et qui n'a pu venir étaler au Champ de Mai ses plumets, ses broderies et tout son oripeau, erre maintenant presque seul dans les défilés les plus détournés des Alpes sous un déguisement beaucoup moins pompeux. Il paraît qu'on *nous ramènera*, et qu'on va *rendre à la justice* de nos tribunaux, Lallemant et Rovigo, qui, certes, ne croyaient guère que leur dévouement intéressé à l'ex-empereur aurait un pareil résultat. Brune, que Buonaparte n'a cessé d'abreuver des humiliations les plus amères et *qui n'avait de courage* que pour les supporter, termine le cours de ses exploits par se brûler la cervelle, et se voit réduit à se tuer, en dupe, pour la cause d'un homme dont il n'a reçu que de mauvais traitements, » etc.

La passion de l'écrivain l'emportait sans doute au delà de sa pensée, car les insultes de cet article atteignaient trois des souverains alliés : les rois de Bavière, de Saxe et de Wurtemberg, élevés à cette dignité, en 1806, par le chef de la France impériale, étaient des rois *de la façon* de Napoléon.

humbles, ainsi qu'il arrive presque toujours : un pauvre officier à demi-solde, marié, père de cinq enfants, le capitaine Monneins, et une frêle et timide jeune fille, petite-nièce des jumeaux, mademoiselle Anaïs Faucher, voilà tout ce qui resta aux généraux de la Réole de ce grand nombre d'amis qui se disputaient auparavant leur bienveillance et leur affection, voilà les seuls consolateurs qui vinrent les trouver à l'heure de l'infortune. Le capitaine Monneins et la jeune Anaïs s'étaient partagé la tâche : le premier visitait les autorités et les avocats, s'occupait du procès et faisait passer chaque jour aux deux frères les aliments que ne fournissait point la prison; la seconde, visitant le concierge et les gardiens, apportait chaque matin, pour les prisonniers, des fleurs et des fruits, et veillait à leur linge et à leurs vêtements. L'un et l'autre avaient besoin de courage pour supporter les menaces et les paroles insultantes ou grossières qui accueillaient partout leurs démarches. Les menaces, surtout, ne manquaient pas au capitaine; on s'efforçait d'effrayer jusqu'à madame Monneins, qui, complice généreuse de son mari, le secondait dans la mesure de ses forces. Ce dernier porta l'héroïsme de l'amitié jusqu'à proposer aux deux frères de se présenter avec eux devant le conseil de guerre pour les y défendre. « Je sors de chez M. Ravez, que j'ai supplié de vouloir bien prendre votre défense, comme il vous l'avait promis, écrivait-il aux deux jumeaux; mais il m'a montré une lettre du comte de la Porterie, qui lui intimait l'ordre de M. le gouverneur Vioménil de ne point se mêler ni directement ni indirectement de vos affaires. Lui ayant fait observer que sa réputation, son caractère et son attachement connu pour le roi, devaient le mettre au-dessus de toute crainte, il m'a répondu sèchement qu'il ne pouvait en aucune manière vous défendre, vu les circonstances présentes[1]. — J'apprends que l'un de vous est dangereusement malade. Si votre santé ne vous permet pas de

---

[1] M. Ravez est devenu, sous la Restauration, président de la Chambre des députés, comte, et premier président de la cour royale de Bordeaux.

vous défendre, je ne suis pas orateur, mais ma faible voix suffira, je l'espère, pour prouver votre innocence. Ainsi je vous défendrai, si vous daignez accepter mes faibles services. » On ne permit pas au capitaine de donner cette nouvelle preuve de généreux dévouement : irrités d'une fidélité que la menace même d'une carrière perdue ne pouvait affaiblir, MM. de Vioménil et de la Porterie firent enfermer le noble officier au château Trompette[1]. Restée le seul appui de ses deux grands-oncles, la jeune Anaïs sentit redoubler ses forces : toutes les démarches nécessitées par les deux jugements, lettres à porter aux juges, notes à remettre aux avocats, tous ces soins reposèrent uniquement sur elle ; toujours prête et sans cesse en chemin, la courageuse enfant ne s'arrêta que lorsqu'elle n'eut plus rien à protéger.

César et Constantin passèrent la nuit du 26 et la matinée du 27 à écrire ; pas une de leurs lettres ne se ressentait de leur position ; on y retrouve la facilité et la liberté d'esprit des temps les plus heureux de leur vie. La dernière se termine ainsi : « Dans une heure nous ne serons plus ; nous allons marcher au-devant du peloton qui doit nous fusiller. L'officier qui commande nous fait prévenir qu'on nous attend. » Une des personnes présentes au moment où le guichetier les débarrassait de leurs fers fit entendre quelques paroles de regret : « Le temps ordinaire de la vie, répondit César, est de soixante ans ; nous en avons cinquante-six ; ce n'est donc que quatre ans que l'on nous prend. » Au moment de quitter leur cachot, tous deux s'embrassèrent, puis, se prenant par la main, ils allèrent se placer au milieu du détachement chargé de les conduire. Le comte de Vioménil, depuis leur mise en jugement, avait déployé le plus grand appareil militaire ; des bouches à feu chargées et de forts piquets de gardes nationaux occupaient jour et nuit la place du fort du Hâ. Le 27, cette garde, infanterie et cavalerie, était

---

[1] Il ne fut mis en liberté que le lendemain de l'exécution.

tout entière sous les armes, et formait la haie jusqu'à la Chartreuse, cimetière de Bordeaux, lieu désigné pour l'exécution. La distance à parcourir était de près d'une lieue. Les jumeaux devaient faire à pied ce long trajet. Tous deux, suivant leur habitude, vêtus l'un comme l'autre, portaient une polonaise et un pantalon en molleton blanc. Ils semblaient avoir ménagé leurs forces pour cette marche suprême ; leur pas était ferme, leur visage calme et presque souriant. Leur passage fut d'abord accueilli par des cris retentissants de *Vive le roi!* Une dame, placée à une fenêtre peu élevée, et qui se faisait remarquer par la vivacité de ses acclamations, agitait, en les poussant, un mouchoir blanc qu'elle laissa tomber ; César quitte aussitôt son frère, s'avance sous la fenêtre, ramasse le mouchoir, le rend, avec un sourire, à la dame, et reprend sa place dans le funèbre cortége. Cependant la vue de ces deux hommes de haute taille, si semblables, touchant l'un et l'autre à la vieillesse, et qui, victimes humaines, s'avançaient vers la mort à pas réguliers, le corps droit, la physionomie sereine et en se tenant par la main, finit par causer une certaine impression sur la foule ; elle ne tarda pas à devenir silencieuse ; bientôt même, et à mesure que les deux frères approchaient du lieu fatal, ce silence se changea en une sorte de stupeur. Vingt-deux ans auparavant on les avait vus marcher ainsi au supplice, et déjà ils posaient le pied sur l'échafaud, lorsqu'un représentant du grand et terrible pouvoir qui défendait alors la France contre l'Europe avait arrêté le bras du bourreau et rendu aux deux frères la vie et la liberté. Par un hasard qui pouvait devenir providentiel, la fille de Louis XVI, de ce roi pour lequel ils avaient alors faite perdre la vie, se trouvait à Bordeaux peu de jours auparavant des revues, des fêtes, des bals, avaient célébré son séjour ; un ordre, un seul mot d'elle, pouvaient les sauver ; mais, lorsqu'après avoir marché pendant une heure ils approchèrent enfin de la Chartreuse, nul ne parut avec leur grâce au bout de ce long chemin ; ils n'y trouvèrent que le peloton d'exécution. Les deux frères refusèrent de se mettre à genoux et de se laisser bander les yeux; ils se placèrent devant les soldats, debout et toujours unis par la main ; César commanda le feu : tous deux tombèrent, César tué, Constantin seulement blessé au ventre; il se dressa sur les poignets et regarda son frère; un des soldats s'approcha, et, lui plaçant le canon de son fusil contre l'oreille, l'étendit roide mort.

Cinq semaines auparavant, le 19 août, à Paris, un peloton de vétérans, comme nous allons le dire, avait également donné la mort à une victime non moins noble et non moins pure, à un soldat non moins intrépide et non moins ferme, au comte de Labédoyère.

CHAPITRE II

Suite de la réaction royaliste de 1815. — *Paris :* le général de Labédoyère; son arrestation son procès devant un conseil de guerre, son exécution. — Procès du comte Lavalette : il est traduit en cour d'assises et condamné à mort; préparatifs pour son exécution; il parvient à s'évader. — Procès du maréchal Ney : sa comparution devant un conseil de guerre qui se déclare incompétent; il est traduit devant la Cour des pairs; débats; sentence prononcée contre lui; vote de chaque juge; exécution du maréchal. — Mort de Murat.

Nous avons dit, dans le volume précédent, que le général Labédoyère faisait partie des officiers qui devaient partager l'exil de Napoléon, et qu'un des passe-ports envoyés à la Malmaison le 29 juin était à son nom[1]. Labédoyère avait, en effet, voulu rejoindre l'Empereur; mais, parti trop tard de Paris, il rencontra à mi-chemin de la Malmaison la reine Hortense qui revenait de cette demeure, et lui remit son passe-port. Au lieu de poursuivre sa route, ainsi que le lui conseillait la reine, il revint auprès de sa jeune femme, accouchée récemment, et ce fut seulement le 12 juillet, quatre jours après la rentrée de Louis XVIII, que, cédant aux prières de madame de Labédoyère, il consentit enfin à aller chercher au milieu de l'armée de la Loire un abri contre les vengeances probables du nouveau gouvernement. Deux de ses amis, le comte Excelmans, général en chef du 2ᵉ corps de cavalerie de l'ancienne armée impériale, et le comte de Flahaut, à qui Excelmans venait de confier le commandement d'une de ses divisions, lui avaient fait donner le titre de chef d'état-major du 2ᵉ corps, alors can-

---

[1] Voyez tome III, page 196.

tonné à Riom. Labédoyère, après s'être muni à tout hasard d'une lettre de crédit de 55,000 francs sur Philadelphie, alla rejoindre ses deux amis dans le Puy-de-Dôme. Il était encore à Riom quand, le 29 juillet, les journaux lui firent connaître l'ordonnance de proscription du 24. Son nom figurait des premiers parmi les généraux désignés pour être mis en jugement. Obligé de fuir pour se soustraire à une inévitable sentence de mort, il s'attristait à l'idée de s'expatrier sans embrasser encore une fois sa jeune femme et son enfant. Le lendemain, 30, dans la soirée, Excelmans et M. de Flahaut, voyant le jeune général plus préoccupé que de coutume, le pressèrent de questions. Il leur dit qu'avant de quitter la France il voulait rentrer à Paris et revoir sa famille. M. de Flahaut se récria contre l'imprudence d'un tel projet. Excelmans ajouta que, si le général ne lui donnait pas sa parole qu'il y renonçait, il ferait placer deux sentinelles à sa porte; Labédoyère promit et se retira. Mais la pensée qui le poursuivait fut la plus forte : au moment de rentrer à sa demeure, il vit la diligence de Paris qui passait; une place restait vacante; il la prit et partit, sans monter même à son logement, sans avertir ses domestiques. Le 2 août, à huit heures du matin, il descendait rue du Faubourg-Poissonnière, n° 5, chez une amie de sa famille, dans l'intention d'y attendre la nuit et de pouvoir se rendre plus sûrement à son hôtel.

Labédoyère était parti sous la sauvegarde d'un passe-port que lui avaient fait obtenir, au risque de se compromettre, deux braves jeunes gens sortant de l'armée, MM. Rouget et Montroy, employés l'un et l'autre à la sous-préfecture de Riom. Mais, par un déplorable hasard, il fut successivement reconnu par deux de ses compagnons de voyage, un lieutenant de gendarmerie, monté avec lui en voiture à Riom, et un ancien négociant, nommé Lesgallerye, depuis commissaire de police à Lyon, et qui prit la même diligence à Moulins. L'un d'eux le suivit jusqu'à la porte de la maison où il était descendu. Peu d'instants après, la police se trouvait avertie, et, au bout de quelques heures, un grand nombre d'agents, appuyés par un bataillon prussien, entouraient l'asile de Labédoyère; quelques hommes se mirent en devoir d'escalader les fenêtres; d'autres frappèrent violemment à la porte; le général fit ouvrir, dit son nom et se livra.

Fouché était au milieu des fêtes de son nouveau mariage et donnait un grand bal lorsque le préfet de police lui apporta la nouvelle de l'arrestation. « Ce jeune homme est bien imprudent, dit le duc d'Otrante; je crois urgent de l'interroger. » M. Decazes soumit immédiatement le général à un interrogatoire long, minutieux, qui tendait à aggraver encore la position du prisonnier, et dans lequel, faisant intervenir les noms des comtes Excelmans, de Flahaut, Drouet-d'Erlon, Lefebvre-Desnouettes et du baron Lallemand, il s'efforça d'obtenir de Labédoyère des réponses compromettantes pour ces généraux et de nature à mettre le gouvernement sur la trace des projets de révolte qu'on leur supposait, ou des lieux de retraite qu'ils comptaient ou qu'ils avaient pu choisir. La loyale et ferme parole du général déjoua la triste habileté du préfet de police; Labédoyère ne fournit des armes que contre lui-même[1]. Renvoyé devant le conseil de guerre de la première division militaire (Paris), aux termes d'une ordonnance rendue le soir même de son arrestation (2 août), il y comparut au bout de douze jours, le 14. Dans l'intervalle, on n'avait rien épargné pour préparer l'opinion à la sentence que l'on attendait des juges : non-seulement la presse royaliste le poursuivait de ses insultes et de ses injures, et le présentait comme un criminel indigne de toute pitié; mais la police avait fait placarder dans tout Paris et publier dans tous les journaux une *adresse du 10ᵉ régiment de ligne à ses frères d'armes*, où se trouvait ce passage : «...Labédoyère a tout fait, il a donné un exemple que d'autres ont pu suivre, mais qu'aucun autre

---

[1] L'interrogatoire que M. Decazes fit subir à Labédoyère le soir même de son arrestation et que nous avons eu sous les yeux ne comprend pas moins de cent quatorze questions.

n'eût donné[1]. » Le conseil de guerre était ainsi composé : Berthier de Sauvigny, adjudant commandant, *président*; Mazenod de Mondésir, Durand de Sainte-Rose, adjudants commandants; Saint-Just, chef de bataillon ; Grenier, Lantivy, capitaines adjoints à l'état-major, et Boulnois, lieutenant de gendarmerie, *juges*; Viotti, chef de bataillon, *rapporteur*; Gaudriez, capitaine de gendarmerie, *commissaire du roi*.

Ce procès politique, le premier que les tribunaux de la seconde Restauration avaient à juger, emprunta aux passions du moment et à la présence de l'ennemi une physionomie tout exceptionnelle. Au dehors de la salle du conseil, une foule de soldats alliés stationnaient en groupes tumultueux d'où s'échappaient des paroles de colère et de menace; au dedans, on voyait assis ou debout un nombre considérable de généraux et d'officiers belges, anglais et allemands, qui semblaient s'être donné rendez-vous, moins pour assister à un débat régulier que pour dicter la sentence des juges. Le prince royal de Prusse, le prince d'Orange[2], le prince royal de Wurtemberg, et les ambassadeurs ou représentants des principales puissances, entre autres, assis derrière les membres du conseil, échangeaient des paroles avec ceux-ci. La vue de ce grand nombre d'uniformes étrangers n'était pas ce qu'il y avait peut-être de plus extraordinaire dans l'aspect de la salle ; une foule de femmes, jeunes, belles, parées richement, mais ardentes, fanatisées, encombraient l'enceinte. Ces femmes, titrées pour la plupart, étaient de celles que, chaque soir, dans le jardin des Tuileries, on voyait se livrer, avec des officiers, même avec de simples soldats alliés, à des danses et à des rondes

[1] Le 10ᵉ de ligne est le régiment qui soutint le duc d'Angoulême dans sa courte campagne du Midi. Rentré dans les rangs de l'armée impériale, ce régiment sollicita l'honneur de faire la campagne de Belgique, et se trouva, en effet, à Waterloo, où il se battit bravement. L'adresse publiée en son nom était-elle supposée, ou bien était-ce l'œuvre de quelques officiers avides d'avancement? Elle n'était pas signée et ne contenait que cette mention : *Suivent les signatures*.
[2] Aujourd'hui roi de Hollande. (1846, date de la première publication de ce chapitre.)

qu'elles entremêlaient de chansons composées par ces fabricants de couplets de circonstance, esprits immondes, qui ont des accents de joie pour tous les triomphes et des insultes pour tous les malheurs. Si l'ennemi se montrait avide de venger ses défaites passées sur le jeune général qui, malade et blessé, était accouru le 30 mars 1814 dans les rangs des soldats de Marmont, se battant un contre douze, et que l'on avait pu voir, à Waterloo, rester des derniers sur ce glorieux champ de bataille, les femmes dont nous parlons, également impatientes de vengeance, demandaient sa mort avec un incroyable emportement. Jeune, riche, brillant, appartenant, par lui-même ou par ses alliances, à quelques-unes des principales familles de la cour, Labédoyère, à leurs yeux, était doublement coupable : il avait trahi, tout à la fois, en se tournant contre les Bourbons, son véritable parti, puis sa caste. Lorsqu'il entra dans la salle du conseil, l'ancien aide de camp de Napoléon, de quelque côté qu'il dirigeât ses regards, ne rencontra donc que des visages où respiraient la colère et la haine; il portait une redingote verte et n'avait aucune décoration. On pouvait remarquer une certaine pâleur sur sa belle et douce figure; mais son attitude était ferme, ses traits calmes; sa parole fut digne; on l'interrogea.

Le président. — Accusé, vos nom, prénoms, votre âge, votre qualité et le lieu de votre naissance ? — R. Charles-Angélique-François Huchet de Labédoyère, âgé de vingt-neuf ans, officier général, né à Paris.

r. Quel grade aviez-vous le 1er mars 1815 ? — R. Colonel du 7e régiment de ligne.

D. Qui vous avait nommé ? — R. Le roi[1].

D. Quel drapeau avait reçu votre régiment ? — R. Un drapeau blanc.

---

[1] Il s'agit, dans cette nomination, de l'*emploi*, et non du *grade*. Labédoyère était déjà colonel, lorsqu'il tomba grièvement blessé sur le champ de bataille de Bautzen, où il commandait un régiment d'infanterie que nous croyons être le 112e.

D. Où l'avait-il reçu? — R. A Chambéry, mais je n'y étais pas.

D. Un serment a dû être prêté à ce drapeau? — R. Je le crois, mais je n'y étais pas.

D. Quelles décorations aviez-vous? — J'étais officier de la Légion d'honneur et chevalier de l'ordre de la Couronne de fer.

D. N'étiez-vous pas chevalier de Saint-Louis? — R. Je n'ai jamais eu cette croix.

D. Où avez-vous appris le débarquement de Buonaparte? — R. A Chambéry, où je reçus du général de ma brigade, le maréchal de camp Devilliers, l'ordre de me porter avec mon régiment sur Grenoble.

D. Où votre régiment fut-il placé à Grenoble? — R. Il bivaqua sur le rempart.

D. Par quel ordre quitta-t-il son poste pour se porter sur la route par laquelle Buonaparte arrivait? — R. Par mon ordre.

D. Quel cri proférâtes-vous en donnant l'ordre de se porter en avant? — Le cri de *Vive l'Empereur!*

D. Quand avez-vous donné l'aigle à votre régiment? — A la sortie du faubourg de Grenoble.

D. Avez-vous déchiré votre cocarde blanche et pris la cocarde tricolore? — R. Non, je n'en avais pas.

D. Le général Devilliers n'a-t-il pas couru après vous? n'a-t-il pas employé la voix de l'autorité et de la persuasion pour vous ramener au devoir? — R. Oui, le général Devilliers me parla des suites que pouvait avoir ma démarche et des liens de famille qui devaient me retenir. Je lui répondis que les liens dont il me parlait m'étaient bien chers, que je savais que je les sacrifiais tous; mais que je croyais devoir ce sacrifice à mon pays, à la patrie, qui doit l'emporter sur tout.

D. N'avez-vous aucune révélation à faire? — R. Aucune.

Cette réponse termina l'interrogatoire; on entendit immédiatement les témoins; ils étaient peu nombreux et ne firent que confirmer les déclarations de l'accusé. Le commandant Viotti, prononçant ensuite son réquisitoire, conclut à la peine capitale. Un avocat était assis auprès du jeune général ; mais sa présence était de pure forme ; Labédoyère avait déclaré que lui-même parlerait à ses juges.

« Si ma vie seule était en cause, dit-il en se levant et d'une voix calme, mais ferme, je me bornerais à vous dire que celui qui a conduit quelquefois de braves gens à la mort, saura lui-même y marcher en brave homme, et je ne retarderais pas votre sentence. Mais on attaque mon honneur en même temps que l'on demande ma vie, et cet honneur n'appartient pas à moi seul : une femme, modèle de toutes les vertus, un fils au berceau, ont droit de m'en demander compte ; je veux qu'ils puissent dire que, malgré le coup qui va m'atteindre, *l'honneur est intact.*

« J'ai pu me tromper sur les véritables intérêts de la France ; de glorieux souvenirs, un ardent amour de la patrie, des illusions, ont pu m'égarer ; mais la grandeur même des sacrifices que j'ai faits, en rompant les liens les plus chers, prouve qu'il n'entrait dans ma conduite aucun motif d'intérêt personnel. Je ne nierai pas des faits notoires ; mais je déclare que je n'ai trempé dans aucun complot qui aurait précédé le retour de Napoléon ; je dirai plus, je crois pouvoir affirmer qu'il n'a point existé de conspiration pour le ramener de l'île d'Elbe. »

Racontant alors son départ de Paris, au mois de février précédent, et son arrivée à Chambéry, il trace le tableau de l'opinion publique telle qu'elle se manifestait à cette époque, puis il ajoute :

« Si ma voix peut avoir ce caractère solennel que prennent, dit-on, les accents les plus faibles à l'instant de la mort, les réflexions que je vais vous soumettre ne seront peut-être pas sans utilité pour mon pays. En 1814, la nation et l'armée avaient abandonné l'empereur Napoléon ; la famille des Bourbons fut accueillie avec enthousiasme. Comment cette disposition générale vint-elle à changer ?...

— Accusé, dit le président en interrompant Labédoyère, restez dans les faits de la cause. Vous êtes accusé d'un crime ;

nous n'avons pas à nous occuper des motifs qui vous y ont porté; le conseil n'a point à prononcer sur des motifs : il ne peut y avoir pour lui de crime innocent! » Le défenseur fait observer que la défense n'est pas libre. « Que l'accusé se défende du crime qui lui est imputé, il est dans son droit, réplique le président; mais je ne souffrirai pas qu'il se livre à des discussions politiques, à des divagations inutiles.

— Comment voulez-vous que je combatte des faits publics, des actions que j'avoue? dit le jeune général. Ma seule défense est dans l'examen des causes politiques qui m'ont porté à la démarche dont je réponds devant vous. Vous ne voulez pas l'entendre? je n'insisterai pas. Je dirai seulement que je mourrai avec l'espoir que mon souvenir n'éveillera jamais un sentiment de haine ou de honte; que mon fils, arrivé à l'âge de servir son pays, n'aura pas à rougir de son père, et que la patrie ne lui reprochera pas mon nom. »

L'audience avait ouvert à dix heures du matin; il était alors près de deux heures; le conseil se retira pour délibérer; Labédoyère fut ramené à sa prison. A quatre heures, l'audience fut reprise; le conseil, prononçant à l'unanimité, déclara le général coupable de trahison et de rébellion, et le condamna à la peine de mort.

Tous les amis de Labédoyère, parmi les hommes de l'Empire, étaient en fuite ou se tenaient cachés; ceux que pouvaient lui donner ses liens de famille et ses alliances l'avaient abandonné dès le premier jour. « On ne pouvait pas se mêler de son affaire, disaient-ils, le roi se montrait trop irrité; c'était au général à ne pas se laisser prendre. » Seules, deux femmes dont il était l'unique pensée veillaient sur lui : sa mère, puis sa jeune épouse de dix-neuf ans, épouse adorée et qui, à son tour, avait voué au jeune général une de ces affections profondes, absolues, qui remplissent la vie et que l'on emporte au tombeau[1]. Toutes les deux obtinrent du général qu'il se

[1] Les opinions de madame de Labédoyère étaient profondément royalistes;

pourvoirait en révision, et profitèrent des quelques jours de délai que leur donna cet appel pour essayer de le sauver. Une somme de 100,000 francs, qu'elles parvinrent à réunir, devait acheter son évasion. Peut-être la tentative aurait-elle réussi sans une circonstance assez bizarre.

Nous avons dit dans le précédent chapitre que M. Decazes convoitait le portefeuille de la police et employait toutes les ressources de son intelligence à perdre Fouché dans l'esprit du roi. Au moment de la condamnation de Labédoyère, une dame Lavalette, lectrice de la mère de l'Empereur alors que M. Decazes en était le secrétaire des commandements, et qui n'avait avec le comte Lavalette, dont nous aurons bientôt à parler, d'autres rapports que la similitude du nom, vint se rappeler au souvenir du préfet de police, et réclamer son intervention auprès de nous ne savons quel fonctionnaire ou quel ministre. M. Decazes promit de la servir. La conversation, devenue plus générale, amena bientôt le nom de Labédoyère : M. Decazes dit que le gouvernement aurait désiré qu'il échappât à son sort, et parut regretter qu'on ne pût le sauver. Madame Lavalette offrit de s'y employer si le préfet consentait à l'aider. Sa proposition est acceptée, et les moyens nécessaires sont fournis. Mais, craignant sans doute de s'être laissé entraîner trop loin, et changeant subitement de pensée, le préfet de police se décide à faire avorter la tentative, et même à l'utiliser au profit de son crédit. Peu d'instants après la sortie de madame Lavalette de la préfecture, le concierge de l'Abbaye y était mandé, et là, apprenait de la bouche même du préfet que dans la journée des offres lui seraient faites pour la délivrance de Labédoyère, et que ces offres, il devait les écouter sans s'inquiéter des suites. Cet homme, à peine rentré à sa geôle, fut appelé auprès d'une femme qui se tenait enfermée dans un fiacre stationné à l'un des angles extérieurs de

toutefois, dans son culte pour la mémoire de son mari, cette noble femme n'a jamais consenti à se remarier. Madame de Labédoyère, née de Chastellux, existe encore.

la prison. Il s'y rendit, mais presque aussitôt des agents apostés entourent la voiture, arrêtent la dame, qui était madame Lavalette, et saisissent sur elle 10,000 francs ainsi que deux passe-ports signés en blanc par Fouché, et dont le préfet de police avait toujours un certain nombre à sa disposition. Une fois rentré en possession de l'argent et des passe-ports que lui-même avait fournis, M. Decazes court aux Tuileries, et dénonce cette prétendue tentative d'évasion à Louis XVIII. Pendant ce temps, madame Lavalette était conduite dans une prison, où elle demeura oubliée. Peu d'heures après, le gardien, revenu à son poste, recevait les propositions de mesdames de Labédoyère; mais, rendu défiant et craintif par la scène où il venait de jouer un rôle, il refusa de rien écouter.

Ce fut le 19 août, cinq jours après la sentence, que le conseil de révision s'assembla pour statuer sur l'appel du condamné. Ce conseil était ainsi composé : le maréchal de camp baron Deconchy, *président;* l'adjudant-commandant Maurin, le chef d'escadron Duchambeau, les capitaines Leclerc et Piquot, *juges;* le commissaire ordonnateur Ricard, *commissaire du roi.* M. Mauguin, avocat, présenta dix moyens de cassation qui furent tous rejetés; le conseil, à l'unanimité, confirma la sentence. Moins d'une heure après, tant on avait hâte de frapper! l'ordre d'exécution pour le jour même, écrit tout entier de la main de Gouvion-Saint-Cyr, partait de la salle du conseil des ministres. Le temps manquait pour un recours en grâce; le roi, d'ailleurs, n'eût point accordé d'audience; mais ce prince sortait chaque jour, à trois heures et demie. Au moment où, descendant de ses appartements, il s'apprêtait à monter en voiture, une jeune femme, baignée de pleurs, s'ouvre précipitamment un passage à travers la foule réunie autour du carrosse royal, et se jette aux genoux de Louis XVIII en criant : *Grâce! Sire, grâce!* Le roi reconnaît madame de Labédoyère; son visage devient sévère : « Madame, lui dit-il, je connais vos sentiments pour moi ainsi que ceux de votre famille; je regrette de vous refuser : je ne peux qu'une seule chose pour votre mari : *je ferai dire des messes pour le repos de son âme.* » La jeune femme tomba évanouie ; on l'emporta. A cinq heures et demie, le roi rentra de sa promenade : une dame âgée, en grand deuil, et qui, debout près du vestibule du pavillon de Flore, épiait depuis longtemps la rentrée du monarque, essaya de s'approcher de lui lorsqu'il descendit de voiture. Mais elle était observée, on l'arrêta ; et, après de vains efforts pour arriver jusqu'au roi, elle quitta les Tuileries. C'était la mère du condamné.

A ce moment-là même, Labédoyère quittait sa prison et se rendait à la plaine de Grenelle sous l'escorte d'un fort détachement de gendarmerie. Arrivé à six heures un quart sur le lieu fatal, il descend du fiacre qui l'avait amené, et vient se placer devant le peloton d'exécution. Otant alors son chapeau, et refusant de se laisser bander les yeux, il fait quelques pas au-devant des soldats, s'arrête lorsqu'il est presque à bout portant, et, découvrant sa poitrine, il dit d'une voix ferme : *Tirez, mes amis ; surtout ne manquez pas!* Il tomba. En ce moment, un prêtre qui avait accompagné l'infortuné général depuis la prison sort du fiacre en tenant un mouchoir blanc à la main ; il s'avance vers le corps, s'incline, et promène lentement le mouchoir sur la poitrine de Labédoyère. Lorsque le linge, relique pieuse sollicitée sans doute par la mère et par la veuve, fut suffisamment imbibé du sang qui s'échappait encore des blessures, le prêtre bénit une dernière fois la victime et se retira. Une charrette remplie de paille reçut immédiatement les restes de l'ancien aide de camp de Napoléon ; peu d'instants après, toute trace matérielle de cette noble vie avait disparu [1].

Labédoyère avait été renfermé dans trois prisons différentes : d'abord au dépôt de la préfecture de police, ensuite à la Con-

---

[1] Labédoyère avait été condamné aux frais du procès. L'état de ces dépenses, dressé par le fisc, contenait un article ainsi conçu : « Pour gratification aux douze soldats chargés de l'exécution, à raison de 3 fr. par homme, 36 fr. » La jeune veuve fut obligée d'acquitter cette somme.

ciergerie, puis à la prison militaire de l'Abbaye. Le jour même où il avait quitté la Conciergerie, on y avait amené du dépôt de la préfecture le comte de Lavalette, arrêté quatorze jours avant lui. Ancien aide de camp de Napoléon, qui lui avait fait épouser une nièce de sa première femme l'impératrice Joséphine, puis directeur général des postes durant tout l'Empire et pendant les Cent-Jours, le comte de Lavalette était resté complétement étranger aux affaires politiques proprement dites. Nul n'avait rendu plus de services privés et ne comptait, dans toutes les opinions, un plus grand nombre d'amis. Il était en liaison intime, entre autres, avec la princesse de Vaudemont-Lorraine, noble femme dont le salon hospitalier était ouvert aux vaincus comme aux puissants de tous les régimes, et qui mettait son influence au service de tous les proscrits. Cette dame avait fait d'actives démarches en faveur de M. de Vitrolles, lors de sa détention pendant les Cent-Jours. Peu de temps après la rentrée du roi, M. de Vitrolles, demeuré un de ses visiteurs assidus, la pria de conseiller à Lavalette de veiller à sa sûreté; lui-même donna personnellement cet avis à l'ancien directeur général des postes. Mais ce dernier, opposant à ces recommandations la position de madame de Lavalette, alors malade et approchant du terme d'une seconde grossesse, répondait qu'un emprisonnement de deux à cinq ans était la seule condamnation qu'il eût à craindre pour s'être installé aux Postes dans la journée du 20 mars, et que cette peine lui semblait préférable à une expatriation même volontaire, parce que, du fond de sa prison, du moins, il pourrait veiller sur la comtesse. Rien n'avait pu ébranler sa résolution, lorsque le 18 juillet, pendant qu'il dînait au milieu de sa famille, un inspecteur de police se présente chez lui et lui annonce que M. Decazes le fait demander. Lavalette, au temps de sa fortune, s'était montré bienveillant pour M. Decazes; convaincu que le préfet de police, conservant le souvenir de leurs anciennes relations, l'appelait pour l'engager également à s'éloigner, il se lève sans défiance et suit l'inspecteur. Mais, à peine hors de sa demeure, quatre ou cinq agents l'entourent, le contraignent de monter dans un fiacre et le conduisent, non pas auprès du préfet, mais au dépôt de la préfecture, où il resta quinze jours sans avoir même entrevu M. Decazes. L'ordonnance du 24 juillet avait paru dans l'intervalle et rangeait Lavalette, fonctionnaire de l'ordre civil, parmi les chefs militaires que l'article 1er renvoyait devant un conseil de guerre. Cette anomalie mit de l'incertitude dans l'instruction : Labédoyère, arrêté après l'ancien directeur général des postes, était déjà fusillé, que l'on hésitait encore sur la juridiction devant laquelle Lavalette serait renvoyé. Enfin, une ordonnance du 6 septembre le déclara justiciable des tribunaux criminels ordinaires. Peu de jours après, il subissait deux interrogatoires devant M. Dupuy, juge d'instruction au tribunal de première instance, homme honnête, dont le calme et l'indépendance présentèrent, à cette époque, un contraste honorable avec l'attitude lâche, passionnée, de la plupart des autres organes de la justice[1]. L'instruction se prolongea au delà de deux mois. Détenu pendant tout ce temps à la Conciergerie, Lavalette habita cette prison en même temps que le maréchal Ney; ils ne pouvaient communiquer, bien que voisins de cachot, et c'était à des heures différentes que, chaque jour, dans le même préau, ils se livraient à de courtes promenades. Une fois, pourtant, ils réussirent à échanger quelques mots : « Labédoyère y a passé, dit le maréchal à l'ancien directeur général des postes; puis, ce sera vous, mon cher Lavalette; ensuite moi. — Peu importe qui de vous ou de moi tombera le premier, lui répondit le comte; je crois qu'il n'y a plus de ressource. — Oh! oh! répliqua le maréchal en réfléchissant, peut-être; nous verrons; cependant tous ces avocats m'ennuient et ne comprennent rien à ma position; mais je parlerai. »

Renvoyé devant la cour d'assises de la Seine pour le lundi 20 novembre, Lavalette reçut seulement le samedi soir, 18,

[1] M. Dupuy est devenu, depuis 1830, président de chambre à la cour royale de Paris.

communication de la liste du jury. Le temps manquait pour prendre des renseignements sur les dispositions de chaque membre; la journée du lendemain dimanche, d'un autre côté, était peu favorable aux informations. C'était donc à peu près au hasard que, lors du tirage au sort des douze jurés chargés de prononcer sur sa destinée, il pouvait exercer son droit de récusation [1]. Amené, avant l'ouverture de l'audience, dans la salle particulière des délibérations de la cour, Lavalette trouva les jurés debout et rangés, au nombre de trente-six, en face de lui et des membres de la cour; vainement il interrogeait du regard chaque physionomie, s'efforçant de découvrir ceux qu'il devait craindre ou désirer pour juges; il ne voyait que froideur ou embarras; tous les yeux évitaient les siens. Un des jurés, pourtant, se trouvait connu de lui, c'était M. Héron de Villefosse, ingénieur des mines et maître des requêtes au conseil d'État alors que Lavalette y siégeait lui-même comme conseiller : l'avocat du roi récuserait-il cet ancien fonctionnaire de l'Empire? Lavalette le craignait, et sa joie fut grande lorsqu'il le vit maintenu. En revanche, il ne put réprimer un vif mouvement de déplaisir, lorsque, après avoir épuisé son droit de récusation, il entendit sortir de l'urne le nom de M. Jurien, ancien émigré, alors conseiller d'État et directeur au ministère de la marine. L'opération terminée, le jury se trouva ainsi composé : M. Héron de Villefosse, *président*; MM. Jurien, Par-

[1] A cette époque, et pendant toute la Restauration, le jugement par jurés, dans les causes politiques, était un véritable mensonge; la formation de ce tribunal en faisait une *commission*. Quinze jours avant l'ouverture des assises, le préfet du département, sur la réquisition du président de la cour, transmettait à ce dernier une liste de *soixante* noms choisis avec soin, que le président réduisait ensuite à *trente-six*, et c'était sur cette liste épurée que le sort désignait les *douze* jurés de jugement. Le procureur général et l'accusé avaient, à la vérité, le droit de récuser un nombre égal de jurés, jusqu'à ce que la liste des trente-six fût réduite à douze noms (art. 387, 399 et 400 du Code d'instr. crim.); mais ce droit, pour l'accusé, devenait un droit illusoire, lorsque dans une cause politique, ainsi qu'il arrivait toujours, les soixante noms d'abord choisis par le préfet, puis les trente-six jurés maintenus par le président, appartenaient, en immense majorité, à des gens qui, par intérêt ou par passion, avaient condamné à l'avance.

mentier, Guéneau de Mussy, le baron de Courville, Commard, Varmer, Nepveu, Chapellier, Bintot, Bezard et Petit. Les membres de la cour et les jurés rentrèrent dans la salle d'audience, Lavalette ne tarda pas à y être introduit à son tour; il était vêtu de noir et décoré du grand cordon de la Légion d'honneur, ainsi que des ordres de Hollande et de la Couronne de fer.

L'accusation se divisait en deux chefs principaux : complicité dans un complot ayant pour but et pour résultat le retour de l'usurpateur, son triomphe et le renversement du gouvernement du roi; en second lieu, usurpation de fonctions publiques. Ce deuxième chef d'accusation reposait sur les trois faits suivants : 1° le 20 mars, à sept heures du matin, l'accusé se serait présenté à l'hôtel des Postes, et, pénétrant dans les appartements du directeur, il aurait frappé violemment avec sa canne sur le parquet en s'écriant d'une voix forte : *Au nom de l'Empereur, je prends possession de la Poste!* 2° il avait ensuite, et en qualité de directeur général, délivré un permis de poste au comte Ferrand, son prédécesseur; 3° le même jour, et agissant dans la même qualité, il avait adressé à tous les directeurs de poste du royaume la circulaire suivante : « L'Empereur sera à Paris dans deux heures et peut-être avant. La capitale est dans le plus grand enthousiasme, et, quoi qu'on puisse faire, la guerre civile n'aura lieu nulle part. *Vive l'Empereur!* — Le conseiller d'État, directeur général des Postes, *comte Lavalette*. »

L'accusé reconnaissait être entré, le matin du 20 mars, à l'hôtel des Postes, mais uniquement par curiosité, sans autre intention que de connaître les nouvelles arrivées dans la nuit. Il niait, en revanche, avec la plus grande énergie, d'avoir frappé sur le parquet en annonçant qu'il prenait possession de l'administration au nom de l'Empereur. Ce fait, qui reposait sur le témoignage unique de M. Macarel, secrétaire intime du comte Ferrand, fut reproduit à l'audience; Lavalette donna à M. Macarel le plus formel démenti : « Tous ceux qui connaissent mon caractère calme, posé, et mon respect pour les bienséances, prononceront facilement entre M. Macarel et moi, » s'écria-t-il ; puis il ajouta en s'adressant au témoin : « Quelques jours après le 20 mars, vous m'avez écrit une lettre d'excuses ; vous m'avez demandé une audience ; je vous l'ai accordée, et j'ose dire que vous n'avez pas à vous en plaindre.

M. Macarel. — Je l'avoue, mais j'ai promis de dire la vérité.

L'accusé. — Et moi aussi, monsieur...

Le défenseur. — Est-ce que le témoin se trouvait seul dans la pièce où le fait se serait passé ?

M. Macarel. — Deux garçons de bureau se tenaient dans la pièce voisine, et la porte était ouverte. »

Les garçons de bureau furent appelés. Tous deux, après avoir déclaré qu'ils se trouvaient, en effet, à portée de ne rien perdre de ce qui se passait dans la pièce où le comte de Lavalette était entré, déposèrent qu'ils n'avaient rien entendu [1].

Lavalette convenait également d'avoir donné un permis de poste à M. Ferrand ; mais ce n'était pas à l'hôtel de l'administration, où M. Ferrand était resté jusqu'à trois heures et demie de l'après-midi, dans la plénitude de ses fonctions, et d'où lui-même était sorti dès dix heures du matin, qu'il avait délivré ce permis, disait-il ; il l'avait écrit au faubourg Saint-Germain, à sa demeure particulière, en cédant aux instances de madame Ferrand, à laquelle il faisait observer qu'il était sans pouvoirs et sans droits pour l'écrire, et qui avait enfin vaincu sa résistance en invoquant la *sûreté* de son mari. Madame Ferrand, entendue au débat, nia d'abord qu'elle eût demandé le permis ; puis, pressée de questions, elle en convint, en affirmant toutefois que ce n'était pas de la *sûreté*, mais de la *santé* de son mari qu'elle avait parlé. Malgré cette

---

[1] M. Macarel est devenu conseiller d'État.

déclaration, un autre témoin, M. Devillars, employé supérieur à la poste, et resté dans la salle des témoins pendant la déposition de madame Ferrand, eut l'audace d'affirmer que le permis avait été demandé par lui et délivré à l'hôtel même de l'administration : « Prenez garde, monsieur Devillars, s'écria l'accusé; j'affirme sur mon honneur que vous ne m'avez pas parlé de ce permis, et que je ne vous ai pas vu. Vous avez été longtemps mon secrétaire intime, mon ami, vous m'eussiez parlé du permis avec confiance, et je vous aurais fait connaître les motifs qui m'empêchaient de le délivrer. » Le témoin persista.

La circulaire adressée à tous les directeurs des départements n'était pas méconnue davantage par l'accusé. Il l'avait écrite, disait-il, à quatre heures et demie du soir, dans le but d'empêcher l'effervescence que l'incertitude pouvait causer, de calmer les esprits, et d'assurer la tranquillité publique, résultats qui avaient été obtenus. Quant aux qualifications précédant la signature, il disait que les expéditionnaires les avaient ajoutées sans son aveu, et probablement par ancienne habitude.

Restait l'accusation de complicité dans le retour de Napoléon et dans le renversement du gouvernement du roi. Cette complicité résultait, pour le ministère public, d'une active correspondance que l'accusé aurait entretenue avec l'exilé de l'île d'Elbe, à l'aide des relations qu'il aurait conservées dans l'administration de la poste. On entendit de nombreux témoins, qui tous déclarèrent que, ni directement, ni indirectement, ils ne connaissaient aucun fait qui pût leur faire soupçonner l'existence d'une correspondance, ou de toute autre relation quelconque entre Napoléon et son neveu par alliance. Seul, M. Ferrand rapporta quelques vagues propos de M. Lainé sur un complot dont l'accusé aurait été un des instruments les plus actifs[1]. L'usurpation de fonctions n'était pas contestable; Lavalette avouait tous les faits, il se

---

[1] Un des employés de la poste entendus à cette occasion ajouta le détail

bornait à les expliquer; mais un emprisonnement de quelques années, punition de ce délit[1], ne pouvait satisfaire l'organe du ministère public, M. l'avocat général Hua. Aucun fait, aucun témoignage, ne venaient appuyer la prévention de complicité dans le complot supposé du 20 mars; ce fut pourtant sur ce complot et sur cette complicité que M. Hua insista le plus longtemps et avec le plus de force; à défaut de preuves, il invoqua l'*intention* : « Quiconque ne verrait dans cette cause que le fait de l'usurpation de fonctions, dit-il, et ne verrait pas l'*intention* de servir l'usurpateur, ne verrait qu'un côté et détournerait les yeux de l'autre. Les débats que *vous avez entendus* sont la chose la *moins importante*, je dirais presque la *plus inutile*. L'accusé n'est pas venu aux Postes dans son intérêt, ni dans l'intérêt de l'administration, mais pour servir Buonaparte, et il l'a servi. Il a préparé la marche de Fontainebleau à Paris; il a tendu la main de Paris à Fontainebleau. Quand l'usurpateur n'aurait pas eu besoin de ce secours, l'*intention* de l'accusé a été de coopérer à l'*attentat* de l'usurpation; l'*intention fait le crime*. Cette doctrine, messieurs, n'est pas extraordinaire. La tentative du crime est assimilée au crime lui-même. Attendra-t-on que la victime soit immolée pour punir l'assassin? »

Le succès aurait peut-être manqué aux efforts de M. Hua, si sa logique monstrueuse n'avait rencontré dans la passion du président et des magistrats composant la cour le plus déplorable appui. La vulgaire équité exigeait que chaque chef d'accusation fût l'objet d'une question spéciale; mais, au lieu de diviser les demandes et d'interroger séparément le jury sur des griefs d'une nature complétement différente, le président, par un odieux abus de son droit, comprit tous les chefs d'ac-

---

suivant : « Je faisais partie des volontaires royaux quelques jours avant le 20 mars; j'avais à craindre une destitution pendant l'interrègne; il n'en fut rien. — *Le président.* Vous êtes resté en place? — *Le témoin :* Nous y sommes *tous* restés. — *Le président :* Et vous le devez à la modération de l'accusé? — *Le témoin :* Oui, monsieur. »

[1] Deux à cinq ans de prison, art. 258 du Code pénal.

cusation dans une question *unique*, contraignant ainsi les jurés à ne faire qu'une *seule* et *même* réponse aux reproches si divers amassés contre l'accusé. En d'autres termes, obligés de ne prononcer qu'une seule fois *oui* ou *non*, les jurés, en disant *oui* pour l'usurpation de fonctions, faisaient tomber la tête de Lavalette pour un complot qui n'existait pas et que pas un seul témoignage n'était venu appuyer; s'ils disaient *non* pour le complot, ils acquittaient Lavalette sur ce fait d'usurpation de fonctions qu'il ne niait pas et pour lequel il s'était résigné d'avance à une condamnation. Vainement le défenseur, M. Tripier, réclama contre ce piége indigne, et demanda que la question fût divisée et le jury interrogé en ces termes : L'accusé est-il coupable de conspiration? Est-il coupable d'usurpation de fonctions publiques? M. Hua combattit ce changement avec un emportement extrême, et la cour, après en avoir délibéré, maintint la position d'une question unique, indivisible, pour les deux faits. Les jurés se retirèrent dans la salle de leurs délibérations; Lavalette fut ramené à la Conciergerie [1].

Il était attendu dans son cachot par un de ses jeunes parents, ancien aide de camp du prince Eugène, M. Tascher de Saintes-Rose, qui, demeuré près de lui pendant tout le débat, avait quitté la salle d'audience immédiatement après le résumé du président. Malgré un asthme qui mettait à chaque instant sa vie en danger, M. de Saintes-Rose, cœur tendre, esprit orné, passait la plus grande partie de ses journées auprès de Lavalette [2]. Ils firent une partie d'échecs. L'ancien aide

---

[1] M. Hua fut promu, quelques années plus tard, aux fonctions de conseiller à la cour de cassation. — La cour se composait de cinq conseillers; elle était présidée par M. Chollet.

[2] Lavalette, dans ses *Mémoires*, cite au nombre des personnes qui ne craignaient pas de lui donner des marques d'affection et de le visiter à la Conciergerie, le comte Alexandre de la Rochefoucauld, MM. de Vandeuil, Frank O'Gaerty, de Fidières, de Fréville et le comte de Bricqueville, qui, malgré deux affreuses blessures reçues à l'affaire de Versailles (1ᵉʳ juillet), quittait souvent son lit pour venir passer avec lui de longues heures. Nous devons ajouter à ces noms celui du comte de Carvoisin, son ancien voisin de cam-

de camp d'Eugène ne doutait pas de l'acquittement. Cependant, à mesure que se prolongeait la délibération des jurés, sa confiance diminuait. A dix heures, lorsque, pour obéir aux règlements de la prison, on le contraignit de sortir, il fondit en 'armes. Lavalette dut attendre encore longtemps le moment de reparaître devant le tribunal. Enfin, à minuit, on vint le chercher. La réponse du jury avait été lue pendant son absence; il interrogea les gendarmes; aucun ne lui répondit. La salle, lorsqu'il entra, était dans une sorte d'obscurité; les femmes s'y trouvaient encore en assez grand nombre; le plus profond silence régnait; sur les bancs de l'auditoire comme sur les siéges des juges, l'immobilité était complète. Les premiers regards de Lavalette interrogèrent avidement la physionomie des jurés; il ne vit que des figures impassibles; un seul tenait son mouchoir sur ses yeux et cachait ses larmes : c'était M. Jurien! Contrairement aux prévisions du comte, M. Jurien avait lutté avec énergie pour le sauver, tandis que M. Héron de Villefosse avait plaidé pour la condamnation avec une violence que la passion de l'intérêt personnel doit sans doute expliquer; après six heures d'un débat dont les éclats dépassaient l'enceinte de la salle de délibération, l'ancien fonctionnaire de l'Empire l'avait emporté sur l'ancien émigré; huit voix contre quatre avaient déclaré la culpabilité. Le greffier donna une seconde lecture de ce verdict, et la cour, après une délibération de quelques minutes, prononça la peine de mort. Lavalette, en entendant sa sentence, tira sa montre, regarda l'heure, et, se penchant vers M. Tripier, qui semblait accablé :
« Que voulez-vous, mon cher ami, lui dit-il ; c'est un coup de canon. »

La princesse de Vaudemont, en allant annoncer le lendemain la triste nouvelle à madame de Lavalette, la fit immé-

---

pagne, royaliste fervent, homme pieux et bon, qui, repoussé dans ses efforts, après la condamnation, pour faire accepter au condamné les visites d'un prêtre, n'en venait pas moins le voir chaque matin, après avoir assisté à une messe qu'il faisait dire pour la délivrance du comte.

diatement écrire au duc de Duras, premier gentilhomme de la chambre, pour obtenir une audience du roi ; elle-même porta la lettre aux Tuileries: une heure après, contre toute attente, la reponse arriva : « Le roi, disait le premier gentilhomme, attendait madame de Lavalette dans son cabinet. » Conduite au palais dans la voiture de la princesse, et introduite par M. de Duras, madame de Lavalette se jeta aux genoux de Louis XVIII : « Madame, lui dit le roi, je vous ai reçue pour vous donner une marque de mon intérêt. » Madame de Lavalette, toujours à genoux, attendit vainement que Louis XVIII continuât; il n'ajouta pas un seul mot. On releva la comtesse, que M. de Duras reconduisit hors des appartements.

Lavalette se pourvut en cassation. Le délai que cet appel lui donna fut employé en nombreuses démarches auprès des ministres. Par une de ces singularités communes aux époques de commotions politiques, Lavalette comptait au nombre de ses plus intimes amis M. Pasquier, chargé des portefeuilles de l'intérieur et de la justice dans le cabinet qui avait ordonné son arrestation et son procès. Sorti du ministère en même temps que M. de Talleyrand, M. Pasquier s'était rapproché du comte ; il avait même comparu, comme témoin à décharge, devant la cour d'assises, où il rapporta plusieurs faits favorables à l'accusé; souvent, en outre, il venait à sa prison, et, visitant les nouveaux ministres, il déployait le plus grand zèle pour obtenir sa grâce. « Le gouvernement n'est plus le maître, dit-il enfin à madame de Vaudemont, l'âme de toutes ces démarches; il est emporté par la cour et par la Chambre, qui veulent des exemples. La duchesse d'Angoulême pourrait seule intervenir avec succès; une demande, présentée par elle, ferait taire tous les murmures; elle y trouverait, d'ailleurs, un moyen assuré de popularité. » Le temps pressait : la cour de cassation venait de rejeter le pourvoi; mais aborder la fille de Louis XVI était le point difficile; car, à mesure qu'approchait le moment fatal, les consignes, au château, devenaient plus sévères pour en interdire l'accès à madame de

Lavalette; des factionnaires gardaient toutes les issues des appartements; on avait placé des sentinelles jusque sur les combles; un jour même où l'on avait annoncé que la comtesse devait attendre le roi à sa sortie du palais, Louis XVIII renonça à sa promenade accoutumée. Marmont, compagnon du condamné à l'armée d'Égypte et resté son ami, se chargea de vaincre les obstacles. Choisissant le moment où toute la famille royale était à la messe, il prit le bras de madame de Lavalette, que lui avait amenée le général Foy, et la conduisit vers la salle des gardes, où le roi et la duchesse d'Angoulême, à leur retour de la chapelle, devaient nécessairement passer. Une permission spéciale était nécessaire pour pénétrer dans cette salle; le garde du corps de faction arrêta la comtesse; Marmont, recourant à l'intervention de l'officier de service, M. de Bartillat, obtint de la faire entrer. M. de Glandevès, major des gardes, averti, vient aussitôt au maréchal et lui rappelle les ordres donnés pour la comtesse : « Mais, puisqu'elle est entrée, répond ce dernier, avez-vous l'ordre de la faire sortir? — Non. — Eh bien, je reste. » La messe venait de finir; le roi parut au fond de la galerie; en apercevant madame de Lavalette, il sembla vouloir s'arrêter; continuant cependant à avancer, il ne tarda pas à arriver en face de la comtesse, qui se jette à ses pieds. « Madame, lui dit-il sans suspendre sa marche, je ne peux faire autre chose que mon devoir. » La duchesse d'Angoulême suivait; madame de Lavalette se tourne aussitôt vers elle et veut se précipiter à ses genoux; mais M. d'Agoult, chevalier d'honneur de la fille de Louis XVI, se place entre elle et la suppliante, qu'il arrête en étendant les bras; la duchesse jette un regard irrité sur le maréchal, et poursuit son chemin. Marmont, pendant quelques semaines, subit une sorte de disgrâce.

    Cette tentative ne laissait plus aucune espérance de salut. Cependant la princesse de Vaudemont conseilla un dernier effort; elle décida la comtesse à tenter la délivrance de son mari à l'aide d'une substitution de vêtements et de personne. On était au 19 décembre; toute cette journée et la matinée du lendemain furent employées à disposer les différentes parties du plan conçu par la princesse, et auquel devaient concourir, avec madame de Lavalette, sa jeune fille Joséphine, âgée de douze ans, M. Baudus, un des amis de Lavalette, et le comte de Chassenon. Le 20, à cinq heures du soir, lorsque les ordres pour le supplice, fixé au lendemain matin, partaient du parquet du procureur général, madame de Lavalette, enveloppée dans une ample robe de mérinos doublée d'épaisses fourrures, arrivait à la Conciergerie, comme elle faisait chaque jour, pour partager le dîner de son mari; elle était accompagnée de sa fille, d'une vieille femme de charge qui resta au greffe, et d'un valet de chambre chargé de garder la chaise à porteurs qui servait à ses visites quotidiennes. Le colonel Bricqueville, MM. de Saintes-Rose et de Carvoisin, venaient de faire leurs derniers adieux au condamné. Le dîner fut triste; les deux époux échangèrent à peine une parole; les émotions les plus opposées tenaient, pour ainsi dire, leurs facultés en suspens. A sept heures moins un quart, moment fixé pour la substitution de vêtements, un incident faillit tout compromettre : un des gardiens entra dans le cachot, amenant la vieille femme de charge, à qui l'extrême chaleur du poêle du greffe et l'émotion causaient des défaillances; cette pauvre femme poussait des gémissements. Madame de Lavalette, s'approchant d'elle, lui dit d'une voix émue, mais ferme : « Point d'enfantillage; le moindre cri peut coûter la vie à mon mari; quoi que vous voyiez, pas un mot; respirez ce flacon d'odeurs, dans quelques instants vous serez à l'air libre. » Les deux époux passèrent immédiatement derrière un paravent placé devant un des angles de la pièce et formant une sorte de cabinet; madame de Lavalette habilla son mari. Le déguisement était plus facile qu'on ne pourrait le penser : si Lavalette, petit de taille, semblait dans ses vêtements d'homme beaucoup moins grand que la comtesse, cette différence tenait exclusivement au costume et à l'ampleur des formes du mari; leur taille, en réalité, était semblable. D'un autre côté, cette ampleur de formes qui contribuait pour une grande part à la dissemblance, n'existait plus : une captivité de cinq mois, les soucis inséparables d'un procès où sa vie se trouvait engagée, cette mort par la main du bourreau qui depuis trois semaines était suspendue sur sa tête, avaient extraordinairement maigri Lavalette. La toilette achevée, les deux époux acquirent immédiatement la preuve de l'illusion que ce changement pouvait produire : la jeune Joséphine eut de la peine à reconnaître son père. A ce moment, l'horloge du Palais fit entendre sept heures; Lavalette agita la sonnette qui avertissait les geôliers de venir ouvrir sa porte : « Tous les soirs, après que vous m'avez quitté, dit Lavalette à la comtesse, le concierge vient me voir; ayez soin de vous tenir derrière le paravent et de faire un peu de bruit en agitant quelque meuble. Il me croira derrière, et sortira pendant les quelques minutes qui me sont indispensables pour m'éloigner. » La porte s'ouvrit. Lavalette avait à traverser un corridor, la grande salle du greffe, une grille intérieure, puis la porte de sortie; un gardien, assis dans l'étroit couloir placé au delà de cette grille, vis-à-vis de la porte de sortie, avait une main appuyée sur la clef ouvrant la porte extérieure, et l'autre main sur la clef ouvrant la grille. En dehors, se trouvait une petite cour ouverte, gardée par un poste nombreux de gendarmerie. Les gardiens, dans la salle du greffe, se tenaient à gauche des portes; dans la petite cour, les gendarmes étaient habituellement groupés à droite; la leçon avait été faite à la jeune Joséphine : dans le greffe, elle devait prendre le bras gauche; dans la cour, le bras droit de son père, afin de se trouver constamment entre ce dernier et les gendarmes ou les gardiens. Le corridor fut facilement franchi; cinq guichetiers étaient debout dans le greffe lorsque Lavalette y entra, coiffé du chapeau de la comtesse et enveloppé dans son châle et dans ses fourrures; il paraissait abîmé dans la douleur, avait la tête inclinée sur la poitrine et se cachait le visage en tenant son mouchoir sur ses yeux. Les gardiens se rangèrent sur son passage. Le concierge parut en ce moment, et, s'approchant du côté opposé à celui où se trouvait la jeune Joséphine, il posa la main sur le bras du condamné; Lavalette, à ce mouvement, se crut découvert; tout son sang reflua vers le cœur : « Vous vous retirez de bonne heure, madame la comtesse, » dit le concierge. Le condamné était alors devant la grille, mais le gardien qui se trouvait entre cette grille et la porte de sortie, regardait Lavalette et n'ouvrait pas; ce dernier était à bout de forces; enfin, réunissant toute son énergie, il passe la main à travers les barreaux et fait signe d'ouvrir; le gardien tourne ses clefs, les deux portes s'ouvrent, et Lavalette pose le pied dans la petite cour où une vingtaine de gendarmes, qui avaient vu entrer la comtesse, attendaient sa sortie. La jeune Joséphine se place entre ces redoutables curieux et son père, qui entre enfin dans la grande cour du Palais. La chaise à porteurs était déposée au pied du grand escalier; le comte y prend place; mais la chaise ne bouge pas. Lavalette regarde : point de porteurs; le valet de chambre chargé de la garder avait lui-même disparu. Une sorte de vertige s'empare du condamné; éperdu et les regards fixés sur l'entrée de la Conciergerie, il croit voir à chaque seconde les gardiens paraître et se précipiter sur lui; il prend la résolution de se défendre, de se faire tuer. Enfin, après une attente de deux minutes qui furent deux siècles, il entend la voix de son domestique qui lui dit bien bas que les porteurs s'étaient éloignés, mais qu'il en amène deux autres. Lavalette se sent, en effet, soulever; la chaise sort de la cour, et, tournant à droite, prend le quai des Orfévres et s'arrête en face de la petite rue du Harlay. M. Baudus paraît alors, ouvre la portière et conduit Lavalette à un cabriolet stationné à l'entrée de la rue et où se trouvait déjà une personne auprès de laquelle le comte monte et s'assied. Le cabriolet part aussitôt au grand trot dans la direction du pont Saint-Michel, suit la rue de la Harpe et entre dans la rue de Vaugirard; là, seulement, Lavalette commence à respirer, et, pour la première fois, regarde son conducteur; il reconnaît le comte de Chassenon : « Quoi! c'est vous? lui dit-il. — Oui, et vous avez derrière vous quatre pistolets doubles chargés, dont vous ferez, j'espère, bon usage en cas de besoin. — Non, en vérité, je ne veux pas vous perdre. — Eh bien, je vous donnerai l'exemple. Malheur à qui voudra vous arrêter! » Le cabriolet fit halte sur le boulevard Neuf, au coin de la rue Plumet, lieu de rendez-vous indiqué par M. Baudus, qui ne tarda pas à paraître. Lavalette, pendant le chemin, s'était débarrassé de ses vêtements de femme et les avait remplacés par un carrick de jockey et un chapeau galonné. Quittant M. de Chassenon, il suit M. Baudus dans la rue du Bac; tous deux marchaient à pied, la nuit était obscure, le quartier désert; seuls, des gendarmes, courant au galop vers les barrières, les croisèrent plusieurs fois dans la route. Arrivés devant un hôtel de grande apparence, M. Baudus dit à Lavalette : « Je vais entrer; tandis que je parlerai au suisse, avancez dans la cour; vous trouverez à gauche un escalier que vous monterez; arrivé au dernier étage, vous prendrez à droite un corridor au fond duquel est une pile de bois : tenez-vous là, et attendez. » Le comte obéit de point en point. Il était depuis quelques instants près de la pile de bois, au milieu de l'obscurité la plus profonde, lorsqu'il entendit le léger frôlement d'une robe de soie et sentit une main se poser sur son bras, puis le pousser doucement dans une chambre éclairée par un grand feu, garnie de tous les objets nécessaires pour passer la nuit, et dont on referma la porte. Il était sauvé.

Ainsi que Lavalette l'avait annoncé à la comtesse, le concierge, aussitôt après son départ, était entré dans la chambre du prisonnier. Au bruit qui se fit entendre derrière le paravent, il se retira, puis revint au bout de cinq minutes ; ne voyant encore personne, il s'approche du paravent, l'écarte et aperçoit madame de Lavalette. Il pousse un cri furieux et se précipite vers la porte; la comtesse s'attache, se cram-

ponne à lui : « Attendez! s'écriait-elle; laissez aller mon mari!
— Vous me perdez, madame! » s'écrie cet homme en se dégageant avec tant de force, qu'une partie de son habit reste aux mains de la comtesse. Ce cri : *Le prisonnier est sauvé!* retentit bientôt dans toute la prison. Les geôliers, les gendarmes, s'élancent dans toutes les directions; deux gardiens aperçoivent au loin la chaise qui cheminait le long des quais; ils y courent, se précipitent, ouvrent la portière et ne trouvent que la jeune Joséphine. M. Anglès, qui, depuis deux mois, avait remplacé M. Decazes à la préfecture de police, M. Decazes lui-même et le procureur général Bellart sont successivement avertis. M. Bellart arrive le premier : il reproche à la comtesse d'avoir manqué à la justice et violé la loi; il l'interroge, verbalise et la fait mettre au secret. M. Decazes accourt à son tour; son irritation est encore plus vive : redoutant une disgrâce, craignant pour son portefeuille, il veut à tout prix remettre aux mains du bourreau la victime promise pour le lendemain. Toutes les barrières de Paris sont immédiatement fermées; des dépêches télégraphiques, des courriers, portent à toutes les extrémités du royaume l'ordre de soumettre les voyageurs à l'examen le plus sévère; des visites domiciliaires sont pratiquées, la nuit comme le jour, chez tous les amis, chez toutes les connaissances du condamné, même chez les personnes qui n'ont jamais eu de rapport avec lui qu'à l'occasion de ses anciennes fonctions. La colère, au reste, avait gagné tous les salons royalistes; au milieu des reproches et des accusations qui y poursuivaient les geôliers et les ministres, on entendait des femmes, des jeunes filles, s'écrier : « Comment a-t-on pu sauver ce Lavalette[1]! » Cette fureur fit

---

[1] L'emportement royaliste, à ce moment de la seconde Restauration, allait pour ainsi dire jusqu'à la folie. La jeune Joséphine de Lavalette faisait son éducation dans un des principaux couvents de Paris; elle ne l'avait quitté que pour venir embrasser son père. Lorsqu'elle y rentra après l'évasion et que l'on connut la part bien modeste qu'elle y avait prise, une immense clameur s'éleva contre cette enfant; les religieuses et ses compagnes la fuyaient, et bon nombre de parents déclarèrent qu'ils retireraient leurs filles si on la

explosion jusque dans la Chambre des députés. Le comte Humbert de Sesmaisons demanda une enquête sur la conduite des ministres : « Puissent leurs éclaircissements, s'écria-t-il, les affranchir de l'effrayante responsabilité qui pèse sur leur tête ! — Comment le concierge est-il encore en place? ajouta M. de Bouville. A qui fera-t-on croire qu'il n'a pas vu qu'une femme grande et mince n'avait rien de commun avec un homme petit, gros, et dont la tournure devait être aussi ridicule que grotesque sous le déguisement dont il s'est servi pour assurer le succès de cette *scène de comédie?* — Le garde des sceaux, s'il n'a point favorisé l'évasion du sieur Lavalette, *favorisait* du moins ses *espérances* pour la grâce et les *obsessions* de sa femme auprès de Sa Majesté, » dit à son tour M. de Saint-Romain. L'enquête, encore appuyée par M. de Kergorlay, fut combattue par M. Bellart, qui prouva, par la lecture de plusieurs pièces, que le garde des sceaux n'avait pas perdu une heure, pas une minute, et que lui-même, à quatre heures du soir, le jour de l'évasion, avait transmis les ordres nécessaires pour le supplice. La Chambre n'en renvoya pas moins la proposition à l'examen de ses bureaux.

Mais tous les efforts de M. Decazes et de sa police devaient échouer. Il était difficile, il est vrai, de soupçonner que l'asile choisi pour Lavalette fût la demeure même du duc de Richelieu, président du conseil, l'hôtel des affaires étrangères. La chambre où il était caché dépendait de l'appartement occupé dans cet hôtel par M. Bresson, caissier central du ministère. C'était la veille même de l'évasion que M. Baudus s'était adressé à madame Bresson. « Mon mari et moi avons été aussi proscrits, lui répondit-elle. Pendant deux années, dans les montagnes des Vosges, de braves gens, malgré la mort suspendue sur leurs têtes, nous ont cachés avec une admirable

---

gardait. Ils ne voulaient pas, disaient-ils, laisser leurs enfants en contact avec une jeune personne qui avait tenu une pareille conduite et donné un tel exemple. Quand madame de Lavalette, six semaines après l'évasion de son mari, recouvra la liberté, elle fut obligée de reprendre sa fille.

fidélité. J'ai fait vœu, dans ma reconnaissance, de rendre le même service au premier condamné politique qui s'adresserait à moi; mon mari est absent; mais je n'ai pas besoin de le consulter pour une bonne action; amenez-nous M. de Lavalette; sa chambre sera prête ce soir. » Le séjour de Lavalette chez M. et madame Bresson fut de trois semaines, pendant lesquelles la police ne suspendit pas un seul instant ses perquisitions. La princesse de Vaudemont, qui avait réglé tous les détails de l'évasion et la distribution des rôles, ne cessait, de son côté, de rechercher les moyens de compléter la délivrance, en faisant arriver le condamné sur la terre étrangère. Trois Anglais, M. Bruce, le capitaine Hutchinson, des gardes anglaises, et le général sir Robert Wilson, s'offrirent à l'aider. Le 9 janvier 1816, au soir, M. de Chassenon vint prendre de nouveau Lavalette et le conduisit rue du Helder, chez le capitaine Hutchinson, qui, par un singulier hasard, se trouvait habiter la même maison que M. Dupuy, le juge d'instruction. Le lendemain, 10, Lavalette, revêtu du costume d'officier des gardes britanniques, traversait la barrière de la Villette, en voiture découverte et en compagnie de MM. Hutchinson et Wilson; le jour suivant, il entrait dans Mons, d'où il gagna la Bavière [1].

Le maréchal Ney n'avait pas eu le même bonheur.

Ney était parti de Paris le 6 juillet, jour fixé par la capitulation pour l'entrée des Alliés dans cette capitale. Davoust lui avait délivré un congé illimité, et il avait reçu de Fouché deux passe-ports, dont l'un portait le nom de *Michel-Théodore Neubourg*. Le 9, le maréchal se trouvait à Lyon. Il voulait passer en Suisse. Mais, informé que tous les chemins, dans cette direction, étaient déjà gardés par les Autrichiens, il hésita à poursuivre sa route, et, après avoir reçu de M. Teste, commissaire général de police à Lyon, une feuille de route sous le

---

[1] Les *Mémoires* de Lavalette ont été publiés en 1831; on lit dans une des dernières pages, à l'occasion de M. et de madame Bresson : « J'écris ceci sur la rive droite de la Seine, à vingt minutes d'une délicieuse campagne qu'ils habitent toute l'année. Je les vois tous les jours; je les ai retrouvés heureux et indépendants. »

nom de *Michel-Théodore Reiset*, major au 3° de hussards, il alla attendre à Saint-Alban, village de l'arrondissement de Montbrison, renommé par ses eaux minérales, une occasion favorable pour gagner la frontière. Ce fut là que, le 25, un homme de confiance, dépêché par la maréchale, vint lui apporter la nouvelle de l'inscription de son nom sur la fatale liste signée par Louis XVIII le 24. La maréchale donnait en même temps à son mari le conseil de quitter Saint-Alban, lieu fréquenté, et de se retirer chez une de ses parentes, madame de Bessonis, qui habitait le château de ce nom dans le département du Lot, sur les limites du Cantal. Ney prit cette direction, et, le 29 juillet, il arriva à Bessonis sous le nom de d'Escaffre, appartenant à une ancienne famille d'Auvergne. Confiné dans une chambre haute, d'où il ne descendait pas même pour prendre ses repas, il devait se croire à l'abri de toute recherche. Une inconcevable imprudence le livra. L'Empereur, lors du mariage du maréchal, en juillet 1802, lui avait fait présent d'un sabre turc de la plus grande richesse. Ce sabre, curieusement examiné sans doute par ses hôtes, était resté déposé sur un des siéges du salon. Un habitant d'Aurillac, en visite au château, vit l'arme et l'admira ; de retour à sa ville, il raconta ce qu'il avait vu ; à la description de l'arme, une des personnes présentes dit : « Je crois connaître le sabre dont vous parlez ; il n'existe en Europe que deux personnes qui peuvent le posséder : le maréchal Ney ou Murat. » La conversation, rapportée au préfet du département, M. Locard, excita le zèle de ce fonctionnaire. Bien que Bessonis, situé dans un autre département que le sien, ne fût pas sous sa juridiction administrative, il y dirigea immédiatement un capitaine et un lieutenant de gendarmerie avec 14 gendarmes. Le maréchal avait lu, la veille, dans une feuille royaliste, qu'au moment de quitter le roi, quatre mois auparavant, pour marcher contre Napoléon, il avait sollicité et obtenu un don de 500,000 fr., largesse, ajoutait le journal, qui augmentait l'odieux de sa défection. Cette calomnie rendait le maréchal presque fou de douleur. Il était dans cette situation d'esprit lorsque, le 5 août au matin, on lui annonça la présence des gendarmes aux portes du château. Il pouvait fuir; on le lui proposa; il s'y refusa avec obstination. Bien plus, ouvrant la fenêtre de sa chambre et apercevant les gendarmes dans la cour, il cria à celui d'entre eux qui semblait le chef : « Que voulez-vous ? — Nous cherchons le maréchal Ney, répondit le gendarme sans même regarder qui l'interpellait. — Que lui voulez-vous ? — L'arrêter. — Eh bien, montez, je vais vous le faire voir. » Les gendarmes montèrent, le maréchal ouvrit sa porte : « Je suis Michel Ney, » leur dit-il.

La nombreuse escorte du prince de la Moskowa le conduisait à Aurillac, pendant que, de l'autre côté des montagnes qui séparent le Cantal du Languedoc, le Rhône roulait dans ses eaux et emportait vers la mer les restes d'un de ses frères d'armes, du maréchal Brune, assassiné trois jours auparavant à Avignon; le corps, à ce moment, était encore le jouet du fleuve.

Ney resta cinq jours sous la garde du préfet Locard; le 10 août, sur des ordres venus de Paris, le maréchal prit la route de la capitale, conduit par deux officiers de gendarmerie auxquels le préfet du Cantal recommanda les précautions de surveillance les plus sévères. L'un de ces officiers, qui avait servi sous le maréchal, répugnant à ces mesures de rigueur, dit à Ney qu'il aurait dans lui et dans son camarade, non des gardiens, mais de simples compagnons de voyage, s'il promettait de ne point chercher à s'échapper. Le maréchal donna sa parole; engagement regrettable, car une partie de l'armée de la Loire se trouvait sur son chemin, entre autres le corps de dragons d'Excelmans, cantonné à Riom, ville que Ney devait traverser. La nouvelle de son arrestation s'était promptement répandue parmi ces troupes. Excelmans attendit le prisonnier au passage et lui fit proposer de l'enlever. « Non, répondit Ney, ma parole est engagée. » A quelques lieues de Paris, il rencontra la maréchale, qui l'attendait à une des maisons de poste de la route; on les laissa seuls. Quand le maréchal fit ensuite appeler l'un des officiers de gendarmerie et lui dit qu'il était prêt, des larmes coulaient lentement de ses yeux; l'officier ne put réprimer un mouvement de surprise : « Vous êtes étonné de me voir pleurer, lui dit le maréchal; mais ce n'est pas sur moi que je pleure, c'est sur ma femme, sur mes quatre fils. » Si l'arrestation de Ney, dans le Midi, avait eu lieu trois jours après l'assassinat de Brune, le maréchal, par une autre coïncidence, entra dans Paris et fut déposé à la prison de la préfecture de police à la même heure où Labédoyère sortait de la prison de l'Abbaye et tombait à la plaine de Grenelle; les journaux du lendemain, en apprenant au public l'arrivée de l'un, annonçaient l'exécution de l'autre. M. Decazes fit successivement subir trois interrogatoires au maréchal, qui, d'abord, déclina la qualité de ce fonctionnaire; toutefois, cette réserve faite, il répondit loyalement et avec détail à toutes les questions du préfet de police. Ces interrogatoires, longs, captieux, et où M. Decazes déploya une déplorable habileté, servirent de base à toute la procédure.

L'ordonnance du 2 août, rendue le soir même de l'arrestation de Labédoyère, avait attribué exclusivement au conseil de guerre de la première division la poursuite et le jugement de tous les chefs militaires dénommés en l'article 1er de l'ordonnance du 24 juillet. La dignité dont le maréchal Ney était revêtu exigeait des juges plus élevés en grade que les membres du conseil permanent; deux jours après son arrivée à Paris, le 21 août, un arrêté du ministre de la guerre constitua ce conseil de guerre spécial. Le maréchal Moncey, désigné comme président, répondit par un refus écrit à la notification de sa nomination; le lendemain, un des ministres vint, *au nom du roi*, lui signifier l'ordre d'accepter; le vieux maréchal écrivit alors à Louis XVIII la lettre suivante :

« Sire, placé dans la cruelle alternative de désobéir à Votre Majesté ou de manquer à ma conscience, je dois m'expliquer à Votre Majesté. Je n'entre pas dans la question de savoir si le maréchal Ney est innocent ou coupable; votre justice et l'équité de ses juges *en répondront à la postérité*, qui juge dans la même balance les rois et les sujets. Ah! Sire, si ceux qui dirigent vos conseils ne voulaient que le bien de Votre Majesté, ils lui diraient que l'échafaud ne fit jamais des amis. Croient-ils donc que la mort soit si redoutable pour ceux qui la bravèrent si souvent?

« Sont-ce les Alliés qui exigent que la France immole ses citoyens les plus illustres? Mais, Sire, n'y a-t-il aucun danger pour votre personne et votre dynastie à leur accorder ce sacrifice? Et, après avoir désarmé la France à ce point que, dans les deux tiers de votre royaume, il ne reste pas un fusil de chasse, pas un seul homme sous les drapeaux, pas un canon attelé, les Alliés veulent-ils donc vous rendre odieux à vos sujets, en faisant tomber les têtes de ceux dont ils ne peuvent prononcer les noms sans rappeler leur humiliation?

« Qui, moi, j'irais prononcer sur le sort du maréchal Ney! Mais, Sire, permettez-moi de demander à Votre Majesté où étaient les accusateurs, tandis que Ney parcourait tant de champs de bataille. Ah! si la Russie et les Alliés ne peuvent pardonner au prince de la Moskowa, la France peut-elle donc oublier le héros de la Bérésina?

« C'est à la Bérésina, Sire, que Ney sauva les débris de l'armée. J'y avais des parents, des amis, des soldats, enfin, qui sont les amis de leurs chefs; et j'enverrais à la mort celui à qui tant de Français doivent la vie, tant de familles leurs fils, leurs époux, leurs pères! Non, Sire; et, s'il ne m'est pas permis de sauver mon pays ni ma propre existence, je sauverai du moins l'honneur. S'il me reste un regret, c'est d'avoir trop vécu, puisque je survis à la gloire de ma patrie. Quel est, je ne dis pas le maréchal, mais l'homme d'honneur qui ne sera pas forcé de regretter de n'avoir pas trouvé la mort dans les champs de Waterloo? Ah! Sire, si le malheureux Ney eût fait là ce qu'il avait fait tant de fois ailleurs, peut-être ne serait-il pas traîné devant une commission militaire, peut-être ceux qui demandent aujourd'hui sa mort imploreraient sa protection!

« Excusez, Sire, la franchise d'un vieux soldat qui, toujours éloigné des intrigues, n'a jamais connu que son métier et la patrie. Il a cru que la même voix qui a blâmé les guerres d'Espagne et de Russie pouvait aussi parler le langage de la vérité au meilleur des rois. Je ne me dissimule pas qu'auprès de tout autre monarque ma démarche serait dangereuse et qu'elle peut m'attirer la haine des courtisans; mais si, en descendant dans la tombe, je peux m'écrier, avec un de vos illustres aïeux : *Tout est perdu, hormis l'honneur*, alors je mourrai content. »

Cette lettre, l'éternelle condamnation des juges du prince de la Moskowa, blessa profondément le ministère et la cour; plus les souvenirs qu'elle rappelait étaient palpitants, et plus

justes les considérations invoquées, plus aussi l'irritation et la colère furent vives. Les membres de la famille royale, les ministres et les courtisans, exigèrent un châtiment. Gouvion-Saint-Cyr se chargea de l'infliger. Le rôle politique de ce maréchal, à cette époque, n'a d'analogue que la servilité docile du maréchal Soult lors de son ministère sous la première Restauration : foulant aux pieds les principes les plus élémentaires de notre droit public, oubliant le respect qu'il devait à sa propre gloire et à la dignité militaire dont lui-même était revêtu, Gouvion-Saint-Cyr eut le malheur de rédiger et de contre-signer l'ordonnance qu'on va lire :

« Louis, vu nos ordonnances des 24 juillet et 2 août, en vertu desquelles le maréchal Ney est traduit devant le conseil de guerre de la première division; vu l'arrêté du 24 août, par lequel notre ministre de la guerre a désigné les membres qui doivent composer ce conseil; vu les lettres du maréchal Moncey, desquelles il résulte qu'il n'a point, pour se dispenser de siéger, la seule excuse qui, d'après l'article 6 de la loi du 13 brumaire an V, puisse être valable; considérant que le refus du maréchal Moncey ne peut être attribué qu'à un esprit de résistance et d'*indiscipline*, d'autant plus coupable qu'on devait attendre un exemple tout à fait contraire du rang éminent qu'il occupe dans l'armée, et des principes de *subordination* que, dans sa longue carrière, il a dû *apprendre* à respecter, nous avons résolu de lui appliquer la peine portée par l'article 6 de la loi du 13 brumaire an V, contre *tout officier* qui, sans excuse valable, refuse de siéger dans le conseil de guerre où il est appelé. A ces causes, nous avons ordonné et ordonnons ce qui suit :

« Le maréchal Moncey est *destitué*; il subira une peine de *trois mois d'emprisonnement*.

« Donné à Paris, à notre château des Tuileries, le 29 août de l'an de grâce 1815, et de notre règne le vingt et unième.

« *Signé* : Louis.
« *Pour le roi*, Gouvion-Saint-Cyr. »

La destitution de la plus haute dignité militaire de nos armées, dignité qui ne s'éteint qu'avec la vie, et un emprisonnement de trois mois prononcé contrairement à tout droit, à toute loi, non par un tribunal quel qu'il fût, mais par ordonnance, voilà le châtiment qui punit le maréchal Moncey d'une lettre qui suffirait à elle seule pour immortaliser sa pure et noble mémoire. Cette lettre, qui ne voudrait l'avoir signée ? Et pourtant, en acceptant la présidence du conseil de guerre avec la ferme résolution de juger son frère d'armes, Moncey aurait peut-être mieux servi la cause du prince de la Moskowa; son exemple et sa conviction eussent entraîné sans doute ses collègues du conseil; ils n'auraient pas déclaré leur incompétence, ainsi que nous aurons bientôt à le dire, et Ney, condamné par eux à une courte détention, même à l'exil, était sauvé [1].

Ce maréchal, aussitôt après la formation du conseil de guerre, avait été transféré du dépôt de la préfecture de police à la Conciergerie; pendant les trois premières semaines, on l'y tint au secret. Son cachot, situé au fond d'un corridor obscur, était long, étroit, et se terminait par une espèce de fenêtre masquée à l'extérieur par un abat-jour dont l'ouverture, à sa partie supérieure, ne laissait pas entrer assez de lumière pour lui permettre de lire. Des noms propres et des exclamations de désespoir, charbonnés sur les murs, étaient le seul ornement de ce triste séjour; un mauvais bois de lit, une vieille table, une chaise et deux baquets infects en formaient tout l'ameublement. Il y resta un mois. Ce temps écoulé, on le transféra au-dessus du cachot occupé par le comte Lavalette, dans une pièce dépendant du logement du greffier de la prison et où l'on mit un poêle pour le garantir du froid; le despotisme inquisitorial et grossier de ses geôliers l'y poursuivit jusque dans ses distractions les plus innocentes : le maréchal jouait assez bien de la flûte; pendant quelques jours il essaya de tromper, à l'aide de cet instrument, les ennuis de sa position; cette ressource lui fut interdite comme contraire aux règle-

[1] Le château fort de Ham fut la prison désignée au maréchal Moncey; il s'y rendit; mais, par une circonstance bizarre et qui caractérise cette étrange époque, il ne put y entrer; le fort était occupé par des Prussiens qui, sourds à ses réclamations, lui en refusèrent obstinément les portes. Ce fut dans une auberge située en face du château que le maréchal passa une partie du temps fixé pour sa détention.

ments de la geôle ¹. En revanche, on lui permettait chaque jour deux courtes promenades dans un préau où deux factionnaires, placés, l'arme au bras, sous une galerie couverte formant l'un des côtés de la cour, ne le perdaient pas de vue. Cette surveillance sévère ne le quittait pas un instant : trois sentinelles habituellement revêtues de l'uniforme de gendarmes et de grenadiers à pied ou à cheval de l'ancienne garde impériale veillaient jour et nuit sous ses fenêtres et à sa porte; la police, dans sa défiance des soldats qui sortaient de l'ancienne armée, ne confiait ce triste service qu'à des dévouements éprouvés : des volontaires royaux, des hommes ayant appartenu aux bandes de la Bretagne ou de la Vendée, et des gardes du corps, se cachaient le plus souvent sous ces uniformes ².

Il y avait trois mois que le maréchal était arrêté, lorsque le 9 novembre, après une longue instruction dirigée par le général Grundler, rapporteur, le conseil de guerre s'assembla. On avait renoncé, pour cette cause exceptionnelle, au local où siégent ordinairement les tribunaux militaires; l'audience se tenait dans la grande salle du Palais de Justice habituellement consacrée aux assises criminelles.

Cette salle immense était encombrée, dès huit heures du matin, par une foule considérable où se pressaient, confondus, des officiers étrangers, des Anglaises, des femmes appartenant

---

[1] On lit dans les *Mémoires* de Lavalette : « Le maréchal aimait à répéter sur sa flûte une valse que j'ai eue longtemps en souvenir et que je me surprenais à fredonner dans mes rêveries du soir. Je ne l'avais jamais entendue ailleurs. Je l'ai retrouvée une seule fois en Bavière; c'était quelques années plus tard, dans un bal champêtre sur les bords du lac de Starnberg : j'avais sous les yeux de jeunes paysannes foulant un gazon bien frais; l'air de cette valse était doux et mélancolique, et me rejeta violemment dans mes souvenirs de la Conciergerie; je me sauvai en fondant en larmes et en prononçant avec amertume le nom de l'infortuné maréchal. »

[2] Lavalette, dans ses *Mémoires*, dit à l'occasion de ces déguisements : « J'en acquis la preuve par une de mes parentes, mademoiselle Dubourg, qui avait obtenu la permission de me voir. Elle avait reconnu, en entrant, un garde du corps de ses cousins, qui montait la garde, revêtu de l'habit d'un ancien grenadier à cheval. »

à la noblesse de l'ancien régime et de l'Empire, et un grand nombre de personnes attirées moins par la curiosité que par l'intérêt que leur inspirait l'accusé; les amis du maréchal, dans l'auditoire, étaient en majorité. La police, dans la prévision de ce concours, avait réuni autour du Palais de Justice une force considérable, composée de détachements de garde nationale tirés des douze légions, de la presque totalité de la gendarmerie, et de sapeurs-pompiers. Le service intérieur de la salle était fait par des gardes nationaux et par des vétérans; ce service n'était pas sans embarras; les curieux avaient envahi les bancs habituellement occupés par le jury, par les témoins, et jusqu'aux bancs réservés pour les accusés. On remarquait derrière les siéges des juges le prince Auguste de Prusse, le prince de Metternich, lord et lady Castlereagh. Le conseil n'avait pas permis que le maréchal fût assis à la place où l'on voyait chaque jour des voleurs, des faussaires ou des assassins; un fauteuil avait été disposé pour lui dans l'enceinte demi-circulaire qui fait face au bureau des juges. Un incident retarda l'ouverture de l'audience, fixée à dix heures. Masséna, un des membres du conseil, ne voulait pas juger Ney; mais, averti par l'exemple de Moncey, il avait attendu la réunion du tribunal pour formuler son refus; il invoqua, comme motif de récusation, ses vifs démêlés avec l'accusé aux armées de Portugal et d'Espagne; ses collègues ne trouvèrent pas l'excuse suffisante, la récusation fut repoussée. A dix heures et demie, les membres du conseil firent enfin leur entrée dans l'ordre suivant: le maréchal *Jourdan*, président; les maréchaux *Masséna*, *Augereau*, *Mortier*; les lieutenants généraux *Gazan*, *Claparède* et *Vilatte*, juges; le maréchal de camp *Grundler*, rapporteur; M. *Joinville*, ordonnateur en chef, remplissait les fonctions de commissaire du roi.

Il y avait de la solennité, presque de la grandeur, dans ce spectacle de sept hommes de guerre, dont quelques-uns avaient rempli l'Europe de leur nom, et qui, assis au fond de cette longue salle, sur une estrade élevée, dans tout l'éclat de leurs costumes, décorés de leurs grands cordons de la Légion d'honneur, venaient prononcer, comme juges, sur le sort d'un général illustre, leur collègue, traduit devant eux sous l'accusation de haute trahison ! La dignité de maréchal, à cette époque si voisine de l'Empire, gardait encore tout son prestige. Aussi les yeux de la foule demeurèrent-ils longtemps attachés sur les membres du conseil; ensuite les regards se tournèrent vers la porte par où l'on s'attendait à chaque instant à voir arriver l'accusé. Mais l'attente fut vaine : toute l'audience se passa en lectures d'interrogatoires et d'autres pièces de la procédure. A cinq heures et demie, l'audience fut renvoyée au lendemain. Le 10, la même affluence de spectateurs se faisait remarquer dans la salle. La lecture des pièces continua. Enfin, à midi, le maréchal Jourdan, président, s'adressant aux gardes, leur dit : « *Priez* le maréchal accusé de vouloir bien comparaître devant le conseil. » Une partie de l'auditoire accueillit par un léger murmure d'approbation ces dignes paroles, puis le plus profond silence s'établit. Enfin Ney parut, conduit par deux officiers de gendarmerie; les soldats de service, à son passage, lui portèrent les armes; il vint s'asseoir sur le fauteuil qui lui était destiné et près duquel se trouvaient les trois avocats chargés de sa défense, MM. Berryer père, Berryer fils et Dupin. Les officiers de gendarmerie prirent place à quelque distance en arrière. Le maréchal était vêtu d'un habit bleu d'uniforme, mais sans broderies; il avait les épaulettes de son grade et la plaque de la Légion d'honneur. Un crêpe, attaché à son bras gauche, rappelait la mort récente de son beau-père, M. Auguié, frappé d'apoplexie foudroyante en apprenant son arrestation [1]. Le président lui demanda ses noms, le lieu de sa naissance et ses qualités.

Le maréchal se leva; mais, au lieu de répondre, il lut une protestation rédigée par ses avocats et dans laquelle il décla-

---

[1] L'épouse de M. Auguié, mère de la maréchale, avait été attachée à la personne de la reine Marie-Antoinette : en apprenant la mort de cette reine, sa raison s'ébranla; elle se précipita par une fenêtre et mourut sur le coup.

rait que si, dans l'instruction, il avait consenti à répondre aux questions faites au nom du conseil par le général rapporteur, c'était uniquement par déférence pour les maréchaux et les généraux composant le tribunal; que, l'instruction étant terminée, et obligé dès lors de comparaître devant des juges, il déclinait la compétence du conseil, et que, pair de France, il demandait, aux termes des articles 33 et 34 de la Charte, son renvoi devant la Chambre des pairs. « Étranger aux matières judiciaires, dit-il en terminant, n'ayant aucune connaissance personnelle des lois ni de la procédure, j'attends de l'indulgence de MM. les maréchaux et les lieutenants généraux qu'ils voudront bien m'admettre à motiver mon déclinatoire par l'organe de mon défenseur, M. Berryer.

Le président. — Maréchal, avant d'entendre les motifs de votre déclinatoire, le conseil doit constater votre identité; votre réponse à la question que je vous ai faite ne peut vous engager en rien; votre défenseur aura ensuite la parole pour développer vos moyens d'incompétence.

Le maréchal. — Je me nomme Michel Ney, duc d'Elchingen, prince de la Moskowa, chevalier de Saint-Louis, grand-cordon de la Légion d'honneur, chevalier de la Couronne de fer, grand-croix de l'ordre du Christ, maréchal de France, né à Sarrelouis le 10 janvier 1769. »

Après cette réponse, M. Berryer père prit la parole et développa le déclinatoire dans une longue plaidoirie, divisée en trois points, où il fit intervenir le Macédonien qui en appelait « à Philippe, mieux informé, du point controversé, » et dans laquelle il qualifia successivement la promotion du maréchal à la pairie de « promotion heureuse, de promotion fatale, et de promotion encore utile, puisque, semblable au majestueux vaisseau que la foudre a brisé, elle offrait au navigateur perdu dans un océan de misère la planche du naufrage sans laquelle il eût peut-être péri. » Cette planche était la pairie. « Pour vous fixer sur cet important déclinatoire, dit l'avocat en terminant, vous avez ouvert sous vos yeux, le livre saint de nos libertés, la Charte, où sont gravés les titres du maréchal Ney. Vos valeureuses consciences sentent le prix du dépôt qui leur est confié. Prononcez. »

Ce n'était pas sans un douloureux étonnement que les spectateurs favorables au maréchal l'avaient entendu décliner la compétence du conseil. Tous comprenaient que, quelle que fût la sentence portée par Jourdan, Masséna, Augereau, Mortier, Gazan, et par les deux autres généraux, elle ne pourrait aller au delà de l'exil. D'ailleurs, ce n'était pas seulement des compagnons d'armes que Ney avait dans ses juges; la plupart étaient des amis qui, tournés également contre les Bourbons après le 20 mars, s'étaient ralliés comme lui-même à l'effort des Cent-Jours; on sait la violente proclamation publiée par Augereau contre le drapeau blanc, le 22 mars, à Caen[1]; Mortier avait accepté du service dans la campagne de Belgique; Masséna, Jourdan, Gazan, avaient siégé auprès du prince de la Moskowa dans la Chambre des pairs des Cent-Jours. Gazan était allé plus loin : il avait combattu contre Ney lui-même les propositions de soumission aux Alliés, et on le comptait parmi le petit nombre de généraux qui avaient insisté pour la résistance et pour la lutte. La composition de la pairie *royale*, dont l'accusé sollicitait la juridiction, lui offrait-elle les mêmes garanties ? Il n'y comptait que des ennemis ! La responsabilité encourue par un tribunal de sept juges est différente, d'ailleurs, de celle qui atteint les membres d'une assemblée nombreuse; la mémoire publique ne peut garder le souvenir de deux cents noms; l'individualité de chaque juge disparaît dans la masse; on accuse l'assemblée, non les individus; tandis que la sentence prononcée par quelques hommes s'attache, pour ainsi dire, à leurs personnes, et les poursuit partout, à toute heure, dans leurs moindres actes, et au delà même de leur vie. Ces réflexions empruntaient une nouvelle force à l'attitude bienveillante de la majorité des juges. On aurait voulu

---

[1] Voyez tome II, page 287.

arrêter M. Berryer dans ses développements ; on maudissait les conseils fatals qui entraînaient l'infortuné maréchal à repousser ce tribunal de frères d'armes. La confiance revint, pourtant, lorsque l'on entendit le général Grundler, rapporteur, puis le commissaire du roi, Joinville, repousser le déclinatoire et s'efforcer de retenir Ney devant le conseil ; on espéra que Jourdan et ses collègues, se laissant convaincre, déclareraient leur compétence. Malheureusement, par cela même qu'ils ne pouvaient accorder au parti royaliste et aux Alliés la sentence exigée par ceux-ci, les juges devaient saisir avec empressement le moyen que leur offrait l'accusé lui-même pour concilier les devoirs de leur conscience et les droits de la confraternité avec le désir d'éloigner d'eux les colères de la cour et des royalistes. Quand M. Joinville eut cessé de parler, le conseil se retira dans la salle de ses délibérations ; au bout d'un quart d'heure il rentra dans la salle d'audience, et Jourdan prononça le jugement suivant :

« Le conseil, après avoir délibéré sur la question de savoir s'il est compétent pour juger le maréchal Ney, accusé de haute trahison, se déclare incompétent à la majorité de *cinq* voix contre *deux*. »

Ce jugement fut accueilli par les avocats du maréchal et par lui-même comme un succès ; par les amis de Ney, comme un acte de pusillanimité indigne et comme un malheur ; par le ministère et par la cour, comme un audacieux déni de justice[1]. Le lendemain, 11 novembre, le maréchal fut renvoyé devant la Chambre des pairs par une ordonnance que M. de Richelieu déposa, le 12, sur le bureau de la pairie, après un discours empreint des passions de cette époque, et qui met,

---

[1] Lorsque, six mois plus tard, Augereau mourait à son château de la Houssaye, seul, abandonné de tous les siens, et que, livré à lui-même, bourrelé de remords, il faisait un retour sur son passé, on l'entendait s'écrier, à l'occasion de ce jugement : « Ah ! nous avons été des lâches ! Nous devions nous déclarer compétents, le juger malgré ses avocats, malgré lui : il vivrait du moins ! »

en outre, à nu la positive influence des Alliés sur les sanglants sacrifices de 1815.

« Le conseil extraordinaire de guerre établi pour juger le maréchal Ney s'est déclaré incompétent, dit le premier ministre; nous ne vous dirons pas toutes les raisons sur lesquelles il s'est fondé ; il suffit de savoir que l'un des motifs est que le maréchal est accusé de *haute trahison*. Aux termes de la Charte, c'est à vous de juger ces sortes de crimes. Les ministres sont les organes naturels de l'accusation.

« Ce n'est pas seulement, messieurs, au nom du roi que nous remplissons cet office, c'est au nom de la France, depuis longtemps indignée et maintenant *stupéfaite;* c'est même AU NOM DE L'EUROPE que nous venons vous conjurer et vous réquérir à la fois de juger le maréchal Ney. Nous osons dire que la Chambre des pairs doit *au monde* une éclatante réparation : elle doit être prompte, et il importe de contenir l'*indignation*.qui de toutes parts se soulève. Vous ne souffrirez pas qu'une plus longue impunité engendre de nouveaux fléaux. Les ministres du roi sont obligés de vous dire que cette décision du conseil de guerre devient un triomphe pour les factieux : il importe que leur joie soit courte pour qu'elle ne soit pas funeste. »

Disons-le avant d'aller plus loin : cette sorte de haine furieuse qui éclate dans le langage de tous les hommes politiques de ce temps et dans leurs actes ne tenait pas seulement à l'aveuglement passionné de certains esprits, aux lâches emportements de la peur, ou à de honteux calculs d'ambition et de fortune; chez un très-petit nombre d'hommes, longtemps émigrés et demeurés étrangers, depuis la chute de l'ancienne monarchie, à tous les gouvernements institués depuis la Révolution, cette colère était surtout causée par le spectacle de l'invasion et de ses maux ; à leurs yeux, le retour de l'île d'Elbe n'était pas le résultat des fautes des Bourbons, mais le fait d'un complot, et la journée du 20 mars avait seule ramené les Alliés. De là, contre les hommes mêlés aux premiers efforts des Cent-Jours, une haine d'autant plus violente que les misères de la France étaient plus accablantes. On pourrait ne pas se rendre compte, sans cette explication, de l'emportement de quelques royalistes comme M. de Richelieu, gens convaincus, que n'entraînaient ni l'infirmité de leur intelligence ni aucune passion basse.

La Chambre des pairs, après avoir entendu le discours du premier ministre, déclara, par l'organe du chancelier Dambray, son président, qu'elle était prête à remplir ses devoirs, en se conformant à l'ordonnance que M. de Richelieu venait de lui communiquer. Elle s'ajourna au lundi 18 pour prendre connaissance de la procédure déjà instruite contre le maréchal. Le 18, la Chambre se réunit, reçut communication d'une seconde ordonnance datée du 12, laquelle réglait les formes à suivre pour l'instruction et le jugement, et entendit, en outre, un premier réquisitoire de M. Bellart, procureur général de la cour royale de Paris, chargé de soutenir l'accusation. La Chambre ensuite décida que son président, s'il ne se chargeait pas de l'instruction, déléguerait un des pairs pour entendre les témoins et interroger l'accusé. M. Dambray désigna le baron Séguier, qui, docile aux recommandations du premier ministre, déploya un si grand zèle et une telle activité, que, sur son rapport, la Chambre fixa l'ouverture des débats au 21. L'instruction devant le conseil de guerre avait duré trois mois; ce travail, pour M. Séguier, fut l'œuvre de trois jours.

Le langage violent de M. de Richelieu, la rapidité de la nouvelle procédure, les dispositions hautement exprimées par les nouveaux juges, présageaient une issue fatale. Quelques amis du maréchal lui indiquèrent un moyen de défense auquel il n'avait pas encore songé : ils lui donnèrent le conseil de se placer sous la protection de la capitulation de Paris. La maréchale adressa immédiatement aux ministres alliés une note où elle réclamait, sinon leur intervention officielle, du moins une interprétation de l'article 12 qui fût favorable à son époux. Aucune puissance n'avait ratifié la convention de Saint-Cloud ; Blücher et Wellington, agissant en qualité de chefs militaires, l'avaient seuls signée; Blücher avait quitté Paris; on transmit la note de la maréchale à Wellington, qui y répondit, le 19 novembre, par un long *memorandum*, véritable consultation de légiste, dans lequel il rappelait que la convention de Saint-Cloud traitait *exclusivement* de la reddition de Paris; que tous ses articles étaient *militaires* et ne réglaient pas autre chose que l'évacuation de la capitale par l'armée française et son occupation par les armées anglaise et prussienne; que si, dans l'article 12, il était dit « que les *habitants de Paris* ne seraient inquiétés ni recherchés pour leur conduite et leurs opinions politiques, » cette garantie engageait les généraux alliés signataires et leurs troupes *pour leur compte*, envers la *ville de Paris* et *ses habitants*, mais non le gouvernement qui avait remplacé les pouvoirs alors existants, gouvernement qui n'était nullement en cause, et dont le nom n'avait pas même été prononcé. — Le duc ne se bornait pas à appuyer son opinion de celles de Fouché et de Carnot, il ajoutait : « Le jour de la remise de Paris, le 6 juillet, le maréchal Ney a quitté cette capitale sous un faux nom, avec un passe-port que lui donna le duc d'Otrante; l'aurait-il fait, s'il avait compris que l'article 12 le protégeait contre *d'autres mesures de sévérité* que *celles des deux généraux en chef alliés*[1]? » Le rôle du duc de Wellington, dans ce procès, fut peu digne, s'il ne fut pas odieux, ainsi que nous aurons bientôt à le dire; malheureusement ce général était dans le vrai, quant à la valeur de la capitulation ; les misérables pouvoirs qui avaient conclu ou sanctionné cet acte de honte n'avaient rien garanti, rien réservé : droits des citoyens, libertés publiques et privées, honneur national, indépendance du pays, ils avaient tout abandonné, sans conditions, à l'ennemi ; ils avaient tout livré. *L'armée française se retirera derrière la Loire; les Anglais et les Prus-*

[1] Ce *memorandum* porte le n° 1007 dans le *Recueil des dépêches et des ordres* de Wellington, déjà cité.

siens occuperont Paris, voilà, nous le répétons, toute la capitulation.

Le 21 novembre, jour fixé pour l'ouverture des débats, la Chambre des pairs entra en séance à dix heures et demie du matin. Toutes les places réservées au public étaient occupées dès huit heures; le prince royal de Wurtemberg, M. de Metternich, le comte de Goltz, plusieurs généraux russes et anglais, se faisaient remarquer dans les tribunes. Un assez grand nombre de membres de la Chambre des députés se pressaient dans une tribune particulière. Le maréchal Oudinot, chargé, comme commandant en chef de la garde nationale, d'une partie de la surveillance extérieure et intérieure, se montrait dans toutes les parties de l'enceinte et donnait des ordres. En face des tribunes et des siéges des juges, au-dessus de la place habituellement occupée par le président, une inscription placée au milieu des ornements supérieurs de la salle attirait tous les regards; elle se composait de ces trois mots : *Sagesse, tolérance, modération.* Le banc des ministres était occupé par MM. de Vaublanc, Dubouchage, Barbé-Marbois et Decazes, ministres de l'intérieur, de la marine, de la justice et de la police; auprès d'eux, devant un bureau placé au-dessous et à droite du président, se tenait M. Bellart.

Quand tous les pairs eurent pris leurs places, le président ordonna d'introduire l'accusé; il entra, escorté de quatre grenadiers de la nouvelle garde royale, et vint s'asseoir sur un fauteuil placé en face de l'Assemblée. Les mêmes défenseurs qui l'assistaient devant le conseil de guerre se trouvaient près de lui. L'appel des juges eut ensuite lieu, puis le secrétaire archiviste de la Chambre, faisant les fonctions de greffier, donna lecture de l'acte d'accusation, document étendu, passionné, rédigé par les ministres, dans lequel ils accusaient le maréchal de trahison envers le roi et l'État, et de complot tendant à détruire le gouvernement, à changer l'ordre de successibilité au trône. Cet acte, daté du 16 novembre, à midi, portait les signatures suivantes : *Richelieu, Barbé-Marbois,* comte

Dubouchage, duc de *Feltre, Vaublanc, Corvetto, Decazes* et *Bellart.*

M. Bellart doit une triste célébrité à son rôle dans ce procès; la violence qu'il y déploya rendit son nom odieux. Sa parole ne fut cependant ni plus véhémente, ni plus haineuse que ne l'eût été celle de tout autre accusateur; son langage fut celui de la situation et de l'époque. Mais il parla *seul* contre l'accusé, et la colère publique a fait porter presque sur lui seul le poids de l'indignation soulevée par la poursuite et par la sentence. Par une circonstance singulière et qui tenait aux étranges nécessités de sa profession d'avocat, ce furieux accusateur du maréchal Ney avait failli devenir son défenseur. On sait le rôle de M. Bellart lors de la première entrée des Alliés, en 1814. Emporté par la peur, le lendemain du 20 mars, il ne se crut en sûreté qu'après avoir mis la mer entre lui et ce gouvernement des Cent-Jours si tolérant, si clément, et il n'osa rentrer que lorsque Napoléon, prisonnier de l'Angleterre, fut conduit à son dernier exil. Le maréchal était déjà arrêté quand M. Bellart revint à Paris. A son arrivée, M. Gamot, beau-frère de Ney, le visita et le pria de se charger de la défense du maréchal : « Mes convictions ne me le permettent pas, dit M. Bellart, il est trop coupable à mes yeux; je ne trouverais ni idées ni expressions pour le justifier. » Puis il ajouta : « Je suis l'ennemi de son crime, je ne le suis pas de sa personne; je vais vous indiquer un moyen de salut : c'est le maréchal *seul* qui doit se défendre; des chicanes, des moyens ordinaires de palais, ne peuvent le sauver; à sa place, je me présenterais devant le conseil de guerre; je ne dirais que quelques mots; je m'abandonnerais à mes juges. » Ce fut à un mois de là que M. Bellart devint procureur général à la cour royale de Paris.

Au lieu de parler seul devant le conseil de guerre et de s'abandonner à ses juges, ainsi que l'avait conseillé M. Bellart, le maréchal, retiré derrière ses trois avocats, avait décliné la juridiction de ce tribunal de frères d'armes, et demandé son renvoi devant la Chambre des pairs. Il était devant cette Chambre. Contre la prévision générale, M. Berryer père se leva immédiatement après la lecture de l'acte d'accusation, et, arguant de nullité toute la procédure faite depuis l'ordonnance de renvoi, il conclut à ce qu'il fût sursis au jugement de l'accusé jusqu'à ce qu'une loi eût défini et réglé les attributions de la Chambre comme cour de justice. Les conclusions de ce nouveau déclinatoire, longuement développées, furent combattues par M. Bellart dans un discours véhément où il dit : « Les défenseurs de l'accusé annoncent qu'ils sont bien loin d'avoir terminé l'exposé de leurs moyens préjudiciels; je demande qu'ils les présentent cumulativement; devant les tribunaux de dernier ressort, tous les moyens doivent être produits à la fois. Il n'est plus temps de chercher la justification du maréchal dans une sorte d'affectation à éluder tous les tribunaux et tous les juges. Plus de divagations; le péril de ce procès doit avoir des bornes. » Les défenseurs persistèrent à demander une loi qui établit d'une manière fixe et précise les formes à suivre par la Chambre des pairs comme cour de justice; ils se plaignirent, en outre, du peu de temps qu'ils avaient eu pour examiner toutes les pièces de la procédure. M. Bellart, de son côté, insista pour un débat immédiat. La Chambre, par l'organe de son président, s'ajourna au surlendemain 23, et ordonna que le maréchal présenterait alors cumulativement tous ses moyens préjudiciels.

Le 23, l'audience s'ouvrit par ces mots que le président adressa au maréchal : « On vous a accordé la faculté de présenter vos moyens préjudiciels autres que ceux produits dans la première audience; faites-les connaître. »

M. Berryer père : « Monseigneur le chancelier et nosseigneurs les pairs, nos conclusions tendent à ce qu'il plaise à la cour déclarer la procédure tenue devant elle nulle et de nul effet; en conséquence, ordonner qu'elle sera recommencée en la forme voulue par la loi. » Cinq moyens de nullité furent successivement développés par le défenseur et combattus par M. Bellart, qui conclut en demandant « que, sans s'arrêter aux moyens préjudiciels présentés par les défenseurs, il fût passé outre, et que les débats s'ouvrissent immédiatement. » M. Dupin répliqua et sollicita un nouveau délai : « Pouvions-nous assigner nos témoins, hier, pour les faire comparaître aujourd'hui? dit-il. Il y a des difficultés physiques devant lesquelles nous avons dû être arrêtés. Nous ne voulons pas d'une justice anticipée. Vous vous appuyez sur la proclamation de Lons-le-Saulnier; nous voulons développer les circonstances qui l'expliquent. Vous voulez placer *notre* tête sous la foudre, nous, nous voulons vous expliquer comment l'orage s'est formé. » La Chambre, faisant droit à cette réclamation, accorda aux défenseurs un nouveau délai de onze jours, et s'ajourna au lundi, 4 décembre, pour l'ouverture définitive des débats et pour le jugement.

Le 4 décembre, la foule avait envahi les tribunes de la salle de la pairie dès l'ouverture des portes. Si les deux séances précédentes s'étaient consumées en inutiles discussions de procédure, en argumentations légales, diffuses, obscures, fatigantes, on savait que, dans cette troisième séance, le maréchal, resté jusqu'alors simple spectateur de ces luttes de légistes, aurait à répondre au président et à ses juges, et à discuter les dépositions des témoins. On était avide de le voir entrer enfin personnellement dans le débat. Un autre sentiment que la curiosité attirait une partie du public qui se pressait alors dans les tribunes : nombre de personnes, dans les deux précédentes audiences, n'avaient pu assister, sans être émues, au triste spectacle de ce chef militaire, naguère si puissant et si redouté, marchant l'égal des rois, plus illustre que ne le sont la plupart des monarques, aujourd'hui assis devant des juges passionnés, au milieu de gardes, et condamné à mettre sa fortune et sa vie sous la protection de trois hommes de loi. A mesure, d'ailleurs, qu'approchait le moment des débats, la colère de la cour et du parti royaliste semblait augmenter; on eût dit que le salut de la nouvelle monarchie et de ses princes tenait à l'issue du procès. D'un autre côté, la cause, parmi les classes moyennes et les classes populaires, prenait les proportions d'un événement national; aux yeux des masses, c'était la France humiliée et vaincue que l'on jugeait dans le maréchal Ney, et le héros de la Bérésina devenait la victime expiatoire offerte à l'Europe victorieuse par les pouvoirs qu'elle nous avait imposés. — Le président, après avoir déclaré la séance ouverte, adressa cette demande à l'accusé : « Monsieur le maréchal, où étiez-vous le 6 mars dernier? »

Le maréchal. — Monseigneur et messieurs les pairs, je déclare que je vais répondre à toutes les questions qui me seront adressées, sous la réserve, toutefois, du bénéfice qui m'est attribué par l'*article 12 de la capitulation de Paris* et par le *traité du 20 novembre dernier.* »

Ces réserves faites, le maréchal ajouta que, le 6 mars, il était à sa terre des Coudreaux; qu'appelé à Paris par le ministre de la guerre, il vit en arrivant son notaire, M. Batardy, qui, le premier, lui annonça la nouvelle du débarquement de l'Empereur; qu'il alla ensuite chez le duc de Berry, puis chez le ministre de la guerre, lequel lui annonça qu'il devait se rendre à Besançon, où il trouverait ses instructions; qu'ayant adressé au ministre (Soult) quelques questions sur ce qu'il aurait à faire, ce dernier lui répondit assez brusquement que ses instructions le lui apprendraient, et que, lui parlant de son désir de voir le roi, le ministre lui avait répliqué sur le même ton : « N'y allez pas, Sa Majesté est souffrante; elle ne reçoit pas. »

Le président. — Avez-vous vu le roi?

Le maréchal. — Rentré chez moi, diverses personnes de ma famille me dirent qu'il était convenable que je me présentasse devant Sa Majesté. J'insistai pour être admis, et je le fus. Le roi ne savait ou ne se rappelait pas les ordres donnés par le duc de Dalmatie et ne m'entretint d'aucune disposition militaire. On a dit que j'avais donné l'assurance que je ramènerais Bonaparte dans une cage de fer; ceci n'est point exact et serait une sottise. J'ai dit qu'en hasardant une entreprise aussi folle, il mériterait, s'il était pris, d'être mis dans une cage de fer; mais je ne me suis point chargé, moi, de l'exécution. Dussé-je être passé par les armes et déchiré en lambeaux, je suis prêt à confirmer cette déclaration. »

Après quelques questions sur l'arrivée et le séjour du maréchal à Besançon, le président interroge le prince de la Moskowa sur ses actes à Lons-le-Saulnier, et lui demande ce qui s'est passé après son arrivée dans cette ville, le 12 mars.

Le maréchal. — Dans la nuit du 13 au 14, des émissaires de Bonaparte arrivèrent de toutes parts et me circonvinrent; quelques-uns étaient des officiers de la garde déguisés. Ils m'ont tous dit, tous assuré que l'Autriche et l'Angleterre étaient d'accord avec Napoléon; que je serais responsable de la guerre civile et du sang français qui pourrait être versé. Jusqu'alors j'avais été fidèle : il n'a pas fallu moins qu'une considération de cette valeur et le nom si sacré de la patrie pour me faire oublier mes engagements [1].

Le président. — Pourquoi n'avez-vous point conservé la lettre qui vous fut écrite par Bonaparte ou par le général Bertrand?

Le maréchal. — La maréchale, dans un moment d'affliction et de terreur bien excusable, a ordonné qu'on la brûlât. Je suis arrivé à Paris le jour même où Labédoyère a été fusillé. Je n'ai pu sauver cette lettre, je le regrette; elle contenait des détails qui m'eussent été profitables [2].

Le président fait représenter au maréchal un exemplaire de

---

[1] Napoléon disait du maréchal Ney, à Sainte-Hélène : « Ney quitta Paris tout au roi; il n'a tourné qu'en voyant tout perdu. Au lieu de commander à ses troupes, il a été commandé par elles : la plus grande partie de ses régiments l'avaient abandonné; le reste allait se déclarer. Après sa proclamation (du 14), il écrivit à l'Empereur que ce qu'il venait de faire était uniquement dans l'intérêt de la patrie, et que l'Empereur ne devant pas le trouver agréable, il le priait de trouver bon qu'il se retirât. » (*Mémorial.*)

[2] Nous avons reproduit le texte de cette lettre, tome II, page 243; elle prouve, en effet, que le maréchal était complétement étranger au retour de l'île d'Elbe.

la proclamation publiée par lui le 14 mars à Lons-le-Saulnier, et lui demande s'il reconnaît cette pièce.

Le maréchal. — La signature mise au bas de cet exemplaire n'est pas la mienne, mais les termes de la proclamation sont les mêmes.

Cette proclamation était ainsi conçue :

ORDRE DU JOUR.

Le maréchal, prince de la Moskowa, aux troupes de son gouvernement.

« Officiers, sous-officiers et soldats!

« La cause des Bourbons est à jamais perdue! La dynastie légitime que la nation française a adoptée va remonter sur le trône. C'est à l'empereur Napoléon, notre souverain, qu'il appartient seul de régner sur ce beau pays! Que la noblesse des Bourbons prenne le parti de s'expatrier encore, ou qu'elle consente à vivre au milieu de nous, que nous importe? La cause sacrée de la liberté et de notre indépendance ne souffrira plus de leur influence. Ils ont voulu avilir notre gloire militaire; mais ils se sont trompés : cette gloire est le fruit de trop nobles travaux pour que nous puissions jamais en perdre le souvenir.

« Soldats ! les temps ne sont plus où l'on gouvernait les peuples en étouffant tous leurs droits; la liberté triomphe enfin, et Napoléon, notre auguste Empereur, va l'affermir pour jamais. Que désormais cette cause si belle soit la nôtre et celle de tous les Français ! Que tous les braves que j'ai l'honneur de commander se pénètrent de cette grande vérité.

« Soldats! je vous ai souvent menés à la victoire; maintenant je veux vous conduire à cette phalange immortelle que l'empereur Napoléon conduit à Paris, et qui y sera sous peu de jours, et là, notre espérance et notre bonheur seront à jamais réalisés. *Vive l'Empereur!*

« Lons-le-Saulnier, le 14 mars 1815.

« Le maréchal d'Empire, PRINCE DE LA MOSKOWA. »

Dans un des interrogatoires que lui avait fait subir M. Decazes, alors qu'il était encore préfet de police, le maréchal avait dit au sujet de cette proclamation : « Elle me fut envoyée toute faite par Bonaparte et apportée par un agent secret et par un officier de la garde. C'est le 14, à midi, que je la lus sur l'esplanade de Lons-le-Saulnier; mais elle était déjà connue. Des agents venus du quartier général de Bonaparte l'avaient répandue d'avance dans la ville; je crois même qu'ils avaient aussi apporté des aigles. »

Devant la Chambre des pairs, le maréchal, interrogé sur les mêmes faits par le président, ajouta : « J'étais chagrin; j'avais besoin de conseils, et je n'en eus point. Cela deviendra évident dans les débats. Je sommai, au nom de l'honneur, les lieutenants généraux Lecourbe et Bourmont de m'aider de leurs lumières et de me prêter leur appui : je n'en obtins rien.

Le président. — Quels ordres donnâtes-vous alors?

Le maréchal. — Ceux qui m'étaient transmis par le général Bertrand, et qui consistaient à diriger les troupes sur Auxerre. »

M. Dambray adresse encore au maréchal un assez grand nombre de questions sur les faits qui ont suivi les événements du 14, puis il donne aux huissiers l'ordre d'introduire les témoins. On entend successivement le duc de Duras, le prince de Poix, qui l'un et l'autre étaient auprès de Louis XVIII lorsque ce prince reçut le maréchal, et le comte de Scey, ancien préfet du Doubs, qui dépose de faits relatifs à l'arrivée du maréchal à Besançon.

Le maréchal, au dernier témoin. — Vous rappelez-vous, monsieur le préfet, que vous m'offrîtes 700,000 francs, et que je vous répondis que ni mes soldats ni moi n'avions besoin de rien, et qu'il fallait réserver ces fonds pour les urgentes nécessités, qui ne pouvaient manquer de naître, et pour le service du roi?

Le comte de Scey. — Il y avait en effet 700,000 francs dans les caisses de Besançon, et il eût été possible de réunir une somme beaucoup plus forte, si on en avait eu besoin.

Le maréchal. — Je crois que c'est de Besançon, monsieur le préfet, qu'est partie cette infâme calomnie qui m'accusait d'avoir reçu 500,000 francs pour faire mon devoir. On ne la reproduit plus aujourd'hui parce qu'on a senti qu'on ne pourrait accuser en face, d'une pareille bassesse, un homme tel que moi; mais, si j'eusse été assassiné dans mon transport d'Aurillac à Paris, mes enfants n'auraient pu se laver de cette tache. »

Le quatrième témoin, M. de Rochemont, rend compte d'une mission que le maréchal lui confia, le 13, dans l'intérêt de la cause royale; le cinquième, le comte de Faverny, rapporte des propos tenus par le général Lecourbe après les événements du 14; l'huissier appelle enfin le comte de Bourmont.

Le comte de Bourmont. — Le 13, M. le baron Capelle arriva à Lons-le-Saulnier, où j'avais accompagné le maréchal; il vint me voir et me dit que Bourg était insurgé. Je portai avec lui cette nouvelle au maréchal, qui en parut fâché. Le 14, au matin, arriva le 8º de chasseurs à cheval; j'allai le dire encore au maréchal, qui me donna l'ordre de le faire mettre en bataille. « Eh bien, mon cher général, me dit-il ensuite, vous avez lu les proclamations de l'Empereur; elles sont bien faites; ces mots : *la victoire marchera au pas de charge*, feront un grand effet sur le soldat; il faut bien se garder de les laisser lire aux troupes. — Sans doute, lui dis-je. — Mais cela va mal, ajouta-t-il. N'avez-vous pas été surpris de vous voir ôter la moitié du commandement de votre division[1]? de recevoir l'ordre de faire marcher vos troupes par deux bataillons et trois escadrons? C'est de même dans toute la France. C'est une chose finie absolument. »

Je ne comprenais rien. Le général Lecourbe entra. Le maréchal lui dit en me montrant : « Je lui disais que tout était fini. » Lecourbe parut étonné. « Oui, reprit le maréchal, c'est une affaire arrangée. Il y a trois mois que nous sommes tous d'accord. Si vous aviez été à Paris, vous l'auriez su comme moi. Le roi doit avoir quitté Paris ou il sera enlevé; mais on ne lui fera pas de mal. Malheur à qui ferait du mal au roi ! on

---

[1] Le général Bourmont commandait la 6º division militaire (Besançon).

n'a que l'intention de le détrôner, de l'embarquer sur un vaisseau et de le faire conduire en Angleterre. Nous n'avons plus maintenant qu'à rejoindre l'Empereur. » Je dis au maréchal qu'il était très-extraordinaire qu'il proposât d'aller rejoindre celui contre lequel il devait combattre. Il me dit qu'il m'engageait à le faire, mais que j'étais libre d'agir autrement. Lecourbe, de son côté, lui répondit : « Je suis ici pour servir le roi, et non pour servir Buonaparte; je servirai le roi. » Il ajouta qu'il se retirerait à la campagne. Une légère discussion s'éleva entre eux. Enfin, une demi-heure après, il prit un papier sur la table : « Voilà ce que je vais lire aux troupes, » nous dit-il; et il nous lut la proclamation. Le général Lecourbe et moi nous nous sommes opposés à ce qu'il voulait faire; mais, persuadés que, si tout cela était arrangé, il avait pris des mesures contre nous en cas de résistance; sachant que les troupes, déjà ébranlées par les émissaires de Bonaparte, avaient en lui une grande confiance, nous résolûmes d'aller sur la place pour voir l'effet que cela produirait. Nous étions tristes et abattus : en nous voyant ainsi, les officiers d'infanterie vinrent nous prendre les mains et nous dirent que, s'ils avaient su, ils ne seraient point venus. Après la lecture, les troupes défilèrent aux cris de *Vive l'Empereur!* et se répandirent en désordre dans la ville.

Le maréchal était si bien déterminé d'avance à prendre le parti de Buonaparte, qu'une demi-heure après il portait le *grand-aigle* à l'effigie de l'usurpateur. A moins de croire qu'il l'eût apporté dans le but de servir le roi, je demande ce qu'il faut penser de la conduite du maréchal.

Le maréchal. — Depuis huit mois que le témoin a préparé son thème, il a eu le temps de le bien faire. Lorsqu'il préparait ses dénonciations à Lille, il imaginait probablement que je serais traité comme Labédoyère, et que nous ne nous trouverions jamais face à face. Il en est autrement. Je n'ai aucun talent oratoire; mais je vais au but. Le 14, j'ai fait demander le témoin avec le général Lecourbe. Ils sont venus ensemble. Il est fâcheux que Lecourbe ne soit plus. Mais, ajoute le maréchal en levant la main, je l'interpelle contre tout ce témoignage devant un tribunal plus élevé, devant Dieu qui nous entend, devant Dieu qui nous jugera vous et moi, monsieur de Bourmont!

J'avais la tête baissée sur cette proclamation fatale; tous deux se tenaient adossés à la cheminée; j'étais vis-à-vis d'eux; je sommai le général Bourmont, au nom de l'honneur, de me dire ce qu'il pensait. Bourmont, sans me répondre, prend la proclamation, la lit, me dit qu'il l'approuve, et ajoute : « Monsieur le maréchal, vous pouvez lire cela aux troupes. » Il la passe ensuite à Lecourbe, qui la lit, ne dit rien, et la rend à Bourmont. « Cela vous a été envoyé? me dit Lecourbe après un moment de silence; il y avait, en effet, de la rumeur; il y a longtemps qu'on pouvait prévoir tout cela. » Le général Bourmont sortit pour faire rassembler les troupes. Il a eu deux heures pour réfléchir. Quant à moi, quelqu'un m'a-t-il dit : Où allez-vous? vous allez risquer votre honneur et votre réputation pour une cause funeste? Non! je n'ai trouvé que des hommes qui m'ont poussé dans le précipice!

J'encourais seul la responsabilité, monsieur de Bourmont! Je me bornais à demander les lumières et les conseils d'hommes à qui je croyais une ancienne affection pour moi et assez d'énergie pour me dire : *Vous avez tort.* Au lieu de cela, vous m'avez entraîné, jeté dans le précipice! — Quand tous deux eurent lu la proclamation, nous causâmes; je leur dis, en effet, qu'il paraissait que c'était une affaire arrangée; que les personnes envoyées par Bonaparte m'avaient raconté *telle* et *telle* chose; mais je ne faisais que répéter les propos de ces personnes.

Bourmont rassembla les troupes sur une place que je ne connaissais même pas. Il était libre, s'il trouvait ma conduite coupable, de me faire arrêter. Il le pouvait; il avait un grand commandement, et j'étais seul, sans officiers, sans un seul cheval de selle pour m'échapper. Mais il a de l'esprit, et sa conduite a été fort habile. Je l'avais vivement engagé à loger chez moi; il ne voulut pas; il s'éloigna, il se réfugia chez le marquis de Vaulchier, où ils formaient ensemble des *coteries* pour être en garde contre les événements et se ménager dans tous les cas une porte de derrière.

Quand les troupes furent rassemblées, Bourmont et Lecourbe vinrent me chercher à la tête du corps d'officiers, et me conduisirent au milieu du carré, où je lus la proclamation. Les officiers, comme les soldats, se précipitèrent sur nous; ils nous embrassaient, nous étouffaient; les troupes se sont retirées en bon ordre; les officiers supérieurs sont ensuite venus dîner chez moi; j'étais sombre, et, pourtant, si Bourmont veut dire vrai, il confessera que la table était gaie. — Voilà la vérité.

Le président, au maréchal. — A quelle heure M. de Bourmont est-il venu vous prendre?

Le maréchal. — Vers les onze heures, plus d'une heure après lui avoir communiqué la proclamation dans la première visite.

Le président. — Qui a donné les ordres pour réunir les troupes?

M. de Bourmont. — C'est moi, mais sur l'ordre verbal du maréchal.

Le président, à M. de Bourmont. — Comment se fait-il qu'après avoir désapprouvé la conduite du maréchal, vous l'ayez ensuite accompagné sur le terrain, sachant ce qu'il allait faire?

M. de Bourmont. — Parce que je tenais à voir l'effet que produirait cette proclamation. La plupart des officiers m'avaient promis de me suivre; je voulais m'assurer s'il ne se manifesterait pas quelque esprit d'opposition. On a dit que je pouvais m'éloigner, venir rejoindre le roi : mais, d'abord, j'ai craint d'être arrêté; en second lieu, m'éloigner, c'était manquer mon but, qui était de rendre compte de tout à Sa Majesté. C'est pour cela que j'ai d'abord suivi la colonne du maréchal quand il a quitté Lons-le-Saulnier. Mais j'étais à Paris le 18, et, le 19, j'ai fidèlement rapporté au roi tout ce dont j'avais été témoin.

Le maréchal. — M. de Bourmont a dit qu'à Lons-le-Saulnier j'avais la plaque à l'effigie de Napoléon : cela est faux; j'ai conservé celle du roi, devant Bonaparte, jusqu'à Paris, où mon b. joutier m'en a fourni de nouvelles. On peut le faire entendre. (Se tournant vers le témoin.) Vous me supposez donc bien misérable! C'est une infamie, général, de dire que j'avais d'avance l'intention de trahir!

M. Bellart, au témoin. — N'avez-vous jamais eu de querelle avec le maréchal?

M. de Bourmont. — Jamais¹.

M. Berryer, au témoin. — Si c'est la curiosité qui vous a conduit sur la place de Lons-le-Saulnier, quel est le motif qui vous a porté à dîner ensuite chez le maréchal?

M. de Bourmont. — La crainte d'être arrêté, le désir d'écarter les soupçons.

Le maréchal. — Je n'ai fait arrêter qui que ce soit; j'ai laissé tout le monde libre. Vous ne m'avez fait aucune objection; personne ne m'en a fait. Le colonel Dubalen vint m'offrir sa démission; seul, il se conduisit en homme d'honneur; il est ensuite parti pour Besançon. Je n'avais aucune garde; vous pouviez me faire arrêter, me tuer; vous m'auriez rendu un grand service; peut-être était-ce là votre devoir!...

M. Berryer, au témoin. — Quelles étaient les forces présumées de Buonaparte?

---

¹ La question de M. Bellart témoigne de sa profonde ignorance des faits des Cent-Jours. Il n'est peut-être pas sans intérêt de rappeler ici que ce fut plusieurs semaines après les scènes de Lons-le-Saulnier et son rapport du 19 mars à Louis XVIII, que M. de Bourmont sollicita la bienveillante intervention de Ney pour rentrer dans l'armée impériale. Ce fut, en effet, le maréchal Ney qui, répondant à l'Empereur de la fidélité de M. de Bourmont, fit obtenir à celui-ci dans le 4ᵉ corps, malgré l'opposition de Davoust, la division d'infanterie dont il avait le commandement, lorsque, le 15 juin suivant, au moment où l'armée française franchissait la Sambre, il déserta et put avertir Blücher de l'irruption de nos troupes au milieu de ses lignes.

M. de Bourmont. — Avant d'entrer à Lyon, il pouvait avoir 3,900 hommes; il en avait 7,000 quand il en est parti.

Le maréchal. — Pourquoi tromper sur le nombre? Tout le monde sait qu'il était à la tête de 14,000 hommes, sans comprendre les soldats qui se rendaient de toutes parts à sa rencontre et une foule d'officiers à demi-solde. Que pouvais-je contre ce nombre avec quatre malheureux bataillons qui m'auraient pulvérisé plutôt que de me suivre?

Le président, au témoin. — Le maréchal aurait-il pu engager le combat?

M. de Bourmont. — Si le maréchal eût pris une carabine et qu'il eût chargé le premier, nul doute que son exemple n'eût été décisif, car aucun homme n'avait plus d'empire sur l'esprit de l'armée. Cependant je n'oserais affirmer qu'il eût été vainqueur.

Le maréchal. — A quelle distance étions-nous de Lyon? A vingt lieues. Le 76ᵉ régiment venait de quitter Bourg pour rejoindre Bonaparte; le 15ᵉ était à Saint-Amour, prêt à s'insurger. Est-ce vous qui eussiez marché dans cette position? je ne vous crois ni assez de fermeté ni assez de talent.

M. Bellart fait observer que ces récriminations sortent de la discussion, et invite le maréchal à y rentrer. Pressé par les défenseurs de s'expliquer catégoriquement sur la possibilité d'une attaque contre la petite armée impériale, M. de Bourmont confesse « que le maréchal ne pouvait plus rien, après l'insurrection des troupes de Bourg et de Saint-Amour. »

Les défenseurs reviennent sur les différentes parties de ce long interrogatoire; ils renouvellent les questions et reçoivent les mêmes réponses. Enfin M. Berryer, à l'occasion de la lecture de l'ordre du jour sur la place de Lons-le-Saulnier, demande l'impression qu'elle y a produite.

M. de Bourmont. — Elle a fait crier : *Vive l'Empereur!* à presque tous les soldats, surtout dans la cavalerie; les officiers étaient consternés.

M. Berryer. — M. de Bourmont a-t-il crié : *Vive le roi!* (Violents murmures.)

M. Molé, pair. — De pareilles questions sont tout à fait déplacées.

M. de Frondeville, pair. — Ce sont des personnalités auxquelles il faut mettre ordre.

La déposition de M. de Bourmont fut la plus importante du procès. La proclamation de Lons-le-Saulnier constituait, en effet, toute l'accusation. Le marquis de Vaulchier, le baron Capelle et le comte de la Genetière, entendus après ce général, déposèrent également avec une grande violence, mais ils ne firent que reproduire des faits racontés dans les dépositions précédentes. De leur témoignage, comme de celui de tous les individus qui comparurent après eux, il résulta que, jusqu'au 14 au matin, le maréchal était resté fidèle aux Bourbons et qu'il prit toutes les mesures militaires que pouvait lui dicter la résolution d'arrêter la marche de l'Empereur et de servir la cause de Louis XVIII. Le départ du 76°, le 13 au soir, pour aller se joindre à Napoléon ; l'arrivée, dans la nuit du 13 au 14, d'émissaires du quartier impérial; le soulèvement du 15° de ligne, le 14 au matin, à Saint-Amour, défections qui laissaient le maréchal avec quelques soldats prêts à l'abandonner, voilà les causes assignées par tous les faits du débat au brusque changement du prince de la Moskowa. Le dernier témoin entendu dans cette séance du 4 décembre fut le colonel Clouet, premier aide de camp du maréchal, qui ne rejoignit son chef que lorsque les troupes étaient déjà en marche pour Auxerre, le quitta ensuite en route, et revint à Paris avec M. de Bourmont.

La séance du 5 fut encore consacrée presque en entier à l'audition de témoins qui déposèrent sur les faits déjà établis et sur les circonstances d'une inspection faite par le maréchal, après le 20 mars, dans les places fortes du nord et de l'est du royaume. Deux des témoins entendus à cette dernière occasion étaient des officiers qui ne craignirent pas de raconter qu'à Landau le maréchal, après avoir réuni tous les officiers du 37ᵉ de ligne dans une chambre d'auberge, s'y enferma avec eux, prit les clefs, et là « vomit mille horreurs contre les Bourbons. » Ces turpitudes furent écoutées par la Chambre; aucune voix ne les interrompit et n'imposa silence aux deux malheureux qui venaient jeter ces lâches insultes à la face de l'illustre accusé. Ils avaient tous deux le grade de capitaine; l'un se nommait Casse, l'autre Grison. Le marquis de Vaulchier et le baron Capelle avaient affirmé, comme M. de Bourmont, que le maréchal, après avoir lu sa proclamation, portait pour décoration une plaque à l'*aigle*. Plusieurs témoins démentirent formellement cette assertion, qui tendait à présenter comme préméditée la défection du prince de la Moskowa; son joaillier, entre autres, prouva par ses livres que c'était le 25 mars seulement qu'il avait replacé l'effigie impériale dans les différentes décorations du maréchal. Ces témoins étaient assignés à la requête de l'accusé. On entendit après eux le prince d'Eckmühl, les comtes Guilleminot et de Bondy, signataires de la convention de Saint-Cloud; M. Bignon, également assigné, ne vint pas. Toute l'importance de la déposition des trois premiers consiste dans la réponse de Davoust à cette question de M. Berryer : « Qu'auriez-vous fait si la convention proposée n'eût pas été acceptée? — J'aurais livré la bataille, dit Davoust; j'avais une belle armée, bien disposée; j'avais 75,000 hommes d'infanterie, 25,000 hommes de cavalerie et 4 à 500 pièces de canon; en un mot, toutes les chances que peut prévoir un général en chef étaient favorables. » Cette réponse, condamnation éclatante du prince d'Eckmühl et des misérables pouvoirs dont il s'était fait l'instrument, ne décidait pas la question de protection élevée par les défenseurs du maréchal. M. Berryer le comprit; il ajouta : « Quel est le sens que M. le prince d'Eckmühl et le gouvernement provisoire donnaient à l'article 12? — Les commissaires du roi s'opposent à cette question indiscrète, répliqua aussitôt M. Bellart; la capitulation existe; on ne peut pas faire qu'elle renferme autre chose que ce qui s'y trouve écrit ; l'opinion du prince ne peut en changer les termes. » La question ne fut pas posée. « La capitulation était tellement protectrice, s'écria le maréchal Ney, que c'est sur elle que j'ai compté. Sans cela croit-on que je n'aurais pas préféré mourir le sabre à la main ? » — Ah ! pourquoi, sous les murs de Paris, au lieu de conseiller la soumission à ces Alliés qui demandaient maintenant sa mort, à ces princes qui le livraient à leurs juges, n'avait-il pas tiré l'épée et jeté le cri *En avant !* aux cent mille soldats qui demandaient vainement un général pour les conduire contre Blücher et Wellington ! Les résultats probables de cette résolution auraient été, pour le maréchal, une protection plus sûre que les prétendues garanties de cette capitulation indigne, qui fut impuissante même à défendre la capitale française contre la colère de l'ennemi auquel on la livrait, et où on chercherait vainement le nom de la France ! — Le réquisitoire de M. Bellart termina cette séance. On remit les plaidoiries au lendemain.

Le procès avait occupé déjà quatre audiences : les deux premières s'étaient consumées en luttes stériles de forme et de procédure ; la cinquième fut remplie par les plaidoyers des avocats. La cause du maréchal était une cause toute politique ; bien que M. Bellart soutînt seul l'accusation, ce n'était cependant pas lui qui accusait, mais le ministère ; il parlait au nom du cabinet, et tous ses réquisitoires, toutes ses conclusions, rédigés au nom des ministres, portaient les signatures de ceux-ci ; aucune discussion ne pouvait faire, d'ailleurs, que, parti de Paris pour arrêter la marche de Napoléon, le maréchal n'eût pas publié sa proclamation de Lons-le-Saulnier et ne fût allé rejoindre l'Empereur ; enfin, l'Assemblée chargée de prononcer sur son sort n'était pas un tribunal, mais une véritable *commission* ; Ney ne comparaissait pas devant des juges, il était devant des adversaires, des ennemis. Cette position exceptionnelle imposait à la défense des conditions que les conseils du maréchal ne comprirent pas : raconter la vie du prince de la Moskowa; tenir aux pairs le langage de Moncey à Louis XVIII; demander si, pour une faute déjà lointaine et sur laquelle deux révolutions avaient passé, un soldat que d'aussi longs et d'aussi glorieux services recommandaient à la France mourrait frappé par des mains françaises, c'est à quoi devait se borner leur tâche; ou mieux encore, repoussant, à l'exemple de Labédoyère, tout intermédiaire entre lui et ses juges, Ney, pour toute défense, aurait peut-être dû prononcer quelques-uns de ces mots que l'amour de la patrie et le mépris de la mort savent inspirer toujours aux grands courages; l'auréole de gloire qui entourait son nom, son attitude, le son de sa voix, l'espèce de communication sympathique qui s'établit entre l'homme de cœur parlant debout devant d'autres hommes dont les regards s'attachent aux siens, auraient sans doute ému la majorité de ses juges. Au lieu de cela, le maréchal s'effaça derrière ses avocats, et les pairs, fatigués par quatre audiences successives, subirent encore plusieurs heures de plaidoirie où, en argumentant sur chaque déposition, en analysant longuement des faits racontés déjà plusieurs fois, on abaissa la cause au niveau d'une cause de cour d'assises, et où l'on faillit abaisser l'accusé lui-même. La défense ne se borna pas, en effet, à invoquer l'impuissant article 12 de la capitulation de Paris et les traités de Vienne des 13 et 25 mars; elle plaça le maréchal, pour dernier argument, sous la protection du traité du 20 novembre, traité qui, en donnant à la Prusse Sarrelouis, lieu de naissance du maréchal, enlevait au prince de la Moskowa la qualité de *Français*. De violents murmures interrompirent en ce moment le défenseur.

La veille, au début de l'audience, le maréchal, lisant une note écrite par ses défenseurs, avait lui-même invoqué le traité du 20 novembre, mais sans se rendre bien compte probablement du triste parti qu'on en voulait tirer; en entendant réclamer pour lui le bénéfice de sujet *prussien*, il se leva : « Non, non, s'écria-t-il avec véhémence, je suis Français, je mourrai

Français ! » Puis, comprenant sans doute l'inutilité de ces impuissantes plaidoiries, il prit occasion des murmures qui venaient d'interrompre son avocat, pour ajouter : « Jusqu'ici ma défense avait paru libre ; on l'entrave, je remercie mes généreux défenseurs de ce qu'ils ont fait et de ce qu'ils sont prêts à faire ; mais je les prie de cesser ma défense plutôt que de la présenter incomplète. Je suis accusé contre la foi des traités, et on ne veut pas que je les invoque ! J'en appelle comme Moreau, à l'Europe et à la postérité ! » — Le maréchal lut ces derniers mots ; ses défenseurs les avaient écrits. Ce détail est sans doute nécessaire pour faire comprendre comment il a pu se faire que, dans un pareil moment, le prince de la Moskowa ait invoqué le nom d'un général tué dans les rangs de l'armée russe.

Après quelques mots de M. Bellart sur la latitude laissée à la défense, le président invita les avocats à continuer ; le maréchal leur défendit de parler. Les débats furent clos, et M. Bellart déposa ses conclusions sur le bureau de la Chambre ; il demandait la peine de mort. A cinq heures, le public, sur l'ordre du président, évacua la salle, et les pairs, demeurés seuls, entrèrent en délibération. D'après une résolution prise dans une des séances précédentes, les cinq huitièmes des voix délibérantes étaient nécessaires pour chaque décision ; l'appel nominal avait constaté 161 membres présents ; il fallait donc 101 voix pour décider chaque question. Ces questions furent au nombre de trois ; la première était ainsi conçue :

« L'accusé est-il convaincu d'avoir, dans la nuit du 13 au 14 mars 1815, accueilli les émissaires de l'usurpateur ? »

113 voix dirent *oui* ; 47 *non* ; 1 membre s'abstint.

Deuxième question : « L'accusé est-il convaincu d'avoir, ledit jour 14 mars 1815, lu, sur la place publique de Lons-le-Saulnier, à la tête de son armée, une proclamation tendant à l'exciter à la rébellion et à la désertion à l'ennemi ; d'avoir immédiatement donné l'ordre à ses troupes de se réunir à l'usurpateur, et d'avoir lui-même, à leur tête, effectué cette réunion? »

Oui, à l'unanimité, moins un membre, qui s'abstint.

Troisième question : « L'accusé est-il convaincu d'avoir accompli un crime de haute trahison et d'attentat à la sûreté de l'État, dont le but était de détruire ou de changer le gouvernement et l'ordre de successibilité au trône? »

159 voix dirent *oui*; 1 voix *non*; 1 membre s'abstint.

Restait à prononcer la peine : chaque membre fut appelé à deux reprises différentes, par ordre de promotion; le second tour de scrutin eut pour résultat les votes suivants :

Duc d'Uzès.	*la mort.*
Duc de Chevreuse.	*la mort.*
Duc de Brissac.	*la mort.*
Duc de Rohan.	*la mort.*
Duc de Luxembourg.	*la mort.*
Duc de Saint-Aignan.	*la mort.*
Duc d'Harcourt.	*la mort.*
Duc de Fitz-James.	*la mort.*
Duc de Valentinois.	*la mort.*
Duc de la Vauguyon.	*la mort.*
Duc de la Rochefoucauld.	*la mort.*
Duc de Clermont-Tonnerre.	*la mort.*
Duc de Choiseul.	(*abstenu de voter*).
Duc de Coigny.	*la mort.*
Duc de Broglie.	*la déportation.*
Duc de Laval-Montmorency.	*la mort.*
Duc de Montmorency.	*la déportation.*
Duc de Beaumont.	*la mort.*
Duc de Lorges.	*la mort.*
Duc de Croï-d'Havré.	*la mort.*
Duc de Lévis.	*la mort.*
Duc de la Force.	*la mort.*
Duc de Castries.	*la mort.*
Duc de Doudeauville.	*la mort.*
Prince de Chablais.	*la mort.*
Duc de Sérent.	*la mort.*
Le maréchal duc de Raguse.	*la mort.*
Comte Abrial.	*la mort.*
Comte Barthélemy.	*la mort.*

Comte Beauharnais............	*la mort.*
Comte de Beaumont............	*la mort.*
Comte Berthollet.............	*la déportation.*
Comte Beurnonville...........	*la mort.*
Comte Canclaux...............	*la mort.*
Comte Chasseloup-Laubat.......	*la déportation.*
Comte Chollet................	*la déportation.*
Comte Colaud.................	*la déportation.*
Comte Cornet.................	*la mort.*
Comte d'Aguesseau............	*la mort.*
Comte Davoust................	*la mort.*
Comte Demont.................	*la mort.*
Comte Depère.................	*la mort.*
Comte d'Haubersaërt..........	*la mort.*
Comte d'Hédouville...........	*la mort.*
Comte Dupont.................	*la mort.*
Comte Dupuy..................	*la mort.*
Comte Emmery.................	*la mort.*
Comte de Fontanes............	*la déportation.*
Comte Garnier................	*la mort.*
Comte de Gouvion.............	*la déportation.*
Comte Herwyn.................	*la déportation.*
Comte Klein..................	*la déportation.*
Comte de Lamartillière.......	*la mort.*
Comte Lanjuinais.............	*la déportation.*
Comte Laplace................	*la mort.*
Comte Lecoulteux-Canteleu.....	*la mort.*
Comte Lebrun de Rochemont.....	*la mort.*
Comte Lemercier..............	*la déportation.*
Comte Lenoir-Laroche.........	*la déportation.*
Comte de Lespinasse..........	*la mort.*
Comte de Malleville..........	*la déportation.*
Comte de Montbadon...........	*la mort.*
Comte de Pastoret............	*la mort.*
Comte Péré...................	*la mort.*
Le maréchal comte Pérignon....	*la mort.*
Comte Porcher de Richebourg...	*la déportation.*
Comte de Sainte-Suzanne.......	*(abstenu de voter).*
Comte de Saint-Vallier........	*la mort.*
Comte de Sémonville..........	*la mort.*
Le maréchal comte Sérurier....	*la mort.*
Comte Soulès.................	*la mort.*
Comte Shée...............	*la mort.*

— 1815 —

Comte de Tascher............	*la mort.*
Le maréchal duc de Valmy......	*la mort.*
Comte de Vaubois............	*la mort.*
Comte de Villemanzy..........	*la mort.*
Comte Vimard...............	*la mort.*
Comte Maison...............	*la mort.*
Comte Dessoles..............	*la mort.*
Comte Victor de Latour-Maubourg...	*la mort.*
Comte Curial................	*la déportation.*
Comte de Vaudreuil...........	*la mort.*
Bailli de Crussol.............	*la mort.*
Marquis d'Harcourt............	*la mort.*
Marquis de Clermont-Gallerande....	*la mort.*
Comte Charles de Damas.........	*la mort.*
Marquis d'Albertas............	*la mort.*
Marquis d'Aligre..............	*(abstenu de voter).*
Duc d'Aumont...............	*la mort.*
Marquis d'Avaray.............	*la mort.*
Marquis de Boisgelin...........	*la mort.*
De Boissy-du-Coudray..........	*la mort.*
Baron de Boissel de Monville......	*la mort.*
Marquis de Bonnay............	*la mort.*
Marquis de Brézé.............	*la mort.*
Comte de Brigode............	*(abstenu de voté)*
Prince de Beaufremont..........	*la mort.*
Le maréchal duc de Bellune.......	*la mort.*
Comte de Clermont-Tonnerre......	*la mort.*
Duc de Caylus...............	*la mort.*
Comte du Cayla..............	*la mort.*
Comte de Castellane...........	*la mort.*
Vicomte de Chateaubriand........	*la mort.*
Comte de Choiseul-Gouffier.......	*la mort.*
Comte de Contades............	*la mort.*
Comte de Crillon..............	*la mort.*
Comte Victor de Caraman........	*la mort.*
Marquis de Chabannes..........	*la mort.*
Comte Compans..............	*la mort.*
Comte de Durfort.............	*la mort.*
Emmanuel Dambray............	*la mort.*
Comte de Damas-Crux..........	*la mort.*
Chevalier d'Andigné...........	*la mort.*
Comte d'Ecquevilly............	*la mort.*
Comte François d'Escars.......	*la mort.*

Comte Ferrand. . . . . la mort.
Marquis de Frondeville. . . . . la mort.
Comte de la Ferronnays. . . . . la mort.
Comte de Gand. . . . . la mort.
Marquis de Gontaut-Biron. . . . . . la mort.
Comte de la Guiche. . . . . la mort.
Amiral Gantheaume.. . . . . la mort.
Comte d'Haussonville. . . . . la mort.
Marquis de Juigné. . . . . la mort.
Marquis d'Herbouville. . . . . la mort.
Comte de Lauriston.. . . . . la mort.
Comte de Lally-Tollendal. . . . . . . la déportation.
Marquis de Louvois. . . . . la mort.
Christian de Lamoignon.. . . . . . . la mort.
Comte de la Tour-du-Pin-Gouvernet. . la mort.
Comte de Machault d'Arnouville. . . . la mort.
Marquis de Mortemart.. . . . . la mort.
Comte Molé. . . . . la mort.
Marquis de Mathan. . . . . la mort.
Vicomte Mathieu de Montmorency. . . la mort.
Comte de Mun. . . . . la mort.
Comte du Muy. . . . . la mort.
Général Monnier. . . . . la mort.
Comte Théodore de Nicolaï. . . . . . (abstenu de voter).
Comte de Noë. . . . . la mort.
Marquis d'Orvilliers.. . . . . la mort.
Marquis d'Osmond. . . . . la mort.
Marquis de Raigecourt. . . . . la mort.
Baron de la Rochefoucauld.. . . . . . la mort.
Comte de Rougé. . . . . la mort.
De Saint-Roman. . . . . la mort.
Comte de Rully.. . . . . la mort.
Lepelletier de Rosambo. . . . . la mort.
Desèze.. . . . . la mort.
Baron Séguier. . . . . la mort.
Comte de Suffren-Saint-Tropez. . . . . la mort.
Marquis de la Suze. . . . . la mort.
Comte de Saint-Priest.. . . . . la mort.
Marquis de Talaru. . . . . la mort.
Comte Auguste de Talleyrand. . . . . la mort.
Marquis de Vence.. . . . . la mort.
De Vibraye.. . . . . la mort.
Vicomte de Vérac.. . . . . la mort.

Morel de Vindé............	*la mort.*
Lynch................	*la mort.*

17 voix avaient voté pour la déportation ; 139 pour la peine de mort ; 5 membres s'étaient abstenus ; la peine capitale était prononcée. Le chancelier rédigea immédiatement l'arrêt ; et, à minuit, la séance fut rendue publique pour la lecture de la sentence. Les ministres occupaient leur banc ; on remarquait l'absence des avocats du maréchal. L'arrêt, lu par le chancelier, portait en substance que Michel Ney, maréchal de France, duc d'Elchingen, prince de la Moskowa, ex-pair de France, convaincu du crime de haute trahison et d'attentat à la sûreté de l'État, était condamné à la peine de mort et aux frais de la procédure. M. Bellart requit immédiatement du président la déclaration que le condamné ne faisait plus partie de la Légion d'honneur. La déclaration fut prononcée.

La conscience de plusieurs pairs avait fléchi devant le désir de complaire au parti dominant ; abritant leur vote pour la mort derrière la vague espérance d'une grâce, ils avaient pressé M. de Richelieu, immédiatement après la sentence, d'aller implorer la clémence du roi ; la commutation de la peine de mort en un exil en Amérique serait un acte de bonne politique, disaient-ils ; elle prouverait la force du gouvernement et donnerait à la famille royale une grande popularité. M. de Richelieu se rendit aux Tuileries ; admis auprès du roi, à minuit et demi, il trouva Louis XVIII inflexible. « Ma famille ne me pardonnerait point cette grâce, disait le roi, et vous-même vous seriez mis le lendemain en accusation par la Chambre des députés. » Une conférence avait, en effet, eu lieu dans la soirée entre tous les membres de la famille royale ; la duchesse d'Angoulême, inspirée par des sentiments de vengeance qu'elle-même et les siens devaient expier quinze ans plus tard, avait insisté avec chaleur sur la nécessité d'un grand exemple, et toutes les voix s'étaient réunies à la sienne. C'est en ce moment que le duc de Wellington aurait dû intervenir : un grand nombre de ses compatriotes, à Paris, quelques-uns de ses amis, en Angleterre, lord Holland, entre autres, l'en avaient prié. Demeuré en France quand tous les autres chefs de la coalition l'avaient quittée, le général anglais y exerçait une influence toute-puissante; il s'en servit, mais ce fut pour persister à exiger, au nom des Alliés, le sacrifice de l'homme dans lequel les souverains et lui voyaient le principal coupable de cette journée du 20 mars, qui, huit mois auparavant, était venue porter encore une fois la terreur au sein des monarchies de la vieille Europe. Ney, pourtant, devait être sacré pour Wellington : soldats l'un et l'autre, tous deux s'étaient trouvés face à face sur le fatal plateau du Mont-Saint-Jean. Mais le général anglais résumait en lui les qualités comme les défauts de sa nation et de sa caste : intelligence nette, volonté ferme, tête froide, son esprit était sans élévation, son caractère sans grandeur, son cœur sans générosité. Nous ne craignons pas de l'affirmer : à la place de Wellington, ce chef de l'aristocratie anglaise, Ney, ce glorieux enfant de notre démocratie, eût fait plus que d'exiger la grâce, il n'eût pas permis le jugement.

A la même heure où Louis XVIII, aux Tuileries, sourd à ce cri de Moncey, que l'*échafaud ne fit jamais des amis*, repoussait M. de Richelieu et son appel à la clémence, le secrétaire archiviste de la pairie, M. Cauchy, se rendait auprès du condamné et lui notifiait la sentence. Depuis l'avant-veille, le maréchal avait échangé sa demeure de la Conciergerie contre une chambre placée sous les combles du Luxembourg, dans une partie du palais où l'on avait organisé les mesures de surveillance et de sûreté les plus sévères. Reconduit à cette nouvelle prison après la clôture des débats, il avait dîné, puis s'était jeté tout habillé sur son lit, où il dormait du sommeil le plus profond lorsque M. Cauchy se présenta; on eut quelque peine à le réveiller. Il se leva. Ney, à dater de ce moment, cessa d'être l'homme de son procès; placé en face de la mort, il redevint l'homme du champ de bataille; le héros reparut. « Je vous remercie, monsieur, dit-il à M. Cauchy en l'interrompant au milieu de quelques paroles de regret sur le triste ministère qu'il venait remplir; chacun doit faire son devoir; lisez. » Lorsque le secrétaire archiviste arriva à l'énumération des titres du maréchal, ce dernier l'interrompit une seconde fois : « Passez, monsieur, lui dit-il; dites tout simplement Michel Ney. » Puis il ajouta : « Et bientôt un peu de poussière. » M. Cauchy acheva sa lecture, et dit ensuite au maréchal que, dans le cas où il croirait devoir invoquer les secours de la religion, il pouvait faire appeler le curé de Saint-Sulpice, qui, de lui-même, était déjà venu offrir ses services. « Je n'ai besoin de personne pour savoir mourir, » répondit Ney, qui demanda si, avant d'aller à la mort, il pourrait embrasser sa femme et ses fils. La réponse fut affirmative. « A quelle heure est-ce pour demain? demanda-t-il avec un indéfinissable sourire. — A neuf heures, monsieur le maréchal. — Bien, répliqua Ney; en ce cas, faites avertir la maréchale pour cinq heures et demie. Mais j'espère, ajouta-t-il, que personne ne se permettra de lui annoncer ma condamnation; je me réserve de la lui apprendre. Puis-je être seul maintenant? » M. Cauchy s'inclina et sortit. Le maréchal se rejeta sur son lit, où il se rendormit profondément.

Le lendemain, 7 décembre, à cinq heures et demie du matin, il fut éveillé par l'arrivée de la maréchale, qu'accompagnaient ses quatre jeunes fils et sa sœur, madame Gamot. La maréchale, en entrant dans la chambre de son mari, tomba sans connaissance; on la releva, et à un long évanouissement succédèrent les pleurs et les sanglots. Madame Gamot, à genoux devant son beau-frère, n'était pas dans un moins déplorable état. Les quatre fils du maréchal, dont l'aîné était à peine âgé de douze ans, tristes, silencieux, regardaient leur père. Ney les prit sur ses genoux, leur parla longtemps à voix basse; puis, voulant mettre un terme à cette scène déchirante il dit à demi-voix à madame Gamot mais de manière à être entendu de la maréchale, que celle-ci « aurait peut-être le temps d'arriver jusqu'au roi. » La maréchale saisit avidement cette ouverture, qui n'avait pour but que de l'éloigner, et, se jetant dans les bras du condamné, qu'elle étreignit longtemps, elle se hâta de courir aux Tuileries.

Resté seul avec ses gardes, Ney écrivit quelques dispositions. Les hommes chargés de sa surveillance, bien que couverts de l'uniforme de gendarmes et de soldats de la nouvelle garde royale, appartenaient, comme les gardes de la Conciergerie, aux anciennes bandes de l'Ouest et du Midi, et aux différents corps militaires de la maison du roi. L'un d'eux, dont les formes et le langage contrastaient avec l'habit dont il était vêtu, s'approcha de Ney : « Monsieur le maréchal, lui dit-il, à votre place je penserais maintenant à Dieu ; j'enverrais chercher le curé de Saint-Sulpice. » Ney regarda cet homme et sourit : « Eh bien, lui répondit-il, envoyez-le chercher. »

A huit heures, on vint l'avertir; il répondit *qu'il était prêt*. Nous avons dit qu'il portait le deuil de son beau-père : il avait pour vêtements une redingote de gros drap bleu, une culotte et des bas de soie noire, pour coiffure un chapeau rond. Il descendit entre une double haie de soldats qui se prolongeait jusqu'à l'entrée du jardin, où l'attendaient le curé de Saint-Sulpice et une voiture de place. Au moment de monter, il dit au prêtre en lui cédant le pas : « Montez le premier, monsieur le curé, j'arriverai encore avant vous là-haut ! » Le fiacre se mit en marche, traversa le jardin du Luxembourg, entra dans la grande avenue de l'Observatoire et s'arrêta à moitié distance environ, entre cet édifice et la grille du jardin. Un officier de gendarmerie, ouvrant alors la portière, annonça au maréchal qu'il était près du lieu d'exécution. Ney mit pied à terre, non sans manifester quelque étonnement; il croyait devoir être conduit à la plaine de Grenelle. Mais le gouvernement, redoutant des rassemblements trop nombreux et quelque échauffourée populaire, avait pris le parti de l'exécuter, pour ainsi dire, en fraude. Depuis le matin, une foule considérable était, en effet, réunie à la plaine de Grenelle; l'avenue de l'Observatoire, au contraire, même à cette heure de la matinée, ne laissait voir que quelques passants. Après avoir fait ses adieux au prêtre et lui avoir remis, pour la maréchale, la boîte en or dont il faisait habituellement usage, et pour les pauvres de sa paroisse quelques pièces d'or qu'il avait sur lui, le maréchal alla se placer lui-même devant le peloton d'exécution. Ce peloton était composé de soldats vétérans; l'officier qui les commandait fit offrir au prince de la Moskowa de lui bander les yeux. « Ignorez-vous, répondit le maréchal, que, depuis vingt-cinq ans, j'ai l'habitude de regarder en face les boulets et les balles? » Puis il ajouta : « Je proteste devant Dieu et la patrie contre le jugement qui me condamne! J'en appelle aux hommes, à la postérité, à Dieu! Vive la France! » L'officier écoutait, immobile. Le général commandant la place de Paris, et qui, depuis le matin, cinq heures, se trouvait chargé de la garde du condamné et des détails de l'exécution, le comte de Rochechouart, s'adressant au chef de peloton, lui dit à haute voix : *Faites votre devoir!* Le maréchal ôta aussitôt son chapeau de la main gauche, et, posant la main droite sur sa poitrine, il s'écria d'une voix forte : *Soldats, droit au cœur!* Mais l'officier ne bouge pas. Le comte de la Force, frère d'un des juges du maréchal, assistait à l'exécution comme colonel d'état-major de la garde nationale; il s'avance vivement vers le commandant du peloton et le trouve éperdu; placé sous le regard de la grande victime que le devoir lui ordonne d'immoler, l'officier semble frappé de vertige. M. de la Force prend immédiatement sa place; il donne le signal; le peloton fait feu : Ney tombe frappé de six balles à la poitrine, de trois à la tête et au cou, et d'une balle dans le bras. Conformément aux règlements militaires, le corps resta déposé pendant un quart d'heure sur le lieu d'exécution. Transporté à l'hospice de la Maternité, il y demeura jusqu'au lendemain, gardé par des sœurs de la Charité que l'on relevait d'heure en heure, et qui, agenouillées près de lui, récitaient les prières des morts.

Cependant la maréchale était accourue aux Tuileries : elle s'était adressée, pour parvenir jusqu'à Louis XVIII, au duc de Duras, premier gentilhomme de service; elle dut attendre assez longtemps; le roi, disait M. de Duras, ne recevait encore personne. La nouvelle de l'exécution ne tarda pas à arriver au château; le premier gentilhomme annonça alors à la veuve « que l'audience ne pouvait lui être accordée, parce qu'elle était maintenant sans objet. »

Lorsque la Révolution, attaquée par une partie de l'Europe, déchirée par l'insurrection royaliste, réduite à moins de quarante départements, créait les tribunaux révolutionnaires, elle luttait pour l'indépendance française et se trouvait en plein combat; la Révolution se défendait. Quand la Restauration livrait les proscrits du 24 juillet à ses conseils de guerre et à sa Cour des pairs, un million de soldats étrangers, ses alliés, couvraient notre territoire et la protégeaient; elle n'avait aucune lutte à soutenir, aucune attaque à repousser; la Restauration se vengeait.

Deux mois avant la mort du prince de la Moskowa, un autre maréchal de l'Empire qui, lui aussi, avait eu la plus grande influence sur le sort de Napoléon en 1815, Joachim Murat, était également tombé sous les balles de douze soldats. Errant, après Waterloo, sur la côte de Toulon, obligé de se cacher sous les déguisements les plus misérables et n'ayant d'autre asile qu'un trou pratiqué dans la terre et recouvert de branchages; réfugié ensuite en Corse, où il conçut le rêve insensé d'un 20 mars pour sa royauté des Deux-Siciles; dépouillé, puis trahi, d'abord par trois de ses aides de camp, ensuite par les deux chefs de sa flottille de débarquement[1]; arrêté sur la côte de la Calabre par ses propres sujets; condamné à mort par une commission de sept officiers qui lui devaient leurs grades, leurs honneurs, leur fortune, et que, moins de trois mois au-

---

[1] Ces deux derniers étaient le baron Barbara et le chef de bataillon Courrant.

paravant, il voyait encore à ses genoux, Murat avait été fusillé le 13 octobre 1815, dans l'intérieur du fort Pizzo, par ordre de son successeur[1]. La similitude fut grande entre Ney et Murat : soldats tous deux au début, ils avaient marché du même pas dans la carrière de gloire ouverte par la Révolution et qui finit avec l'Empire. Arrivés aux plus hautes dignités militaires, séparés seulement à la fin de leur carrière par un vain titre, l'un et l'autre avaient parcouru avec un égal éclat tous les champs de bataille de l'Europe. C'étaient deux grands cœurs devant l'ennemi! Jamais hommes de guerre ne furent plus braves, plus brillants. Si Ney, calme et impassible au milieu des boulets et de la mitraille décimant son infanterie, criait à ses soldats ébranlés, en se dressant sur ses étriers : « La mort ne frappe que ceux qui hésitent! Regardez-moi : elle ne m'atteint pas! » d'un autre côté, là où la mêlée de la cavalerie était la plus furieuse, les rangs les plus pressés, les coups les plus rapides, la mort la plus prompte, là, flottait l'aigrette de Murat. Semblables tous deux par leurs vertus comme par leurs faiblesses, l'un et l'autre périrent à quelques jours de distance, entraînés par la même chute; tout fut pareil en eux : ils eurent le même caractère et la même fortune, la même vie et la même mort.

[1] Ces despotes à moitié endormis, dont l'imbécillité sanguinaire est le fléau des populations du vieil Orient, peuvent seuls donner une idée du roi Ferdinand, prédécesseur et successeur tout à la fois de Murat. Ce roi, qui alliait les habitudes les plus basses à la dévotion la plus grossière, se peint tout entier dans le décret qu'il rendit pour la mise en jugement de Joachim. Voici les termes de ce document :

« FERDINAND, par la grâce de Dieu, etc., avons décrété et décrétons ce qui suit :

« Article 1er. Le général Murat sera traduit devant une commission militaire dont les membres seront nommés par notre ministre de la guerre.

« Article 2. Il ne sera accordé au *condamné* qu'une demi-heure pour recevoir les secours de la religion.

« Donné à Naples le 9 octobre 1815. *Signé :* FERDINAND. »

Murat fut effectivement fusillé moins d'une demi-heure après avoir comparu devant le conseil de guerre.

CHAPITRE III

1816. — Situation du gouvernement royal au 1ᵉʳ janvier 1816. Comités royalistes dans les départements. Dénonciations. Épurations dans les ministères de la marine, de la justice et de la guerre; catégories établies par le duc de Feltre. — *Session de 1815-1816.* — Adresses des deux Chambres au roi. Suspension de la liberté individuelle. Loi sur les cris, les actes et les écrits séditieux; discussion et vote dans les deux Chambres. Établissement des *cours prévôtales.* Proposition dite *d'amnistie*, par M. de Labourdonnaie; ses catégories; alarmes jetées dans la population; projet d'amnistie présenté par le ministère; rapport de la commission; nouvelles catégories et nouvelles inquiétudes; discussion et vote de la loi. Votes de monuments expiatoires à Louis XVI, Louis XVII, Marie-Antoinette, madame Élisabeth et au duc d'Enghien. Lecture, à la Chambre des députés, du testament de la reine; discours de M. de Marcellus.

1816. — Le 1ᵉʳ janvier 1816, les armées coalisées avaient évacué la plus grande partie du territoire, laissant la France à demi ruinée par une occupation militaire de cinq mois, courbée sous le poids d'une contribution de guerre de plus d'un milliard, et livrée à une désorganisation morale ainsi qu'à des passions politiques qui auraient probablement emporté une seconde fois le gouvernement de Louis XVIII s'il s'était trouvé abandonné, comme au mois de mars 1815, au seul appui du parti royaliste. Ce parti n'avait pas grandi pendant les Cent-Jours; sa faiblesse, après Waterloo, était la même que la veille du débarquement de Napoléon; il y a plus : la défaite encore inexpliquée du 18 juin, la chute si rapide de l'établissement impérial et de l'indépendance française, malheurs que les masses attribuaient uniquement à des trahisons royalistes, ajoutaient de nouveaux motifs de haine aux colères qui avaient précipité la chute de la première Restauration. Les régiments existants à l'époque du retour de l'île d'Elbe se trouvaient, à la vérité, dissous, et leurs soldats licenciés; mais l'armée nouvelle, encore en voie de formation, ne présentait qu'une force pour ainsi dire nominale. Dans cette position, la retraite des principales forces alliées pouvait donc devenir le signal d'un nouveau soulèvement fatal aux Bourbons : ce danger n'avait pas échappé aux chefs de la coalition, et, comme on l'a vu dans les *instructions* données au duc de Wellington [1], c'était surtout dans le but de conjurer ce péril qu'ils laissaient en France cette garde de 150,000 hommes qui, pendant cinq années, devait protéger, contre tout mouvement intérieur, le trône deux fois rétabli par l'Europe victorieuse.

De leur côté, les adversaires de la Révolution avaient employé les cinq mois de l'occupation à s'organiser. Enhardis par l'abattement que jetait dans toutes les âmes le douloureux spectacle de deux grandes catastrophes politiques et de deux invasions accomplies en moins de quinze mois; forts, surtout, de l'appui de douze cent mille soldats étrangers alors répandus sur toute la surface du royaume, ils s'étaient formés dans chaque ville, dans chaque bourgade, en *comités royalistes* qui, s'efforçant de substituer leur influence à celle de l'administration supérieure, devaient bientôt intervenir dans le choix, puis dans les actes des moindres autorités de chaque commune. Ces comités ne se composaient pas toujours, ainsi qu'on pourrait le croire, d'anciens privilégiés rêvant le retour des avantages politiques ou sociaux dont la Révolution les avait dépouillés. Des fonctionnaires destitués sous la République ou sous l'Empire pour incapacité ou malversation, des propriétaires endettés ou ruinés par les dissipations ou par le jeu, des négociants en état de faillite, des avocats sans clientèle, quelques femmes décriées, jusqu'à des abbés, tous impatients de venger leurs rancunes ou leurs injures, de rétablir leur in-

---

[1] Voyez ces *Instructions*, tome III, pages 454 et 455.

fluence ou leur fortune perdue, voilà quel était, en beaucoup de lieux, le personnel de ces réunions. D'abord leurs membres s'occupèrent d'avoir à leurs ordres une sorte de force armée. Ces désœuvrés de place publique que des habitudes de débauche et de paresse livrent à la merci de tous les partis vainqueurs fournirent promptement aux comités les instruments dont ils avaient besoin ; on les arma, et, dans nombre de villes, ils furent organisés en compagnies de garde nationale ou de volontaires royaux, et transformés en auxiliaires actifs de la gendarmerie. Une fois cette force créée, les royalistes de chaque localité proclamèrent la nécessité d'*épurer* toutes les fonctions publiques ; dans l'Ouest, des chefs de bandes ordonnaient ces épurations par des proclamations ainsi conçues :

« Au quartier général de Saint-Jean-de-Mont, le 27 septembre 1815.

« J'avais réuni 1,200 hommes de la division des Marais pour forcer les autorités supérieures à élaguer des places toutes les personnes qui pouvaient être contraires aux intérêts de notre bon roi ; je n'y ai pas donné de suite par la promesse qui m'a été faite qu'on s'occuperait vivement à les remplacer par de vrais royalistes. Si, sous quinze jours, il reste encore dans les places de ces monstres d'iniquité qui ne cherchent à se maintenir que pour trahir encore, je rassemblerai les braves gens que je commande et qui ont la plus grande confiance en moi, et je marcherai à leur tête pour que justice soit faite.

« Le baron DE MAYNARD,
« Commandant de la garde nationale *royale* de l'arrondissement des Sables. »

Courbés lâchement devant ces injonctions et ces menaces, les chefs de chaque administration, dans la plupart des départements, n'avaient pas hésité à frapper ; mais le pouvoir dont ces fonctionnaires disposaient avait ses limites, et, quelle que fût leur soumission, il existait bon nombre de positions qui, par leur rang hiérarchique, ou par la spécialité de la fonction, échappaient à leur atteinte ; alors on surmontait l'obstacle, soit à l'aide de dénonciations impérieuses adressées aux ministres, soit par des pétitions furibondes déposées sur le bureau de la nouvelle Chambre des députés.

Le temps avait manqué au ministère Fouché-Talleyrand pour subir l'influence des comités royalistes ; sa courte durée ne lui avait pas permis d'étendre le cercle de ses destitutions au delà des préfectures, des sous-préfectures et des commandements militaires ; le système d'épuration, appliqué aux emplois de tous les degrés et de tous les ordres, devint la tâche et fut l'œuvre des successeurs de ce déplorable cabinet. Arrivés au pouvoir avec la mission d'imprimer aux hommes et aux choses du gouvernement une direction royaliste énergique, les nouveaux ministres, dès leurs premières communications avec les autorités départementales, avaient, au reste, provoqué eux-mêmes la délation. « Le gouvernement, disaient-ils, a la ferme volonté de récompenser les *bons* et de punir les *coupables*. » Ce langage fut entendu, et les accusations se produisirent en si grand nombre, que, si l'on excepte quelques branches de service exigeant dans les employés de longues études préparatoires ou des connaissances pratiques spéciales, comme les ponts et chaussées et les mines, l'enregistrement et les domaines, il n'existait pas, dans les derniers jours de 1815, un seul fonctionnaire demeuré en place pendant les Cent-Jours dont on n'incriminât les intentions ou les actes, et dont la position ne se trouvât menacée. On poursuivait la destitution des employés les plus humbles, d'un facteur de la poste, par exemple, d'un courrier de la malle ou d'un débitant de tabac, avec la même violence que l'on mettait à solliciter le renvoi des fonctionnaires les plus élevés. Chaque dénonciation, d'un autre côté, était une pétition ; l'intérêt de la cause royale et leur amour pour le roi, voilà les seuls titres que faisaient habituellement valoir les postulants ; rarement ils invoquaient leur capacité. Les ministres et leurs délégués s'inquiétaient assez peu, d'ailleurs, de cette dernière garantie ; tous avaient pour maxime qu'un employé se trouvait toujours assez capable quand il était *fidèle* ; ils ne tenaient pas compte davantage de la moralité ; dans leur passion, ils avaient changé même la signification des mots ; l'homme honnête, pour eux, n'était pas l'homme probe, mais l'individu qui se qualifiait royaliste, et le plus effronté fripon, en s'abritant sous la bannière de ce parti, se voyait immédiatement rangé, par tous les adversaires de la Révolution, dans la classe des *honnêtes gens*.

Ce système d'exclusion aveugle porta la désorganisation et le désordre dans tous les services. Le personnel de notre marine militaire, entre autres, fut presque entièrement renouvelé ; on remplit les nouveaux cadres à l'aide de ces vieillards, débris de l'ancien corps de la marine royale, que l'ordonnance du 25 mai 1814 avait rappelés à l'activité [1]. Le département de la justice ne possédait pas un semblable personnel de rechange : on a vu, dans un des précédents volumes, que le petit nombre des magistrats de l'ancien régime restés sans emploi après le Consulat étaient entrés en 1810 dans les rangs de la magistrature de l'Empire. De nombreux et brusques changements, d'ailleurs, pouvaient interrompre, en beaucoup de lieux, le cours régulier de la justice. Enfin, la Charte avait assuré à tous les juges le bénéfice de l'inamovibilité. On pouvait donc croire que le corps judiciaire échapperait aux épurations ; il n'en fut rien ; la garantie inscrite en termes formels dans la loi fondamentale fut effacée à l'aide d'un subterfuge : la Charte, en consacrant l'inamovibilité des juges, dirent les sophistes de la chancellerie, a posé un principe, mais elle a gardé le silence sur l'application ; elle n'a pas dit si ce privilége appartiendrait aux magistrats existants lors de sa promulgation, ou bien seulement à ceux qui seraient ultérieurement promus. D'un autre côté, en réservant expressément au roi, comme elle l'a fait, la nomination de tous les membres de la magistrature, la Charte, évidemment, n'a stipulé qu'en faveur des juges institués par Sa Majesté ; ne con-

[1] Voyez tome II, page 71.

serveront donc leur siége, et ne seront dès lors inamovibles que ceux des titulaires actuels qui recevront l'*institution royale*. — Les chefs du département de la justice, par cette interprétation, obtenaient un double résultat : ils gagnaient le temps nécessaire pour se renseigner sur le passé et sur les opinions de chaque juge, et s'assuraient, par la peur des destitutions, la soumission absolue des tribunaux de tous les degrés.

Le ministère de la guerre était de tous les départements ministériels celui que les circonstances soumettaient aux épurations les plus larges; il n'en existait pas un, en revanche, où la tâche du ministre fût plus facile : le duc de Feltre pouvait donner à l'élimination les plus vastes proportions, sans avoir même à prononcer une seule destitution; tous les officiers de l'ancienne armée, par le fait du licenciement, se trouvaient, en effet, privés, sinon de leur grade, du moins de leur emploi. Un autre personnel, d'ailleurs, était tout prêt à prendre leur place dans les nouveaux régiments : non-seulement le ministre avait à sa disposition ces nombreux mousquetaires, chevau-légers et gendarmes de la maison du roi, licenciés par l'ordonnance du 1er septembre sur la création d'une garde royale; non-seulement il avait à pourvoir ces chefs vendéens, bretons, provençaux et normands, ces anciens émigrés, soldats de l'armée de Condé ou de l'armée des Princes, auxquels le général Dupont avait si libéralement distribué en 1814 des brevets de tout grade, jusqu'à des brevets de généraux de division; mais l'absence de toute disposition législative réglant l'état des officiers et les conditions de leur avancement lui permettait d'improviser les cadres de toute une armée. Nous avons dit ailleurs le passé du duc de Feltre, son étrange fortune militaire et sa honteuse servilité. Son royalisme de fraîche date s'exaltait encore au souvenir de quelques démarches faites, après le 20 mars, pour rentrer en grâce auprès de Napoléon, qui l'avait repoussé. Si ce ministre l'avait osé, pas un seul des officiers ayant servi sous la République et sous l'Empire ne serait entré dans l'armée nouvelle ; il ne dépendit pas de lui, du moins, que les rangs n'en fussent impitoyablement fermés à tous les braves gens engagés dans le patriotique effort des Cent-Jours.

Une première ordonnance, puis une décision, datées l'une et l'autre du 12 octobre 1815, avaient chargé d'*examiner la conduite des officiers de tout grade ayant servi sous l'usurpation* une commission composée du maréchal Victor, président, des lieutenants généraux comtes Lauriston et Bordesoulle, du maréchal de camp prince de Broglie, du sous-inspecteur aux revues Duperreux, du commissaire ordonnateur Chef-debien, et du chevalier de Querelles, secrétaire. Le chevalier de Querelles, ancien chef dans les bandes royalistes de l'Ouest, et le prince de Broglie, ancien émigré, n'avaient jamais servi dans les rangs de l'armée nationale ; le comte Bordesoulle était l'un des généraux qui avaient décidé la défection du 6° corps dans la nuit du 4 au 5 avril 1814 ; le maréchal Victor avait rejoint Louis XVIII à Gand. Quatre membres sur sept se trouvaient donc forcément hostiles aux officiers des Cent-Jours ; une telle composition aurait sans doute présenté, à tout autre qu'au duc de Feltre, des garanties de rigueur suffisantes ; lui-même, d'ailleurs, avait choisi les commissaires : au bout d'un mois, pourtant, il parut craindre qu'ils manquassent de sévérité, car, le 6 novembre, il transmit à la commission les instructions que nous allons analyser.

Après avoir déclaré que, en instituant la commission, le roi avait eu pour but, « d'abord, d'écarter du tableau d'activité les hommes dangereux, capables de corrompre encore l'esprit des troupes, ensuite d'établir une distinction nécessaire entre les officiers qui s'étaient associés avec empressement à l'attentat de l'usurpateur et ceux qui avaient seulement cédé à un exemple funeste, » le ministre ajoutait : « que le travail de la commission devait se réduire à constater la conduite de chaque officier et à désigner, d'après cet examen, la classe dans laquelle il fallait le ranger. » Ces classes étaient graduées d'après la culpabilité des faits ; les premières comprenaient les officiers « à qui l'indulgence du roi laissait encore l'espérance de rentrer un jour dans l'armée »; ceux qui devaient en être exclus composaient les dernières. Cette classification était ainsi établie :

1re *classe* : Officiers généraux, officiers de tous grades et de toutes armes, administrateurs et employés militaires ayant abandonné le service vingt jours après l'arrivée de Buonaparte;

2° : Ceux qui, sans quitter le service, ont refusé de prêter serment à l'usurpateur ou d'adhérer à l'*Acte additionnel;*

3° : Ceux qui, ayant prêté serment ou signé l'*Acte additionnel*, ont expié cette faute par une démission volontaire;

4° : Ceux qui, d'abord entraînés dans la rébellion, ont abandonné la cause de l'usurpateur avant le retour du roi;

5e : Les officiers ayant accepté du service, mais destitués comme suspects au gouvernement de Buonaparte;

6° : Ceux restés au service, mais contre lesquels il existe des dénonciations qui honorent leur attachement à la cause du roi;

7e : Ceux qui, étant en non-activité à l'époque du 20 mars, n'ont fait ensuite aucune demande de service;

8° : Les officiers de tous grades et les administrateurs militaires ayant conservé la destination qu'ils avaient avant le départ du roi, et n'en ayant point sollicité de nouvelle;

9° : Les officiers ayant fait un service sédentaire dans les places de l'intérieur;

10e : Ceux qui ont sollicité de l'usurpateur des grades et des récompenses ou la confirmation des récompenses et des grades qu'il avait plu au roi de leur accorder;

11° : Les officiers de tous grades, administrateurs ou employés militaires, ayant fait partie des armées actives de l'usurpateur, et qui en ont suivi les mouvements jusqu'à la rentrée du roi;

12° : Ceux qui ont signé des Adresses à Buonaparte;

13° : Ceux qui ont commandé des bataillons de fédérés ou des corps de partisans;

14° : Les officiers de tous grades, les administrateurs et employés militaires placés dans les positions suivantes :

1° Ceux qui se sont déclarés pour Buonaparte vingt jours avant le départ du roi; 2° les officiers généraux et supérieurs qui ont arboré de leur propre mouvement l'étendard de l'usurpation et publié des proclamations séditieuses; 3° ceux qui ont réprimé les mouvements des fidèles serviteurs du roi; 4° les commandants de places et forts qui, sommés au nom du roi d'en ouvrir les portes, l'ont refusé et se sont exposés à tous les dangers d'un *siège;* 5° ceux qui ont marché contre les troupes royales rassemblées dans l'intérieur; 6° les officiers de tous grades, les administrateurs et employés militaires convaincus d'avoir *insulté l'effigie* du roi ou des princes; 7° enfin, les officiers à demi-solde qui ont volontairement quitté leurs foyers pour se joindre à l'usurpateur et qui l'ont accompagné à Paris.

Tous les officiers inscrits sur les contrôles de l'armée au 20 mars 1815 se trouvaient compris dans l'une ou l'autre de ces *vingt et une* catégories[1]; la classification de chacun d'eux dans ce tableau pouvait guider le gouvernement dans son indulgence ou dans ses exclusions; mais exclure ou suspendre ces officiers ne suffisait pas : il fallait constituer immédiatement le personnel destiné à composer les cadres des régiments alors en formation et choisir, parmi cette foule de Vendéens, d'émigrés, de royalistes du Midi et de volontaires de Gand, qui réclamaient le droit exclusif de remplir tous les emplois dans la nouvelle armée, depuis l'emploi de sous-lieutenant jusqu'à celui de lieutenant général. Le 23 octobre, le duc de Feltre avait confié cette dernière tâche à une seconde commission composée du comte Beurnonville, membre du gouvernement provisoire en 1814, président; du prince de la Trémouille et de M. d'Andigné, anciens chefs vendéens; du duc de Caylus, ancien émigré; du maréchal de camp Deconchy, président du conseil de révision qui avait rejeté le pourvoi de Labédoyère, et du général Paultre de Lamothe, royaliste de fraîche date, attaché au nouveau régime de toute la haine versée dans son âme par quelques mots sanglants, reproches mérités, que Napoléon lui avait publiquement adressés sur le champ de bataille de Dresde. Ce fut d'après les tableaux dressés par ces deux commissions d'examen que le ministre de la guerre arrêta les nouvelles nominations. Nous aurons à dire plus tard quels choix étranges furent le résultat de cette double enquête, à la-

---

[1] La seule classe qui n'y figure pas est celle des officiers ayant accompagné Napoléon à l'île d'Elbe; une décision spéciale les avait déclarés rayés des contrôles de l'armée et déchus de tous droits à une pension de retraite ou à un traitement quelconque.

quelle se trouva soumise, mais dans des formes moins précises et moins officielles, la plus grande partie du personnel des autres administrations. Disons, dès à présent, que si une foule de citoyens se voyaient atteints dans leur position et dans leur fortune par ce travail d'universelle épuration, du moins leur liberté, leur vie, leur honneur, restaient légalement protégés par la Charte et par la législation existante; mais des lois créant de nouveaux délits, de nouveaux crimes et de nouveaux tribunaux, établissant des poursuites plus promptes, une pénalité plus sévère et des sentences plus rapides, allaient bientôt leur enlever cette garantie, et livrer le pays à toutes les violences du parti qui, depuis vingt-trois ans, attendait impatiemment l'heure de venger l'insuccès de ses luttes contre les institutions et les hommes de la Révolution. Ces lois étaient la part réservée, par les réacteurs, à la Chambre des députés et à la Chambre des pairs; les réponses de ces deux Assemblées au discours prononcé par Louis XVIII à l'ouverture de la session annoncèrent qu'elles ne failliraient pas à cette triste tâche.

La Chambre des pairs parla la première: le 13 octobre 1815, après une discussion où le duc d'Orléans prit la parole plusieurs fois, et dont nous aurons à nous occuper à l'occasion des événements de Grenoble, cette Chambre disait au roi : « Nous nous pressons tous autour de ce trône tutélaire, devenu l'autel de la patrie : nous y portons sans doute des vœux d'amour et non des idées de ressentiment; mais nous sommes dans la parfaite confiance que Votre Majesté saura toujours concilier, avec les bienfaits de sa clémence, les *droits de la justice;* et nous oserons humblement solliciter de son équité la *rétribution nécessaire* des récompenses et des *peines,* l'exécution des lois existantes et la *pureté* des administrations publiques. » Le lendemain, 14, la Chambre des députés, à son tour, parlait ainsi : « C'est notre devoir, Sire, de solliciter *votre justice* contre ceux qui ont mis le trône en péril; nous vous en supplions au nom de ce peuple même, victime des malheurs dont le poids l'accable. Que ceux qui, aujourd'hui encore, encouragés par l'*impunité*, ne craignent pas de faire parade de leur rébellion, *soient livrés à la sévérité des tribunaux*. La Chambre concourra avec zèle à la confection des lois nécessaires à l'accomplissement de ce vœu. »

Ces lois ne se firent pas attendre. Dès le surlendemain, 16, M. Barbé-Marbois, ministre de la justice, présentait à la Chambre des députés un projet de loi qui définissait les cris, les discours et les écrits considérés désormais comme *séditieux*, et déterminait les peines encourues par leurs auteurs. Deux jours plus tard, le 18, M. Decazes, ministre de la police, soumettait, de son côté, à la même Assemblée, un second projet de loi ayant pour but : 1° de donner au gouvernement le droit de détenir sans jugement tout individu arrêté comme prévenu de crime ou délit contre la personne et l'autorité du roi, les membres de la famille royale ou la sûreté de l'État; 2° et d'obliger à donner caution de bonne conduite, ou à s'éloigner de son domicile et à résider dans un lieu désigné, tout individu contre lequel il n'existerait pas de graves motifs de prévention.

Ce dernier projet de loi ne renfermait que quatre articles; M. Decazes en avait proclamé l'urgence; trois jours après sa présentation, le 21, le rapporteur de la commission chargée de son examen, M. Bellart, en proposait l'adoption pure et simple. Après avoir longtemps argumenté de la législation romaine et de la maxime *caveant consules*, il avait terminé son rapport en disant : « Bien des gens ne manqueront pas de gémir hypocritement sur le tort qui pourra être fait à la liberté privée, et de se jeter dans des abstractions métaphysiques pour calomnier une mesure dont il n'est pas un seul homme de bien qui ne sente qu'elle est indispensable; répondons à ces *déclamateurs* par l'adoption du projet de loi tel qu'il a été présenté. » La discussion s'ouvrit le surlendemain, 23; MM. Royer-Collard et Pasquier proposèrent des amendements tendant à changer quelques-uns des termes du projet. « Les *mandats* à décerner contre les prévenus ne pourront l'être que par les *fonctionnaires* à qui la loi confère ce pouvoir, » disait l'article 2. Or, non-seulement la législation existante reconnaissait quatre espèces de mandats : mandats de *comparution*, d'*amener*, de *dépôt* et d'*arrêt*; mais elle accordait, en outre, la faculté de décerner les uns ou les autres de ces mandats, ou bien le droit d'arrestation, à une foule de *fonctionnaires*, tels que les gardes champêtres et les gardes forestiers, les commissaires généraux et les simples commissaires de police, les maires et leurs adjoints, les officiers de gendarmerie, les procureurs royaux, leurs substituts et les juges d'instruction. M. Royer-Collard voulait que la loi nouvelle désignât les mandats à décerner, et que le droit de les délivrer fût exclusivement donné aux *préfets*. M. Pasquier, accusant également le vague des termes du projet, demandait que la faculté de lancer les mandats appartînt, à Paris, au ministre et au préfet de police; dans les départements, aux préfets et aux procureurs généraux. Cet ancien ministre de la justice avait un autre scrupule : « La *prévention*, disait-il, emporte avec elle la comparution devant un tribunal; tout prévenu doit être jugé; voilà le principe. C'est donc *suspicion* qu'il faut écrire, car il s'agit uniquement ici de *suspects*; c'est contre les suspects seuls que la loi est dirigée; contre ces gens *d'autant plus dangereux*, ces hommes *d'autant plus coupables*, que, habiles dans l'art de feindre, ils ne se livrent *jamais* à des actes qui puissent leur faire encourir l'action immédiate de la justice. D'un autre côté, il me semble indispensable de ne confier l'exécution de ces mesures qu'à des fonctionnaires placés sous l'action directe de l'administration, à des agents *destituables*. » M. de Vaublanc remplaça M. Pasquier à la tribune, non pour repousser la redoutable théorie de cet ancien garde des sceaux, mais pour s'opposer à une demande d'enquête faite par un des précédents orateurs : « Une enquête est inutile pour connaître les besoins de la France, s'écria M. de Vaublanc de toutes les forces de sa voix; sa volonté est évidente, messieurs : la France *veut son roi!*» Ces derniers mots devinrent le signal du plus bruyant enthousiasme : la Chambre entière se lève; les cris de *Bravo! Vive le roi!* partent de toutes les bouches; trois fois M. de Vaublanc, emporté par cet accueil inattendu, répète : *Oui, messieurs, la France veut son roi!* et trois fois de longues salves d'applaudissements lui répondent. M. Decazes prit enfin la parole sur les amendements, et les repoussa comme inutiles. « D'un côté, dit le ministre de la police, on reproche à la loi de conférer de trop grands pouvoirs au gouvernement; de l'autre, on se plaint de ce qu'elle laisse les citoyens sans garanties. Après les événements qui se sont passés il y a huit mois, l'autorité doit être armée de pouvoirs extraordinaires; il est nécessaire que son action soit rapide. En second lieu, est-il pour les citoyens une garantie plus forte que la bonté et les vertus du prince auguste qui nous gouverne? Les hommes que ne rassurerait pas une pareille garantie sont ceux précisément que la loi doit atteindre. » Cette argumentation décida la Chambre; on procéda immédiatement au vote : 294 voix contre 56 livrèrent au caprice et à l'arbitraire du gouvernement la liberté de tous les citoyens; ce vote, début de la Chambre dans la carrière de réaction légale qu'elle allait parcourir, fut accueilli par de longs et nombreux cris de *Vive le roi!* partis de tous les bancs.

Le lendemain, 24, eut lieu le rapport sur le projet de loi relatif aux cris, aux discours et aux écrits *séditieux*. Ce projet, qui créait toute une nouvelle série de faits coupables, avait cependant excité un profond mécontentement dans la Chambre; on lui reprochait de qualifier tous ces faits non de *crimes*, mais de simples *délits* justiciables des seuls tribunaux de police correctionnelle, et punissables seulement d'un emprisonnement de trois mois à cinq ans, de l'interdiction des droits civils et politiques, et de la surveillance de la haute police. De telles dispositions, disait-on, équivalaient à l'impunité; oser les présenter à une Chambre royaliste était une insulte, une sorte de trahison. La Chambre, d'ailleurs, avait plusieurs sujets de plainte contre M. Barbé-Marbois. Ainsi, par une précaution, commune de nos jours, mais alors sans exemple, ce ministre, premier président de la cour des comptes au moment de son admission dans le cabinet, persistait à laisser cette haute position vacante, afin de pouvoir y rentrer quand il sortirait du ministère. Ce honteux calcul indignait tous les vieux gentilshommes de l'Assemblée. D'un autre côté, ce n'était pas sans humeur que les fervents catholiques de la Chambre voyaient ce ministre conserver comme secrétaire général de son département M. Guizot, à qui M. Pasquier, sous le précédent cabinet, avait confié cette position influente. Ils rendaient justice aux bonnes intentions de ce secrétaire général et lui tenaient compte de sa passion monarchique, de ses efforts pour épurer et *royaliser* la magistrature, ainsi que du voyage qu'il avait fait à Gand après son renvoi du ministère de l'intérieur des Cent-Jours, le 13 mai précédent[1]; mais tous ces mérites ne pouvaient compenser, à leurs yeux, le tort de sa croyance religieuse : M. Guizot était né protestant. Enfin, M. Barbé-Marbois, en apportant le projet à la Chambre, s'était fait accompagner, à titre de commissaire du roi chargé d'en soutenir la discussion, par M. Portalis, que Napoléon, lors de sa rupture avec le pape, avait, il est vrai, chassé du conseil d'État, comme mêlé à d'obscures intrigues religieuses, mais qui, pendant les Cent-Jours, et dans l'intérêt de sa position de premier président de la cour impériale d'Angers, s'était mis à la tête de la *fédération* de son département. Le chef des *fédérés* de Maine-et-Loire se trouvait ainsi chargé de solliciter, au mois d'octobre 1815, la répression de cris, de discours et d'écrits que lui-même avait provoqués et auxquels il avait applaudi au mois de juin précédent. Si un tel changement de rôle était facilement accepté par quelques députés mêlés, comme M. Barbé-Marbois, aux faits de la République et de l'Empire, en revanche, un très-grand nombre de membres, qui tenaient précisément à hon-

[1] Voyez tome II, page 309.

leur de n'avoir jamais varié depuis 1789 dans leurs opinions ni dans leur conduite, ne voyaient dans la présence de M. Portalis au banc des commissaires du roi qu'un acte d'impudeur et d'audace. Les discussions de la commission chargée d'examiner le projet ministériel se ressentirent de tous ces griefs, ses dispositions subirent un remaniement complet. La commission, entre autres modifications, changea la qualification légale de tous les faits et aggrava leur pénalité. « Il faut que les peines soient proportionnées aux délits, dit le rapporteur, M. Pasquier; il faut surtout que la promptitude de l'exemple inspire un effroi salutaire à ceux qui seraient tentés d'imiter les coupables. Il entre dans notre système d'amendements d'établir, pour certaines classes de délits, des peines infamantes. Ces peines, dans l'état actuel de la législation, ne peuvent être infligées que par les cours d'assises ou par les cours spéciales; mais la procédure devant celles-ci serait trop ralentie par la nécessité de faire juger par la cour de cassation les questions de compétence. Nous avons dû donner la préférence aux cours d'assises jusqu'à l'organisation des *cours prévôtales*, organisation généralement désirée par tous les amis de l'ordre et de la paix publique, et dont s'occupe M. le garde des sceaux. » M. Pasquier développa ensuite le système de pénalité formulé par la commission. Il dit que, les peines correctionnelles étant insuffisantes dans le plus grand nombre de cas, lui et ses collègues avaient dû choisir entre le bannissement, les travaux forcés et la déportation; que le bannissement leur avait semblé une peine à peu près nulle pour des gens sans aveu, la plupart, certains toujours de trouver une existence pareille à celle qu'ils auraient perdue, partout où ils porteraient leurs bras et leur industrie, et qui, sortis du royaume par une porte, pourraient à chaque instant y rentrer par une autre; qu'obligée de choisir entre les travaux forcés et la déportation, la commission avait adopté cette dernière peine comme plus grave que la première et plus appropriée à la nature des crimes qu'il s'agissait de punir. « N'est-il pas juste, s'écriait M. Pasquier à l'occasion de ce choix, que celui qui aura voulu renverser les institutions les plus sacrées, ébranler le trône auguste sur lequel reposent toutes les espérances de notre avenir, soit à jamais exclu de cette terre sur laquelle il est indigne de vivre, et aille consumer, sous un ciel lointain, cette vie qui ne lui a été donnée que pour le malheur de sa patrie et la honte des siens! » Tous les condamnés devaient, en outre, subir une forte amende, « châtiment, ajoutait le rapporteur, auquel ils seraient bien plus sensibles qu'à la prison, car la plupart ne connaissaient pas la honte et ne verraient dans la détention qu'un moyen de vivre dans l'oisiveté. » Enfin, M. Pasquier proposait de laisser aux juges de tous les degrés la faculté de priver les fonctionnaires civils et militaires en activité ou en retraite de tout ou partie de leurs traitements ou pensions.

M. Pasquier ne s'était pas contenté de faire connaître à la Chambre que le ministre de la justice s'occupait du rétablissement des cours prévôtales; il avait ajouté que tous les amendements proposés par la commission avaient reçu l'approbation du gouvernement. Cette déclaration fut confirmée par M. Barbé-Marbois, qui donna immédiatement lecture à la Chambre d'un préambule destiné à prendre place en tête du projet amendé par la commission, et dans lequel il était dit « que le gouvernement aurait voulu laisser aux tribunaux ordinaires la répression de tous les délits; mais qu'après d'aussi longs troubles, et lorsque les passions s'agitaient encore, il y avait nécessité, pour les comprimer, d'adopter des formes plus simples, des peines plus fortes et une justice plus rapide; que la juridiction des cours prévôtales, ayant en sa faveur l'expérience des temps et les plus heureux résultats, semblait exigée par les circonstances; que le conseil d'État s'occupait en ce moment des moyens de la rétablir, et qu'en attendant que son travail fût soumis à la délibération des Chambres, le roi avait ordonné, » etc. Suivaient les articles amendés; M. Pasquier en donna lecture. La discussion commença le 27.

M. Humbert de Sesmaisons ouvrit le débat par un discours passionné où il demandait que les condamnés à la déportation fussent transportés hors du continent européen, et que, dans plusieurs cas, lors de l'érection d'un drapeau tricolore, par exemple, la déportation fût changée en *peine de mort*. Un avocat de Paris, M. Piet[1], appuya cette dernière proposition; son langage, loin de respirer la colère qui éclatait dans toutes les paroles du précédent orateur, affectait, au contraire, une allure railleuse, presque badine : « Je propose, dit M. Piet en terminant son discours, l'adoption de la loi telle qu'elle est, mais avec une légère interversion dans les termes des deux premiers articles, la substitution de la *peine de mort* à celle de la déportation; ce changement, comme vous le voyez, est *bien peu de chose*. » La Chambre se mit à rire; le député qui remplaça M. Piet à la tribune fut moins heureux; ce membre entreprit de défendre le travail de la commission contre les changements proposés par les précédents orateurs; il osa hasarder ce blâme indirect : « Sans doute l'érection du drapeau tricolore sera punie de la peine de mort si cet acte se lie à quelque complot; mais doit-on donc étendre cette sévérité à des hommes égarés, qui n'auront arboré les couleurs proscrites que dans un moment d'ivresse ou de colère ? » De violents murmures l'interrompirent. Les orateurs entendus après lui furent mieux écoutés; tous accusèrent la faiblesse des dispositions pénales du projet même amendé. M. Goin-Moisant, entre autres, proposa de remplacer ces dispositions par l'échelle pénale suivante : dix ans de *travaux forcés* pour les cris, les discours et les ÉCRITS séditieux, proférés ou publiés *isolément*, qui ne seraient suivis d'*aucun effet*, et ne se lieraient à *aucun complot*; dans le cas où ils seraient concertés, et lors même qu'il n'y aurait eu *aucun commencement* d'exécution, la *mort*; en cas de commencement d'exécution, la *peine des parricides*[2]; pour les simples outrages ou les ca-

[1] Depuis conseiller à la cour de cassation.
[2] Les parricides marchaient au supplice les pieds nus et la tête couverte

lomnies contre la famille royale, et selon la gravité des cas, cinq ans de travaux forcés, les travaux à perpétuité, la mort.

Quatre mois auparavant, le 15 juin, le jour même où notre armée franchissait la Sambre et entrait en lutte avec l'armée prussienne, une proposition avait été lue à la Chambre des représentants pour la répression des cris, des discours et des écrits séditieux dirigés contre le gouvernement, son chef et les membres de sa famille. Les cris de *Vive Louis XVIII! Vivent les Bourbons!* ou toute autre provocation à la révolte étaient punis d'un simple emprisonnement de six jours à un an ; ces provocations, suivies d'effet, entraînaient la réclusion. Quant aux imputations calomnieuses et aux injures dirigées contre l'Empereur et les princes de sa famille, leurs auteurs n'étaient passibles que des peines encourues pour les injures et les calomnies dirigées contre les simples particuliers. L'esprit dominant à ces deux époques est tout entier dans ce rapprochement.

La demande de la peine des travaux forcés se renouvela plusieurs fois dans le cours de la discussion; une notable partie de la Chambre, d'accord avec le gouvernement et la commission, repoussait ce châtiment. Un des commissaires, M. Pardessus, dans un discours qui termina la séance du 27, développa en ces termes les motifs de cette répugnance : « Les travaux forcés sont la peine prononcée contre les voleurs, contre les crimes vils et bas qui ne supposent pas même de l'audace; cette peine *déshonore les familles;* or il n'est pas un de nous, peut-être, qui ne compte parmi les siens un de ces malheureux égarés. »

Le lendemain, 28, M. de Sallaberry, le prince de Broglie et M. de Castelbajac insistèrent de nouveau pour l'application de la peine capitale à tout individu convaincu d'avoir arboré un drapeau tricolore. « Eh quoi! s'écria le prince de Broglie, on ne punirait pas de mort l'érection de ce drapeau abomina-

d'un voile noir; ils entendaient ensuite la lecture de leur arrêt, debout sur l'échafaud; puis le bourreau leur coupait le poing et leur tranchait la tête.

ble, que je ne nommerai pas, tant son nom me répugne à prononcer et me révolte! » M. de Sallaberry demanda, en outre, que la peine de la déportation emportât la confiscation de toutes les propriétés du condamné. Un autre député, M. Michelet (de la Creuse), proposa de n'autoriser la mise en liberté définitive des prévenus de crimes, acquittés par les cours d'assises, que lorsqu'ils auraient ensuite comparu devant les tribunaux correctionnels, comme accusés au moins de simples délits. Enfin on ferma la discussion générale, et M. Pasquier, rapporteur, fut chargé de la résumer. Quelques phrases de son discours firent éclater les applaudissements de la Chambre; il répondait, dans ce passage, à une observation de M. de Kergorlay, sorte de protestation des anciens privilégiés contre la disposition de la loi qui plaçait au nombre des discours séditieux les alarmes répandues sur l'inviolabilité des propriétés dites *nationales*, ainsi que les bruits annonçant le rétablissement de la dîme ou des droits féodaux. « Une loi peut-elle disposer de l'avenir? s'était écrié, à cette occasion, M. de Kergorlay. Ni le roi, ni les Chambres, ne peuvent garantir l'éternité d'une disposition politique. Dieu lui-même, s'il le pouvait, ne le voudrait pas; car il ôterait aux hommes la liberté qu'il leur a donnée. — Ces réflexions, répondit M. Pasquier, sont sans doute justes et vraies; mais elles pourraient être dangereuses, car elles porteraient à faire croire qu'il n'y a rien de solide, rien d'éternel. Or jamais les idées de stabilité ne furent plus importantes qu'à notre époque, et nous devons penser que la maison de Bourbon régnera sur la France pendant un grand nombre de siècles. (De longs applaudissements se font entendre). Oui, messieurs, ajoute le rapporteur au milieu de l'enthousiasme de l'Assemblée, l'*éternité!* voilà toujours ce qu'il faut voir. Rome a subsisté des milliers d'années, parce qu'elle s'appelait la ville éternelle! Le gouvernement des Bourbons sera le gouvernement éternel! » Prophéties de courtisan, profitables toujours à leurs auteurs, mais si souvent fatales aux gouvernements assez aveugles pour s'y confier!

M. Pasquier avait également promis une éternelle durée à l'Empire et même à la première Restauration, ce règne éphémère de dix mois : malgré ces prédictions, ces deux pouvoirs étaient tombés; le prophète, en revanche, demeurait debout, ne prévoyant pas que, quinze ans plus tard, il saluerait de nouveau le drapeau tricolore de ses acclamations, et que, fidèle adorateur de la fortune, on le verrait au premier rang des serviteurs de la royauté qui prendrait violemment la place du gouvernement proclamé par lui le gouvernement éternel ! — Du débat qui s'établit ensuite sur les articles nous ne citerons qu'un incident où M. Hyde de Neuville fit intervenir les démarches faites, au nom des deux Chambres, après Waterloo, auprès des généraux et des souverains alliés, ainsi que les ouvertures qui eurent lieu en faveur du duc d'Orléans[1]. L'article 4 du projet déclarait séditieux le fait d'invoquer « le nom de l'*usurpateur* ou de quelqu'un de sa famille. » M. de Labourdonnaie ayant fait observer que le mot *usurpateur* ne suffisait pas, et qu'il fallait dire *un* usurpateur, *ou tout autre rebelle*, M. Hyde de Neuville ajouta : « J'appuie la proposition; rappelez-vous l'époque désastreuse de la fin de juin et des premiers jours de juillet; qu'allaient demander les factieux qui osaient porter leur infamie et celle de leurs complices dans les camps de l'*étranger* ? Était-ce l'usurpateur ? Non ! mais *un usurpateur* ; car il leur importait fort peu que ce fût Buonaparte ou quelqu'un des siens... » La Chambre, sur la proposition de M. de Marcellus, adopta les termes suivants : « ..... le nom de l'usurpateur, de quelqu'un de sa famille, ou de tout autre chef de rébellion. »

La loi ne frappait pas seulement les nouveaux délits de peines afflictives et infamantes, elle prononçait, en outre, des peines *pécuniaires*; la Chambre vota celles-ci dans sa séance du 30 octobre. Ces peines étaient l'amende, le cautionnement, puis la suspension des traitements ou des pensions dont pouvaient jouir les accusés. Le projet ne fixait que le *maximum*

---

[1] Voyez tome III, pages 274 et 348.

de l'amende : il le portait à 3,000 francs. La Chambre décida qu'il y aurait un *minimum* de 50 francs, et éleva le *maximum* à 20,000 francs! Le cautionnement fut laissé à la discrétion des juges. Quant aux traitements ou pensions, on abandonna également aux tribunaux criminels et correctionnels la faculté d'en ordonner la suspension partielle ou totale pour le temps qu'il leur plairait de fixer. Enfin, les magistrats pouvaient prononcer cumulativement ces différentes peines. Cette dernière disposition équivalait, à l'égard de beaucoup d'accusés, au rétablissement de la confiscation; et, pourtant, en armant les juges du droit de retrancher, pour ainsi dire, du nombre des vivants, par la *déportation*, les condamnés pour *écrits* ou discours séditieux[1], de les ruiner eux et leurs familles ou de leur enlever tout moyen d'existence par des amendes ou par la suppression de leurs traitements ou pensions, cette loi de colère n'avait pas épuisé ses rigueurs. Par un odieux abus de l'omnipotence législative, elle sévissait, en outre, de toute sa violence contre les *provocations* INDIRECTES aux faits qualifiés par elle de crimes et de délits. Quels cris, quels mots, quels actes, devaient constituer cette provocation *indirecte?* Comment découvrir les rapports existant entre un cri ou un mot innocent dans sa signification matérielle et les délits ou les crimes punis par la nouvelle loi? Comment établir qu'une parole, une phrase, ou un acte n'ayant aucune relation *directe*, saisissable, avec ces crimes et ces délits, étaient cependant une provocation *indirecte* à les commettre? Aucun membre de la Chambre ne s'en inquiéta; pas une voix ne protesta contre cette faculté effrayante donnée aux juges de changer le sens précis, positif, des mots et des pensées, et d'y substituer un sens tout opposé; nul ne fit observer que, lorsqu'il s'agit de l'application de lois criminelles prononçant sur la fortune, la liberté et l'honneur des citoyens, c'est outrager la raison humaine et se jouer des droits les plus saints que d'abandonner la consta-

---

[1] La déportation entraine avec soi la *mort civile.*

tation légale et la preuve de la faute à l'interprétation arbitraire de magistrats quelquefois ineptes, et souvent passionnés : loin de là, deux membres, un avocat général, M. Trinquelague, et l'ex-garde des sceaux Pasquier, ne craignirent pas d'ajouter encore à la violence de cette loi et de l'exagérer jusqu'à l'absurde, en proposant et en faisant adopter un amendement qui déclarait séditieux et punissait comme tels les écrits ou discours annonçant qu'un fait, qualifié crime ou délit par la loi nouvelle, *serait* ou *avait été* commis[1]. La Chambre procéda ensuite au vote définitif; le nombre des votants était de 362 : la loi fut adoptée par 293 voix contre 69.

Cette loi, qui devint la source des jugements les plus iniques et de nombreux malheurs privés, fut soumise, le 3 novembre, à la Chambre des pairs. Six jours auparavant, le 27 octobre, cette Chambre avait adopté, sans amendement et presque sans débat, le projet relatif à la suspension de la liberté individuelle. Le projet sur les discours et les écrits séditieux rencontra plus d'opposition : il fut vivement combattu par plusieurs pairs, membres de l'ancien Sénat; M. de Chateaubriand se fit également remarquer par la chaleur de son langage; mais, dominé par une passion exclusive, il ne vit dans la loi qu'un seul article, celui qui déclarait séditieuses « les alarmes répandues sur l'inviolabilité des biens nationaux et l'annonce du rétablissement des droits féodaux ; » il repoussa cet article comme impolitique, barbare, absurde. Gardant le silence sur toutes les autres dispositions du projet et sur les autres catégories de délits et de prévenus, il plaida uniquement en faveur des anciens émigrés qui pourraient encourir les peines établies par cette loi. « Dans l'état actuel des choses, dit-il, l'article 8 atteindra l'infortuné qu'un acquéreur jaloux aura surpris versant quelques larmes, exhalant

---

[1] C'est le même M. Pasquier qui, aidé par M. le procureur général Hébert, a rétabli de nos jours la criminalité *par intention*, sous le titre de *complicité morale*, dans un récent procès devant la Cour des pairs. (Affaire Dupoty.) (Note imprimée en 1847, date de la première publication de ce volume.)

quelques soupirs sur la tombe de son père, traîné devant les tribunaux par la calomnie, jugé par la passion, il y perdra l'honneur, le seul bien qui lui restait. Emprisonné après vingt ans d'exil et condamné à une amende, vous lui rendrez donc pour la payer les biens qu'il n'a plus! Et qu'on ne dise pas que l'article ne puisse être ainsi interprété. La disposition *vague* qui assimile aux délits énoncés dans les articles précédents tous discours contenant des provocations *indirectes* à ces délits, en donnant à penser qu'ils *ont été* ou qu'ils *seront* commis, ne rend que trop probable cette interprétation, et tout cela pour calmer des inquiétudes qu'auraient calmées, *si elles pouvaient l'être*, la promesse formelle de la Charte! pour étouffer le bruit toujours inséparable d'une grande injustice! pour imposer un silence que rompraient, au défaut des hommes, les pierres mêmes qui servent de bornes aux héritages dont on veut rassurer les possesseurs!... » M. Desèze, premier président de la cour de cassation, partagea cette pitié bruyante pour les anciens émigrés rêvant la reprise de leurs biens et le rétablissement de l'ancien régime; mais, si ce magistrat accusait la loi d'une criante sévérité à l'égard de cette classe de prévenus, il lui reprochait une faiblesse coupable en faveur des accusés des autres catégories; indulgent pour les premiers, il était sans miséricorde pour les seconds; aucune peine, à ses yeux, ne se trouvait trop forte pour ceux-ci : « Et c'est après vingt-cinq ans de désastres, s'écria-t-il, que l'on proclame, pour de pareils coupables, une si funeste indulgence! Mais les publicistes les moins sévères ont toujours pensé que la *mort* était la seule peine convenable aux attentats qui ont pour objet la destruction du corps politique. D'où peut donc venir cette *pitié cruelle* qui, pour épargner un coupable, expose des milliers d'innocents? On dit que l'*intention* ne doit pas être punie comme le fait; mais est-ce donc l'événement qui fait le crime, et celui qui a *médité* la ruine de l'État ne l'aurait-il pas opérée s'il en avait été le maître? Vous le punirez de la déportation; mais, s'il échappe pour consommer le crime qu'il avait projeté, quels seront alors vos regrets, votre désespoir! La législation de tous les peuples est d'accord à ce sujet avec nos anciennes lois, tous punissent de mort les attentats contre la sûreté de l'État. » Les souvenirs de la vie de M. Desèze semblaient devoir lui imposer plus de tolérance; ce n'était pas à lui de professer une doctrine où se retrouvait comme un écho de ce mot fameux : *Tuez! les morts seuls ne reviennent pas*[1]*!* Mais, bien qu'elle eût vivement applaudi l'orateur, la Chambre n'osa prendre la responsabilité de l'application de la *peine capitale* à des *intentions* ISOLÉES, à des *pensées*; la loi fut adoptée sans amendement le 7, et promulguée le 9.

La première loi adoptée par les Chambres mettait la liberté de tous les citoyens à la merci des ministres et de leurs agents de tous les ordres; la seconde, dont nous venons d'analyser la discussion, livrait à la répression arbitraire des tribunaux tout *écrit*, toute parole, le moindre mot pouvant constituer, nous ne dirons pas une tentative de désobéissance, mais l'intention, la pensée d'une opposition quelconque au nouveau régime; le Code pénal, d'un autre côté, dans son luxe de définitions et de pénalités à l'égard des complots et des attentats dirigés contre le gouvernement, embrassait tous les cas possibles de résistance matérielle ou de révolte effective. Tous les délits, tous les crimes nouveaux que l'on entendait punir se trouvaient donc légalement établis; les peines étaient fixées; on s'occupa de créer les tribunaux et les juges chargés de les appliquer. MM. Pasquier et Barbé-Marbois avaient annoncé que des *cours prévôtales* seraient la juridiction à laquelle on confierait la mise en œuvre de la législation nouvelle. Si la rédaction du projet qui instituait ces cours entrait dans les attributions du ministère de la justice, d'un autre côté ces tribunaux, sortes de cours martiales où intervenait l'élément militaire, ressortissaient sous quelque rapport au ministère de

---

[1] M. Desèze devait sa haute et récente fortune au choix que MM. de Malesherbes et Tronchet, défenseurs de Louis XVI, avaient fait de lui pour les aider dans leurs plaidoiries devant la Convention nationale.

la guerre; on divisa le travail : les bureaux de la chancellerie préparèrent la loi, et ce fut le duc de Feltre qui la présenta, le 17 novembre, à la Chambre des députés. Le projet dont il donna lecture, divisé en cinq titres et en cinquante-cinq articles, portait en substance : qu'une cour prévôtale composée d'un prévôt pris parmi les officiers de terre et de mer, ayant rang de colonel au moins, puis d'un président et de quatre juges choisis parmi les membres du tribunal de première instance du siége, serait établie dans le chef-lieu de chaque département; que ces cours procéderaient contre tout individu, quelle que fût sa profession, civile, militaire ou *autre*, qui serait prévenu, soit d'un crime ou d'un délit attribué par les lois antérieures aux cours spéciales, soit de rébellion ou de réunion séditieuse, soit d'avoir fait partie d'une bande armée ou de lui avoir fourni des armes, des munitions ou des vivres; d'avoir arboré un signe de ralliement ou un drapeau autre que le drapeau blanc, publié des écrits, prononcé des discours, ou proféré des cris exprimant la *menace* d'un attentat contre la personne du roi ou les membres de sa famille, excitant les citoyens à s'armer contre l'autorité royale ou provoquant à son renversement. Les vols et les actes de violence qualifiés crimes par le Code pénal étaient encore justiciables de ces cours quand ils étaient commis, soit par des militaires en activité ou en demi-solde, soit par des militaires congédiés ou licenciés, mais seulement, quant à ceux-ci, pendant l'année qui suivait leur licenciement ou la délivrance de leur congé. Tous les individus justiciables de ces cours, et qui se trouvaient alors en prévention pour des faits antérieurs à la publication de la loi, seraient renvoyés devant elles. L'instruction des affaires était remise au prévôt, assisté d'un juge faisant fonction d'assesseur; la poursuite n'avait pas seulement lieu en cas de flagrant délit ou sur la rumeur publique, le prévôt devait suivre sur toutes les plaintes ou dénonciations *privées* qui lui seraient adressées, soit directement, soit par l'intermédiaire de tous les officiers de police judiciaire du département. Dans le cas de contestation sur la compétence de la cour par un des prévenus, le jugement de ce déclinatoire était remis à la cour elle-même, à la condition, toutefois, lorsqu'elle déclarerait sa compétence, de soumettre sa décision à la chambre des mises en accusation de la cour royale du ressort, laquelle prononcerait, toute affaire cessante, en dernier ressort et sans recours en cassation. Non-seulement le prévôt avait la faculté de se transporter partout où pouvaient l'appeler les besoins de l'instruction; mais la cour elle-même, sur la réquisition du prévôt ou du procureur du roi, pouvait se transporter, siéger et juger sur le lieu même du crime ou du délit. Enfin, les arrêts rendus par ces cours étaient en dernier ressort, sans recours en cassation, et exécutoires dans les vingt-quatre heures.

Malgré la multiplicité de ces dispositions et la gravité des attributions conférées aux hommes composant ces commissions demi-militaires, telle était la hâte de la Chambre à mettre cette arme terrible aux mains du gouvernement, que quelques jours suffirent à l'examen du projet dans les bureaux et au travail de la commission chargée d'en faire le rapport à l'Assemblée. Ce rapport, où la commission ne proposait que des modifications insignifiantes, fut lu par M. Delamarre dans la séance du 1ᵉʳ décembre; le 3, la discussion commença; le 4, elle était terminée. Les cinquante-cinq articles du projet avaient été adoptés presque sans débat. Un seul incident mérite d'être signalé : l'article 46 limitait le droit de grâce aux seuls condamnés recommandés par les cours prévôtales elles-mêmes à la clémence du souverain. M. Hyde de Neuville réclama avec chaleur contre cette restriction monstrueuse; ce fut en vain : la Chambre, dans le délire furieux qui l'emportait, refusa au monarque le libre exercice de ce droit de grâce, le plus élevé, le plus saint de tous ceux que donne la couronne, et dont l'usage, en certaines circonstances, suffirait à sauver la mémoire d'un mauvais roi. Le vote sur l'ensemble du projet eut ensuite lieu; il fut adopté par 290 voix contre 13. Une circonstance peut expliquer la rapidité du débat, ainsi que le petit nombre de membres qui osèrent repousser cette loi de sang. Durant les deux séances consacrées à sa discussion, à quelques pas seulement du palais où délibéraient les députés, la Chambre des pairs procédait au jugement et à la condamnation du maréchal Ney. — Devons-nous ajouter que le conseiller d'État chargé de soutenir, au nom du gouvernement, la discussion de la loi sur les cours prévôtales, et qui combattit en faveur de toutes ses dispositions, était un savant illustre, dont le caractère, ainsi qu'il arrive trop souvent, était très-inférieur à l'intelligence, un homme de génie, faible de cœur, facile à la crainte, ambitieux d'honneur et de distinctions, Georges Cuvier?

Quelles que fussent la violence et la rigueur des lois déjà votées par la Chambre, elles ne donnaient pourtant qu'une satisfaction incomplète aux passions et aux colères du plus grand nombre de ses membres. Sans doute ces lois suffisaient à la défense et à la sécurité du nouvel ordre politique; mais, en garantissant, dans le présent et dans l'avenir, la punition des adversaires de la royauté, elles laissaient le *passé* sans châtiment. La faiblesse est toujours cruelle. Si, au retour de l'île d'Elbe, Napoléon, grand par le cœur comme par l'intelligence, fort de la force que lui donnaient les sympathies populaires, son patriotisme et son génie, avait dédaigné de se ressouvenir, et déclaré qu'il *laissait à l'histoire* les lâchetés et les trahisons, causes de sa première chute[1], il était difficile que les royalistes couvrissent du même oubli la journée du 20 mars, leur dispersion si prompte et la fuite si précipitée de leurs princes. Ces événements accusaient trop ouvertement l'inintelligence et la faiblesse de ce parti, pour qu'il ne fût pas impatient de les venger. Aussi les députés les plus fougueux sollicitaient-ils incessamment des ministres la punition des généraux, des administrateurs, même des simples citoyens mêlés à cet effort des Cent-Jours, qui,

---

[1] Voyez les paroles adressées par l'Empereur à l'ancien Sénat, après le 20 mars, tome II, page 509.

sans la défection des généraux Bourmont et Clouet, le
15 juin, sans les fautes du général Drouet-d'Erlon, des maréchaux Ney, Soult et Grouchy, le 16 et le 18, eût assuré la
chute des Bourbons et brisé la coalition. Les ministres s'effrayaient à la pensée de ces vengeances réactionnaires. Quels
faits punir? Où s'arrêter dans la désignation des coupables?
L'Empereur avait eu la France entière pour complice! Le cabinet abritait son embarras derrière le dernier article de l'ordonnance du 24 juillet, lequel « déclarait *close* la liste des
individus susceptibles d'être poursuivis pour faits de révolte
ou de trahison antérieurs au 23 mars, et interdisait toute
poursuite envers toutes autres personnes pour quelque cause
et sous quelque prétexte que ce pût être. » Par une singulière bizarrerie, Fouché, toujours léger et irréfléchi, avait rédigé cette ordonnance en termes si contradictoires, que c'était
en s'appuyant également sur son texte que les réacteurs exigeaient une nouvelle proscription légale; ils disaient: « L'article 2 décide formellement que les Chambres *statueront* sur ceux
des individus compris dans cet article qui devront ou sortir du
royaume ou être livrés à la poursuite des tribunaux; or ces
individus attendent encore la décision de la Chambre; on ne
peut les laisser dans cette incertitude, il faut fixer leur sort. »
M. de Labourdonnaie était un des plus ardents promoteurs
de ces mesures : las des hésitations du ministère, et perdant patience, il avait pris l'initiative et développé, le 10 novembre, en comité secret, une proposition tendant à étendre
et à compléter, sous le titre étrange d'*amnistie*, les listes de
proscription inscrites dans l'ordonnance du 24 juillet. Cette
proposition, que la Chambre prit en considération dans son
comité du lendemain, 11, portait en substance « qu'il y aurait
amnistie pour *tous ceux* qui directement ou indirectement
avaient pris part à la conspiration du 1ᵉʳ mars et à tous les
faits de rébellion accomplis depuis cette époque jusqu'au
8 juillet, jour de la rentrée du roi, à l'exception toutefois :
1° des titulaires des grandes charges administratives et mili-

taires qui avaient constitué le gouvernement des Cent-Jours ;
2° des généraux, commandants de place ou de corps, et des
préfets qui avaient passé à l'usurpateur, fait arborer son drapeau ou exécuté ses ordres ; 3° des régicides qui avaient accepté des places de l'usurpateur, siégé dans les deux Chambres ou signé l'*Acte additionnel*. Les individus compris dans
les deux premières catégories d'exception devaient être immédiatement arrêtés et traduits, savoir : les militaires, devant
les conseils de guerre, les magistrats, fonctionnaires publics
et les simples citoyens, devant les tribunaux compétents, pour
y être jugés et condamnés aux peines prescrites par l'article 87 du Code pénal (*la mort*); les individus compris dans la
troisième catégorie (les régicides) devaient être également arrêtés et traduits devant les tribunaux compétents et condamnés,
« par adoucissement », à la déportation (*mort civile*); enfin les
revenus des coutumaces seraient séquestrés, déposés à la
caisse des consignations, et ne pourraient être remis à leurs
familles qu'après les délais fixés pour la mort présumée des
absents.

Trois propositions analogues, déposées par MM. Duplessis
de Grénédan, de Bouville et de Germiny, furent également accueillies par la Chambre et renvoyées à la commission chargée
d'examiner la proposition de M. de Labourdonnaie. Cette commission, composée de MM. Berthier de Sauvigny, de Villèle,
Chifflet, Corbière, Humbert de Sesmaisons, Feuillant, Aldegonde, Pardessus et Jollivet, nomma M. Corbière pour son
rapporteur, et se mit immédiatement à l'œuvre. Malgré le secret dont elle s'efforçait d'entourer ses délibérations, même à
l'égard du gouvernement, quelques détails transpiraient pourtant dans certains salons politiques et se répandaient ensuite
au dehors, grossis et exagérés, ici par la haine, là par la peur.
Les exceptions proposées par M. de Labourdonnaie vouaient
à la mort ou à la déportation onze à douze cents personnes [1];

---

[1] Un écrivain contemporain affirme que des calculs dressés dans les bureaux
du ministère de la police portaient ce chiffre à plus de 1,100 individus.

on racontait que les commissaires, élargissant encore les bases de la proscription, entendaient y comprendre des classes entières de citoyens dont on confisquerait, en outre, tous les biens meubles et immeubles, dans le but de diminuer d'autant la part de contribution de guerre supportée par les Français restés fidèles. Ce n'était plus par centaines, disait-on, mais par milliers que l'on compterait les proscrits. Ces bruits portaient la terreur et la désolation dans toutes les familles; chacun se croyait menacé, sinon dans sa personne, du moins dans quelqu'un des siens. L'inquiétude devint si générale et si forte, qu'elle gagna jusqu'aux membres du cabinet. Mais, dominés par l'emportement des autres pouvoirs publics et par les passions soulevées autour d'eux, absorbés, du moins M. de Richelieu, par les débats de l'accablant traité du 20 novembre, alors en négociation, les ministres gardaient le silence; vainement les représentants étrangers eux-mêmes, que ce délire de vengeance effrayait, pressaient le président du conseil et ses collègues de s'interposer entre la Chambre et le reste de la population; les ministres n'osaient se prononcer : on eût dit que, pour prendre une résolution, ils attendaient l'issue des procès, alors pendants, du comte Lavalette et du maréchal Ney, espérant sans doute que la Chambre, après le sacrifice de ces deux nouvelles victimes, se montrerait moins implacable, sinon assouvie. Nous avons raconté ailleurs l'émotion causée par les débats judiciaires où le prince de la Moskowa trouva sa condamnation et la mort. L'arrêt n'ayant été rendu que dans la nuit, la population parisienne avait connu l'exécution en même temps que la sentence; on n'était point préparé à ce coup si rapide, à cette chute si haute; l'impression fut profonde; le sentiment dominant parmi la généralité des habitants de Paris, dans la journée du 7 décembre, fut l'épouvante et la stupeur. M. de Richelieu et ses collègues résolurent de placer sous la protection de ce supplice et de la sensation qu'il avait produite la présentation d'une loi d'amnistie sérieuse; et le lendemain, 8, un mois après le dépôt de la proposition de M. de Labourdonnaie, ils apportèrent à la Chambre, dès l'ouverture de la séance, un projet dont les termes, comparés avec ceux de la proposition, étaient, en effet, des dispositions de clémence. Le cabinet mit une sorte de solennité dans cette démarche, dont pas un député, assure-t-on, n'était averti; tous les ministres arrivèrent à la fois, et ce fut au milieu de l'étonnement et du silence de toute l'Assemblée que M. de Richelieu, après avoir annoncé *qu'un grand exemple d'une juste sévérité venait d'être donné*, exposa les motifs du projet de loi. Le langage du premier ministre, dans cet exposé, avait une violence qui contrastait avec la teneur des articles dont il fit ensuite la lecture; voulait-il préparer à ceux-ci un accueil plus facile? son caractère doit le faire supposer. Quoi qu'il en soit, ces articles, au nombre de six, portaient en substance : « Qu'une amnistie pleine et entière était accordée à tous ceux qui, directement ou indirectement, avaient pris part à la *rébellion* et à l'usurpation de Napoléon Buonaparte; que l'ordonnance du 24 juillet précédent continuerait toutefois à être exécutée à l'égard des individus compris dans l'article 1er [1]; que les personnes désignées par l'article 2 seraient tenues de sortir de France dans le délai de deux mois, et ne pourraient y rentrer sans la permission expresse du roi; que tous les membres ou alliés de la famille Buonaparte et leurs descendants, jusqu'au degré d'oncle et de neveu inclusivement, étaient exclus à perpétuité du royaume et ne pouvaient y posséder ni biens, ni rentes, ni pensions; que l'amnistie n'était pas applicable aux individus contre lesquels il y avait déjà jugement ou commencement de poursuites; que ces poursuites seraient continuées et les jugements exécutés; enfin, que les crimes et délits contre les simples particuliers en étaient également exclus. » — « Messieurs, s'écria en terminant M. de Richelieu, cette amnistie n'est pas nouvelle dans nos annales : Henri IV, dont nous ai-

[1] Cet article ordonnait leur arrestation et leur comparution devant les conseils de guerre.

mons tant à retracer la mémoire, en donna une à peu près semblable en 1594, et la France fut sauvée ! »

De nombreux applaudissements accueillirent cette invocation au nom du premier roi de la branche de Bourbon; mais, passagère comme toutes les émotions auxquelles se laissent entraîner les assemblées nombreuses, cette approbation bruyante ne survécut pas aux paroles qui l'avaient provoquée. Le soir, l'immense majorité des députés critiquaient avec emportement le projet ministériel, et s'étonnaient qu'un ministère royaliste eût osé le présenter. Les ministres, en effet, se bornaient à légaliser, pour ainsi dire, les faits accomplis, et, limitant la recherche des faits passés aux poursuites déjà commencées, ils n'ajoutaient aux mesures de vengeance inscrites dans l'ordonnance du 24 juillet que la proscription de la famille impériale. Cette disposition, à laquelle M. de Labourdonnaie lui-même n'avait pas songé, était le résultat d'une demande formelle adressée au cabinet de Louis XVIII par les ministres étrangers. M. de Richelieu avait espéré concilier au projet la bienveillance de la Chambre par cette rigueur inattendue; mais les députés ne lui en tinrent aucun compte, tant ce sacrifice leur semblait la conséquence naturelle et logique de la victoire de l'Europe et du rétablissement de la royauté; et, lorsque dans son comité secret du lendemain, 9 décembre, l'Assemblée procéda au choix de la commission, ce fut les commissaires déjà chargés d'examiner la proposition Labourdonnaie qu'elle nomma. La commission, à son tour, maintint M. Corbière dans ses fonctions de rapporteur.

M. Corbière, avocat à Rennes, était plébéien. Son nom paraît pour la première fois. Ce député et un autre membre de la commission, obscur gentilhomme gascon, M. Joseph de Villèle, étaient destinés à un rôle influent dans le gouvernement nouveau. L'un et l'autre étaient arrivés fort ignorés à la Chambre, et faisaient partie d'un groupe assez nombreux de légistes ou de fonctionnaires de second ordre, qui, laissant à leurs collègues titrés, grands propriétaires, magistrats, officiers généraux ou gens de cour, les distinctions, les honneurs et les distractions bruyantes, s'efforçaient de conquérir une position politique par les discussions des bureaux et le travail des commissions. Doués d'une persévérance intelligente, versés dans la connaissance des lois et des menus détails de l'administration publique, ils avaient bientôt acquis sur leurs collègues l'influence qui appartient aux hommes laborieux, aux esprits actifs et pratiques. D'abord soldats obscurs et presque dédaignés de l'armée royaliste, ils devaient finir par la commander. Il est vrai de dire qu'ils se trouvaient puissamment aidés par l'ignorance où étaient des habitudes des assemblées délibérantes, des règles du gouvernement constitutionnel, et même des termes de la langue parlementaire, ce grand nombre d'anciens émigrés ou de notabilités nobiliaires de province qui peuplaient la Chambre. Cette ignorance était telle, au début de la session, que rarement une séance se passait sans que quelques-uns de ces députés tombassent dans les méprises les plus étranges à l'occasion de questions de *priorité*, d'*ordre du jour*, d'*amendement* ou de *sous-amendement*. Souvent, par exemple, la signification précise d'un vote de *question préalable* leur échappait, et ils prononçaient *oui* quand ils voulaient dire *non*. Ils ne s'inquiétaient, au reste, que d'une chose, reconstituer la Monarchie et venger sur les hommes de la Révolution et des Cent-Jours la chute de l'ancienne royauté et l'exil de Gand. La commission, sous ce rapport, représentait fidèlement les passions du plus grand nombre des députés; aussi l'examen de la proposition ministérielle fut-il, pour ses membres, une affaire de pure forme : ils se bornèrent à reprendre et à compléter leur premier travail, travail presque achevé lorsque M. de Richelieu avait présenté sa loi; et, le 27 décembre, M. Corbière vint lire à la Chambre son rapport, sorte de plaidoyer fort étendu dans lequel la trivialité des expressions le disputait à la vulgarité de la pensée, et où l'auteur s'efforçait de cacher sous des mots empreints de modération les doctrines les plus violentes. M. de Richelieu, dont les connaissances en histoire ne dépassaient probablement pas le savoir superficiel des gens de collége et des gens du monde, avait essayé d'abriter l'œuvre ministérielle sous le nom de Henri IV, nom que le parti royaliste, sur l'autorité de quelques vers de Voltaire, invoquait comme un symbole de clémence. M. Corbière, bibliomane passionné, possédait une certaine érudition; il ne voulut pas laisser au projet des ministres le bénéfice de ce patronage, et répondit « que si Henri IV avait effectivement publié une amnistie en 1594, il ne fallait pas oublier que, postérieure de cinq ans à son avénement au trône (1589), cette amnistie avait été précédée par des exils et par des condamnations nombreuses. » Il fit ensuite connaître les amendements introduits par la commission; en voici l'analyse : la commission conservait les deux premiers articles du projet ministériel; elle admettait également le troisième, lequel statuait que les *trente-huit* individus compris dans l'article 2 de l'ordonnance du 24 juillet seraient tenus de sortir du royaume dans un délai de deux mois, mais elle ajoutait à cette peine la privation de tous les biens, titres et pensions à eux concédés à titre gratuit; le quatrième article du projet amendé exceptait, en outre, de l'amnistie : 1° les complices du retour de Napoléon en France ; 2° les individus ayant accepté de lui, *avant le 23 mars*, les fonctions de ministres ou de conseillers d'Etat, ainsi que les préfets qui l'avaient reconnu avant la même époque; 3° les maréchaux et les généraux qui s'étaient déclarés en sa faveur *avant son entrée à Paris*; 4° les généraux ayant combattu contre les *armées royales*. Non-seulement tous les individus compris dans ces exceptions devaient être poursuivis et punis conformément aux lois, mais les agents du Trésor étaient obligés d'intervenir dans chaque poursuite, et de requérir, en outre, contre chaque condamné, des indemnités applicables au payement des contributions extraordinaires de guerre. Tous les membres de la famille impériale et leur descendance, exclus à perpétuité du royaume, perdaient tous droits civils, ne pouvaient y conserver des biens d'aucune sorte, étaient obligés de vendre, dans un délai de six mois, les propriétés de toute nature qu'ils pouvaient y posséder, et devaient sortir de France dans le délai d'un mois, *sous peine de mort*. Enfin, les régicides ayant accepté un emploi pendant les Cent-Jours, ou signé l'Acte additionnel, frappés également d'exclusion perpétuelle, étaient tenus de quitter la France dans le délai d'un mois, *sous peine de déportation* ; et perdaient tous droits civils, ainsi que les biens, titres et pensions à eux concédés à titre gratuit.

Lorsque M. Corbière eut quitté la tribune, un grand nombre de députés se précipitèrent vers le bureau du président dans le but de prendre rang pour parler dans la discussion. Pendant que les secrétaires inscrivaient les noms[1], une foule de voix, parties de tous les côtés de la salle, demandaient que la discussion s'ouvrît dès le lendemain ; quelques observations du président firent remettre le débat au 2 janvier.

Si le projet de loi présenté par M. de Richelieu avait momentanément calmé les alarmes causées par la proposition de M. de Labourdonnaie, ces alarmes, qui s'étaient promptement répandues de Paris dans tout le royaume, se réveillèrent avec une nouvelle force lorsque l'on connut les amendements proposés par la commission. Les commissaires, en empruntant à M. de Labourdonnaie une partie de ses catégories, avaient assez étendu le cercle de la proscription pour y comprendre bon nombre de personnages politiques ralliés au nouveau régime ; entre autres, un membre de la Chambre des pairs, M. Molé, conseiller d'État le lendemain du 20 mars, et qui avait cru sans doute trouver un sûr abri contre toute recherche derrière son vote de mort dans le procès du maréchal Ney ; un membre même de la Chambre des députés, le duc de Gaëte (Gaudin), ministre des finances le 21 mars, enfin, un des ministres, celui des finances, le comte Cor-

---

[1] Le chiffre des députés inscrits dans cette séance s'éleva à 54.

vetto, conseiller d'État après le 20 mars, comme M. Molé. On peut juger par ces exemples de la position et du nombre des individus qui, le 2 janvier, lors de l'ouverture de la discussion, tremblaient pour leur fortune, leur vie, ou leur liberté[1].

Cette discussion occupa cinq séances; les quatre premières furent consacrées à l'examen général de la loi; MM. du Botderu, de Labourdonnaie, Blondel d'Aubers, de Castelbajac, de Bouville, Pardessus, de Sallaberry, Chifflet et Feuillant, se prononcèrent avec violence en faveur des amendements de la commission : « Vous suivrez les instructions précises de vos commettants, dit M. du Botderu; vous n'écouterez pas ces sophismes, cette philanthropie funeste qui n'est qu'une imposture dans la bouche de vos ennemis; hésiter à punir serait une faute; les amendements de la commission satisfont à toutes les objections raisonnables. — La divine Providence, toujours auguste dans ses décrets, profonde dans ses desseins, s'écria M. de Labourdonnaie, *livre* enfin dans vos mains les meurtriers de vos rois, les assassins de vos familles, les oppresseurs éternels de la liberté française, comme si la justice suprême les avait réservés, à travers tous nos désastres, pour prouver d'une manière irrésistible la vanité de la prudence humaine et la perfidie des cœurs sans remords. Ces hommes, aujourd'hui qu'ils sont vaincus et désarmés, invoquent une générosité qu'ils ne connurent jamais; ils réclament l'oubli d'un passé toujours présent à leur mémoire; ils réclament l'amnistie de la Charte pour des crimes qui lui sont postérieurs, comme si les forfaits devaient jouir d'une éternelle impunité, comme si l'auguste pardon dont ils étaient couverts, semblable au sceau de réprobation placé par l'Éternel au front du premier fratricide, suspendait la justice des hommes pour les réserver aux vengeances éternelles. Mais non! les remords de Caïn n'assiégent pas ces cœurs endurcis; comblés d'honneurs et de

---

[1] Une liste dressée par le ministre de la police et mise sous les yeux de Louis XVIII portait le nombre des personnes atteintes par le projet de la commission à 850 individus.

richesses, la porte de leurs palais est assiégée par une foule d'esclaves; un parti nombreux, formidable par son ensemble, plus dangereux par son aveugle rage, demande impatiemment le signal de la révolte; et vous, magistrats pusillanimes, législateurs sans prévoyance, vous verriez les complots de ces hommes devenus l'opprobre de la nation, et vous ne les puniriez pas! C'est en tirant une ligne de démarcation entre le crime et la faiblesse que vous replacerez la nation au rang d'où elle est descendue. Les ministres n'ont à se reprocher déjà que trop de lenteur et d'indugence; cette Chambre, l'élite de la nation, l'espérance de tous les vrais Français, ne se sera pas réunie, je l'espère, pour être témoin de nouveaux malheurs : son énergie saura les prévenir. » M. de Labourdonnaie, en concluant, se contenta d'appuyer les amendements de la commission. M. de Bouville se montra moins accommodant : il accusa les commissaires d'une coupable tiédeur : « Si je ne connaissais pas la courageuse persévérance avec laquelle la commission a conduit ses travaux, dit-il, je croirais qu'elle s'est laissé gagner par cette contagion de mollesse qui semble être l'apanage de l'époque où nous sommes. Car, si j'examine les exceptions qu'elle a fixées, je me demande de quelle excuse peuvent couvrir leur crime ceux qui se sont groupés autour de l'usurpateur après son arrivée, les administrateurs qui lui ont apporté en tribut la province dont ils devaient compte au roi, et tous ces généraux, tous ces officiers, qui, tenant leurs armes du roi, les ont mises au service de Buonaparte ? — On dit trop peu en disant que la mollesse est le caractère de notre époque, ajouta un autre membre; c'est une profonde indifférence qui existe pour le bien comme pour le mal. N'avons-nous pas vu des hommes, complices du 20 mars, non-seulement affirmer, mais croire sérieusement qu'ils pouvaient être innocents ? »

MM. de Germiny, Siméon, Ganilh, Royer-Collard, de la Maisonfort, Dufort (Gironde), Colomb (Hautes-Alpes), Michelet (Creuse), Pasquier et de Serre, repoussèrent les amendements de la commission et votèrent pour le projet de loi tel que l'avaient présenté les ministres. N'osant toutefois combattre de front les doctrines de leurs adversaires, critiquant chaque amendement de la commission dans son application et dans ses détails plutôt que dans son principe, ils faisaient ressortir le vague de cette *complicité dans le retour de l'île d'Elbe*, qui laissait une si large part à l'arbitraire, ainsi que la contradiction et l'injustice des dispositions qui déclaraient certains actes innocents ou coupables selon qu'ils dataient du soir ou du matin; enfin, ils se récriaient avec force sur les indemnités que les agents du fisc, dans chaque procès, devaient requérir au profit de l'État; ces indemnités, à leurs yeux, étaient le rétablissement de la confiscation. M. Royer-Collard, caractère élevé, royaliste convaincu, fit entendre à cette occasion quelques paroles empreintes d'une véritable éloquence : « Les confiscations, nous ne l'avons pas oublié, sont l'âme et le nerf des révolutions, dit-il; après avoir confisqué parce que l'on a condamné, on condamne pour confisquer. (*Murmures*.) Je parle du passé, non du présent. La férocité se rassasie; la cupidité, jamais. Les confiscations sont si odieuses, que la Révolution elle-même, en plus d'une circonstance, a rendu les biens des condamnés. De grands coupables, d'ailleurs, ont déjà subi la peine capitale : seront-ils à l'abri de la confiscation, ou doit-elle les atteindre? Faites-les donc sortir du tombeau et rappelez-les devant leurs juges afin qu'ils entendent de leur bouche cette condamnation qui ne leur a pas été prononcée! Messieurs, l'amnistie remplit le vœu de la nation (voix nombreuses : *Non! non!*); elle a été promise par le roi et ne peut être rétractée sans péril, je dirai plus, sans honte. Le pardon royal promis ou proposé, c'est le pardon lui-même; si la Chambre l'altère, sa responsabilité sera grande devant l'Europe et la postérité. — Le paragraphe concernant les correspondances avec l'île d'Elbe laisse une latitude effrayante, sinon à la justice, du moins aux passions, dit, à son tour, M. Michelet. L'usurpateur avait environ 1,500 personnes avec lui; que chacune d'elles ait écrit à quatre individus seulement en France, voilà 6,000 individus dans le cas d'être inquiétés. La seconde catégorie comprend ceux qui ont accepté les fonctions de ministres ou de conseillers d'État *avant* le 23 mars ; celui qui a accepté le 22 au soir est dès lors coupable, et celui qui n'a accepté que le 23 au matin se trouve innocent. Deux heures d'intervalle décideraient de la culpabilité. — D'un autre côté, le préfet qui, placé à peu de distance de Paris, aura obéi le 22 à Buonaparte, ajouta M. Pasquier, sera coupable, quand le préfet qui, placé aux extrémités du royaume, se sera déclaré le 24 ou le 25, à la première nouvelle, sans même y être invité, se trouvera innocent ! Pourquoi, d'ailleurs, traiter les généraux plus favorablement que les fonctionnaires civils ? Ceux-ci ne sont excusables qu'à dater du 23, et les premiers sont amnistiés après le 20 ; c'est le contraire qui devrait avoir lieu. »

Les exceptions à l'amnistie avaient surtout pour but d'atteindre et de punir les auteurs et les complices prétendus du retour de l'île d'Elbe; cet événement datait à peine de quelques mois ; il avait eu la France entière pour témoin ; on pouvait croire dès lors que personne n'ignorait que la marche triomphale de Napoléon, depuis le golfe Juan jusqu'à Paris, était l'œuvre exclusive du peuple des campagnes et des villes, des sous-lieutenants et des soldats. Mais telles sont trop souvent les erreurs ou les illusions des contemporains à l'égard des faits accomplis sous leurs yeux, que tous les orateurs entendus sur la loi d'amnistie, qu'ils fussent, soit les adversaires, soit les partisans des rigueurs sollicitées par la commission, se montrèrent unanimes pour signaler, dans la journée du 20 mars une conjuration dont les hauts fonctionnaires militaires et civils, ainsi que les membres des deux Chambres des Cent Jours, étaient les auteurs et les complices ; pour en accuser en un mot, les hommes précisément qui, loin d'avoir préparé ou soutenu ce mouvement, l'avaient, au contraire, repoussé, entravé, puis trahi. Ces hommes bénéficièrent, au reste, de l'aveuglement général. Trompée par les folles colères des royalistes, l'opinion publique a longtemps salué, comme les défenseurs intrépides de l'honneur national et de l'indépendance française, cette foule de rhéteurs poltrons et de politiques ineptes qui, non contents de briser dans les mains de Napoléon la seule épée assez forte pour repousser les armées alors en marche contre nous, avaient ensuite livré Paris et la France à l'ennemi. Aujourd'hui même, après trente ans, l'erreur n'est pas encore complétement dissipée[1].

Le 5 janvier, la Chambre ferma la discussion générale et renvoya le résumé du rapporteur au lendemain, malgré les réclamations de M. Domingon de Bronsac, qui demandait que l'Assemblée ne siégeât pas le 6, à cause de la *fête des Rois*, « fête qu'il avait célébrée dans les cachots, disait-il, sous les yeux mêmes des farouches tyrans de 93. » Aux murmures qu'avaient excités, depuis le commencement des débats, la plupart des critiques dirigées contre les amendements de la commission; aux applaudissements qui avaient encouragé les orateurs partisans des catégories, il était facile de prévoir que M. Corbière maintiendrait ses premières conclusions. Le rapporteur ne trompa point l'espérance des réacteurs les plus passionnés : vainement les trois membres du cabinet les plus favorablement écoutés par la Chambre, MM. de Vaublanc, Decazes et Dubouchage, invoquant les promesses de la proclamation de Cambrai, le texte de l'ordonnance du 24 juillet, et la volonté personnelle du roi, formellement exprimée, étaient venus successivement solliciter l'adoption pure et simple du projet ministériel, M. Corbière ne fit aucune concession, et déclara que la commission persistait dans tous ses amendements. Les ministres résolurent de tenter un dernier effort; M. de Richelieu, immédiatement après le résumé du rapporteur, se leva, pria le président de suspendre la séance et quitta la salle, suivi de MM. Decazes et Vaublanc.

[1] 1847, date de la première publication de ce volume.

Cet incident porta au comble l'émotion qui agitait les nombreux spectateurs accourus à cette séance. Les tribunes publiques étaient littéralement encombrées; une foule de personnes liées par l'affection ou par le sang aux généraux et à cette masse de fonctionnaires de tous les ordres que menaçaient les amendements de la commission y attendaient dans une anxieté cruelle le sort réservé à leurs parents ou à leurs amis; l'inquiétude n'était pas moins vive dans une partie de la Chambre elle-même.

Il n'avait jusqu'alors existé dans l'Assemblée ni *majorité* ni *minorité* proprement dites; tous les projets de lois précédents avaient obtenu la presque unanimité des voix. Les mots de *majorité* et de *minorité* impliquent, d'ailleurs, l'existence de deux partis qui suivent une politique différente, et, plus habituellement, la réunion des députés qui soutiennent un cabinet ou qui le combattent; or la lutte, dans cette circonstance, n'était pas engagée entre le ministère et une opposition quelle qu'elle fût, mais entre les ministres et les membres de la commission, qui, les uns et les autres, poursuivaient la même politique et réclamaient au même titre la confiance de la Chambre. Par cela seul pourtant que M. de Richelieu et ses collègues essayaient de modérer en un point les passions qu'eux-mêmes avaient exaltées, ils se fussent probablement trouvés sans appui, si deux causes, la pression morale exercée du dehors sur le dedans de l'Assemblée, puis la peur, ne leur eussent donné des auxiliaires inattendus. Certains députés, ébranlés par les alarmes répandues jusque dans le monde où ils vivaient, et sollicités de repousser les rigueurs de la commission, avaient fini par penser que celle-ci, en effet, dépassait peut-être le but; un plus grand nombre, anciens fonctionnaires de la République ou de l'Empire, possesseurs de biens nationaux ou signataires de l'Acte additionnel, s'effrayaient à la pensée d'une recherche qui, en remontant aux faits des vingt-cinq dernières années, arriverait, de proche en proche, à les atteindre eux-mêmes dans leur position et dans leur fortune. Jusque-là, ces députés, pour masquer leur passé, avaient lâchement figuré, ainsi qu'on a pu le voir pour quelques-uns, parmi les réacteurs les plus emportés et les plus bruyants. Le sentiment de l'intérêt personnel les avait soudainement calmés, et, donnant à leur égoïsme et à leurs terreurs le nom de *modération*, tous, depuis la proposition Labourdonnaie, proclamaient la nécessité d'une nouvelle politique de concorde et d'oubli. Ces membres n'étaient pas moins impatients que les spectateurs de connaître le résultat de l'incident qui venait de s'élever.

M. de Richelieu et ses deux collègues revinrent au bout d'une heure; le premier ministre, montant aussitôt à la tribune, annonça qu'il venait de rendre compte au roi de la discussion, et de prendre ses ordres; que, touché des scrupules et du profond amour pour la justice qui animait la Chambre, le roi acceptait l'amendement de la commission relatif à la privation des titres, biens ou pensions concédés à titre gratuit aux trente-huit individus compris dans l'article 2 de l'ordonnance du 24 juillet; qu'il consentait également à substituer, dans l'article relatif au bannissement de la famille Buonaparte, le mot *descendants* à celui d'*enfants*, qui peut-être était trop restrictif, mais que ces concessions étaient les seules que ce monarque pût admettre; qu'il repoussait de la manière la plus absolue toutes les autres exceptions à l'amnistie, y compris celle des régicides, ainsi que le principe des *indemnités*. Le premier ministre ajouta, quant aux régicides : « Ce n'est pas sur la terre qu'il faut chercher les raisons qui décident le roi à refuser de les expulser à jamais du royaume, c'est dans la volonté du roi martyr, qui sera consolé dans sa tombe par le pardon que vous accorderez en son nom. Cette clémence est au-dessus de toutes les volontés humaines; elle est commandée par ce Dieu qui en a donné tant d'exemples au monde. Qu'il me soit permis, ajouta-t-il en terminant, de vous conjurer de ne pas faire qu'une loi de grâce devienne une cause de discorde; et, pour emprunter vos propres expressions, faites qu'après le déluge de maux qui ont inondé notre malheureuse France, cette loi apparaisse sur notre horizon politique comme un signe de réconciliation et de salut pour tous les Français. »

Les articles furent immédiatement mis aux voix; les cinq premiers reproduisaient les dispositions du projet ministériel; une majorité considérable les adopta avec les changements consentis par le roi; le sixième statuait que l'amnistie ne s'étendrait pas aux crimes et aux délits commis *contre les particuliers*. Un avocat général, dont nous avons prononcé le nom plusieurs fois, M. Trinquelague, eut l'audace de proposer de ne pas comprendre, parmi les délits et les crimes de cette nature, les vols, les pillages et les assassinats qui, depuis cinq mois, avaient successivement désolé et ensanglanté Marseille, Avignon, Nîmes, Uzès et Toulouse : « On pourrait *abuser* des termes généraux de l'article, dit-il, contre ceux des fidèles royalistes du Midi qui ont pu se porter à quelques excès. » Cette proposition d'amnistie en faveur des assassins du maréchal Brune, des généraux Lagarde et Ramel, des protestants de Vaucluse et du Gard, fut repoussée par M. Decazes avec la plus grande chaleur : « L'amnistie concerne les crimes relatifs à la rébellion et à l'usurpation de Buonaparte, et non d'autres délits, s'écria le ministre de la police; étendre ses effets à d'autres coupables, ce serait faire croire que la cause royale compte des assassins et des brigands parmi ses défenseurs. Vous repousserez cette horrible supposition; vous penserez, au contraire, que, s'il s'est trouvé de pareils misérables dans leurs rangs, il faut les désavouer. » L'amendement fut rejeté. L'article établissant les catégories proposées par la commission venait ensuite; là était tout l'objet du débat, toute la loi; la liberté, la fortune et la vie d'une foule de citoyens dépendaient du vote que la Chambre allait émettre; M. Duvergier de Hauranne demanda la *question préalable*[1];

---

[1] C'est-à-dire la déclaration qu'il *n'y avait pas lieu à délibérer* sur l'article, et que la Chambre passait à la discussion de l'article ou de l'amendement

adoption de cette question emportait le rejet implicite de l'amendement; le président annonça qu'il allait la mettre aux voix. Le plus profond silence s'établit aussitôt dans toute la salle; une sorte de frémissement court sur tous les bancs et dans les tribunes; M. Lainé consulte la Chambre : une moitié se lève pour l'adoption, le reste vote contre; le bureau déclare l'épreuve *douteuse;* on procède au scrutin : l'opération se fait lentement et prend un caractère plus solennel à mesure qu'elle approche de son terme; tous les regards interrogent avidement les urnes; on compte les votes : résultat, 184 boules blanches et 175 noires; la question préalable était adoptée à une majorité de *neuf voix.* Quelques députés, dont la peur pâlissait le visage, ne peuvent contenir leur joie; ils font retentir la salle des cris de *Vive le Roi* [1] *!*

On passe à l'amendement suivant de la commission. Cet amendement, relatif aux *indemnités* stipulées en faveur du Trésor public, est vivement appuyé par M. Clausel de Coussergues, comme conforme au vœu de la plus grande partie des colléges électoraux : « Nos fonctions consistent surtout à *soulager le peuple* des fardeaux qu'on peut lui ôter, dit-il; on nous oppose la volonté du roi : mais Sa Majesté peut-elle donc se montrer plus scrupuleuse que saint Louis, Henri IV, et ses illustres ancêtres, qui tous ont tant confisqué? — La Charte proscrit les confiscations, la Chambre ne voudra pas les rétablir sous un autre nom, réplique M. de Serre; elle n'ira pas prendre la propriété d'autrui par un artifice plus digne du théâtre que d'une grande Assemblée. Que le Trésor soit pauvre, mais pur; méprisez de misérables dépouilles, messieurs, laissez...

suivant. Lorsque l'Assemblée rejetait la *question préalable,* le débat continuait sur l'amendement ou l'article en discussion, qui devenait alors l'objet d'un vote.

[1] Un grand nombre de contemporains affirment que les catégories ne furent rejetées que par suite de l'erreur de plusieurs députés, qui, trompés sur la signification précise du vote, déposèrent une boule blanche dans l'urne, croyant voter l'adoption de l'amendement de la commission.

— Oui, laissez l'argent aux voleurs !... » crie de toutes les forces de sa voix un membre, en interrompant M. de Serre. Les murmures approbateurs qui accueillent cette sortie semblent prouver qu'une majorité assez forte est acquise à l'amendement. M. de Vaublanc paraît à la tribune : « Je vous en conjure, messieurs, dit le ministre de l'intérieur, ne prenez pas de délibération en ce moment; il sera possible d'arriver *plus tard* à ce que vous désirez.» Cette promesse ébranle plusieurs membres; le président consulte la Chambre par assis et levé; deux épreuves sont douteuses; on vote au scrutin; l'amendement est rejeté à une majorité de quelques voix.

Restait la disposition concernant le bannissement perpétuel des régicides; M. de Béthisy en réclama l'adoption dans un long discours où il dit que si le roi, à l'exemple de son aïeul, « ce diable à quatre d'adorable mémoire [1], » sentait le besoin de pardonner, la Chambre avait d'autres devoirs, et que le premier était le devoir de punir. « Certes, messieurs, ajouta-t-il en terminant, il doit nous en coûter beaucoup de nous mettre un moment en contradiction avec les désirs du roi, nous qui lui avons donné tant de preuves de fidélité, de dévouement et d'amour, et qui, depuis vingt-cinq ans, avons pour cri de ralliement : *Vivre pour le roi, mourir pour le roi!* Mais, messieurs, n'oublions jamais la devise de nos pères : *Dieu, l'honneur et le roi*; et, si l'inflexible honneur nous oblige un instant de désobéir à ses volontés; si, mécontent de voir ses fidèles serviteurs contrarier sa royale clémence, il détourne un moment de nous son regard de bonté, disons comme les habitants de l'Ouest, comme ces nobles soldats du trône et de l'autel : *Vive le roi, quand même!* » Soit que les ministres et la faible majorité qui venait de les soutenir, satisfaits du double succès déjà obtenu, craignissent de tenter une troisième épreuve, soit plutôt que la Chambre ne comptât point

---

[1] Allusion au troisième vers de ce chant, alors dans toutes les bouches royalistes et qui fut transformé, tant que dura la Restauration, en un chant national : *Vive Henri IV!* etc.

de membres intéressés personnellement dans la question, et que le souverain ainsi que ses conseillers ne fussent pas hostiles à l'amendement autant que leurs déclarations officielles semblaient l'indiquer, M. de Béthisy resta sans contradicteurs; l'article fut immédiatement adopté à la presque unanimité des voix et au milieu des applaudissements de l'Assemblée. Trois députés se levèrent seuls à la contre-épreuve; mais, n'osant avoir le courage de leur opinion, ils motivèrent ainsi leur vote : *par respect pour la volonté du roi.* On procéda ensuite au scrutin sur l'ensemble des articles; la loi fut adoptée par 334 voix contre 32.

Trois jours après (9 janvier), M. de Richelieu et ses collègues présentaient la loi d'amnistie à la Chambre des pairs. Par une contradiction que doit expliquer sans doute la crainte de voir cette loi, objet de débats si ardents, revenir à la Chambre des députés, le premier ministre, dans son exposé des motifs, justifia tous les amendements introduits par celle-ci et que lui-même avait repoussés avec tant d'énergie. Les pairs ne délibérèrent pas; ils adoptèrent la loi sans désemparer, immédiatement après en avoir entendu la lecture; puis, continuant leur séance, il discutèrent une résolution adoptée par la Chambre des députés, le 28 décembre précédent, sur la motion de M. Sosthène de la Rochefoucauld, et qui décidait « que le 21 janvier de chaque année serait un jour de *deuil national*, et qu'en expiation du crime de ce malheureux jour il serait élevé sur l'une des places de Paris, au nom et aux frais de la nation, une statue au roi martyr avec cette inscription : *La France libre à Louis XVI.* » MM. de Chateaubriand, Desèze et de Lally-Tollendal se livrèrent, à cette occasion, aux éclats de la douleur la plus bruyante. Après avoir rappelé que le programme de la fête expiatoire célébrée le 21 janvier de l'année précédente avait été tracé par lui, M. de Chateaubriand signala dans la loi proposée une omission qui lui semblait importante : « On n'a pas assez également départi le tribut de nos larmes, s'écria-t-il; on a oublié ce roi enfant, ce jeune roi martyr qui a chanté les louanges du Seigneur dans la fournaise ardente, dont le règne si court dans l'histoire a été si long par la douleur, ce royal pupille laissé sous la tutelle du bourreau et qui pouvait dire comme l'héritier de David : *Pater meus et mater mea dereliquerunt me* (Mon père et ma mère me délaissèrent). Où est-il? où pourrais-je lui adresser cette interrogation terrible et trop connue : *Capet, dors-tu?... Lève-toi!* Il se lève, messieurs, dans toute sa gloire céleste, et vous demande un tombeau!» Faisant ensuite allusion à cette loi d'amnistie que la Chambre avait votée si précipitamment au début de la séance, et à la disposition relative aux régicides, l'orateur ajouta en parlant de ceux-ci : « Voilà, messieurs, les souvenirs pour lesquels nous n'aurons jamais assez de larmes, voilà les attentats que les hommes ne sauraient jamais assez expier. Malédiction sur les scélérats qui nous obligent aujourd'hui à tant de réparations vaines! La France rejette enfin les hommes qui ont eux-mêmes rejeté une amnistie sans exemple et méconnu leur second père (Louis XVIII). Leur fureur (l'acceptation de fonctions dans les Cent-Jours ou la signature de l'Acte additionnel) a effacé la clause du testament qui les mettait à l'abri; la justice a repris ses droits; le crime a cessé d'être inviolable. » La Chambre adopta l'érection d'un monument en l'honneur de Louis XVII. M. de Lally-Tollendal sollicita le même hommage pour madame Élisabeth, sœur de Louis XVI; M. de Mortemart fit une demande semblable pour la reine Marie-Antoinette. Toutes ces propositions, adoptées par les pairs, furent ensuite accueillies par la Chambre des députés, qui, luttant d'émulation, décida, à son tour, sur la motion de M. Hyde de Neuville, que le duc d'Enghien aurait également son anniversaire et un tombeau. On se ferait une difficile idée de l'exagération de douleur déployée au sujet de ces décisions : un député s'écria « que tous les Français étaient des monstres pour avoir laissé commettre de pareils attentats et *y avoir pu survivre.* »

Les larmes auxquelles faisaient un si fréquent appel les

orateurs entendus à l'occasion de tous ces votes ne restaient pas toujours à l'état de simples métaphores; elles coulèrent positivement des yeux de tous les membres de la Chambre des députés à la lecture d'un document communiqué par M. Decazes à cette Assemblée, dans les circonstances suivantes.

Après la journée du 9 thermidor, la Convention avait ordonné la saisie des papiers de Robespierre, et confié leur examen à un de ses membres, le représentant Courtois. De vagues rumeurs annonçaient que ce dépôt de pièces avait mis aux mains de Courtois des documents importants. Compris dans la catégorie des régicides bannis par la loi d'amnistie, cet ancien conventionnel se disposait à quitter la France, lorsque la police, avertie par les bruits dont nous venons de parler, fit pratiquer chez lui deux visites domiciliaires, qui eurent pour résultat plusieurs découvertes d'un certain intérêt historique; celle, entre autres, d'une lettre écrite par la reine Marie-Antoinette, le jour même de son exécution, à sa belle-sœur la princesse Elisabeth. On transmit cette lettre à M. Decazes, qui, le 22 février, accourt à la Chambre, monte précipitamment à la tribune, et annonce, avec des sanglots dans la voix, qu'il est chargé, de la part du roi, d'une communication dont l'objet touchera vivement tous les cœurs. Mise en scène inutile, et qui ne pouvait rien ajouter à l'intérêt qu'inspire toujours une grande infortune noblement supportée. De quelle préparation avaient donc besoin les suprêmes paroles d'une femme jeune, belle, aimante, tombée du faîte des grandeurs au pied d'un échafaud; reine dont la vie s'était écoulée au milieu d'indignes hostilités de cour, et qu'avaient poursuivie, au delà même du tombeau, des calomnies odieuses, inventées, puis propagées dans la foule, par la jalousie et par la haine des principaux membres de la famille de son époux! Envoyée sans doute par les gardiens de la Conciergerie au comité de salut public, et remise probablement à Robespierre, le membre le plus influent du comité, cette lettre, communément désignée sous le titre de *Testament de la reine*, était ainsi conçue :

« Ce 16 octobre 1793, à quatre heures et demie du matin.

« C'est à vous, ma sœur, que j'écris pour la dernière fois. Je viens d'être condamnée, non pas à une mort honteuse, elle ne l'est que pour les criminels, mais à aller rejoindre votre frère.

« Comme lui, innocente, j'espère montrer la même fermeté que lui dans ses derniers moments. Je suis calme comme on l'est quand la conscience ne reproche rien. J'ai un profond regret d'abandonner mes pauvres enfants. Vous savez que je n'existais que pour eux et vous, ma bonne et tendre sœur; vous qui avez, par amitié, tout sacrifié pour être avec nous, dans quelle position je vous laisse !

« J'ai appris, par le plaidoyer même du procès, que ma fille était séparée de vous. Hélas ! la pauvre enfant ! Je n'ose pas lui écrire; elle ne recevrait pas ma lettre; je ne sais pas même si celle-ci vous parviendra.

« Recevez pour eux deux ici ma bénédiction. J'espère qu'un jour, lorsqu'ils seront plus grands, ils pourront se réunir avec vous, et jouir en entier de vos tendres soins. Qu'ils pensent tous deux à ce que je n'ai cessé de leur inspirer, que les principes et l'exécution exacte de ses devoirs sont la première base de la vie, que leur amitié et leur confiance mutuelle en fera le bonheur.

« Que ma fille sente qu'à l'âge qu'elle a elle doit toujours aider son frère par les conseils que l'expérience qu'elle aura de plus que lui et son amitié pourront lui inspirer.

« Que mon fils, à son tour, rende à sa sœur tous les soins, les services que l'amitié peut inspirer. Qu'ils sentent enfin tous deux que, dans quelque position qu'ils puissent se trouver, ils ne seront vraiment heureux que par leur union.

« Qu'ils prennent exemple sur nous ! Combien, dans nos malheurs, notre amitié nous a donné de consolations ! Et, dans le bonheur, on jouit doublement quand on peut le partager avec un ami. Et où en trouver de plus tendres et de plus chers que dans sa propre famille ?

« Que mon fils n'oublie jamais les derniers mots de son père, que je lui répète expressément : qu'il ne cherche jamais à venger notre mort.

« J'ai à vous parler d'une chose bien pénible à mon cœur. Je sais combien cet enfant doit vous avoir fait de la peine. Pardonnez-lui, ma chère sœur. Pensez à l'âge qu'il a, et combien il est facile de faire dire à un enfant ce qu'on veut, et même ce qu'il ne comprend pas.

« Un jour viendra, j'espère, où il ne sentira que mieux tout le prix de vos bontés et de votre tendresse pour tous deux.

« Il me reste à vous confier mes dernières pensées. J'aurais voulu les écrire, dès le commencement du procès; mais, outre qu'on ne me laissait pas écrire, la marche en a été si rapide, que je n'en aurais réellement pas eu le temps.

« Je meurs dans la religion catholique, apostolique et romaine, dans celle de mes pères, dans celle où j'ai été élevée et que j'ai toujours professée: n'ayant aucune consolation spirituelle à attendre, ne sachant pas s'il existe encore des prêtres de cette religion, et même le lieu où je suis les exposerait trop s'ils y entraient une fois.

« Je demande sincèrement pardon à Dieu de toutes les fautes que j'ai pu commettre depuis que j'existe. J'espère que, dans sa bonté, il voudra bien recevoir mes derniers vœux ainsi que ceux que je fais depuis longtemps pour qu'il veuille bien recevoir mon âme dans sa miséricorde et sa bonté.

« Je demande pardon à tous ceux que je connais et à vous, ma sœur, en particulier, de toutes les peines que, sans le vouloir, j'aurais pu vous causer. Je pardonne à tous mes ennemis le mal qu'ils m'ont fait.

« Je dis ici adieu à mes tantes et à tous mes frères et sœurs. J'avais des amis : l'idée d'en être séparée pour jamais et leurs peines sont un des plus grands regrets que j'emporte en mourant. Qu'ils sachent, du moins, que, jusqu'à mon dernier moment, j'ai pensé à eux.

« Adieu, ma bonne et tendre sœur; puisse cette lettre vous arriver! Pensez toujours à moi. Je vous embrasse de tout mon cœur, ainsi que mes pauvres et chers enfants. Mon Dieu! qu'il est déchirant de les quitter pour toujours!

« Adieu! adieu! Je ne vais plus m'occuper que de mes devoirs spirituels. Comme je ne suis pas libre dans mes actions, on m'amènera peut-être un prêtre; mais je proteste ici que je ne lui dirai pas un mot et que je le traiterai comme un étranger. »

La lecture achevée, M. Lainé proposa de remercier le roi de cette communication par une Adresse, qui fut présentée le soir même à Louis XVIII et à la duchesse d'Angoulême. Le lendemain, lorsque le président eut rendu compte, à l'ouverture de la séance, des réponses du roi et de sa nièce, M. de Marcellus demanda l'impression de ces réponses, celle de l'Adresse et du Testament, ainsi que leur envoi à toutes les communes du royaume : « Nous n'aurons jamais assez de larmes, s'écria-t-il, pour déplorer tous les excès et tous les malheurs auxquels a livré notre patrie la plus désastreuse révolution qui ait ravagé le monde! Ah! délivrons-nous enfin de cet esprit révolutionnaire dont nous voyons de si funestes résultats! que sa fatale influence ne se fasse plus sentir! Embrassons, comme l'autel du refuge, ces principes immuables et salutaires qui sont la stabilité des Etats. Hélas! par quels regrets amers et superflus Dieu punit les Français de leur imprudence à écouter des novateurs perfides, de leur amour déréglé pour l'indépendance, et surtout de leur irréligion! O France! ô ma patrie! apprends et vois combien il est amer et douloureux pour tes enfants d'avoir abandonné leur Dieu et leur roi! Ah! reviens, reviens à cette religion divine qui, non contente de faire le bonheur des hommes dans une autre vie, les rend heureux dès celle-ci, en établissant sur des bases inébranlables les constitutions de l'ordre social. Profite de tes regrets en chérissant de plus en plus le meilleur des rois et son auguste famille. Que nos divisions cessent! Unissons-nous dans le sein du meilleur des pères. Vivons pour son bonheur et pour le nôtre. Soyons tous enfants d'une même famille. Pressons-nous, serrons-nous autour de ce trône de salut. O France! ô ma chère patrie! nous verrons luire encore pour toi de beaux jours si nous parvenons à recouvrer l'honneur et la foi! » — Étrange Assemblée, où les sermons succédaient aux cris de mort; où le sentiment le plus élevé de l'honneur personnel s'alliait aux élans du plus furieux royalisme; et dont les membres, croyant effacer les résultats matériels et moraux de la Révolution sous des lois de vengeance, offraient au ciel et au monde, en expiation des faits politiques des vingt-cinq dernières années, leurs prières et leurs sanglots!

CHAPITRE IV

Suite de la session. Projet de loi électorale; premier rapport de M. de Villèle; second rapport; amendements; discussion et vote de la loi dans la Chambre des députés; son rejet par la Chambre des pairs. Nouveau projet de loi électorale. Rappel à l'ordre de M. Forbin-des-Issarts. Démission de M. Lainé comme président de la Chambre; il reprend ses fonctions. Discussion du second projet de loi électorale; M. de Vaublanc se sépare des autres ministres; vote du projet. — Loi du budget; tableau des dépenses pour 1816; discussion soulevée, à l'occasion des bois de l'État, entre le gouvernement et la commission; le gouvernement renonce à l'aliénation de ces bois; économies adoptées par la Chambre; caractère du budget de 1816; création de la caisse d'amortissement; rétablissement de la *vénalité des offices*. — Plan pour la reconstitution de la fortune et de la puissance du clergé. La *Congrégation;* son origine; ses progrès; son influence dans la Chambre des députés. Augmentation des fonds alloués au clergé; suppression des pensions allouées aux prêtres mariés; le clergé est autorisé à recevoir par donation ou testament toute espèce de biens; rétablissement des propriétés de *mainmorte.* La Chambre des députés donne à l'Église tous les biens de l'État ayant appartenu aux anciens couvents et au clergé. Abolition du divorce. Propositions pour donner aux évêques la direction de l'Université, aux desservants de chaque commune la tenue des registres de l'état civil, et pour rétablir le gibet. — Clôture de la session. — Modification ministérielle : renvoi de MM. de Vaublanc, Barbé-Marbois et Guizot; leur remplacement par MM. Lainé, Dambray et Trinquelague.— Dépêche télégraphique de Lyon.

Pendant que les deux Chambres décrétaient l'érection de nombreux monuments expiatoires, mesures dictées par une pensée injurieuse à la France, et dont le seul résultat possible était de perpétuer d'irritants souvenirs, une commission, composée de MM. de Villèle, Piet, Baert, de Folleville, Dussumier-Fombrune, Feuillant, de Maradet, Clausel de Coussergues, et ayant M. de Villèle pour rapporteur, examinait un projet de loi électoral, présenté par le ministre de l'intérieur dans la séance du 18 décembre 1815. Ce projet comprenait trente-neuf articles, placés sous ces quatre titres : *Colléges électoraux de canton; Colléges électoraux de département;*

Élection des députés et de leurs suppléants; Dispositions générales. Il établissait deux degrés d'élection : l'élection cantonale, ou de premier degré, et l'élection de département. Chaque canton avait son collége composé : 1° des soixante plus imposés du canton ; 2° des membres des conseils de département et d'arrondissement ; 3° des présidents des tribunaux de première instance et des procureurs du roi ; 4° des présidents des commissions consultatives des arts et manufactures et des conseils de prud'hommes ; 5° des juges de paix ; 6° des maires de toutes les communes du canton ; 7° des vicaires généraux ; 8° des curés et desservants de tout le canton ; 9° des ministres des autres cultes chrétiens ; 10° des recteurs et inspecteurs d'académie, doyens des facultés et proviseurs des colléges royaux ; 11° des membres des conseils et des administrateurs des hôpitaux et hospices. Nul ne pouvait être électeur cantonal s'il n'avait trente ans. Le tableau de ces électeurs était dressé par le sous-préfet de la circonscription, assisté de six membres du conseil d'arrondissement désignés par le préfet; en cas de réclamation, ce dernier fonctionnaire prononçait.

Une pareille composition rendait évidemment l'administration maîtresse des colléges cantonaux. On pourrait croire que, bornant là son intervention, le gouvernement abandonnait du moins aux électeurs désignés sous son influence par les cantons la nomination définitive des députés; il n'en était rien. Non-seulement les colléges de département, ou de second degré, se composaient des électeurs nommés par les cantons, mais les soixante propriétaires les plus imposés du département, les archevêques et évêques, et un grand nombre d'autres fonctionnaires faisaient encore partie de ces seconds colléges, dont tous les membres devaient avoir trente ans et payer 300 francs d'impôts. Ce n'est pas tout, l'inscription sur la liste des électeurs de département ne donnait pas un *droit* de vote ; elle constatait uniquement une *aptitude* à voter. Le choix des membres de cette liste appelés à procéder à l'élection définitive des députés était réglé par le roi, et leur nombre ne pouvait excéder, pour chaque département, le chiffre de 250, ni se trouver au-dessous de 150 ; soit, en moyenne, 200 ; ce qui donnait pour les 86 départements un chiffre total de 17,200 électeurs. Quant aux députés, leur nombre était celui de la Chambre alors existante, 402[1]. Ils devaient payer 1,000 francs d'impôts, pouvaient être élus à vingt-cinq ans, et ne recevaient aucune indemnité. Enfin, chaque collége de département, outre les députés titulaires, nommait des députés suppléants.

L'accord entre la Chambre et le ministère n'existait que dans les discours prononcés à la tribune. Les différentes lois proposées par le cabinet, si l'on en excepte le projet sur la suspension de la liberté individuelle, avaient été profondément modifiées par les députés ; il y a plus, l'Assemblée avait pris l'initiative des propositions les plus importantes, et les ministres, loin de la guider, étaient entraînés par elle et subissaient sa loi. Le système électoral présenté par M. de Vaublanc avait évidemment pour but de soustraire le gouvernement à cette domination, en lui donnant les moyens de modifier, immédiatement après la session, le personnel ainsi que l'esprit de la Chambre. « Les départements seront répartis par le roi en cinq séries, disait l'art. 15 du projet ministériel ; l'ordre des séries sera désigné par le sort à la fin de la session actuelle ; les députés de la première série cesseront leurs fonctions *avec la présente session* ; ceux de la seconde, avec la série suivante, et ainsi de suite. » Les membres de la commission, interprètes en cela de la pensée du plus grand nombre de leurs collègues, résolurent non-seulement de ne pas laisser mutiler ainsi l'Assemblée dès sa seconde session, mais encore, dans le cas d'élections nouvelles, d'attribuer aux grands

---

[1] Le nombre des députés de la Chambre royaliste de 1815, fixé d'abord à 395 par l'article 4 de l'ordonnance de convocation du 13 juillet 1815, avait été augmenté de sept membres par un tableau rectificatif publié dans le *Moniteur* du 23 juillet.

propriétaires de chaque localité, c'est-à-dire à eux-mêmes, l'influence et la force que le ministère entendait se réserver. Le 6 février, après cinq semaines de délibération, M. de Villèle vint soumettre un premier rapport à la Chambre.

Les ministres, en abaissant à vingt-cinq ans l'âge d'éligibilité, et en statuant que le nombre des députés serait celui de la Chambre actuelle, modifiaient les articles 36 et 38 de la Charte[1]. La commission consentait à annuler l'article 36; moins libérale, en revanche, que le gouvernement, elle exigeait le maintien intégral de l'article 38, c'est-à-dire la fixation de l'âge des députés à quarante ans. Le projet ministériel, d'un autre côté, conservait l'article 37 de la Charte, ainsi conçu : « Les députés sont élus pour cinq ans, et de manière que la Chambre soit renouvelée *chaque année par cinquième*. » La commission admettait une durée de cinq ans; mais, repoussant le système des séries, elle exigeait que le renouvellement fût *intégral*.

Ces différentes modifications à la Charte faisaient l'objet exclusif de ce premier rapport, qui avait uniquement pour but de faire décider, par la Chambre, l'adoption ou le rejet de ces changements, avant l'examen de la loi électorale proprement dite. La Chambre accepta ce mode de délibération. Le débat s'ouvrit le 12 février; il fut long, confus, et très-peu de membres renfermèrent leur discussion dans les termes posés par M. de Villèle : un certain nombre consentaient à conserver les deux degrés et les colléges de canton, mais à la condition que tous les électeurs seraient exclusivement choisis parmi les plus imposés; d'autres proposaient l'élection directe; quelques-uns, parmi ceux-ci, n'admettaient qu'un collége électoral par département; un plus

---

[1] Article 36 : « Chaque département aura le même nombre de députés qu'il a eu *jusqu'à présent.* » La Charte fut promulguée dans la séance royale du 4 juin 1814; la Chambre alors existante, et qui était l'ancien Corps législatif impérial, comptait 262 membres.

Article 38 : « Aucun député ne peut être admis dans la Chambre s'il n'est âgé de *quarante ans* et s'il ne paye une contribution directe de 1,000 fr. »

grand nombre se prononçaient pour un collége par arrondissement ; deux ou trois membres, faisant un retour résolu vers l'ancien régime, demandaient que les élections eussent lieu par corps ou corporations. Les députés, après quatre jours de discussion, n'étaient pas plus avancés qu'au début ; las de s'agiter ainsi dans le vide, chacun alors s'efforça de trouver une issue à travers cette foule de projets contradictoires et de systèmes opposés. Enfin, M. de Vaublanc, dans la séance du 16, offrit à la Chambre un moyen de sortir d'embarras : il proposa de ne considérer tout ce qui avait été dit que comme un examen préalable des dispositions les plus essentielles du projet de loi, et d'entendre le rapport de la commission sur les autres articles. La Chambre y consentit, et M. de Villèle donna lecture de la seconde partie de son travail.

Outre la double substitution de l'âge de *quarante ans* pour les députés à celui de *vingt-cinq*, et du renouvellement *intégral* au renouvellement par *cinquième*, les amendements essentiels de la commission étaient ceux-ci : les colléges de canton se composaient de tous les citoyens domiciliés dans la circonscription, âgés de vingt-cinq ans accomplis, et payant au moins 50 francs d'impôts directs; ces électeurs, de premier degré, choisissaient, parmi les habitants du département, âgés de trente ans accomplis, et payant au moins 300 francs de contributions directes, d'autres électeurs qui procédaient à l'élection définitive des députés; le nombre de ces derniers électeurs, déterminé par une commission de six membres du conseil général que le préfet présidait, ne pouvait excéder 300, ni être au-dessous de 150 pour tout le département; fixé à 150 si le département ne nommait que deux députés, il s'augmentait de vingt électeurs pour chaque député à élire au delà de deux. Les présidents des colléges de canton et de département étaient désignés par le roi. La commission supprimait les députés suppléants. Enfin, modifiant l'article 27 du projet ministériel ainsi conçu : « Les députés ne reçoivent aucun traitement, » la commission, dans le but de conserver aux membres des Chambres à venir l'indemnité accordée jusqu'alors aux députés, rédigeait l'article en ces termes : « Les députés de la *Chambre actuelle* ne reçoivent aucun traitement. »

La loi proposée par le ministère était la négation de toute élection sérieuse, et pouvait se traduire ainsi : « La nomination des députés appartiendra aux préfets. » Pour être plus rationnel au fond et plus simple dans la forme, le projet de la commission ne valait guère mieux : nous ne dirons rien de ce système des deux degrés maintenu par elle, système vicieux parce qu'il est faux et qu'il réduit l'intervention des électeurs de premier degré à la nomination de simples agents intermédiaires, libres toujours de choisir pour députés des hommes ayant des principes politiques et des intérêts opposés à ceux des premiers électeurs; nous ne parlerons que de la formation des colléges des deux classes. Il faut des réunions nombreuses pour la manifestation libre et vraie du sentiment politique d'un pays; l'intérêt individuel et les mesquines influences de localité disparaissent au milieu du grand nombre. Or, en morcelant à l'infini le corps électoral, en le divisant en 2,845 petits colléges cantonaux ayant au-dessus d'eux 86 colléges de département également composés de quelques électeurs, le projet ministériel et celui de la commission livraient évidemment les élections, soit au gouvernement, soit à la grande propriété, selon que les fonctionnaires ou les petits censitaires domineraient dans ces réunions. On chercherait vainement, dans le rapport de M. de Villèle, la moindre indication sur le chiffre des électeurs à 50 francs que pouvait réunir chaque petit centre cantonal; ce chiffre devait être minime dans les cantons ruraux, parmi nos départements agricoles, c'est-à-dire dans les deux tiers de la France. Il est facile, en revanche, de connaître le nombre des électeurs de *département* ou de second degré : 21,500 électeurs, soit, en moyenne, 250 par collége, voilà le nombre des citoyens que le projet de M. de Villèle appelait à nommer *directement* l'Assemblée destinée à représenter une nation de 32,000,000 d'habitants.

La discussion du projet amendé par la commission, renvoyée au 22 février, ne fut terminée que le 29; on vit se reproduire, dans ce second débat, toutes les propositions et toutes les théories émises dans le premier; chaque orateur apportait, pour ainsi dire, son projet. Ce ne fut pas un faible travail pour le président que de mettre un peu d'ordre au milieu de ce pêle-mêle d'amendements, et de régulariser la délibération. La première proposition mise aux voix fut celle-ci : « La Chambre sera-t-elle renouvelée par cinquième? » Une majorité considérable répondit *Non*. — « Sa durée sera-t-elle de cinq ans? » *Oui*. La question relative à l'âge d'éligibilité vint ensuite; elle souleva une véritable tempête. L'âge de vingt-cinq ans, proposé par le ministère, était celui qu'avait déjà fixé l'ordonnance de convocation de la Chambre actuelle; en élevant de quinze années cette limite, la commission excluait dès lors des élections prochaines bon nombre de députés âgés de moins de quarante ans; ces membres réclamèrent en faveur de la proposition ministérielle; on discuta longtemps sans pouvoir s'entendre; de chaque côté on n'émettait que des opinions absolues; enfin, le comte de Marcellus, invoquant l'intérêt des bonnes mœurs et de la religion, proposa un moyen terme : « Des législateurs sages, des législateurs chrétiens, dit-il, ne peuvent assez relever la dignité du mariage, ni assez encourager cet engagement sacré d'où dépendent les bonnes mœurs, la population du royaume, l'attachement des citoyens à leur patrie et à leur religion. Honorons le mariage, messieurs, si nous voulons rendre aux Français les mœurs, la vertu, la foi. Encourageons, honorons le mariage, si nous voulons détruire le règne de ces passions honteuses qui sont le fléau et l'ignominie de la société; encourageons, honorons le mariage, et les Français, accoutumés à se livrer en paix aux plus doux sentiments de la nature, aimeront de plus en plus leur Dieu, leur patrie et leur roi. Je crois, messieurs, que la question actuelle vous présente un moyen d'atteindre ce but : que le mariage ouvre les portes de cette honorable enceinte aux jeunes hommes de trente ans; mais qu'un âge plus avancé, trente-cinq ans, par exemple, soit exigé pour le célibataire. » Cette singulière argumentation entraîna la Chambre, qui accueillit la double proposition de M. de Marcellus, et fixa ensuite le nombre des députés à 402.

Après ces votes, et à la suite d'une discussion aussi longue que confuse, l'Assemblée adopta les deux degrés d'élection proposés par la commission, mais en substituant à l'expression *assemblées cantonales* celle d'*assemblées sectionnaires d'arrondissement*; en accordant de plus, au roi, la faculté d'adjoindre aux électeurs *élus* par ces assemblées sectionnaires d'autres électeurs remplissant les mêmes conditions et en nombre égal au dixième du nombre total des électeurs dont le collége de département devait se composer, et en décidant que seraient *électeurs de droit*, en outre, au collége départemental, les citoyens les plus imposés du département, dans la proportion du tiers du nombre total des électeurs voulus par la loi. Après cette dernière adjonction, la Chambre rejeta la nomination de députés suppléants; en revanche, une majorité, formée par quelques membres qui cédaient à un sentiment de délicatesse mal compris, et par un plus grand nombre qui entendaient faire de la députation le privilége des grandes fortunes, repoussa la réserve si sensée et si politique de la commission en faveur d'une indemnité pour les Chambres à venir[1]. Le 6 mars, on vota enfin sur l'ensemble de la loi : elle fut adoptée par 180 voix contre 132.

---

[1] Voici en quels termes M. de Villèle justifiait, dans son rapport, la nécessité d'une indemnité pour les députés : « L'examen de la question relative au traitement des députés a convaincu votre commission qu'ôter aux députés peu fortunés le droit de réclamer le remboursement des frais faits par eux pour remplir leurs fonctions, c'est restreindre infiniment les conditions d'éligibilité exigées par la Charte; que c'est *exclure évidemment* tous ceux qui ne payeraient *que mille* et même *deux mille francs* de contributions, puisque, avec la fortune que cette cote contributive suppose, *il est impossible de pouvoir faire les sacrifices pécuniaires* nécessités par l'exercice des fonctions de député pendant cinq ans sans indemnité; votre commission a vu, dans l'absence de cette indemnité, les *germes d'une corruption* des membres de la Cham-

La Chambre venait de consacrer près de trois mois à l'examen et à la discussion de cette loi. Rarement travail aussi long donna un résultat plus informe : chacun des articles essentiels de cette œuvre pénible aurait exigé un commentaire législatif. L'insuffisance du ministère avait autant de part que l'inexpérience de la Chambre dans les contradictions et dans l'obscurité des dispositions principales; si la plupart des dépuputés, siégeant pour la première fois, étaient étrangers à toute étude législative, les membres du cabinet, de leur côté, ne connaissaient guère mieux la matière en discussion; le duc de

bre, qui, si nous ne nous abusons pas sur ses conséquences, ferait bientôt perdre au roi et à la France tout l'avantage qu'ils doivent retirer d'une Chambre des députés indépendante. » — En 1816, les centimes additionnels des départements, les centimes communaux, les prestations pour les chemins, les centimes pour l'instruction publique, le cadastre, etc., ne concouraient pas, comme aujourd'hui, à former le cens électoral ni celui d'éligibilité. Un député, conseiller d'État, tenant compte de cette différence, affirmait, dans la séance de la Chambre des députés du 12 juin 1845, qu'à cette époque (1816) l'impôt représentait le *dixième* du revenu, tandis que de nos jours il ne représente plus que le *sixième*. Si donc, il y a trente ans, lorsque parlait M. de Villèle, le député dont la fortune était représentée par 2,000 francs d'impôt, soit *vingt mille francs* de revenu, n'avait d'autre alternative que d'aliéner son indépendance ou de se ruiner, quelle garantie peut donc offrir le cens de 500 francs, soit *trois mille francs* de revenu, taux d'éligibilité actuel? C'est à dater seulement de la Chambre royaliste de 1815 que les fonctions de député ont été gratuites. Sans l'indemnité accordée aux législatures antérieures, l'immense majorité des membres de la Constituante et de la Convention, les deux Assemblées les plus grandes que la France ait possédées, celles où se rencontra le plus de patriotisme et de lumières, n'auraient pu siéger. Bien que M. de Villèle, une fois ministre, n'ait eu garde de renouveler sa proposition, ses observations n'en restent pas moins vraies. Les craintes qu'il manifestait se sont, au reste, réalisées : l'absence de traitement a produit ce résultat, que la majorité des députés, depuis 1816, a presque toujours été composée de membres que le gouvernement indemnise et domine, soit à l'aide de concessions ou de marchés lucratifs, soit avec les émoluments de places dont ils ont le titre, mais qu'ils ne remplissent pas. Chez une nation où les fortunes sont aussi divisées qu'on les voit en France, la non-rétribution des fonctions de député, triste legs de la Chambre introuvable, est forcément, pour la plupart de ceux qu'elle ne ruine pas, un mensonge qui pèse d'un poids bien lourd sur les finances et sur la bonne administration du pays. *Ne pas payer les députés, ce serait bien cher!* avait dit, dix-huit mois auparavant, un des commissaires rédacteurs de la Charte. (Note imprimée en 1847, date de la première publication de ce volume.)

Richelieu et M. Decazes faisaient, pour ainsi dire, leur apprentissage de gouvernement; si le duc de Feltre, MM. Barbé-Marbois et de Vaublanc possédaient la pratique de l'administration, ils n'étaient que des médiocrités vaniteuses ou routinières. Aussi, loin de dominer et d'éclairer le débat, les ministres s'étaient-ils constamment abstenus d'y intervenir : simples spectateurs des délibérations, ils avaient abandonné à quelques députés, anciens fonctionnaires de l'Empire, le soin de défendre leur projet. Ainsi livrée à elle-même, tiraillée dans les sens les plus opposés par les défenseurs de l'œuvre ministérielle, par la commission et par cette foule de membres qui, sur chaque article, improvisaient un projet de loi nouveau, la majorité pouvait difficilement produire autre chose qu'une succession d'articles incohérents et inexécutables. Ces articles n'en furent pas moins soumis, le 12 mars, à la Chambre des pairs. Mais, placés entre le désir de voir rejeter les dispositions qu'ils avaient combattues et la crainte d'irriter la Chambre élective en se prononçant trop ouvertement contre le système qu'elle avait substitué au leur, les ministres déclarèrent à la Chambre des pairs, en lui présentant le projet amendé, « que le roi se réservait de statuer *ultérieurement* sur les amendements adoptés par l'autre Chambre. » Cette réserve laissait aux pairs une absolue liberté pour modifier à leur tour cette loi, objet de tant de changements. Les anciens sénateurs étaient encore nombreux dans la pairie; membres, pour la plupart, de toutes les assemblées qui s'étaient succédé depuis la chute de la monarchie de Louis XVI, ils avaient facilement aperçu, en suivant la discussion de l'autre Chambre, les défectuosités et les vices du projet amendé. Bon nombre de pairs, d'ailleurs, ne voyaient pas sans jalousie ou sans inquiétude le rôle dominant affecté par le pouvoir électif, ainsi que sa hardiesse à soulever les questions les plus graves et les plus irritantes; plusieurs articles de la Charte étaient modifiés par la nouvelle loi électorale : la commission d'examen nommée par la pairie se fit une arme de ces changements; elle les signala comme autant de violations de la constitution, et, s'abritant derrière le respect dû au pacte fondamental, elle proposa le rejet pur et simple de la loi. Ce rapport fut présenté le 28; la discussion commença le 2 avril : vainement MM. Desèze et de Chateaubriand défendirent longuement et avec chaleur le travail de la Chambre des députés; le 3, dès la seconde séance, les pairs décidèrent qu'ils ne délibéreraient pas sur les articles et rejetèrent purement et simplement le projet de l'autre Chambre, à la majorité de 89 voix contre 57.

Il n'y avait plus de loi d'élection. Aux termes de l'ordonnance de convocation des Chambres, la confection d'une loi électorale était cependant la tâche essentielle imposée à cette session. En ce moment, les députés achevaient de discuter le budget; le cabinet pouvait craindre qu'irrités de voir leur œuvre détruite, et désireux de se venger, ils ne rejetassent la loi des finances. Vingt-quatre heures après le vote de la Chambre des pairs, le 5 avril, les ministres se hâtèrent donc de déposer sur le bureau de la Chambre élective un nouveau projet portant en substance : « que, dans le but de pourvoir provisoirement à un mode d'élection jusqu'au moment où le gouvernement pourrait faire rédiger et présenter dans une autre session une loi complète et définitive, les ordonnances du mois de juillet précédent auraient force de loi en tout ce qui était relatif à la composition des colléges électoraux, au mode et à la forme des élections, au nombre et à l'âge des députés. » Une commission composée en presque totalité des mêmes membres que la commission précédente, fut nommée dès le lendemain 6; le 8, à l'ouverture de la séance, M. de Villèle, choisi encore une fois pour rapporteur, déclara qu'il était prêt à donner lecture à la Chambre des conclusions de la commission. Le président, M. Lainé, fit observer qu'un rapport ne pouvait avoir lieu qu'à la condition d'être annoncé à l'ordre du jour; que, dans ce but, l'usage voulait que le président fût prévenu vingt-quatre heures à l'avance, et qu'il n'avait pas été averti.

« En conséquence, ajouta M. Lainé, le rapport est renvoyé à demain midi; je préviendrai les ministres.

Le marquis Forbin des Issarts. — Le président a été prévenu...

M. Lainé. — Lorsque le président déclare hautement, en séance publique, qu'il n'a pas été prévenu, il est étonnant qu'un membre se permette de dire le contraire.

Le marquis Forbin des Issarts. — Je n'ai point dit que le président eût été prévenu vingt-quatre heures d'avance...

M. de Villèle. — J'ai parlé samedi (l'avant-veille) à M. le président du rapport que la commission m'avait chargé de faire aujourd'hui.

M. Lainé. — M'avez-vous dit que vous le feriez aujourd'hui, monsieur?

M. de Villèle. — Je ne suis pas certain d'avoir annoncé à M. le président que je serais prêt pour cette séance; mais ce que je peux affirmer, c'est qu'il m'a dit qu'il s'opposerait de tout son pouvoir à ce que le rapport fût fait avant la fin de la discussion du budget.

M. Lainé. — M. de Villèle se méprend; j'ai dit à une autre personne : Le rapport se fera pendant la discussion du budget; mais la discussion ne peut avoir lieu qu'après. Hier, ayant lu dans un journal que le rapport devait se faire aujourd'hui, j'ai répondu à tous ceux qui m'en ont parlé qu'aucun avis ne m'avait été donné. C'est effectivement à l'instant même que M. de Villèle m'a prévenu.

Le marquis Forbin des Issarts. — Je disais donc vrai : M. le président lui-même en convient; il a été prévenu...

M. Lainé. — Je vous rappelle à l'ordre!

Le marquis Forbin des Issarts. — Vous n'en avez pas le droit. La Chambre seule peut prononcer un rappel à l'ordre. Je demande que M. de Villèle fasse immédiatement son rapport.

M. Lainé. — On conteste au président le droit de rappeler à la question l'orateur qui s'en écarte. Le règlement est formel à cet égard. J'affirme, au reste, de nouveau, que ce n'est qu'après l'ouverture de cette séance que le rapporteur m'a prévenu. Quant au rapport, les règles et les procédés n'ayant pas été observés à l'égard du président, ou plutôt à l'égard de la Chambre, je crois qu'il ne doit pas être fait aujourd'hui, et que l'on peut, sans inconvénient, le remettre à demain. »

M. Lainé exerçait ses fonctions avec une impartiale fermeté : désapprouvant les emportements de la Chambre, réprimant, au besoin, les écarts des membres les plus fougueux, il avait, en outre, quitté son fauteuil, peu de jours auparavant, dans la discussion de la loi électorale, pour venir combattre, à la tribune, le système de la commission et proposer de faire *directement* élire les députés par des colléges d'arrondissement composés d'électeurs âgés de trente ans et payant 300 fr. d'impôts ; tous ces faits avaient mécontenté la partie la plus remuante de la majorité. On saisit l'occasion de le lui faire sentir : il demandait, au nom de la dignité de la Chambre et en son nom personnel, comme une sorte de réparation pour le double démenti de MM. de Villèle et Forbin des Issarts, que le rapport fût renvoyé au lendemain ; la Chambre décida que M. de Villèle serait entendu sur-le-champ. Blessé de ce manque d'égards, M. Lainé, immédiatement après ce vote, invita M. de Bouville, l'un des vice-présidents, à venir prendre sa place, et quitta la salle. M. de Villèle put lire son travail ; nous n'analyserons pas ce document ; nous nous bornerons à dire qu'après s'être élevé contre cette maxime, émise quelques jours auparavant par l'un des ministres, M. de Vaublanc, « que les colléges électoraux devaient être subordonnés et dépendants de l'administration ; » après s'être plaint avec amertume de ce qu'un autre membre du cabinet, M. de Richelieu, prenant part au vote de l'autre Chambre, avait rejeté comme pair le projet qu'il était chargé de défendre et de soutenir comme ministre, le rapporteur conclut en proposant l'adoption du nouveau projet de loi, mais sous la réserve de deux amendements dont il donna lecture, et qui étaient destinés à interdire toute adjonction nouvelle d'électeurs ainsi que le renouvellement par cinquième.

Pendant la lecture de ce rapport, M. Lainé envoyait au roi sa démission de président. Cette démarche avait été promptement connue ; aussi la surprise fut-elle grande dans une partie de la Chambre lorsque, le lendemain, à l'ouverture de la séance, on vit M. Lainé reprendre ses fonctions. Il annonça la lecture d'une lettre de M. de Richelieu; dans cette lettre, le premier ministre mandait au président : « qu'ayant soumis sa démission au roi, Sa Majesté l'avait chargé de le prier, et, au besoin, de lui ordonner de continuer ses fonctions, au moins jusqu'à la fin de la discussion du budget.»— « Cette lettre explique ma présence au fauteuil, ajouta M. Lainé; on va lire le procès-verbal. » Ce fut le jour suivant (10 avril) que s'ouvrit le débat sur la loi électorale provisoire; cette discussion fut marquée par un nouvel incident.

L'hostilité entre la majorité de la Chambre et le cabinet devenait chaque jour plus apparente et plus vive; des deux parts on en était à la menace : ceux des députés que la majorité prenait habituellement pour organes et pour guides, soit dans les commissions, soit dans la discussion, impatients d'arriver à une position politique en rapport avec l'influence qu'ils avaient progressivement acquise, accusaient l'insuffisance des ministres, leur incertitude et leur mollesse, et proclamaient la nécessité, pour le monarque et pour la monarchie, d'une administration plus homogène, plus forte, plus royaliste. Les ministres récriminaient en accusant l'ambition des mécontents, et l'on avait pu entendre M. de Richelieu s'écrier, à l'occasion des amendements de la Chambre à la loi électorale: *Ils veulent absolument rester députés!* Ces symptômes d'une inévitable et prochaine rupture inquiétaient le ministre de l'intérieur, administrateur de second ordre, caractère faible, orateur verbeux, qui prenait l'emphase pour l'éloquence, et s'enivrait, ainsi qu'il arrive à tous les esprits médiocres, du sentiment exagéré de sa valeur personnelle. Dans sa conviction, la Chambre demeurerait la plus forte. Après avoir laissé plusieurs orateurs témoigner une vive irritation de ce que la Chambre des pairs avait rejeté la loi électorale sans daigner en discuter même un seul article, M. de Vaublanc demanda la parole; mais, au lieu de défendre le nouveau projet que lui-même avait présenté, il se sépara avec éclat de ses collègues. Une des questions qui avaient surtout divisé le ministère et l'Assemblée était celle du renouvellement; tous les ministres, M. de Vaublanc compris, avaient constamment insisté pour le renouvellement *par cinquième* : « Je veux faire connaître ici toute ma pensée, dit le ministre de l'intérieur; si un membre du cabinet est tenu de marcher avec ses collègues dans tout ce qui tient au gouvernement, je crois qu'il est libre d'avoir une opinion particulière sur les grandes pensées de la législation. Eh bien, je déclare que *j'ai toujours été pour le renouvellement intégral*, et il m'a toujours paru que ce mode avait pour lui *cent fois plus de motifs* que le renouvellement *par cinquième*. Telle est mon opinion. » Cette déclaration, que les applaudissements de la Chambre accueillirent, et qui jeta la plus profonde surprise au banc des ministres, était moins nécessaire au vote de l'Assemblée que ne le pensait sans doute son auteur[1]. La décision de la Chambre était prise à l'avance : elle vota le nouveau projet avec les amendements de la commission. Sept jours plus tard, le 17 avril, l'Assemblée, convaincue qu'elle venait de lier invinciblement le ministère, adopta le budget; l'événement devait la tromper : une fois la loi des finances obtenue, le projet de loi électoral provisoire ne quitta point les cartons ministériels; il ne fut pas soumis à la Chambre des pairs.

La discussion de la loi des finances n'avait pas été moins la-

[1] M. de Vaublanc avait des prétentions de plus d'un genre : il composait des poëmes et des tragédies. Convaincu de sa supériorité physique comme de sa supériorité intellectuelle, ce ministre avait exigé de M. Lemot, sculpteur, chargé de faire la statue équestre de Henri IV, qu'il prît sa personne pour modèle, et, pour faciliter le travail de cet artiste, il *posait*, à cheval, devant lui, **dans le jardin du ministère.**

borieuse que celle de la loi électorale; composée de trois projets distincts, cette loi avait été présentée dans la séance du 23 décembre 1815, par le ministre des finances, M. Corvetto, et par MM. de Barante et Saint-Cricq. Deux de ces projets étaient spécialement relatifs aux *contributions indirectes* et aux *douanes;* le troisième, comprenant dix titres et soixante-dix-neuf articles, formait le *budget* proprement dit, et évaluait les dépenses ainsi que les recettes, pour l'année 1816, à une somme égale de huit cents millions. Les dépenses, divisées elles-mêmes en dépenses *ordinaires* et dépenses *extraordinaires*, se décomposaient ainsi :

Dépenses ordinaires. Dette publique, augmentée de 7 millions, conformément au traité du 20 novembre. . . . . . 115,000,000 fr.[1]
Liste civile du roi et des princes, sauf un sacrifice de 10 millions consenti par la famille royale et portés au budget des recettes. 33,000,000
Chambre des pairs, réduite à moitié de sa dotation. 2,000,000
Chambre des députés, dépenses administratives. 700,000
Ministère de la justice. 17,000,000
— de la guerre. 180,000,000
— de l'intérieur. 70,000,000
— de la marine. 48,000,000
— des affaires étrangères. 6,000,000
— des finances. 16,000,000
— de la police. 1,000,000
Fonds d'amortissement. 14,000,000
Frais de négociation. 12,000,000
Intérêts des cautionnements. 8,000,000
Intérêts à échoir des bons royaux. 2,000,000
   Total des dépenses ordinaires. . . 524,700,000 fr.
Dépenses extraordinaires. Premier cinquième de la contribution de guerre de 700 millions. . . 140,000,000
Entretien de 150,000 soldats alliés. 130,000,000
Payement aux comtes de Bentheim. 800,000
Dépenses éventuelles. 4,500,000
   Total. . . . . 800,000,000 fr.

[1] Ce chiffre fut porté par la Chambre à 125 millions, ainsi que nous le dirons plus loin.

Trois commissions, composées chacune de neuf membres, pouvant se réunir au besoin en une seule commission centrale, et qui eurent pour rapporteurs MM. Corbière, Feuillant et Morgan de Belloy, furent chargées de l'examen des trois projets de loi. Ces commissions prirent leur tâche au sérieux; pendant près de trois mois elles étudièrent sans relâche, et dans tous leurs détails, les questions multiples et si diverses que soulevaient à la fois les dettes anciennes et nouvelles dont le gouvernement devait prendre la charge, les dépenses nécessaires à la bonne administration du royaume, ainsi que la nature et l'importance des ressources qui seraient affectées à leur payement. Ce fut le 9 mars que les trois rapporteurs présentèrent à la Chambre le résultat de leurs travaux.

Deux questions, la fixation de l'*arriéré* et son acquittement, avaient surtout occupé la commission spéciale du budget; le désaccord était complet entre elle et le ministère. Les ministres, ajoutant aux dettes laissées par la République et par l'Empire, et déjà reconnues par l'État en 1814, les dettes laissées par les Cent-Jours, n'établissaient aucune distinction entre celles-ci et les premières, et confondaient tous les excédants de dépenses antérieurs au 1er janvier 1816 dans un seul et même arriéré. Ils appliquaient, en outre, à cet arriéré, le mode de libération établi par la loi des finances de la première Restauration, c'est-à-dire des obligations du Trésor portant intérêt à 8 pour 100, et à la garantie desquelles ils continuaient d'affecter les 400,000 hectares de bois de l'État, déjà hypothéqués aux créanciers admis en 1814. La commission, de son côté, ne se bornait pas à ne vouloir accepter comme dette de l'État que l'arriéré antérieur à la première Restauration, elle contestait même la justice des dispositions législatives qui avaient reconnu l'existence et garanti l'acquittement de celui-ci. « On parle de justice envers les créanciers de l'État, s'écria M. de Villèle dans la séance du 28 mars; pourquoi préférer les créanciers laissés par la Révolution et par l'usurpation aux créanciers que les désastres de la Révolution ont dépouillés? Si vous êtes si fidèles à remplir intégralement les engagements envers les premiers, accueillez donc aussi les réclamations des seconds, ou cessez de parler de *justice*. » La commission rejetait, dans tous les cas, d'une manière absolue, la vente des forêts données en hypothèque aux créanciers de l'ancien arriéré, et proposait de solder ceux-ci à l'aide d'inscriptions sur le grand-livre de la dette publique. Adoptée dans un intérêt que nous dirons plus loin, cette dernière résolution avait été l'objet de vifs débats, au sein de la commission, entre ses membres et le ministre des finances. La commission, loin de céder sur ce point et sur le rejet de toute dette ayant son origine dans les faits des Cent-Jours, croyait, au contraire, faire une immense concession en accordant aux ministres le principe inscrit dans la loi de 1814, c'est-à-dire la reconnaissance d'un arriéré, quel qu'il fût. Le cabinet avait espéré que la discussion publique ferait justice de ces prétentions exorbitantes. Mais vainement ses orateurs signalaient ce qu'il y aurait de périlleux dans l'exemple d'une Assemblée déchirant les engagements contractés par une Assemblée précédente, et qui se placerait ainsi au-dessus de toutes les lois; vainement ils ajoutaient que solder les créanciers de l'arriéré en inscriptions de rentes, dont le cours atteignait à peine 60 fr.[1], c'était leur enlever les deux cinquièmes de leur capital et constituer l'État en banqueroute; la majorité se montrait intraitable à l'égard de l'aliénation des forêts domaniales, mesure inique, scandaleuse, disaient tous ses membres. Cependant le temps s'écoulait, la session durait depuis près de six mois : le ministère, pressé d'obtenir le budget, se décida enfin à subir les exigences de la majorité, et, le 23 mars, au moment où la Chambre, après avoir clos la discussion générale, allait passer à la discussion des articles, M. Corvetto parut à la tribune et annonça « que les ministres, prenant en considération le vœu de la commission, avaient

---

[1] Le cours de la rente, qui était de 59 fr. au mois de janvier 1816, s'était élevé à 61 fr. au mois de mars; mais le mois suivant (avril) il descendit à 58 fr.

décidé : 1° que les créances arriérées, pour lesquelles il n'avait pas encore été délivré des *obligations,* en vertu de la loi du 23 septembre 1814, seraient liquidées en *reconnaissances* portant intérêt à 5 pour 100, non négociables, et transmissibles seulement dans les formes déterminées pour les cessions d'obligations entre particuliers ; 2° que les propriétaires de ces *reconnaissances* auraient la faculté de les échanger contre des inscriptions sur le grand-livre de la dette publique, et que celles pour lesquelles cet échange n'aurait pas eu lieu seraient acquittées suivant le mode que fixeraient les Chambres dans la session de 1820 ; 3° que la vente des bois de l'État *cesserait d'avoir lieu*, et que les biens des communes non encore vendus leur seraient restitués. »

Des acclamations de joie et des applaudissements accueillirent cette communication ; la Chambre triomphait ; les bois de l'État, provenant en grande partie de l'ancien clergé, cesseraient enfin d'être vendus ! Là, surtout, était le nœud du débat ; le ministère, après avoir cédé sur ce point, se montra facile aux autres amendements de la commission.

Ces amendements n'embrassaient guère, à la vérité, que des questions de détails, mais ils étaient nombreux ; ils consistaient, pour le budget des dépenses, en suppressions d'emplois ou en diminutions de traitements, qui produisaient, sur les demandes du ministère, une économie totale de près de 25 millions, économie réduite à 20 par suite d'une allocation de 5 millions ajoutés au budget du ministère de l'intérieur pour augmenter les traitements des membres du clergé.

La commission, quant au budget des recettes, n'avait fait que d'insignifiants changements aux propositions du ministère ; comme lui, elle demandait les ressources nécessaires pour faire face aux dépenses *extraordinaires* à des élévations de tarif dans les droits de timbre et d'enregistrement, dans les contributions indirectes et dans les droits de douane ; à un *doublement* du droit des patentes et à une addition de centimes sur le principal des contributions personnelle et mobilière, et des portes et fenêtres ; à des retenues proportionnelles sur tous les traitements payés par l'État ; à des suppléments de cautionnement demandés à tous les comptables et à tous les officiers ministériels du royaume ; enfin, à une création de rentes qui portait à 125 millions le chiffre de la dette publique. M. de Corvetto, réalisant, à l'occasion de cette dette, la pensée émise dans la loi des finances de 1814 par le baron Louis [1], avait proposé la création d'une caisse d'amortissement, pourvue d'une dotation spéciale, indépendante du gouvernement, surveillée par une commission de pairs et de députés, à la nomination des Chambres, et destinée, non-seulement à soutenir le crédit de l'État par des achats de rente quotidiens, mais encore, selon sa désignation, à *amortir* la dette. Le ministre, en présence des embarras du Trésor, n'avait osé demander que 14 millions de première dotation. La commission, montrant une décision et une sagesse dont il faut la louer, porta résolûment ce chiffre à 20 millions. Évidemment, confiée aux mains d'un gouvernement éclairé et gardien intelligent de la fortune nationale, une caisse ainsi constituée devait, en opérant le rachat successif et graduel de la dette publique, sinon produire l'extinction absolue de cette dette, ainsi que l'annonçait M. de Corvetto, du moins permettre à l'État de ne jamais en augmenter le chiffre. Or, en 1816, lorsque la dotation de l'amortissement n'était que de 20 millions, et quand les recettes *ordinaires* s'élevaient seulement à 545,732,000 fr., le capital de la dette française, malgré vingt-cinq ans de guerre et deux invasions, n'était que de 2 *milliards et demi*. Aujourd'hui (1847), après trente ans de la paix la plus profonde, lorsque la dotation de l'amortissement a été successivement portée à 80 millions, et quand les recettes de l'État se sont élevées à 1,400,000,000 fr., une dette de plus de 7 *milliards* pèse sur notre présent et sur notre avenir. En d'autres termes, les Chambres qui se sont succédé depuis

---

[1] Voyez tome II, page 114.

1815 ont apporté une si coupable incurie dans l'administration de la fortune publique, et se sont livrées à une telle dissipation, que, bien que la puissance de l'amortissement soit quatre fois plus forte qu'en 1816, et le produit des impôts trois fois plus élevé, notre dette se trouve près de quatre fois plus considérable. Cette différence entre le principe de l'institution, les promesses de son origine et ses résultats, tient uniquement à la composition des Chambres électives depuis 1816 : les fonctionnaires, les spéculateurs ou les intéressés dans les fournitures de l'État, étaient peu nombreux dans la Chambre royaliste de 1815; ils n'y avaient aucun crédit. Aussi, de toutes les Assemblées convoquées depuis la chute de la République, cette Chambre est probablement celle qui se montra la plus économe et la meilleure gardienne des deniers de l'État. Formée en grande majorité de propriétaires, simples contribuables, gens passionnés, mais probes, et qui apportaient une sorte de religion dans l'accomplissement de leur mandat de censeurs des dépenses publiques, sa composition exceptionnelle imprima à ses travaux financiers une rectitude et une rigidité qui les ont fait survivre même à la chute de la seconde Restauration. Voilà trente ans que le budget de 1816 a été voté, et les dispositions de cette loi règlent encore une partie de notre système d'impôt. Jamais contrôle ne fut plus consciencieux; chaque article fut l'objet d'un soigneux examen; on n'admit que les traitements ou les allocations dont l'utilité était rigoureusement démontrée; nulle économie ne semblait à dédaigner. Pour la première fois, le cumul des fonctions fut sévèrement interdit. Malheureusement l'une des dispositions que la Chambre adopta, sur la proposition du gouvernement, rétablit un des abus les plus décriés de l'ancien régime.

L'augmentation de tous les cautionnements figurait pour une recette de 50 millions parmi les ressources affectées à l'acquittement des dépenses *extraordinaires*. Les *comptables* trouvaient dans leurs traitements une sorte d'indemnité pour ces versements supplémentaires; ils pouvaient s'y soustraire, d'ailleurs, en renonçant à leur emploi; en un mot, le sacrifice, pour eux, était facultatif. Il n'en était pas ainsi des *officiers ministériels*, notaires, avoués, greffiers, agents de change ou courtiers, commissaires priseurs, etc.; l'État ne les payait pas. Pour les indemniser du surcroît considérable de cautionnement exigé d'eux, le gouvernement et la Chambre leur accordèrent la faculté de *présenter leurs successeurs;* cette faculté n'était rien de moins que le rétablissement de la *vénalité des offices*, mesure déplorable, source d'embarras dans le présent et d'inévitables désastres privés dans l'avenir, et qui ne fut pas un des moins tristes fruits de la seconde invasion. La Chambre crut uniquement faire un acte d'équité et non rétablir une institution de l'ancien régime, car cette dernière pensée ne se révèle ni dans le rapport de la commission, ni dans aucun des discours prononcés sur cette partie de la loi des finances. On n'accusera pas l'Assemblée d'avoir hésité devant un aveu formel; la proposition n'aurait scandalisé aucun de ses membres; elle n'aurait pas été plus étrange, par exemple, que la demande faite par M. de Rougé, à l'occasion précisément du budget, pour le rétablissement des *corps d'état*, des *jurandes* et des *maîtrises*, et pour le prélèvement d'un cinquième, soit 20 pour 100 sur les créances mobilières de toute nature, prélèvement dont il estimait le produit à plus de 100 millions, et qui était dirigé contre les fortunes en portefeuille, « contre ces capitalistes que les désastres publics n'atteignent jamais, et qui en profitent souvent, » disait ce député.

L'énergique et longue résistance opposée par la commission et par la Chambre à l'aliénation des forêts domaniales soit à titre d'hypothèque au profit des créanciers de l'arriéré, soit comme ressource pour les besoins généraux de l'État, avait sa cause dans un plan de reconstitution du clergé, qui fut un des buts les plus obstinément poursuivis par l'Assemblée. Ce plan ne devint apparent que plusieurs mois après l'ouverture de la session. Au début, il est vrai, la Chambre s'ignorait elle-même. Appelés pour la première fois aux affaires publiques, et arrivant des points les plus opposés de la France, les députés ne se connaissaient pas. Le premier groupe un peu nombreux qui se forma se composait de députés du Midi qui se réunirent autour d'un membre que sa position et ses services signalaient à leur confiance, le baron de Vitrolles, nommé député par le département des Basses-Alpes. Ministre d'État secrétaire du Conseil pendant toute la première Restauration et sous le dernier cabinet, M. de Vitrolles avait été mêlé au gouvernement. Jeune, intelligent, éclairé par la pratique des affaires, il entendait la politique et admettait l'établissement d'un système représentatif sérieux comme une condition de force et de durée pour la monarchie. Dès ses premières conférences avec ses nouveaux collègues, il put s'apercevoir qu'il était froidement écouté, et qu'on ne le comprenait pas. La pensée lui vint d'expliquer son système dans une brochure, où, posant les bases du gouvernement tel qu'il le concevait, et faisant à chacun des trois pouvoirs institués par la Charte sa part distincte d'action et d'influence, il proclamait comme un fait désirable, nécessaire, l'existence d'une opposition qui censurât et contînt le ministère ainsi que les députés attachés à sa politique. Adressée à une Chambre qui, dans ce moment-là même, faisait profession d'être unanime pour le rétablissement de la vieille royauté et des anciens principes, et où les mots *majorité*, *minorité*, expressions toutes nouvelles, ignorées du plus grand nombre des membres, se trouvaient encore sans application possible, cette brochure était une véritable hardiesse[1]. Elle déplut, et éloigna de M. de Vitrolles bon nombre de députés qui, cherchant où se rallier, ne tardèrent pas à se grouper autour de quelques-uns de leurs collègues, membres d'une société alors plus religieuse que politique, encore peu considérable, et que l'on devait bientôt voir prendre un grand développement et une plus grande influence.

[1] Elle avait pour titre : *Du Ministère dans le gouvernement représentatif*, par un membre de la Chambre des députés. — Octobre 1815.

Cette société était la fameuse *Congrégation;* nous devons en dire l'origine.

Sous la République, lorsque l'exercice public du culte catholique était interdit, quand les nobles et les prêtres demeurés ou rentrés à Paris se voyaient forcés de se dérober à tous les regards et de chercher dans une vie de silence et d'obscurité une protection contre les colères de l'époque, quelques catholiques fervents, membres pour la plupart de l'ancienne aristocratie, se livraient secrètement aux pratiques du culte sous la direction d'un ancien jésuite, l'abbé Delpuits, autrefois attaché à la maison Dondeauville. La salle de la bibliothèque de l'ancien séminaire des Missions-Étrangères, rue du Bac, vendu comme bien national et acheté par une demoiselle de Saron, était le lieu ordinaire des réunions [1]. Dans tous les temps, les jésuites, par une prescription des règles de leur ordre, s'efforçaient de créer autour d'eux des assemblées particulières de séculiers auxquelles ils donnaient le nom de *congrégation*, et dont les membres étaient vulgairement désignés sous la qualification de *jésuites de robe courte*. Les habitués de la bibliothèque des Missions n'avaient d'abord songé qu'à profiter en commun des cérémonies célébrées par le P. Delpuits et de ses instructions religieuses; ce prêtre, obéissant aux statuts de sa compagnie, profita de la circonstance, ainsi que de la conformité d'opinions et de position du plus grand nombre de ses pénitents, pour en former une CONGRÉGATION où chacun mit, pour ainsi dire, au service de tous les *confrères* son influence et ses relations. Des rapports existaient entre quelques membres et des employés de plusieurs administrations publiques; ces rapports furent étendus; on parvint à en établir même avec les bureaux de la sûreté, ou, pour mieux dire, de la police générale. Des visites domiciliaires, une ar-

---

[1] La vente du séminaire des Missions avait été faite au nommé Kersevin, agent d'affaires, mais sous réserve, par ce dernier, de déclaration de command; cette déclaration eut lieu, dans le délai légal, au profit de mademoiselle de Saron.

restation, menaçaient-elles un des membres de la Société ou quelques-uns de leurs amis politiques, celui-là ou ceux-ci étaient avertis immédiatement. Avait-on besoin de passe-ports, on les obtenait par la même voie. Cette association ayant pour lien la religion, pour but une sorte de protection commune, se prolongea ainsi jusqu'à la fin de l'Empire. La mort de mademoiselle de Saron et celle du P. Delpuits, arrivées dans l'intervalle, n'avaient apporté aucun changement dans la position de la société. Une demoiselle de Polignac, ancienne religieuse, instituée légataire universelle de mademoiselle de Saron, lui avait succédé dans la propriété de l'ancien séminaire des Missions; un abbé Legris-Duval, prêtre attaché à la famille Doudeauville, demeurant avec elle, et précepteur de l'héritier de cette maison (M. Sosthène de la Rochefoucauld), avait remplacé le P. Delpuits dans la direction religieuse de la Congrégation.

L'Association était encore peu nombreuse lors des événements de 1814; ses principaux membres, MM. de Doudeauville, Mathieu de Montmorency et de Rougé frères, se bornèrent alors à lui chercher des prosélytes parmi les nouveaux princes et les personnes de leur entourage. Louis XVIII consentit, des premiers, à figurer parmi ses membres; le comte d'Artois, M. Jules de Polignac, son premier aide de camp, et M. Alexis de Noailles, suivirent l'exemple du roi. L'action de la Société, concentrée à Paris, ne se révéla toutefois par aucun acte extérieur; on ne la rencontra dans aucun des faits qui signalèrent la double chute de l'Empire et le double avénement des Bourbons. Ce fut le hasard seul des élections qui, ayant amené quelques-uns de ses membres à la Chambre, entre autres MM. de Puyvert, de Castelbajac, de Rougé et l'avocat Piet, permit à plusieurs d'entre eux, habitant Paris, d'attirer dans leurs salons les collègues assis le plus près d'eux dans l'Assemblée, ainsi qu'un certain nombre de députés de province sans relations à Paris, et embarrassés de leur isolement. Cette circonstance facilita l'accroissement de l'Association;

MM. de Villèle, Corbière, de Bouville, de Marcellus et de Puymaurin ne tardèrent pas à en faire partie. Une sorte d'engagement verbal, et l'inscription du nom sur une liste, étaient alors le mode ordinaire d'affiliation.

Le salon de M. Piet, qui habitait rue Thérèse, devint bientôt le principal centre de ces différentes réunions; le nombre des députés qui prirent l'habitude de s'y rencontrer augmenta rapidement; il se grossit, entre autres, de la plus grande partie des députés du Midi qui fréquentaient auparavant le salon de M. de Vitrolles. L'appartement de M. Piet se trouva dès lors transformé en une sorte de salle des conférences où l'on discutait à l'avance les questions de principes, d'administration ou de personnes, dont l'Assemblée avait chaque jour à s'occuper. Ces espèces de séances préparatoires ne se composaient pas exclusivement de membres de la Congrégation; celle-ci avait ses assemblées intimes, particulières, où l'on arrêtait la marche des discussions, les propositions et les amendements à faire, la composition de chaque commission, ainsi que le choix des rapporteurs; mais les congréganistes dominaient chez M. Piet, et, par son salon, où se réunissaient également quelques pairs, membres de l'Association, entre autres MM. la Rochefoucauld-Doudeauville, Mathieu de Montmorency, de Chateaubriand, la Congrégation gouvernait complétement la Chambre des députés. « La ressemblance des opinions avait établi une camaraderie entre les minorités des deux Chambres, a raconté M. de Chateaubriand. La France apprenait le gouvernement représentatif. Ce fut dans un accès de constitution que je connus M. de Villèle, en 1816. Il avait pour ami son collègue, M. Corbière, qui ne le quittait pas. Avec les autres membres de l'opposition, nous allions souvent rue Thérèse passer la soirée en délibération chez M. Piet. Nous arrivions extrêmement tard, et nous nous asseyions en rond autour d'un salon éclairé d'une lampe qui filait. Dans ce brouillard législatif, nous parlions de la loi présentée, de la motion à faire, du camarade à porter au secrétariat, à la questure, aux diverses commissions. M. de Villèle écoutait, résumait et ne concluait pas; c'était un grand aideur d'affaires. Après la séance il se retirait, accompagné de M. Corbière[1]. » En se transformant ainsi en société politique, la Congrégation agrandit son but : ses chefs résolurent d'utiliser leur influence, non plus seulement au profit de l'Association, mais des intérêts généraux du catholicisme, et ce fut à dater de ce moment (derniers jours de 1815) que tous leurs efforts tendirent à faire restituer, par la Chambre, au clergé, la puissance qu'il avait perdue.

La Chambre, presque chaque jour, tenait deux séances: l'une publique, à midi, où se discutaient les mesures législatives proposées par le gouvernement; l'autre secrète, venant à la suite de la première, et consacrée à l'examen des propositions émanées de l'initiative de ses membres[2]. Ces propositions, ayant presque toutes pour objet le rétablissement de l'ancienne puissance cléricale, furent en grand nombre : quelques-unes, admises par la Chambre des pairs et par le gouvernement, après avoir été votées par les députés, devinrent lois du royaume; d'autres, accueillies trop tard pour être adoptées par la pairie, restèrent à l'état de simples projets : nous dirons les plus importantes, les unes sanctionnées par les trois pouvoirs, les autres ajournées et que la Chambre comptait reprendre à la session suivante.

Pour les corps religieux comme pour les classes politiques, la richesse est une condition absolue d'influence : les premières questions agitées par les congréganistes, dans l'intérêt du clergé, furent donc des questions d'argent. On décida que la commission du budget exigerait une notable augmentation dans les fonds affectés au traitement des ministres du culte catholique; cette commission proposa, en effet, et la

---

[1] Chateaubriand, *Mémoires d'outre-tombe*, tome VII.
[2] L'article 20 de la Charte de 1814 exigeait que les propositions émanées de l'initiative des membres des deux Chambres fussent discutées en comité secret.

Chambre adopta, comme on l'a vu, un supplément d'allocation de *cinq millions*. Un grand nombre de prêtres, mariés pendant la Révolution, avaient conservé, sur les fonds généraux alloués au culte, les pensions dont ils jouissaient comme ecclésiastiques avant d'abandonner le sacerdoce; ces pensions formaient depuis vingt-quatre ans le principal moyen d'existence de cette classe de citoyens et de leurs familles; les leur enlever, c'était les condamner à la misère; une telle considération ne pouvait arrêter l'Assemblée : une proposition de M. de Blangy, adoptée par les deux Chambres, et sanctionnée par le roi, décida que ces secours ne seraient plus attribués à leurs titulaires primitifs, mais aux autres ecclésiastiques, dont ces pensions augmenteraient d'autant la dotation. Ces deux mesures ne pouvaient donner qu'une satisfaction fort incomplète aux congréganistes et à leurs amis : pour que l'Église recouvrât sa puissance et que ses ministres fussent indépendants, il fallait que le clergé redevînt propriétaire. Dans ce but, M. de Castelbajac demanda, pour les ecclésiastiques et pour les établissements religieux, la faculté de recevoir, par donation ou par testament, toute espèce de biens meubles et immeubles. Des applaudissements enthousiastes accueillirent cette proposition; et, après un débat où tous les orateurs furent unanimes pour déclarer que le salut de la royauté et de la France était attaché à la splendeur de la religion et à l'influence dominante d'un clergé possédant des terres et des domaines, la Chambre, dans son comité secret du 25 janvier, adopta, à une très-grande majorité, un projet de loi en onze articles portant en substance :

Que le clergé de chaque diocèse, représenté par l'évêque, les séminaires ou tous autres établissements ecclésiastiques autorisés par le roi, pourraient recevoir, par testament ou dans toute autre forme légale, toute donation de biens meubles et immeubles; que la nullité prononcée par l'article 909 du Code civil à l'égard des donations faites au ministre du culte ayant assisté le testateur dans sa dernière maladie ne s'appliquerait pas à celles de ces dispositions qui seraient instituées à perpétuité en faveur de ce ministre et de ses successeurs; enfin, que les détenteurs d'anciens biens du clergé qui les *restitueraient volontairement* dans le délai d'une année à dater de la promulgation de la loi jouiraient de plein droit *de la remise totale des intérêts, des fruits et fermages perçus*, et seraient à l'abri de toute *indemnité* ou *dommages et intérêts quelconques* résultant, soit de cas fortuit, soit de mauvaise gestion.

Cette dernière disposition impliquait la pensée d'une restitution des biens nationaux; elle fut repoussée par la Chambre des pairs, ainsi que la faculté de donner aux confesseurs; cette Chambre, en revanche, adopta, dans sa séance du 5 mars, le principe de la proposition, principe qui était toute la loi, et dont l'application rétablissait une nature de propriété considérée justement comme une des plaies de l'ancien régime et que l'on devait croire à jamais emportée par la Révolution, les biens de *mainmorte*.

Quelque avantageuse que fût la faculté accordée au clergé de reconstituer ses anciennes possessions avec les dons des fidèles, cette faveur ne lui donnait des chances de fortune territoriale que dans un avenir encore assez éloigné; on résolut d'en avancer le terme. La tâche semblait facile : il suffisait de céder immédiatement au clergé actuel la propriété des bois de l'ancien clergé, dont l'État était encore détenteur, bois considérables, alloués en partie comme gage aux créanciers de l'arriéré par la loi des finances de 1814, et que l'on convint de rendre complétement libres. Un projet de loi que le gouvernement, dans son désir de complaire à la Chambre, avait présenté, le 2 janvier, pour l'*amélioration du sort du clergé*, fut l'occasion dont on profita pour essayer de réaliser ce don splendide. Le gouvernement se bornait à proposer d'accroître l'allocation annuelle du culte à l'aide de toutes les pensions ecclésiastiques devenues libres par le décès des titulaires et dont l'extinction, auparavant, profitait à l'État. « Eh quoi ! s'écrièrent avec indignation une foule de membres, rien que des pensions, toujours des salaires! Est-il donc une situation plus abjecte que celle d'un clergé dont l'existence dépend du budget, qui vit d'aumônes données par l'État et que peut supprimer une Chambre imbue de principes philosophiques? L'indépendance de l'Église doit être assurée! Il faut lui rendre ses biens; et, au lieu de soumettre sa dotation au vote annuel des Chambres, il faut l'immobiliser! » La commission nommée pour l'examen de la proposition ministérielle se chargea d'accomplir ce double vœu; son rapport, confié à M. de Kergorlay, fut présenté dans la séance du 19 avril; le 24, après quatre jours de débat public, puisque la proposition primitive émanait du gouvernement, la Chambre adopta les dispositions suivantes, qui, toutes, avaient été discutées et convenues, avant la lecture du rapport, avec les membres composant la commission centrale du budget :

« La dotation de l'Église catholique, apostolique et romaine, se composera désormais :

« 1° Des allocations portées au budget pour dépenses du culte et pour rentes viagères ou pensions ecclésiastiques, montant ensemble à 41,621,307 francs, lesquelles allocations seront *immobilisées* et converties en une *rente perpétuelle* d'égale somme payable à dater du 1ᵉʳ janvier 1816;

« 2° Des bois et autres biens provenant de l'ancien clergé, et actuellement entre les mains du gouvernement, lesquels bois et biens seront immédiatement affectés, à titre de *propriété incommutable*, aux établissements ecclésiastiques. »

Les autres dispositions étaient purement réglementaires; toutes furent adoptées. On vota sur l'ensemble de la loi : le nombre des boules déposées dans l'urne s'étant trouvé inférieur au nombre nécessaire pour les délibérations, le scrutin fut annulé et le vote renvoyé au lendemain 25. Cette remise profita aux adversaires du projet de loi. Une nouvelle discussion eut pour résultat le rejet de la conversion des 41,621,307 francs d'allocation annuelle en une rente perpétuelle et immobilisée; on n'admit que la *restitution* en nature de tous les biens du clergé encore non vendus. Le projet, ainsi amendé, fut adopté par 214 voix contre 50 [1].

Pendant que la Chambre des députés s'efforçait ainsi de rétablir la fortune du clergé, la Chambre des pairs accueillait une résolution adoptée quelque temps auparavant par l'Assemblée élective, sur la proposition d'un de ses membres, M. de Bonald, esprit systématique, à qui ses admirateurs donnaient le titre de philosophe chrétien, parce que, méconnaissant les faits matériels ou humains, son intelligence n'embrassait jamais que le côté religieux des choses; rhéteur sentencieux, qui devait à la recherche et à l'abondance de sa phrase, au vague et à l'obscurité de ses théories, le renom de penseur éloquent et profond. Il s'agissait de l'abolition du divorce, c'est-à-dire de la suppression de tout un titre du Code civil. Le Code civil n'était pas l'œuvre d'un règne ni d'un souverain : ouvrage du temps, résultat lent et préparé du travail législatif des siècles antérieurs au nôtre, la Révolution en avait réuni et disposé les derniers matériaux ; Napoléon avait eu la gloire de les coordonner et de promulguer leur ensemble. On peut dire de ses prescriptions qu'elles sont la raison écrite. Effacer d'un seul trait de plume *cent dix-sept articles* de ce Code destiné à devenir la loi civile du monde moderne, et qui suffirait à sauver de l'oubli des âges la mémoire d'un grand peuple, était donc une violence que l'on devait croire impossible. La passion d'un sophiste dévot entreprit pourtant cette tâche; l'entraînement, la sottise et la peur l'accomplirent. Sans doute le divorce, tel que l'avaient fait les lois de la Révolution, était la source de graves abus; mais ces abus n'existaient plus depuis 1803, et, si la législation révolutionnaire provoquait, pour ainsi dire, au divorce, par une facilité trop grande à l'obtenir, le Code civil entourait la rupture du mariage d'obstacles si nombreux, que cet acte ne devenait plus

---

[1] La clôture de la session, quatre jours après ce vote, ne laissa pas au ministère le temps de soumettre le projet à la pairie.

que la sanction d'un fait nécessaire dans l'intérêt de la morale publique et privée, la consécration d'une séparation déjà accomplie. Ce fut au nom de la religion outragée et de ses lois méconnues que M. de Bonald demanda l'abrogation du divorce. Ses amis applaudirent; le reste de la Chambre se tut. La crainte de paraître plaider la cause de l'irréligion et de l'immoralité ferma toutes les bouches; la proposition fut admise sans débat. Le même accueil l'attendait à la Chambre des pairs; trois membres de cette Assemblée prirent seuls la parole dans la séance du 19 mars : deux évêques pour louer la résolution, un troisième pair pour demander, — tant le caractère de la mesure était essentiellement religieux, — que le divorce fût maintenu, du moins pour les membres des cultes non catholiques. La proposition revint le 26 avril à la Chambre élective, par suite d'un insignifiant changement de rédaction; le vote fut remis au lendemain, malgré les instances de M. Pasquier, qui sollicitait une adoption immédiate et sans discussion, *par respect pour la morale*. Etrange morale, qui consacrait un mensonge, puisque la séparation de corps, substituée au divorce, est le divorce lui-même, avec tous ses inconvénients et sans ses avantages; morale singulièrement relâchée, car elle offensait la sainteté du mariage, en conservant ce nom à une union brisée, disparue, dont l'ordinaire résultat est, pour les enfants, l'abandon ou la ruine, pour les époux, la sanction d'une existence vouée le plus souvent au désordre, et offrant presque toujours le scandaleux spectacle d'un double et public adultère. Le 27, la Chambre adopta une seconde fois la proposition, à la majorité de 225 voix contre 11; le 8 mai, l'abolition du divorce fut proclamée comme loi de l'État.

Deux autres propositions de MM. Murard de Saint-Romain et Lachèze-Murel sur l'Université et sur la tenue des registres de l'état civil, adoptées par la Chambre des députés, mais trop tard pour être soumises avant la fin de la session à la pairie, achèveront de faire connaître les projets de reconstitution religieuse conçus par les congréganistes de la Chambre, et que cette Assemblée entendait réaliser. La première résolution était relative à l'Université, et fut adoptée en ces termes:

« La religion sera désormais la base essentielle de l'éducation; les colléges et pensions seront sous la surveillance immédiate des archevêques et évêques, qui en réformeront les abus; les évêques pourront augmenter le nombre des séminaires selon les besoins de la religion, les ressources et la population de leurs diocèses; ils nommeront aux places de principal des colléges et pensions; le principal nommera les professeurs; néanmoins les évêques pourront renvoyer, parmi ceux-ci, les sujets incapables ou dont les principes seraient reconnus dangereux; les universités, telles qu'elles existent aujourd'hui, subsisteront et seront sous la surveillance du ministre de l'intérieur; il sera avisé aux moyens d'allier la religion et les mœurs au soin de faire fleurir les talents littéraires; la commission centrale d'instruction publique, dont les pouvoirs et les attributions remplacent ceux de l'ancien grand maître, demeure supprimée. »

La seconde résolution, beaucoup plus courte, mais tout aussi nette, était ainsi conçue : « La tenue des registres de l'état civil sera remise aux ministres du culte. »

Ces décisions n'allaient à rien de moins qu'à changer nos institutions sociales les plus importantes et à bouleverser l'organisation administrative du royaume. Elles n'émurent cependant pas les ministres autant qu'on pourrait le supposer. L'impatience où ils étaient de clore enfin cette longue et orageuse session avait des motifs plus personnels et moins élevés. Les ministres s'effrayaient moins des doctrines de la Chambre que de ses actes. Ces doctrines, en effet, étaient celles qu'eux-mêmes avaient proclamées et soutenues; et, dans la première joie de cette communauté de principes et d'opinion entre les membres de son cabinet et l'Assemblée, on avait entendu Louis XVIII déclarer à la députation chargée de lui présenter un des projets adoptés par les députés

« qu'une pareille Chambre semblait *introuvable*[1]. » Mais, à mesure que cette Chambre inespérée avait poursuivi la mission dont elle se croyait investie, en poussant son culte pour les choses du passé et sa passion réactionnaire jusqu'à vouloir changer le mode en usage pour le dernier supplice[2]; en dictant au gouvernement les mesures qu'il devait adopter; en substituant, à toute occasion, sa volonté aux propositions du cabinet, les ministres avaient pu se convaincre que l'Assemblée entendait ne pas borner son intervention à une simple opposition de tribune et de scrutins, mais diriger en quelque sorte l'administration et porter aux affaires ceux de ses membres qui étaient investis de sa confiance. N'osant engager une lutte ouverte; obligé, pour proroger ou dissoudre l'Assemblée, d'attendre le vote du budget, le ministère n'opposait aux coups de ces rudes adversaires que l'inertie, le silence et la soumission. Enfin la loi des finances (budget) fut votée le

---

[1] C'est cette qualification d'*introuvable* qui a donné à la Chambre royaliste de 1815 le nom sous lequel elle est désignée le plus communément; mais on en a interverti le sens : dans la bouche de Louis XVIII cette épithète était un éloge; depuis 1816, elle n'a plus été qu'un blâme.

[2] Ce changement fut proposé, par M. Duplessis de Grénédan, dans un de ces comités secrets qui se tenaient à la suite de presque toutes les séances publiques; il demanda « que le *gibet* fût rétabli avec tous ses priviléges, et entre autres celui de la honte attachée autrefois à ce supplice. Heureux le peuple, s'écria-t-il, chez lequel la tache d'un seul crime se transmet de père en fils! » Sa proposition fut vivement appuyée par plusieurs de ses collègues, qui reprochaient à la guillotine son origine révolutionnaire, et la qualifiaient d'instrument *régicide*. Un député, avocat général près d'une des cours royales du Midi, fut chargé par son bureau d'étudier la question. Un jour où le bureau se trouvait réuni, ce magistrat demanda la parole, et, le visage souriant, l'accent calme, il annonça, de sa voix la plus douce, qu'il allait soumettre à ses collègues le résultat de son examen : « Dans des temps comme ceux où nous sommes, dit-il, il faut frapper fort, rapidement et sur le plus de points possible à la fois; or une pareille répression est difficile avec la guillotine, instrument fort compliqué, d'un volume énorme, que l'on n'édifie qu'avec beaucoup de peine et qu'il est presque impossible de transporter. L'ancien mode n'offre aucun de ces inconvénients; où ne trouve-t-on pas un morceau de corde, une simple ficelle? Chacun, d'ailleurs, peut en porter dans sa poche, et partout il existe un clou, une poutre ou une branche d'arbre où l'on peut les attacher. Je suis donc d'avis que l'on abandonne la guillotine pour revenir à la vieille méthode. »

17 avril. Le 20, les ministres présentaient cette loi à la Chambre des pairs, qui l'adopta le 27; le surlendemain 29, le duc de Richelieu, à la Chambre des pairs, le comte Corvetto et M. Dubouchage, à la Chambre des députés, donnaient lecture d'une ordonnance qui déclarait close la session de 1815 et fixait l'ouverture de la session de 1816 au 1er octobre suivant. Les Chambres venaient de siéger pendant sept mois.

Une fois délivrés de la Chambre élective, les deux membres influents du cabinet, le duc de Richelieu et M. Decazes s'occupèrent d'éloigner du ministère le membre qui y représentait, pour ainsi dire, les projets et les passions de cette Assemblée. Le renvoi de ce ministre, M. de Vaublanc, était arrêté depuis longtemps dans la pensée du président du Conseil et du ministre de la police, dont l'influence sur Louis XVIII devenait chaque jour plus absolue. M. Decazes avait, d'ailleurs, à se plaindre d'attaques incessantes et personnelles, d'accusations portant atteinte à sa loyauté. Ce n'était pas seulement en vagues soupçons, en demi-mots, que se traduisait l'hostilité de M. de Vaublanc : chaque semaine, il y avait réception spéciale de députés à son hôtel; un jour où la réunion se trouvait plus nombreuse que de coutume, il demande le silence, ferme lui-même toutes les portes, prête l'oreille pour se convaincre qu'il ne peut être entendu, et, lorsque toutes ces minutieuses précautions sont prises, il annonce d'un ton solennel « que le service du roi lui impose un douloureux devoir; qu'il doit dénoncer à tous les amis du trône la trahison du ministre de la police. — J'en ai la preuve, ajoute-t-il; mais soyons prudents et nous aurons justice d'un aussi indigne abus de confiance.» Les griefs de M. de Richelieu étaient d'une autre nature. Le titre de colonel général de la garde nationale, donné en 1814 au comte d'Artois, était resté longtemps un titre purement honorifique. M. de Vaublanc, par une ordonnance du 18 novembre 1815, y avait ajouté des fonctions effectives, en donnant au frère du roi le commandement et l'administration directe, absolue, de toutes les gardes nationales du royaume. Cette administration, confiée, sous la direction immédiate du prince, à deux de ses aides de camp, MM. de Bruges et Jules de Polignac, et au conseiller d'État Allent, ayant le titre d'*inspecteurs généraux*, constituait un véritable ministère, où venaient aboutir la correspondance et les rapports des états-majors de la garde nationale de toutes les villes[1]. Chaque jour, à la sortie du conseil, M. de Vaublanc entrait chez le comte d'Artois, soit pour lui communiquer officieusement les mesures arrêtées entre tous les ministres, ou celles qu'il comptait prendre dans le département dont il était titulaire, soit pour connaître les correspondances arrivées au prince dans la journée, et recevoir ses ordres. Ces relations intimes avec l'héritier présomptif de la couronne, cette existence d'une sorte de gouvernement dans le gouvernement, blessaient depuis longtemps les susceptibilités du président du Conseil, lorsque deux faits achevèrent de rendre impossible, à ses yeux, le maintien de M. de Vaublanc : d'abord, l'éclat avec lequel ce ministre s'était séparé, le 10 avril, des autres membres du cabinet; ensuite, la remise au roi, dans le même moment, d'un mémoire rédigé au nom de M. de Vaublanc par le baron Capelle, et dans lequel le ministre de l'intérieur insistait « sur l'indispensable nécessité d'une marche plus ferme, plus résolue; d'une union plus intime avec cette majorité royaliste, que la molle attitude du ministère rassurait si peu. » Des ouvertures, pour le remplacer aussitôt après la séparation de la Chambre, avaient immédiatement été faites par MM. de Richelieu et Decazes à un député qu'un remarquable talent de tribune, des gages éclatants donnés à la royauté, une rare probité politique, et la position influente que lui donnait la présidence de la Chambre depuis la chute de l'Empire, indiquaient naturellement à leur choix; ils s'étaient adressés à M. Lainé.

[1] Les bureaux de l'administration des gardes nationales étaient installés hôtel de Labriffe, quai Voltaire.

La scène si blessante du 8 avril, en irritant profondément M. Lainé contre la majorité royaliste, était, pour les ministres, un motif de désirer encore plus vivement de l'avoir pour collègue : aussi ne cédèrent-ils pas devant un premier refus; ils revinrent pendant plusieurs jours à la charge. M. Lainé à la fin se rendit. On profita de ce remaniement partiel du cabinet pour donner la liberté à M. Barbé-Marbois, caractère débile, esprit médiocre, que troublaient les orages parlementaires et qui ne cessait de regretter cette tranquille position de premier président de la Cour des comptes qu'il avait si obstinément laissée vacante; on lui permit d'y rentrer, et l'on confia les sceaux par *interim* au chancelier Dambray. M. Barbé-Marbois ne tomba point seul; il entraîna dans sa chute le fonctionnaire qui, sous son administration comme sous celle de M. Pasquier, c'est-à-dire depuis le retour de Gand, avait eu la direction effective du ministère de la justice; nous voulons parler du maître des requêtes Guizot. Vainement cet ancien secrétaire de l'abbé de Montesquiou avait déployé dans l'épuration des tribunaux et dans la composition des cours prévôtales le zèle le plus ardent et la plus excessive rigueur; en vain il avait su dominer la magistrature et la contraindre à l'obéissance la plus servile en tenant tous ses membres courbés sous la nécessité de l'*institution royale*, ces tristes services ne purent balancer son titre de protestant auprès du dévot chancelier; M. Guizot dut céder la place à M. Trinquelague, récemment nommé procureur général près la cour royale de Pau. Ce dernier, toutefois, reçut un titre plus élevé : M. Guizot était simple secrétaire général; M. Trinquelague lui succéda au ministère de la justice avec le titre de sous-secrétaire d'État.

Ce fut le 7 mai, huit jours après la prorogation des Chambres, que le *Moniteur* enregistra les ordonnances de nomination des deux nouveaux ministres; les ministres restants, le duc de Richelieu et M. Decazes surtout, avaient espéré quelque repos; mais, la veille au soir, 6, lorsque le cabinet reconstitué n'avait pas encore eu le temps de se réunir, il fut soudainement convoqué à l'occasion d'une grave nouvelle transmise par le télégraphe de Lyon : il s'agissait d'un mouvement insurrectionnel qui venait d'éclater aux portes de Grenoble, drame sanglant dont les détails sont encore mal connus, et que nous allons raconter

CHAPITRE V

Événements de Grenoble. Paul Didier; ses antécédents politiques; ses rapports avec le duc d'Orléans après les Cent-Jours. Exil de ce prince. — Association de l'*Indépendance nationale*. Didier part pour Lyon; son séjour dans cette ville; arrestations; Didier se rend dans le Dauphiné. — *Tableau moral de la France dans les premiers mois de* 1816. Circulaire de M. Decazes; arrestations; exils; adresses et amendes honorables à l'occasion de la mort de Louis XVI; destruction des insignes du régime impérial, feu de joie, danses et chants à Orléans; visites domiciliaires; destitutions. — *Suite des événements de Grenoble.* Efforts de Didier pour organiser un soulèvement en faveur du duc d'Orléans; il est obligé d'invoquer le nom de Napoléon II; sa proclamation; organisation définitive du mouvement; plan d'attaque contre Grenoble. Le général Donnadieu, le comte de Montlivault et M. Armand de Bastard; avis qui leur sont transmis; arrestation d'un lieutenant en demi-solde. Marche et approche des insurgés. Dispositions prises par le général Donnadieu. Les insurgés arrivent devant la porte de Bonne; ils sont repoussés et poursuivis par le colonel Vautré. Premières dépêches du général Donnadieu; lettre du colonel Vautré. Réunion de la cour prévôtale; elle prononce trois sentences de mort; exécution de deux des condamnés. Première dépêche télégraphique adressée de Paris aux autorités de Grenoble; circulaire de M. Decazes à quinze préfets. Mise en état de siége du département de l'Isère; arrêtés publiés par le général et par le préfet. Formation d'une commission militaire et d'un conseil de guerre; réunion de ce conseil; il prononce vingt et une condamnations à mort. Recours en grâce en faveur de huit condamnés; quatorze sont passés par les armes. Délibération du conseil des ministres sur les demandes en grâce; elles sont rejetées; nouvelle dépêche télégraphique; nouvelle exécution de huit condamnés. — Recherches à Paris à l'occasion de ces événements; destitution du colonel Clouet, du préfet Séguier et du procureur général Morgan de Belloi; arrestation du général Thiard. — Fuite de Didier en Savoie avec trois autres insurgés; il est livré. Sa comparution devant la cour prévôtale et sa condamnation; ses dernières paroles; son exécution. — Le duc d'Orléans, les généraux Donnadieu et de Vautré; M. Decazes. — Annonce de la découverte d'une nouvelle conspiration.

Le 22 juin 1815 — quatre jours après Waterloo et dix mois avant les événements dont nous avons à parler, — au moment où la Chambre des représentants donnait à Napoléon un délai d'une heure pour abdiquer sa couronne [1], une dame de Gre-

[1] Voyez tome III, p. 75.

noble, femme d'un des membres de cette Chambre, remontait avec sa nièce une des contre-allées du boulevard Poissonnière. Arrivées à la hauteur de la rue du Sentier, elles aperçurent un individu de haute taille, blanchi par l'âge, mais encore vigoureux, qui affichait sur les murs des placards contenant quelques lignes tracées à la main. Le signataire de cet écrit, qui n'était autre que le vieillard lui-même, y provoquait hautement les Parisiens au renversement de Napoléon et leur annonçait l'avénement prochain d'un gouvernement ami de la liberté et de la paix. Les deux dames s'approchèrent; la plus âgée reconnut dans l'auteur des placards un compatriote, son ami d'enfance : « Eh quoi ! lui dit-elle, c'est vous, Paul? Vous demandez le renversement de l'Empereur ! Vous semblez bien joyeux : vos Bourbons vont donc revenir? — Votre Bonaparte, du moins, va tomber, » lui répondit l'homme auquel elle s'adressait. Cet homme était *Paul Didier.*

Né en 1758, à Upie, petite ville du département de la Drôme, et avocat au parlement de Grenoble lors de la Révolution, dont il adopta d'abord les principes avec enthousiasme, Paul Didier, après la journée du 10 août, se jeta dans les rangs des royalistes, sollicita la périlleuse mission de défendre Louis XVI, et, lors du soulèvement de Lyon contre la Convention nationale, alla se joindre aux insurgés. Les Lyonnais furent vaincus et la tête de Didier mise à prix; il put fuir, se réfugia d'abord à Bordeaux, ensuite à Marseille, et prit bientôt une part active aux complots et aux luttes qui signalèrent, dans le Midi, la réaction thermidorienne. Forcé de se dérober une seconde fois à la poursuite des autorités républicaines, il émigra en Suisse, puis en Allemagne, où il rejoignit la petite cour errante de Louis XVIII. Son séjour auprès du frère de Louis XVI fut de courte durée. Didier rentra en France et vint à Paris, où il ouvrit un cabinet d'affaires pour la restitution des biens révolutionnairement séquestrés ou vendus, et pour la radiation des émigrés. Malgré cette industrie, que son activité et ses liaisons avec plusieurs députés influents rendaient fort lucrative, Didier continuait de se mêler à la politique, et publiait, vers le milieu de 1799, peu de mois avant les journées de brumaire, sous le titre d'*Esprit et vœu des Français*, une brochure empreinte du sentiment monarchique et religieux le plus exalté, et dans laquelle il s'écriait : « *Vive le roi! vive notre bon roi!* Dieu tout-puissant, qui le protégez, daignez jeter sur nous un regard favorable ; éclairez, touchez les Français... Venez, *famille de Henri IV*, vous appartenez à la France, elle vous réclame; votre présence rappellera dans son sein les vertus, la paix et le bonheur; elle réconciliera notre coupable patrie avec un Dieu trop justement irrité. » Trois ans plus tard, en 1802, lorsque les institutions et les forces de la Révolution commençaient à s'absorber dans le pouvoir et dans la volonté d'un seul homme, Didier, cédant à un entraînement nouveau, figurait au nombre des plus ardents admirateurs du Premier Consul; son enthousiasme, exalté par la publication du Concordat, éclata dans une nouvelle brochure ayant pour titre *Retour à la religion*. Ce nouvel écrit, qu'il dédia à Bonaparte, fut remarqué; la police le fit répandre avec profusion, et son auteur ne tarda pas à être nommé à l'une des chaires de l'École de droit instituée à Grenoble dans les derniers mois de 1805, école dont il devint ensuite le directeur. Les tranquilles devoirs de cette position pouvaient difficilement suffire à l'activité de cette organisation ardente. Souvent, au milieu des accidents si divers de sa carrière, Didier avait rêvé la création de grandes entreprises agricoles ou commerciales : les loisirs de son professorat et son séjour au centre d'une contrée qui offrait d'assez nombreux aliments à la spéculation encouragèrent cette disposition d'esprit; il s'y abandonna avec une sorte de fougue ; et, laissant à un suppléant la charge de son cours, on le vit successivement entreprendre le tracé d'une route nouvelle entre la France et l'Italie à travers les montagnes de l'Oisans, le creusement d'un canal à Pierrelate, le desséchement des plaines marécageuses de Bourgoing, et l'exploitation des mines argentifères d'Allemont. La bonne direction d'entreprises si nombreuses et si diverses dépassait les forces d'un seul homme; les dépenses qu'elles nécessitaient se trouvaient également au-dessus des ressources pécuniaires de Didier. Aussi pliait-il déjà sous le poids, lorsque les désastres de la campagne de Russie, ainsi que les défaites de nos armées en Espagne, portant la défiance et la crainte chez les capitalistes, lui fermèrent tout crédit. Sa ruine fut complète. Obligé de quitter le Dauphiné, il se trouvait à Paris vers le milieu de 1813, cherchant à découvrir dans les événements politiques un moyen de relever ses espérances détruites et de réparer sa fortune perdue. L'Europe, en ce moment, commençait à s'ébranler contre la France; la grande armée, malgré les victoires de Lutzen, de Bautzen, de Würtschen et de Dresde, venait d'être rejetée en deçà de l'Elbe; l'étoile impériale pâlissait; la pensée de Didier se reporta vers la famille à laquelle il avait consacré si longtemps son activité d'esprit et ses forces; mais nul ne prononçait le nom de ses princes; on ignorait jusqu'au lieu précis de leur séjour. Ce fut dans ces circonstances, à l'occasion de la sortie de nos troupes de Madrid et de leur retraite sur l'Èbre, que Didier entendit parler de la courte apparition du duc d'Orléans à Tarragone et à Cadix, et de sa demande d'un commandement dans les armées espagnoles, qui se rapprochaient alors de nos frontières. Apprenant l'insuccès du prince, ainsi que son retour en Sicile, et instruit suffisamment des faits de la Révolution et de l'insurrection vendéenne pour connaître les espérances dont le duc d'Orléans avait été l'objet après la mort de Louis XVI, Didier crut possible de renouer en sa faveur la trame rompue entre les mains de Dumouriez, et conçut la pensée d'un voyage à Palerme. Mais la rapidité des événements, après la bataille de Leipsick, ne lui laissa pas le temps de se mettre en chemin. Le retour de Louis XVIII, d'ailleurs, donna un autre cours à son royalisme; il publia de nouvelles brochures monarchiques, fit valoir ses anciens services, en sollicita la récompense, et obtint, **non sans de longues dé-**

marches, le titre de maître des requêtes au conseil d'État. Didier espérait mieux : il se plaignit, réclama, et reçut, pour la cour de cassation, la promesse d'un siége qu'il attendit vainement. Accusant les Bourbons de la branche aînée d'ingratitude, son irritation contre eux était extrême, lorsque éclata la journée du 20 mars, événement qui changea encore une fois sa position : le bruit et l'éclat de son royalisme, en 1814, le firent rayer du tableau du conseil d'État par le gouvernement des Cent-Jours. Ce nouveau coup, en jetant Didier parmi les adversaires de Napoléon, le rapprocha, non des royalistes proprement dits, mais de cette classe nombreuse d'opposants politiques qui, hostiles au chef de l'Empire par aversion pour son ancien despotisme et pour la guerre, hostiles à Louis XVIII, à son frère et à ses neveux, par haine contre la vieille noblesse et l'ancien régime, cherchaient dans l'avénement du duc d'Orléans, premier prince du sang royal, une sorte de transaction entre les principes de 89 et ce principe de royauté légitime que les puissances alliées proclamaient comme le droit monarchique de l'Europe. Didier connut, par ses rapports avec les hommes de ce *tiers parti*, l'existence de cette conspiration orléaniste dite du *nord*, dont Fouché avait été l'organisateur, les généraux Drouet-d'Erlon, Lefebvre-Desnouettes et Lallemant, les instruments, et que le débarquement de Napoléon fit avorter. Le refus de serment proposé la veille de la séance impériale par MM. Dupin et Roy, et la proposition de ce dernier dans la séance du 15 juin, ne tardèrent pas à lui prouver que la substitution de la branche cadette des Bourbons à la branche aînée n'était pas un projet abandonné, et que ses partisans principaux, retranchés dans la Chambre des représentants, n'attendaient que la perte d'une bataille pour en tenter l'exécution. La fatale journée du 18 juin réalisait leurs espérances; on a vu, au début de ce chapitre, comment Didier accueillit cet événement.

Les premières mesures adoptées par la Chambre des représentants ne trompèrent point l'attente de l'ancien directeur de l'École de droit de Grenoble; cette Chambre précipita Napoléon du trône; mais, ce coup frappé, elle manqua de courage, et, s'arrêtant à moitié chemin, malgré les efforts indirectement tentés par M. Dupin dans les séances des 22 et 23 juin, elle n'osa, ainsi que nous l'avons raconté dans le précédent volume, proclamer le duc d'Orléans; l'avénement de ce prince au trône ne fut ouvertement proposé, comme on l'a vu, qu'à Louvres, par les comtes de Valence, Andréossy, Boissy-d'Anglas, et les autres membres de la commission d'armistice députée vers Blücher et Wellington, et à Haguenau par MM. de la Fayette, Sébastiani et les autres plénipotentiaires envoyés aux souverains. Quant à la Chambre, on se rappelle que tout ce qu'elle sut faire, après avoir arraché l'épée des mains de Napoléon, ce fut de venir en aide à Fouché et à Davoust pour paralyser tout patriotisme, et d'applaudir à l'indigne capitulation qui livrait Paris et la France à l'ennemi. Le retour de Louis XVIII n'abattit pas le courage de Didier; il voulut lutter encore : la pensée lui vint d'organiser au profit du chef de la branche cadette de Bourbon ces *Vendées patriotiques*, dont le représentant Bory de Saint-Vincent, dans la séance du 1er juillet, avait menacé les Bourbons de la branche aînée. Il se mit en rapport, dans ce but, avec plusieurs généraux de l'armée de la Loire, avec le général Excelmans entre autres, et les sollicita de prendre l'initiative d'une vaste insurrection nationale. Mais, effrayés de la désorganisation qu'ils voyaient autour d'eux, ainsi que des malheurs que pouvait attirer sur la France une guerre civile dont ils n'apercevaient pas, d'ailleurs, bien distinctement le but, tous déclinèrent ces ouvertures. La dislocation, puis le licenciement de l'armée de la Loire, ensuite l'occupation successive de la France par 1,200,000 soldats alliés, ne permirent pas à Didier de pousser plus loin cette tentative. Cependant, à Paris, où il était demeuré, son irritation puisait de nouvelles forces non-seulement dans un contact de toutes les heures avec les adversaires du gouvernement; mais encore dans le lamentable spectacle des excès de l'invasion et des exécutions qui suivirent la seconde entrée de Louis XVIII. Décidé à poursuivre la voie où il venait de s'engager, Didier essaya d'entrer en relations avec le prince dont il épousait si vivement la fortune; mais aborder, en ce moment, le duc d'Orléans, n'était pas une tâche facile : le premier prince du sang se montrait d'autant plus réservé, que les projets où l'on avait fait intervenir son nom étaient plus récents, et que les espérances attachées à sa personne tenaient davantage éveillés les soupçons du chef de sa race. Une circonstance, pourtant, le rapprocha de Didier.

Le 6 octobre 1815, veille de l'ouverture des Chambres, une ordonnance avait statué que, pendant cette session, « les princes de la famille et du sang royal siégeraient à la Chambre des pairs selon le rang qui leur appartenait par droit de naissance. » Le 12, les pairs procédèrent à l'organisation de leurs bureaux; le duc d'Orléans fut nommé président du troisième. Dès cette première séance, et à l'occasion du refus de serment fait, lors de la séance royale, par MM. Jules de Polignac et de Labourdonnaie-Blossac, refus renouvelé ce jour-là même dans le sein de la pairie, le duc d'Orléans s'était opposé, contre le duc de Fitz-James, à ce que l'on consignât sur le procès-verbal les motifs donnés par ces deux pairs à l'appui de leur résistance. Le lendemain 13, dans la discussion de l'Adresse, le prince avait également appuyé, contre l'opinion du comte d'Artois et du duc de Berry, divers changements de rédaction destinés à donner au langage de la Chambre un caractère plus calme et plus modéré. Cette attitude fut remarquée; le soir, elle devint le sujet de toutes les conversations politiques. Les amis du prince insistèrent auprès de lui pour que, dans l'intérêt de sa popularité, les paroles qu'il avait prononcées reçussent la publicité la plus grande. Les séances de la Chambre des pairs étaient secrètes; la lourde censure qui pesait sur les journaux n'aurait point permis, d'un autre côté, la moindre analyse favorable aux opinions soutenues par le duc; il s'agissait donc de trouver un homme dévoué qui consentît à faire imprimer un compte rendu des deux séances et à en composer une sorte de brochure; M. Pieyre, ancien préfet du Loiret, et un des habitués du Palais-Royal, recevait quelquefois la visite de Didier, son compatriote; il lui proposa de se charger de cette publication; Didier accepta la mission, reçut des mains de M. de Grave les notes manuscrites rédigées sous la dictée du duc, et, le soir même, fit marché avec un imprimeur. Mais, tandis qu'il activait le travail, un orage se formait aux Tuileries contre le duc d'Orléans : son langage dans la discussion de l'Adresse avait violemment irrité les courtisans, et on les entendait, à cette occasion, accuser encore une fois ses principes et ses menées révolutionnaires. Des rapports émanés de la police de la librairie firent connaître, sur ces entrefaites, l'impression du compte rendu des deux séances; on en préparait, disait-on, une distribution clandestine. Une véritable clameur s'éleva à cette nouvelle; Louis XVIII, cédant aux cris de son entourage, fit aussitôt transmettre au duc, par le ministre de la police Decazes, l'ordre de quitter immédiatement Paris et de se rendre en Angleterre. On était au 17; la brochure se trouvait composée[1], et l'on allait procéder au tirage, lorsqu'une personne du Palais-Royal accourt à l'imprimerie, reprend le manuscrit au nom du prince, solde toutes les dépenses et fait détruire les planches composées. Le lendemain 18, cinq jours après le débat de l'Adresse, le duc d'Orléans quittait Paris et prenait la route de Londres.

Didier ne se découragea pas; loin de là : les actes chaque jour plus violents des ministres et de la Chambre, par cela qu'ils jetaient la terreur ou le désespoir au sein de toutes les classes, augmentaient, à ses yeux, le nombre des citoyens disposés à renverser le gouvernement. Semblable en ce point à tous les promoteurs de complots, Didier recueillait avec une sorte d'avidité les plaintes et les menaces qu'il entendait par-

---

[1] Cette composition formait vingt-quatre pages in-8°.

tout où lui-même portait ses colères, et dans chaque mécontent il croyait voir un complice. Poussa-t-il l'aveuglement jusqu'à donner créance à une rumeur qui eut cours à cette époque parmi les adversaires de la Restauration? doit-on penser qu'il ait pu croire un seul instant que ce Talleyrand si pusillanime, et tout entier alors à sa fonction de cour et au désir de conserver les bonnes grâces du roi, que ce lâche Fouché, dont le voyage et le séjour à Dresde n'avaient pu guérir encore les peurs, irrités de leur sortie du ministère, travaillaient, l'un à Paris et l'autre en Saxe, à changer l'ordre de successibilité au trône en plaçant la couronne de Louis XVI sur la tête du duc d'Orléans? Était-il sincère en accueillant ce bruit, ou bien, en paraissant l'accepter, voulait-il uniquement jeter à la crédulité publique quelques noms connus, certain que, dans les temps d'agitation politique, une fable est d'autant plus facilement acceptée qu'elle est plus absurde? Quoi qu'il en soit, lorsque, dans les derniers jours de 1815, Didier crut trouver des chances favorables à un mouvement insurrectionnel dans le départ des principales forces de la coalition et dans la faiblesse des troupes que le gouvernement cherchait alors à organiser, il partit pour Lyon, répandant autour de lui la nouvelle que M. de Talleyrand et Fouché, — ces deux hommes pour qui les mots de patrie, de liberté et d'honneur, n'étaient que des expressions vides de sens, bonnes au plus pour duper la foule, — venaient de constituer une vaste association politique dite de l'*Indépendance nationale*; que cette Association avait pour but de restituer à la France sa gloire et sa grandeur perdues, de chasser Louis XVIII, et de mettre à sa place le premier prince du sang; enfin que, la veille du départ de lui, Didier, et à la suite d'une dernière réunion où assistaient les principaux ministres démissionnaires, dix-sept commissaires avaient quitté Paris avec mission de décider un mouvement général dans les départements[1].

---

[1] Nous rappellerons que le ministère, tombé le 24 septembre 1815, se composait de M. de Talleyrand, nommé, trois jours après, premier chambellan de

La présence de Didier à Lyon fut signalée par les journaux de Paris dès les premiers jours de 1816; ils annoncèrent, le 3 février, « que des propos, tenus dans un cabaret par un sergent et entendus par un officier, ayant prouvé que ce sergent, nommé Rosa, fréquentait des conspirateurs et recevait de *mauvaises impressions*, le procureur du roi avait fait arrêter, le 20 janvier précédent, six individus, le sergent compris; que leurs réunions, composées de Rosa, du capitaine à demi-solde de l'ex-garde Simon, du colonel de l'ex-1er de ligne Jacquemet, de MM. Montain, médecin en chef de l'Hôtel-Dieu de Lyon, Lavalette, ex-receveur général des Basses-Alpes, et Rosset, fabricant de papiers peints, étaient présidées par le sieur Didier, qui prenait le nom d'*Auguste*. Didier, ajoutaient ces journaux, n'a pu être saisi. » Une information fut immédiatement commencée par M. de Sainneville, commissaire général de police à Lyon. Rosset seul avait vu Didier; il convenait de ses entrevues avec lui, et, après avoir rapporté les bruits répandus par ce dernier sur la constitution de l'*Association nationale*, ainsi que sur le rôle de Fouché comme agent prétendu de la faction d'Orléans à l'étranger, il ajoutait que ses relations avec Didier s'étaient bornées à quelques visites fort courtes et à de simples conversations. L'instruction la plus minutieuse ne put, en effet, rien découvrir de plus, et Rosset, oublié dans sa prison avec ses coprévenus, après trois mois de secret, se vit contraint d'adresser à la Chambre des députés une pétition où, se plaignant d'avoir été arrêté sans motifs, il demandait

---

Louis XVIII; de Fouché, parti le lendemain pour son ambassade de Saxe; du maréchal Gouvion-Saint-Cyr, du comte de Jaucourt, du baron Louis, et enfin de M. Pasquier, alors membre de la Chambre introuvable, dont il était un des parleurs les plus infatigables, et qui venait de soutenir, comme rapporteur, la loi sur les cris, les discours et les écrits séditieux. Voilà les hommes que Didier présentait comme ses complices. Nous n'insisterions pas sur ce détail, si, tout récemment encore, des écrivains royalistes, à l'occasion des événements de 1816, n'avaient pas accueilli, avec une certaine confiance, ces fables absurdes, auxquelles, du reste, prêtaient l'oreille la plus crédule les hommes de parquet et de police de cette époque. (Note imprimée en 1847, date de la première publication de ce volume.)

sa liberté ou sa mise en jugement. Cette pétition, rapportée dans la séance du 26 avril, et que la Chambre repoussa par l'ordre du jour, eut cependant un résultat. Rosset et ses co-accusés furent traduits, le 26 août suivant, devant la cour d'assises du Rhône. Le réquisitoire prononcé à cette occasion par l'avocat général Chantelauze offrit un singulier exemple de cette exagération, mélange de passion et d'ignorance, à laquelle, dans leur avidité d'avancement, s'abandonnent trop souvent les gens du parquet. L'accusation ne reposait sur aucune base; M. de Chantelauze n'en consacra pas moins plusieurs heures à essayer de prouver que les accusés faisaient partie d'une vaste association de conspirateurs qui enveloppait toute la monarchie, et avait pour chefs Fouché, *Carnot* et M. de Talleyrand. Alliance de noms bizarre; car Fouché, qui n'était pas rentré en France, bien qu'il eût quitté Dresde, vivait alors retiré à Prague (Bohême); Carnot, que ce même Fouché avait proscrit, habitait Varsovie (Pologne), et M. de Talleyrand sa terre de Valençay. Telle était, au reste, la nullité des charges, que, le 31 août, malgré la violence de ce réquisitoire, malgré les rigueurs des nouvelles lois, les fureurs de l'époque et la passion des juges, Rosa, Jacquemet et Simon furent acquittés; quant aux trois autres accusés, la cour les condamna : Rosset et Lavalette à dix années de bannissement, dix ans de surveillance de la haute police, *cent mille francs* de cautionnement *chacun*, et, le dernier, à la dégradation de la Légion d'honneur; le docteur Montain, à cinq ans de prison, cinq ans de surveillance de la haute police, *dix mille francs* d'amende, *vingt-cinq mille francs* de cautionnement, et tous trois solidairement aux frais du procès[1].

---

[1] La condamnation du docteur Montain « pour crime de *non-révélation* d'un complot *non accepté ni suivi d'un commencement d'exécution*, mais dont il *était accusé* d'avoir *entendu parler* chez un de ses malades » (termes de l'arrêt), fut l'occasion d'un acte de dévouement qui mérite d'être rapporté : il avait un frère puiné, médecin comme lui et chirurgien en chef de l'hospice de la Charité de Lyon. Alarmé par l'état de maladie grave où les tortures du secret et un séjour de sept mois dans des cachots malsains avaient mis son

Didier avait quitté Lyon immédiatement après l'arrestation de Rosset et s'était dirigé sur le Dauphiné, parcourant les campagnes et les villes, visitant tous les mécontents, semant les fausses nouvelles, prodiguant les promesses et s'efforçant de recruter dans toutes les classes de citoyens des affiliés à cette société de l'*Indépendance nationale*, création de son imagination active et qui devait disparaître avec lui. Au reste, le gouvernement, par ses excès, se faisait, pour ainsi dire, son complice; et le tableau moral de la France, à cette époque, fera comprendre comment Didier, en moins de trois mois, put réunir, dans un seul département, les éléments de l'insurrection que, depuis si longtemps, il cherchait à organiser.

Les lois sur la suspension de la liberté individuelle et sur les cris, les discours et les écrits séditieux; l'institution des cours prévôtales; les propositions chaque jour renouvelées à la Chambre pour l'épuration de toutes les branches de l'administration publique, avaient imprimé une nouvelle énergie à l'action des *comités royalistes*. Voyant partout des suspects ou des coupables, contraignant les autorités, sous peine de dénonciation, à se livrer aux recherches les plus inquisitoriales et aux poursuites les plus sévères, ces *comités* ne tardèrent pas à organiser un véritable système de terreur. Un mot mal compris, une simple allusion aux événements politiques actuels ou passés, la moindre plainte, suffisaient, en beaucoup de lieux, pour faire destituer les employés, arrêter ou bannir de leur département les anciens militaires, comme les simples citoyens, signalés à la défiance ou à l'animosité des amis si nouveaux de la royauté. Des passions purement individuelles et

frère, M. Montain jeune sollicita le transfert du condamné dans une des prisons de Paris et obtint de l'accompagner pendant le voyage. Ils quittèrent Lyon le 10 janvier 1817. La ressemblance était grande entre les deux frères, les gendarmes chargés de les conduire changeaient à chaque brigade; M. Montain jeune, durant une des haltes de la route, parvint à se substituer à son frère, et fut écroué à Sainte-Pélagie sous le nom de celui-ci. Au bout de quelques jours, lorsqu'il eut reçu la nouvelle que son frère était en sûreté, il réclama son élargissement; mais, au lieu de l'obtenir, il subit une assez longue détention.

locales se cachaient souvent sous le zèle politique; bon nombre de braves gens ne se trouvaient poursuivis que sur les accusations de voisins convoitant leur place ou leur industrie, ou portant envie à leurs talents, à leur crédit ou à leur fortune. Tous les individus dénoncés étaient invariablement signalés comme *ennemis de l'Etat*, catégorie de coupables que M. Decazes, dans une circulaire adressée à tous les fonctionnaires du royaume le 28 mars 1816, définissait ainsi : « Vous pouvez reconnaître l'*ennemi de l'État* dans *tout homme* qui se réjouit des embarras du gouvernement ou de l'administration ; qui, par ses discours ou des insinuations perfides, tend à dissuader les jeunes gens de s'enrôler; dans celui, enfin, qui, par ses propos, *ses gestes* ou *son attitude*, décèle sa haine ou son mépris pour les habitants paisibles et subordonnés dont la conduite prouve leur dévouement au roi et leur soumission aux lois. »

De pareilles instructions, suivies à la lettre, pouvaient faire incarcérer la moitié des habitants du royaume. *Soixante-dix mille* citoyens, assure-t-on, furent mis en état d'arrestation dans les derniers mois de 1815 et les huit premiers mois de 1816 [1]. Les prisons se trouvèrent bientôt pleines : le 10 janvier 1816, le *Journal des Débats* annonçait qu'à Paris la seule prison militaire de l'Abbaye renfermait, en dehors de sa population habituelle, les généraux Belliard, Berton, Cambronne, Debelle, Decaen, Drouot, Dufour, Ornano, l'amiral Linois, les colonels Boyer de Peyreleau et de Faudoas, le capitaine de gendarmerie Thomassin, etc. A quelque temps de là, le même journal ajoutait que MM. Lejeas, beau-frère du duc de Bassano et ex-receveur général de Dijon; Hernoux, ex-maire de cette ville ; Royer, ex-adjoint; le général Veaux ; Ballant, ex-procureur général à la cour royale; Buvée, ex-président de chambre à la même cour; Morland, chirurgien; Panissot, négociant, etc., étaient incarcérés ensemble dans la seule prison du chef-lieu de la Côte-d'Or. Dans certains départements, la place manqua

---

[1] Dans la séance de la Chambre des députés du 10 mars 1820, M. de Corcelles porta ce nombre à *cent mille*. (*Journal des Débats* du 11 mars 1820.)

pour de nouveaux détenus. Quelques préfets, voulant opérer dans les maisons d'arrêt le vide dont ils avaient besoin, convertirent alors en exil la détention des prisonniers les moins mal notés. Un jour, le baron de Saint-Chamans, préfet de Vaucluse, annonce qu'il va se rendre à Carpentras pour mettre en liberté ceux des détenus politiques qui, *faute de motifs d'accusation*, ne sont pas susceptibles d'être traduits devant les tribunaux. Des avis publiés à son de trompe, dans les rues de cette ville et dans les communes voisines, invitent en même temps « tous ceux qui auraient des *plaintes à porter* contre les prisonniers à les transmettre au procureur du roi. » Les plaintes arrivent. Le procureur du roi et ses substituts se livrent aussitôt à un travail qui réduit à *vingt-huit* le nombre des détenus que le préfet peut élargir, mais à la condition de les envoyer en surveillance dans des communes éloignées, « attendu la mauvaise opinion manifestée par ces individus durant l'interrègne. » Au jour indiqué, M. de Saint-Chamans fait son entrée dans Carpentras, se rend en grand appareil dans la salle du tribunal, s'assied à la place du président, et là, entouré du sous-préfet, du procureur du roi et de ses substituts, des juges, du maire, du commissaire de police, des officiers de la garde nationale et des principaux habitants de la ville, il fait amener devant lui les vingt-huit détenus et leur adresse cette allocution :

« Vous allez rentrer dans la société qui vous avait rejetés de son sein ; vous le devrez à la faiblesse et à la compassion *déplacées* qui ont fermé la bouche à ceux qui avaient des plaintes à former contre vous ; vous eussiez encouru, sans cela, les peines les plus sévères. *Le roi ne vous juge pas dignes de sa colère.* Rendez donc grâce à sa clémence, mais n'espérez pas pouvoir en abuser. La surveillance la plus rigoureuse suivra partout vos pas ; un propos, une démarche tendant à intervertir l'ordre public, seraient punis avec la dernière rigueur ; repoussés à jamais d'un pays dont vous seriez l'opprobre, vous iriez expier, sur des bords lointains, votre incorrigible endurcissement. Je ne vous demande pas de serments; je n'en veux point; ils ne m'inspireraient aucune confiance; vos pareils les ont toujours à la bouche et jamais dans le cœur; mais craignez la main de la justice; elle sera toujours prête à s'appesantir sur vous. » — « Ce discours, prononcé avec énergie, ajoute la feuille royaliste à laquelle nous empruntons ces détails, produisit le plus grand effet sur l'auditoire. La salle retentit des cris de *Vive le roi!* Immédiatement après, les individus mis en liberté ont été livrés à la gendarmerie et à la garde nationale, qui les ont conduits aux portes de la ville, et là, leur ont laissé la *faculté* de se rendre aux lieux désignés pour leur surveillance. » Nous ajouterons que le plus grand nombre de ces malheureux habitaient Carpentras, et qu'ils durent se mettre en chemin sans pouvoir rentrer chez eux, même pour y changer de vêtements. Le comte de Tocqueville, préfet de la Côte-d'Or, accordait, du moins, vingt-quatre heures pour quitter Dijon, et trois jours pour sortir du département, « au sieur Peyrard, secrétaire laïque de l'évêché de Dijon, dont la conduite, disait l'arrêté rendu par le préfet le 2 mars 1816, était un objet d'inquiétude pour les bons citoyens, et de scandale pour les *chrétiens.* »

Cette faculté de bannir les citoyens de leur domicile et de les soumettre à la surveillance des autorités du lieu de bannissement, accordée aux agents de l'autorité par la loi du 29 octobre 1815, était appliquée sur la plus vaste échelle. Quelques préfets de départements limitrophes faisaient entre eux l'échange de leurs bannis; mais, le plus souvent, les exilés étaient envoyés à cent cinquante ou deux cents lieues de leur résidence; ceux du Nord, du Centre et de l'Est, dans les départements du Midi, et ceux du Midi dans les départements du Nord. Le 31 janvier 1816, M. d'Allonville, préfet d'Ille-et-Vilaine (*Rennes*), exila à *Amiens* le général Mayer; à *Bordeaux* M. Robillart, avocat; à *Limoges* M. Bonessart père, propriétaire; à *Marseille* M. Lafosse, propriétaire, gendre du précédent; à *Montpellier* M. Millet, colonel en retraite et expercepteur à Rennes; à *Poitiers* M. Jollivet père, ex-entreposeur des tabacs; à *Caen* M. Meunier, orfévre, et à *Tours* M. Regnier, propriétaire. A peu de temps de là, le préfet du Puy-de-Dôme (*Clermont*) exilait à *Marseille* le général Simmer, et à *Poitiers* le comte Becker, celui-là même qui avait conduit Napoléon à Rochefort. Le 2 avril et le 12 mai suivants, M. de Villeneuve, préfet du Cher, exilait M. Aubry, médecin; le général Devaux; MM. Touraton, notaire; Plassat-Caillard, avoué; Lemoine, greffier de justice de paix; Mater, avocat, et huit autres citoyens, propriétaires, fonctionnaires ou officiers, dans les départements de l'*Ariége*, des *Landes*, de l'*Hérault*, du *Gers*, de l'*Aude*, des *Bouches-du-Rhône*, de *Tarn-et-Garonne*, de la *Mayenne*, des *Côtes-du-Nord* et du *Morbihan*. Un sieur Barin, préfet de la Haute-Vienne, sur les injonctions d'un comité que dirigeaient une marquise, une baronne et une vieille fille de qualité, exilait de Limoges à l'extrémité opposée de la France MM. Badoux et Sulpicie, médecins; Dumas et Santi, avocats; Desbordes, juge de paix depuis vingt-cinq ans, et Guérin, notaire. Nous ne prolongerons pas ces citations. Nous dirons seulement que chaque département eut ses bannis, et que ces exils furent la source de ruines nombreuses, car ils enlevaient, non pour des semaines ou pour des mois, mais au moins pour une année, des pères de famille à leurs enfants et à leurs femmes, des notaires et des avoués à leurs études, des médecins et des avocats à leur clientèle, des manufacturiers à leurs usines, des négociants à leurs magasins, des propriétaires à leurs exploitations.

Soit passion, soit peur des dénonciations ou d'une destitution, les autorités de cette époque semblaient emportées par une sorte de délire. Des maires publiaient des arrêtés faisant défense à des citoyens nominativement désignés d'entrer dans *tel* cabaret ou dans *tel* café. Un chevalier de Fitz-James, lieutenant-colonel, et commandant d'armes de la ville de Foix, condamnait, par un long arrêté, à être jugé et *fusillé dans les vingt-quatre heures* tout individu colportant, dans tel lieu public ou particulier que ce fût, des écrits *insidieux* non revêtus de la signature d'une autorité reconnue par le roi. Les anciens fédérés chez lesquels on trouverait des armes et des munitions de guerre ou des armes de chasse devaient, en outre, être arrêtés et traduits devant une commission militaire qui les jugerait *d'après les intentions qu'il lui plairait de leur supposer.* Le 17 mars 1816, un administrateur ayant un renom de modération, M. de Chabrol, préfet du Rhône, ordonna, par arrêté, *à tous les fidèles sujets du roi*, aux fonctionnaires et employés de tous les ordres, aux aubergistes, cabaretiers, logeurs et autres gens tenant des lieux publics, de *dénoncer* les individus qui, par leurs propos, leurs discours ou leurs actions, troubleraient l'ordre public, répandraient des nouvelles *absurdes* ou des bruits injurieux au gouvernement. M. de Gasville, préfet de l'Eure et gendre du chancelier Dambray, allait plus loin : non-seulement il menaçait de suspension, de destitution, et même de peines plus graves, les maires, adjoints, commissaires de police et gardes champêtres qui n'auraient pas arrêté ou fait arrêter les habitants, les étrangers ou les simples passants faisant circuler des nouvelles absurdes, colportant des écrits de nature à alarmer les esprits, ou tenant des propos contre la personne du roi, les membres de sa famille ou le gouvernement; mais il accordait encore une prime en argent aux gendarmes, gardes champêtres, gardes nationaux et autres agents de la force publique qui, de leur propre mouvement et *sans ordre supérieur*, arrêteraient tout individu tenant des propos contre le gouvernement, colportant des écrits ou journaux *rédigés dans un mauvais esprit*. Un autre préfet, celui du Cher, déjà cité, et qui, par une bizarrerie prétentieuse dont nous ignorons le motif, doublait son nom, le marquis de Villeneuve-Villeneuve, menaçait de la *cour prévôtale*, dans deux arrêtés, l'un du 16, l'autre du 22 mai, 1° les individus chez lesquels on trouverait une arme quelconque; 2° les marchands forains non munis d'un livret authentique où seraient inscrits leurs noms et le détail de leurs marchandises.

Ce préfet, cité parmi les plus fougueux, eut cependant un mouvement de miséricorde : le 12 juin 1816, il institua un *jury de repentir*, chargé de prononcer sur la sincérité des individus qui demanderaient à faire leurs preuves de royalisme dans les rangs de la garde nationale. Il y eut un moment où ces protestations de regrets, à l'égard des faits passés, devinrent une sorte de fièvre : si des sanglots, ainsi qu'on l'a vu, étouffaient la voix de M. Decazes lisant à la Chambre des députés le testament de Marie-Antoinette ; si tous les membres de l'Assemblée pleuraient à cette lecture ; si M. de Chateaubriand, à la Chambre des pairs, n'avait pas assez de larmes à verser sur les crimes de la Révolution, des villes entières, Montpellier, Versailles, Pontoise, entre autres, les femmes comme les hommes ; des cours entières de magistrature, telles que la cour royale d'Amiens, présidents, conseillers, avocats généraux, substituts et greffiers, « juraient devant le Dieu tout-puissant et sur son saint Évangile qu'ils avaient horreur du régicide ; qu'ils n'avaient jamais adhéré de fait ni de volonté aux principes impies et séditieux professés en France par une minorité factieuse ; qu'ils reconnaissaient que les fléaux versés par Dieu sur la France depuis vingt-cinq ans étaient une juste punition, et que leur plus grand regret était de n'avoir pu donner jusqu'à la dernière goutte de leur sang pour empêcher la mort de Louis XVI. » Pour venger cette mort, le comte Maxime de Choiseul, préfet de la Côte-d'Or, ordonna que, le 21 janvier 1816, jour anniversaire, à l'issue de la grand'messe, les autorités de toutes les communes de son département feraient solennellement abattre les arbres dits *de liberté*. Un mois plus tard, le 22 février, un autre préfet, le baron de Talleyrand, préfet du Loiret, procédait solennellement, sur la principale place d'Orléans, à une exécution d'un genre bizarre et qui présenta les plus étranges particularités.

Il s'agissait de la destruction publique de tableaux, d'estampes, d'écussons, de livres, de statues et de bustes de l'époque impériale : un immense bûcher destiné à les réduire en cendres avait été dressé au centre de la principale place de la ville. Toutes les autorités civiles et militaires étaient convoquées à la cérémonie. Le maire, ses adjoints, les membres du conseil municipal, arrivèrent les premiers, escortés par les officiers de toutes armes en activité de service, en demi-solde ou en retraite, présents à Orléans, et par la garde nationale de la ville et des communes voisines. Le corps municipal était suivi de douze valets de ville, en grande livrée, portant sur des brancards tous les objets que l'on voulait anéantir, et du bourreau et de ses aides, ayant à la main des torches allumées. Une sorte de mât, planté au centre du bûcher, portait, suspendu à sa partie supérieure, un portrait en pied de Napoléon; au-dessous du portrait, les valets de ville entassèrent les autres tableaux, les estampes, les gravures, les livres, les écussons; quant aux statues et aux bustes, on les rangea par terre, circulairement, et la face tournée vers le public. A mesure qu'arrivait ce premier cortége, ses membres prenaient les places qui leur étaient assignées dans le programme de la cérémonie, et la garde nationale se développait en cercle. Cependant les torches restaient allumées : on attendait, pour mettre le feu au bûcher, la présence du préfet, qui, dans ce moment, procédait, au nom du roi, à l'installation de la cour royale. Bientôt M. de Talleyrand parut sur la place, marchant en tête d'un second cortége composé du secrétaire général et des conseillers de la préfecture, de tous les chefs des différents services administratifs du département, puis de tous les magistrats formant la cour souveraine qu'il venait d'installer, et qui s'avançaient conduits par le premier président, le procureur général et les présidents de chambres. Le préfet et les fonctionnaires civils et militaires qui l'accompagnaient portaient l'uniforme ou les insignes de leurs fonctions ou de leurs grades; les magistrats de la cour royale avaient le costume des audiences solennelles; ils étaient en *robes rouges* et en *toques*. Lorsque tout ce monde officiel eut pris place à son tour, le préfet, le premier président et le maire de la ville arrachent trois torches allumées aux mains indignes qui les portaient, s'élancent vers le bûcher et y mettent le feu. La musique de la garde nationale fait aussitôt entendre des airs de joie; bientôt la flamme s'élève et atteint le portrait du chef de l'Empire, qui ne tarde pas à tomber en lambeaux à demi consumés; à cette vue, des bravos, des cris d'allégresse, partent de toutes les bouches; les officiers, rangés autour du bûcher, l'épée nue à la main, se jettent sur les statues et les bustes, et les frappent de la pointe et du tranchant de leur sabre; les gardes nationaux, impatients de leur immobilité, s'ébranlent à leur tour, croisent la baïonnette et foncent sur les bustes et les statues, qu'ils percent, brisent et renversent. La musique devient plus bruyante et redouble son mouvement. Le préfet, les autorités qui l'entourent, les conseillers de la cour royale et leurs chefs, se prenant alors par la main, forment autour du bûcher en feu des rondes qu'ils dansent en chantant en chœur ce refrain des premiers jours de la Révolution : *On va leur percer le flanc, ran tan plan tire lire....* La garde nationale, puis la foule, imitent cet exemple; bientôt la place offre le spectacle d'une ronde immense où l'on voit s'agiter en désordre des fonctionnaires couverts d'éclatantes broderies, des officiers surchargés d'épaulettes, des magistrats de cour souveraine revêtus de longues robes rouges, et coiffés de toques à galons dorés, qui tous chantent, tournent et crient, jusqu'à ce que l'épuisement de leurs forces les contraigne de s'arrêter. Lorsque le brasier fut éteint, on en ramassa les cendres avec les débris qu'avait pu laisser le feu, et on alla solennellement les précipiter dans les eaux de la Loire[1].

[1] Les détails officiels de cette cérémonie ont été publiés dans un livre fort curieux, intitulé *Recherches historiques sur la ville d'Orléans, du 30 avril 1804 au 1er juillet 1816*, par *D. Lottin* père, correspondant du ministère de l'instruction publique, etc. Voici ce qu'on lit dans cet ouvrage, écrit en forme d'éphémérides, sous la date du 22 *février* 1816, jour du *jeudi gras :*

« *Installation de la cour royale*. Le préfet du Loiret, M. de Talleyrand (Alexandre), installa la cour royale dans la salle du tribunal criminel, an-

Les fonctionnaires de tous les ordres et de tous les degrés étaient singulièrement prodigues, en outre, de visites domiciliaires. Préliminaires habituels des arrestations et des exils, ces visites, qui avaient pour prétexte ordinaire la recherche de quelques-uns des généraux proscrits, étaient presque toujours organisées en expéditions militaires où figurait la force armée ainsi que la plupart des autorités hautes et basses de la localité, entre autres des procureurs du roi portant de grands sabres de cavalerie en bandoulière, comme celui de Lizieux,

cienne église du couvent des Ursulines. La séance fut très-solennelle. M. de Montarand, procureur général, prononça un discours remarquable; des serments y furent prêtés; des cris de *Vive le roi! Vivent les Bourbons!* se firent entendre à différentes reprises. Ensuite la séance fut levée, non pour se séparer, mais pour se rendre *en corps, en robes rouges et en toques*, à l'hôtel de la mairie et faire partie du cortége qui devait aller sur le Martroi et assister à la destruction, par le feu, du portrait en pied de Napoléon et des signes proscrits de son gouvernement.

« *Procès-verbal*. Cejourd'hui 22 février, deux heures de l'après-midi, nous, maire d'Orléans, en exécution des dispositions contenues dans la lettre du conseiller d'État, préfet du département, en date de ce jour, par laquelle il annonce que S. E. *le ministre secrétaire d'État de l'intérieur* (M. de Vaublanc) a autorisé l'anéantissement *en public* du portrait en pied de l'usurpateur qui était à l'Hôtel de Ville, en nous invitant à saisir l'occasion de l'organisation totale des autorités pour consommer cet acte;

« En conséquence, ayant fait dresser un bûcher sur la place du Martroi de cette ville, nous nous y sommes transporté, accompagné de nos adjoints, de la garde nationale et de la musique, et là, en présence de M. le conseiller d'État, préfet, délégué par Sa Majesté pour l'installation de la cour royale, de M. le premier président, de MM. les présidents de chambres, de MM. les conseillers et gens du roi, de ladite cour, et de tous les fonctionnaires publics, tant civils que militaires, qui venaient d'assister à l'installation de cette cour, et qui, à la suite de cette cérémonie, avaient bien voulu être présents à cet acte qui flétrissait les signes du gouvernement abhorré; nous avons fait apporter tous les signes proscrits de ce gouvernement despotique et dévastateur, tous les bustes de l'usurpateur, portraits et *estampes* qui pouvaient retracer son odieux souvenir et qui nous ont été remis suivant un état détaillé; nous avons fait briser les uns et jeter les autres sur le bûcher dressé à cet effet, et, aux sons de la musique répétant tous les airs chéris des Français, et des cris mille fois répétés de *Vive le roi! Vivent les Bourbons!* le feu y a été mis, et a consumé le tout; dont les cendres ont été jetées *à l'eau*.

« Dont du tout nous avons dressé le présent procès-verbal, les jour, mois et an que dessus. Signé : *le comte de Rocheplatte*, maire; *Dufaur de Pibrac* et *Noury*, adjoints. »

M. Lottin, à la suite de ce procès-verbal, raconte tous les détails de cette et des sous-préfets ayant des pistolets à leur ceinture. Des portes enfoncées, des meubles brisés, des objets précieux ou du numéraire disparus, des papiers de famille ou d'affaires saisis, des coups et des blessures, n'étaient pas l'unique résultat de ces perquisitions, transformées souvent par les agents subalternes en une espèce de partie de plaisir. Le 25 février 1816, MM. Sadourny, propriétaires de deux mines de houille et d'une verrerie, à deux lieues d'Issoire, sont réveillés à la pointe du jour par un chef de bataillon de la légion du Puy-

espèce d'*auto-da-fé*, et, après avoir dépeint les rondes dansées autour du bûcher par le préfet, les magistrats, les fonctionnaires de tous les ordres, mêlés aux soldats de la garde nationale et aux habitants, il ajoute :

« On n'eut à déplorer qu'un seul accident : un garde national, le sieur Pomageau, pâtissier-traiteur, embrochant, avec sa baïonnette, un buste de Napoléon, se déchira le doigt indicateur de la main gauche, avec la pierre de son fusil.

« Vingt ans auparavant, sur la même place, des danses, des chansons, les mêmes démonstrations de joie et le même enthousiasme, avaient accueilli la destruction, par un feu de joie semblable, des attributs de la royauté.

« 23 *février*. Le sieur Mangin, professeur de musique à Orléans et première clarinette dans la garde nationale, est cité à comparaître devant le conseil municipal pour répondre à la dénonciation de plusieurs de ses camarades, qui l'accusent d'avoir fait exécuter, pendant l'incendie des signes proscrits, une marche lugubre au lieu d'un morceau gai et dansant, et surtout d'avoir, lui personnellement, joué les airs chéris des Français avec *peu d'enthousiasme et une mollesse* qui peignait son mécontentement. Malgré les bonnes raisons de cet artiste, que justifiait, au reste, le caractère mâle, vigoureux et martial du morceau de musique, il n'en fut pas moins destitué. »

Nous ajouterons à ces détails que le portrait en pied attaché au mât du bûcher était l'œuvre du peintre Gérard et avait été payé par la ville *vingt mille francs*. Cette acquisition avait eu lieu sous l'administration de M. Crignon Désormeaux, maire d'Orléans depuis 1801, et que Napoléon avait récompensé de son zèle par la décoration de la Légion d'honneur et par le titre de baron. Remplacé par M. de Rocheplatte, vingt-deux jours avant la cérémonie dont nous venons de donner le récit, le 1er février 1816, c'était lui qui avait installé son successeur. Dans le discours qu'il prononça à cette occasion, cet administrateur, à l'exemple d'un grand nombre de fonctionnaires de l'époque impériale, inventa contre lui-même une calomnie aussi absurde que déshonorante ; il osa dire « que, s'il avait servi l'usurpateur Bonaparte durant seize années, c'était dans l'intention de le tromper ; que, pendant tout ce temps, le roi son maître, son souverain légitime, avait été fidèlement instruit par lui de tout ce qui se passait dans sa bonne ville d'Orléans, et que, durant seize ans, enfin, il avait contribué de tous ses efforts à hâter la chute du tyran corse, » etc.

de-Dôme, qui les somme, au nom du préfet Harmand, de livrer *sept* généraux cachés dans les profondeurs des mines; 300 hommes, infanterie et cavalerie, accourus de Clermont, cernaient les bâtiments; ils envahissent l'usine, courent aux puits d'extraction, et arrêtent les pompes destinées à l'épuisement des eaux. « Les mines vont être inondées! s'écrient MM. Sadourny. — Eh bien, les généraux sortiront ou seront noyés! » leur répondit-on. MM. Sadourny protestent qu'ils ne connaissent pas un seul général, qu'ils ne cachent personne, et proposent une visite minutieuse de toutes les galeries. « Les généraux sont armés jusqu'aux dents; ils tueront tout ce qui se présentera, leur répliqua-t-on. — Nous descendrons avec vous, nous marcherons les premiers, » dirent les propriétaires, mais sans pouvoir se faire écouter. Pendant plusieurs jours, les 300 hommes vécurent à discrétion chez MM. Sadourny; un soldat, ivre d'eau-de-vie, mit le feu à leurs bâtiments; on les accusa d'avoir allumé eux-mêmes cet incendie afin de pouvoir calomnier la troupe et les autorités royales. Las de ne rien voir sortir, les chefs de l'expédition quittèrent enfin l'usine, mais en y faisant demeurer une compagnie, qui ne partit, à son tour, qu'au bout de deux semaines, laissant MM. Sadourny avec leurs mines noyées et leurs bâtiments incendiés.

Parlerons-nous des destitutions? Il y en eut, dit-on, *cent mille*. Les défenseurs du régime de 1815 ont qualifié ce chiffre de ridicule hyperbole. Sans doute, il n'est pas exempt d'exagération, mais moins peut-être qu'on pourrait le supposer. La réaction parcourut tous les degrés de l'échelle administrative, depuis les plus élevés jusqu'aux plus infimes. Peu de jours après avoir annoncé la destitution de cinq ou six receveurs généraux des finances, le *Journal des Débats* (14 mai 1816) publiait celle de quatre conducteurs de diligence, renvoyés de leurs administrations par ordre du ministre de la police. A quelles limites, d'ailleurs, ces mesures pouvaient-elles s'arrêter, quand de malheureux soldats invalides, âgés de soixante-dix ans, se voyaient chassés de la succursale d'Arras et placés sous la surveillance de la haute police (23 décembre 1815), pour avoir conservé un ou deux boutons à l'*aigle* dans leurs sacs; lorsque le maire de Carpentras, par un arrêté du 1ᵉʳ février 1816, défendait au sieur Allié, juré-jaugeur-peseur de la ville, d'employer au *mesurage de l'huile* la femme et la jeune fille d'un pauvre diable, exilé de l'arrondissement comme ancien fédéré; lorsque le premier gentilhomme de la chambre du roi, chargé de la direction du théâtre de l'Opéra-Comique de Paris, cassait l'engagement d'un chanteur, le sieur Darboville, et lui interdisait de se montrer sur aucun théâtre de France, pour certains propos séditieux tenus par cet acteur, disait-il, dans un café de Lyon? M. de Vaulchier, préfet de Saône-et-Loire, destitua dans le *seul* arrondissement de Louhans, par arrêtés des 4 mars, 22 et 29 avril, 1ᵉʳ et 2 mai, 3 membres du conseil d'arrondissement, 27 maires, 8 adjoints, 15 conseillers municipaux, le sous-inspecteur forestier, le receveur principal des contributions directes, et 23 percepteurs, sans préjudice d'autres destitutions prononcées dans l'ordre judiciaire, dans la gendarmerie, parmi les desservants de campagne, les instituteurs des écoles primaires, les gardes champêtres, les piétons de la poste aux lettres et les agents inférieurs des municipalités. M. de Tournon, préfet de la Gironde, avait prononcé, à la date du 15 février 1816, la révocation de 69 maires, 77 adjoints, de 269 conseillers municipaux, et d'un nombre proportionnel de fonctionnaires et d'employés dans les autres services publics. « J'avais remplacé *deux cent soixante-quatre* maires, » disait à son tour M. de Montlivault, préfet de l'Isère, dans un *Mémoire* adressé au roi, à l'occasion des faits qui vont suivre. Les destitutions prononcées par M. Pasquier, frère de l'ex-ministre, et préfet de la Sarthe, s'élevèrent, pour ce *seul* département, à *six cent vingt-deux*. Chose incroyable! ces coups ne suffisaient pas à la passion des réacteurs; ils dénonçaient toujours; et l'on entendit M. de Serres s'écrier dans la séance de la Chambre des députés du 18 mars : « A notre arrivée, il était bien, il était nécessaire d'appeler les *épurations*; mais, depuis six mois, on a refait toutes choses, on a remanié toutes les administrations; leur adresser encore en masse les mêmes reproches, appeler à grands cris l'épuration des *remplaçants* comme on a appelé celle des *remplacés*, est intempestif et illusoire. L'horrible fléau de la délation commence à infester la France; il est temps que cela s'arrête et qu'un emploi cesse d'être un crime. »

Enfin, chaque matin, il n'était pas un citoyen qui, en jetant au hasard les yeux sur un journal, ne pût y lire le compte rendu d'un de ces nombreux procès politiques qui se succédèrent pendant plus d'une année, soit en cour d'assises, soit devant les conseils de guerre et les cours prévôtales; procès dont le résultat ordinaire était des condamnations à mort. Comme on le verra dans le chapitre suivant, ni les juges ni les bourreaux ne se lassaient. Voilà dans quel moment Didier revint aux lieux où il avait passé la plus grande partie de sa vie, et entreprit d'y organiser un mouvement insurrectionnel.

Les nombreux officiers en demi-solde et en retraite résidant à Grenoble formaient une classe de mécontents à laquelle Didier s'adressa d'abord; le chef de bataillon en demi-solde Biollet, le capitaine en retraite Pélissier, l'officier de gendarmerie à demi-solde Jouannini et l'ex-garde général des eaux et forêts Cousseaux, accueillirent, les premiers, ses ouvertures et promirent de donner à l'Association la plus grande partie de leurs camarades, ainsi qu'un certain nombre de jeunes gens de la ville, employés dans le commerce, ou élèves de l'École de droit. Didier s'efforça de gagner ensuite des prosélytes dans les autres classes de la population. Les propriétaires, les fonctionnaires publics ou les marchands dont il sollicitait le concours maudissaient avec lui l'invasion ainsi que le gouvernement qu'elle avait imposé au pays; mais quelques-uns seulement osaient lui promettre leur appui; le plus grand nombre, ceux mêmes qui plus tard ont pu tirer vanité ou profit de leur complicité prétendue, se bornaient à des vœux ou à des promesses : « Ayez la garnison et la ville, et nous serons avec vous, » disaient-ils à Didier. Une circonstance, d'ailleurs, les rendait hésitants. Toute insurrection veut un drapeau et un chef politiques ; quels étaient le chef et le drapeau de cette *Association nationale* dont ils entendaient parler pour la première fois ? Le mot République n'était plus prononcé depuis douze ans, et semblait ne devoir plus appartenir qu'à l'histoire ; Napoléon, précipité du trône par les deux Chambres instituées pour le soutenir, était prisonnier sur un rocher des mers d'Afrique ; son fils se trouvait à Vienne. Didier, à Grenoble, ne prononçait donc qu'un nom, celui du duc d'Orléans, seul candidat monarchique qu'on pût sérieusement opposer à Louis XVIII. Ce nom excitait la plus profonde surprise. Peut-être Didier se serait-il abstenu de le proférer si, par une erreur trop commune aux esprits ardents, il n'avait pas accepté comme la pensée publique l'opinion et les espérances des gens qui, à Paris, formaient sa société habituelle. Les principes et les antécédents politiques du duc d'Orléans, ainsi que sa personne, étaient fort ignorés, en 1816, au fond des départements. Les lecteurs de journaux connaissaient seuls l'existence de ce prince, et les plus instruits, parmi eux, savaient vaguement qu'à deux reprises différentes, après la mort de Louis XVI et la seconde abdication de Napoléon, quelques hommes politiques, adversaires de la République et de l'Empire, avaient songé à lui donner la couronne : leurs renseignements n'allaient pas plus loin ; ils ignoraient même que, depuis plusieurs mois, ce prince vivait exilé en Angleterre. Ce n'était donc pas avec ce nom que l'on pouvait exciter, dans la population civile de Grenoble, le dévouement ou l'enthousiasme qui porte les caractères énergiques ou les imaginations passionnées à jouer leur fortune et leur vie au jeu des révolutions. Les officiers à demi-solde étaient plus faciles à entraîner ; en s'abandonnant à Didier, ils n'apercevaient qu'un but : renverser un gouvernement odieux, chasser des gouvernants détestés et purger le sol national des 150,000 soldats alliés campés dans nos places fortes du Nord et de l'Est. Si quelques-uns d'entre eux, après avoir entendu Didier, prononçaient, à leur tour, le nom du duc d'Orléans, ils ne parlaient nullement de ce prince comme d'un prétendant qu'il s'agissait d'élever au trône, mais comme d'un complice de sang royal, dont l'intervention ignorée, mystérieuse, ajoutait probablement une nouvelle chance de succès au triomphe de la société de l'*Indépendance nationale.*

Le concours de ces officiers pouvait sans doute donner à Didier la possession de Grenoble; mais il faut l'aide de la foule, l'apparence au moins du nombre et de la force pour commencer une révolution et faire venir à soi des troupes même disposées à se soulever. Didier alla demander ce nombre et cette force aux populations rurales voisines.

Le licenciement de l'ancienne armée impériale venait de répandre près de 250,000 hommes sur tous les points du royaume. Les soldats et les officiers congédiés étaient surtout nombreux dans les départements frontières, au milieu de ces campagnes que le voisinage des grandes forteresses et de l'étranger aguerrit, et dont la jeunesse, provoquée par le contact des garnisons, embrasse facilement le métier des armes. Le département de l'Isère, placé dans ces conditions, offrait donc à Didier les éléments d'une véritable force militaire insurrectionnelle : il entreprit de l'organiser, et choisit comme principaux centres d'action, dans un rayon de plusieurs lieues autour de Grenoble : au nord, dans la direction de Voreppe (route de Paris), la commune de Quaix; au nord-est, dans la vallée supérieure de l'Isère (Grésivaudan), le village des Adrets; à l'est, dans les montagnes de l'Oisans, les villages d'Allemond et de Vaujany; et au sud, sur la route de Gap, les communes de Vizille et de Lamure. Ses premiers et ses plus actifs auxiliaires, sur ces différents points, qui formaient autour de Grenoble une sorte de demi-cercle coupé par l'Isère, étaient : au nord, le colonel en retraite Brun, maire destitué de la commune de Quaix, et surnommé le *Dromadaire* pour avoir commandé le corps de cavalerie de ce nom, organisé en Égypte contre Mourad-Bey et ses mameluks; dans le Grésivaudan, MM. Brunet, notaire aux Adrets ; Clément et Santon, le premier, propriétaire, et le second, maître de poste à Lumbin; Joly, officier en demi-solde à Tencin; Milliet, propriétaire à Goncelin, et trois officiers de l'inspection des douanes de Pontcharra : Adine, inspecteur, Turbet, capitaine, et Julien, lieutenant d'ordre; dans l'Oisans, Dussert, ancien guide de l'armée des Alpes, et son parent Durif, l'un et l'autre maires, récemment destitués, d'Allemond et de Vaujany; à Vizille, l'huissier Charvet ; à Lamure, MM. Buisson frères, l'un pharmacien et l'autre marchand épicier, MM. Guillot, notaire, et ses fils; Génevois, propriétaire ; Dufresnes et Dumoulin, officiers à demi-solde. Quelques mois auparavant, le général Drouet-d'Erlon, réfugié d'abord au village de Montferra, près de Saint-Geoire, chez l'ex-représentant Perrin, puis à Grenoble, était venu passer quelques heures aux Adrets, dans la maison de M. Brunet, lieu habituel de réunion pour les affidés des communes voisines, et où descendait Didier lorsqu'il allait dans le Grésivaudan. Cette courte visite, révélée à Didier, lui fournit l'occasion d'une fable nouvelle : bien que le comte d'Erlon, en quittant le département de l'Isère, eût traversé la Savoie et gagné immédiatement la Bavière, et que, réfugié depuis l'année précédente à Munich, sous un nom d'emprunt, il y eût élevé un établissement industriel, Didier n'hésita cependant pas à ranger ce général au nombre des personnages de haut rang dont il faisait ses complices imaginaires : d'Erlon, disait-il, était d'accord avec lui, et se tenait caché à Genève, attendant l'explosion; il devait franchir la frontière à la première nouvelle, et prendre immédiatement le commandement militaire de l'insurrection.

Didier ne pouvait songer à soulever les villages de l'Isère avec le nom du duc d'Orléans, nom encore plus ignoré dans les campagnes que dans les villes. Pour les anciens soldats de l'Empire comme pour le reste de la population rurale, le premier prince du sang, à cette époque, n'était et ne pouvait être qu'un Bourbon, rentré à la suite de l'ennemi avec les autres membres de sa race, et, comme eux, un adversaire de la Révolution et de la gloire nationale. Un seul souvenir faisait encore vibrer tous les cœurs, celui du chef dont l'épée avait ouvert les portes de toutes les capitales du continent européen à nos légions victorieuses, et que les montagnards du Dauphiné, une année auparavant, avaient salué de leurs acclamations lorsque, suivi de 900 soldats, il marchait à la conquête d'un empire. Obligé d'évoquer ce souvenir glorieux et de demander à l'enthousiasme qu'il excitait encore dans toutes les âmes les dévouements dont il avait besoin, Didier cependant ne prononçait le nom de Napoléon qu'avec réserve, avec une sorte de contrainte, et il abandonnait aux plus influents après lui le soin de compléter, dans un sens ouvertement impérialiste, ses promesses et ses déclarations. Cette contradiction entre les espérances dont il leurrait l'entraînement crédule des membres les plus résolus, mais les moins éclairés de la conspiration, et le but réel de son entreprise, plaçait Didier dans une position fausse qui avait souvent ses embarras. Un soir, le colonel Brun réunit dans une auberge de la Buisserate, village aux portes de Grenoble, sur la route de Lyon, tous ceux des habitants de Quaix, anciens soldats ou simples cultivateurs, qu'il avait donnés au complot. On attendait Didier pour régler quelques détails d'exécution et entendre la lecture de la proclamation destinée à servir de manifeste au mouvement. Didier vint, parla longtemps et avec feu, et sut provoquer les applaudissements de la réunion en traçant un véhément tableau des excès et des hontes de l'invasion, du sang déjà répandu par les Bourbons, de leurs lois de vengeance, et de la marche, chaque jour plus violente, de leur gouvernement. Il lut ensuite son manifeste, assemblage bizarre et diffus d'invectives contre l'Angleterre et de vagues invocations à l'indulgence pour le passé ainsi qu'au respect des propriétés et des personnes. Cette pièce, où il appelait la population aux armes afin de sauver la France de la *tyrannie* et de la *jacquerie*, se terminait ainsi : « Arborons donc l'étendard de l'honneur français ! Marchons d'un pas assuré sous le drapeau de l'*Indépendance nationale*, et méritons par notre conduite que le ciel puisse protéger la plus sainte des entreprises, et l'humanité tout entière la couvrir de ses vœux. »

Pas une voix n'avait interrompu cette lecture; le plus profond silence continua de régner quand elle fut achevée; une sorte d'étonnement était sur tous les visages; chaque assistant semblait attendre de la bouche de Didier un nom qu'il ne prononçait pas. Enfin, l'ancien colonel des dromadaires, se faisant l'interprète du sentiment général, s'écria : « Que diable venez-vous donc de nous lire là? ce n'est pas une proclamation; vous ne parlez ni de l'Empereur, ni du roi de Rome ! — Vous avez raison, répondit vivement Didier; c'est un oubli facile à réparer; j'arrangerai cela. » Quelques jours plus tard, dans une assemblée convoquée pour le même objet aux Adrets, chez le notaire Brunet, et à laquelle assistaient les principaux conjurés du Grésivaudan, Didier lut la même proclamation, mais augmentée de quelques phrases qui lui donnaient une signification politique plus précise; il y avait intercalé les passages suivants : « L'*Indépendance nationale* (l'Association) donne naturellement un chef au peuple français! c'est le fils de celui dont le trône héréditaire, consacré par la religion, fut reconnu par l'Europe; l'héritier légitime au profit de qui l'abdication de son père fut sanctionnée par une loi solennelle. Nous sommes ses lieutenants, et nous vous disons : *Vive Napoléon II, empereur des Français!* Nous sommes Français aussi, et nous ne séparerons jamais le trône des principes dont il dérive. » Des bravos éclatants accueillirent cette fois le manifeste. Tandis que la plupart des assistants se cherchaient et se mêlaient pour échanger des félicitations, M. Milliet, de Goncelin, entraînant Didier dans l'embrasure d'une fenêtre, lui dit : « Tout cela est fort bien, sans doute, et peut suffire à ces braves officiers et aux soldats que nous enrôlons. Mais, enfin, l'Empereur est à Sainte-Hélène, et son fils en Autriche; franchement, pour qui travaillons-nous? — Soyez sans inquiétude, répondit Didier; c'est à coup sûr pour quelqu'un de *notre époque*, et qui connaît nos besoins. L'essentiel est de réussir; or il faudrait renoncer à soulever un seul homme, si nous ne parlions pas de Napoléon. »

Le lieutenant Joly fut chargé de faire imprimer, à Grenoble, cette proclamation, ainsi qu'un faux extrait du *Journal de Vienne* du 1er janvier 1816, composé par Didier, et qui débutait ainsi : « L'empire (d'Autriche), trop longtemps comprimé dans les vœux les plus chers au cœur de son auguste monarque, déclare solennellement à l'Europe qu'il veut rendre Napoléon II aux sollicitations de la France. Ce peuple, digne par sa bravoure d'une destinée plus brillante, gémit sous le poids des vengeances et des réactions. La famille dégénérée des Bourbons devient, par son esprit de haine implacable, indigne de le gouverner. » Les deux pièces furent présentées à la veuve Peyronnard, imprimeur au Jardin-de-Ville; mais le lieutenant dut les remporter; le prix demandé pour l'impression (1,000 fr.) dépassait les ressources pécuniaires de l'Association, ressources presque nulles, uniquement composées de cotisations imposées aux moins pauvres parmi les conjurés, et destinées surtout à des achats d'armes et de poudre. On se contenta de faire, de ces documents, des copies manuscrites, qui furent immédiatement répandues[1].

On était à la fin d'avril. Le travail de Didier approchait de son terme. Après trois mois d'une activité infatigable, il était enfin parvenu à lier les différents fils du complot, et à les combiner de manière à surprendre Grenoble en s'aidant tout à la fois des conjurés de la ville et des insurgés de la campagne.

---

[1] *Paul Didier; Histoire de la Conspiration de* 1816, par Auguste Du coin. Ce livre, résultat de longues et consciencieuses recherches, contient un grand nombre de documents curieux, et nous a fourni les plus utiles renseignements.

Le commandant Biollet et ses camarades, encouragés par la complicité supposée du comte d'Erlon, avaient alors réussi à se ménager des intelligences parmi les sous-officiers et les soldats de l'ancienne armée entrés dans les corps composant la garnison; de leur côté, les chefs du mouvement dans les communes rurales s'étaient assuré le concours d'un grand nombre d'hommes dévoués, qui se tenaient prêts à répondre au premier signal. A mesure que l'on avançait vers le mois de mai, les communications entre Grenoble et le dehors devenaient plus fréquentes; Didier les dirigeait, non par lui-même, — il eût craint d'être reconnu et arrêté, — mais par l'officier de gendarmerie Jouannini, qui, toujours en chemin, déployait, dans ce rôle d'intermédiaire, une rare intelligence et le plus absolu dévouement. Quelques détails topographiques sont nécessaires pour faire comprendre le plan d'attaque de Didier.

Grenoble est traversée par l'Isère, qui la partage en deux parties : les quartiers placés sur la rive droite de la rivière, dans la direction de Voreppe et de Quaix (route de Lyon), sont dominés par une montagne de forme conique, très-élevée, dite la *Bastille*, dont le pied pénètre dans l'intérieur de la place, et qui, à cette époque, avait son sommet couronné par une vieille tour, et ses pentes défendues, du côté de la campagne, par un mur à demi ruiné. Les quartiers situés à l'opposé de la *Bastille*, sur la rive gauche de l'Isère, comptent trois portes, celles de Bonne, Graille et Trois-Cloîtres, dont les voies se réunissent, en dehors de la ville et au delà des ouvrages extérieurs, à un carrefour dit de la *Croix-Rouge*, carrefour où la route de Gap, après avoir successivement traversé Lamure, Vizille et le village d'Eybens, vient rencontrer les chemins qui descendent de l'Oisans et de la partie du Grésivaudan située à la gauche de l'Isère. Il avait été convenu que le colonel Brun et les gens de Quaix, séparés des autres insurgés par la rivière et par la ville, se mettraient en mouvement les premiers; qu'ils se porteraient sur la *Bastille* à l'entrée de la nuit, et qu'après s'être établis dans la tour ils allumeraient des feux qui seraient répétés de l'autre côté de Grenoble, sur les hauteurs d'Eybens. A ce double signal, les insurgés de Lamure et de Vizille, réunis vers la fin de la journée dans le bois d'Échirolles, proche d'Eybens, à une lieue de Grenoble, ceux de l'Oisans, du Grésivaudan, et les douaniers de Pontcharra partis dès le matin, et arrêtés à peu de distance de la ville, se mettraient tous en marche pour se rencontrer au carrefour de la *Croix-Rouge* et se porter en colonne serrée sur la porte de Bonne, que les conjurés de l'intérieur tiendraient ouverte. Ce dernier soin était confié au commandant Biollet, qui, au signal parti de la *Bastille*, devait faire arrêter le général Donnadieu dans sa demeure, se rendre ensuite avec le gros de ses camarades à la porte de Bonne, puis pénétrer dans l'intérieur du poste, à l'aide du mot d'ordre donné par un des sous-officiers gagnés au complot, désarmer les soldats de garde et livrer le passage aux insurgés du dehors. Les conjurés étaient convaincus que, une fois réunis dans la ville, ils verraient leurs rangs immédiatement grossis par nombre d'habitants que le succès eût décidés, et par la garnison, qu'entraîneraient, dans le premier moment de la surprise, les sous-officiers et les soldats initiés à la conjuration. Le lendemain, Didier comptait profiter de l'affluence des gens de la campagne, que le dimanche amène habituellement à Grenoble, pour proclamer Napoléon II; trente-six heures plus tard, ajoutait-il, il devenait maître de Lyon et bientôt après de toute la France.

Nous disons les espérances de Didier et non les événements qui eussent suivi le succès. Si l'insurrection, victorieuse à Grenoble, s'était étendue jusqu'aux portes de Lyon, n'ayant devant elle que le parti royaliste et les cadres vides des légions que le gouvernement s'occupait alors de former[1], peut-être

---

[1] La presque totalité des légions, à cette époque, ne présentait que les cadres d'un seul bataillon.

Didier serait-il parvenu à avancer de quatorze ans la chute de la seconde Restauration. Mais les Alliés avaient prévu le péril: et les 150,000 hommes de troupes anglaises, russes, autrichiennes et allemandes, laissées par eux à deux journées de marche de Paris, accourant au secours de Louis XVIII, auraient inévitablement fait pencher la balance en faveur de sa royauté. La France, en se mêlant à la lutte, pouvait annuler sans doute cette intervention ; malheureusement la France, découragée et abattue par les revers des deux dernières années, aurait difficilement secoué sa torpeur. Une seule voix eût été assez forte pour réveiller l'énergie endormie au fond de tous les cœurs ; un seul bras se fût trouvé assez puissant pour combiner toutes les ressources et organiser la résistance ; or, cette voix, on avait refusé de l'écouter, ce bras, on l'avait repoussé quand l'ennemi n'avait pas encore envahi le territoire ; et Napoléon, obligé de s'éloigner de la France, était parti, abandonné si complétement, même des hommes qui paraissaient le plus attachés à sa fortune, que, le jour où il avait quitté la Malmaison, un de ses anciens ministres, ainsi qu'on l'a vu, menaçait de l'arrêter de ses propres mains ; que deux pairs et trois représentants, chargés de mission auprès de l'ennemi, offraient de le livrer, et qu'un retard de deux heures l'eût fait tomber au pouvoir d'une colonne prussienne envoyée pour l'égorger.

Ce fut le samedi 27 avril que Jouannini annonça à Didier l'aplanissement d'une difficulté qui retardait depuis plusieurs jours l'explosion du mouvement ; les douaniers de Pontcharra, d'abord unanimes, puis irrésolus, étaient enfin prêts à marcher ; on en eut la certitude le jeudi 2 mai. Le lendemain 3, le commandant Biollet dit, à son tour, à Didier « qu'il pouvait avancer en toute assurance, et que le jour suivant, à minuit, il lui ouvrirait la porte de Bonne. » Didier, alors, fixa le moment de l'exécution au lendemain samedi, 4 mai, à onze heures du soir, et remit à Jouannini, pour la faire passer de main en main, la circulaire suivante :

« Mon cher ami, malgré toutes les difficultés ordinaires dans de pareilles affaires, nous avons enfin terminé. On est d'accord sur tout; on ne s'occupe plus à présent que de la noce, qui est fixée à *dimanche*. Nous vous invitons à nous faire le plaisir d'y venir. Nous comptons sur vous, et vous devez être bien persuadé qu'en amenant vos amis vous nous ferez d'autant plus de plaisir que vous serez plus nombreux.

« Comme la fête doit être, je vous l'avoue, sans façon, vous nous ferez plaisir si vous nous apportez quelques provisions. »

Ce mot d'ordre, qui parvint dans la nuit même aux conjurés de Quaix, de Vizille, de Lamure et des premiers villages du Grésivaudan, n'arriva que dans l'après-midi du lendemain aux gens de l'Oisans et aux douaniers de Pontcharra. Mais, avant de suivre les insurgés dans leur attaque contre Grenoble, nous devons dire quels étaient les adversaires et les forces qu'ils allaient rencontrer.

Trois hommes avaient la direction supérieure des troupes et de l'administration de l'Isère : le lieutenant général Donnadieu, commandant de la division militaire; le comte de Montlivault, préfet du département; et M. Armand de Bastard de l'Étang, commissaire général de police.

Soldat de la Révolution, le général Donnadieu était parvenu au grade de colonel à la suite de plusieurs actions d'éclat, lorsque, le 26 floréal an X, impliqué dans une des nombreuses conspirations ourdies à cette époque contre le pouvoir ou la vie du Premier Consul, il fut envoyé en surveillance à Saint-Jean-de-Luz. Rentré plus tard au service et nommé général de brigade le 6 août 1811, il fut chargé, le 20 du même mois, du commandement des îles d'Hyères, puis mis à la retraite, le 30 octobre suivant, par décision impériale, « pour abandon de son commandement de l'île de Porteros sans autorisation, et pour insubordination envers le général commandant la 8ᵉ division militaire. » Ce fut dans cette position de retraite que le trouva la Restauration; sa longue inactivité lui pesait; son ambition, d'ailleurs, était loin de se trouver satisfaite; il s'empressa d'offrir ses services au nouveau pouvoir, qui les accueillit et rencontra soudainement dans l'ancien commandant de Porteros un partisan d'autant plus prononcé que ce général était plus impatient de réparer les années perdues pour sa fortune militaire, et plus irrité contre le gouvernement déchu.

Ancien chambellan, puis intendant général de l'impératrice Joséphine, le comte de Montlivault était un des hommes qui, lors des Cent-Jours, avaient le plus accablé Napoléon de sollicitations et de protestations de dévouement. L'Empereur abattu, M. de Montlivault s'était immédiatement tourné vers les Bourbons, comme le plus grand nombre des fonctionnaires de cette époque, comme le général Donnadieu lui-même; et, comme eux, il prenait à tâche de déployer dans l'expression de son royalisme de fraîche date la violence habituelle aux ambitieux qui ont un passé politique à faire oublier. Le plus effrayant arbitraire présidait à tous ses actes : exils, destitutions, arrestations ; garnisons militaires imposées aux communes suspectes et payées par leurs habitants; ordres pour amener, *enchaînés deux à deux*, de simples *témoins* dans un procès, et pour leur faire traverser, ainsi accouplés, toute une contrée *durant le jour, en vue de l'exemple*, aucune mesure ne semblait trop forte au fougueux royalisme de ce préfet. Dans son emportement, on le vit enjoindre, par un arrêté, au maire, aux adjoints et aux conseillers municipaux d'un bourg considérable qu'il avait fait occuper militairement sous prétexte du *mauvais esprit* des habitants, « de se rendre en corps à l'hôtel de sa préfecture, pour y demander la grâce de leurs concitoyens, et se porter personnellement caution de leur bonne conduite et de leur entière soumission. »

Quant à M. Armand de Bastard, ce fonctionnaire se tenait sur le second plan ; l'homme public, chez lui, s'effaçait derrière l'homme de plaisirs, et son ambition n'allait pas alors au delà de nombreux succès de salon et de boudoir. Parfois, pourtant, il prenait les arrêtés les plus violents : il autorisait, par exemple, le maire, les adjoints et tous les membres du conseil municipal d'une commune, à faire arrêter *qui bon leur sembl*

Ni le repos ni les années n'avaient modifié, chez le général Donnadieu, cette humeur inquiète et ce caractère turbulent, emporté, qui avaient brusquement rompu sa carrière sous l'Empire. Exagérant, en outre, certaines habitudes militaires de l'époque, il affectait, avec les autorités de l'ordre *civil*, des façons hautaines et impérieuses, blessantes pour M. de Montlivault. Rivaux de position et d'influence, ils étaient constamment en lutte ou en discussion : si l'un d'eux dénonçait des menées séditieuses ou se croyait sur la trace d'un complot, l'autre déniait aussitôt la découverte ou la proclamait insignifiante. Dans son royalisme bruyant et querelleur, le général accusait le préfet de tiédeur et d'incapacité; ce dernier se défendait en poursuivant son rival des épithètes de *visionnaire* et d'*écervelé*. Tous deux, pourtant, s'étaient rencontrés pour solliciter en même temps, de leur ministre respectif, une augmentation de garnison. Cette démarche simultanée avait eu lieu à la suite de rapports nombreux annonçant qu'une certaine fermentation régnait dans les campagnes, rapports qui étaient adressés au général par la gendarmerie des cantons ruraux, et au préfet « par les *curés* et autres *vrais Français* avec lesquels il entretenait une correspondance de police très-active [1]. » Grenoble, dans les premiers jours de 1816, ne renfermait, en effet, que deux ou trois cents soldats composant les cadres de la légion de l'Isère, une compagnie d'infanterie dite *départementale*, organisée dans chaque chef-lieu en vertu d'une loi rendue dans les premiers jours de la session, une compagnie de garde nationale à cheval et quelques gendarmes, en tout quatre ou cinq cents hommes. Après avoir laissé longtemps sans réponse les demandes du général Donnadieu, le ministre de la guerre, dans les premiers jours du mois de mars, céda enfin aux instances de M. Decazes, qui,

[1] *Mémoire au roi*, par M. de Montlivault, sur les événements de Grenoble. Cette organisation des curés de chaque commune en une sorte d'agence de police correspondant avec les autorités supérieures était générale dans le royaume et dura autant que la Restauration.

pressé par M. de Montlivault, « suppliait son collègue de diriger sur Grenoble au moins un bataillon de légion départementale, dussent les soldats ne pas être habillés[1]; » il y envoya cinquante dragons de la Seine ainsi que trois cent cinquante hommes environ, alors désignés sous le nom de chasseurs d'Angoulême, et qui servirent ensuite à former la légion de l'Hérault. Ces détachements portèrent la garnison à près de huit cents hommes.

Les rapports qui avaient décidé cet envoi de troupes s'appuyaient sur des préparatifs réels d'insurrection; mais ils ne signalaient que des apparences et de sourdes rumeurs; le secret du complot, bien qu'il fût entre les mains de mille à douze cents individus, était religieusement gardé. Ce n'étaient pas, il est vrai, des passions basses qui donnaient des affiliés à cette conspiration ayant pour membres les plus éminents quelques officiers en demi-solde, des pharmaciens, un maître de poste et des notaires de campagne; et Didier, en s'adressant uniquement à d'obscurs citoyens qu'entraînaient seuls l'amour de la patrie et la haine de l'étranger, n'avait pas à craindre les délateurs. Cependant il était difficile que l'impatience de la lutte et l'espérance de délivrer bientôt le pays d'un gouvernement odieusement persécuteur, ne devinssent pas la source de quelques manifestations imprudentes. De temps à autre des cris de *Vive la liberté!* ou de *Vive l'Empereur!* des placards affichés nuitamment et annonçant l'avénement prochain de Napoléon II, nouvelle qui circulait, au reste, dans tous les villages, tenaient la police en éveil. Mais les indiscrétions s'arrêtaient là, et telle était la sécurité des autorités, que le préfet, le général et les principaux fonctionnaires, avertis du prochain débarquement de la duchesse de Berry à Marseille, s'apprêtaient à quitter Grenoble avec une partie de la garnison pour se porter sur le passage de cette princesse, lorsque, le 2 mai, le prévôt Planta et le capitaine de la compagnie départementale si-

---

[1] Lettre du ministre de la police au ministre de la guerre, du 1ᵉʳ mars 1816.

gnalèrent à M. de Montlivault quelques symptômes d'une effervescence inaccoutumée. Des patrouilles furent immédiatement ordonnées par cet administrateur dans les quartiers les plus populeux de la ville et dans les faubourgs.

Le lendemain 3, au même moment où, à Eybens, le commandant Biollet assurait à Didier qu'il était en mesure de lui livrer les portes de Grenoble, et quand ce dernier fixait l'explosion du mouvement au lendemain, le prévôt amenait chez le préfet un conducteur des ponts et chaussées, qui déclara avoir entendu, dans un café, plusieurs personnes, et notamment deux officiers, annoncer qu'un mouvement insurrectionnel éclaterait sous deux jours; que tout était prêt, et que deux cents conjurés, entre autres, devaient se rassembler en armes au *Jardin-de-Ville* et s'emparer des autorités. Le maître du café fut immédiatement mandé, ainsi que plusieurs consommateurs; une sorte d'enquête fut faite sur-le-champ dans le salon même de la préfecture par le préfet, aidé du juge-président de la cour prévôtale et du commissaire général de police; puis, dans la nuit, des visites domiciliaires eurent lieu chez six habitants, et l'on arrêta le chef de bataillon en demi-solde Ravix, remis cependant en liberté au bout de quelques heures; MM. Michel Dufléard, propriétaire; Testou, avocat; Benoît et Clet, avoués, qui, moins heureux, ne furent relâchés qu'après une détention de trois semaines.

En apprenant, le 4 au matin, que le préfet venait d'ordonner des patrouilles, des visites domiciliaires et des arrestations, le général Donnadieu entra dans la plus violente colère; on ne l'avait ni consulté ni averti. Peu d'instants après, le lieutenant de roi de la place se présentait chez M. de Montlivault, et lui signifiait, au nom du général, qu'il eût à s'abstenir désormais de donner quelque ordre que ce fût à la garde nationale et à la compagnie départementale, menaçant de faire arrêter par la troupe de ligne toutes les patrouilles de ces deux corps qui sortiraient sans son ordre particulier. Le préfet se récria « J'ai le droit de leur faire prendre les armes, répondit-il au lieutenant de roi, d'appuyer de leur secours les mesures de police que, *sur ma responsabilité*, je crois devoir ordonner, et de m'en servir pour veiller à la sûreté publique. Au reste, ajouta-t-il, je vais me rendre chez le général pour m'expliquer avec lui. » A onze heures, le préfet était en effet chez le commandant de la division; la discussion fut vive; le général s'emporta, et renouvela ses injonctions et ses menaces. En vain M. de Montlivault lui remontrait qu'une force armée quelconque était nécessaire pour appuyer les arrestations qu'il avait le droit d'ordonner; vainement il faisait ressortir le scandale inouï que produirait l'arrestation, par la troupe de ligne, d'autres troupes veillant comme elle à la conservation de l'ordre, le général maintenait sa résolution, et demandait, comme dernier argument, où était le danger; il n'en voyait pas [1]. A midi et demi, M. de Montlivault revint à la préfecture. A deux heures, le général y arriva à son tour; la discussion recommença; elle prenait un certain caractère de vivacité agressive lorsque M. de Chichilianne (depuis receveur général à Tarbes) se présente et remet au préfet une carte à jouer, sur le dos de laquelle étaient ces mots tracés à la hâte par M. Antoine Manqua-Perrache, maire de Theys :

« N'êtes-vous donc pas instruits à Grenoble de ce qui doit arriver *ce soir*? On doit faire des feux sur la Bastille, et toutes les communes marcheront sur la ville pour s'emparer des autorités et changer le gouvernement. »

Le général ne parut pas attacher une grande importance à cet avertissement; il n'y voyait, disait-il, rien de certain. On décida d'attendre d'autres renseignements. Plusieurs heures s'écoulèrent. La nuit vint; les différentes autorités multiplièrent leurs démarches. A huit heures du soir, le préfet quittait l'hôtel du général, où il était allé aux nouvelles, et venait d'en franchir la porte, quand il est heurté par son neveu, qui se hâtait de lui porter une lettre *extrêmement pressée*.

[1] *Mémoire au roi*, de M. de Montlivault.

Après avoir vainement essayé de la lire à la lueur d'un réverbère, M. de Montlivault hâte le pas, et, dans son impatience, il parcourt la lettre sur l'escalier même de la préfecture; elle lui était adressée par M. Clapier (de Lille), adjoint de la commune de Vif, qui lui faisait savoir qu'au moment où il écrivait des paysans insurgés se réunissaient en grand nombre dans le bois d'Échirolles. Il monte; trois personnes l'attendaient dans son cabinet : M. Chuzin, adjoint de Lamure, le suisse de l'église d'Eybens et un gendarme. Le premier lui apprend qu'il a assisté au départ des insurgés de sa commune; le second vient dire, au nom de son curé, qu'Eybens se remplissait de paysans en armes; le troisième, arrêté sur la route par un détachement de campagnards, et qui devait son salut à la vigueur de son cheval, annonce leur approche.

Le préfet s'apprêtait à porter ces nouvelles au général Donnadieu, lorsque ce dernier parut. Un M. de Montauban venait de lui transmettre les mêmes avis; cette fois, il paraissait soucieux; les deux fonctionnaires échangent leurs renseignements, et le général quitte la préfecture. Au bout de dix minutes, il y revient précipitamment, fait sortir du cabinet du préfet toutes les personnes présentes, moins le prévôt Planta, et, s'adressant à ce dernier et à M. de Montlivault, il leur dit avec un accent profondément ému : « Un nuage vient de tomber de mes yeux; nous sommes au milieu d'une vaste conspiration. » Puis il raconte qu'à cinquante pas environ de la préfecture il avait rencontré un jeune homme qui, en le voyant, s'était brusquement jeté de côté; que, s'étant alors avancé vers l'inconnu, plutôt par un mouvement instinctif que par réflexion, et ce dernier ayant une seconde fois évité son approche, il l'avait saisi au collet et conduit devant un café, en lui demandant les motifs qui le portaient à fuir ainsi sa rencontre; que le jeune homme, troublé et balbutiant, avait fini par avouer qu'il était officier à demi-solde : « Je l'examine alors de plus près à la lumière, ajoute le général, et je vois la poignée d'un sabre briller à travers les ouvertures de sa redingote; j'écarte le vêtement, deux pistolets d'arçon étaient passés dans sa ceinture. Je l'ai immédiatement conduit au corps de garde de cet hôtel. » — Cet officier était le lieutenant d'artillerie Arribert, membre du complot, et chargé, avec quelques autres officiers qu'il allait précisément rejoindre, de séquestrer dans sa demeure le général qui venait de l'arrêter.

Cet incident n'était pas le seul fait de la journée qui fût de nature à compromettre le succès de la conjuration. Les arrestations ordonnées par M. de Montlivault dans la nuit précédente, mais, plus que les autres, celle du chef de bataillon Ravix, un des principaux affiliés, avaient vivement alarmé le commandant Biollet, l'ex-garde général Cousseaux et le capitaine Jouannini, sur qui reposaient principalement les détails du mouvement dans l'intérieur de la ville. Croyant voir à chaque instant les gendarmes envahir leurs demeures, tous trois étaient sortis de la place vers midi, et avaient rejoint Didier dans le bois d'Échirolles. Cette fuite, qui devait désorganiser l'action des conjurés de Grenoble, en les privant de leurs chefs les plus résolus, consterna Didier. Mais il était trop tard pour donner contre-ordre : le mouvement était commencé. De petits groupes d'insurgés quittaient déjà les villages des montagnes pour venir attendre sur la route de Gap le passage du détachement parti du point le plus éloigné. Ce détachement, qui, en descendant vers Grenoble, devait rallier en chemin les autres contingents, était celui de Lamure; il se composait d'environ 50 hommes que la famille Guillot avait armés de fusils de chasse, et dont faisaient partie MM. Guillot frères, Buisson frères, et tous les autres conjurés de cette ville que nous avons nommés. Ce fut à trois heures de l'après-midi que ce noyau de colonne, commandé par M. Buisson, le pharmacien, ancien officier de santé de la garde impériale, sortit de Lamure aux cris de *Vive l'Empereur! Vive Napoléon II!* Mais, en même temps que le détachement se mettait en marche, l'adjoint de la commune, Chuzin, décoré **plus tard, puis** nommé notaire à

Grenoble, prenait des chemins détournés, et accourait, ainsi qu'on l'a vu, avertir en toute hâte M. de Montlivault.

Didier avait donc pris le parti de laisser aller les choses. Dans sa pensée, les insurgés, en se présentant devant Grenoble vers minuit, n'avaient pas à courir un grand risque; ils trouveraient les portes ouvertes ou fermées : fermées, le mouvement se trouvait avorté et les insurgés rentraient paisiblement chez eux; ouvertes, c'était une preuve que les conjurés de l'intérieur l'attendaient en force, et le succès devenait alors certain. Aussi, lorsqu'à dix heures du soir des feux allumés sur la *Bastille* lui annoncèrent que le colonel Brun et les gens de sa commune occupaient cette position, n'hésita-t-il pas à donner l'ordre de les répéter sur les hauteurs d'Eybens et à faire partir un premier détachement composé d'environ 200 hommes, que vinrent grossir en route une centaine de curieux, avides d'assister les premiers à cette proclamation de Napoléon II, si positivement annoncée pour le lendemain. Ces pauvres gens s'avançaient, soutenus par le plus vif enthousiasme; parcourant la route que Napoléon, quatorze mois auparavant, avait lui-même suivie, exaltés par le souvenir de cette marche triomphale, invoquant le nom de l'Empereur ou chantant des refrains patriotiques, ils arrivèrent, vers les onze heures du soir, en vue des premiers ouvrages de Grenoble.

Le général Donnadieu, en quittant M. de Montlivault après l'arrestation du lieutenant Arribert, avait immédiatement ordonné des distributions de cartouches à la troupe, et fait mettre sous les armes jusqu'au dernier soldat. A cette heure de la nuit, les portes de la ville étaient ordinairement fermées; il suffisait au général de ne pas les tenir ouvertes et de doubler les postes intérieurs placés à chacune d'elles, pour annuler le mouvement; ce n'était pas avec leurs fusils de chasse et leurs bâtons que les insurgés pouvaient forcer l'entrée de cette grande place de guerre; obligés de s'arrêter au pied des remparts, ils se fussent dispersés devant quelques coups de fusil tirés du haut des murs, et la conspiration, dissipée par cela seul qu'elle avait éclaté, avortait sans qu'une seule goutte de sang fût répandue. Mais, emporté par la violence de son tempérament, impatient de lutte et de bruit, le général Donnadieu, loin d'attendre l'attaque, résolut de la devancer et d'aller au-devant d'elle. Il ordonne de laisser les portes ouvertes, dirige sur la *Bastille* la moitié de la compagnie départementale, ainsi qu'une compagnie de gardes nationaux, et enjoint à cinquante chasseurs d'Angoulême, éclairés par un détachement de garde nationale à cheval, que commandait M. de Lestelet, de se porter sur la route d'Eybens. A peine un quart d'heure s'était écoulé depuis le départ de ce dernier détachement, que M. de Lestelet, accourant de toute la vitesse de son cheval, annonce au commandant de la division que sa troupe avait rencontré les insurgés à peu de distance de la ville, mais que, intimidée par leur résolution et par leur nombre, elle avait fait volte-face et rentrait dans le plus grand désordre. Le général ne laisse pas à M. de Lestelet le temps de mettre pied à terre; il le dépêche en toute hâte au chevalier de Vautré, colonel de la légion de l'Isère, qui tenait sa troupe rangée, l'arme au pied, dans la cour de sa caserne, avec ordre à cet officier supérieur de marcher sur-le-champ. La légion s'élance au pas de course, et arrive sous les voûtes de la porte de Bonne au moment où, suivis par les insurgés déjà engagés dans les ouvrages extérieurs, les chasseurs d'Angoulême se précipitaient sous ces voûtes en fuyant à la débandade et en criant : *Les voilà! les voilà!*

L'enthousiasme des campagards s'était maintenu, malgré l'absence des détachements de l'Oisans et des douaniers de Pontcharra, qu'ils croyaient rencontrer à la *Croix-Rouge*, mais qui, avertis trop tard, n'avaient pu y arriver au moment convenu. Apercevant les portes ouvertes et croyant, dès lors, que les insurgés de l'intérieur en sont les maîtres et les y attendent en force, ils s'avancent avec la confiance de gens convaincus qu'ils vont rencontrer des compagnons et entrer dans la ville sans avoir à tirer ni à recevoir un seul coup de fusil. La troupe, à la vérité, se montrait incertaine; la compagnie de grenadiers, placée en tête, renfermait une vingtaine de soldats revenus de l'île d'Elbe avec l'Empereur l'année précédente, et qui, eux aussi, s'étaient présentés, devant la même porte, la nuit, marchant contre le même gouvernement, et poussant les mêmes cris que les insurgés. Ceux-ci débouchent bientôt en face du pont-levis; deux fois l'ordre de tirer se fait entendre; deux fois, à ce commandement, la troupe demeure immobile; enfin, le capitaine Friol prend le fusil d'un soldat et fait feu; entraîné par l'exemple, un ancien grenadier de l'île d'Elbe imite son chef; d'autres coups partent: les campagnards formaient un groupe épais et compacte; deux ou trois tombent mortellement blessés; le reste prend la fuite. Le colonel Vautré pousse alors le cri *En avant!* La légion s'ébranle et se met à la poursuite des fuyards. Ces derniers, à moitié chemin d'Eybens, rencontrent Didier, qui s'avançait à cheval à la tête d'un second détachement; Didier veut les reformer; mais la légion de l'Isère suivait de près; elle fait une seconde décharge; les gens de la nouvelle colonne, comme ceux de la première, se dispersent aussitôt dans toutes les directions. Vainement Didier, bravant le feu de la légion et déployant une rare énergie et le plus grand courage, se jette au milieu des fuyards et s'efforce de les rallier et de les conduire contre les soldats; lui-même est emporté par la déroute, et son cheval, mortellement blessé par une balle, ne tarde pas à tomber. Didier se dégage à grand'peine, et, protégé par l'obscurité, se jette dans le bois de Saint-Martin-d'Hères, voisin du lieu de cette dernière rencontre. Le colonel Vautré poursuit sa marche, lentement, toutefois, à cause de la nuit, et en faisant éclairer chaque côté de la route par les dragons de la Seine. A la pointe du jour, il entre à la tête de sa légion dans Eybens. Un insurgé, revêtu de l'uniforme d'officier de hussards, gisait étendu mort sur la place du village; son cheval, debout à ses côtés, penchait tristement la tête et flairait son cavalier; ce cadavre était celui du capitaine Jouannini, qui tenait encore à la bouche un papier que, dans son agonie, il n'avait pu entièrement avaler. Ce papier contenait une liste de noms en tête desquels figurait celui du commandant Ravix, arrêté la veille, puis relâché presque immédiatement, et qui, dans son ignorance de cette révélation posthume, vint des premiers, le lendemain, offrir ses services au général Donnadieu.

Le colonel Vautré ne resta que quelques heures à Eybens; il y reçut l'ordre de se porter immédiatement sur Lamure et d'en désarmer les habitants.

Pendant que ces faits avaient lieu sur la route d'Eybens, les soldats de la compagnie départementale et les gardes nationaux chargés d'attaquer la vieille tour de la Bastille se tenaient embusqués derrière des buissons et des arbres, loin des ruines occupées par le colonel Brun et les gens de Quaix, et se bornaient à tirer au hasard quelques coups de fusil dans cette direction. L'ancien chef des dromadaires avait promptement connu les événements de la porte de Bonne; il s'était aussitôt retiré, et la tour se trouvait abandonnée depuis plusieurs heures, quand deux soldats, enhardis par le silence qui s'y faisait remarquer, s'en approchèrent et se hasardèrent à escalader une fenêtre. Une caisse de tambour et quelques vases en terre furent les seuls objets qu'ils purent y rencontrer. Leurs camarades, avertis, accoururent. Cette prise de possession d'une masure vide, conquise sur des adversaires absents, n'en fut pas moins transformée, dans tous les bulletins, en un assaut opiniâtre, furieux, que le gouvernement récompensa par plusieurs décorations données aux chefs des deux détachements. Il était alors cinq heures du matin; toute trace du mouvement avait disparu : l'insurrection, si laborieusement organisée par Didier sur les proportions d'un vaste complot, venait de finir en une impuissante échauffourée.

Commandant d'une division militaire pour le roi, le général Donnadieu, en repoussant une insurrection contre le gouvernement royal, avait accompli son devoir, devoir cruel, et qu'il eût mieux rempli, sans doute, en ne courant pas au-devant des insurgés, et en laissant le soulèvement s'arrêter de lui même et mourir au seuil des portes fermées de Grenoble. En revanche, aussi large que puisse être la part qu'il faille accorder à l'emportement du zèle royaliste de cet officier général et de sa passion d'homme de parti, il est plus difficile d'excuser son attitude et son langage après l'événement. Égarés par de nobles passions et par de glorieux souvenirs, quelques malheureux venaient de payer de leur vie une erreur généreuse; des concitoyens avaient fait usage de leurs armes contre des concitoyens; le sang français venait de couler, versé par des mains françaises; quels faits étaient plus regrettables ? Le général Donnadieu, au lieu de les déplorer, poussa des cris de victoire ! Et lorsque, des trois ou quatre cents insurgés qui s'étaient avancés vers la ville, *six* seulement étaient tombés, tandis que, du côté de la troupe, on ne comptait *pas une seule* victime, il adressait au ministre de la guerre et aux généraux commandant dans le Rhône et dans la Drôme les dépêches suivantes :

Au Ministre de la Guerre.

« *Vive le roi!* monseigneur. Les cadavres de ses ennemis couvrent tous les chemins à une lieue à l'entour de Grenoble. Je n'ai que le temps de dire à Votre Excellence que les troupes de Sa Majesté se sont couvertes de gloire. A minuit, les montagnes étaient éclairées par les feux de la rébellion dans toute la province. Ils me croyaient parti pour aller occuper la ligne que doit parcourir S. A. R. madame la duchesse de Berry; mais ils ont bientôt appris que les fidèles troupes du roi étaient là. Je ne saurais trop faire l'éloge de la brave légion de l'Isère et de son digne colonel, le chevalier de Vautré. Déjà plus de soixante scélérats se trouvent en notre pouvoir, la cour prévôtale va en faire une prompte et sévère justice. J'aurai l'honneur de rendre compte à Votre Excellence aussitôt que tout sera terminé. Je remonte à cheval à l'instant. Toutes les autorités civiles et militaires ont fait leur devoir ; on évalue le nombre des brigands qui ont attaqué la ville à quatre mille. »

Au lieutenant général Parthounaux et au maréchal de camp Clerc, commandant à Lyon et à Valence.

« *Vive le roi!* mon cher général; depuis trois heures le sang n'a cessé de couler! *Vive le roi!* mon cher général, les cadavres de ses ennemis couvrent tous les chemins qui arrivent en cette ville. Depuis minuit jusqu'à cinq heures, la mousqueterie n'a cessé dans le rayon d'une lieue : encore en ce moment, la légion de l'Isère, qui s'est couverte de gloire, est à leur poursuite ; on amène les prisonniers par centaines ; la cour prévôtale en fera prompte et sévère justice. »

De son côté, le colonel Vautré, revenu le lendemain, 6, de son expédition de Lamure, en rendait compte en ces termes au colonel de la légion des Bouches-du-Rhône :

« Que n'étiez-vous avec nous, mon cher ami!... Je savais bien que dans votre province il n'y avait plus de services à rendre au roi!... Tous vos compatriotes sont royalistes, ainsi la chose va toute seule, là-bas.

« Vous aurez déjà su nécessairement que les montagnards du Dauphiné s'étaient soulevés et avaient marché sur Grenoble.

« Je les ai dispersés comme de la poussière ; trois fois cependant, à la porte même de la ville, la porte de Bonne, ils sont venus sur moi à la baïonnette, en criant *Vive l'Empereur!* J'ai défendu de tirer ; j'ai fait battre la charge et j'ai ordonné à mes braves grenadiers d'égorger cette canaille à coups de baïonnettes et aux cris de *Vive le roi!*

« Une trentaine de cadavres sont restés sur la place, au milieu de la route et dans les fossés. Ils ont eu beaucoup de blessés, relativement, qui ont porté l'épouvante sur leurs derrières et fait sauver par les montagnes les bandes qui venaient se joindre à eux.

« J'avais quatre-vingt-dix hommes avec moi, mais je n'ai fait donner que trente grenadiers qui étaient ma tête de colonne. Eux seuls ont pu faire le coup de fusil et le coup de baïonnette ; c'est au pas de charge et avec ma petite colonne que je les ai menés à ma façon : c'était comme autrefois avec mon 9ᵉ [1].

« Quatre ou cinq chefs ont été tués, quelques-uns pris, que l'on fusillera aujourd'hui, d'autres blessés, et qui se sont échappés par les montagnes.

« J'attendais le jour avec la plus vive impatience pour les poursuivre. Je suis allé jusqu'à douze lieues de poste sans m'arrêter. Jusqu'à Lamure, j'étais précédé par la terreur [2]. En traversant les villages insurgés, on voyait l'effroi peint sur tous les visages. J'ai fait quelques arrestations à Lamure. J'ai fait venir une partie du peuple sur la place et j'ai dit que je ne savais pas si je ne les ferais pas *tous fusiller* et *brûler*

---

[1] M. de Vautré avait commandé le 9ᵉ régiment de ligne.

[2] Le colonel Vautré n'avait point dépassé Lamure ; cette ville n'est éloignée de Grenoble que d'environ quatre lieues.

leur ville. « Pensez-vous, leur ai-je dit, que j'aie eu besoin de ces qua-
« tre-vingt-dix hommes pour exterminer les brigands qui ont marché
« sur Grenoble? Non, il ne m'a fallu que cela (et je leur montrais les
« grenadiers); comptez-les (je n'en avais plus dans ce moment que
« vingt-deux). Eh bien, *vos pères, vos enfants*, sont, pour la plupart,
« morts aux portes de Grenoble. Allez-y voir leurs cadavres. Et vous,
« monsieur le président des fédérés (j'avais fait arrêter ce gueux-là), un
« de vos fils a été reconnu parmi les morts. On croit aussi l'autre tué.
« Tenez, monsieur le brigand, voilà un de mes braves officiers qui a
« reconnu son chapeau et son sabre. »

« Tel est mon cher ami, le résultat de cette *tragi-comédie*.

« Il serait difficile de dire combien ces brigands étaient; mais je présume que j'en avais à peu près mille devant moi assez bien armés.

« Les fuyards de ces gens-là m'ont plus servi que le reste : ils entraînaient tous les leurs; chacun se sauvait chez soi, et en se sauvant ils criaient que j'égorgeais tout. A ma rentrée dans Grenoble avec mes quatre-vingt dix hommes (je n'en avais même pas tant), *comment!* disait-on, *le colonel n'avait que cela avec lui?* C'était une espèce de triomphe. J'entendais des gens qui criaient qu'on devait me porter en triomphe. Tout le monde, toutes les femmes étaient venues au-devant de moi. Mon capitaine de grenadiers a été reçu avec acclamations nous pouvions à peine marcher. Je me cachais un peu, parce que j'étais vraiment honteux.

« *Chevalier* DE VAUTRÉ [1]. »

Dans cette lettre, monument odieux de l'exagération fanfaronne que l'on rencontre, au reste, dans les rapports de toutes les autres autorités, M. de Vautré disait vrai, cependant, sur plusieurs points : ainsi les faits de répression brutale qu'il raconte, les propos atroces qu'il rapporte, étaient exacts; moins de trente soldats, en outre, avaient positivement suffi pour disperser les attroupements armés, et quatre-vingts

---

[1] Cette lettre, imprimée à un nombre considérable d'exemplaires et vendue un sou à Marseille et dans les villes voisines, portait en tête : *Lettre écrite de Grenoble le 10 mai 1816, par M. le maréchal de camp de Vautré, colonel de la légion de l'Isère, à M. le colonel de la légion des Bouches-du-Rhône à Marseille.* Après la signature se trouvaient les mentions suivantes : « Vu, et permis d'imprimer, le préfet des Bouches-du-Rhône, *signé* : comte DE VILLENEUVE. » Puis, plus bas : « A Marseille, chez Antoine Ricard, imprimeur du roi et de la ville. » Le texte que nous venons de reproduire est la copie d'un de ces placards imprimés.

hommes environ avaient maîtrisé, dans un rayon de quatre ou cinq lieues autour de Grenoble, ce soulèvement auquel chacun s'efforçait de donner les proportions les plus formidables, afin de grandir son rôle et d'augmenter d'autant la récompense; enfin, les royalistes de la ville, les femmes surtout avaient décerné à cet officier supérieur un véritable triomphe; c'était aux cris de *Vive Vautré! vive la légion de l'Isère!* que le colonel avait fait son entrée à Grenoble. Ces cris avaient redoublé à la vue de cent trente prisonniers environ que l'on voyait marcher à la suite de deux ou trois charrettes remplies d'armes enlevées à Lamure, prisonniers arrêtés, soit dans cette commune ou dans les villages placés sur la route, par l'infanterie de M. de Vautré, soit dans les campagnes voisines, par des détachements de dragons de la Seine, qui, dans leurs courses, ramassaient, de leur côté, tout homme qui leur semblait suspect, et jusqu'à de pauvres gens qu'ils surprenaient causant, sur leur porte, des événements de la nuit. Parmi les malheureux composant ce triste convoi, était M. Guillot père, ce *président de fédérés*, dont parle sans doute M. de Vautré dans sa lettre, et qui, en passant sous la porte de Bonne, put voir, en effet, les pavés encore rouges du sang de l'un de ses fils, tué par la première décharge de la troupe [1]

[1] Le colonel Vautré qualifiait de *tragi-comédie* les faits de la nuit du 4 au 5 mai et des deux journées qui suivirent; un simple rapprochement fera comprendre cet aveu cynique : le 4 juin, un mois après l'événement, le *Journal des Débats* publiait le document qui suit :

« *État nominatif des individus morts dans la nuit du 4 au 5 mai.* 1° Angélico, charpentier à Eybens; 2° Guillot fils, né à Lamure; 3° Jean Baptiste Clermont, né à Vizille; 4° Antoine Ballugout, garde champêtre à Vizille; 5° (on ne connait pas le nom du cinquième individu); 6° Jouannini, officier de gendarmerie en demi-solde. *Certifié véritable par nous, maître des requêtes, commissaire général de police dans le département de l'Isère.* Signé : *Bastard.* »

Six morts, voilà toute la perte des insurgés; celle de la troupe fut *nulle*, et si M. de Montlivault, dans le *Mémoire au roi* déjà cité, parle de *quelques blessés*, il ne rapporte probablement qu'un simple bruit, car aucun des rapports publiés par les différentes autorités ne mentionne le nom d'un seul blessé. En parcourant la liste des nombreuses récompenses décernées à la garnison, on découvre, il est vrai, à la suite du nom du sieur Buffet, sergent dans

La cour prévôtale de l'Isère, instituée depuis un mois, n'avait pas encore siégé. L'homme qui la dirigeait, royaliste fougueux sous l'ancienne monarchie, furieux révolutionnaire sous la République, ensuite impérialiste exalté, et que l'opposition libérale ne tarda pas à voir dans ses rangs, le prévôt Planta, avait commencé une instruction dès la journée du 5. Le 6, M. de Vautré avait ramené ses prisonniers; le 7 au matin, quatre d'entre eux, Buisson, Drevet, David et Naude, comparurent devant cette cour. Le prévôt mit un grand emportement dans ses interrogatoires; cette violence irrita l'un des accusés, aubergiste à Eybens; c'était un vieillard; il se leva : « Comment pouvez-vous nous parler ainsi? s'écria-t-il en s'adressant au prévôt. N'êtes-vous donc pas ce Planta qui est venu chanter si souvent la *Marseillaise* devant ma porte, au pied de l'arbre de la liberté, et exciter les jeunes gens du village à courir à la défense de la République et de l'Empereur? N'est-ce pas vous qui êtes cause du départ de mes enfants? aucun d'eux n'est revenu; je pourrais vous accuser de leur mort; cependant je ne me plains pas; car je n'ai pas changé, ajouta-t-il en frappant avec force sur sa poitrine, je n'ai pas retourné mon habit, moi! » La séance fut courte; Naude put fournir la preuve de l'impossibilité matérielle où il était d'avoir pris part au mouvement; la cour l'acquitta : les trois autres furent condamnés à mort. Des présomptions nombreuses existaient pourtant en faveur de l'innocence de David; elles n'avaient pu le faire absoudre; les juges, par une résolution spéciale, décidèrent qu'il serait sursis à son exécution et que l'on solliciterait pour lui la clémence du roi. Quant à Buisson et à Drevet, qui, loin de fuir l'accusation, avaient hautement avoué l'un et l'autre leur présence dans les rangs des insurgés, leur supplice fut or-

la légion de l'Isère et décoré, la mention suivante: *atteint d'un coup de feu*, mais ce blessé fut probablement le seul, puisqu'il fut seul récompensé. La plus légère blessure, une simple contusion, étaient effectivement un accident considérable dans un événement où le fait d'avoir tiré un coup de fusil, arrêté des citoyens désarmés, ou marché sur une position abandonnée, était transformé en un acte d'héroïsme.

donné pour le lendemain. On dressa l'échafaud durant la nuit, place Grenette, et le 8, à quatre heures du soir, les deux condamnés sortirent de la prison. Placés au centre d'un fort détachement de gendarmerie, chacun d'eux était accompagné par un prêtre : Drevet, ancien soldat de la garde impériale, n'avait pas vingt-sept ans; Buisson, marchand épicier à Lamure, jeune aussi, était remarquable par sa taille élevée et par la régularité de sa figure. Leur démarche était ferme; leurs traits respiraient l'enthousiasme. Tous deux franchirent la distance qui séparait la prison du lieu du supplice en jetant d'une voix retentissante les cris de *Vive la France! vive l'Empereur!* à la foule silencieuse qui les regardait passer. Adieux suprêmes à cette patrie bien-aimée pour laquelle ils croyaient mourir, aux amis et aux compagnons qu'ils laissaient après eux, ces cris furent poussés par les condamnés jusque sur l'échafaud; couchés sur la planche fatale, ils les proféraient encore avec une si puissante énergie, que leur voix dominait les cris de *Vive le roi!* poussés par un certain nombre de royalistes groupés au pied de l'échafaud. Bientôt ces dernières acclamations se firent seules entendre : le double sacrifice était consommé.

Ces arrêts et ces exécutions rapides constituaient le régime légal institué par la Chambre royaliste de 1815; cette légalité sanglante allait faire place à un arbitraire encore plus terrible.

L'officier chargé de porter au gouvernement les premiers rapports du général Donnadieu et du préfet avait quitté Grenoble dans la journée du 5. Le lendemain, 6, il s'arrêta pendant quelques instants à Lyon, premier poste télégraphique de la route, puis continua son chemin après avoir remis au général Parthounaux la lettre que nous avons reproduite, et donné au préfet quelques détails verbaux, que ce dernier fit connaître au gouvernement par la voie du télégraphe. Cette dépêche du préfet du Rhône était ainsi conçue :

« Dans la nuit du 4 au 5, un attroupement d'environ 400 hommes a attaqué Grenoble de tous côtés; les insurgés ont été battus sur tous les points ; on a fait un grand nombre de prisonniers ; on est à la poursuite des fuyards dans les montagnes [1]. »

On a vu, dans le précédent chapitre, à quel moment la nouvelle vint surprendre le ministère : les orageux débats de la Chambre cessaient à peine; deux ministres étaient obligés d'abandonner leurs portefeuilles; l'ordonnance de nomination de MM. Lainé et Dambray, appelés à remplacer MM. Barbé-Marbois et de Vaublanc, n'était pas encore publiée; aucune réunion du cabinet reconstitué n'avait encore eu lieu. Convoqués en toute hâte, dans l'après-midi du 6, pour statuer sur l'événement, et voyant dans la révolte annoncée les symptômes d'une guerre civile qu'il importait d'étouffer dans son germe, n'importe à quel prix, les nouveaux, comme les anciens ministres, furent unanimes pour décider, sur la proposition de M. Decazes, de suspendre, dans l'Isère, le cours ordinaire des lois, et de soumettre la contrée au régime de la loi martiale. M. Decazes, à la sortie du conseil, transmit cette décision aux autorités de Grenoble par voie télégraphique et dans les termes suivants :

« 6 mai, 6 heures du soir.

« Le département de l'Isère doit être regardé comme étant en *état de siège*. Les autorités civiles et militaires ont un *pouvoir discrétionnaire*. »

En même temps que cette dépêche partait pour Lyon, le ministre de la police se hâtait d'annoncer la nouvelle aux préfets des quinze départements les plus proches de celui de l'Isère, et leur transmettait les instructions suivantes :

« Comme des factieux aussi désespérés pourraient s'être ménagé des communications dans les pays circonvoisins, et qu'il serait possible que vous fussiez menacé de voir éclater des mouvements semblables, je me

---

[1] L'officier porteur des premières dépêches du général Donnadieu ne put les remettre, malgré la plus grande diligence, que deux jours après la réception de cette dépêche télégraphique. La lettre du général au ministre de la guerre, transcrite plus haut, ne vint aux mains du duc de Feltre que le 8 mai, à 6 heures du matin.

suis empressé de vous expédier une estafette afin que vous fussiez sur vos gardes, toujours prêt à agir et à seconder l'ensemble des opérations qu'exigerait l'urgence des circonstances.

« Si vous apercevez le plus léger symptôme de soulèvement, ne balancez pas. La plus grande vigueur et une rigueur égale doivent être déployées dès le principe. L'hésitation seule serait coupable, parce que les suites en seraient incalculables. En pareil cas, un pouvoir discrétionnaire est laissé aux magistrats.

« La gendarmerie doit toujours rester sur pied et ne faire *aucun quartier* aux premiers rebelles qui oseraient se montrer. Tout canton insurgé doit être considéré comme en état de siége.

« Mettez la garde nationale en mouvement; veillez à ce que les points les plus importants soient occupés; stimulez le zèle des fidèles serviteurs du roi; promettez des récompenses à ceux qui feraient des révélations; ne négligez rien pour connaître les chefs et l'étendue du complot, et les moyens des affiliés; ne soyez pas arrêté par le défaut de fonds; toute dépense vous sera remboursée.

« Multipliez vos relations; dépêchez-moi un courrier au moindre mouvement; prenez conseil des circonstances; usez de la latitude qui vous est accordée; vous pourrez compter sur l'approbation comme sur l'appui du gouvernement. »

Pendant que des courriers portaient à quinze préfets cette circulaire, où se déployait, dans toute sa violence, l'effrayant arbitraire de l'époque, et qui était datée, comme la dépêche, du 6 *mai, six heures du soir*, celle-ci était recueillie à Lyon, et arrivait par courrier, le lendemain, 7, à Grenoble. Le même jour, le nouveau régime sous lequel allait se trouver placé le département de l'Isère était annoncé aux habitants par M. de Montlivault et par le général Donnadieu, dans une proclamation qui se terminait ainsi :

« La suspension du cours ordinaire des lois doit rassurer tous les citoyens paisibles. Que les mauvais citoyens tremblent! Quant aux rebelles, le glaive de la loi va les frapper. »

Le lendemain, 8, jour de l'exécution de Buisson et de Drevet, le général Donnadieu publiait, en son nom seul, l'arrêté suivant :

« Article 1er. — Les habitants de la maison dans laquelle sera trouvé le sieur Didier seront livrés à une commission militaire *pour être passés par les armes*.

« Article 2. — Il est accordé à celui qui livrera *mort* ou *vif* ledit sieur Didier une somme de 3,000 fr. pour *gratification*. »

Cette prime de 3,000 fr., promise à qui arrêterait ou tuerait Didier, reproduisait les dispositions d'un arrêté publié, trois jours auparavant, le 5, par M. de Montlivault, et où ce fonctionnaire assurait à tous ceux qui livreraient un des auteurs, chefs ou fauteurs de la rébellion, une récompense de 100 fr. à 3,000 fr., selon l'importance de l'individu livré. Incitations et promesses odieuses; car, émanées de l'autorité publique, elles offraient le triste spectacle de hauts fonctionnaires foulant aux pieds toute morale humaine, surexcitant les plus viles passions, provoquant à la délation et au meurtre, et offrant le prix du sang.

Enfin, le 9, MM. de Montlivault et Donnadieu prenaient un nouvel arrêté ainsi conçu :

« Le lieutenant général et le préfet arrêtent, en vertu des pouvoirs qui leur sont délégués :

« Article 1er. — Tout habitant dans la maison duquel il sera trouvé un individu ayant fait partie des bandes séditieuses, et qui, l'ayant recelé sciemment, ne l'aura pas *dénoncé sur-le-champ* à l'autorité, sera arrêté, livré à la *commission militaire* et condamné à la *peine de mort;* sa maison *sera rasée*.

« Article 2. — Tout habitant qui, dans les vingt-quatre heures après la publication du présent arrêté, n'aura pas obéi à l'arrêté du préfet (sur le désarmement), et chez lequel il sera trouvé des armes de guerre, ou qui aurait chez lui des *armes de chasse, pistolets, épées*, etc., dont il n'aurait pas fait la déclaration, sera livré à la *commission militaire* et *sa maison rasée*. »

On pourrait croire qu'il était impossible de pousser plus loin l'ivresse de cette dictature d'un jour et le délire de la passion politique; cette journée du 9 devait se trouver témoin de faits peut-être plus monstrueux encore.

La *commission militaire*, deux fois désignée dans l'arrêté que l'on vient de lire, avait été instituée le matin, en même temps que le CONSEIL DE GUERRE chargé de remplacer, pendant l'état de siége, la cour prévôtale ainsi que les autres juridictions criminelles légales; composée de cinq officiers de la garnison, cette *commission militaire*, à la vérité, ne devait avoir qu'une existence nominale; elle resta une simple menace; en revanche, le CONSEIL DE GUERRE entra sur-le-champ en fonctions. Par un coupable oubli des règles de la plus vulgaire justice, le général Donnadieu n'avait pas craint de donner la présidence de ce tribunal à un homme que son rôle, durant les derniers jours, rendait tout à la fois acteur, témoin et juge dans les faits sur lesquels il allait prononcer; il avait composé ce conseil ainsi : le colonel Vautré, *président ;* le chef de bataillon Duclaux-Deymard, les capitaines Guenerat et Demarry, le lieutenant Mack, le sous-lieutenant Benoit, le sergent-major Paquel, *juges ;* les capitaines Charpenay, faisant fonctions de *procureur du roi*, et Roudier, *capitaine rapporteur ;* Bernard, *greffier.*

Ce fut à onze heures du matin, moins de deux heures après sa constitution, que ce conseil ouvrit sa séance et fit comparaître devant lui *trente* des prisonniers capturés par M. de Vautré lui-même et qu'il avait conduits dans la prison, d'où la garde les amenait. Quelques questions adressées isolément, la veille, par le prévôt Planta à ces malheureux, sans la moindre confrontation entre eux ou avec des témoins, constituaient toute la procédure. Il y a plus, ignorant leur mise en jugement immédiate, le plus grand nombre n'avaient pas songé à se pourvoir de défenseurs. Ce fut par une sorte de hasard que trois avocats, MM. Sappey, Mallein et Vial, choisis à l'avance par cinq d'entre eux, se trouvèrent présents dans la salle.

L'audience ouverte, le capitaine rapporteur expose brièvement les faits, et conclut à la peine de mort contre les trente accusés. Lorsqu'il a cessé de parler, M. de Vautré interpelle un cultivateur placé le premier sur le banc et lui demande son nom; celui-ci le donne. Le colonel appelle aussitôt les témoins; c'étaient quatre soldats de sa légion; ils se présentent ensemble : « Reconnaissez-vous l'accusé? » leur dit M. de Vautré. Les soldats répondent affirmativement. Le colonel déclare le débat terminé. L'accusé se lève et veut faire une observation : « Tais-toi, coquin! » lui crie le président; le malheureux insiste pour parler; mais ces mots : « Veux-tu bien te taire! » l'arrêtent; il se rassied. Le colonel demande alors aux trois avocats s'ils consentent à défendre d'office le prévenu. MM. Sappey et Mallein répondent qu'ils y sont disposés; mais ils ajoutent que, voyant cet accusé pour la première fois, et ne connaissant pas ses moyens de défense, ils sollicitent un délai suffisant pour conférer avec lui. « Le conseil ne peut accorder aucun délai, répond le colonel; il faut en finir. Voulez-vous ou non accepter la défense? » M. Sappey s'y décide; il ne prononce que quelques mots. « C'est encore bien long; nous n'en finirons jamais, si chacun des accusés doit nous tenir autant, » dit à haute voix le colonel en se tournant vers ses collègues pour recueillir leur opinion. Mais, se ravisant tout à coup, il propose au conseil de réunir toutes les causes et de ne prononcer qu'un seul et même jugement; son avis est adopté, et les vingt-neuf accusés restants, mis tour à tour en présence des témoins, devant le bureau des juges, reviennent successivement s'asseoir sur leur banc. Après cette espèce d'appel nominal, M. de Vautré demande aux trois avocats s'ils veulent accepter la défense des vingt-cinq prisonniers qui n'ont point de conseils. MM. Sappey et Mallein répondent qu'ils y consentent; mais ils font observer de nouveau qu'ils ont besoin de délai. « Je vous répète que le conseil ne peut vous accorder aucun délai, réplique le colonel, et je vous avertis que, si vous refusez, je donnerai pour défenseur d'office à tous les accusés le premier tambour qui me tombera sous la main. » Les trois avocats déclarent alors qu'ils plaideront. « Mais soyez courts, ajoute le colonel; le conseil n'entend pas rester en séance jusqu'à demain. » MM. Mallein et Sappey prennent tour à tour la parole, ou, pour dire mieux, présentent quelques observations. Quelle défense, en effet, pouvaient-ils prononcer, quand ils ne savaient rien des circonstances particulières à la position de chacun de leurs malheureux clients, et qu'ignorant même leurs noms, ils ne pouvaient désigner les infortunés dont ils essayaient de disputer la vie autrement que par la forme de leur coiffure ou par la couleur de leurs cheveux, la nature et la teinte de leurs vêtements? « Abrégeons! abrégeons! » répétait d'ailleurs, à chaque minute, le colonel Vautré. M. Vial, chargé de la défense de M. Morin, pharmacien à Lamure, fut entendu le dernier. L'accusation faisait une part spéciale à M. Morin; elle lui reprochait d'avoir tenu un bureau ouvert d'enrôlements pour l'insurrection. Le président arrêta son avocat dès les premiers mots : « C'est vraiment une chose incroyable, s'écria-t-il, de voir défendre un pareil scélérat!

— Mais où sont les preuves qu'il soit tel? réplique le défenseur.

— Les preuves! vous osez demander des preuves? Mais elles sont plus claires que le jour! Allez, vous devriez rougir de vous constituer l'avocat d'un misérable qu'on aurait dû fusiller sur-le-champ!

— Mais, monsieur le président, je le répète, il n'existe pas la moindre preuve de culpabilité dans la procédure.

— La procédure! Allez, allez, je n'en ai pas besoin, de votre procédure! je connais l'affaire de ce brigand; est-ce que je ne suis pas allé sur les lieux? Tout le gribouillage que vous pouvez nous débiter est parfaitement inutile. »

M. Vial n'en continue pas moins son plaidoyer; mais la patience échappe bientôt au colonel : « Allons, voyons, dit-il en interrompant de nouveau l'avocat, aurez-vous bientôt fini?

— Monsieur le président, s'écrie M. Mallein en se levant avec vivacité, les lois qui régissent les conseils de guerre, comme celles suivies par tous les autres tribunaux, veulent que tout accusé soit défendu. Nous sommes ici en vertu du pouvoir que nous ont donné quelques accusés, et de celui que vous-même nous avez conféré à l'égard des autres prévenus. La loi nous permet, nous ordonne de dire tout ce qui peut disculper nos clients; elle nous garantit, en outre, des égards que cependant nous n'obtenons pas de vous!

— Ce que je dis là n'est ni pour vous ni pour celui-ci, répond le président en désignant M. Sappey; mais pour *cet autre* qui nous fatigue avec ses phrases, ajoute-t-il en montrant M. Vial; sans lui, il y a déjà une heure que nous aurions fini. » S'adressant alors à M. Vial : « Allons, lui dit-il, puisqu'il le faut, continuez. » M. Vial acheva sa défense, mais non sans exciter les fréquents murmures de M. de Vautré, qui répétait parfois, en raillant et à haute voix, les paroles de l'avocat, et les accompagnait de commentaires moqueurs.

L'officier faisant fonction de procureur du roi donna ses conclusions, et le conseil se retira pour délibérer. L'interrogatoire des accusés s'était borné, pour ainsi dire, à un simple appel nominal; les dépositions des témoins n'avaient pas été autre chose que des reconnaissances d'identité; la défense de chaque accusé avait rarement dépassé une durée de quelques minutes; il était dès lors probable que les collègues de M. de Vautré, confondant tous les accusés dans une seule catégorie de coupables, rendraient une sentence de mort en bloc. Heureusement pour quelques-uns des prévenus, le sous-lieutenant Benoît avait pris à la dérobée quelques notes qui lui permirent de ranger les accusés en plusieurs classes. Six prévenus, entre autres, étaient des habitants de la Tronche et des environs, qu'une patrouille de dragons avait arrêtés le 5, en plein jour, lorsqu'ils s'entretenaient paisiblement sur la route. Pas un des juges n'ignorait que les gens de cette vallée étaient restés absolument étrangers à l'insurrection; mais, au milieu de la rapidité et de la confusion du débat, cette circonstance avait complétement échappé au conseil, et ces malheureux se fussent certainement trouvés enveloppés dans la condamnation commune, si, consultant ses notes, M. Benoît n'eût fait valoir leur innocence auprès de ses collègues; il demanda leur acquittement absolu. Seul, M. de Vautré combattit la proposition; il convenait que ces accusés ne méritaient pas la **peine** de mort; mais, opposant aux considérations invoquées par M. Benoît le *mauvais esprit* qui animait, disait-il, tous les habitants de la Tronche, il demandait, au moins, une condamnation à deux ans de prison. L'acquittement fut prononcé.

Encouragé par ce succès, dans lequel l'avaient surtout aidé MM. Charpenay, Duclaux-Deymard et Demarry, le jeune sous-lieutenant essaya d'arracher encore à la mort cinq autres accusés arrêtés aux environs du lieu où la troupe avait rencontré la seconde fois les insurgés, mais dont la culpabilité n'était rien moins que démontrée; aucun d'eux, par exemple, ne se trouvait armé; ils n'avaient pas même des bâtons. Ses collègues semblaient l'écouter avec intérêt, lorsque M. de Vautré l'interrompit pour insister sur la nécessité de leur condamnation, déclarant que, dans tous les cas, le conseil pourrait les recommander *à la clémence du roi*. Cette perspective d'une grâce qui, sollicitée par le conseil lui-même, serait nécessairement accordée, leva les scrupules des membres disposés à l'acquittement; ces malheureux furent compris parmi les 21 accusés que le conseil condamna à la peine capitale. Ces condamnés, parmi lesquels on comptait un père et ses deux fils, deux autres frères, âgés, l'un de dix-huit ans, l'autre de dix-neuf, et un enfant de seize ans, étaient :

« Noël *Alloard* père, de Saint-Martin-la-Motte, âgé de 59 ans, et ses deux fils, Christophe *Alloard*, âgé de 32 ans, et André *Alloard*, âgé de 21 ans; Jean-Baptiste *Richard*, propriétaire à Lamure, âgé de 50 ans; Pierre *Belin*, menuisier à Livet, âgé de 44 ans; Ambroise *Morin*, pharmacien à Lamure, âgé de 38 ans; Antoine *Baffer*, tailleur d'habits à Eybens, âgé de 37 ans; Jean-Baptiste *Hoste*, maréchal ferrant à Varces, âgé de 36 ans; Jean *Fiat-Galle*, cultivateur à Quaix, âgé de 33 ans; Joseph *Carlet*, de Varces, âgé de 27 ans; Claude *Piot*, d'Échirolles, âgé de 27 ans; Jean-Baptiste *Ussard*, âgé de 26 ans; Jean *Arnaud*, de Vif, âgé de 25 ans; Jean-François *Mury*, de Vizille, âgé de 24 ans; Jean *Barbier*, cultivateur à Eybens, âgé de 23 ans; François *Bard*, âgé de 23 ans; Antoine *Peyraud*, de Lamure, âgé de 22 ans; Antoine *Ribaud*, de Saint-Jean-de-Vaulx, âgé de 22 ans; les deux frères Louis *Régnier* et Honoré *Régnier*, de Saint-Jean-de-Vaulx, âgés, le premier de *dix-neuf* ans et le second de *dix-huit* ans; Maurice *Miard*, de Lamure, âgé de SEIZE ans. »

Les cinq condamnés recommandés à la clémence du roi par un dispositif spécial du jugement, « comme ayant paru au conseil moins criminels d'intention que les autres, » étaient *Alloard* père, Pierre *Belin*, Claude *Piot*, Jean-François *Mury* et le jeune *Miard*.

Il était nuit lorsque ce jugement fut prononcé en séance publique. Le recours en grâce formé par le conseil réduisait à 16 le nombre des accusés qui devaient être passés immédiatement par les armes; les dispositions furent prises pour les exécuter le lendemain.

La nouvelle de cette effroyable sentence s'était rapidement répandue; tant de familles se trouvaient frappées! Le 10, au matin, deux citoyens de Grenoble, M. Alphonse Perrier, maire d'Eybens, et M. Camille Teissère, étonnés d'entendre lire sur la liste des condamnés les noms de Jean-Baptiste *Ussard* et de François *Bard*, prennent à la hâte quelques renseignements, accourent chez le général Donnadieu, et lui mettent sous les yeux la preuve matérielle de l'innocence de ces deux malheureux. Le général s'engage à faire suspendre leur exécution, et transmet sur-le-champ au rapporteur les pièces qu'il vient de recevoir, avec ordre de convoquer le conseil et de déclarer le sursis. M. de Vautré et ses collègues s'assemblent immédiatement et prennent la décision suivante :

« Le conseil de guerre, réuni extraordinairement, en vertu des ordres de M. le lieutenant général, pour délibérer sur des *pièces à décharge* en faveur des nommés Jean-Baptiste Ussard et François Bard, transmises à M. le rapporteur après le jugement rendu, le conseil a déclaré, *à l'unanimité*, qu'il serait sursis à l'exécution des dénommés ci-dessus, condamnés à la peine de mort. »

Si deux citoyens courageux, par une rapide enquête, avaient pu démontrer la non-culpabilité de deux des seize condamnés pour lesquels M. de Vautré et ses collègues n'avaient pas sollicité la clémence royale, ne doit-on pas supposer qu'une instruction convenablement faite et un débat autrement conduit eussent également prouvé l'innocence d'un plus grand nombre ?

C'était dans la nuit du 4 au 5 mai que le premier détachement d'insurgés avait paru devant la porte de Bonne, pour se disperser, sans résistance, devant les coups de fusil de quelques soldats; le 6, le colonel Vautré, après avoir désarmé Lamure et les communes voisines, sans rencontrer la moindre opposition, était rentré avec ses prisonniers; le 7, la cour prévôtale avait prononcé trois condamnations à mort; le 8, les têtes de Buisson et de Drevet étaient tombées; le 9, le général Donnadieu avait institué le conseil de guerre, et, le même jour, ce conseil avait prononcé, avant la nuit, vingt et une condamnations capitales. Le lendemain 10, un vendredi, les portes de la ville furent fermées, et, vers midi, toutes les troupes prirent les armes.

La Révolution n'avait pas fait une seule victime à Grenoble; cette généreuse et patriotique cité avait traversé les luttes de la République contre le parti de l'ancien régime et contre l'Europe sans qu'un seul proscrit ou un vaincu fût tombé dans ses murs. Malgré les cris de *Vive le roi!* poussés au pied de l'échafaud de Buisson et de Drevet, leur exécution, premier sacrifice politique offert en spectacle à la population, avait excité, parmi la généralité des habitants, autant de surprise que de pitié. L'impression fut encore plus profonde quand le bruit de nombreux tambours, battant le rappel, vint annoncer les préparatifs d'un nouvel holocauste. La consternation et une sorte d'épouvante se répandirent dans la ville; un silence de mort s'établit de proche en proche dans tous les quartiers; les rues devinrent désertes; bientôt on put voir chaque habitant fermer ses fenêtres et ses portes. Enfin, à quatre heures et demie du soir, la cloche de l'église de Saint-André, voisine de la prison, fit entendre un tintement qui serra bien des cœurs; elle sonnait le glas des funérailles. A ce lugubre signal, les portes de la prison s'ouvrent et donnent successivement passage à quatorze condamnés qui sortent lentement un à un; quatorze prêtres les accompagnent, un crucifix à la main. Le cortége, escorté par un fort détachement de gendarmerie, descend les quais de l'Isère, traverse une partie de la ville et arrive enfin à l'esplanade de la porte de France, lieu désigné pour le supplice. Jugés par un conseil de guerre, les condamnés devaient être passés par les armes. La garnison les attendait, rangée en carré. Cent hommes, pris dans la légion du colonel Vautré et dans celle de l'Hérault, formés en un seul peloton sur le côté du carré opposé à la porte de France, tournaient le dos au fossé défendant la partie extérieure de l'esplanade; c'est au pied du talus intérieur de ce fossé que l'on amène les victimes; quatre frères se trouvaient parmi elles; toutes s'agenouillent sur une seule ligne, les deux frères Alloard, l'un près de l'autre, Honoré Régnier auprès de son frère Louis. L'officier chargé de l'exécution jette un dernier coup d'œil sur les condamnés; il ordonne à l'un d'eux de changer de place; ce dernier se lève, ramasse son chapeau déposé devant lui, l'emporte, et s'agenouille de nouveau au rang qui lui est indiqué. Alors les quatorze prêtres s'avancent; ils approchent une dernière fois le crucifix des lèvres des patients; le détachement fait aussitôt volte-face; l'officier lève son épée; les quatorze condamnés tombent frappés de cent balles[1].

Pendant que s'accomplissait ce terrible sacrifice, un courrier emportait vers Paris les demandes en grâce formées par la cour prévôtale et par le conseil de guerre. Le gouvernement en reçut la communication sommaire dans la soirée du lendemain, 11, par la voie du télégraphe de Lyon. Le 12, le conseil s'assembla pour délibérer sur cette dépêche. Ses membres, par suite du retard que la distance apportait dans l'ar-

---

[1] C'étaient les soldats de M. de Vautré qui, sous ses ordres, avaient repoussé, poursuivi, capturé, puis conduit en prison les condamnés; seuls témoins, en outre, dans le procès, ils venaient encore de participer à l'exécution de la sentence.

rivée des courriers, n'avaient alors sous les yeux que les seuls rapports écrits par le commandant de la division et par le préfet, le matin même de l'événement et le lendemain ; deux de ces derniers rapports, adressés par le général Donnadieu au ministre de la guerre, étaient ainsi conçus :

« 6 mai.

« A la hâte, hier matin, j'ai eu l'honneur de rendre compte à Votre Excellence de l'événement qui était arrivé pendant la nuit, par l'officier que je lui ai dépêché. Depuis lors, des renseignements nombreux sont venus éclairer cette audacieuse entreprise. Des intelligences préparées devaient mettre 15,000 hommes sous les armes dans cette ville et marcher immédiatement sur Lyon. Un personnage secret, dont nous ne pouvons encore connaître le nom, et à qui la bande réunie rendait un grand respect, paraissait être l'âme du mouvement [1]. Le nommé Didier, qui a figuré dans l'affaire du mois de janvier [2], dirigeait sous ce personnage la population qui était en mouvement. »

« *Même date.* — Chaque heure nous apporte de nouvelles découvertes ; nous connaissons déjà plusieurs chefs qui devaient s'emparer des principaux postes de la ville ; ces chefs sont des officiers supérieurs en retraite ou en demi-solde. Bientôt, j'espère, ils seront en notre pouvoir ; une prompte justice en sera faite.

« A l'instant, on me donne avis qu'il se forme des projets dans la campagne de venir enlever les prisonniers et de mettre le feu à la ville ; je prends toutes mes mesures pour que ces complots soient déjoués. »

Une autre lettre, confirmant les principaux détails des premiers rapports, ajoutait « que les révoltés s'étaient présentés devant Grenoble en si grand nombre et que l'affaire avait été si chaude, que la terre était couverte de cadavres à une lieue à la ronde.» Enfin, plusieurs dépêches transmises de Lyon, la veille ou le matin même, annonçaient « que le général Donnadieu demandait en toute hâte de nouveaux secours; que 4,000 Piémontais, tant cavalerie qu'infanterie, réunis à Chambéry, devaient joindre les factieux de Grenoble au premier bruit de

---

[1] Ce personnage, qui se faisait remarquer par sa petite taille, et portait un habit bleu, un gilet blanc et un chapeau rond, disaient les témoins entendus dans l'instruction, et que les insurgés saluaient du titre de *général*, était le commandant Biollet.

[2] Affaire Rosset. Voir plus haut, pages 222 et 223.

succès, et que 400 étaient déjà partis avec armes et bagages.»
La nécessité d'arrêter, par l'exemple de châtiments rapides, le développement d'une révolte qui s'annonçait avec des apparences aussi formidables, fut la première considération que M. Decazes invoqua pour proposer au conseil de rejeter toutes les demandes en grâce; il fit ensuite valoir le besoin de repousser les accusations d'insuffisance et de mollesse dirigées contre le cabinet par les membres les plus ardents de la Chambre qui venait de se séparer, accusations que ces membres colportaient, en ce moment même, sur tous les points du royaume, et que justifierait une indulgence coupable. Vainement le duc de Richelieu et M. Lainé, avertis par leur conscience, objectaient qu'il s'agissait, non d'indulgence, mais de justice; que ce ne pouvait pas être sans les motifs les plus graves que la cour prévôtale, ainsi que les juges militaires, placés sur les lieux, s'étaient décidés à solliciter la grâce absolue de huit condamnés; que le conseil, dans son ignorance du mérite de cette demande, et en l'absence de tout document écrit, de toute pièce, devait ou accorder la grâce ou attendre de plus amples renseignements; la voix de ces deux ministres resta isolée; MM. Dambray, Dubouchage, le duc de Feltre, que l'on voyait se ranger toujours du côté de la violence, quand cet avis se trouvait celui du plus fort, puis M. de Corvetto, appuyèrent successivement l'opinion de M. Decazes. La grâce fut repoussée. M. Dambray, comme ministre de la justice, fut chargé d'en formuler le rejet; M. Decazes, comme ministre de la police, reçut mission de signifier en même temps deux autres résolutions adoptées par le conseil. Ces différentes dispositions devinrent l'objet d'une seule dépêche télégraphique conçue en ces termes :

Le ministre de la police générale au général Donnadieu, commandant la 7ᵉ division militaire.

« Paris, le 12 mai 1816, à quatre heures du soir.

« Je vous annonce, par ordre du roi, qu'il ne faut accorder de grâce qu'à ceux qui ont révélé des choses importantes

« Les *vingt et un* condamnés *doivent être exécutés*, ainsi que David.

« L'arrêté du 9, relatif aux recéleurs, ne peut pas être exécuté à la lettre.

« On promet *vingt mille francs* à ceux qui livreront Didier. »

Les ministres, qui, dans leur ignorance des immolations faites l'avant-veille, 10, commandaient ainsi l'exécution de tous les condamnés, étaient d'autant plus coupables, que, dépositaires de la puissance publique, ils donnaient cet ordre de mort en masse, moins peut-être dans un esprit de répression même exagérée que dans l'intérêt de leur fortune et de leur position politique. Ce sont les faits de cette nature qui font calomnier trop souvent la nature humaine; les moralistes, qui l'accusent, seraient moins injustes, s'ils ne tenaient pas leurs regards exclusivement dirigés sur les hommes que les hasards de la naissance ou de la fortune, leur audace ou leur adresse, placent sur les premiers degrés de l'échelle sociale. Ce n'étaient ni l'ambition, ni la soif des richesses et des honneurs, qui avaient entraîné les vaincus du 5 mai. Ils n'attendaient rien pour eux. Pauvres la veille de l'événement, le succès les eût laissés pauvres. Dans leur pur dévouement à la France, ces humbles membres de la grande famille n'intervenaient que pour les sacrifices; ils ne demandaient au triomphe que la gloire de la patrie, le rétablissement de son indépendance et de sa grandeur. Cette erreur généreuse dont nul n'avait souffert, hormis eux-mêmes, méritait-elle donc la mort? Mieux que personne, le général Donnadieu savait que l'exécution de plusieurs des malheureux qui attendaient alors l'issue du recours en grâce formé par leurs juges mêmes serait un véritable assassinat. L'ordre de commettre ce crime, qui poursuivra justement la mémoire de tous ceux qui y ont trempé, allait parvenir à cet officier général; il pouvait, en résignant son autorité, sinon l'empêcher, du moins en décliner la responsabilité morale; il n'hésita pas à le commander.

Le courrier chargé de lui apporter, de Lyon, la dépêche plus haut transcrite, était arrivé dans la nuit du 14 au 15. Le jour même du 15 mai, à quatre heures du soir, le funèbre tintement de la cloche de Saint André se fit encore une fois entendre, et Alloard père, Belin, Piot, Mury, Ussard et Bard, ces deux condamnés reconnus innocents, puis le jeune Miard, sortant à leur tour de la prison, furent conduits sur cette esplanade de la porte de France, où, cinq jours auparavant, étaient tombés les quatorze malheureux qui les avaient devancés dans la mort. Noël Alloard se mit à genoux sur la terre encore humide du sang de ses deux fils; l'enfant de seize ans s'agenouilla près du vieillard; leurs cinq compagnons prirent place à côté d'eux. Mais presque aussitôt Piot se lève; ancien soldat de la garde, il veut parler aux soldats du peloton d'exécution et commander le feu. Un roulement de tambours couvre sa voix. Les soldats tirent; le mouvement de Piot apporte de l'incertitude dans la direction des balles : le jeune Miard n'est que blessé; il se dresse sur ses mains et lève la tête; ses regards demandent la vie. Une seconde décharge éclate au milieu des cris d'horreur et de pitié poussés par les spectateurs; le résultat est encore incomplet : une troisième décharge termine enfin cet horrible drame. Le lendemain, 16, à onze heures du matin, David, ce vieillard dont les enfants, partis pour l'armée, *n'étaient pas revenus*, et que la cour prévôtale n'avait condamné qu'en sollicitant pour lui la clémence du roi, montait sur l'échafaud dressé place Grenette, et mourait avec le même courage et en jetant sur la foule les mêmes cris que Drevet et Buisson.

Quand ils permettaient au général Donnadieu de faire grâce à ceux des prisonniers, encore en état de simple prévention, qui feraient des révélations importantes, les ministres croyaient le complot beaucoup plus grave et plus étendu qu'il ne l'était en réalité. Ils ne supposaient pas que Didier, homme obscur et ignoré, eût seul pu l'organiser. Dans leur pensée, la conspiration partait de Paris, et le cri de *Vive Napoléon II!* invocation impuissante, cachait un autre nom politique. Ce nom, quel était-il? On chercha, et l'on se souvint, autour de M. Decazes, que Rosset, dans ses interrogatoires devant le commissaire général de police du Rhône, rapportait que Didier, lors de son passage à Lyon, avait prononcé plusieurs fois le nom du duc d'Orléans. On rapprocha ce premier indice des tentatives essayées en faveur de ce prince avant la journée du 20 mars et le lendemain de Waterloo, ainsi que des faits qui avaient décidé son exil. Il parut dès lors évident que les conspirateurs se ralliaient autour du nom du premier prince du sang, et que le complot avait à Paris son foyer, ses principaux moyens d'action et ses chefs. On s'efforça de découvrir ceux-ci : la tâche était difficile; aussi la police s'agitait-elle dans le vide, lorsque, chose étrange ! elle fut avertie que les fonctionnaires les plus élevés d'un département voisin de Paris, signalés jusqu'alors comme de fougueux royalistes, recrutaient des complices à une vaste conjuration organisée en faveur du duc d'Orléans.

Un des comités secrets, ou plutôt une de ces petites sociétés politiques que les principaux royalistes de chaque localité organisaient entre eux, existait à Amiens, et comptait parmi ses membres M. Séguier, préfet du département, et l'adjudant général Clouet, colonel de la légion de la Somme[1]. M. Morgan, procureur général près la cour royale, sollicite la faveur d'entrer dans l'association; on la lui accorde; une épreuve est exigée avant sa réception : on lui bande les yeux et on le conduit dans une pièce où tout était disposé pour le glacer d'effroi; son bandeau tombe : trois hommes masqués sont devant lui tenant la pointe de trois épées nues sur sa poitrine. On lui déclare que la société a pour but, non le maintien de Louis XVIII, mais l'avénement du duc d'Orléans, et qu'il doit choisir entre le serment de servir ce prince ou la mort. Le procureur général, tremblant, opte pour le serment; mais, à peine rentré chez lui, il dénonce la conjuration au ministre de la police, qui fait immédiatement procéder à une enquête sévère, et décou-

---

[1] Ce colonel Clouet est le même qui avait déserté avec M. de Bourmont le matin du 15 juin 1815.

vre qu'il ne s'était agi que d'*éprouver* la sincérité des opinions royalistes du récipiendaire. L'*épreuve*, toutefois, parut aussi inconvenante que dangereuse, et le 9 mai, le même jour où e conseil de guerre de Grenoble prononçait vingt et une condamnations capitales, une ordonnance mettait en non-activité le colonel Clouet, destituait et le préfet Séguier et M. Morgan lui-même, « comme ayant fait partie d'une société secrète dont ils n'avaient pas révélé l'existence au gouvernement[1]. »

Dans le même moment, des rapports annonçant le prochain départ pour Londres de M. Huet, membre de la Chambre des Cent-Jours, avaient fait espérer au ministre de la police que ses recherches allaient aboutir à un résultat, et qu'il se trouvait enfin sur la trace si ardemment poursuivie. L'ancien représentant, disait-on, était chargé de porter au duc d'Orléans un *Mémoire* rédigé par un des amis de ce prince, et dans lequel on lui faisait connaître la situation politique intérieure de la France, ainsi que les projets formés pour décider son avénement. M. Huet devait, en effet, se rendre à Londres, et se mit en chemin. On l'arrêta à Saint-Denis; mais toutes les recherches pratiquées sur sa personne et dans sa voiture furent vaines : on ne put rien découvrir. Le ministre de la police se tourna alors contre l'auteur désigné du *Mémoire*, un homme de l'ancienne cour, le comte de Thiard, rentré de l'émigration

---

[1] Ces comités ou sociétés, qui vinrent se fondre ensuite dans les congrégations, se constituaient sous des désignations différentes selon chaque localité : ici, elles prenaient le nom de *chambres ardentes*; ailleurs, le titre de *Franks régénérés*. Ce dernier titre, qui annonçait dans ses auteurs nous ne savons quelle prétention à une descendance impossible des conquérants de la Gaule romaine, n'appartenait pas, ainsi qu'on l'a cru, à une association embrassant tout le royaume; il était purement local. L'organisation intérieure de ces *Franks* régénérés rappelait d'une façon assez ridicule le passé féodal : tel préfet était le chef de la Société de son endroit sous le nom de *sénéchal* ou de *vidame;* ses commis et ses familiers les plus obscurs se partageaient les titres de *chevaliers*, de *bannerets* et de *damoiseaux;* de vieux gentilshommes y redevenaient *châtelains*. C'était dans ces réunions que s'élaboraient la plus grande partie des dénonciations; leurs membres employaient les loisirs que ce travail pouvait leur laisser à s'épouvanter entre eux des complots que tous prétendaient découvrir.

après le 18 brumaire, devenu général sous l'Empire, caractère élevé, esprit résolu, et qui, l'année précédente, avait précisément refusé d'aller combattre cette insurrection des garnisons du *Nord*, organisée par Fouché au profit du premier prince du sang[1]. Le souvenir de cette désobéissance, et les rapports alors assez intimes du général avec la famille d'Orléans, rapprochés de la rédaction du prétendu *Mémoire*, apparurent à M. Decazes comme autant de traits de lumière : plus de doutes, le comte de Thiard était un des hommes qui tenaient, à Paris, dans l'intérêt du premier prince du sang, les fils de ce mouvement de Grenoble, dans lequel Didier ne jouait sans doute que le rôle d'instrument. Malgré la position élevée et les liens de famille du général[2], M. Decazes le fit brusquement arrêter, ainsi que son aide de camp, le tint au secret le plus rigoureux et le soumit aux plus sévères interrogatoires sur le *Mémoire* destiné au duc d'Orléans, sur ses rapports avec Didier, et les événements de Grenoble. Mais toute l'adresse des agents instructeurs devait échouer contre un obstacle bien simple : le comte de Thiard n'avait écrit aucun *Mémoire*, ni rien envoyé au duc d'Orléans; loin de connaître Didier, il n'avait même jamais entendu prononcer son nom; enfin, il ne savait des événements du 5 mai que les faits publiés par les journaux. On ne le retint pas moins dans sa prison, et ce fut seulement au bout de *six mois* que le ministre de la police consentit à lui en ouvrir les portes, bien que la mort de Di-

---

[1] Lorsque la nouvelle de ce mouvement était arrivée, le 10 mars 1815, au ministre de la guerre, ce dernier avait immédiatement transmis au général Thiard l'ordre de se rendre à Laon, d'y prendre le commandement de toutes les troupes de ligne et de toutes les gardes nationales du département de l'Aisne, et de marcher contre les révoltés. Le général, résistant aux ordres du duc de Feltre, puis aux instances du duc de Berry, avait refusé la mission. « Durant mon émigration, disait-il au neveu de Louis XVIII et au ministre, j'ai eu le malheur de me battre contre mes concitoyens; je ne veux pas recommencer. »

[2] Le comte de Thiard comptait parmi ses parents les plus proches, le duc de la Châtre, premier gentilhomme de la chambre du roi, le comte de Jaucourt, ministre de la marine dans le dernier cabinet, le duc de Fitz-James et le duc de Maillé, premiers gentilshommes du comte d'Artois.

dier, trahi et jugé, ainsi que nous allons le dire, eût, depuis longtemps, rendu sans objet la captivité du général.

On se souvient que Didier, après la chute de son cheval, en avant d'Eybens, s'était réfugié dans les bois de Saint-Martin-d'Hères; gagnant les montagnes qui s'élèvent à la gauche de l'Isère, il marcha dans la direction d'Allevard, et entreprit d'atteindre la Savoie par le col de la Coche, passage qui sépare l'arrondissement de Grenoble et la Maurienne. Pendant plusieurs jours, il erra dans ces lieux écartés, recevant l'hospitalité chez de pauvres pasteurs qui le guidaient ensuite d'un hameau à l'autre. Plusieurs insurgés avaient pris la même direction; Didier ne tarda pas à se trouver réuni avec Dussert, Durif et l'ex-garde général Cousseaux. Un soir où tous les quatre s'étaient arrêtés dans une cabane d'un des villages les plus pauvres de cette partie des Alpes, le Rivier-d'Allemond, à peu de distance du col de la Coche, Didier se promenait à grands pas, tandis que ses compagnons se tenaient assis autour d'une jatte de lait. Didier s'efforçait de ne pas entendre les plaintes de Cousseaux et de Durif, qui lui reprochaient leur malheur commun : « Vous nous avez trompés! s'écriait Cousseaux ; Marie-Louise et le roi de Rome, disiez-vous, devaient se trouver à Grenoble; les troupes nous attendaient; et, loin d'être accueillis aux cris de *Vive l'Empereur!* c'est à coups de fusil qu'on nous a reçus! » Didier continuait à marcher sans répondre; Cousseaux, d'un autre côté, ne se lassait pas de répéter : *Vous nous avez trompés!* Enfin Didier s'arrête : « Eh bien, oui, je vous ai trompés! dit-il en regardant ses trois compagnons. Ni Marie-Louise ni son fils n'étaient à Grenoble; ils ne devaient pas même y venir. Mais ce qui est réel, c'est la haine que je porte à Louis XVIII et à son gouvernement, la haine que vous lui portez comme moi, vous qu'il a destitués, chassés, et qu'il a privés du pain nécessaire à votre famille! »

Cousseaux, Durif et Dussert demeurèrent silencieux. Le lendemain, tous les quatre traversaient la combe d'Olle, vallon désert au fond duquel coule un torrent. Durif et Cousseaux marchaient en avant; Dussert se tenait auprès de Didier, dont les pas étaient lents et pénibles, et, de temps à autre, échangeait avec lui quelques mots sur les derniers événements. On pouvait cependant remarquer une sorte d'embarras dans la parole de Dussert; il semblait lutter contre une pensée qui l'obsédait; à la fin, il s'approche de Didier et lui dit : « Mais, puisque ni Marie-Louise ni le roi de Rome n'étaient à Grenoble, et qu'ils ne devaient pas y venir, qui donc eût régné, si nous avions réussi? » Didier, le regarde, semble hésiter, puis répond : « Le duc d'Orléans. — Le duc d'Orléans! s'écrie Dussert au comble de la surprise. Qui est-ce donc? Ne serait-ce pas un Bourbon? Mais, Bourbon pour Bourbon, ajoute-t-il avec violence, j'aime autant Louis XVIII! » Il quitte immédiatement Didier, court rejoindre Durif et Cousseaux, et leur raconte ce qu'il vient d'entendre; ceux-ci s'arrêtent et attendent Didier; la colère contracte leurs traits; bientôt Cousseaux, ne pouvant se contenir, s'emporte; il s'avance vers Didier, alors arrivé à quelques pas d'eux, et lui crie : « Ah! c'était pour un de ces Bourbons maudits que vous vouliez nous faire tuer! C'est une trahison! Devenez ce que vous pourrez; je ne resterai pas un instant de plus avec vous! » Durif, Dussert et Didier franchirent seuls, en effet, la frontière, et arrivèrent le soir même à Saint-Sorlin-d'Arves, petit village de la Maurienne, où ils s'arrêtèrent dans une auberge tenue par le nommé Balmain. Didier avait eu la jambe foulée par la chute de son cheval; cette blessure augmentait pour lui les fatigues de ces longues marches; il était harassé. En entrant chez Balmain, il se jeta sur un grabat et s'endormit. Restés seuls avec l'aubergiste, Dussert et Durif, n'écoutant que les conseils de leur vengeance, apprirent à Balmain quel était le vieillard qui reposait à quelques pas d'eux. Ils ajoutèrent que la police française donnerait certainement une somme considérable à qui le livrerait. Ébloui par la perspective de la récompense, Balmain répondit qu'il irait avertir le lendemain le poste de gendarmerie piémontaise de Saint-Jean-de-Maurienne. Ce bourg était le lieu que Durif et Dussert, dans les différents hameaux où ils s'étaient arrêtés les jours précédents, avaient indiqué à leurs hôtes comme le refuge provisoire où pourraient les rencontrer les amis ou les membres de leur famille envoyés à leur recherche. Ils dirent à Balmain qu'ils l'accompagneraient. Tous trois, en effet, quittèrent l'auberge à la pointe du jour, et, contre toute espérance, les deux Français, en entrant à Saint-Jean, y trouvèrent un de leurs parents, qui, depuis l'avant-veille, les y attendait.

Dussert avait épousé, depuis peu de temps, une parente de Durif. Cette jeune femme portait à son mari l'attachement le plus profond. Elle avait connu l'entreprise; le résultat l'inquiétait; mais, soumise autant que dévouée, elle n'avait pas hésité à aider elle-même Dussert dans ses préparatifs. La nouvelle des événements de la porte de Bonne la jeta dans un désespoir d'autant plus violent que son mari n'avait point reparu. Dussert, pourtant, n'était pas même blessé, et, dans la soirée du 8, quatre jours après son départ, un montagnard, dépêché par lui, apprenait à sa jeune femme que, réfugié avec Durif et Didier dans un hameau dont il lui donnait le nom, tous trois se disposaient à passer en Savoie. Dans toutes les luttes que ne couronne pas le résultat attendu, c'est la trahison que l'on accuse de l'insuccès. Cette triste satisfaction de tous les vaincus n'avait pas manqué aux insurgés du 5 mai. Leurs familles et eux-mêmes, dans les premières heures, avaient fait porter sur la perfidie des chefs du mouvement la responsabilité de la défaite. La jeune femme de Dussert accueillit l'accusation; elle savait l'importance attachée par les autorités de Grenoble à la capture de Didier; l'avis qu'elle venait de recevoir lui parut un moyen de sauver son mari et son parent. Elle s'ouvrit à son frère Jean-Baptiste Sert, qui consentit à l'accompagner dans la nuit même à Grenoble, et, le lendemain, 9, tous deux se présentaient à M. de Montlivault, offrant de lui faire connaître la retraite de Didier, en échange de la liberté de Dussert et de Durif. M. de Montlivault, d'abord, hésita; il n'était pas le maître, disait-il, de disposer ainsi du sort de deux coupables. « Vous savez, ajouta-t-il, qu'une forte récompense est promise à qui livrera Didier? — Gardez votre argent, répondirent vivement la jeune femme et son frère; nous ne vendons personne. Mais Didier nous a tous trompés; nous ne voulons qu'échanger la liberté de Dussert et de Durif contre la sienne. » M. de Montlivault finit par accepter; il remit à Sert la promesse écrite de la grâce de son beau-frère et de son parent, et mit à sa disposition un brigadier et quatre gendarmes, qu'il devait conduire à la retraite de Didier. Sert quitta aussitôt Grenoble, et se dirigea vers le lieu indiqué par le messager de son beau-frère; mais Dussert et ses compagnons de fuite l'avaient quitté lorsqu'il y arriva; pendant trois jours il suivit les proscrits de gîte en gîte; enfin, dans la quatrième journée, Sert perdit la trace des fugitifs, et apprit qu'ils avaient dû gagner la Savoie. L'action des gendarmes qui l'accompagnaient s'arrêtait à la frontière; il les congédia et prit seul le chemin de Saint-Jean-de-Maurienne, que son beau-frère indiquait à ses hôtes comme le lieu de son refuge provisoire dans les États sardes. Il y arriva dans la nuit du 15; le 16, il attendit vainement; enfin, le 17 au matin, la rencontre eut lieu. La démarche que venaient accomplir Dussert, Durif et Balmain, rendait la tâche de Sert plus facile encore qu'il n'avait osé l'espérer. Après quelques mots rapidement échangés avec leur parent, Durif et Dussert se mirent à l'écart; Sert et Balmain se rendirent auprès du commandant des carabiniers royaux (gendarmes) piémontais.

Didier s'était réveillé peu d'instants après le départ de ses deux complices et de son hôte; étonné, inquiet de leur disparition subite, il interroge la femme de Balmain. Cette femme balbutie, se trouble, puis se jette aux pieds du proscrit en s'écriant : « Sauvez-vous, monsieur, sauvez-vous! vous êtes trahi! » Didier pâlit, des larmes coulent de ses yeux; il tombe affaissé. Bientôt, pourtant, l'instinct de la conservation l'emporte; il sort, et se dirige, ou, pour dire mieux, il se traîne vers un bois voisin. Ses pieds, gonflés par les fatigues des jours précédents, peuvent à peine le porter. Un pâtre, qu'il rencontre, le guide jusqu'à l'entrée d'une gorge par laquelle il peut rentrer en France; il s'y enfonce seul et gravit bientôt la crête, frontière des deux pays. Mais, arrivé au sommet, un de ces épais brouillards qui circulent autour des pics des hautes chaînes de montagne l'enveloppe et lui dérobe la trace de son chemin. Didier s'avance au hasard; après quelques centaines de pas, il ne voit plus le sentier, et s'arrête. Un effrayant silence règne autour de lui; il appelle; aucune voix ne lui répond. Cet abandon absolu, au milieu de rochers et de solitudes où l'on découvre à peine, de loin en loin, quelques rares chalets encore inhabités à cette époque de l'année, trouble Didier. *Il se donne peur*, selon l'expression d'un paysan d'Arves; une sorte de défaillance s'empare de lui; ses dernières forces l'abandonnent; il tombe[1]. Combien de temps dura cet état de prostration morale et physique? Lui-même n'a pu le dire. Ce que l'on sait, c'est que, vers le milieu du jour, entraîné par cette fatalité qui pousse les malheureux voués à la mort vers l'abîme où ils doivent tomber, Didier, au lieu de continuer à suivre les pentes qui descendent vers la France, revenait sur ses pas par le même chemin. Une sorte de fièvre le soutenait dans sa marche; il ne voyait plus. Arrivé à la sortie des premières gorges, il s'engage dans le sentier menant droit à la maison de Balmain; bientôt, pourtant, un sentiment instinctif de défiance le lui fait quitter et le dirige vers Saint-Jean-d'Arves, petite commune voisine de Saint-Sorlin. Il s'approche d'une chaumière isolée, et aperçoit, assise sur le seuil, une vieille femme à laquelle il demande l'hospitalité. A la vue de ce vieillard à longs cheveux blancs, aux habits déchirés, au visage pâle, et dont l'âge, la taille et les traits se rapportaient à un signalement alors répandu sur toute cette

[1] *Fuite et arrestation du conspirateur Didier*, par A. D. (Albert du Boys), 1831.

partie des frontières, la vieille femme répond : « Vous êtes celui qui a conspiré contre le roi de France, et que l'on cherche dans tout le pays? » Didier tressaille : « Eh bien, oui, dit-il après un moment de silence, je suis Didier; livrez-moi si vous le voulez; mais, par grâce, donnez-moi un morceau de pain, et laissez-moi prendre un peu de repos! — Nous, vous livrer! s'écria la pauvre femme; il n'y a, dans tout le pays, qu'un homme capable de vous vendre, c'est Balmain. Entrez, ajouta-t-elle en se levant, nous ne vous trahirons pas. »

Didier franchit le seuil de la cabane, et la vieille femme s'empresse de lui donner du pain et du lait. Au bout de quelques instants, paraît le maître de la maison. En apprenant le nom de l'étranger assis à sa table, il déclare ne pouvoir le garder. « Depuis quelques heures, lui dit-il, un grand nombre de gendarmes ont envahi la vallée et fouillent toutes les maisons; ils ne nous oublieront certainement pas; nous serions compromis et vous ne seriez pas sauvé. Mais ne craignez rien; un de mes enfants va vous conduire dans une grange perdue au milieu des bois, et dans laquelle on vous portera des vivres chaque nuit, jusqu'à ce que vous soyez en état de continuer votre voyage. »

Didier ne tarda pas à quitter la chaumière, et suivit le jeune guide que lui donna son hôte. Ce dernier ne l'avait pas trompé : les gendarmes venus de Saint-Jean-de-Maurienne avec Balmain, ne trouvant plus Didier dans l'auberge, visitaient alors toutes les cabanes de la vallée. Quant au délateur, il avait accueilli par des malédictions et par des injures l'aveu de sa femme sur la part qu'elle avait prise à la fuite du proscrit. Balmain s'irritait à la pensée de ne retirer de sa démarche que la honte : se joignant aux gendarmes, il les aide dans leurs recherches, fouille avec eux les moindres abris, et presse de questions tous les habitants. Cependant la journée s'avançait; désespérant de réussir, il rentre chez lui et s'emporte en nouvelles invectives contre sa femme. Dans ce moment, un de ses enfants rentrait du pâturage; les reproches adressés à sa mère éveillent son attention; il intervient, et annonce qu'en descendant de la montagne il a vu de loin le *monsieur*, qui se dirigeait, par un sentier peu fréquenté, vers une grange isolée dont il désigne l'emplacement. Ce renseignement fait pousser un cri de joie à Balmain, qui se porte sur-le-champ, avec les gendarmes, dans la direction indiquée : le jour finissait ; les bois que les carabiniers et leur guide avaient à traverser formaient, au-dessus de leurs têtes, une voûte épaisse qui ajoutait encore à l'obscurité. Ces demi-ténèbres, le silence absolu régnant au milieu de ces sombres solitudes, troublèrent Balmain; il sentit son audace fléchir. Parvenu à une sorte de carrefour où se croisaient plusieurs sentiers, il s'arrêta; lui-même a raconté qu'en ce moment le remords descendit dans son âme. « Eh bien, monsieur l'aubergiste, lui dit brusquement l'officier commandant le détachement, à quoi pensez-vous donc? quel chemin allons-nous prendre? — Je songe, répondit Balmain, toujours pensif et hésitant, qu'il serait peut-être nécessaire, avant d'aller plus loin, d'attendre le lever de la lune. — Non, répondit l'officier piémontais; il faut, au contraire, profiter des dernières lueurs du jour. Marchons! »

La résolution revient à Balmain; il ne tarde pas à arriver dans la clairière où devait se trouver la grange, et en découvre bientôt le toit de chaume. Le détachement ralentit sa marche; les soldats se divisent; la grange est entourée; on ouvre brusquement la porte; Balmain, l'officier et plusieurs gendarmes se précipitent sur Didier, qu'ils aperçoivent couché sur un lit de paille; ils le saisissent, le garrottent et le fouillent : le chef de conjuration, qui s'expatriait après avoir tenté de renverser un trône et de donner une couronne, emportait pour toute fortune *soixante-huit francs!*

Ramené à Saint-Sorlin, Didier passa la nuit chez un notaire dont la demeure lui servit de prison, et fut ensuite conduit à Turin. L'ambassadeur de France demanda et obtint immédiatement son extradition; et, le 25 mai, six jours après son arrestation, une chaise du poste, où se trouvaient avec lui un officier supérieur d'artillerie, un officier et un sous-officier de gendarmerie, le descendait à Grenoble, à l'hôtel du général Donnadieu, qui avait exigé de le voir et de l'entretenir le premier. Ses vêtements étaient en lambeaux ; ses longs cheveux blancs, tombant en désordre sur ses épaules, se mêlaient à une barbe inculte et grisonnante; son visage était calme, son regard doux; il semblait éprouver plus de fatigue que d'abattement, plus de douleur physique que de faiblesse morale. On ne le traduisit point devant le conseil de guerre. Le 30 mai, un ordre du jour du général Donnadieu avait mis fin à cet *état de siége* dont l'établissement et le maintien étaient, d'ailleurs, une violation flagrante de deux articles de la loi fondamentale. Car tout fut monstrueux dans les faits qui suivirent la nuit du 4 au 5 mai. En droit, il n'y a jugement que lorsque les juges ont caractère et qualité pour rendre la sentence. Or le conseil de guerre qui, le 9 mai, avait prononcé 21 condamnations capitales contre des accusés non militaires, était un tribunal extraordinaire créé en vertu de lois révolutionnaires ou de décrets impériaux que les articles 62 et 63 de la Charte avaient formellement abrogés. En légalité rigoureuse, les 21 malheureux fusillés sur l'esplanade de la porte de France avaient été exécutés *sans jugement*[1].

Ce fut le 8 juin que Didier comparut devant la cour prévôtale; le lendemain, 9, cette cour, dont tous les membres étaient ses anciens et ses intimes amis, le condamnait à la peine de mort. Son attitude fut digne et ferme pendant ces deux jours

---

[1] Article 62 de la Charte : « Nul ne pourra être distrait de ses juges naturels. » Art. 63 : « Il ne pourra, en conséquence, être créé de commissions et tribunaux extraordinaires. Ne sont point compris sous cette dénomination les juridictions prévôtales, si leur établissement est jugé nécessaire. » Les cours prévôtales ayant été rétablies par une loi, cette juridiction se trouvait dès lors la seule légale. En 1832, après les journées de juin, le gouvernement de la Révolution de juillet procéda, pour les vaincus de cette insurrection, comme la Restauration pour les vaincus de Grenoble; Paris fut mis en *état de siége*, et l'on créa deux conseils de guerre qui prononcèrent des condamnations à mort. Ces sentences, déférées à la cour de cassation, furent annulées comme étant rendues par des tribunaux que les articles 62 et 63 de la Charte avaient abro-

de débats; loin de marchander sa vie, il répondit avec la plus entière franchise aux différentes questions du président et du prévôt sur les événements de la porte de Bonne; mais il n'accusa que lui-même et ne livra pas le nom d'un seul de ses complices. Interrogé sur le but du complot, il répondit qu'il voulait proclamer l'*indépendance nationale* et chasser de France les 150,000 hommes de troupes alliées formant le corps d'occupation. « De quel nom vous serviez-vous pour entraîner le peuple à la guerre civile? » lui demanda le président. Didier, d'abord, garda le silence; pressé de répondre, il dit avec une visible hésitation : « Napoléon II. » Une seule fois son calme l'abandonna; ce fut en entendant prêter aux insurgés des projets de dévastation et de pillage : « Pas un de nous, s'écria-t-il, n'aurait souillé, par une atteinte quelconque aux personnes ou aux propriétés, l'honneur d'une aussi belle cause! — Mais ne promettiez-vous pas de l'argent à ceux que vous cherchiez à entraîner? ajouta le président. — Non, répondit Didier; l'exaltation de l'opinion publique suffisait; et la supposition qu'on m'ait suivi pour de l'argent est un mensonge infâme! » Les gens de cœur qui risquent sérieusement leur vie dans une cause politique agissent par entraînement ou par passion, jamais pour un salaire, quel qu'il soit. Croire que, dans nos temps modernes, en France, des hommes puissent prendre les armes contre un gouvernement et courir à la mort en échange de quelque promesse d'argent, c'est se rendre la dupe d'une niaise et vieille calomnie. Qui donc peut

---

gés; les condamnés se trouvèrent renvoyés devant la cour d'assises, et bon nombre furent absous par les nouveaux juges. Le même résultat se fût sans doute produit, si les vingt et un condamnés du conseil de guerre de Grenoble eussent formé un recours en cassation; ils le pouvaient : les seuls arrêts de la cour prévôtale étaient exécutoires dans les vingt-quatre heures; et, quel que fût son emportement, le général Donnadieu aurait sans doute hésité à ordonner l'exécution malgré ce pourvoi; mais, par un déplorable oubli des droits des malheureux condamnés, leurs défenseurs, troublés sans doute par la terreur et par la rapidité des coups, ne songèrent pas à ce recours; du moins nous n'avons pu en découvrir la pensée dans un seul des documents que nous avons eus sous les yeux.

mettre un prix à sa liberté ou à son existence? Le reproche, d'ailleurs, était étrange, si l'on songe qu'il s'adressait à des insurgés qui n'avaient pas même pu réunir la somme demandée pour l'impression d'une proclamation, et dont le chef, au moment de son arrestation, avait 68 francs pour toute fortune. On vit paraître, au nombre des témoins appelés par la cour, quelques pauvres femmes, veuves ou sœurs d'insurgés tués à la porte de Bonne ou frappés par la sanglante justice de la cour prévôtale et du conseil de guerre; elles portaient des vêtements de deuil; leurs réponses étaient entrecoupées de sanglots; pas une plainte, pas un reproche, pourtant, ne sortirent de leur bouche contre l'homme qui avait entraîné leurs maris ou leurs frères à la mort; loin de là, leur attitude devant lui était celle d'une respectueuse pitié. Une autre particularité de ce procès étonna les contemporains et contribua singulièrement à épaissir le voile qui a si longtemps recouvert ces événements : pas une seule fois, pendant le débat comme dans sa défense, Didier ne prononça le nom de Napoléon; il n'eut pas une parole de sympathie pour les souvenirs de l'Empire; et, dans aucune de ses réponses, il ne fit l'aveu que son entreprise eût pour but le rétablissement de la famille impériale. « Le nom dont je me servais était celui de Napoléon II; » il ne dit rien au delà. Lui-même plaida sa cause; son avocat, après quelques mots de plaidoirie, supplia la cour de recommander son client à la clémence royale. « J'ai fait mon sacrifice, dit aussitôt Didier en se levant; ma famille saura faire le sien. Je remercie mon défenseur de ses généreuses paroles: mais je prie la cour de ne pas s'y arrêter : je ne demande rien au roi. »

Le lendemain matin, 10 juin, madame Didier, — Rosalie Drevon, courageuse femme, de laquelle Didier avait dit, dans sa défense, que, pendant trente ans, elle avait été l'orgueil et le bonheur de sa vie, — se tenait agenouillée auprès du lit où son époux était assis. Entièrement vêtue de noir, portant déjà le deuil de cet homme encore vivant, elle avait ses mains dans les mains de Didier, et, la tête inclinée vers lui, elle récitait les prières des agonisants. A dix heures un quart, le geôlier vint l'interrompre et annonça la visite du général Donnadieu. A trois reprises différentes, dans le cours de l'instruction, les juges, sur l'ordre du ministre de la police, avaient laissé entrevoir à Didier la possibilité d'une commutation, s'il faisait des révélations. Le général venait tenter un dernier effort; il sollicita un aveu, au nom de Dieu, au nom de ce roi dont le condamné avait un instant partagé l'exil. « Que vous avouerai-je ? » répondait Didier avec plus de sincérité que ne devait le croire le général. Enfin, cédant à l'insistance de ce dernier, et dominé, sans doute, par la pensée de ménager l'avenir de la veuve et des quatre enfants qu'il laissait après lui, Didier dit « que la seule preuve de reconnaissance qu'il pouvait donner, en mourant, à Louis XVIII pour les bienfaits qu'il en avait reçus, était de lui conseiller d'éloigner le plus possible de son trône et de la France le duc d'Orléans et M. de Talleyrand, l'ex-premier ministre. — Voilà ses propres expressions, ajoutait le général Donnadieu dans une dépêche adressée le jour même au gouvernement; ce sont les dernières paroles d'un homme qui allait passer pour jamais dans l'éternité. » En effet, les exécuteurs ne tardèrent pas à envahir le cachot. Ils coupèrent les longs cheveux blancs du condamné, et lui lièrent les mains. Alors, dit-on, madame Didier s'avança; repoussant les efforts des gardiens, elle voulait accompagner son mari et soutenir ses pas jusqu'à l'échafaud; on la contint, et le cortége se mit en marche. La pluie tombait. Des soldats gardaient toute la ligne qui séparait la prison de la place Grenette. Les portes et les fenêtres, sur le passage, étaient toutes fermées. Didier fit le trajet à pied. Son courage, dans ces derniers instants, honora la cause qu'il avait embrassée; il se montra digne des braves gens si malheureusement entraînés par ses illusions et tombés avant lui. Arrivé au pied de l'échafaud, il en monta les degrés d'un pas ferme, et, repoussant l'attouchement des exécuteurs, lui-même s'étendit sur la planche fatale. Quelques secondes après, le mouvement insurrectionnel du 5 mai comptait sa *vingt-cinquième* victime.

Didier était de bonne foi, sans doute, en faisant transmettre à Louis XVIII le conseil que nous venons de rapporter. Il est moins rare qu'on ne le pense de voir les esprits aventureux devenir à la longue les dupes de leur propre imagination, et arriver à adopter comme vraies les fables qu'eux-mêmes ont inventées. Obligé, pour attirer à lui de nombreux complices, de revêtir, pendant plusieurs mois, de toutes les apparences de la réalité ses suppositions et ses rêves politiques, Didier avait probablement fini par les prendre lui-même au sérieux. M. de Talleyrand, on le sait, n'était pas à craindre dans la disgrâce; les défaillances de son esprit et ses vices n'étaient dangereux qu'aux pouvoirs assez faibles pour recourir à sa capacité douteuse, et assez aveugles pour se confier à son imprévoyance et à son immoralité. Nous avons dit également, à l'occasion du 20 mars et des faits des Cent-Jours, quel était le duc d'Orléans. Du fond de la retraite où le tenait relégué depuis huit mois le chef de sa race, ce prince pouvait suivre d'un regard attentif et inquiet les progrès de la réaction qui l'avait condamné lui-même à l'exil; mais, père d'une famille déjà nombreuse, n'ayant pour fortune qu'une immense succession à disputer contre d'innombrables créanciers, il ne donnait pas aux intérêts politiques, à cette époque de sa vie, la part que l'on a supposée. Recouvrer les bonnes grâces de Louis XVIII et reprendre l'administration personnelle de ses affaires privées, voilà quelles étaient surtout ses préoccupations; sollicitant sans cesse l'autorisation de rentrer, il se plaignait avec amertume, dans ses nombreuses lettres au roi, du préjudice que son absence de Paris causait à la fortune de ses enfants. Louis XVIII l'indemnisa : le 11 septembre 1816, quatre mois après les événements de Grenoble, malgré les charges qui accablaient le Trésor, lorsque le monarque, son frère et ses neveux abandonnaient à l'État plus du tiers de leur liste civile, une ordonnance fut remise au duc d'Orléans et à la duchesse douairière sa mère « du tiers de leurs contributions dans les rôles de 1815. » La levée de son exil n'accompagna pas cette grâce pécuniaire; ce fut seulement au mois de février 1817, après un an et demi d'absence, qu'il obtint enfin la permission de rentrer en France.

Jusqu'à ce jour on a mesuré l'insurrection de Grenoble au nombre des supplices et à l'étendue des récompenses. On ne supposait pas que les chefs d'une grande et généreuse nation eussent ordonné le sacrifice de vingt-cinq victimes, qu'ils eussent créé des généraux, distribué des titres et de hauts honneurs, des grades et des décorations nombreuses, à l'occasion d'une simple échauffourée dissipée par quelques coups de feu qui aurait échoué même, sans lutte et sans bruit, si les portes de Grenoble étaient restées fermées, et dont nul, d'ailleurs, n'avait souffert, hormis les malheureux insurgés. De temps à autre, des doutes accusateurs s'élevaient; mais ils étaient bientôt couverts par les récriminations des principaux coupables, qui, se renvoyant la responsabilité du crime, grandissaient le mouvement dans l'intérêt de leur défense, et s'abritaient, pour dernier argument, derrière nous ne savons quels faits mystérieux. La foule, soit qu'elle écoute, qu'elle raconte ou qu'elle écrive, ne réfléchit jamais; elle répète et se montre d'autant plus crédule, que l'erreur est entourée de plus d'invraisemblance et d'obscurité. Il n'existe pas de merveilleux dans les faits humains pour qui veut et sait les étudier; le cœur de l'homme renferme seul des mystères qu'il est pénible et triste de sonder. Quatorze ans plus tard, les changements tentés par Didier s'accomplissaient; le gouvernement imposé par l'Europe victorieuse à la France vaincue, abandonné de tous, à son tour, disparaissait pour la seconde fois devant un nouveau souffle de la Révolution. Ce n'étaient ni le nombre, ni la force, comme on le verra, qui le brisaient; il tombait. Le prince qui, depuis 1792, demeurait la constante espérance des hommes poursuivant l'alliance des principes politiques de 89 et du principe monarchique, était enfin roi; le drapeau arboré par les insurgés de l'Isère, et que le général Donnadieu et M. de Vautré avaient abattu dans le sang, devenait pour la troisième fois le drapeau de la France. Eh bien, dès le 6 août 1830, lorsque Charles X quittait à peine Rambouillet, quand le nouveau roi n'était pas encore nommé, le général Donnadieu, alors commandant la division militaire de Tours, pour les Bourbons, offrait ses services à l'insurrection victorieuse, et, prenant l'avance sur les ordres qu'il sollicitait de Paris, se préparait à contenir la Vendée et à réprimer la résistance d'un fougueux royaliste, son collègue, le général Despinois, commandant la division militaire de Nantes. M. de Vautré, devenu général et baron, devait se montrer encore plus empressé : le lundi 26 juillet 1830, à l'apparition des ordonnances, on put l'entendre appeler de tous ses vœux une révolution, saluer ensuite avec enthousiasme le triomphe populaire, et accuser de lâcheté Charles X et son fils; on put le voir, le samedi 31, se rendre au Palais-Royal, se mettre à l'absolue disposition du duc d'Orléans, avant même que ce prince eût reçu le titre de lieutenant général, quand Charles X était encore roi, et déployer, plus tard, une sorte de violence pour imposer le secours de son épée au nouveau gouvernement et à son drapeau; il y a plus : repoussé par plusieurs ministres, et revenant incessamment à la charge, il lui arriva, dans ses nombreuses démarches, de paraître un jour en solliciteur devant l'un des fils de Didier[1]. Enfin M. Decazes, accourant à son tour près du nouveau maître, saluait les couleurs tricolores, leur jurait fidélité et devenait un des plus hauts et des plus influents serviteurs du prince auquel il avait signifié l'ordre d'un long exil, et que, certes, il n'eût pas hésité à faire arrêter, si, demeuré à Paris, le chef de la branche cadette des

---

[1] Louis **Didier**, devenu, après 1830, préfet de la Somme, puis conseiller d'État et secrétaire général du ministère de l'intérieur. — M. de Vautré a publié en septembre 1831, chez le libraire Levavasseur, sous le titre de *Lettres adressées à M. le maréchal Soult et à M. Casimir Périer, par le général Vautré*, une brochure où il raconte son attitude lors des journées de Juillet, et qui renferme sa correspondance avec plusieurs ministres de cette époque.

Bourbons se fût trouvé mêlé, autrement que par son nom, aux faits lamentables que nous venons de raconter[1].

C'était le 8 mai, le jour même où le *Moniteur* enregistrait es nominations des nouveaux ministres, que le *Journal des*

[1] Les détails suivants sur deux autres acteurs du drame de Grenoble ne paaîtront sans doute pas sans intérêt. L'un d'eux, Jean-Baptiste Sert, n'avait d'abord songé qu'à obtenir la liberté de son beau-frère Dussert et de son parent Durif; l'appât de la récompense ne tarda pas à transformer en un marché odieux une démarche, déloyale sans doute, mais que pouvait atténuer, jusqu'à un certain point, le premier sentiment qui l'avait dictée. Il exigea et obtint la moitié des 20,000 francs promis à qui livrerait Didier. Sa cupidité lui fut fatale. Voici quelques passages d'une supplique que, douze ans plus tard, en 1828, il adressait au ministre de l'intérieur :

« J'étais loin de prévoir qu'une action commandée par mon zèle allait devenir pour moi et ma famille une source de persécution et de ruine; qu'il me faudrait abandonner une propriété qui valait au moins 45,000 francs pour aller régir une perception dans le département de la Nièvre, pour m'éloigner de mes nombreux ennemis.

« A la vérité, elle me fut confiée très-généreusement; je fus dispensé de verser mon cautionnement en entrant en fonctions; elle m'offrait un revenu de 1,800 francs, mais qui, à chaque exercice, diminuait de 40 à 50 francs par la réduction des contributions. Le peu qui me restait ne pouvait plus faire subsister ma nombreuse famille, qui est de six enfants, et veuf que je suis.

« Considérant alors que j'avais abandonné une propriété assez considérable, que dix années s'étaient écoulées depuis ma triste expatriation, et que depuis un aussi long temps je n'aurais peut-être plus d'ennemis au pays, ces malheureux motifs m'ont décidé, les larmes aux yeux, à dire adieu à mes très-honorables et respectables chefs et à mes braves contribuables.

« A mon retour, j'ai trouvé mes bâtiments en ruine, mes forêts dévastées, mes propriétés usurpées, et les plus grands malheurs et la persécution ont recommencé pour moi comme en 1816.

« Ma position est telle, monseigneur, que je suis forcé de me tenir à l'écart et toujours isolé, comme celui qui a fait un grand crime. Voilà douze mois que je n'ai pu assister au saint sacrifice de la messe.

« On s'en prend à tout ce qui m'appartient : mes enfants sont souvent maltraités; c'est ce qui les force à me faire de sanglants reproches pour avoir fait arrêter un brave homme que tout le monde regrette, sans que les Bourbons m'aient aujourd'hui aucune obligation.

« C'est dans cette position, monseigneur, que je me vois forcé de solliciter un prompt et dernier secours du gouvernement paternel, soit qu'on veuille me rembourser la valeur de ma propriété, que j'abandonne au gouvernement à 50 pour 100 au-dessous de sa valeur réelle, d'après l'estimation qui en sera faite à mes frais; et, avec ce qui pourra me revenir, j'irai, avec ma famille, loin de mes ennemis. »

Cette supplique, nous le croyons, resta sans réponse; quant au complice qui

Débats avait, le premier, annoncé le mouvement insurrectionnel de Grenoble ; trois jours plus tard, le *Moniteur*, prenant cette fois l'initiative, annonçait à son tour la découverte, à Paris, d'une prétendue conspiration, débauche sanglante de police, où intervinrent encore des juges passionnés et le bourreau.

partagea avec Sert les 20,000 francs, prix de la liberté de Didier, voici ce qu'on lit dans le curieux livre de M. Auguste Ducoin, déjà cité :

« Les voyageurs qui ont visité les montagnes de la Maurienne vous raconteront qu'il y a peu de temps encore un homme errait à Saint-Sorlin-d'Arves, en proie aux hallucinations terribles que les remords allumaient dans sa raison depuis longtemps perdue ; la femme de ce malheureux était morte pendant un voyage qu'il avait fait à Paris pour y mendier le prix d'une trahison auquel il croyait avoir droit et qui ne lui fut point accordé. Ses deux enfants avaient été forcés de fuir, l'un après l'autre, un pays où le nom de leur père était un sanglant reproche et une cruelle injure. Ils étaient morts aussi tous deux, misérablement. Alors, rebuté de tous, maudit par tous, presque sans asile, cet homme était devenu fou ; et, dans chaque étranger qui passait devant sa porte, il croyait voir encore celui qui, souffrant et proscrit, était venu, un soir, lui demander asile. — Cet homme était l'aubergiste Balmain. »

CHAPITRE VI

Procès et jugement des *patriotes* de 1816; exécution de Plaignier, Carbonneau et Tolleron. — Affaire Perlet et Fauche-Borel; MM. Pasquier et de Talleyrand. — Procès de l'amiral Duran de Linois et du colonel Boyer de Peireleau; condamnation à mort de ce dernier. Procès et condamnation à mort des généraux Debelle et Travot. Comparution, devant le conseil de guerre de Paris, des généraux Drouot et Cambronne. Procès et exécution du général Chartran. Condamnation du général Bonnaire; exécution de son aide de camp Mietton. Procès et exécution du général Mouton-Duvernet. Condamnations prononcées contre les généraux Lefebvre-Desnouettes, Rigaud, Gilly, Gruyer, Radet, Drouet-D'Erlon, Lallemand aîné, Lallemand jeune, Clausel, Brayer et Ameilh. Lettre du général Clausel. — Le duc de Feltre. — Mariage du duc de Berri. Création de maréchaux; serment qui leur est imposé. Le maréchal Soult. — Jugements et exécutions au Lude (Sarthe), à Montpellier et à Nîmes. — Procès en police correctionnelle. — Le préfet, la cour d'assises et la cour prévôtale de Carcassonne; procès et exécutions. — Les juges de 1815 et de 1816; MM. Guizot, Pasquier et Dupont (de l'Eure). — M. Decazes forme le projet de dissoudre la Chambre; causes et progrès de sa faveur auprès de Louis XVIII; sa position vis-à-vis du comte d'Artois et du parti royaliste; ses efforts pour obtenir le consentement de MM. de Richelieu et Lainé à la dissolution; intervention de MM. Molé, Pasquier et de Barante. Ovations faites à quelques députés royalistes dans le Midi. Hésitations de Louis XVIII; lettre d'Alexandre. — *Ordonnance du 5 septembre*. — Irritation du parti royaliste; brochure et protestation de M. de Chateaubriand; sa destitution. — Élections générales. — Ouverture de la session de 1816-1817; discours du roi.

Le 11 mai, lorsque la nouvelle des événements de Grenoble n'avait pas encore eu le temps d'arriver de Paris aux extrémités du royaume, le *Moniteur* publiait les lignes suivantes :

« Pendant qu'une poignée de factieux et de brigands cherchaient à révolutionner quelques communes des environs de Grenoble, des hommes, non moins insensés et non moins coupables, ourdissaient à Paris des complots dont le but était l'anarchie, le brigandage et le retour de l'exécrable régime de 1793.

« La police *veillait sur tous les mouvements et suivait jusqu'aux moindres traces* de ces misérables et obscurs agitateurs. Tous ont été arrêtés en même temps. Les tribunaux en feront prompte justice. Ce sont, pour la plupart, des hommes de la dernière classe du peuple, des insensés qui N'AVAIENT AUCUNS MOYENS D'EXÉCUTION, qui étaient bien convaincus de *leur nullité*, mais pour qui l'ordre et la tranquillité sont un tourment insupportable. Nous pouvons assurer dès aujourd'hui que cet obscur complot, *dont la police* A CONSTAMMENT TENU TOUS LES FILS, n'a jamais donné *la moindre alarme* au gouvernement. »

Ces incroyables aveux, à l'occasion d'arrestations qui devaient livrer plusieurs têtes au bourreau, n'étaient pas une vaine et cynique forfanterie de police; le chef de ce département ministériel ne calomniait ni son administration, ni ses agents; ce furent positivement ceux-ci, ainsi que le disait le *Moniteur*, qui tinrent dans leurs mains et qui dirigèrent tous les fils du procès politique connu sous le nom d'*affaire des patriotes de* 1816.

A Paris, centre du gouvernement, et où tous les fonctionnaires sont contenus par l'action immédiate et directe des ministres; ville immense où les familles échappent à la rivalité haineuse et à l'inquisition jalouse des familles voisines; où chaque citoyen vit, pour ainsi dire, ignoré au milieu de la foule, et peut, à l'aide de simples connaissances faites dans les salons et même dans les lieux publics, trouver un accès ou des relations protectrices auprès des autorités de tous les ordres; où le juge, en descendant de son siége, et l'administrateur, en quittant ses bureaux, se confondent au milieu de leurs justiciables et de leurs administrés; vaste théâtre où la grandeur et la multiplicité des intérêts, la rapide succession des événements, le mélange et le contact des acteurs, élèvent les idées de ceux-ci et leur imposent une certaine tolérance; à Paris, disons-nous, la réaction royaliste se montrait moins violente que dans les départements, et ses excès y étaient moins apparents[1]. Cependant les lois de vengeance votées par les Cham-

[1] Les militaires faisaient exception : cette classe de citoyens était l'objet de mesures particulières dont l'initiative appartint au lieutenant général, depuis maréchal Maison. Rentré dans sa position de commandant de la 1re division, au mois de juillet 1815, et poursuivi à quelque temps de là par nous ne savons quelles rumeurs relatives à l'emploi de fonds mis à sa disposition, ce

bres, les mesures de rigueur ordonnées par les ministres, les procès politiques dont le compte rendu remplissait chaque matin les journaux, et les sentences de mort déjà exécutées, inquiétaient ou irritaient une masse considérable de citoyens. L'inquiétude et la peur étaient le partage de l'ancienne population officielle impériale et des hommes politiques mêlés aux luttes de la Révolution; tous ne songeaient qu'à se dérober aux regards de la police et des délateurs; quant à l'irritation, on la rencontrait surtout dans la jeunesse des classes moyennes et parmi les hommes de la classe ouvrière. Ces derniers n'avaient rien à redouter, pourtant; leur indigence et leur obscurité les mettaient à l'abri de la persécution. Mais, absorbés dans le souvenir amer des deux invasions, ils se demandaient si la France était condamnée à rester sous le coup de la défaite, et devait subir encore longtemps le joug d'un gouvernement imposé par l'ennemi. L'année précédente, l'apparition de l'ancien chef de l'Empire s'avançant à la tête de neuf cents soldats, et

---

général adressa, le 15 octobre 1815, à Louis XVIII, un mémoire où il se plaignait « des vils intrigants qui l'accusaient de trahison et d'infidélité, afin de le déposséder de sa position, » et dans lequel il rendait compte en ces termes de ses récents services :

« En reprenant mon commandement (après le retour de Gand), j'ai renvoyé de l'état-major tous les officiers qui, s'y trouvant au 20 mars, y étaient restés depuis, et ceux qui y avaient été placés sous Bonaparte; trois seulement ont été exceptés de cette mesure. Après le licenciement de l'armée, une foule d'officiers privés de leur état, rentrés dans la classe commune des citoyens, et dégagés par cela même de toute discipline militaire, sont revenus à Paris; je n'avais ni le droit ni la force de les empêcher d'y arriver; mais ces difficultés ne m'ont pas arrêté. J'ai appelé sur eux l'attention des ministres de la guerre et de la police. J'ai réclamé le concours de l'autorité civile. J'ai assujetti, de ma propre autorité, à des formalités, l'obtention des permis de séjour, et tous ceux qui n'ont pu remplir les conditions imposées par moi ont été forcés de quitter Paris. Mon ordre du jour du 30 septembre a réglé les punitions des contrevenants, et celui du 6 octobre a étendu ces dispositions aux départements avoisinants.

« J'ai fait établir et j'ai remis à M. le préfet de police le contrôle nominatif et les adresses de tous les militaires qui ont reçu de moi des permis de séjour; le préfet a fait faire de son côté par les commissaires de police, dans chaque quartier, un recensement général de tous les militaires. Ceux qui se sont trouvés sans permis et non compris dans mon contrôle ont été arrêtés,

une seule journée, avaient suffi pour forcer les Bourbons et leurs émigrés à s'enfuir, et pour rendre à la France son indépendance et son énergie. Quelque événement, tout aussi inattendu, ne pouvait-il donc pas amener les mêmes résultats? N'était-il pas nécessaire, dès lors, de mettre à l'avance les patriotes en mesure de se reconnaître et de se compter? Voilà les questions qu'agitaient, dans le mois de février 1816, de pauvres artisans, anciens fédérés des Cent-Jours, qui se rencontraient le soir, après leurs travaux, dans quelques cabarets du Marais et du quartier Saint-Martin.

Trois d'entre eux, Plaignier, cambreur [1], Carbonneau, écrivain public, et Tolleron, ciseleur, crurent atteindre ce double but à l'aide de cartes dont la distribution serait tout à la fois un moyen de dénombrement et un signe de reconnaissance. Carbonneau, comme maître d'écriture, se chargea d'en dessiner la devise, et le timbre destiné à frapper celle-ci fut façonné par Tolleron, à l'aide d'un morceau de fer que Plaignier acheta

---

renvoyés de Paris ou renfermés à l'Abbaye. J'ai pris encore sur moi d'autres mesures : j'ai décidé que tous les officiers qui étaient réunis à Saint-Denis le matin du 20 mars ne seraient plus admis à séjourner à Paris, quels que fussent d'ailleurs leurs droits de domicile. J'ai étendu cette disposition à tous les officiers qui avaient été employés dans les bataillons de fédérés. Enfin, Sire, j'ai demandé au ministre l'envoi en surveillance à Lille de plusieurs officiers supérieurs qui, bien que domiciliés à Paris, m'ont paru ne pas devoir y être tolérés.

« Toutes ces mesures, qui m'ont été dictées par le bien de l'État, ne sont pas conformes aux lois existantes. Mais je ne crains point et ne craindrai jamais de rien prendre sur moi tant qu'il s'agira du bien du service de Votre Majesté. »

Ce mémoire était accompagné d'un état signé par le chef d'état-major de la division, et qui constatait que, depuis le 8 juillet jusqu'au 15 octobre, c'est-à-dire depuis trois mois, la surveillance du commandant de la division de Paris s'était exercée sur 19,742 militaires, et que plusieurs centaines avaient été arrêtés par ses ordres et enfermés à la prison de l'Abbaye. Le général Maison n'en fut pas moins remplacé par le général Despinois, qui suivit les mêmes errements; pour le consoler de cette disgrâce, une décision ministérielle, datée du 16 octobre, accorda au général Maison le titre de gouverneur de la 8ᵉ division, sans lettre de service, c'est-à-dire *sans fonctions*, mais avec un traitement annuel de 30,000 francs.

[1] On donne ce nom aux ouvriers qui cambrent les tiges de bottes.

chez un serrurier de son voisinage. On s'occupa ensuite de la fabrication; la simplicité de ces cartes rendit le travail facile : elles étaient de petite dimension; un triangle ou niveau maçonnique en formait l'ornement; la devise se composait de trois mots : *Union, honneur, patrie.* La distribution en fut rapide; les trois associés n'y apportaient, au reste, aucun mystère; des boutiques, des cafés et des cabarets, voilà quels étaient les lieux de dépôt. Cinq ou six mille cartes furent enlevées en quelques semaines. Offertes, pour ainsi dire, à tous venants, elles étaient facilement acceptées : les uns les gardaient par curiosité; ceux-ci comme le signe d'une protestation qui flattait leur aversion pour le gouvernement; un certain nombre y voyaient une sorte de *cartes de sûreté*, utiles dans le cas d'un soulèvement populaire; d'autres, enfin, ne les recevaient que pour les remettre aux mains de l'autorité, et se créer, par cette démarche, un titre à l'indulgence ou aux bonnes grâces de l'administration.

La police n'était pas restée à l'abri des épurations : bon nombre d'individus, renvoyés de cette administration comme bonapartistes, n'en continuaient pas moins à la servir, et s'efforçaient de trouver, dans des délations bénévoles, un moyen de recouvrer leur ancienne position. Un de ces agents destitués, nommé Scheltein, qui cherchait dans les cabarets du centre de Paris la matière habituelle de ses rapports, y avait rencontré Plaignier, Carbonneau et Tolleron, s'était promptement lié avec eux, et avait obtenu, un des premiers, plusieurs paquets de cartes qu'il s'était empressé de porter à la police. Il fut chargé de *suivre l'affaire.* Les cartes, en elles-mêmes, n'offraient rien de séditieux; un royaliste pouvait les accepter aussi bien qu'un adversaire de la royauté; simples morceaux de carton ornés d'un triangle et de trois mots inoffensifs, leur distribution ne pouvait même constituer un délit qu'à la condition de se lier à quelque tentative politique. Dans le but de créer cette tentative, Scheltein se plaignit avec amertume, à Tolleron et à ses deux amis, des doutes qu'un grand nombre de patriotes, disait-il, faisaient paraître sur la réalité et les ressources de l'association, et insista avec force sur la nécessité d'un manifeste qui ferait connaître le but politique de la société et ses moyens d'action. Cédant aux instances de Scheltein, Plaignier rédigea la proclamation, et Carbonneau l'écrivit. Cette pièce, fruit de l'association d'un cambreur et d'un écrivain public, et qui resta manuscrite, commençait ainsi : « Français! nous sommes arrivés au terme du malheur; amis du peuple, dont nous faisons partie, nous avons lu dans l'âme de nos frères. Nous nous sommes empressés de prendre les mesures les plus sages et les plus certaines pour la chute entière des Bourbons. Que les patriotes de l'intérieur se rassurent; nous veillons au salut de tous. » Ce début était le passage le plus net du manifeste; le reste se composait de banalités si niaises et de déclamations si obscures, qu'il était difficile d'y trouver la matière d'une accusation sérieuse. Après cet effort, d'ailleurs, Tolleron et ses deux amis étaient retombés dans une sorte d'immobilité; de longues divagations sur des plans d'organisation sociale impossible et de vagues assurances sur un changement prochain, voilà tout ce que l'on en pouvait obtenir. Las de voir la prétendue société s'agiter ainsi dans le vide, et le temps se passer en ridicules et vaines causeries, Scheltein résolut de brusquer le dénoûment.

A ce moment, d'autres observateurs, attirés auprès de Carbonneau, Plaignier et Tolleron, par leurs confidences toutes publiques, étaient parvenus à faire changer les lieux ordinaires de réunion; on se rencontrait alors dans l'enceinte même du palais de Justice, chez les deux frères Oséré, écrivains dans la cour de la Sainte-Chapelle, et, lorsque leur échoppe devenait trop étroite pour le nombre des causeurs, on la quittait pour aller continuer la conversation à quelques pas de là, chez un nommé Souchon, marchand de vin, arcade Sainte-Anne, presque en face de l'entrée de la Préfecture de police. Ce fut dans ce cabaret que, le 25 avril, Scheltein réalisa la provocation qu'il méditait. Les causeurs, ce jour-là, étaient assez nombreux; la discussion cependant languissait; tout à coup Scheltein arrive, se place au centre des buveurs, et propose d'attaquer les Tuileries. Ses auditeurs se récrient à cette ouverture inattendue; de toutes les tables des voix s'élèvent pour signaler les difficultés et les périls d'une pareille entreprise. Scheltein ne s'émeut pas; il convient qu'une attaque à force ouverte présente peu de chances de succès; mais il possède, dit-il, un moyen de réussir sans canons et sans soldats. Déployant aussitôt un plan dessiné à la main par un homme qui lui donnait asile, le nommé Dervin, ancien capitaine de cavalerie, devenu aubergiste, rue des Barres, et que poussait également le désir d'entrer dans la police, Scheltein signale sur ce plan la trace d'un égout qui, longeant la façade du palais du côté du jardin, traversait la terrasse dite du bord de l'eau, puis le quai, et venait déboucher dans la Seine, à peu de distance du pont Royal. « La grille qui ferme l'entrée de ce souterrain, ajoute-t-il, sera facilement ouverte; une pince suffira pour forcer le cadenas rouillé qui la maintient; en choisissant une nuit obscure, nous pouvons introduire dans ce passage, à l'aide d'un bateau, quinze à vingt barils de poudre qui suffiront pour faire sauter les Tuileries avec tous leurs habitants. — Ce projet n'a pas l'ombre du sens commun! » dirent aussitôt la plupart des assistants. Un de ceux-ci, le sieur Gonneau, ancien membre de la Chambre des représentants des Cent-Jours, que la curiosité amenait pour la première fois à ces réunions, soupçonne un piége, et ne peut retenir un regard de mépris qu'il lance sur Scheltein. Ce dernier s'avance vers l'ancien représentant, et lui dit en colère : « Vous avez l'air de me regarder; est-ce parce que je suis en veste? » On s'interpose; la discussion s'apaise, et bientôt chacun quitte le cabaret, le plus grand nombre pour regagner leurs demeures, Scheltein et quatre ou cinq de ses auditeurs pour aller faire à la police, chacun de leur côté, le rapport de ce qu'ils viennent d'entendre. Le lendemain, on arrêtait vingt-huit individus, qui tous, après une instruction de deux mois, se virent traduits devant la cour d'assises.

Le procès s'ouvrit le 27 juin. Plaignier fut interrogé le premier. Il convint d'avoir fabriqué et distribué des cartes, et rédigé la proclamation. Le président, au sujet de cette pièce, lui reprocha « d'avoir voulu commettre l'attentat le plus cruel. — Un attentat! s'écrie Plaignier, au comble de la surprise. — Oui, répond le président; et vous vous êtes même servi d'une expression qui est non-seulement atroce, mais qui a une inconvenance d'atrocité épouvantable. Vous osez parler, à l'occasion de nos princes, des châtiments mérités par leurs forfaits! C'est à la fois ce qu'il y a de plus féroce et de plus extravagant. — Mais, monsieur le président, réplique Plaignier, je n'ai jamais eu la pensée de commettre un attentat, de porter la main sur le roi. »

Carbonneau, interrogé le second, confessa qu'il avait mis au net le manifeste. « Comment avez-vous pu croire, lui dit le président, à la possibilité d'un succès? Plaignier n'avait ni caisse, ni soldats, pas le moindre moyen d'action. — Je vous répondrai, dit Carbonneau, comme je répondais à ma femme, qui me faisait précisément la même question : — Tout cela n'est pas dangereux; on se lassera de la proclamation; on rira des cartes, et tout restera là. »

Tolleron dit à son tour « que la société n'avait *aucun but d'attaque;* qu'il avait cru qu'elle pourrait se maintenir ainsi pendant dix ou vingt ans en se livrant à des *rêveries de bien public* et sans faire le moindre mal; qu'au reste son rôle s'était borné à donner des cartes et à graver un timbre qui n'avait aucune espèce de signification. » Les interrogatoires des autres accusés n'ajoutèrent rien à ces déclarations; la plupart ne comparaissaient devant la Cour que pour avoir accepté ou distribué des cartes ou quelques exemplaires de la proclamation. « Je n'ai accepté ces cartes, disait Cartier, militaire en retraite criblé de blessures, et dont le front était recouvert d'un large bandeau noir, que par un motif qui n'a rien de coupable; on m'assurait que, s'il arrivait quelque événement dans Paris, on me laisserait aller en les montrant.

— Vieux soldat et décoré de la croix d'honneur, lui dit le président, vous saviez très-bien n'avoir pas besoin d'autre recommandation pour vous présenter partout.

— Je ne connais pas les usages du civil; j'y suis depuis trop peu de temps.

— Vous avez distribué plusieurs cartes?

— Oui, j'en ai donné à des gens que je connaissais pour les voir jouer à la boule aux Champs-Élysées. »

Le président interroge Garnier, ouvrier cotonnier, âgé de cinquante-cinq ans. « C'est M. Planson, bijoutier, rue des Gravilliers, qui m'a donné les cartes trouvées chez moi, répond l'accusé; je les ai acceptées parce qu'il m'a dit que, s'il arrivait du bruit, il suffirait de les montrer pour rester tranquille. » Le bijoutier Planson est interrogé à son tour; le président lui reproche d'avoir fait partie, vingt-trois ans auparavant, en 1793, du comité révolutionnaire de sa section, et d'avoir offert des cartes à plusieurs personnes autres que Garnier, en leur disant « que, si le gouvernement venait à être renversé, ces cartes prouveraient que l'on n'appartenait pas au parti royaliste.» Ce fait de distribution amenait sur les bancs jusqu'à une pauvre jeune femme qui, par la vivacité de ses réponses, dit le *Moniteur*, par ses propos naïfs, sa jolie figure, la rapidité avec laquelle elle passait tout à coup du sourire aux pleurs et des pleurs au sourire, inspirait le plus vif intérêt à tout l'auditoire. Son mari, nommé Picard, était bottier. « Vous connaissiez Plaignier? lui demanda le président. —Depuis longtemps il nous fournissait des tiges de bottes, répond l'accusée. Il m'avait entendue me plaindre des Alliés, il y a deux ans; il a cru sans doute que j'étais opposée au gouvernement, et il m'a donné une douzaine de cartes, ainsi qu'une proclamation, que j'ai eu la faiblesse de recevoir et de ne pas remettre à mon mari, qui les aurait brûlées. — Votre mari, je le sais, réplique le président, est un homme sage et qui fait un bien

beau commerce, il chausse une partie de la brave garde royale.»
On demande ensuite à la jeune femme ce qu'elle a fait de la
proclamation et des cartes; elle dit qu'elle les a données à un
de ses parents, le sieur Bonnassier père, et à un ex-garde du
comte d'Artois, le lieutenant Desbaunes, son compatriote et
son ami d'enfance, qu'elle a mis, en outre, en rapport avec
Plaignier. Bonnassier père et Desbaunes, accusés tous deux,
sont interrogés à leur tour : le premier affirme qu'il n'a jamais vu ni tenu une seule carte; Desbaunes déclare que, s'il
en a accepté quelques-unes, c'est uniquement par curiosité,
et sur les instances d'un sieur de Verneuil, chevalier de Saint-
Louis, et chef d'escadron d'état-major, qui s'est aussitôt empressé de le dénoncer et de le livrer à la police.

Si la distribution ou la possession de quelques cartes était
l'unique reproche fait au plus grand nombre des accusés, quelques-uns se trouvaient en outre poursuivis avec Plaignier, Tolleron et Carbonneau, pour avoir assisté, dans le cabaret de Souchon, à cette réunion du 25 avril, où Scheltein avait proposé
de faire sauter les Tuileries. L'aubergiste Dervin était de ceux-
ci. « Il est fâcheux pour moi que Scheltein ne soit pas ici, répondit-il au président lorsque ce dernier l'interrogea, il vous
dirait que c'est lui qui m'a poussé à faire tout ce qu'on me
reproche. Il a été arrêté *avec moi*, *dans mon logement*, et conduit en même temps que moi au bureau des inspecteurs de
police; je n'ai rien dit qu'il n'ait dit, rien fait qu'il n'ait fait;
cependant on l'a relâché. S'il est innocent, je ne dois pas être
ici; si je suis coupable, pourquoi n'est-il pas accusé comme
moi?

Le président. — Scheltein n'a été mis ni en prévention
ni en accusation; nous ne le connaissons que comme un personnage dont vous avez parlé, vous et vos coaccusés.

— C'est pourtant lui seul qui a fait la proposition de placer des barils de poudre dans le souterrain des Tuileries.

— Mais c'est vous qui avez dressé le plan du palais?

— Non, c'est Scheltein. Je lui disais que je voudrais bien

trouver un moyen de gagner la confiance de Tolleron, afin de savoir les noms des chefs de la société et de les donner à la police. Il me répondit que ce n'était pas difficile, et que j'obtiendrais de Tolleron toute espèce de confidence en lui donnant quelque preuve de zèle, en lui apportant, par exemple, un plan détaillé des Tuileries. Il a tracé ce plan, et m'a seulement fait écrire, sous sa dictée, les noms des cours et des rues. S'il était là, il n'oserait pas me démentir; faites-le venir. On le trouvera facilement, bien qu'il ait changé de nom; il est aujourd'hui inspecteur des boues et lanternes sous le nom de Duval[1]. »

D'autres accusés se joignent à Dervin pour solliciter la comparution de Scheltein; le président ordonne, en vertu de son pouvoir discrétionnaire, que le sieur Scheltein, dit Duval, sera cité à comparaître, séance tenante. Dervin complète ensuite ses aveux en racontant ce qui s'est passé le 25 avril chez Souchon; il ajoute que la proposition de faire sauter les Tuileries fut repoussée par tous les assistants. Ses coaccusés confirment cette déclaration. « On ne discuta même pas, s'écrie l'un d'eux; Scheltein parlait à peu près seul; les uns écoutaient sans mot dire, les autres échangèrent à peine quelques mots. »

Le président suspendit l'audience après cet interrogatoire; à la reprise de la séance, il déclara que « Scheltein n'avait pu être trouvé, et que l'on avait répondu à son domicile qu'il était absent depuis trois semaines. » Ajoutons, au sujet de cet incident, que les dénonciations de Scheltein à la police étaient les seules preuves que pût invoquer l'accusation à l'appui du prétendu projet formé chez Souchon, dans la réunion du 25 avril, contre la vie du roi et des princes de sa famille; que *pas un seul témoin* ne fut entendu sur ce point capital du procès, et ne vint conséquemment contredire les affirmations de Dervin et des autres accusés.

[1] Scheltein venait d'être effectivement réemployé dans la police.

Ce fut seulement le 4 juillet que les plaidoiries commencèrent. Le 6, le président, avant de faire son résumé, demanda à chaque accusé s'il avait quelque chose à ajouter à sa défense. Plaignier, Carbonneau et Tolleron prononcèrent quelques mots. « J'ignore, dit Tolleron en s'adressant aux jurés, ce que M. l'avocat général entend par la *lie du peuple*, dont il assure que la plupart des accusés sont sortis. Ma famille n'a point de parchemins vermoulus à vous offrir, mais elle s'est fait connaître dans le département de la Nièvre par plusieurs siècles de vertus. » Dervin prit également la parole. « J'ai été le bienfaiteur de Scheltein, dit-il ; je l'ai logé et nourri par pitié, parce que ses malheurs étaient pareils aux miens. Nous voulions tous deux nous mettre dans la police, et il m'a joué le tour de me dénoncer avec les autres. Scheltein a été de toutes les conspirations de la Révolution... — *Le président*, interrompant : Ne réveillez pas de douloureux souvenirs, et, dans votre intérêt, ne racontez pas si longuement vos honteuses conversations avec Scheltein. — *Dervin* : Je ne cherche pas du tout à m'innocenter ; mais, pour faire grâce à Scheltein, jamais... je respecterais son absence, s'il était réellement absent... — *Le président*, interrompant de nouveau : Vous manquez de respect à la Cour ; on a envoyé chercher Scheltein par des huissiers et par des gendarmes au domicile que vous-même avez indiqué. — *Dervin* : Au reste, on ne fait la guerre qu'à celui qui est pauvre. — *Le président* : Voilà encore une expression fort indécente. — *Dervin* : A cela près de l'expression, l'acte d'accusation me fait un crime d'être pauvre, et je dois justifier mon honneur. — *Le président* : Vous déclamez contre la police, et vous prétendez n'être entré dans le complot que pour le découvrir à l'autorité. » Dervin se rassied. La jeune femme Picard se lève à son tour et lit ces phrases, qu'entrecoupent ses larmes et ses sanglots : « Messieurs les jurés, je vous prie d'avoir pitié d'une malheureuse femme, bien repentante de s'être laissé entraîner dans cette déplorable affaire. Je suis bien coupable d'avoir eu la faiblesse de recevoir ces maudites cartes et de ne pas les avoir confiées à mon mari... Je vous prie, surtout, messieurs les jurés, d'avoir égard à la malheureuse position de M. Desbaunes : c'est moi qui suis cause de son malheur. Il appartient à une honnête famille à qui j'ai de grandes obligations; dans mon enfance, son père m'a rendu de grands services; et, aujourd'hui, pour récompense de ces services, c'est moi qui vais être cause que ce père ne recevra plus les embrassements de son enfant. Faites, messieurs, je vous en supplie, que la faute retombe sur moi seule, et rendez à un malheureux père un fils qui n'a cessé de le chérir. Comment me présenterai-je devant lui quand j'irai au pays? Hélas! messieurs, il est encore une chose qui me navre : c'est mon pauvre cousin Bonnassier, un père de famille qui m'a toujours donné de si bons conseils, et qui m'a servi de père pour mon mariage. Je vous en prie, messieurs, ayez pitié de lui et de son malheur. » Sourdon, sorte de poëte populaire, à qui l'avocat général et le président avaient reproché en termes violents les chansons patriotiques qu'il composait et chantait tout à la fois au café Montansier dans les Cent-Jours, parla le dernier. Cet accusé n'implora pas ses juges; un avocat avait déjà présenté sa défense; il n'en discuta pas moins l'accusation avec un bon sens et une netteté que l'on chercherait vainement dans les longues et nombreuses plaidoiries prononcées dans les deux précédentes audiences. L'organe du ministère public venait de demander sa condamnation à une peine afflictive et infamante pour *non-révélation* de complot. « La distribution des cartes et de la proclamation, dit Sourdon, est le seul fait réel, sérieux, de l'accusation dirigée contre moi; or c'est un simple délit prévu par la loi du 9 novembre 1815. Quant au complot, où est-il? où le trouver? Des gens qui conspirent sans aucun moyen d'action ne sont pas plus coupables que ceux qui auraient la pensée de tenter un empoisonnement avec de l'eau pure. Il n'y a pas eu de conspiration, conséquemment il n'existe ni complicité, ni *révélation nécessaire*. Si l'association des patriotes de 1816, ajoute-t-il en finissant, est une conspiration, c'est la plus pitoyable, la plus ridicule dont les annales de l'histoire puissent jamais faire mention. »

Le ministre de la police avait caractérisé ce déplorable procès dans les mêmes termes, le 11 mai [1]. La fabrication et la distribution publique de petits morceaux de carton ornés d'un triangle et des trois mots *union, honneur, patrie;* la publication d'un manifeste sans signification précise, et où l'obscurité le disputait à la niaiserie; ces paroles : *Il faut faire sauter les Tuileries*, jetées un jour, en courant, par un agent de police à quelques buveurs attablés dans un cabaret ouvert à tous venants, et situé sous les fenêtres mêmes du préfet de police, paroles oubliées aussitôt que dites, voilà, en effet, tous les faits de l'accusation : il n'y eut rien de plus, rien de moins. Et, pourtant, les douze jurés devant qui s'était déroulé ce triste débat ne craignirent pas de déclarer *vingt* accusés coupables, savoir : Plaignier, Carbonneau et Tolleron, du crime de *lèse-majesté*; la femme Picard, l'officier Desbaunes, les deux Bonnassier père et fils, Sourdon et huit autres, de *non-révélation* de complot; Dervin et deux autres, de distribution d'un *écrit* (la proclamation) contenant des provocations directes au renversement du gouvernement; enfin, Cartier, ce vieux soldat au bandeau noir, de distribution d'un *signe de ralliement* (les cartes) non autorisé par le roi [2]. La cour ne resta pas en arrière du jury : elle condamna Plaignier, Carbonneau et Tolleron au supplice des *parricides;* la femme Picard, Desbaunes; Dervin et cinq autres accusés à la déportation (mort civile); Sourdon, les deux Bonnassier père et fils, et cinq de leurs

---

[1] Voir pages 299 et 300, l'article du *Moniteur*.

[2] On a vu plus haut (page 63), à l'occasion du procès du comte de Lavalette, quel était à cette époque le mode de formation du jury, mode qui faisait de chaque juré, non un juge, mais un membre d'une *commission politique*. Les douze jurés dans l'affaire des patriotes de 1816 étaient : MM. Delavie, Combal, de Solirène, propriétaires; Rochelle, avocat; Duparc, Launoy de la Creuse, Sorbet, avoués; Merlin, agent de change; Roger, secrétaire général de l'administration des postes (depuis de l'Académie française); Égron, imprimeur; Carette et Caccia, banquiers.

coaccusés, les premiers à dix ans, les autres à huit ou à six ans de détention, et tous au *carcan;* enfin cinq années d'emprisonnement, la privation, pendant ce temps, du tiers de sa pension de retraite, et 50 francs d'amende, furent la peine infligée à Cartier pour avoir distribué quelques cartes à ses amis, les joueurs de boule des Champs-Elysées. Les vingt accusés eurent en outre à payer les frais du procès, frais énormes, et dont le recouvrement devait laisser sans pain ceux d'entre eux qui possédaient quelques ressources [1]. La plupart des condamnés entendirent leur sentence sans manifester la moindre émotion. « *Le crime fait la honte, et non pas l'échafaud!* » s'écria Sourdon. La femme Picard, au moment de quitter la salle, tomba évanouie en poussant des cris inarticulés. Trois semaines plus tard, le 27 juillet, après le rejet du pourvoi en cassation formé par tous les accusés, Plaignier, Carbonneau et Tolleron furent conduits à la mort. L'exécution de ces malheureux emprunta aux *auto-da-fé* de l'inquisition espagnole une partie de leurs formes étranges et de leur lugubre solennité; on sembla vouloir cacher sous l'appareil et sous la cruauté inusitée du supplice le crime de la poursuite et de la sentence. Les trois condamnés sortirent de la prison, escortés par une garde nombreuse; le cortége s'avança lentement à travers la foule qui encombrait les ponts et les quais; les patients avaient les pieds nus; une chemise blanche recouvrait leurs vêtements; un long voile noir enveloppait leur tête et cachait leur visage. Ils marchèrent ainsi jusqu'à la place de Grève. Arrivés au pied de la guillotine, tous les trois, avant le supplice, furent contraints de monter sur l'échafaud, et, là, de se tenir debout, rangés l'un près de l'autre, les traits toujours voilés, pendant qu'un greffier lisait au peuple l'arrêt qui les condamnait. La lecture achevée, Plaignier et Carbonneau descendirent de la plate-forme; Tolleron, resté seul, posa l'a-

[1] Le conseiller président était M. Romain Desèze, fils du premier président de la cour de cassation; il avait pour assesseurs les conseillers de Berny, Dupaty, Plaisant-Duchâteau, Dumetz de Ferry et de Lasalle.

vant-bras sur un billot; le bourreau, armé d'un damas, lui abattit le poing; peu d'instants après, sa tête tombait. A leur tour, Carbonneau, puis Plaignier, eurent successivement le poing coupé et la tête tranchée. Quatre jours après ce triple supplice, le 31, Sourdon, les deux Bonnassier père et fils, et ceux des autres condamnés qui devaient subir la peine du *carcan*, étaient exposés sur un échafaud, place du Palais de Justice. Au nombre de ces hommes ayant tous le collier de fer au cou, on remarquait, attaché à l'un des poteaux faisant face à la grille du Palais, un ancien magistrat, le sieur Gonneau, ce membre de la Chambre des représentants que le hasard d'une rencontre avec le chef de bataillon à demi-solde Descubes de Lascaux, aussi condamné et attaché au poteau voisin, avait amené chez le marchand de vin Souchon au moment où Scheltein proposait de faire sauter les Tuileries; Gonneau avait fait assigner, pendant le procès, M. Cahier, avocat général à la cour de cassation, pour témoigner de ses opinions royalistes. M. Cahier affirma, en effet, que ce malheureux ne lui avait jamais parlé de Louis XVIII qu'avec les sentiments de la plus profonde vénération, et que, malade lors de sa nomination à la Chambre des Cent-Jours, il n'avait paru à cette Assemblée que pour y demander la déchéance de l'usurpateur et voter l'abdication.

Trop souvent l'histoire a des ménagements coupables pour les faits de la nature de ceux que nous venons de raconter; elle les tronque ou les amoindrit, quand elle ne les passe pas sous silence. Cependant est-il rien de plus lâche et de plus odieux que ces provocations de police qui, dans l'intérêt de basses passions, attirent dans le piége et poussent à la mort de pauvres rêveurs politiques, de malheureux insensés? Existe-t-il une flétrissure assez forte pour le gouvernement, complice de ces trames infâmes, qui emploie la puissance dont il est dépositaire, non pour protéger et sauver les victimes, mais pour les égorger?

Au moment même où les *patriotes de* 1816 étaient devant

leurs juges, un autre procès, dans lequel un agent de police, digne émule de Scheltein, jouait également le principal rôle, se débattait à quelques pas d'eux, sous les mêmes voûtes, dans la salle de la police correctionnelle. Il s'agissait d'une somme de 14,130 francs, qu'un actif artisan d'intrigues royalistes dont nous avons cité plusieurs fois le nom dans ce livre, le sieur Fauche-Borel, réclamait d'un ancien agent de Fouché, nommé Perlet. Cette créance résultait des faits suivants :

On n'a pas oublié que la dernière agence royaliste de Paris, composée de l'abbé de Montesquiou, de MM. Royer-Collard, Ferrand et Hyde de Neuville, s'était dissoute en 1804, après la condamnation de Georges Cadoudal et de ses nombreux complices[1]. Envoyé, à peu de temps de là, en Angleterre par Fouché, dans le but d'étudier, sur les lieux mêmes, ce foyer permanent de conspirations royalistes qui, depuis quatre ans, menaçaient la vie du nouvel Empereur, Perlet réussit à capter la confiance de quelques-uns des familiers du comte d'Artois. Il leur proposa ses services, qui furent acceptés, et, de retour à Paris, il établit avec eux une correspondance fort active, et dans laquelle il ne tarda pas à leur annoncer la formation d'un nouveau *comité royal*, composé de maréchaux, de sénateurs et de hauts fonctionnaires, au nombre desquels était le ministre même de la police. Ce *comité*, fruit de l'imagination de Perlet, fut accepté comme sérieux par les émigrés de Londres, et chaque mois, dans leur crédulité, ils s'attendaient à apprendre la nouvelle du renversement du gouvernement impérial. Aucun sacrifice ne leur coûtait pour obtenir ce résultat : toutes les demandes d'argent adressées par Perlet, au nom du prétendu *comité*, étaient immédiatement satisfaites. L'intrigue durait depuis dix-huit mois, lorsque, dans les premiers jours de 1807, Perlet, à bout de mensonges, écrivit que le *comité royal* était enfin *assuré de son coup*, mais qu'il lui fallait pour agir un demi-million, dont 100,000 francs sur-le-champ.

[1] Voir tome Iᵉʳ, pages 118 et 119.

Avant de demander au gouvernement anglais cette nouvelle et considérable avance, les royalistes de Londres voulurent s'assurer des faits. Aucun d'eux n'osait risquer sa tête dans un voyage à Paris. Un neveu de Fauche-Borel, Charles-Samuel Vitel, jeune officier qui revenait de l'Inde, offrit de partir. Il se mit en route malgré les représentations d'un membre du cabinet britannique qui lui portait intérêt, lord Howick, et, le 22 février 1807, il arriva à Paris, porteur d'une traite de 4,174 francs ainsi que d'une lettre adressée à Fouché, le membre le plus important du prétendu *comité royal*, et que Perlet faisait souvent intervenir dans sa correspondance sous le nom de *Maradan*[1]. La veille, 21 février, Perlet, averti par le préfet de police du débarquement de Vitel à Calais, se fait enfermer à la prison pour dettes de Sainte-Pélagie, et, le 23, y reçoit la visite de l'envoyé royaliste. Cette détention simulée, pour une somme assez minime, éloigne toute défiance dans l'esprit de Vitel : il ne cache rien de sa mission. Le soir même on l'arrête à son hôtel, on le fouille, on lui enlève sa traite, et l'on s'empare de sa canne. Cette dernière circonstance émeut le jeune officier ; il pâlit : « Je suis un homme perdu ! » s'écrie-t-il. Un des agents prend un couteau dont la lame était en forme de scie, et se met en devoir de couper la canne à peu de distance de la pomme : « Je vois bien que l'on connaît mon secret, lui dit Vitel ; je ne l'ai pourtant confié qu'à M. Perlet. Coupez plus bas. » L'agent suit cette indication ; l'intérieur de la canne, à cet endroit, renfermait un petit rouleau de la

---

[1] Nom d'un libraire de Paris. Perlet, pour mieux tromper les émigrés réunis autour du comte d'Artois, affectait les plus grandes précautions : il avait exigé que, dans les correspondances échangées entre Londres et Paris, on s'exprimât comme s'il ne s'agissait que d'une opération de librairie. De là les noms donnés par lui aux membres du prétendu comité royal : tel maréchal devenait sous sa plume *Firmin Didot*, tel sénateur *Delalain* ; Fouché était *Maradan*. La lettre remise au jeune Vitel pour ce dernier était ainsi conçue : « Nous prenons le parti de vous envoyer M. Samuel Vitel à Paris, afin de vous demander, monsieur, deux passe-ports en blanc, dont le ministère anglais aurait besoin pour vous adresser des personnes sûres dans le cas où il serait question d'une négociation en faveur des Bourbons. »

grosseur d'un tuyau de plume; c'étaient les quelques lignes adressées à Fouché. Cinq semaines plus tard, le 4 avril, Charles Vitel était fusillé.

Le jour de l'arrestation de ce malheureux jeune homme, Perlet avait touché une première gratification de 2,400 francs. Une seconde somme de 3,600 francs lui fut comptée sur la traite de 4,174 francs, que la police ne dédaigna pas d'encaisser. Ce bénéfice de 6,000 francs pour une tête livrée n'avait point suffi à l'avidité de Perlet. Peu de jours avant l'exécution de Vitel, il avait écrit à Fauche-Borel, en lui annonçant qu'une imprudence de son neveu avait causé son arrestation; mais il se faisait fort, ajoutait-il, de le sauver, si on lui faisait passer immédiatement six cents louis. Fauche-Borel réunit toutes ses ressources personnelles, et puisa dans la bourse de tous ses amis; les six cents louis (14,130 fr.) furent envoyés en deux traites que Perlet toucha lorsque, depuis plusieurs semaines, Vitel avait déjà cessé d'exister.

A dater de ce dernier sacrifice, les royalistes de Londres n'entendirent plus parler de Perlet ni de son prétendu comité. La Restauration vint, et avec elle arriva Fauche-Borel, qui sollicita une indemnité pour les vingt ans de conspiration et d'intrigues où il avait dépensé son activité, ses forces et sa fortune. Accueilli gracieusement par Louis XVIII, il fut impitoyablement repoussé par M. de Blacas, qui, ne voyant de fidèle que lui-même, n'admettait pas que la royauté eût à reconnaître d'autres services que les siens ou ceux de quelques autres gens de cour : « Son rôle était double, disait-il aux personnes qui lui parlaient pour Fauche; il trahissait la cause du roi et correspondait avec la police de Buonaparte. » Fauche-Borel voulut avoir raison de cette calomnie; il remonta à sa source, et trouva Perlet. L'emploi des six cents louis destinés à sauver son neveu fut le moyen dont il se servit pour obtenir une réparation publique; il actionna Perlet en restitution. L'affaire, commencée le 10 mai 1816, ne fut terminée que dans l'audience du 24. Perlet eut l'audace de comparaître en personne, d'avouer hautement tous les faits, et de nier qu'il fût tenu à restituer un centime. « J'ai touché les 14,130 francs, disait-il, mais ils n'avaient pas la désignation indiquée par mon adversaire; j'en ai fait l'usage que m'avait prescrit le comité royaliste de Londres. » Interrogé sur cet emploi, Perlet refusa de le faire connaître. Ce misérable avait trouvé un avocat qui, non content de plaider le mal fondé de la demande et de louer la résistance de son client, accabla, en outre, d'injures Fauche-Borel, et renouvela contre lui, dans un long plaidoyer, toutes les calomnies inventées par Perlet. Le tribunal, pourtant, fit justice : Perlet, déclaré coupable d'escroquerie, fut condamné à cinq ans de prison et à la restitution des 14,130 francs, montant des deux traites [1].

Perlet ne s'était pas contenté de perdre Vitel; il avait attiré dans un piége semblable un abbé Bassinet, dont le nom fut cité plus d'une fois dans le cours du débat. Un inspecteur général de police, ami de Perlet, et que ce dernier représentait comme ayant acquis une fortune considérable, le sieur Veyrat, entendu comme témoin, appelait ces guets-apens des *opérations* [2]. Voilà quelle était la police de Fouché. Les traditions,

---

[1] Malgré ce jugement, les dispensateurs des grâces de la Restauration persistèrent à se montrer incrédules et prirent prétexte des accusations de Perlet pour exempter les Bourbons de toute reconnaissance envers Fauche-Borel. Cet ancien imprimeur, qui avait risqué vingt fois sa vie et sacrifié son repos, ses ressources et celles des siens dans l'intérêt des princes et des grands seigneurs de l'ancien régime, tomba dans une position si misérable, qu'il en sortit par un suicide. Retiré à Neufchâtel (Suisse), son pays natal, il se précipita par une fenêtre dans les premiers jours de septembre 1829 et se tua sur le coup.

[2] La déposition du sieur Veyrat révèle un fait qui n'est peut-être pas sans quelques rapports avec la faveur qui, dès le lendemain de la première Restauration, accueillit M. Pasquier, le dernier préfet de police de l'Empire, malgré le zèle déployé par ce personnage dans ses fonctions, et malgré ses rigueurs envers un grand nombre de royalistes. La police impériale ne cessa jamais ses relations avec les émigrés d'Angleterre; seulement, au lieu de continuer à les tromper, après l'incident Vitel, elle prit à son service quelques-uns des plus élevés d'entre eux; jusqu'à la fin de l'Empire, la police de Fouché et de Savary eut plusieurs grands seigneurs, restés auprès du roi et des princes, pour pensionnaires et pour correspondants. Leurs confidences avaient été mises dans les mêmes cartons que tous les papiers relatifs aux émigrés d'Angleterre. In-

comme on a pu le voir, étaient religieusement conservées. Et, pourtant, il n'était guère besoin de ces piéges indignes pour amener devant des juges passionnés ou prévenus, nous ne dirons pas quelques pauvres ouvriers, de malheureux officiers à demi-solde, mais les sommités mêmes des anciennes armées impériales. Quelques ordres transmis par le télégraphe dans les derniers jours de l'année précédente avaient suffi pour faire arrêter un certain nombre de généraux dont la comparution successive devant les conseils de guerre et la condamnation vinrent défrayer, durant toute une année, les colonnes des journaux de cette époque. Le maréchal Ney avait clos la liste des condamnés militaires de 1815; le contre-amiral comte Duran de Linois et le colonel baron Boyer de Peireleau ouvrirent la série des accusés militaires de 1816.

Longtemps employé comme chef d'escadre à la défense de

terrogé dans l'audience du 17 mai, sur la connaissance qu'il pouvait avoir de la correspondance entretenue par Perlet avec les royalistes de Londres, Veyrat répondit « qu'il avait parfaitement connu cette correspondance, laquelle était autrefois déposée à la police dans deux cartons qui contenaient un très-grand nombre d'autres pièces; mais que M. le préfet de police, baron Pasquier, lui avait demandé ces cartons; qu'avant de les remettre à ce préfet il lui avait fait observer qu'il serait peut-être nécessaire d'en dresser un *inventaire*, et que ce fonctionnaire lui avait répondu que c'était inutile, et s'était contenté de lui donner un simple reçu. »

M. de Talleyrand s'était montré plus timide. Nous avons dit quel rôle influent il joua dans l'arrestation et dans la mort du duc d'Enghien. Les archives de la secrétairerie d'État, où allaient toutes les pièces sorties du cabinet de l'Empereur, renfermaient des preuves assez nombreuses de cette active intervention. Nommé président du gouvernement provisoire le 2 avril 1814, M. de Talleyrand n'avait pas voulu laisser arriver ces preuves aux mains des princes qui allaient rentrer; n'ayant ni le temps ni le courage de les rechercher et de les enlever lui-même, il avait placé provisoirement aux archives de la secrétairerie d'État un employé de son cabinet, avec mission de réunir tous les papiers accusateurs; lorsque l'employé les eut rassemblés et remis au prince de Bénévent, ce dernier le destitua.

Depuis 1814, peu de ministres se sont fait faute, au reste, d'enlever ainsi tous les documents qui pouvaient intéresser leur passé ou celui de leurs amis. Les archives de la plupart des départements ministériels ont été littéralement livrées au pillage. Il est des points essentiels de notre histoire politique et militaire sur lesquels on ne trouve pas une seule pièce; ou bien les documents qu'on a laissés sont insignifiants. Plusieurs cabinets particuliers, sous ce rapport, sont plus riches que les dépôts publics.

nos possessions dans la mer des Indes, où il s'était signalé par plusieurs actions d'éclat, l'amiral de Linois, après la chute de l'Empire, avait embrassé avec chaleur la cause des Bourbons. De son côté, acteur dans toutes les luttes de l'Empire contre l'Europe, et l'un des officiers qui, luttant pied à pied jusqu'à la dernière heure pour l'indépendance française, avaient le plus vaillamment combattu dans l'héroïque campagne de France, le baron de Peireleau était resté fidèle à la cause nationale. Tous deux avaient été chargés, au mois de juin 1814, l'amiral comme gouverneur, et le colonel comme commandant en second, de recevoir la Guadeloupe des mains des Anglais, qui s'en étaient emparés pendant la guerre, et d'y rétablir la domination française; ils accomplirent leur mission dans les premiers jours de décembre suivant. Les nouvelles d'Europe arrivent lentement dans l'autre hémisphère : l'annonce du retour de l'île d'Elbe et de la journée du 20 mars ne parvint au comte de Linois qu'à la fin d'avril. Décidé à conserver la Guadeloupe à la cause royale, cet amiral, pendant sept semaines, refusa d'ouvrir les dépêches que lui faisait transmettre le ministre de la marine des Cent-Jours; sa persistance à maintenir la colonie sous le drapeau blanc fut un premier motif de défiance et de mécontentement contre lui; bientôt le bruit de l'établissement des Anglais aux Saintes, groupe d'îles dépendant de son gouvernement, puis la présence de plusieurs bâtiments de la marine militaire britannique dans les eaux de la Guadeloupe, achevèrent d'irriter la partie la plus pauvre, mais la plus patriotique de la population. Deux lettres de la Martinique apprennent, en ce moment, au colonel Peireleau que les bâtiments anglais, alors en vue de l'île, sont chargés de 1,000 hommes de troupes de débarquement; qu'une seconde expédition de 2,000 hommes se prépare, et que ces forces, organisées d'accord avec les autorités royales de la Martinique, sont destinées à mettre aux mains des Anglais toutes nos possessions des Antilles, afin d'en assurer la souveraineté aux Bourbons et de leur constituer une sorte de domaine particulier pour toute la durée de leur exil. Le colonel quitte sur-le-champ la Pointe-à-Pitre, siége de son commandement, à la tête d'un petit nombre d'habitants et de quelques soldats, se rend à la Basse-Terre, résidence de l'amiral, proclame le gouvernement impérial et fait arborer le drapeau tricolore. Ce changement de drapeau, qui contraignit les Anglais de renoncer à leur projet de descente, avait lieu le 18 juin, le jour même où, à dix-huit cents lieues de l'île, la fortune de la mère patrie succombait à Waterloo. Le lendemain, 19, confiant dans les assurances de patriotisme de l'amiral, et repoussant les demandes des habitants, qui le sollicitaient de prendre le gouvernement de l'île et de faire immédiatement embarquer le comte de Linois pour la France, le colonel rétablit cet officier général dans tous ses pouvoirs et se replaça sous son commandement. A dater de ce moment, la tranquillité fut complète, et aucun événement ne vint la troubler jusqu'au jour où l'amiral anglais Leith attaqua l'île avec des forces comparativement si supérieures, que le comte de Linois et son commandant en second furent obligés de capituler. Conduits dans un des ports d'Angleterre, puis en France, tous deux se virent accusés de trahison envers le roi et traduits devant un conseil de guerre ainsi composé : le lieutenant général Lauriston, *président;* les lieutenants généraux Claparède, Bordesoulle, Digeon, les maréchaux de camp d'Aboville, de Montesquiou-Fesenzac et Montbrun, *juges;* le comte de Sesmaisons, *rapporteur.* Le procès, commencé le 6 mars, occupa cinq séances; le 11, le conseil prononça sa sentence : l'amiral échappait à la mort, il était acquitté; mais le colonel, pour avoir fait échouer un premier projet de débarquement des Anglais à la Guadeloupe, et replacé cette possession sous le drapeau de la mère patrie, s'entendit déclarer coupable « d'insubordination envers son supérieur, d'être auteur et fauteur d'une révolte qui, le 18 juin 1815, avait fait passer la colonie de la Guadeloupe sous la domination de l'usurpateur, » et fut condamné à la peine de mort.

Onze jours plus tard, le 22 mars, le général baron Debelle comparaissait à son tour devant un autre conseil de guerre, qui avait pour *président* le maréchal de camp baron d'Estoquigny ; pour *juges*, les maréchaux de camp comte de Béthisy et vicomte de Montélegier, aide de camp du duc de Berry, le colonel vicomte de Courteilles, le chef d'escadron de Quélen, les capitaines vicomte de Grenier et Menjaud de Dammartin ; pour *rapporteur*, le chef de bataillon Viotti. Nous avons raconté, à l'occasion du mouvement tenté sur Lyon par le duc d'Angoulême, après le 20 mars, la résistance du baron Debelle à la marche du petit corps d'armée royal[1] ; cette résistance était son seul crime. Le général perdit le sang-froid devant cette accusation politique ; la résolution et la fermeté qu'il avait déployées si souvent sur le champ de bataille l'abandonnèrent ; dans son trouble, il sollicita l'indulgence de ses juges. Faiblesse inutile ! Le 24, après trois jours de débat, et malgré les dépositions d'un grand nombre de témoins, qui vinrent attester que l'accusé avait constamment maintenu le calme dans tous les lieux placés sous son commandement, et soustrait une foule de royalistes à la vengeance des habitants des campagnes ou à la colère de ses soldats, le général Debelle fut déclaré coupable « d'avoir coopéré à des mouvements *hostiles* contre les troupes restées fidèles au roi, » et condamné à la peine de mort.

En même temps que les juges militaires de Paris rendaient cette sentence, un autre chef militaire, général éminent, caractère élevé, cœur généreux et loyal, le lieutenant général Travot, était traduit, à Rennes, devant un conseil de guerre dont la composition présentait une circonstance odieuse. Nous avons dit ailleurs les services rendus à la Vendée par Travot lors des anciennes guerres ; la pacification de cette malheureuse contrée était en grande partie son ouvrage, et il avait dû vaincre, pour arriver à ce résultat, l'opposition de quelques

---

[1] Voir tome II, p. 303, 304 et 305.

chefs, qui trouvaient dans la prolongation de la lutte un aliment à leur humeur sanguinaire ou à leur cupidité. Un de ces opposants, adversaire acharné des insurgés royalistes, et dont on citait des actes empreints d'une véritable férocité, était l'officier général Canuel, que le général en chef montagnard Rossignol avait élevé, en quelques mois, du grade de capitaine à celui de général de division (novembre 1793). La Vendée était restée son unique champ de bataille; le Directoire ne lui avait donné que des commandements de places ou de territoire intérieur; Napoléon refusa constamment de l'employer. Le général Canuel, lors de la chute de l'Empire, avait donc adopté la cause des Bourbons avec toute l'ardeur d'un mécontent et l'exaltation bruyante d'un ambitieux sur qui pèse un passé qu'il veut faire oublier. Craignant d'être inquiété après le retour de l'île d'Elbe, il s'était réfugié en Vendée, dans les rangs de ces insurgés qui avaient eu si longtemps en lui un persécuteur implacable, et que Travot poursuivait alors sans relâche. On a vu, au début du précédent volume, le résultat de l'échauffourée vendéenne de 1815 : les royalistes furent obligés de mettre bas les armes [1]. Dix mois plus tard, Travot et le général Canuel se trouvaient de nouveau en présence; mais, cette fois, dans l'enceinte d'un tribunal militaire, le premier comme accusé, le second avec le titre de juge et de président. Ce choix d'un ennemi et d'un vaincu pour arbitre de la liberté et de la vie de son vainqueur appartenait au comte de Vioménil, gouverneur militaire de Bordeaux lors du procès et de l'exécution des frères Faucher de la Réole. Cet ancien émigré venait d'échanger le commandement de la Gironde contre celui d'Ille-et-Vilaine, et s'était fait suivre, dans sa nouvelle résidence, par la plupart des officiers qui avaient joué un si déplorable rôle dans le meurtre des deux jumeaux, entre autres par MM. de Laporterie, de Labouterie et Lucot-d'Hauterive. Secondé par les mêmes instruments, il crut pouvoir se

[1] Voir tome III, p. 3 à 11.

livrer aux mêmes excès. Par son ordre, Travot, dès le premier jour de son arrestation, fut mis au secret le plus rigoureux, et privé de toute communication, même écrite, avec sa famille et ses amis. Ceux-ci recoururent sur-le-champ aux lumières d'un jurisconsulte, qui s'empressa de demander une copie de l'écrou du prisonnier, d'abord au geôlier, ensuite au procureur du roi. L'un et l'autre refusèrent de délivrer cette pièce; le défenseur réclama auprès de M. de Viomenil, qui, pour toute réponse, lui fit transmettre l'ordre de quitter Rennes dans les vingt-quatre heures, et de se rendre en exil à *Bordeaux*. Sept mois auparavant, une simple invitation de cet officier général avait suffi pour décider M. Ravez et ses confrères du barreau bordelais à déserter lâchement la défense de César et de Constantin Faucher; la peine dont il venait de frapper un de leurs collègues, loin d'intimider les avocats bretons, excita leur courage : l'exil enlevait un défenseur à Travot; trois avocats, MM. Coatpont, inspecteur de l'Académie, Bernard et Lesueur, prirent immédiatement la place de l'exilé, et firent aussitôt paraître, en faveur de Travot, une consultation, que signèrent avec eux treize de leurs confrères, parmi lesquels figuraient quatre professeurs de l'École de droit, entre autres deux hommes dont le nom est resté dans la science, MM. Carré et Toullier. Cette manifestation déconcerta M. de Viomenil; il n'osa déporter ces seize citoyens, et Travot put être défendu. Ce fut le 18 mars que le conseil de guerre chargé de le juger s'assembla; sa composition était celle-ci : le lieutenant général Canuel, *président;* les lieutenants généraux comte Rivaud de la Raffinière et comte O'Mahony, le colonel comte de Bellon, le chef d'escadron chevalier Destombes, les capitaines de Vigeon et de la Grasserie, *juges;* le chef d'escadron chevalier de Jouffrey, *rapporteur*.

Dès l'ouverture de l'audience, et avant la lecture des pièces de l'instruction, les défenseurs demandèrent la récusation du général Canuel. Ce général, après avoir déclaré qu'il n'avait aucun motif pour se récuser, consentit, pourtant, à laisser plaider la question ; la récusation fut rejetée par les juges, ses collègues, et par lui-même. Un autre déclinatoire proposé par les avocats n'eut pas un meilleur succès. Le reste de la séance fut rempli par la lecture des pièces. Le lendemain, 19, le débat s'ouvrit. Travot était accusé de *révolte contre l'autorité légitime*. Or, non-seulement son nom ne figurait pas sur les listes de proscription du 24 juillet, mais ce général était même resté complétement étranger aux faits que cette ordonnance, ainsi que la proclamation de Cambrai, puis la loi du 12 janvier, considéraient comme coupables et qu'elles avaient solennellement amnistiés. Louis XVIII, en effet, se trouvait à Gand depuis deux mois, et le duc d'Angoulême lui-même avait quitté depuis un mois le territoire, lors du rôle actif de Travot dans l'effort des Cent-Jours. La marche de ce général, en mai et en juin 1815, contre les rassemblements fomentés et armés par les Anglais en Vendée, voilà quelle était sa *révolte;* MM. de la Rochejaquelein, de Suzannet, d'Autichamp et le général Canuel lui-même, voilà l'*autorité légitime* qu'il avait eu à combattre. Vainement ses avocats firent ressortir cette position tout exceptionnelle; le conseil, le soir du 20 mars, déclara Travot coupable à la majorité de six voix contre *une;* cinq voix contre *deux* le condamnèrent à la peine de mort [1]. Cette sentence ne put suffire à la passion des juges : après avoir frappé l'accusé, on voulut atteindre ses défenseurs; le 22 mars, le général Canuel fit insérer dans les journaux un avis signé de lui, et dans lequel il annonçait « qu'il venait de dénoncer et de transmettre au procureur du roi, ainsi qu'aux ministres

---

[1] La voix qui se prononça pour la non-culpabilité et qui fut également une de celles qui repoussèrent la condamnation était la voix du général Rivaud de la Raffinière. — Les succès de Travot contre les insurgés vendéens aux différentes époques de soulèvement constituaient son véritable crime, et tinrent une grande place dans le réquisitoire prononcé contre lui. L'accusation lui reprochait, à cette occasion, d'avoir été le constant adversaire de la cause royale, et de s'être servi de tous les moyens pour en empêcher le triomphe : « La modération, ajoutait le rapporteur, ne fut pas une des armes les moins *redoutables* entre ses mains; la clémence elle-même fut un de ses moyens de succès. »

de la justice, de la guerre et de la police, comme propres à égarer l'opinion publique, et injurieux à la justice et à l'autorité ministérielle agissant en vertu des ordres du roi, une *consultation*, des *observations* et un *précis* publiés par les avocats du nommé Travot. » MM. Coatpont, Bernard et Lesueur, sur des ordres venus de Paris, furent mis en état d'arrestation; mais M. Coatpont seul passa en jugement pour rendre compte du sens caché sous huit *points* laissés par son imprimeur à la suite de l'une des phrases du *précis* qu'il avait signé. Acquitté par le tribunal, il fut destitué de sa place d'inspecteur d'Académie.

Seize jours après la condamnation de Travot, le 6 avril, un de nos chefs militaires les plus braves et les plus instruits, compagnon d'exil de Napoléon à l'île d'Elbe, le général Drouot, comparaissait, à son tour, devant un conseil de guerre, à Paris, comme accusé « d'invasion de la France à main armée et d'attentat contre l'autorité légitime du roi, » crime entraînant la peine capitale. La composition du conseil était celle-ci : le lieutenant général comte d'Anthouard, *président;* les lieutenants généraux baron Rogniat et baron Raviel ; le colonel d'état-major marquis de Marcillac, le chef d'escadron vicomte de Pons, les capitaines Dutuis et comte Louis de Vergennes, *juges;* le chef de bataillon Delon, *rapporteur*.

On sait l'influence exercée par le général Drouot, après la fatale convention de Saint-Cloud, sur la retraite de nos troupes derrière la Loire. Porté sur la première liste de l'ordonnance du 24 juillet, ce général était revenu à Paris lors du licenciement de l'armée, et, se présentant chez le ministre de la police et chez le gouverneur de la division pour prendre leurs ordres, il s'était volontairement constitué prisonnier. Sa défense devant l'officier chargé d'instruire son procès, comme devant le conseil de guerre, était celle-ci : « Napoléon, par le traité de Fontainebleau, était devenu un souverain étranger; en l'accompagnant à l'île d'Elbe, j'adoptais une nouvelle patrie; je devenais étranger à la France et à ses princes ; je n'ai donc pu me rendre coupable envers ceux-ci en obéissant aux ordres de mon nouveau souverain. » Ce système de défense était, au reste, appuyé par un certificat du payeur général de l'armée, lequel constatait que, lors des Cent-Jours, un arrêté ministériel du mois de juin 1815 ayant ordonné le payement du traitement de Drouot pendant tout son séjour à l'île d'Elbe, ce général avait refusé de le recevoir, en disant qu'il n'était plus alors au service de la France. « A combien se montaient les troupes de Napoléon pour faire son invasion? lui demanda le président. — A huit cent quarante hommes. — Quel était votre espoir avec d'aussi faibles moyens? — Je tombai des nues à la première nouvelle de ce projet; je cherchai à dissuader Napoléon de son entreprise, et lui exposai toutes les raisons qui pouvaient l'en détourner; mais j'ai cru de mon devoir et de mon honneur de ne pas l'abandonner. » Interrogé sur les intelligences de l'Empereur avec la France, l'accusé affirma n'avoir eu connaissance d'aucun complot ni d'aucune correspondance. Il avait d'abord cru que Napoléon devait être appuyé par quelque puissance étrangère et par un fort parti à l'intérieur; mais les événements et les faits n'avaient point tardé à le détromper. « Après le 20 mars, ajouta-t-il, nombre de personnes, me supposant un grand crédit, venaient protester auprès de moi de leur dévouement à Napoléon; pas une seule ne s'est vantée d'avoir fait partie d'une conspiration pour faciliter son retour. — Pourquoi n'avez-vous pas également suivi Buonaparte après sa seconde abdication? — Je vais vous parler à cœur ouvert. Lorsque Napoléon a abdiqué en avril 1814, les hostilités avaient cessé sur tout le territoire français; ma patrie n'avait plus besoin de moi; j'ai sacrifié mes devoirs envers elle à mes affections. Lorsqu'il a abdiqué pour la seconde fois en juin 1815, ma première pensée a été de l'accompagner; mais le gouvernement provisoire m'avait confié le commandement en chef de la garde; la patrie était en danger; je suis resté au poste qu'elle m'avait assigné, parce que j'espérais lui rendre quelques services. »

Le maréchal Macdonald fut le seul témoin entendu à l'audience; il dit : « J'arrivai à Bourges pour prendre le commandement de l'armée de la Loire au moment où le général Drouot quittait celui de la garde pour venir se constituer volontairement prisonnier. J'appris que cette garde, pleine de confiance dans son commandant, s'était abandonnée à la sagesse de ses conseils et à sa direction au moment si critique de la capitulation du 3 juillet, et que cet exemple salutaire, entraînant l'armée, avait préservé Paris des désastres dont il était menacé. La garde ayant été dirigée au delà de la Loire, le général Drouot, par ses soins assidus et sa fermeté, la maintint dans la plus sévère discipline, et, par son exemple et ses bons conseils, l'a franchement ralliée au roi. Ce général a calmé les têtes exaltées et en a écarté de dangereuses qui auraient pu égarer cette garde et la porter à des excès dont les suites eussent été incalculables. Une si heureuse influence, si utilement appliquée à cette garde pour la cause de Sa Majesté et de la patrie, a décidé l'armée à la soumission. La vérité me fait un devoir de le déclarer hautement : c'est à l'exemple donné par la garde, sous l'influence du général Drouot, qu'est due la résignation de l'armée à subir le licenciement général que j'ai été chargé d'opérer. »

Le général Drouot réunissait au plus haut degré toutes les vertus qui honorent l'homme privé et illustrent le soldat; sa vie entière avait été consacrée au service du pays; nul ne poussait plus loin que lui l'austérité des mœurs, le désintéressement, le dévouement absolu au devoir et la loyauté. Mais, par cela même que les amis de la cause nationale pouvaient peut-être lui reprocher d'être resté enfermé trop étroitement dans ses devoirs militaires lors de la honteuse capitulation de Saint-Cloud, et d'avoir alors manqué à l'inspiration politique en désespérant trop facilement du salut de la patrie, Drouot n'était pas sans droits à la gratitude de cette royauté à qui la retraite de nos soldats derrière la Loire, puis leur soumission, avaient donné, sans lutte, Paris et la France. Eh bien, telle était la justice de cette époque étrange, que, peu d'instants après avoir entendu la déclaration du maréchal Macdonald, quatre membres du conseil sur sept déclarèrent le général coupable; encore une voix, et Drouot était condamné à la peine de mort. Trois de ses juges, heureusement, opinèrent pour l'absolution; cette *minorité de faveur*, aux termes des lois militaires, fit prononcer l'acquittement.

Le 20 du même mois, le général Cambronne parut, à son tour, devant un tribunal militaire. Laissé pour mort sur le champ de bataille de Waterloo, ramassé le lendemain par des soldats anglais, et conduit comme prisonnier dans un des ports d'Angleterre, ce général avait adressé, d'Alburton, le 20 juillet, à Louis XVIII, la lettre suivante :

« Sire, major du 1er régiment de chasseurs à pied de la garde, le traité de Fontainebleau m'imposa le devoir de suivre Napoléon. L'Empereur n'étant plus, j'ai l'honneur de prier Votre Majesté de recevoir ma soumission et mon serment de fidélité.

« Si ma vie, que je crois sans reproche, me donne des droits à la confiance de Votre Majesté, je lui demande mon régiment ; en cas contraire, mes blessures me donnant droit à ma retraite, je la solliciterai, en regrettant d'être privé de servir ma patrie. »

Les Anglais ne rendirent le général à la liberté, ainsi que le comte de Lobau et les autres prisonniers de guerre, qu'après la conclusion du traité de paix du 20 novembre. Débarqué à Calais le 13 décembre, Cambronne se mit à la disposition du commandant de cette place, et se rendit ensuite à Paris, où il se constitua volontairement prisonnier. Le conseil de guerre chargé de le juger était présidé par le maréchal de camp Foissac-Latour. Ce dernier interrogea le général sur les circonstances de son départ pour l'île d'Elbe : « Lorsque nous étions à Fontainebleau, répondit Cambronne, on reçut l'ordre de former un régiment pour aller avec Napoléon; j'étais dans mon lit, malade de blessures reçues à la bataille de Craonne; je réfléchis, et j'écrivis au général Drouot que j'étais le plus ancien major, et que je regarderais comme la plus grande injustice de ne pas me choisir quand on m'avait toujours choisi pour aller au feu. — *Un membre du conseil* : Ainsi c'est volontairement, vous l'avouez, que vous êtes allé à l'île d'Elbe? — R. Avons-nous des devoirs dans notre état? » Le président demande ensuite à l'accusé si le général Drouot n'avait pas le commandement effectif des troupes après le débarquement au golfe Juan : « R. Je ne me suis jamais mêlé de cela. — D. Vous vous êtes du moins mêlé de savoir si vous aviez un chef ou non? — R. J'allais à l'ordre; une fois que j'avais dit: « Quoi de nouveau? » et qu'on m'avait répondu : *Rien*, je m'en allais. Je n'aime pas à faire la cour. — Je vous demande si le général Drouot avait ou non le commandement de l'armée? — Non, c'était Napoléon. — Cependant Drouot ne faisait pas que de vous transmettre des ordres; il vous en donnait directement? — Il était lieutenant général, et moi simple maréchal de camp, je devais lui obéir. — A qui faisiez-vous vos rapports? — Quand je savais quelque chose, je le disais au major général. — Quel était-il? — Bertrand. — Avez-vous conservé vos lettres de correspondance? — Je n'ai jamais conservé une seule lettre. — Lorsque vous êtes arrivé à Paris, Buonaparte a dû vous donner des témoignages de satisfaction" — Cinq différents : il m'a nommé pair, lieutenant général comte... — *Le président*, interrompant : Combien de temps après votre arrivée? — Je ne peux vous le dire, car je n'y ai pas fait attention. — En supposant que vous n'y mettiez pas d'importance, vous devez vous rappeler cette époque; vous avez reçu des brevets? — Je vous donne ma parole d'honneur que je ne me le rappelle pas. Je vous ai dit que je ne gardais jamais de papiers. — Combien de temps, après votre arrivée, avez-vous été nommé pair? — Très-longtemps après; mais je n'ai pas même assisté à la première séance. — Vous avez refusé le grade de lieutenant général? — Oui. — Pour quels motifs? — Je vais vous le dire. Je me crois capable de commander une division; mais, dans une affaire malheureuse, j'aurais pu me trouver embarrassé, et je ne voulais pas m'exposer à faire verser le sang français par ma faute. D'ailleurs, je me se-

,ais trouvé avec d'anciens généraux de brigade qui auraient pu se croire humiliés d'être commandés par un moins expérimenté qu'eux. »

Traduit devant la justice militaire avant le général Drouot, Cambronne eût certainement entendu prononcer sa condamnation ; mais la sentence du 6 avril dicta la sienne : il fut absous à la majorité de cinq voix contre deux. Ce double acquittement souleva la plus violente colère parmi le parti royaliste. « Ils disent : Nous sommes de l'île d'Elbe, nous sommes sujets du roi de l'île d'Elbe, nous avons dû lui obéir! s'écriait, à cette occasion, le *Journal des Débats* dans son numéro du 2 mai ; mais, si quelque chose pouvait aggraver le crime d'une pareille invasion (le débarquement du golfe Juan), ce serait de l'avoir tentée à la suite d'un pareil homme ! Quoi ! ce souverain d'une nouvelle espèce vient *furtivement* attaquer la France avec 600 hommes ! Une pareille expédition porte-t-elle le caractère d'une guerre à laquelle un homme d'honneur puisse prendre part? Et, si un grossier et stupide soldat (Cambronne), incapable de raisonner et accoutumé à une obéissance passive, peut suivre aveuglément un pareil chef, en est-il de même d'un officier instruit (Drouot), qui, par son éducation, ne peut être tout à fait étranger aux principes du droit public? Il y avait une manière légitime et assurée de les défendre et de les protéger : c'était de les confier à la clémence du roi! » A défaut des deux généraux, on voulut du moins punir leurs avocats, MM. Girod (de l'Ain) et Berryer fils[1]. Le procureur général Bellart les traduisit devant le conseil de discipline de leur ordre, « comme prévenus d'avoir professé des doctrines dangereuses et propres à blesser le système de la légitimité. » Le 24 mai, ce conseil reconnut « que les principes développés par les deux défenseurs dans leurs plaidoiries étaient effectivement condamnables et subversifs de toute autorité légitime; » mais il déclara que M. Girod (de l'Ain), président du tribunal civil sous l'in-

[1] Aujourd'hui membre de la Chambre des députés. (1847, date de la première publication de ce volume.)

terrègne, n'appartenant pas à l'ordre des avocats, ne se trouvait pas son justiciable; quant à M. Berryer fils, le conseil le renvoya de la plainte, « attendu qu'il avait donné, dans des circonstances difficiles, tant de preuves des meilleurs et des plus nobles sentiments royalistes, que très-certainement la doctrine qu'on lui reprochait n'était pas la sienne, et qu'il la désavouerait[1]. »

La *clémence* à laquelle les royalistes auraient voulu que Drouot et Cambronne fussent confiés venait de s'étendre, il est vrai, sur les généraux Debelle et Travot; la sentence du premier avait été commuée en dix ans de détention, et celle du second en *vingt années* de la même peine[2]; mais on touchait alors au moment où cette clémence, qui n'était que l'incomplète réparation de condamnations iniques, allait même faillir aux condamnés. Quinze jours après le jugement de Cambronne, le mouvement du 5 mai éclatait à Grenoble; à da-

[1] Cette doctrine était le développement du système de défense adopté par le général Drouot, « que, devenus les sujets d'un souverain étranger, les deux généraux n'avaient pu se rendre coupables envers les Bourbons en obéissant aux ordres de leur nouveau souverain. » — Drouot et Cambronne, après leur acquittement, furent soumis à la surveillance la plus sévère et obligés de rentrer dans leurs foyers sans solde ni traitement, une décision prise par le duc de Feltre ayant déclaré rayés des contrôles de l'armée et privés de tous droits à un traitement ou pension de retraite quelconque les généraux, officiers, sous-officiers et soldats qui avaient accompagné Napoléon à l'île d'Elbe.

[2] Le baron Debelle était spécialement condamné pour avoir résisté à la marche du duc d'Angoulême sur Lyon, l'année précédente; ce fut ce prince qui, par une honorable initiative, sollicita lui-même et obtint la commutation de peine du général. — Travot dut la vie à l'attitude de la population de Rennes; sa condamnation avait excité l'indignation la plus vive; un nombre considérable de citoyens convinrent de ne pas laisser exécuter la sentence; on fit publiquement des préparatifs dans ce but; deux courageuses femmes, mesdames Duchâtellier et Godefroi, devaient donner le signal du mouvement en se jetant entre les fusils des soldats et le condamné. L'autorité militaire ne disposait que de quelques centaines d'hommes à peine enrégimentés; avertie des dispositions des habitants, elle les fit connaître au gouvernement, qui prit le parti d'éviter la lutte par une commutation. Travot était sexagénaire; une détention de vingt ans devenait, à son âge, une détention perpétuelle; en entendant la lecture de l'acte qui lui infligeait cette peine, plus cruelle pour lui que la mort, il devint fou, et mourut peu de temps après, sans avoir recouvré sa raison.

ter de cet événement, le sang des généraux traduits devant les conseils de guerre fut versé de nouveau; celui de Chartran coula le premier.

Ce général avait commandé une des brigades du comte de Lobau (6° corps) sur le champ de bataille de Waterloo; il comparut le 9 mai, à Lille, devant un conseil de guerre ainsi composé : le maréchal de camp baron Charnotet, *président;* les maréchaux de camp baron Évain et comte de Caraman, le colonel de cuirassiers baron Deschamps, le chef d'escadron de gendarmerie Moizet, le capitaine de hussards Goudmetz, le capitaine d'infanterie Vanvormhoud, *juges;* le chef de bataillon d'infanterie de Lespaul, *rapporteur.* Chartran était accusé « d'avoir accepté et exécuté, en mars et avril 1815, une mission ayant pour but de détruire le *gouvernement du roi* dans le midi de la France. » Nous avons dit ailleurs quelle était cette mission et comment le général l'avait remplie[1]. Or, le 3 avril, lorsque Chartran avait rétabli l'autorité impériale à Toulouse, Napoléon régnait depuis deux semaines, et Louis XVIII, réfugié à Gand depuis onze jours, ne gouvernait plus une seule portion du territoire. Le général Chartran se trouvait donc dans la même position que l'immense majorité des militaires et des fonctionnaires civils employés pendant les Cent-Jours; il n'avait rien fait de plus que la plupart des hommes composant le tribunal chargé de le juger, rien de plus que le baron Évain, entre autres, lequel n'avait pas discontinué son service, et que l'on a vu figurer au nombre des généraux appelés par le gouvernement provisoire dans les conseils de guerre qui décidèrent la remise de Paris aux Anglais et aux Prussiens. Le hasard, ou, pour dire mieux, le caprice haineux du duc de Feltre, choisissant entre des hommes placés dans les mêmes conditions, et mêlés aux mêmes événements, faisait seul, de ceux-ci, des accusés, de ceux-là, des juges. Chose triste à dire, ces derniers, soit lâche courtisa-

---

[1] Voir le tome II, page 301.

nerie, soit peur plus lâche encore, se montraient impitoyables. Coupable par cela seul qu'on l'accusait, Chartran n'avait pas à se défendre. Le conseil, *à l'unanimité*, le condamna à la peine de mort. Le malheureux général se pourvut en grâce; mais, le 22 mai, en présence de toutes les troupes de la garnison, on le fusilla dans la citadelle de Lille.

Le 5 juin suivant, le général Bonnaire, commandant de place à Condé pendant les Cent-Jours, et son aide de camp, le lieutenant Mietton, comparaissaient, à Paris, devant un conseil de guerre que présidait le duc de Maillé, premier gentilhomme du comte d'Artois, et qui comptait parmi les juges le comte de la Ferronays, premier gentilhomme du duc de Berry; le comte de Macarthy, aide de camp du prince de Condé, et le marquis de Malleissye, colonel de la légion de l'Indre. Le général Bonnaire et son aide de camp étaient accusés, le premier, d'avoir ordonné ou autorisé le meurtre du colonel Gordon, envoyé comme parlementaire, pour sommer Condé de reconnaître le gouvernement de Louis XVIII, et le second, d'avoir pris la part la plus active à l'exécution de ce meurtre. Les faits résultant du procès furent ceux-ci :

Le 7 juillet 1815, dix-neuf jours après Waterloo, un individu vêtu d'habits bourgeois se présente seul aux avant-postes de la place de Condé, alors investie par un corps d'armée *hollandais*, et demande à être conduit devant le gouverneur, pour lequel il est chargé, dit-il, de dépêches importantes. Cet individu était l'un des deux officiers supérieurs du 1er corps (Drouet-d'Erlon) qui étaient passés à l'ennemi le 16 juin, pendant la bataille de Ligny, et lorsque ce corps se dirigeait sur les *Quatre-Bras*[1]. On lui bande les yeux, on l'amène au général Bonnaire, auquel il remet un ordre signé *Bourmont*, contre-signé *Clouet*, et où il était dit que le général ferait immédiatement arborer le drapeau blanc, et remettrait son commandement au porteur de la dépêche, le colonel Gordon.

---

[1] Voir le tome II, note deuxième de la page 445.

Nul ne connaissait ce dernier, et l'on ignorait son rôle dans la journée du 16; en revanche, des officiers et des soldats, qui s'étaient jetés dans Condé après le désastre du 18 (Waterloo), avaient appris à la garnison et à ses chefs la défection des deux signataires de l'ordre dont le colonel était porteur; on interroge ce dernier; il répond qu'il est d'origine *hollandaise*, mais employé depuis longtemps au service de la France. Cette origine, rapprochée de la composition des troupes assiégeantes; cette introduction dans une place assiégée, sans un trompette, sans un drapeau, sans une escorte, ou tout autre signe extérieur annonçant une mission de parlementaire; cet ordre de changement de drapeau, signé par deux hommes ayant trahi quelques jours auparavant; toutes ces circonstances frappent et agitent les officiers et les soldats que le hasard ou la curiosité avaient réunis sur le lieu de la scène; bientôt les têtes s'exaltent, et une foule de voix signalent dans le colonel un traître, un espion qu'il faut fusiller sur-le-champ. Les lois régissant les places assiégées autorisaient cette justice sommaire. Le général pourtant refuse de l'appliquer : il donne à son aide de camp l'ordre de conduire le prétendu parlementaire jusqu'à la sortie des ouvrages extérieurs, et de faire alors tirer sur lui un coup de canon à *poudre*. « C'est une satisfaction qu'il faut donner à la garnison, » lui dit-il. Le lieutenant Mietton obéit; mais, avant de passer les derniers ouvrages, il ordonne aux soldats d'escorte de fouiller le colonel, et l'on découvre sur ce dernier un assez grand nombre de papiers, entre autres plusieurs exemplaires de la déclaration publiée par Louis XVIII à Cambrai, ainsi qu'une espèce de rapport, daté de Gand le 20 juin, et dans lequel Gordon disait au duc de Feltre, ministre de la guerre de la royauté exilée : « Le 16 juin, au moment où le 1er corps prenait sa place à l'extrême gauche de l'armée, je fis semblant d'aller reconnaître la position, et, piquant des deux, je me rendis à Nivelles (quartier général des Hollandais), accompagné du lieutenant-colonel aide de camp Gaugler. »

« Ah ! traître ! toi aussi tu as déserté ! tu venais pour nous livrer ! » s'écriaient les soldats furieux pendant que le lieutenant portait les papiers au général : « C'est bien, dit ce dernier à son aide de camp après avoir rapidement parcouru ces différentes pièces; bornez-vous à exécuter mon ordre. » Le lieutenant revient; mais à peine est-il arrivé à cinquante pas du colonel Gordon, que plusieurs coups de fusil partent du milieu des soldats de l'escorte, et étendent roide mort l'émissaire de MM. Clouet et de Bourmont.

Il demeura établi par le débat que le général n'avait ni ordonné ni autorisé ces coups de feu; dès la première audience, on ne lui adressait plus que deux reproches : il n'avait pas protégé suffisamment la sortie du colonel, et avait laissé impunis les soldats de l'escorte. Les dépositions, à l'égard du lieutenant, étaient plus contradictoires : quelques témoins affirmaient qu'il avait donné l'ordre de tirer; d'autres soutenaient, au contraire, qu'il se trouvait encore assez éloigné du théâtre du meurtre lorsque les coups de fusil étaient partis. Quant à lui, il niait énergiquement d'avoir ordonné le feu. Son attitude, dans ce procès, devait donner créance à sa parole, car elle fut digne et ferme comme celle de son général; ces deux braves gens eurent un courage bien rare dans leur position et dont on chercherait vainement un second exemple à cette époque : ils qualifièrent de *désertion* le passage du général Bourmont et des colonels Clouet et Gordon à l'ennemi, et ne craignirent pas, en parlant de ces hommes, de prononcer le mot de *traîtres*. Aussi la tâche de l'avocat du général Bonnaire fut-elle plus difficile qu'on ne pourrait le supposer. Cet avocat, M. Chauveau-Lagarde, avait des habitudes modérées; il était au premier rang dans le barreau parisien, et sa défense de Marie-Antoinette devant le tribunal révolutionnaire lui donnait une considération tout exceptionnelle. Ce souvenir, son royalisme bien connu, et les incroyables ménagements qu'il s'efforça d'employer, furent impuissants pour le protéger lui-même contre les interruptions véhémentes de quelques-uns des juges. Dans le cours de sa plaidoirie, ayant à parler du colonel Gordon, il dit : « Après avoir servi sous l'usurpateur pendant les trois mois de son horrible usurpation, le colonel a quitté l'armée deux jours avant la bataille de Mont-Saint-Jean pour passer au quartier général des Hollandais; c'est ainsi qu'il est parvenu à l'armée *royale française*, où il a obtenu la mission qui est la cause première de ce malheureux procès. — M. *de Macarthy*, interrompant : Est-ce que, par hasard, vous regarderiez comme un crime d'avoir quitté les drapeaux de l'usurpateur pour se rendre sous ceux du souverain légitime ?» L'avocat continue son plaidoyer sans répondre, et croit devoir se justifier de quelques reproches que le rapporteur lui a directement adressés : « Loin de moi, dit-il, la pensée de faire l'éloge de l'action déplorable dont le colonel Gordon a été la victime; j'ai seulement voulu dire que le sentiment d'indignation des soldats contre la trahison et la désertion était digne d'éloges. — M. *de Macarthy* : Comment, digne d'éloges! Voilà des principes que nous ne pouvons tolérer. » L'avocat s'interrompt un instant, et discute bientôt les nécessités ainsi que les devoirs imposés au gouverneur d'une place assiégée : « Je suis Français, s'écrie-t-il, et mon dernier désir est de mourir comme le colonel Gordon, pour le roi ! Mais ce colonel devait-il passer pour un véritable parlementaire aux yeux du général Bonnaire et de ses soldats? Voilà l'unique question à juger. Le général n'a fait qu'exécuter les instructions qui lui étaient données de ne recevoir personne dans la place ; ces instructions étaient conformes aux principes et au texte des anciennes ordonnances; car on sait que les usurpateurs empruntent le ton, le langage et les couleurs des souverains légitimes. — M. *de Malleissye* : Je ne puis souffrir qu'on fasse ici une sorte d'éloge de l'usurpation ; on ne peut laisser plaider des principes aussi erronés. — M. *Chauveau-Lagarde* : Au nom du ciel, écoutez-moi ! ce n'est pas un principe que j'établis, c'est un fait. Je dis que les instructions étaient textuellement conformes aux anciennes ordonnances de nos rois. — *M. de Malleissye* : Monsieur l'avocat a semblé faire entendre tout à l'heure que l'accusé avait pu prendre le commandement de Condé dans l'intérêt même du gouvernement légitime ; c'est encore une chose que nous ne pouvons souffrir ; M. le général Bonnaire, en acceptant du service sous *Buonaparte*, a trahi le serment qu'il avait prêté peu de jours avant le 20 mars, en recevant cette croix de Saint-Louis que je vois briller sur sa poitrine et dont je suis moi-même décoré. — *Le général Bonnaire* : Il est vrai que j'ai été nommé chevalier de Saint-Louis peu de jours avant le 20 mars ; mais lorsque, quelque temps après, Bonaparte m'a investi du commandement d'une place de première ligne, tout était consommé. J'ai toujours cru qu'il était du devoir d'un honnête homme, et surtout d'un militaire, d'obéir au gouvernement existant. — *M. de Malleissye* : Je ne connais que la religion du serment, moi ! je tiendrai le mien jusqu'à ce que le roi lui-même m'en relève ; voilà ma profession de foi. — *M. Chauveau-Lagarde* : Mais je n'ai point dit ce qu'on m'impute... ce serait une chose insensée... — *Le général Bonnaire*, interrompant : Ces discussions ne peuvent être utiles dans l'intérêt de la justice, encore moins dans celui du client. J'aime mieux que M. Chauveau renonce à ma défense. » Le duc de Maillé, président, invite l'avocat à continuer sa plaidoirie. *M. Chauveau-Lagarde* : « Je ne puis plus être entendu. — *Le duc de Maillé* : On ne nie pas que votre client ne puisse être, d'ailleurs, un très-galant homme. — *M. Chauveau-Lagarde* : Ah ! vous l'avez dit, c'est un galant homme ; eh bien, je continue... »

Cette discussion avait lieu dans l'audience du 8 juin ; peu d'instants après, le conseil entrait en délibération : quatre voix déclarèrent le général coupable de *participation au meurtre* du colonel Gordon, ce qui emportait la peine de mort ; les trois autres membres prononcèrent en sens opposé : cette *minorité de faveur* fit acquitter le général sur ce chef. En revanche, il y eut unanimité pour déclarer qu'il n'avait pas réprimé le meurtre, ainsi que son devoir l'y obligeait. La même unanimité prononça la culpabilité du lieutenant Mietton sur le fait du meurtre lui-même. Après ces déclarations, la sentence fut ainsi rendue : « Attendu que le crime du maréchal de camp Bonnaire *n'est prévu par* AUCUNE LOI PÉNALE, *civile ou militaire*, mais considérant que ledit Jean-Gérard Bonnaire a commis la violation la plus inouïe du droit des gens en méconnaissant le caractère sacré de parlementaire, crime que toutes les nations anciennes ont puni de la mort même, condamne, à l'unanimité, le maréchal de camp Bonnaire à la peine de la déportation (mort civile) et à la dégradation de la Légion d'honneur ; condamne, à la majorité de six voix sur sept (un membre ayant voté pour les travaux forcés à perpétuité), le nommé Antoine Mietton, ex-lieutenant et aide de camp, en réparation du crime d'assassinat dont il demeure convaincu, à la peine de mort. »

Le 29 du même mois, au moment où des détachements nombreux de soldats venaient de défiler la parade sur la place Vendôme, un fiacre, escorté de gendarmes, s'arrêta devant le front de la troupe, et l'on en vit péniblement descendre un vieillard, accablé de douleur et dont le corps avait ployé sous les fatigues de la guerre ; le genou brisé par une balle, il avait peine à marcher. « Ah! s'écriait-il en pleurant, mieux valait la mort ! Pourquoi ne m'avoir pas pris le peu de vie qui me reste, au lieu de me condamner à une telle humiliation ! » Ce vieillard était le général Bonnaire. Des soldats le conduisirent en face d'un homme de cour, le duc de Maillé, lequel était revêtu des insignes de maréchal de camp, grade qu'il avait reçu en 1814, sans doute comme récompense de quelques obscurs services pendant l'émigration. On contraignit Bonnaire de se tenir incliné ; et ce fut dans cette posture, la tête courbée devant un ancien émigré, que le général de la Révolution, dont l'énergie, dix mois auparavant, avait empêché la prise de Condé et conservé cette place à Louis XVIII, entendit prononcer la formule suivante : *De par le roi, je déclare, au nom de la Légion d'honneur, que vous avez manqué à l'honneur, et que vous avez cessé de faire partie de la Légion*[1]. Le même jour, à trois heures, d'autres gendarmes conduisaient l'aide de camp Mietton à la plaine de Grenelle. Cet infortuné, qu'un seul mot contre son chef aurait pu sauver, mourut en répétant ce qu'il avait dit à l'audience : « Le général ne m'a point donné d'ordre; il est innocent. » Les journaux, en annonçant son supplice, firent remarquer avec une sorte d'indignation qu'il était allé à la mort sans l'assistance d'un confesseur. Si, dans la pureté de sa conscience, l'humble lieutenant, croyant sans doute n'avoir aucun pardon à demander, tomba sans implorer le secours d'un prêtre, quelques jours plus tard, en revanche, la presse royaliste ne put adresser le même reproche à un chef du plus haut rang, au lieutenant général Mouton-Duvernet.

Compris dans la première liste de l'ordonnance du 24 juillet 1815, le général Mouton-Duvernet n'était point passé à l'étranger. Réfugié dans la demeure d'un royaliste de cœur et d'honneur, M. de Meaux, maire de Montbrison, il put y braver longtemps toutes les poursuites ordonnées par le duc de Feltre et par M. Decazes, qui avait, en outre, promis une forte prime en argent à qui le ferait arrêter. Pendant près d'une année, Mouton-Duvernet attendit, dans cet asile, le moment où les colères de la réaction commenceraient à se calmer; mais ce mo-

---

[1] Cinq mois plus tard, le 18 novembre, le général Bonnaire mourait de chagrin et des suites de ses blessures dans la prison de Sainte-Pélagie. — Quatorze jours avant la scène que nous venons de rapporter, le 15 juin, on avait également dégradé, sur la place Vendôme, en employant la violence pour le forcer de se découvrir et de se mettre *à genoux* le lieutenant Leblanc, des chasseurs de la garde impériale, condamné le 31 mai précédent par le 2ᵉ conseil de guerre de Paris dans les circonstances suivantes : *onze mois* auparavant, le 29 juin 1815, lorsque l'Empereur était encore à la Malmaison, le régiment des chasseurs à cheval de la garde, revenant de Waterloo, traversait Paris pour se rendre à l'École militaire. Un serrurier nommé Rainfray, placé sur le passage, crie *Vive le roi!* un sous-officier sort des rangs et frappe Rainfray. Plusieurs mois après l'événement, une dénonciation accuse le lieutenant Leblanc d'avoir porté le coup; il nie; Rainfray lui-même, entendu au procès et qui avait été à peine blessé, déclare ne pas le reconnaître; les juges n'en condamnèrent pas moins le malheureux lieutenant à la dégradation et *aux travaux forcés à perpétuité!*

ment semblait s'éloigner chaque jour : les recherches dirigées contre lui par deux officiers généraux, MM. Gustave de Damas et de la Roche-Aymon, commandant du département de la Loire, devenaient plus actives et plus inquiétantes. Las de cette existence incertaine, craignant, à toute heure, de compromettre la fortune et la liberté de son noble et généreux hôte, le général se constitua volontairement prisonnier, et comparut, à Lyon, le 15 juillet, devant un conseil de guerre ainsi composé : le lieutenant général Darmagnac, *président*; les lieutenants généraux vicomte de Briche et comte de Coustard, le colonel de chasseurs marquis de Castelbajac, le chef de bataillon d'artillerie Gagneur, le capitaine de dragons Gauthier, et le capitaine de chasseurs Delafage, *juges*; le marquis de Saint-Paulet, *rapporteur*.

Le rôle de Mouton-Duvernet, dans les Cent-Jours, n'avait été ni plus signalé, ni plus influent que celui d'autres chefs militaires dont la Restauration n'inquiétait pas la retraite. Le même oubli eût protégé probablement sa liberté et sa vie, si, par un hasard fatal, son nom ne se fût présenté à la mémoire de Fouché lorsque cet homme indigne dressait, à l'aventure, les listes de proscription du 24 juillet[1]. Enveloppé dans l'accusation commune aux dix-neuf proscrits désignés dans l'article 1ᵉʳ de cette ordonnance, il était poursuivi comme coupable « d'avoir trahi le roi et attaqué la *France* et le gouvernement à main armée, *avant le 23 mars*. » Or les preuves de sa trahison, devant le conseil de guerre, résultaient surtout de trois proclamations qu'il avait publiées, à Marseille et à Lyon, les *4 avril, 22 mai* et *8 juin*. Ce fut inutilement qu'il opposa ces dates à celle du 23 *mars* inscrite dans l'ordonnance de proscription ; vainement, en outre, un grand nombre d'habitants de Lyon et des villes voisines vinrent témoigner de sa tolérance

---

[1] Mouton-Duvernet avait commandé Lyon deux fois. Le second commandement qu'il y exerça lui fut donné par Fouché lui-même, agissant en qualité de président du gouvernement provisoire ; c'est probablement cette circonstance qui fixa son nom dans le souvenir de ce dernier.

et de sa justice, raconter de nombreux services rendus à des citoyens de tous les partis, attester que, pendant ses deux commandements, nul n'avait été inquiété pour ses opinions politiques, et prouver que les royalistes avaient constamment trouvé chez lui bienveillance et protection, l'infortuné général ne put éviter sa sentence : le 19, le conseil prononça contre lui la peine de mort. Madame Mouton-Duvernet se trouvait alors à Paris; avertie de la condamnation, elle profita des délais du pourvoi en révision pour solliciter la grâce de son époux; le 21, elle se rend aux Tuileries, pénètre dans la salle des Maréchaux à l'heure où le roi allait habituellement à la messe, et se range sur le passage du cortége, en tenant à la main un placet qu'elle présente successivement au comte d'Artois et au duc de Berri, qui, l'un et l'autre, le repoussent de la main. Louis XVIII paraît à son tour, elle se jette à ses genoux en implorant sa clémence : « Je ne peux vous accorder votre demande, » lui répondit le roi sans suspendre sa marche. Le 26, le pourvoi en révision fut rejeté; le 29, on conduisit Mouton-Duvernet au supplice. Le général ne faillit point à son passé d'homme de guerre : il regarda la mort qui l'attendait comme il avait coutume de le faire devant les balles et les boulets de l'ennemi. Mais la force morale, chez lui, se soutint-elle à la hauteur du courage physique? Faudrait-il supposer que, jeune encore, regrettant une vie glorieuse et honorée, il ait voulu la placer sous la protection de ce clergé alors si influent, et que, dupe des insinuations ou des promesses de quelques prêtres, il ait espéré de leur intervention toute-puissante une grâce tardive qui viendrait le sauver au moment suprême? Voici, du moins, en quels termes le *Journal des Débats* du 1er août rendit compte de ses derniers instants :

« La mort de ce *grand criminel* a été le triomphe de la religion. Il dormit trois heures, pendant la nuit qui précéda son supplice, d'un sommeil fort tranquille. Pendant le trajet de la prison au lieu de l'exécution, trajet d'une demi-heure, il s'entretint constamment avec son confesseur et récita de mémoire les prières des agonisants ainsi que divers psaumes. Arrivé au lieu marqué, il descendit courageusement de voiture, et, embrassant les deux prêtres qui l'accompagnaient, il dit d'une voix ferme le *Domine salvum fac regem*, et s'alla placer lui-même à quelques pas des soldats. Il refusa d'abord de se laisser bander les yeux; mais, son confesseur lui ayant demandé ce sacrifice, il le fit sans hésiter; et, levant les mains au ciel, il fut percé de plusieurs balles qui lui traversèrent le corps. Cette mort a frappé tous les esprits; les honnêtes gens en ont été édifiés. » Singulière édification qui n'empêcha pas, le lendemain, quelques-unes des dames royalistes les plus qualifiées de la ville de se transporter au lieu du supplice et d'y faire éclater leur joie à l'aide de danses impies formées sur la partie même du sol où l'infortuné général était tombé [1].

Dans l'intervalle de ces différents procès, d'autres condamnations à mort avaient été prononcées contre les généraux Lefebvre-Desnouettes (11 mai), Rigaud (16 mai), Gilly (25 juin), et Gruyer (17 mai). Les trois premiers, jugés à Paris, avaient pu s'expatrier. Le général Gruyer, arrêté par ordre du duc de Feltre, dans la nuit du 1ᵉʳ janvier précédent, près d'un mois après la présentation du projet de loi d'amnistie, fut condamné à Strasbourg. Recommandé par ses juges et par MM. de Chabrol à la clémence royale, il vit sa peine commuée en vingt ans de détention [2]. Dans le même temps, le conseil de guerre de

---

[1] Une *Notice sur la vie et le procès du général Mouton-Duvernet*, publiée en 1844, au Puy, par M. Bouchet, avocat, contient, outre ce détail, le fait suivant : « Un banquet eut lieu (peu de jours après l'exécution); des vociférations s'y firent entendre; des toasts célébrèrent la mort du général, et, pour compléter cette odieuse parodie, les convives assistant à cette saturnale exigèrent qu'on leur servît un foie de *mouton*, qui fut aussitôt percé de cent coups de couteau. »

[2] Le général Gruyer avait eu le bras droit fracassé près de l'épaule dans la campagne de France, à Méry-sur-Seine, en chargeant, à la tête de quelques bataillons d'infanterie, tout un corps de l'armée de Blücher. Il était un des plus braves, des plus modestes et des plus honnêtes officiers de notre armée. Emprisonné dans la citadelle de Strasbourg; privé de tout traitement; n'ayant, pour exister avec sa famille, que les secours de quelques amis; soumis à la surveillance d'agents subalternes qui, en insultant à son malheur, croyaient

Besançon condamna à neuf années de prison le général Radet, ancien grand prévôt de l'armée impériale, auquel on ne reprochait, comme à Gruyer, que d'avoir aidé, dans sa résistance à l'invasion, ce gouvernement des Cent-Jours, si tolérant, si clément, où l'on n'avait compté ni un proscrit ni une victime, et dont on ne saurait citer qu'un seul fait de détention politique, l'emprisonnement de M. de Vitrolles. Le 10 août, le conseil de guerre de Paris reprit le cours de ses sentences de mort. Ce jour-là, le conseil prononça la peine capitale contre le général Drouet-d'Erlon ; puis la même sentence atteignit les généraux Lallemand aîné (20 août), Lallemand jeune (21 août), Clausel (11 septembre), Brayer (18 septembre), Ameilh (15 novembre). Ces six généraux, heureusement pour eux, étaient parvenus à fuir à l'étranger. Le général Clausel, réfugié à Philadelphie, protesta publiquement contre sa condamnation dans une lettre adressée, le 17 novembre 1816, au général Dupont, ministre de la guerre en 1814, et président du conseil de guerre qui l'avait jugé ; cette lettre contenait les passages suivants :

« J'étais accusé devant vous d'avoir trahi le roi *avant le 23 mars* ; d'avoir *attaqué la France* et le gouvernement, et de m'être emparé du pouvoir par violence. Comment ne vous êtes-vous pas souvenu que je n'avais pas encore accepté mon commandement *le 24 après midi*, puisque, ce même jour 24, je vous trouvai chez le ministre de la guerre (Davoust), *prêt à faire tout ce qu'il vous aurait commandé au nom de l'Empereur ?* Vous parliez au ministre dans l'embrasure de la fenêtre la plus proche de son cabinet de travail lorsque j'entrai dans le salon. M'étant approché, le ministre me pressa, vous présent, de partir pour Bordeaux. Vous m'entendîtes lui adresser les questions suivantes : « Le roi est-il hors de France ? L'autorité de l'Empereur est-elle recon-

faire preuve de zèle, il fut traité avec une rigueur dont le fait suivant donnera la mesure : madame Gruyer avait obtenu de partager sa captivité ; devenue enceinte dans sa prison, les douleurs de l'enfantement la surprennent pendant la nuit ; on lui refuse l'assistance d'un médecin, et c'est le *général* qui est obligé de l'accoucher. Mis en liberté, après quatre années de détention, le général mourut en 1822 des suites de ses souffrances, et ce fut seulement après la Révolution de 1830 que madame Gruyer, restée sans fortune avec deux enfants, put obtenir la pension due aux veuves d'officiers généraux.

« nue dans les départements que j'ai à traverser? » Vous entendîtes le ministre me répondre affirmativement à ces questions ; vous l'entendîtes ajouter qu'il avait reçu, dans la nuit du 23 au 24, le rapport d'un général, qui commandait alors pour l'Empereur à Orléans, et qui commande aujourd'hui une division territoriale pour le roi, rapport où il annonçait que l'autorité impériale était *partout* reconnue. Je me décidai ; et sur-le-champ, en présence du ministre, vous me priâtes de faire rechercher votre frère, que vous supposiez être dans quelque campagne de l'une des deux rives de la Loire ; de lui écrire de votre part, pour le décider à revenir à Paris ; de lui annoncer que son affaire était arrangée, et qu'il serait bien reçu ; et de lui dire que, d'ailleurs, il devait considérer la cause des Bourbons comme perdue... Vous avez donc commis une *forfaiture* en me condamnant sur les deux premiers chefs d'accusation ; quant au troisième, je vous demanderai comment, parti de Paris, seul, sans troupes, sans escorte, je peux m'être emparé d'un pouvoir quelconque avec violence. »

Une forfaiture! eh! qu'importait à tous ces généraux, à tous ces hauts fonctionnaires! N'avaient-ils pas des grades et des traitements à maintenir, les bonnes grâces du parti royaliste et de la cour à conserver? Une sentence à rendre pouvait-elle donc entrer en balance avec l'intérêt de leur fortune? « C'est en gémissant que nous condamnons, disaient-ils lâchement ; nous y sommes obligés, sous peine de devenir nous-mêmes accusés. » La peur les rendait inexorables ; et, si parfois une voix s'élevait pour l'indulgence, c'était le plus souvent la voix d'un émigré. Et pourtant bon nombre de ces hommes avaient été vaillants et fermes devant l'ennemi. Mais le courage physique ne fait pas le courage moral ; on confond trop souvent l'un avec l'autre. C'est l'énergie musculaire qui constitue souvent la bravoure du champ de bataille ; cette énergie ne donne pas la fermeté de l'âme ; un très-petit nombre d'hommes réunissent les deux forces : de là, dans les actes de la même personne, ces oppositions et ces disparates qui étonnent toujours la foule, et qu'elle excuse trop souvent, faute de s'en rendre raison.

Le nom du général Clausel se trouvait inscrit dans l'ordonnance du 24 juillet ; c'était un prétexte suffisant, non pour la condamnation, mais pour la mise en jugement. Chartran, Bonnaire, Travot, les généraux Gruyer et Radet, en revanche, n'y figuraient pas. Or ne devaient-ils pas se croire à l'abri de toute recherche, lorsque cette ordonnance « limitait toute poursuite, sous quelque prétexte que ce fût, aux cinquante-sept proscrits désignés dans les deux premiers articles ; » lorsque la loi du 12 janvier, confirmant les termes de cet acte et renouvelant les promesses si formelles de la proclamation de Cambrai, accordait, pour la troisième fois, « amnistie pleine et entière à tous les individus, autres que les cinquante-sept qui auraient pu prendre part, directement ou indirectement, aux faits ayant suivi le débarquement de l'île d'Elbe? » Ces *trois amnisties* successives n'étaient-elles donc que des piéges indignes, destinés à retenir en France les victimes que l'on voulait frapper? L'exception contenue dans l'art. 5 de la loi du 12 janvier, et relative aux prévenus contre lesquels un commencement de poursuite aurait eu lieu avant la promulgation de cette loi, n'atteignait même pas ces généraux ; car aucune poursuite n'était dirigée contre eux lors de la discussion de la loi dans les deux Chambres ; mais le ministre de la guerre avait su y suppléer : « La veille de la promulgation de cette loi, dit un écrivain contemporain, à l'occasion de Travot, le télégraphe transmit, de la part du duc de Feltre, l'ordre de commencer les poursuites, et, à cet effet, d'entendre, s'il était possible, *un témoin* à l'instant même. Le télégraphe, plus meurtrier que le bronze, atteignit, à travers les airs, en quelques minutes, une victime placée à cent lieues de distance. Cependant, malgré tout le zèle que l'on déploya, nul témoin ne put être entendu ; on ne put improviser aucun commencement d'instruction. On prit alors le parti de considérer l'*ordre télégraphique* comme un *commencement de poursuites légales*. » Voilà comment le duc de Feltre entendait l'amnistie. Le passage de cet homme au ministère de la guerre, en 1815 et en 1816, fut un véritable fléau pour l'ancienne armée : il ne se borna pas à inventer, pour les officiers, les vingt et une catégories dont nous avons reproduit le tableau au début de ce volume ; sous sa déplorable administration, la persécution descendit des chefs les plus éminents jusqu'aux plus humbles soldats. Les pièces servant à la poursuite des généraux comme à celle des simples officiers devant les conseils de guerre sortaient de ses bureaux ; les archives de son département étaient l'arsenal où les rapporteurs et les juges puisaient leurs armes contre les accusés. Ce n'était pas la passion qui dictait ses ordres d'arrestation et de mise en jugement ; il n'avait qu'un but : complaire au parti royaliste et à la cour. Intelligence vulgaire, son zèle, ainsi que ses emportements, était un manteau dont il recouvrait sa médiocrité. Napoléon n'avait pas eu d'adulateur plus infatigable. Les Bourbons, à leur tour, possédaient en lui le complaisant le plus empressé et le plus aveugle. Sacrifiant toutes choses aux intérêts de sa fortune et de sa position, il était de ces serviteurs fatals qui ne donnent jamais un ami au Pouvoir, mais qui, lui créant au contraire de nombreux et irréconciliables ennemis, précipitent la chute des empires. Nous avons dit sa déplorable influence sur la catastrophe impériale de 1814 ; le souvenir de ses persécutions arma plus d'un bras, en 1830, contre la royauté. Malheureusement les gouvernements sont ainsi inspirés, que ce sont précisément les hommes dont les services leur sont le plus funestes qu'ils couvrent d'or, de grades et d'honneurs. Nommé général de division, sous le Directoire, pour ses services diplomatiques, Henri-Jacques-Guillaume Clarke avait reçu de Napoléon, comme récompense de ses travaux administratifs, le titre de comte, puis celui de duc ; les Bourbons, ajoutant à toutes ces distinctions, allaient lui conférer la plus haute dignité de notre hiérarchie militaire.

Le 17 juin, peu de jours après la dernière exécution faite à Grenoble, lorsque dans tout le royaume les cours d'assises, les cours prévôtales et les conseils de guerre prononçaient des sentences de mort, Charles-Ferdinand, duc de Berry, second fils du comte d'Artois, épousait, à l'église Notre-Dame de

Paris, Marie-Caroline-Thérèse des Deux-Siciles. On solennisa cet hymen par des fêtes nombreuses; l'allégresse de la classe officielle éclata en discours et en adresses où chaque corps constitué, renouvelant les prédictions faites six ans auparavant à l'occasion du mariage de Napoléon et de Marie-Louise, pro mettait à la Restauration une éternelle durée, et à la descendance des deux époux la perpétuité de la couronne française. On n'accorda aucune grâce aux accusés politiques que frappaient en ce moment les fonctionnaires de tous les rangs et les tribunaux de tous les ordres. En revanche, il y eut force banquets, des revues, des bals et des feux d'artifice. Ces derniers plaisirs étaient les distractions offertes à la foule; les gens de cour obtinrent des titres, des grades et des cordons. Les Bourbons n'avaient pas encore fait de maréchaux; la circonstance parut favorable pour en augmenter le nombre. La promotion eut lieu le 3 juillet; elle comprenait quatre nouveaux titulaires : deux émigrés, le duc de Coigny et ce comte de Vioménil, dont nous avons dit les violences dans les procès des deux jumeaux de la Réole et du général Travot; le comte Beurnonville, ce général de la République qui, se rangeant du côté de l'ennemi le 2 avril 1814, fut le collègue de M. de Talleyrand et de l'abbé de Montesquiou dans le premier gouvernement provisoire; enfin, le duc de Feltre. Ce dernier, dans sa reconnaissance pour cette grâce de cour, voulut inaugurer sa nouvelle dignité par quelque innovation qui flattât les faiblesses des princes et des courtisans. Obligé de prêter serment comme maréchal, il s'éleva contre la simplicité révolutionnaire du serment en usage, et proposa de le remplacer par des formu les ayant leur origine dans ces temps reculés de notre histoire où nos rois, mal affermis dans leur puissance, avaient incessamment à se défendre, avec des bandes indisciplinées, contre les révoltes de leurs grands vassaux. La cour accueillit ce changement avec transport; on décida que les anciens maréchaux renouvelleraient à cette occasion leur serment, et, le 15 juillet, jour de la Saint-Henri, dans une grande assemblée tenue exprès aux Tuileries, et à laquelle assistaient les princes et les princesses de la famille royale, ainsi que tous leurs officiers, le président du conseil lut, devant Louis XVIII, pour le duc de Feltre, puis ce dernier lut à son tour, pour les autres maréchaux présents à Paris, la formule suivante :

« Vous jurez à Dieu, votre créateur, sur la foi et loi que vous tenez de lui, et sur votre honneur, que bien et loyalement vous servirez le roi ci-présent en l'office de maréchal de France, duquel ledit seigneur vous a pourvu; que vous n'aurez aucune intelligence ni particularité avec quelque personne que ce soit, au préjudice de lui et de son royaume, et que, si vous entendiez quelque chose qui lui soit préjudiciable, vous le lui révélerez [1]; que vous ferez vivre en bon ordre, justice et police, les gens de guerre qui sont et pourront être ci-après à sa solde et service; que vous les garderez de fouler le peuple et sujets dudit seigneur, et leur ferez entièrement garder et observer les ordonnances faites sur lesdits gens de guerre; que des délinquants vous ferez faire la punition, justice et correction, telle qu'elle puisse être exemple à tous autres; que vous pourvoirez et ferez pourvoir et donner ordre à la forme de vivre des gens de guerre, en conformité des ordonnances dudit seigneur; que vous irez et vous transporterez, toutes les fois qu'il le commandera, par toutes les parties de ce royaume, pour voir et entendre comme iceux gens de guerre vivront, et garderez et défendrez de tout votre pouvoir qu'il ne soit fait aucune oppression ni moleste au peuple; et jurez, au demeurant, que, de votre part, vous garderez et entretiendrez lesdites ordonnances en tout ce qui vous sera possible, et ferez et accomplirez entièrement tout ce qui vous sera ordonné selon icelles, et de faire en France tout ce qu'un bon et notable personnage, qui est pourvu comme vous en état présentement, doit et est tenu de faire, en tout et par tout ce qui concerne ledit état. En signe de ce, et pour mieux exécuter ce que dessus, ledit seigneur roi vous fait mettre en la main la bâton de maréchal, ainsi qu'il a accoutumé faire à vos prédécesseurs. »

Chaque maréchal, après la lecture de ce serment, s'inclinait devant le roi et ajoutait : *Je le jure*. On vit défiler ainsi

[1] Cette obligation de *dénoncer* au gouvernement les propos et les faits ayant une apparence séditieuse, se trouvait déjà dans le serment des chevaliers de Saint-Louis le duc de Feltre l'infligea également à tous les membres de la Légion d'honneur, dans une nouvelle formule de serment que le maréchal Macdonald, grand chancelier de la Légion, adressa à tous ses membres dans les premiers jours d'août (1816).

au pied du trône de Louis XVIII et subir, tour à tour, l'insulte de cette exhumation féodale, Moncey, Jourdan, Mortier, Macdonald, Oudinot, Suchet, Gouvion-Saint-Cyr, Kellermann, ces soldats de la République, qui devaient leur fortune et leurs dignités militaires au triomphe de la Révolution sur cette vieille royauté qui les tenait maintenant courbés devant elle. Les ducs de Coigny et de Feltre, les comte Beurnonville et Pérignon figuraient également à cette cérémonie. Masséna, Davoust, Victor, Marmont et Lefebvre, les comtes Sérurier et de Vioménil, absents ou malades, se soumirent plus tard à la même formalité. Un seul nom manque à cette liste, le nom du duc de Dalmatie, de ce maréchal à qui Napoléon avait octroyé le titre d'une province, faute de pouvoir lui donner, comme à ses compagnons d'armes; un titre de victoire, et que, dans l'espace de quinze mois, depuis avril 1814 jusqu'au mois de juillet 1815, on avait successivement vu déployer l'impérialisme le plus fougueux, puis un royalisme aussi exalté que celui du duc de Feltre; poursuivre ensuite, comme ce dernier, les officiers de l'ancienne armée; élever des monuments expiatoires aux victimes de Quiberon; déclarer Napoléon *hors la loi* lors du retour de l'île d'Elbe; accepter quelques semaines plus tard les fonctions de major général de l'armée de Waterloo; enfin, plaider avec chaleur, après cette bataille, pour la reddition de Paris aux Anglais et aux Prussiens. Ce n'est pas lui qui aurait hésité devant les engagements étranges imposés aux anciens maréchaux de l'Empire par la servilité du duc de Feltre! Il avait quitté Paris immédiatement après la conclusion de la honteuse capitulation de Saint-Cloud. Trois jours plus tard, lorsque l'armée française n'avait pas encore franchi la Loire, le maréchal Soult arrivait au château de Malzieu, département de la Lozère, chez le général Brun de Villeret. « M. le duc de Dalmatie, dont j'ai été l'aide de camp, écrivait ce général, trois semaines plus tard, au ministre de la guerre de Louis XVIII, est arrivé chez moi le 7 juillet avec la cocarde *blanche*, et en annonçant l'intention de prendre part à l'insurrection *royale* du Midi. Il fit part tout de suite de ses intentions aux autorités de ma commune, et chargea le même jour deux citoyens recommandables de se rendre à Mende pour en instruire le *comité royal*. Ses ouvertures furent bien reçues; on lui envoya des députés pour l'inviter à se rendre au chef-lieu; il accepta avec empressement[1]. » Les dispositions du comité royal étaient déjà changées lorsque le maréchal arriva à Mende; les fonctions qu'il venait de remplir dans l'armée impériale inquiétaient quelques esprits; on l'obligea d'attendre dans l'hôtel de la Préfecture les ordres du gouvernement. Le préfet écrivit à Fouché, qui lui enjoignit de remettre au maréchal les passe-ports nécessaires pour se rendre dans son pays natal. Quelque temps après, la loi dite d'amnistie envoyait le duc de Dalmatie en exil. — Le *comité royal* de Mende, en arrêtant le maréchal Soult dans sa marche, lui sauva probablement la vie; car cette *insurrection royale du Midi*, à laquelle le maréchal venait prendre part, dix-neuf jours après Waterloo, était ce soulèvement de fanatiques et de bandits qui massacrèrent Brune et ensanglantèrent, pendant les six derniers mois de 1815, une partie des villes du Languedoc et de la Provence.

Ces massacres du Midi, en 1815, que nous avons racontés dans le premier chapitre de ce volume[2], le sang répandu à Grenoble, à Paris, à Lille, à Lyon, en 1816, par les cours d'assises, les cours prévôtales et les conseils de guerre, sont les seuls sacrifices dont les contemporains, dans le silence d'une presse muette, aient gardé la fugitive mémoire. Et, pourtant, combien d'autres immolations, non pas isolées, mais par grou-

[1] Lettre écrite de Mende, le 31 juillet 1815, par le baron Brun de Villeret, commandant les départements de la Lozère et de l'Ardèche, en vertu de pouvoirs à lui délivrés par le duc d'Angoulême.

[2] Voir pages 1 à 29. La réaction royaliste, dans le Midi, se divise en deux époques différentes : d'abord, les pillages et les égorgements par des fanatiques isolés ou par des bandes armées, qui appartiennent exclusivement à 1815 et forment un ordre de faits spécial à ces provinces; en second lieu, les exécutions par suite de sentences judiciaires en 1816, et qui furent communes aux départements du Midi comme au reste de la France.

pes de quatre, de cinq ou de six victimes! Le simple chef-lieu d'un canton de la Sarthe, où la cour prévôtale s'était transportée avec l'instrument du supplice et le bourreau, la petite ville du Lude, vit condamner, le 27 mai, vingt-trois malheureux, auxquels on reprochait d'*avoir désarmé* un cultivateur lors des mouvements de la Vendée, pendant les *Cent-Jours*, et de s'être portés chez deux autres individus *avec l'intention* de leur enlever également leurs armes. L'accusation dissimulait l'odieux de cette poursuite pour des faits insignifiants et appartenant à une autre époque sous des mots qui semblaient indiquer, chez les prévenus, des actes d'une férocité exceptionnelle : elle leur donnait le nom de *bande des vautours de Buonaparte;* seize eurent pour partage, ceux-ci les travaux forcés à perpétuité, ceux-là, dix, huit ou cinq ans de prison; sept d'entre eux, un meunier, son garçon de moulin, un ménétrier, un couvreur et trois journaliers, furent condamnés à la peine capitale. Quatre eurent la tête tranchée le lendemain de la condamnation. A quelques semaines de là, le 22 juillet, la cour prévôtale de Montpellier rendait sa sentence dans un procès dirigé contre quatorze gardes nationaux de cette ville, qui, se trouvant de service à la mairie, un an auparavant, le 26 juin 1815, huit jours après Waterloo, avaient dissipé des royalistes attroupés à la nouvelle de ce désastre, et qui, en signe d'allégresse, promenaient dans les rues des drapeaux blancs aux cris de *Vive le roi!* Deux accusés furent acquittés; les douze autres, déclarés coupables « d'avoir commis, ledit jour 26 juin, toutes sortes de violences contre le peuple, lorsqu'il se livrait à la joie que lui inspirait l'assurance du *prochain retour* de son roi, » furent condamnés : deux à la surveillance de la haute police pendant dix ans, un troisième à dix années de réclusion, un autre aux travaux forcés à perpétuité; enfin, les cinq derniers, à la peine de mort. L'exécution de ceux-ci fut ordonnée pour le jour même de la sentence; ils ne devaient quitter la salle du tribunal que pour monter à l'échafaud; mais le bourreau, malgré toute son activité, ne put se hâter autant que les juges; l'échafaud, au lieu de se trouver dressé à six heures du soir, ainsi qu'on l'avait ordonné, ne fut prêt qu'à neuf heures. Il était nuit. Les condamnés furent conduits au lieu fatal, précédés par des torches; cette clarté funèbre éclaira la marche du triste cortége jusqu'au pied de l'instrument du supplice; et ce fut également à la lueur des flambeaux que le bourreau sacrifia les cinq victimes. « L'un de ces condamnés, ajoute la feuille politique à laquelle nous empruntons ces détails, le seul qui eût obstinément refusé les consolations de la religion, déjà placé sous la hache fatale, a fait entendre le cri insensé de *Vive la République*[1] ! » Le 23 et le 24 septembre suivant, Nîmes, à son tour, voyait tomber cinq malheureux, dont la condamnation à la peine capitale était motivée sur les faits suivants :

Le 11 avril 1815, *dix-sept mois* avant le jugement, une troupe assez nombreuse de volontaires royalistes, licenciés après la capitulation du duc d'Angoulême, se présente devant le bourg d'Arpaillargues. Les habitants, voyant en eux des ennemis, se mettent en défense; on sonne le tocsin; le maire, à la tête des plus résolus, se porte vers l'entrée du bourg et parlemente avec les volontaires. Au milieu des pourparlers, un coup de fusil éclate; des deux côtés on se croit attaqué, et l'on tire; les volontaires se dispersent, laissant sur le terrain plusieurs blessés. Les Cent-Jours se passent, ainsi que les derniers mois de 1815; puis des dénonciations arrivent aux autorités de Nîmes; une troupe de volontaires royaux de cette ville se met aussitôt en chemin, envahit Arpaillargues et arrête un nombre assez considérable d'habitants des deux sexes. Après une longue instruction, les accusés comparaissent devant la cour d'assises du Gard : quelques-uns sont acquittés, d'autres condamnés à une longue réclusion ou aux travaux forcés à perpétuité; huit sont frappés de la peine capitale, entre autres deux vieillards âgés, l'un de soixante-dix ans, l'autre de soixante-

[1] *Journal des Débats* du 2 août.

quinze, et deux femmes. Le 23 septembre, la fille Jeanne Verdus, Jean Bresson et Jacques Reboul, subirent le dernier supplice; Jacques Boisson et la veuve Boucoiran furent exécutés le lendemain, 24. Toutes ces condamnations, nous ne saurions assez le répéter, étaient rendues pour des faits appartenant à l'époque des Cent-Jours, et antérieurs, conséquemment, aux *trois amnisties* successivement prononcées par la proclamation de Cambrai, par l'ordonnance du 24 juillet et la loi du 12 janvier; et les magistrats qui portaient ces sentences se proclamaient les organes de la justice[1] !

Si les cours criminelles prodiguaient ainsi les supplices, on peut juger de la rigueur des sentences rendues par les autres tribunaux contre les nombreux accusés que la fureur et la démence du temps amenaient chaque jour devant eux. Même à leur audience, les juges créaient des poursuites et prononçaient des condamnations inattendues. Un capitaine de gendarmerie en retraite, M. Paul Sassar, était cité, le 30 mars, devant la chambre des appels de police correctionnelle de la cour royale de Rennes, pour déposer comme *témoin* à l'occasion d'une rixe de café. Il se tenait assis au fond de la salle,

---

[1] « Je promets, moi qui n'ai jamais promis en vain (l'Europe entière le sait), de pardonner aux Français égarés tout ce qui s'est passé depuis le jour où j'ai quitté Lille au milieu de tant de larmes jusqu'au jour où je suis entré dans Cambrai au milieu de tant d'acclamations. Je n'excepterai du pardon que les *instigateurs* et les *auteurs* de cette trame horrible. » (*Proclamation de Cambrai du 28 juin* 1815.)

— « Les listes de tous les individus auxquels les articles 1 et 2 pourraient être applicables sont et demeurent closes par les désignations nominales contenues dans ces articles, et ne pourront *jamais* être étendues à d'autres pour *quelque cause* et sous *quelque prétexte* que ce puisse être. » (*Art. 4 de l'ordonnance du 24 juillet* 1815.) — Les individus, au nombre de *cinquante-sept*, désignés dans les articles 1 et 2 de cette ordonnance, étaient les prétendus *instigateurs* et *auteurs* exceptés du pardon par la proclamation de Cambrai.

— « Amnistie pleine et entière est accordée à tous ceux qui, *directement* ou *indirectement*, ont pris part à la rébellion et à l'usurpation de Napoléon Bonaparte. L'ordonnance du 24 juillet dernier continuera toutefois à être exécutée à l'égard des individus compris dans son article 1er. » (*Art. 1 et 2 de la loi d'amnistie du* 12 *janvier* 1816.)

quand tout à coup le président, M. Huon de Kermadec, le fait appeler et lui dit : « Vous portez sur votre redingote des boutons séditieux. Asseyez-vous sur le banc des prévenus. » Le capitaine, étonné, obéit. M. de Kermadec renouvelle sa question; le capitaine répond qu'il ne la comprend pas. Un gendarme de service, qui l'avait dénoncé, s'approche alors, et indique près du collet de la redingote de l'officier *un* bouton portant ces mots : Gendarmerie *impériale*. Aussitôt le premier avocat général tenant l'audience, M. Delamarre, se lève, fulmine contre le capitaine un violent réquisitoire, et demande sa condamnation à trois mois de prison avec privation de la *moitié* de sa pension de retraite pendant *cinq ans*, la surveillance de la haute police durant le même temps, etc. Le capitaine fait observer, pour sa défense, que sa redingote est un ancien vêtement d'uniforme qu'il porte par économie depuis deux ans, qu'il en a fait changer tous les boutons, et que, s'il en est resté *un* avec l'inscription séditieuse, il faut uniquement en accuser l'oubli de son tailleur. « Mais, dit le *Journal de Rennes*, à qui nous empruntons ces détails, la cour apprécia une telle défense comme elle méritait de l'être; après un court délibéré, elle a condamné ledit Paul Sassar, sans désemparer, à trois mois de prison, 50 francs d'amende et privation d'un douzième de sa pension de retraite pendant un an; de plus, à rester pendant *deux ans* sous la surveillance de la haute police, à 100 francs de cautionnement et aux frais, impression et affiches de l'arrêt au nombre de deux cents exemplaires. » — Dans les premiers jours de mai, une femme perdue de mœurs, royaliste fervente, apporte à l'autorité judiciaire un buste de la duchesse d'Angoulême; elle déclare qu'un capitaine à demi-solde s'est permis des plaisanteries indécentes envers ce buste, qu'il a poussé l'insulte jusqu'à faire de ce plâtre le support d'un chandelier, et à dessiner deux lignes noires au-dessus de la lèvre supérieure de l'effigie princière. Le buste, avec ses deux lignes noires figurant des moustaches, est déposé comme pièce de conviction. On instruit le procès, et, le 6 juin, le tribunal de première instance de la Rochelle déclare le capitaine « atteint et convaincu d'avoir, dans la nuit du 4 au 5 mai précédent, étant dans un lieu de prostitution, adressé des paroles ordurières à un buste respectable, et manifesté l'intention d'avilir une image révérée; en réparation de quoi le prévenu est condamné à trois mois de prison, 50 francs d'amende, au remboursement des frais, à trois mois de surveillance de la haute police, et à 100 francs de cautionnement de bonne conduite. » — Le 19 octobre, un artiste ambulant, ayant obtenu du maire de la ville d'Aix (Bouches-du-Rhône) la permission de montrer quelques figures en cire, fait placarder dans la ville d'immenses affiches où il annonce, au prix de 2 sous, le *Jardin royal, et Retour à la vertu, où S. M. Louis XVIII est représentée en habit militaire; avec figures richement costumées, etc.* Quelques personnes s'arrêtent devant ces placards, entre autres M. Christine, lieutenant retraité du 45ᵉ de ligne, âgé de soixante-treize ans. M. Jacquemin, médecin, s'approche et s'informe de ce qui est annoncé : « *Ce sont des marionnettes*[1], » répond M. Christine. Le mot est recueilli par un des assistants, et porté à l'autorité judiciaire. On arrête M. Christine, et, le 22 octobre, jugement du tribunal civil d'Aix qui condamne ce vieillard à trois mois de prison, 50 francs d'amende, à la privation du dixième de sa pension de retraite pendant lesdits trois mois, à la surveillance de la haute police pendant six mois, et aux frais du procès, « comme coupable d'avoir porté atteinte au respect dû à la personne sacrée du roi et aux membres de sa famille, en disant, à haute voix, à l'occasion d'un spectacle où l'on annonçait la figure de S. M. Louis XVIII en habit militaire : « *Ce sont* « *des marionnettes.* » La magistrature n'avait pas le privilége de ces sentences ridicules : les fonctionnaires de l'ordre administratif ne portaient pas des condamnations moins absurdes; nous avons raconté, dans le précédent chapitre, la destruction

[1] Dans le Midi, on donne le nom de *marionnettes* à tous les spectacles de curiosités ou d'un ordre inférieur.

solennelle, sur la place publique d'Orléans, d'un portrait en pied de Napoléon, de bustes, de statues, de tableaux, de gravures et de livres ayant appartenu à l'époque impériale. Le baron Trouvé, préfet de l'Aude, renouvela cette cérémonie; mais le sacrifice offrit une circonstance particulière.

Poëte républicain et chantre du 10 août au début de sa vie politique, le baron Trouvé, après la chute du Directoire, devint un des plus fervents admirateurs du Premier Consul, et obtint la préfecture de Carcassonne; la première Restauration l'y avait laissé; il y était resté pendant les Cent-Jours; tous ses efforts tendaient à s'y conserver sous le nouveau régime. Si son passé rendait la tâche difficile, sa soumission et son zèle lui firent cependant trouver grâce devant le *comité royal* de sa résidence. Dans sa servilité, il ne se bornait pas à prêter les mains à tous les caprices de ce *comité;* chaque jour, en outre, il cherchait, dans les démonstrations les plus étranges, les moyens de faire oublier ses odes révolutionnaires et ses services sous l'Empire. Un soir, dans une nombreuse réunion à la préfecture, il annonce l'intention de livrer publiquement aux flammes les drapeaux et les guidons tricolores restés dans les magasins du département et de la ville, ainsi que les bustes, les portraits et les tableaux retraçant quelque image ou quelque scène de l'époque impériale, et qui décoraient autrefois l'intérieur de son hôtel et celui des autres édifices publics. Non-seulement on applaudit, mais les dames sollicitent M. Trouvé de comprendre dans le sacrifice un malheureux aigle, pris dans les montagnes du département, que tous les hôtes de la préfecture choyaient à l'envi depuis longues années, et qui avait traversé sans encombre la première Restauration. La requête est accueillie; on discute le programme de la fête, on commande les préparatifs, et, au jour indiqué, on brise les bustes en grand appareil, on jette pêle-mêle au feu, aux cris de *Vive le roi! Vivent les Bourbons!* les drapeaux, les guidons, les portraits, les tableaux, et l'on couronne la cérémonie par le sacrifice de l'aigle, qui fut brûlé vivant.

De pareilles solennités étaient de simples intermèdes au milieu des drames offerts par la justice criminelle à la passion des royalistes de Carcassonne. Un procès intenté à un pauvre curé de campagne occupa longtemps, entre autres, les membres du *comité royal* de cette ville.

Dans l'Aude, comme dans le reste de la France, le clergé était organisé en une sorte d'administration de police : chaque semaine, les desservants des communes rurales rendaient un compte écrit au curé du canton, qui résumait et transmettait, à son tour, ces rapports à l'autorité religieuse supérieure, et c'était par la même voie qu'arrivait, jusqu'à la plus humble paroisse, le mot d'ordre du *comité* sur les sujets à traiter dans les sermons de chaque mois. Il y eut un moment où toutes les chaires du département de l'Aude retentirent de menaces contre les acquéreurs des biens du clergé et des émigrés, et de malédictions contre la suppression de la dîme et des autres priviléges ecclésiastiques ou nobiliaires détruits par la Révolution. Ces prédications jetèrent l'alarme parmi les habitants des campagnes. Le 30 juillet 1815, le desservant de la commune de Fitou, arrondissement de Narbonne, M. Jacques Auruscy, voulant rassurer ses paroissiens, dit au prône que ces rumeurs étaient mensongères; que, S. M. Louis XVIII ayant donné une charte et reconnu la vente de tous les biens nationaux, il fallait supposer ce monarque sans loyauté et sans foi, un malhonnête homme, pour oser avancer qu'il retirerait sa parole; que ce bruit était une calomnie, et qu'aucune restitution n'aurait lieu. Trois jours après (2 août), M. Auruscy était arrêté comme ayant insulté le roi et tenu des propos de nature à troubler la tranquillité publique, à armer une partie des citoyens contre l'autre, etc. Et, comme si tous ces chefs de prévention ne suffisaient pas, il était, en outre, accusé d'avoir correspondu avec l'île d'Elbe. On le mit au secret le plus rigoureux. L'instruction de son procès, conduite avec une extrême rapidité, eut pour résultat son renvoi en cour d'assises; il y parut; dès le matin, une foule immense avait envahi la salle, et l'on voyait assis, pêle-mêle avec les juges le préfet, sa femme et sa fille, le général commandant le département et son état-major, le maire et ses adjoints, les femmes d'un grand nombre de fonctionnaires, les principaux ecclésiastiques de la ville, et des officiers de gendarmerie. De toutes les bouches sortaient l'annonce et le vœu d'une condamnation capitale; les jurés, choisis par le préfet, manifestaient hautement l'intention de la prononcer. Appelés dans la chambre du conseil, avant l'audience, pour le tirage au sort de ceux d'entre eux qui devaient composer le jury de jugement, un certain nombre, frappant familièrement sur l'épaule du procureur du roi, le sollicitaient pour être maintenus : *Ne nous récusez pas*, disaient-ils, *nous sommes solides au poste*. L'avocat de M. Auruscy, épouvanté, fit naître incidents sur incidents dans cette première audience, et employa la nuit qui suivit en démarches ayant pour but de décider les témoins les plus essentiels à quitter Carcassonne. Il y parvint, et le lendemain, sur ses conclusions, la cour, privée des témoignages les plus importants, renvoya l'affaire à une autre session. Une bruyante clameur s'éleva dans la salle d'audience à la lecture de cet arrêt; les hommes et les femmes assis auprès des juges crièrent à la trahison; les ecclésiastiques surtout faisaient éclater leur colère: pour eux, le curé de Fitou était un renégat ayant mérité vingt fois la mort. Les jurés ne se montraient pas moins indignés; ils se réunirent dans un château voisin de la ville, et là, après une longue orgie, ils rédigèrent contre les membres de la cour d'assises une dénonciation que tous signèrent, qu'ils transmirent ensuite au garde des sceaux, et dans laquelle ils se plaignaient « de ce que, par un acte *arbitraire*, dans l'intérêt d'un prêtre sacrilége, sur les seules conclusions d'un avocat d'autant plus suspect, qu'il avait été membre de la Chambre des représentants, ladite cour avait *refusé* de juger et de *condamner* l'homme le plus coupable qui eût jamais paru sur le banc d'ignominie, et dont la punition était si nécessaire et si ardemment désirée. » L'affaire revint à la session suivante : la colère des royalistes avait puisé un nouveau degré de violence dans le résultat inattendu de la première phase du procès. Comme la première fois, la salle était comble : on voyait encore, entourant les juges, des officiers, des femmes, des jeunes filles, des fonctionnaires et un grand nombre d'abbés, entre autres tous les chanoines de la cathédrale. Les jurés, choisis encore par le baron Trouvé, avaient déclaré la veille, dans un souper d'auberge, que, cette fois, le curé de Fitou *ne l'échapperait pas*. Par cette menace rendue publique, par la fureur empreinte sur tous les visages, l'avocat de M. Auruscy comprit que la tête de son malheureux client était inévitablement promise à l'échafaud. Tout à coup la vue des nombreux chanoines assis auprès des magistrats illumine sa pensée; il demande la parole, et, après un exorde où il prodigue les maximes pieuses et les textes sacrés, il déclare que l'accusé n'est pas devant ses juges naturels, et que, d'après toutes les lois canoniques, un tribunal de prêtres peut seul juger et condamner un prêtre. Le pape, dit-il, en consacrant, par le concordat de 1801, le rétablissement du culte catholique en France, avait entendu restituer à l'Église tous ses priviléges. C'était par le fait seul de la tyrannique impiété de l'usurpateur que la juridiction ecclésiastique n'avait pas recouvré tous ses droits. Mais ces droits étaient imprescriptibles, ajoutait le défenseur en adjurant tous les chanoines présents à l'audience d'attester la vérité du principe, et de se joindre à lui pour solliciter de la cour une déclaration d'incompétence qui permît d'appeler l'attention du roi très-chrétien sur une question de droit public aussi importante, question que la piété bien connue du monarque résoudrait nécessairement dans l'intérêt de la religion et de ses ministres.

Aux premiers mots de l'avocat, les prêtres assis auprès des juges n'avaient pu retenir des exclamations et des gestes de vive impatience ; mais, à mesure qu'il était entré dans les développements de sa thèse, on avait pu voir s'épanouir les traits des chanoines. Séduits par la perspective d'une décision royale rétablissant une partie essentielle de l'ancienne puissance ecclésiastique et des immunités de l'Église, les chanoines applaudissent bientôt aux doctrines du défenseur, et, dès qu'il a cessé de parler, ils se tournent vers les magistrats, discutent avec eux, les sollicitent et les entraînent. La cour se déclare incompétente. Cet arrêt sauvait l'accusé. A la vérité, la cour de cassation, ainsi qu'il était facile de le prévoir, annula la déclaration d'incompétence et renvoya M. Auruscy devant la cour d'assises de Perpignan. Mais lorsque, le 6 août 1816, le curé de Fitou comparut devant cette nouvelle juridiction, le temps avait marché; l'accusé n'était plus, d'ailleurs, en face des mêmes passions, et se présentait protégé par les déclarations de tous ses paroissiens, qui, plutôt que de l'abandonner un seul instant, passèrent plusieurs nuits dans la salle d'audience. On n'osa l'absoudre; mais, déclaré coupable sur un seul chef, on lui infligea une peine insignifiante : détenu depuis un an, il fut condamné à un emprisonnement de quinze mois, que la cour fit remonter au jour de son arrestation.

Carcassonne ne renfermait pas seulement un tribunal de police correctionnelle fonctionnant chaque jour, et une cour d'assises siégeant tous les trois mois; comme tous les chefs-lieux de département, cette ville avait encore sa cour prévôtale que le *comité royal* n'avait garde de laisser inactive. Une des nombreuses causes politiques que cette cour eut à juger présenta des circonstances étranges.

Un comte de Vendomois, maire d'une commune de l'arrondissement de Castelnaudary, et qui, depuis, fut convaincu de faux témoignage en cour d'assises, ayant dénoncé M. Baux, chirurgien à Salles, comme coupable de conspiration, on arrêta ce dernier. La plainte ne supporta pas l'instruction; la chambre du conseil, sur les conclusions conformes du procureur du roi, déclara, à l'unanimité, qu'il n'y avait point lieu à suivre. M. Baux fut mis en liberté. Le comte de Vendomois, furieux, dénonce alors les juges et le procureur du roi au procureur général de Montpellier, qui transmet sur-le-champ à son inférieur l'ordre de recommencer la poursuite, et de conclure, cette fois, contre M. Baux. Le procureur du roi obéit, et M. Baux, arrêté de nouveau, est condamné, pour les mêmes faits, par les mêmes juges qui l'avaient absous. Ce jugement inique violait une des maximes les plus élémentaires du droit criminel : *non bis in idem*. M. Baux eut le malheur d'en appeler au tribunal de Carcassonne. On le transféra dans cette ville ; la prison regorgeait de détenus politiques, pauvres gens de la campagne et de la ville, presque tous anciens militaires, et arrêtés, les uns sur la réquisition de leur maire ou de leur curé, ceux-ci sur les dénonciations de leurs voisins, ceux-là par le simple caprice d'un garde champêtre, d'un garde national ou d'un gendarme. Enfermés depuis plusieurs mois, ignorant le motif de leur détention, et n'en apercevant pas le terme, tous aspiraient ardemment à la liberté. Le *comité royal* résolut d'utiliser cette disposition des prisonniers pour perdre M. Baux, esprit railleur, dont les sarcasmes avaient fait plus d'une blessure à la sottise et à la vanité des notabilités monarchiques et cléricales de l'endroit. Un nommé Coméléran pénètre dans la prison, annonce qu'un grand nombre d'officiers à demi-solde se sont concertés pour la délivrance des prisonniers, et n'attendent plus que l'argent nécessaire pour gagner les soldats de garde à la prison ; qu'un riche propriétaire du voisinage, M. Fournié, de Latrivale, consent à donner les fonds, mais qu'il ne veut s'en dessaisir qu'autant que ce sacrifice lui sera demandé par les principaux détenus eux-mêmes, dans une lettre signée d'eux, et où ils s'engageront à arrêter, à leur sortie de prison, le préfet, le prévôt, ses collègues et les autres autorités. Quelque grossière que fût cette trame, les détenus ne l'aperçurent pas ; vainement M. Baux, dont la coopération écrite, disait Coméléran, était la plus essentielle, leur signalait l'absurdité des faits annoncés par ce dernier, ils ne l'écoutaient pas ; loin de là, tous, dominés par l'espérance d'une liberté prochaine, le suppliaient d'écrire la lettre demandée ; quelques-uns même lui reprochaient avec amertume de prolonger, par son refus, les souffrances de leur détention. La lutte fut longue; à la fin, M. Baux céda. Un des prisonniers écrivit la plus grande partie de la lettre; M. Baux traça les dernières lignes; le détenu Bonéry, ancien militaire et cabaretier à Limoux, la signa; un quatrième, Gardé, ancien soldat du train, la remit à sa femme, qui la porta à Coméléran. Le soir même, à minuit, le prévôt envahit la prison à la tête d'une force armée considérable, fait jeter dans les cachots et mettre aux fers les détenus désignés d'avance par le *comité*, et commence son information. Le 19 juillet, après un simulacre d'instruction, le prévôt et ses collègues font comparaître à leur barre M. Baux, Bonéry, Gardé et d'autres détenus, comme accusés d'un double complot : « complot d'évasion, de massacre et d'attentat au gouvernement royal dans la personne des autorités constituées, et complot ayant pour but de porter le trouble dans la ville de Carcassonne, en excitant les citoyens à s'armer contre l'autorité royale. » Les accusés n'avaient pu communiquer jusqu'alors avec aucun conseil; ce fut seulement à l'audience qu'on leur permit de choisir des avocats; de tous les membres du barreau, trois osèrent seuls s'asseoir au banc de la défense; leur ministère, du reste, était superflu; la sentence était rendue avant le jugement. Dès la seconde audience, le 20, M. Baux, Bonéry et Gardé étaient condamnés à mort. La cour prévôtale de Carcassonne, à l'exemple de celle de Montpellier, ordonna que l'exécution aurait lieu immédiatement; mais, ainsi que dans le chef-lieu de l'Hérault, l'exécuteur des hautes œuvres ne put se hâter aussi vite que les juges; plus humains que ceux-ci, d'ailleurs, ses valets refusaient de l'aider à dresser l'échafaud; il ne put trouver secours que dans un portefaix du port, qu'il tenta par une forte récompense. Cette lenteur des préparatifs fait accourir sur le lieu de l'exécution le prévôt, le général commandant le département, et plusieurs autres fonctionnaires; tous pressent le travail; enfin, après de longs efforts, l'instrument du supplice est dressé, à deux heures et demie de l'après-midi, la condamnation avait été prononcée; à cinq heures, les trois condamnés arrivent. M. Baux aperçoit le prévôt à quelques pas de l'échafaud; il s'arrête et l'interpelle; il lui crie : « Prévôt Barthez, Dieu vengera notre mort! Je t'appelle devant lui! Tes collègues et toi vous nous suivrez de près! » Le bourreau, en ce moment, s'empare du condamné; au bout de quelques secondes, Baux, Bonéry et Gardé avaient la tête tranchée. Gardé habitait Carcassonne; il laissait une femme et cinq enfants en bas âge; aussitôt après le supplice, un grand nombre de citoyens se dirigent vers son humble demeure, et donnent à sa veuve les secours dont elle peut avoir immédiatement besoin. Une souscription est en même temps ouverte pour assurer un sort aux orphelins. Dès le lendemain, l'autorité fait enlever les listes de souscription; on menace de poursuivre tous les habitants dont les noms s'y trouvent inscrits; les fonds déjà versés sont saisis, et la veuve reçoit un ordre d'exil. Pendant que les autorités de Carcassonne s'efforçaient ainsi d'arrêter par la violence la justice de l'opinion, une autre justice, celle qui s'élève du fond des consciences les plus endurcies, atteignait le prévôt Barthez. Cet homme n'avait pas entendu sans épouvante les dernières paroles de l'infortuné Baux; il rentre chez lui frappé de terreur, et tombe malade le soir même. Sa raison s'altère en même temps que sa santé; et, croyant voir l'ombre de Baux dans tous ceux qui l'approchent, redoutant pour ses restes la vengeance des amis de ses victimes, il meurt à peu de temps de là, après avoir recommandé à sa famille de déposer son corps, non dans le cimetière public, mais dans la cour de son habitation [1].

Raconter toutes les fureurs de 1815 et 1816, dire toutes les sentences odieuses ou absurdes rendues, après Waterloo, par

---

[1]. Le portefaix qui, au refus des valets du bourreau, avait aidé ce dernier à dresser la guillotine, ne survécut pas à ce triste service; accablé de reproches et d'injures par ses compagnons de travail, qui lui défendirent de jamais approcher d'eux et de se présenter sur le port, il se précipita dans le canal du Languedoc, et s'y noya le soir même de l'exécution.

les conseils de guerre, les cours d'assises, les cours prévôtales et les tribunaux correctionnels, serait une tâche impossible à remplir. On serait effrayé de la lâche cruauté des sentences et du nombre des victimes, si l'on pouvait relever toutes les condamnations prononcées à cette époque sanglante, condamnations motivées, presque toujours, non sur une offense quelconque au gouvernement existant, mais sur des faits accomplis sous un autre gouvernement, pendant les Cent-Jours, et mis solennellement en oubli par trois amnisties successives, mensonges indignes qui livrèrent au bourreau nombre de braves gens confiants dans la parole royale, et que la fuite du moins aurait pu sauver. Ces sentences et ces exécutions, les destitutions, les visites domiciliaires, les exils et les emprisonnements dont nous avons tracé le tableau dans le précédent chapitre, et qui tenaient courbés sous une silencieuse épouvante les habitants de chaque cité[1]; toutes ces persécutions, ces ruines et ce sang répandu, constituent la réaction royaliste qui suivit la seconde invasion, et à laquelle les contemporains donnèrent le nom de *régime de* 1815 ou *terreur blanche*. Temps funeste, où le pouvoir et tous ses agents, plaçant la patrie là où était le prince, hors de la France, au milieu des camps de l'Europe coalisée, poursuivaient comme des crimes la résistance à l'invasion et la lutte contre l'étranger; où l'on érigeait en actes civiques, en faits presque glorieux, la trahison à l'intérieur et la désertion à l'ennemi; où des officiers supérieurs de la garde royale, aux applaudissements de leurs chefs, parcouraient déguisés les lieux publics, tendaient des piéges à des sous-officiers ou à des jeunes gens soupçonnés de mauvaise opinion, et les livraient eux-mêmes aux geôliers; où des magistrats, du haut de leur siége, complimentaient des fonctionnaires et des chevaliers de Saint-Louis, à l'occasion de dénonciations ayant amené l'arrestation et la perte de quelques malheureux accusés; où toutes les passions viles et basses

[1] Voir le chapitre précédent, pages 224 à 238.

étaient encouragées, honorées, quand elles se couvraient du manteau du royalisme ou de la religion; où l'arbitraire et la violence, érigés en système d'administration, n'avaient d'autres limites que le caprice de l'autorité, et mettaient la fortune et la liberté de tous à la merci de l'agent le plus minime de la force publique et du plus obscur délateur; où, enfin, l'honneur et la vie des citoyens étaient livrés à d'impitoyables juges, exécuteurs serviles des rigueurs ordonnées par le parti que le triomphe de l'ennemi avait rendu victorieux. Un fait étonne, quand on étudie les événements de cette époque, c'est l'espèce de folle colère à laquelle se laisse emporter la Justice, depuis les plus hautes cours jusqu'aux tribunaux du plus bas degré : jamais, pour eux, il n'existe d'innocents; tout accusé est coupable, et les peines qu'ils prononcent dépassent la mesure habituelle des châtiments même les plus sévères; ils ne jugent pas, ils frappent en furieux. Un mot pourra faire comprendre ces violences : nous avons dit ailleurs comment MM. Pasquier et Guizot avaient interprété l'article de la Charte qui assurait l'inamovibilité aux membres de l'ordre judiciaire; ce bénéfice ne pouvant appartenir qu'aux seuls magistrats munis de l'*institution royale,* l'octroi de cette *institution* resta suspendu comme une récompense ou comme une menace sur la tête du plus grand nombre de ces fonctionnaires; les membres des cours royales de Rouen, de Caen, de Limoges et d'Amiens, pour ne citer qu'un seul exemple, ne reçurent l'institution royale qu'au mois de décembre 1818, *trois ans et demi* après le second retour du roi. Chaque magistrat, dès lors, rivalisait de zèle pour obtenir la confirmation de son emploi; bon nombre virent briser leur carrière, et ce ne furent ni les moins dignes ni les moins purs; M. Dupont (de l'Eure), entre autres, un de ces hommes rares qui sont l'honneur d'un corps et d'un pays, n'obtint pas l'*institution* et se trouva destitué de ses fonctions de président de chambre à la cour royale de Rouen, lors de la tardive réorganisation de cette cour[1].

[1] Lorsqu'au mois de décembre 1818 M. Pasquier, rentré, ainsi que nous

Et ce ne fut pas le fait d'un jour que l'existence de ce régime éclos en pleine paix, sous l'abri de 1,200,000 baïonnettes étrangères, et que put seule maintenir la protection des 150,0 0 soldats alliés, laissés dans nos places fortes du nord et de l'est; la France le subit pendant quinze mois! Il était dans toute sa violence, et nul indice, vers la dernière moitié de septembre, n'en laissait entrevoir le terme, lorsque le *Moniteur* publia soudainement une ordonnance qui lui imposait un temps d'arrêt, acte fameux, dicté, moins peut-être par l'amour du pays que par les intérêts de sa position personnelle, au ministre de la police, à M. Decazes, à l'homme enfin que l'on avait vu se jeter le plus avant dans les excès de cette réaction.

On sait l'hostilité sourde qui existait entre la Chambre des députés et les membres les plus influents du cabinet; on n'a pas oublié que, dès le lendemain de la prorogation de la session, ce désaccord s'était manifesté par la destitution de M. de Vaublanc, le membre du ministère en qui se personnifiaient, pour ainsi dire, les passions de la majorité de la Chambre élective. MM. de Richelieu et Lainé, M. Decazes surtout, après un acte aussi éclatant de rupture, pouvaient difficilement se retrouver en face de cette Assemblée; ils devaient ou la dissoudre avant sa prochaine réunion, ou se résoudre à

aurons à le dire plus loin, dans ses fonctions de garde des sceaux, destituait M. Dupont (de l'Eure), en lui refusant l'*institution royale*, ce dernier comptait 27 ans et quelques mois de services. M. Dupont était sans fortune: il réclama une pension de retraite; on la lui refusa, sous prétexte qu'il n'avait pas accompli le temps de service légal exigé pour l'obtenir (30 ans). Douze ans plus tard, en 1830, M. Dupont (de l'Eure) devenait, à son tour, ministre de la justice du gouvernement institué par les journées de Juillet. M Pasquier, de son côté, convoitait la position qu'il occupe aujourd'hui (président de la Chambre des pairs); elle lui fut accordée, et M. Dupont (de l'Eure) contresigna l'ordonnance de nomination. A sa sortie du conseil où cette signature avait été donnée, M. Dupont trouva sur son passage M. Pasquier, qui l'attendait depuis deux heures. L'ancien garde des sceaux de la Restauration avait l'œil caressant, les lèvres souriantes; il aborda M. Dupont (de l'Eure), et, avec cette aisance d'esprit qui fait la fortune de tous les gens d'intrigue et des ambitieux, il se répandit envers l'homme qui avait été sa victime en compliments et en félicitations. (Note imprimée en 1847, date de la première publication de ce volume.)

tomber. Mais briser la Chambre des députés après une première session, lorsque tous les royalistes applaudissaient à ses doctrines et à ses votes, et quand il n'existait même pas une loi d'élection pour les nominations nouvelles, un tel acte devenait une sorte de coup d'Etat devant lequel eussent certainement reculé MM. Lainé et de Richelieu, si M. Decazes, plus résolu et plus décidé, par cela qu'il se sentait le plus menacé et qu'il s'appuyait sur l'affection particulière du roi, n'était pas parvenu à emporter la résistance de ses deux collègues. La faveur tout exceptionnelle dont jouissait, dès cette époque, le ministre de la police auprès de Louis XVIII veut être expliquée.

M. Decazes ne devait son entrée aux affaires qu'à un hasard heureux. Au début de sa carrière, le moindre souffle pouvait le renverser; il n'avait, pour résister aux orages de la vie politique, ni la puissance d'une grande position personnelle ou d'un nom illustre, ni la force que donnent un talent de parole éminent, des facultés supérieures ou le souvenir de grands services rendus. Aussi s'était-il étudié, dès le premier jour, à asseoir sa fortune sur l'affection privée du vieux roi. Les habitudes et le caractère du prince avaient favorisé ses efforts. Condamné par ses infirmités à un repos souvent absolu et à une sorte d'isolement au milieu de son palais, Louis XVIII, en ces moments de solitude, avait trouvé dans les entretiens de son ministre de la police des distractions d'autant plus précieuses, que, conteur à l'exemple de tous les vieillards, affectant comme eux l'expérience et les préceptes, aimant en outre les histoires secrètes et les anecdotes scandaleuses, il avait à la fois dans M. Decazes un auditeur jeune, adroit, attentif à faire valoir le mérite de chaque récit et la profondeur de chaque leçon, puis l'homme du royaume qui, par ses liaisons passées et ses fonctions présentes, possédait le mieux la chronique des palais impériaux et celle des gentilshommes et des dames de la nouvelle cour[1]. Il n'était pas jusqu'à l'équivoque latin de collége,

[1] Le ministre de la police, attaché, pendant l'Empire, comme secrétaire

resté dans la mémoire de M. Decazes, qui, pour Louis XVIII, n'ajoutât un nouveau prix à cette intimité; non-seulement ces laborieux souvenirs d'études classiques devenaient pour le ministre un moyen de flatter la passion de son maître pour les poëtes du siècle d'Auguste, surtout pour l'épicurien Horace, mais il savait encore y trouver l'occasion de discussions littéraires où le roi remportait chaque fois un triomphe qui, pour être facile, n'en flattait pas moins sa vanité d'érudit[1]. D'un autre côté, si MM. de Blacas et de Talleyrand, loin de combattre la répugnance de Louis XVIII pour les affaires, en avaient au contraire profité pour borner son intervention dans le gouver-

commandements à la maison de la mère de Napoléon, avait été dans les rapports les plus intimes avec quelques-unes des personnes de la famille impériale.

[1] Louis XVIII devait à sa vie constamment sédentaire et longtemps inoccupée, une sorte d'instruction littéraire assez rare dans les cours. Il était très-fier de ce savoir stérile. Nous avons dit ailleurs combien il était prodigue d'apophthegmes empruntés aux classiques latins; les classiques français étaient également pour lui l'occasion de citations fréquentes. Conduit, par une de ses promenades, dans la forêt de Saint-Germain, à l'endroit où se tient la fête des Loges, il aperçoit M. de Lally-Tollendal au milieu de la foule qui entoure sa voiture et lui adresse ce vers de l'*École des Femmes* :

> La place m'est heureuse à vous y rencontrer.

M. de Lally se jette à ses genoux et répond :

> Pour le bonheur de tous le roi vient s'y montrer.

Louis XVIII applaudit. « L'adorable prince! » disaient le lendemain tous les journaux en rapportant l'anecdote. Un de ses premiers gentilshommes était opposé à la loi des élections; il l'engage à donner cependant sa voix à cette loi, mais n'obtient que des protestations de dévouement à sa personne, sans promesse de vote : *La foi qui n'agit point, est-ce une foi sincère?* lui dit le roi d'un air mécontent. M. de Dreux-Brézé, grand maître des cérémonies, faisait partie d'une réunion de pairs hostile à M. Decazes, et qui se tenait chez le cardinal de Beausset; le roi le fait venir, et, lui reprochant son opposition, il ajoute avec un accent irrité : *Rompez, rompez tout pacte avec l'impiété!* Dans une autre circonstance, il répondait à un des grands officiers de sa maison qui lui adressait nous ne savons quelles observations : *Attale, était-ce ainsi que régnaient nos ancêtres?* « Le savant prince! » s'écriait tout le peuple des courtisans. Quand une indisposition, en outre, retenait hors des Tuileries quelqu'un de ses familiers des deux sexes, ce roi adressait à l'absent de fréquents billets pleins de ce petit esprit qu'avait mis à la mode, au temps de sa jeunesse, la fade école du poëte Dorat. Ces petites compositions en prose, laborieusement travaillées, et qui avaient pour texte habituel un rhume, un mal de gorge ou d'oreilles, étaient pour Louis XVIII une occupation très-sérieuse et qui absorbait une assez notable partie de son temps.

nement à l'apposition de sa signature, M. Decazes, prenant une voie opposée, s'était donné pour tâche de lui persuader que, chef de l'État, il avait nécessairement un système politique personnel, une volonté propre, et de lui imposer l'apparence d'une action directe, effective, sur l'administration du royaume. Cette tâche n'avait pas été facile : passé brusquement de sa paisible retraite d'Hartwell sur le trône, à une époque avancée de la vie qui exige le repos du corps et de l'esprit, et où l'on n'apprend plus; transporté, après vingt-deux ans d'exil, parmi des générations qu'il ne connaissait pas et dont il était inconnu, au milieu d'un pays qu'une longue révolution avait remué dans toutes ses profondeurs, et où ses regards étonnés cherchaient vainement les mœurs, les institutions, les pouvoirs et les hommes qu'il y avait laissés, Louis XVIII ne savait rien de la France nouvelle, ignorait toute chose de l'administration, et repoussait toute contention d'esprit ainsi que tout travail. Peu à peu, cependant, M. Decazes parvint à occuper son attention de détails politiques; puis chaque fait, chaque question, devinrent bientôt, pour le ministre, l'occasion de notes soigneusement élaborées, et dont la rapide lecture, en instruisant Louis XVIII autant qu'aurait pu le faire l'examen le plus attentif, lui évitait jusqu'à la peine de se former une opinion; ce travail la lui dictait. Enfin M. Decazes put amener le roi à discuter avec lui la plupart des questions ainsi traitées; et, telle était son habileté dans ces débats intimes, que Louis XVIII devait se croire un homme supérieur, presque un homme de génie; les convictions du ministre semblaient vaincues toujours par la haute raison du monarque; ce dernier paraissait imposer son avis, sa pensée, et initier même son jeune auditeur aux affaires et à la politique; maître bienveillant, il daignait enseigner; M. Decazes n'était que son intelligent et docile élève[1]. Tant d'art dans la flatterie, une cour aussi soutenue, ces rapports de tous les instants, le soin infatigable du

[1] Louis XVIII, voulant compléter l'éducation politique de M. Decazes, avait entrepris, dit-on, de lui enseigner l'anglais. On raconte que les progrès du

ministre à découvrir et à caresser toutes les faiblesses du prince, auraient triomphé d'une organisation morale plus forte que celle de Louis XVIII. Or ce roi ne demandait qu'à se livrer; dès les premiers jours de 1816, il ne s'appartenait plus: non-seulement M. de Blacas se trouvait remplacé dans son affection, mais M. Decazes était parvenu à dominer si complétement l'esprit du prince, à identifier à ce point les intérêts de sa position personnelle avec l'intérêt apparent de la royauté, que les entraves apportées par la Chambre des députés aux mesures que ce ministre avait conseillées ou qu'il soutenait étaient considérées par Louis XVIII comme autant d'attaques à sa prérogative, comme des tentatives factieuses contre son autorité. Le ministre pouvait donc espérer d'obtenir facilement du roi la dissolution de la Chambre élective, malgré l'opposition que cette mesure devait rencontrer dans le comte d'Artois, chef avoué de la majorité de cette Assemblée, et dont l'irritation et les plaintes seraient d'autant plus vives qu'il avait pour M. Decazes une aversion plus prononcée.

Les partis ont des instincts qui les trompent rarement; ils savent où sont leurs adversaires; vainement le ministre de la police multipliait les mesures les plus arbitraires et tolérait les exécutions les plus sanglantes, sa grande faveur auprès du roi blessait et inquiétait les hommes dont les rêves de reconstitution sociale et politique n'allaient à rien de moins qu'au rétablissement de l'ancien régime, et qui, dans leur haine pour les faits et les choses de la Révolution, ne pouvaient pardonner, selon l'expression d'un écrivain du temps, *même à la pomme de terre* [1]. Poursuivant M. Decazes de leurs moqueries et de leurs insultes, ils lui reprochaient son origine obscure et ses

---

ministre furent très-rapides, et que, élève reconnaissant, il faisait exclusivement honneur du succès au talent de son maître, qui acceptait avidement l'éloge, ne se doutant pas, ajoute-t-on, que chaque jour, avant d'aller aux Tuileries, M. Decazes prenait leçon d'un des plus habiles professeurs de Paris.

[1] La culture de ce tubercule avait pris un immense développement à l'époque de la Révolution, et ses produits avaient été d'un puissant secours à la population pendant les premières années de la République.

antécédents impérialistes, donnaient à son intimité avec le roi nous ne savons quels motifs aussi honteux qu'absurdes, et répétaient à haute voix ces accusations de trahison que M. de Vaublanc avait fait entendre jusque dans les salons de son ministère. Le comte d'Artois partageait l'aversion commune ; il se demandait comment et à quel titre M. Decazes était et pouvait se dire royaliste ; dans sa conviction sincère, le ministre, que les commotions politiques des vingt dernières années avaient seules pu tirer de la foule, et qui, sans elles, eût vécu obscur et ignoré dans les rangs de la bourgeoisie de Libourne; ce ministre, dominé par les nécessités et par les vices de son origine, ne pouvait séparer ses intérêts de ceux de la Révolution ; ses opinions nouvelles n'étaient qu'un calcul d'ambitieux ; on devait les tenir pour suspectes, et on les verrait aboutir à quelque trahison. Il était difficile que, dans ses plaintes, le comte ne montât pas quelquefois du ministre au monarque ; mais il se bornait à gémir sur la domination subie par son frère, et sa critique ne sortait jamais des bornes du respect. La parole des gentilshommes de son intimité ou de sa maison était, en revanche, moins retenue ; chaque jour quelque trait mordant, quelque épigramme blessante, partie des appartements occupés par le comte d'Artois aux Tuileries, arrivaient, transmises par M. Decazes, dans le cabinet de Louis XVIII. Ces impertinences, rapprochées du cri publiquement proféré à la Chambre : *Vive le roi* QUAND MÊME ! sorte de protestation insolente contre son règne, causaient au monarque une irritation d'autant plus vive, qu'il n'ignorait pas qu'autour de son frère, dans la Chambre comme hors de la Chambre, les royalistes les plus bruyants se vantaient de constituer un parti formidable, ayant, dans les meneurs de l'Assemblée, les ministres tout prêts à prendre la direction des affaires, et, dans le comte d'Artois, un chef auquel il manquait uniquement, pour ceindre la couronne, un événement que tous hâtaient de leurs vœux. Il y a plus, le roi savait que, plus d'une fois, on avait prononcé le mot d'*abdication*. Les princes, comme les autres hommes, repoussent et redoutent leurs héritiers; dans leurs soupçons, ils les voient épiant chaque matin leur réveil ils les supposent toujours impatients de leur succession. Les infirmités surexcitaient encore cette disposition d'esprit chez Louis XVIII, nature irritable et caractère chagrin; et ce n'était pas sans une sorte de jalouse envie qu'il se voyait condamné, lui, le roi, à l'immobilité et à l'isolement au fond de son palais, tandis que son frère, doué d'une santé robuste, montait à cheval, passait des revues, visitait les départements, se montrait aux troupes et aux populations, et, devançant sa royauté, prenait prétexte de ses fonctions de colonel général des gardes nationales du royaume pour adresser aux gardes nationaux des différentes provinces et publier dans les journaux des ordres et des proclamations suivies de cette seule signature : *Charles-Philippe*. M. Decazes était donc en droit de penser que les secrets ressentiments de Louis XVIII contre son frère serviraient de contre-poids à l'opposition inévitable que Monsieur devait apporter à la dissolution de la Chambre.

Mais amener le roi à signer cette dissolution ne suffisait pas; il était nécessaire de la faire accepter à MM. de Richelieu et Lainé. Le renvoi de M. de Vaublanc n'impliquait pas, chez le premier, la volonté de se séparer de la Chambre; l'ancien ministre de l'intérieur avait, en quelque sorte, quitté volontairement le cabinet; sa déclaration, dans la séance du 10 avril, était une véritable démission. Aussi le président du conseil avait-il repoussé, par un refus, la première ouverture de M. Decazes. « La majorité de la Chambre, disait-il, emportée par l'inexpérience et par son zèle, n'avait pas toujours gardé une juste mesure; mais elle était profondément royaliste, et la royauté n'avait rien à redouter d'elle. La Révolution était le seul ennemi à combattre, et l'on devait craindre, en frappant les députés et en se séparant d'eux, de donner à cette Révolution des espérances et des forces qui deviendraient fatales à la monarchie. » M. Decazes ne désespéra pas de vaincre cette résistance, et accepta, pour y parvenir, l'aide de trois hommes qui devaient à Napoléon leur fortune politique et leurs titres, et que l'on avait cependant vus se jeter le plus avant dans la mêlée réactionnaire, MM. Molé, Pasquier et de Barante. Vainement le premier, à la Chambre des pairs, le second, à la Chambre des députés, et le troisième, comme secrétaire général de l'intérieur sous le ministère Fouché-Talleyrand, avaient donné les plus tristes gages aux passions des poursuivants d'ancien régime ; ceux-ci accusaient la sincérité de ces lâches complaisances ; M. Molé restait pour eux un ancien ministre et un comte de l'Empire, MM. Pasquier et de Barante, des fonctionnaires et des barons de même origine. Ainsi repoussés, et cherchant, pour leur ambition, un autre appui, tous les trois, après la clôture de la session, firent à M. Decazes des offres de service, qu'il accepta, et dont il résolut de se servir pour agir sur l'esprit de M. de Richelieu. Le triumvirat se mit bientôt à l'œuvre. Recherchant toutes les occasions d'entretenir le premier ministre et de lui soumettre, soit des notes écrites, soit des observations verbales sur la situation politique, ils la lui présentaient sous l'aspect le plus sombre et conseillaient la dissolution comme le seul remède contre une nouvelle et prochaine catastrophe ; ils lui disaient : « Il n'existe pas de budget possible avec la Chambre ; il faut renoncer, avec elle, à tout espoir de stabilité, à tout moyen de ramener la confiance au dedans comme au dehors, d'établir le crédit, de faire reprendre à la France un rang parmi les nations, de l'affranchir de l'occupation étrangère, ainsi que de la honte des tributs. En signant le traité du 20 novembre, les puissances ont surtout compté sur l'acquittement exact des indemnités stipulées ; c'est moins en nos ressources, ignorées d'elles, que dans votre parole et dans votre signature qu'elles ont eu confiance ; or, cette confiance, comment la justifierez-vous avec une Chambre ayant établi pour principe qu'elle pouvait rompre ou tenir à son gré tous les engagements pris, maintenir ou renverser toutes les lois rendues en matière de finances, et qui s'est jouée de tout crédit public ? »

D'un autre côté, soumis aux préjugés d'une longue émigration et d'un séjour de près de vingt ans en Russie, M. de Richelieu n'admettait pas que les masses pussent intervenir dans la politique, même par leurs applaudissements, et il attachait un sens révolutionnaire aux mots *populaire* et *popularité*. Or, en même temps que les journaux anglais publiaient d'interminables récits sur les ovations faites par la population d'Angleterre aux orateurs radicaux de ce pays, les journaux royalistes donnaient le détail de fêtes semblables offertes dans le Midi, après la session, à quelques-uns des principaux membres de la majorité. A Toulouse, entre autres, une partie de la population, hommes, femmes et enfants, s'était portée à la rencontre de M. de Villèle, à plus d'une demi-lieue de la ville; chaque habitant tenait à la main des rameaux verts ou une branche de laurier; des arcs de triomphe étaient dressés sur la route; la garde nationale et la garnison attendaient sous les armes. Ce fut au milieu de ce cortége, dans une voiture couverte de lauriers, au son d'une musique nombreuse, au bruit de chansons royalistes et aux cris de *Vive le roi! Vive Villèle!* que ce député fit son entrée à Toulouse. Les rues, encombrées de monde, étaient jonchées de fleurs; toutes les voix poussaient des acclamations d'allégresse; toutes les mains agitaient des mouchoirs blancs; les fenêtres de chaque maison, depuis le matin, étaient ornées de drapeaux fleurdelisés. Le soir, il y eut des feux de joie et des illuminations. Les mêmes démonstrations avaient accueilli le retour de MM. d'Aldeguier, de Cardonnel et de Puymaurin. MM. de Castelbajac et de Saint-Géry avaient trouvé le même enthousiasme à Rabasteins, où ils étaient arrivés, ayant également la garde nationale et la gendarmerie pour escorte. « Ils se font *populaires*, ils deviennent les rois de la foule, disait-on à M. de Richelieu en lui faisant remarquer la similitude de ces ovations avec les démonstrations radicales britanniques; encore une session, et ils seront les maîtres du gouvernement, ils domineront la royauté. » Le premier ministre était ébranlé; il n'hésitait plus que devant la crainte d'ouvrir les portes de l'Assemblée à une majorité révolutionnaire. M. Pasquier dressa des tableaux, établit des statistiques et réussit à démontrer à M. de Richelieu que les royalistes *modérés* l'emporteraient dans la nouvelle Chambre de plus de 60 voix. Le premier ministre se rendit.

M. Lainé s'était montré moins difficile à convaincre, bien que, dans le premier moment, il eût également repoussé la mesure; mais le ressentiment de l'insulte qu'il avait subie le 8 avril, le souvenir des emportements dont lui-même avait été témoin, et qu'en sa qualité de président il avait dû plus d'une fois réprimer, triomphèrent de ses scrupules. Son accession et celle de M. Corvetto, dont les plans financiers avaient rencontré de si rudes adversaires dans les meneurs de la Chambre, donnaient à la dissolution quatre ministres sur sept, c'est-à-dire la majorité du cabinet. M. Decazes voulut immédiatement agir; mais un nouvel obstacle l'arrêta : Louis XVIII, comme tous les caractères faibles, se montrait résolu tant qu'il ne s'agissait que de discuter; il hésitait dès qu'il fallait conclure. Il avait adopté le principe de la mesure; puis, au moment de la réaliser, il se ravisa; il voulut attendre. « Au lieu de brusquer la dissolution, disait-il à son ministre de la police, ne vaudrait-il pas mieux essayer de ramener la Chambre, et ne la dissoudre que lorsqu'elle aura prouvé que l'on ne peut rien espérer d'elle? La mesure sera mieux accueillie après des torts nouveaux et plus éclatants. » De nouvelles notes furent rédigées et mises sous ses yeux. « N'y a-t-il pas du danger à accroître ces torts? répondait-on. Sait-on jusqu'où la France pourra les supporter? quelle plaie nouvelle ils auront faite aux finances? Qui peut douter, d'ailleurs, que les débats de la Chambre, si on la rappelle, ne produisent, dès les premières séances, une agitation plus vive encore que durant la dernière session? Dissoudre en un pareil moment, procéder *ab irato*, ce serait soulever, dans certains départements, une sorte d'opposition ou plutôt une résistance directe aux volontés du roi, qui dégénérerait en divisions funestes à la cause de la royauté. Dissoudre aujourd'hui n'entraînerait aucun de ces inconvénients : la mesure n'aurait rien de personnel contre les députés; elle ne serait qu'une sorte d'hommage rendu à la Charte, et obtiendrait, à ce titre, l'assentiment général. Loin d'exciter le trouble, elle serait, de la part du gouvernement, une preuve de résolution et de force qui rallierait à lui les esprits chancelants ou encore douteux, qui inspirerait de la confiance aux étrangers et faciliterait les négociations non encore terminées. Les députés seront mécontents, sans doute; mais ils n'auront garde de le manifester; ils craindront d'irriter le gouvernement, dont l'influence dans les élections sera toujours assez forte pour qu'aucun candidat ne soit disposé à la braver. » Louis XVIII admettait la justesse de ces observations, et ne prenait aucun parti. Cependant les moments pressaient; on touchait au mois de septembre, et le 1er octobre était la date assignée à l'ouverture de la nouvelle session. Enfin M. Decazes connut le secret de la résistance de son maître : le roi redoutait l'irritation des membres de sa famille, surtout les emportements de ce comte d'Artois, qui, campé à l'une des extrémités de son palais, se posait en gardien sévère des vieilles doctrines monarchiques, et en protecteur décidé des principes et des actes de la Chambre que l'on songeait à dissoudre.

Comment donner à Louis XVIII la force de braver les reproches de tous les siens? On eut la pensée d'invoquer l'appui d'Alexandre. L'intervention du Tzar avait été fréquente au début de la Restauration. Trois fois, entre autres, sa volonté avait imposé aux deux frères des concessions politiques importantes, d'abord repoussées par eux; M. Decazes, aidé par MM. Molé et Pasquier, décida M. de Richelieu à écrire à ce souverain pour lui exposer les motifs des ministres à vouloir la dissolution, et pour solliciter son avis. Mais, en même temps que le premier ministre demandait l'opinion du Tzar, l'ambassadeur de ce dernier à Paris, le comte Pozzo di Borgo, cédant aux instances des mêmes personnages, présentait cette mesure à son maître comme nécessaire à la tranquillité de la France et à la paix de l'Europe, et le priait de la conseiller au roi. Alexandre se prêta de bonne grâce à cette démarche, et fit remettre à Louis XVIII une lettre autographe dans laquelle il lui disait « que, dans l'intérêt de la tranquillité du royaume de France et de la paix générale en Europe, il lui semblait que la dissolution de la Chambre des députés pourrait avoir d'utiles résultats. » Louis XVIII, se trouvant suffisamment protégé par ce suffrage, consentit enfin à donner sa signature. Ce fut alors que l'on crut devoir informer de tous ces faits le chancelier Dambray, M. Dubouchage et le duc de Feltre. Jusque-là, tous les trois avaient complétement ignoré le travail de leurs collègues; on ne craignait pas leur opposition : M. Dambray n'avait d'autre volonté que celle du roi; le vicomte Dubouchage, intelligence débile que l'âge affaiblissait encore, était hors d'état d'émettre et de soutenir une opinion; quant au duc de Feltre, l'intérêt de son portefeuille garantissait sa docilité. On ne les consulta pas : on se contenta de leur annoncer la mesure. Il ne s'agissait plus que d'arrêter les termes de l'ordonnance; M. Decazes s'était chargé du préambule, qu'il fit rédiger par M. Pasquier; la rédaction des articles fut la tâche de M. Lainé, tâche difficile, car, en l'absence de toute loi d'élection, il fallait régler le mode de nomination des nouveaux députés; M. Lainé l'établit en combinant les dispositions spéciales inscrites dans la Charte avec celles de l'ordonnance du 21 juillet 1815. Enfin, le 5 septembre, toutes les parties de ce travail se trouvèrent achevées sans que personne à la cour ou dans le monde officiel, hormis le roi, les ministres, MM. Molé, Pasquier et de Barante, fût dans la confidence de l'acte important qui allait jeter une si vive émotion dans le royaume. Louis XVIII y apposa sa signature à huit heures du soir; à onze heures, on en transmit une copie au *Moniteur* pour l'insertion; mais, soit que les tableaux joints à l'ordonnance fussent incomplets ou nécessitassent des rectifications, soit toute autre cause, l'insertion se trouva retardée d'un jour, et ce fut seulement le 7 au matin que la feuille officielle fit la publication suivante :

ORDONNANCE DU ROI.

« Louis, par la grâce de Dieu, roi de France et de Navarre, à tous ceux qui ces présentes verront, salut.

« Depuis notre retour dans nos États, chaque jour nous a démontré cette vérité, proclamée par nous dans une occasion solennelle, qu'à côté de l'avantage d'améliorer est le danger d'innover. Nous nous sommes convaincu que les besoins et les vœux de nos sujets se réunissaient pour conserver intacte la Charte constitutionnelle, base du droit public en France, et garantie du repos général; nous avons, en conséquence, jugé nécessaire de réduire la Chambre des députés au nombre déterminé par la Charte, et de n'y appeler que des hommes de l'âge de quarante ans. Mais, pour opérer légalement cette réduction, il est indispensable de convoquer de nouveaux colléges électoraux, afin de procéder à l'élection d'une nouvelle Chambre des députés.

« A ces causes, nos ministres entendus, nous avons ordonné et ordonnons ce qui suit :

« Article 1er. Aucun des articles de la Charte constitutionnelle ne sera revisé.

« Art. 2. La Chambre des députés est dissoute.

« Art. 3. Le nombre des députés des départements est fixé, conformément à l'article 36 de la Charte, suivant le tableau ci-annexé.

« Art. 4. Les colléges électoraux d'arrondissement et de département resteront composés tels qu'ils ont été reconnus et tels qu'ils ont dû être complétés par notre ordonnance du 21 juillet 1815.

« Art. 5. Les colléges électoraux d'arrondissement se réuniront le 25 septembre de la présente année; chacun élira un nombre de candidats égal au nombre des députés du département.

« Art. 6. Les colléges électoraux de département se réuniront le 4 octobre; chacun d'eux choisira la moitié au moins des députés parmi les candidats présentés par les colléges d'arrondissement.

« Art. 7. Toute élection où n'assisterait pas la moitié plus un des membres du collége sera nulle. La majorité absolue, parmi les membres présents, est nécessaire pour la validité de l'élection des députés.

« Art. 8. Les procès-verbaux d'élection seront examinés à la Chambre des députés, qui prononcera sur la régularité des opérations. Les députés élus seront tenus de produire leur acte de naissance constatant qu'ils sont âgés de quarante ans, et un extrait des rôles dûment légalisé, constatant qu'ils payent au moins 1,000 francs de contributions directes.

« Art. 9. On comptera au mari les contributions payées par sa femme, au père celles de ses enfants mineurs.

« Art. 10. Les colléges se tiendront et les élections auront lieu dans la forme et selon les règles prescrites pour les derniers colléges.

« Art. 11. La session de 1816 s'ouvrira le 4 novembre de la présente année.

« Art. 12. Les dispositions de l'ordonnance du 13 juillet 1815 contraires à la présente sont révoquées.

« Donné au château des Tuileries, le 5 septembre de l'an de grâce 1816, et de notre règne le 22°.

« *Signé :* Louis.

« *Par le roi,* le ministre de l'intérieur, *signé :* Lainé. »

Toute l'importance politique de cette ordonnance résidait dans les deux premiers articles. Le ministère, en proclamant que pas un des articles de la Charte ne serait revisé, consacrait le maintien de toutes les garanties inscrites dans le pacte fondamental, et faisait tomber ces menaces de reconstitution politique et sociale qui alarmaient tous les intérêts matériels et moraux issus de la Révolution ; en brisant la Chambre, il annonçait la résolution de rompre avec les hommes dont les doctrines et les passions, depuis dix-huit mois, couvraient la France de victimes. Un immense cri de reconnaissance accueillit cette double promesse; l'ordonnance qui la contenait fut saluée comme un bienfait inespéré; et, bien que dictée moins par le repentir ou par une pensée de justice que par des nécessités de position, elle emprunta aux circonstances le caractère d'un acte véritable de salut public et d'une grande mesure nationale. On oublia les persécutions, les violences du ministre qui l'avait décidée, et les crimes de ses agents; le nom de cet homme politique, dans le premier élan de la joie, fut prononcé comme celui d'un sauveur; des médailles furent frappées pour perpétuer la mémoire de l'événement. « Je ne me plaindrai plus, écrivait à M. Decazes un général retenu en prison depuis plus de six mois par un simple caprice de ce ministre; je consens à payer d'une année de ma liberté chaque ordonnance semblable que vous ferez rendre. » Peu d'hommes se sont trouvés dans des conditions aussi favorables que M. Decazes, après l'ordonnance du 5 septembre, pour s'ouvrir une de ces carrières politiques éclatantes qui laissent leur trace sur toute une époque et lèguent un nom illustre à l'histoire. Malheureusement la gratitude publique ne pouvait donner à ce ministre l'énergie qu'il n'avait pas, et, bien que doué d'une intelligence facile, de modération dans l'esprit, même de qualités bienveillantes, il devait, jusqu'au dernier jour de sa puissance, se laisser dominer par les intérêts de sa position, et rester, comme on le verra, le favori capricieux d'un vieux roi.

Si l'ordonnance que nous venons de transcrire appelait sur M. Decazes les bénédictions de cette foule de citoyens qui, voués à la prison, à l'exil, à la ruine, à la mort, apercevaient enfin dans ses dispositions le terme de leurs maux, cet acte, en revanche, provoqua chez les royalistes une indignation et une colère d'autant plus vives que le coup était moins attendu. Il vint les surprendre au moment où, enivrés par les ovations faites aux chefs de la majorité de la dernière Chambre, ils disaient tout haut leurs projets et leurs espérances, annonçaient leur prochain triomphe, se partageaient à l'avance les principales positions dans le gouvernement, et affirmaient que, fatiguée de désordres et de constitutions, la France repoussait la Charte et aspirait au rétablissement du vieil ordre politique et religieux. Pour eux, l'ordonnance du 5 septembre était une mesure aussi révolutionnaire que les actes les plus violents de la Convention. Le comte d'Artois, en apprenant la nouvelle de la bouche de M. de Richelieu, ne put retenir son emportement : il accusa M. Decazes de trahison et prophétisa la ruine de la monarchie. La duchesse d'Angoulême refusa de recevoir les ministres chargés de lui faire la même communication. Vainement un jeune lauréat, à qui la direction de la censure était confiée depuis trois mois[1], interdit toute plainte, toute

---

[1] M. Villemain avait été nommé à la direction de l'imprimerie et de la librairie le 19 juin 1816, en pleine réaction. Ses formes obséquieuses, sa parole souple et abondante, cachaient le zèle le plus inquisitorial et le plus aveugle. Il

réflexion, aux journaux adversaires de la mesure ; la protestation du parti qu'elle atteignait ne se fit pas attendre. Cette protestation fut bruyante, pleine d'amertume ; elle eut pour organe un ancien ministre de Gand, esprit mobile, prenant la passion pour la conviction, les mirages de son imagination exaltée pour la réalité ; auquel le sens patriotique et national, en 1814 et en 1815, avait manqué à ce point que, plaçant la patrie, par une impie métaphore, là seulement où se trouvaient les anciens princes, au milieu de l'ennemi, il s'était rangé deux fois du côté des coalisés ; écrivain de haut talent, ayant eu le malheur, à ces deux époques, de poursuivre des insultes et des calomnies les plus odieuses le chef de l'Empire, d'accabler d'injures les braves gens armés pour la défense de la France envahie, de demander contre eux des persécutions et des supplices, et qui, dans les déplorables égarements de ses haines de parti, n'avait alors d'anathèmes que pour les vaincus, de colères que pour les victimes. Cet homme, arrivé à la célébrité politique par la célébrité littéraire, était le pair de France vicomte de Chateaubriand. Il venait de composer, sous le titre de la *Monarchie selon la Charte*, une brochure ayant pour but d'ajuster cette Charte à la monarchie telle que la comprenaient les membres de la Chambre dissoute, dont il glorifiait, d'ailleurs, les passions, les doctrines et les actes, brochure dans laquelle il résumait ainsi son système de gouvernement : « Confiez les premières places de l'État aux véritables amis de la monarchie légitime. Vous en faut-il un si grand nombre pour sauver la France ? Je n'en demande que sept par département : un évêque, un commandant, un préfet, un procureur du roi, un président de la cour prévôtale, un commandant de gendarmerie et un commandant des gardes nationales. Que ces sept hommes-là soient à Dieu et au roi, je réponds du reste. » Cette

occupa longtemps ces fonctions. Les écrivains sans opinion ou dociles au pouvoir vantaient sa douceur ; sa direction, comme on le verra, fut rude, en revanche, à tous ceux qui montraient quelque indépendance dans l'esprit ou quelque énergie dans l'expression ; ils eurent en lui un dangereux persécuteur.

brochure était achevée lorsque parut le *Moniteur* du 7 septembre; M. de Chateaubriand ajouta sur-le-champ à son opuscule un *post-scriptum* dont voici le début : « La Chambre des députés est dissoute. Cela ne m'étonne point : c'est le système des intérêts révolutionnaires qui marche. » Puis il ajoutait : « Quels motifs impérieux ont donc pu porter les ministres à avoir recours à la prérogative royale? Voici la grande raison pour laquelle on met encore la France en loterie : le parti qui entraîne la France à sa perte (par la dissolution) veut, par-dessus tout, la vente des bois du clergé : il la veut, non comme un bon système de finance, mais comme une bonne mesure révolutionnaire; non pour payer les Alliés, mais pour consacrer la Révolution. On a craint encore que la Chambre n'éclairât le roi sur la véritable opinion de la France. Enfin, le parti n'a jamais pu pardonner aux députés d'avoir démêlé ses projets et frappé, dans les régicides, les princes de la Révolution. Cependant que les bons Français ne perdent pas courage; qu'ils se présentent en foule aux élections. Mais qu'ils se mettent en garde contre une séduction à laquelle il nous est si difficile d'échapper! On leur parlera *du roi, de sa volonté;* les entrailles françaises seront émues, les larmes viendront aux yeux; au nom du roi, on ôtera son chapeau, on prendra le billet présenté par une main ennemie, et on le mettra dans l'urne. Défiez-vous du piége. Sauvez le roi *quand même!* »

Présenter le roi comme dominé par un parti et par des conseillers révolutionnaires qui l'entraînaient à sa perte pour venger la proscription des régicides, lorsque, dans tout le royaume, ce titre de *révolutionnaire* était un titre de proscription; proclamer la Révolution triomphante, lorsque, par haine de cette Révolution, et dans le but d'en étouffer les principes et d'en écraser les partisans, le gouvernement remplissait les prisons, entassait ruines sur ruines, et inondait de sang les échafauds; oser dire de telles choses n'était pas seulement dépasser toutes les bornes de l'hyperbole; l'exagération empruntait, en outre, aux circonstances, l'apparence d'une odieuse raillerie. Ces accusations folles n'en jetèrent pas moins l'alarme la plus vive parmi les ministres : redoutant, à la veille d'une élection générale, l'effet que pouvaient produire sur la masse des électeurs et sur les fonctionnaires de tous les ordres ces reproches de fauteurs de révolution et de révolutionnaires, reproches que les plus hardis, à cette époque, ne recevaient point sans pâlir, ils voulurent étouffer l'ouvrage avant qu'un seul exemplaire fût répandu dans le public. C'était par la direction de la librairie qu'ils avaient eu communication du menaçant *post-scriptum*. On ne donna pas au libraire le temps de mettre la brochure en vente; sa maison fut envahie; ses magasins furent fouillés; la police s'empara de tous les exemplaires qu'elle put découvrir. Cette violence, qui était dans la légalité de l'époque, fut inutile : l'ouvrage, réimprimé par des presses hardies, s'introduisit et circula bientôt dans toutes les villes; la dernière phrase du *post-scriptum* devint immédiatement le mot d'ordre du parti royaliste; le roi, disait-on, prisonnier dans son palais, était livré à la tyrannie de ses ministres; l'ordonnance du 5 septembre n'était pas la libre expression de sa volonté. Comment détruire cette allégation répétée sur tous les points du royaume, et à laquelle donnait une certaine autorité le titre de *ministre d'État* dont M. de Chateaubriand avait fait suivre sa signature, titre qui semblait annoncer dans l'auteur une connaissance intime des choses du conseil du roi? M. Decazes, pour y parvenir, fit signer à Louis XVIII l'ordonnance suivante :

« Louis, etc.

« Le vicomte de Chateaubriand ayant, dans un écrit imprimé, élevé des doutes sur notre volonté personnelle manifestée par notre ordonnance du 5 du présent mois,

« Nous avons ordonné ce qui suit :

« Le vicomte de Chateaubriand cessera, dès ce jour, d'être compris au nombre de nos ministres d'État.

« Donné en notre château des Tuileries, le 20 septembre de l'an de grâce 1816, et de notre règne le 22e [1]. »

[1] Une pension annuelle de 12,000 francs était attachée au titre de ministre

Cet acte de vigueur, antérieur seulement de cinq jours à l'époque fixée pour la réunion des colléges électoraux d'arrondissement, vint raffermir fort à propos le zèle des fonctionnaires des départements. Vainement le ministre de la police avait envoyé dans toutes les provinces des commissaires chargés de communiquer aux préfets une lettre autographe du roi, dans laquelle le monarque attestait que l'ordonnance, objet de tant de clameurs, était la libre expression de sa volonté, la plupart de ces administrateurs n'osaient prendre résolûment parti entre le cabinet et ses adversaires. Les ministres eux-mêmes contribuaient d'ailleurs à cette hésitation : si M. Decazes, dans ses circulaires, recommandait de combattre à outrance les hommes de l'ancienne majorité, d'un autre côté, M. de Richelieu, toujours tourmenté par les scrupules qui l'avaient fait hésiter devant la dissolution, écrivait : « Faites tous vos efforts pour qu'il n'y ait point de jacobins parmi les députés; point d'hommes de parti ; mais mieux vaudraient encore des royalistes outrés que des révolutionnaires. » La destitution de M. de Chateaubriand mit fin à toutes les incertitudes. Enhardis par cette disgrâce éclatante de l'homme en qui se personnifiaient, pour ainsi dire, les doctrines et les passions de la Chambre dissoute, un certain nombre d'agents de l'administration dirigèrent les voix du corps électoral sur des hommes moins hostiles que les membres de l'ancienne majorité aux intérêts matériels et moraux issus de la Révolution. Les adversaires de la Restauration eux-mêmes, délivrés des craintes qui les avaient éloignés des précédentes élections, aidèrent au succès; tous se rendirent, cette fois, dans les colléges, et, s'unissant aux électeurs ministériels contre l'ennemi commun, ils s'efforcèrent de faire triompher les candidats du cabinet. Seuls, les départements du Midi persistèrent dans leurs anciens choix. Le résultat général fut favorable au ministère. La

---

d'État; quelques amis du ministre destitué firent des démarches pour la lui conserver; les ministres y consentirent, et M. de Chateaubriand continua de la recevoir.

nouvelle Chambre se composait de 259 députés : sur ce nombre, 168 appartenaient à la dernière Assemblée, et, parmi ceux-ci, 100 membres environ revenaient seuls avec les passions de l'ancienne majorité. Le ministère pouvait donc compter sur une majorité de 60 voix. La session s'ouvrit au jour indiqué, le 4 novembre; le roi fut reçu avec le cérémonial accoutumé; les acclamations habituelles accueillirent son entrée dans la Chambre; et ce fut, assis et couvert, selon l'usage, qu'il prononça le discours d'ouverture. Il dit :

« La tranquillité règne dans le royaume, et, si une entreprise insensée (affaire de Grenoble) a pu causer un instant d'alarmes, elle n'a servi qu'à mieux faire éclater l'attachement de la nation et la fidélité de l'armée...

« De grandes charges sont malheureusement encore indispensables et nécessaires. Je ferai mettre sous vos yeux le tableau fidèle des dépenses indispensables et celui des moyens d'y subvenir. Le premier de tous est l'économie : j'en ai déjà opéré dans toutes les branches de l'administration, et je travaille sans relâche à en opérer de nouvelles. Toujours unis d'intention et de sentiment, ma famille et moi, nous ferons les mêmes sacrifices que l'année dernière; et, pour le reste, je me repose sur votre zèle pour le bien de l'État et l'honneur du nom français...

« Attachés par notre conduite, comme nous le sommes de cœur, aux divins préceptes de la religion, soyons-le aussi à cette Charte, qui, sans toucher au dogme, assure à la foi de nos pères la prééminence qui lui est due, et qui, dans l'ordre civil, garantit à tous une sage liberté, et à chacun la paisible jouissance de ses droits, de son état, de ses biens; je ne souffrirai jamais qu'il soit porté atteinte à cette loi fondamentale : mon ordonnance du 5 septembre le dit assez.

« Enfin, messieurs, que les haines cessent; que les enfants d'une même patrie, j'ose ajouter d'un même père, soient vraiment un peuple de frères..., et que mon peuple soit bien assuré de mon inébranlable fermeté pour réprimer les attentats de la malveillance et pour contenir les écarts d'un zèle trop ardent. »

Ces dernières paroles indiquaient cette politique d'oscillation, nommée par les contemporains politique de *bascule*, qui devait caractériser l'administration de M. Decazes jusqu'au jour de sa sortie du ministère. Les réponses des deux Chambres offrirent une insignifiance étudiée. Vainement M. de

Chateaubriand, s'élevant contre l'influence exercée par l'administration sur les élections nouvelles, et contre l'appui que lui avaient prêté même les adversaires politiques de la Restauration, s'était écrié : « Buonaparte se servit des révolutionnaires en les méprisant, on a voulu s'en servir en les honorant. Les royalistes ont été consternés... Pouvaient-ils croire que de tels agents eussent été choisis pour apôtres de la légitimité? Pouvaient-ils comprendre quelque chose à ce renversement d'idées? Les jacobins, poussant un cri de joie qui a été entendu de tous leurs frères en Europe, sont sortis de leurs repaires; ils se sont présentés aux élections, tout étonnés qu'on les y appelât, tout surpris de s'y voir caressés comme les vrais soutiens de la monarchie. » Ses collègues de la Chambre des pairs se bornèrent à redire à Louis XVIII le discours que ce roi leur avait adressé. La réponse des députés ne fut également qu'une paraphrase servile du discours royal. Ce calme, à la vérité, ne dura pas : de violentes attaques ne tardèrent pas à être dirigées contre le ministère par les membres de l'ancienne majorité. Une lutte vive et longue, entre autres, s'engagea à l'occasion d'une loi électorale, qui fut l'événement capital de cette session, et dont la discussion et le vote appartiennent à l'année 1817.

CHAPITRE VII

Session de 1816-1817. — Vérifications de pouvoirs; pétition de la demoiselle Robert. — Loi des élections du 5 février; exposé de motifs par M. Lainé; discussion de la loi dans les deux Chambres; son adoption. — Loi sur la suspension de la liberté individuelle. Prolongation de la suspension de la liberté de la presse. — Budget; sa discussion à la Chambre des députés; réclamations pour la restitution de tous les biens de l'État à l'ordre de Malte et au clergé; économies proposées par M. de Villèle; adoption de la loi. Discussion à la Chambre des pairs. — *État politique et moral de la France* : le juge de paix de Richelieu; arrestations et condamnation pour une médaille; procès de presse; condamnations capitales pour cause politique et exécutions à Alençon, à Bordeaux, à Melun et à Paris. — *Disette* : ses causes, ses progrès; troubles dans les départements; condamnations à mort et exécutions à Sens et à Montargis; amnistie. — *Affaires de Lyon* : faits antérieurs au mois de juin; provocations de police et bruits de complots; journée du 8 juin; soulèvement de neuf communes; cinq cents arrestations sont opérées; cent cinquante-cinq accusés comparaissent devant la cour prévôtale; cette cour prononce cent vingt-deux condamnations, dont vingt-huit à la peine capitale; exécutions à Lyon et dans six communes rurales; nouveaux bruits de conspiration; nouvelles arrestations; terreur dans le département du Rhône. Mission donnée à Marmont; son arrivée à Lyon; ses découvertes; réparations ordonnées par le gouvernement. — Modification ministérielle : le maréchal Gouvion-Saint-Cyr, MM. Pasquier et Molé, remplacent le duc de Feltre et MM. Dambray et Dubouchage. — Élections : apparition de nouveaux candidats; les *indépendants*; résultats du renouvellement du premier cinquième de la Chambre des députés. — Ouverture de la session.

1817. — Dans la situation politique faite à la France par l'*ordonnance du 5 septembre*, la nouvelle Chambre des députés ne pouvait présenter que deux grandes divisions : les partisans de cette ordonnance, puis ses adversaires. Les premiers, quelle que fût d'ailleurs la nuance de leur opposition aux doctrines et aux actes de la Chambre dissoute, se confondaient, pour ainsi dire, en un seul parti, et se ralliaient tous derrière les ministres; les seconds, composés des membres de l'ancienne majorité, n'avaient rien perdu de leurs passions, et se groupaient autour des mêmes chefs. La défaite ne les avait pas abattus; loin de là, ils revenaient plus ardents et plus irrités. Mais leur faiblesse numérique se montra dès les premiers scrutins pour la nomination des candidats à la présidence : MM. de Villèle, Corbière, de Bonald et Trinquelague, ne purent obtenir plus de 80 voix. Une opération préliminaire, la vérification des pouvoirs, avait déjà donné à la minorité nouvelle la preuve de son infériorité et de son impuissance.

Des protestations nombreuses, émanées, soit d'anciens députés non réélus, soit d'électeurs royalistes partisans de l'ancienne majorité, avaient signalé l'active intervention de certains préfets dans les élections de leurs départements. M. de Villèle, appuyant une protestation dirigée, entre autres, contre les nominations du Pas-de-Calais, avait lu à la Chambre et déposé sur le bureau une lettre dans laquelle le préfet, M. Malouet, disait à un électeur : « A votre arrivée à Arras, faites-moi l'honneur de venir chez moi; moi seul peux vous faire connaître la pensée du roi et ses véritables intentions. Ne négligez pas de vous rendre au devoir sacré de voter; le roi, la France, la Charte, le demandent. » Une autre protestation, signée de MM. Lachèze-Murel[1] et Syriès de Mariuhac, députés non réélus, contenait, en outre, ces passages : « Les élections du Lot ont présenté un résultat *si peu avantageux*, qu'il devient nécessaire, pour l'honneur du département, de prouver au roi, *à la famille royale*, à la Chambre des pairs, à celle des députés, à la France entière, que les habitants de cette province sont éminemment royalistes. Le préfet du Lot a toujours protégé, depuis son arrivée, les hommes *coupables*. L'influence révolutionnaire y régit tout; presque aucune *épuration* n'y a été faite. Les sous-préfets professent les mêmes principes. Au mois dernier, M. Lezay-Marnésia, préfet, caressa, avec affectation, tous les intérêts révolutionnaires; il fut reçu avec allégresse dans plusieurs villes; à Saint-Céré, les révolutionnaires lui élevèrent un arc de triomphe avec une

[1] M. Lachèze-Murel est le député qui, dans la dernière session, avait proposé et fait adopter la restitution des registres de l'état civil au clergé.

couronne tricolore, en proclamant qu'il était *un des leurs.* »
Malgré la passion qui les dictait, ces réclamations, curieux
témoignage de l'état des opinions à cette époque, n'étaient
cependant pas dénuées de tout fondement; l'intervention d'un
certain nombre d'agents ministériels ne pouvait pas être mise
en doute; les ministres, au reste, ne la contestaient pas. Mais
les députés formant la majorité nouvelle avaient une telle
crainte d'ébranler par une censure, même indirecte, le système politique issu de l'ordonnance encore si récente du
5 septembre, que, malgré les réclamations véhémentes de
MM. de Villèle, Corbière, Benoist, Cornet-d'Incourt et de Maccarthy, cette majorité resta sourde à toutes les plaintes et valida toutes les élections contestées. Cette vérification de pouvoirs avait occupé les séances des 7, 8, 9 et 10 novembre; le
28, les débris de l'ancienne majorité se livrèrent à une nouvelle et vive attaque à l'occasion d'un rapport de pétitions.

Le 30 octobre précédent, un ancien agent d'intrigues royalistes, longtemps poursuivi par la police impériale, et qui, au
retour de Gand, en 1815, s'était livré à la publication d'un
journal intitulé le *Fidèle Ami du roi*, le sieur Robert, avait été
arrêté, ainsi que son fils, par ordre du ministre de la police.
L'un et l'autre, restés au secret pendant trois jours, et transférés ensuite à la Force, avaient vu, en outre, leur journal
supprimé. C'étaient ces faits que la demoiselle Antoinette Robert, fille et sœur des détenus, dénonçait à la Chambre en
accusant M. Decazes « d'attentat à la liberté individuelle, de
violation d'une propriété privée, de machiavélisme et de scélératesse. » Le ministre de la police prétendait trouver le droit
de supprimer le *Fidèle Ami du roi* dans la loi du 21 octobre 1814, et dans une ordonnance du 9 août 1815; l'arrestation et la détention de MM. Robert étaient également justifiées à ses yeux par les dispositions de la loi du 29 octobre
1815 sur la suspension de la liberté individuelle. Ces faits
n'avaient rien d'exceptionnel : la police avait déjà supprimé
plus d'un journal; et, dans ce moment-là même, il n'existait

peut-être pas, dans toute l'étendue du royaume, une seule prison qui ne renfermât nombre de citoyens retenus sans jugement, comme suspects de mauvaises opinions ou comme ennemis présumés du roi et de la royauté. Aucune voix, ni dans la Chambre ni au dehors, n'osait encore s'élever en faveur de cette innombrable classe de détenus. M. Decazes pouvait espérer qu'il en serait ainsi pour MM. Robert. Mais ceux-ci étaient de ces royalistes qui, maudissant l'ordonnance du 5 septembre, et signalant en elle le triomphe de la Révolution sur la Monarchie, donnaient le nom de traître au ministre de la police; cette accusation, leur véritable crime aux yeux de M. Decazes, faisait, en revanche, leur innocence aux yeux des membres de l'ancienne majorité; aussi les députés de ce parti, après avoir exigé la lecture de la pétition, s'empressèrent-ils de la soutenir. M. de la Bourdonnaie parla le premier; il demanda que le ministre rendît à la Chambre un compte officiel des faits dénoncés. « On dira que la loi du 29 octobre justifie de tels actes; ah! les soixante-dix-huit membres de la Chambre actuelle qui ont concouru à porter cette loi n'ont jamais entendu laisser au ministre un aussi effrayant arbitraire! » s'écria ce fougueux royaliste, en oubliant que, lors de la discussion de la loi, ses amis et lui-même se plaignaient que ses dispositions ne fussent ni assez énergiques ni assez sévères. « Mais, en la votant, lui répondit M. Courvoisier, n'en avez-vous pas prévu les conséquences inévitables? La pétitionnaire nous dit que les sieurs Robert sont de vieux et fidèles amis du roi; mais le ministre aussi est un ami du roi, et la confiance de Sa Majesté justifie bien ce titre. Qui vous assure que le ministre, loin de mériter des reproches, ne mérite pas vos éloges? Vous a-t-il rendu compte de ses actes? — *M. de Villèle* : C'est précisément ce qu'on lui demande! » M. Corbière, appuyant à son tour la proposition de M. de la Bourdonnaie, fut ensuite soutenu par M. de Castelbajac, qui s'emporta : « Eh quoi! s'écria ce député avec une extrême véhémence, ce serait dans cette salle, en 1816, que le cri d'un *véritable* royaliste serait vainement entendu! — *M. Bellart* : Nous sommes tous royalistes! » Des cris de *oui! oui! non! non!* partent aussitôt de tous les points de l'enceinte; bientôt le désordre se met dans la Chambre; une partie des députés demandent que la discussion continue; un plus grand nombre réclament à grand bruit la clôture; le président met aux voix cette dernière proposition; deux épreuves sont douteuses; les cris l'*appel nominal!* retentissent alors avec force; mais près de cent députés quittent précipitamment la salle. « On veut empêcher le vote et faire comme dans les colléges électoraux! » crie un membre. M. Courvoisier paraît de nouveau à la tribune; il essaye de dominer le tumulte : « Il ne faut pas se le dissimuler, s'écrie-t-il, plusieurs membres de cette Chambre visent évidemment à une sorte de popularité, car ce sont les plus chauds auteurs de la loi du 29 octobre qui s'opposent maintenant à son application. » Ces paroles augmentent le désordre; enfin, de guerre lasse, le président renvoie la séance au lendemain. Le 29, le débat reprit avec le même caractère d'animosité; MM. Benoist, de Villèle et Piet renouvelèrent les attaques dirigées, la veille, contre le ministre de la police. « Je vois dans la pétition quelque chose de plus qu'une arrestation illégale et la suppression arbitraire d'un journal, dit ce dernier : la mise au secret est le rétablissement de la torture! » Une seconde fois la Chambre ferma la discussion. La même majorité qui, ralliée autour de l'ordonnance du 5 septembre, avait écarté toutes les réclamations sur les élections, repoussa également la pétition par l'ordre du jour.

La présentation du projet de loi sur les élections avait immédiatement précédé le rapport de la pétition Robert; ce projet, œuvre de M. Lainé, ministre de l'intérieur, était le terrain où devaient se heurter avec le plus de violence l'ancienne et la nouvelle majorité; son rejet ou son adoption allait, en effet, décider de l'avenir des deux opinions; l'une ou l'autre deviendrait désormais dominante, selon que la loi, disséminant ou concentrant les éléments du corps électoral, constituerait des réunions d'électeurs plus ou moins nombreuses, et donnerait une action plus grande, dans chaque département, aux petites influences locales, ou bien à l'opinion des centres de population. Deux degrés d'élection, ainsi que la subdivision du corps électoral en petites fractions, au nombre de près de trois mille[1], et composées chacune de quelques électeurs, voilà l'organisation adoptée, par les membres les plus influents de la Chambre dissoute, comme la plus favorable au triomphe de leurs doctrines. L'intérêt du cabinet exigeait évidemment une combinaison toute différente, un système diamétralement opposé. M. Lainé n'avait donc admis qu'un seul degré d'élection et un petit nombre de colléges comprenant chacun le plus d'électeurs possible. Ces électeurs, quels seraient-ils? La Charte indiquait la solution : « Les électeurs qui concourent à la nomination des députés, disait l'article 40, ne peuvent avoir droit de suffrage s'ils ne payent une contribution de 300 francs et s'ils n'ont l'âge de trente ans. » M. Lainé, en n'admettant comme électeurs que les seuls contribuables réunissant ces deux conditions, s'appuyait donc sur la lettre du pacte fondamental; ce système présentait un autre avantage assez rare dans les lois d'organisation politique : il avait le mérite d'une grande simplicité. Quant au nombre des colléges, restreints à un seul par département, et réunissant dès lors un chiffre assez élevé d'électeurs, le ministre disait dans son exposé de motifs : « Les choix seront ainsi dirigés vers les hommes les plus connus et les plus considérés dans toute l'étendue du département. L'*intrigue* et la *médiocrité* peuvent réussir dans un cercle étroit; mais, à mesure que le cercle s'étend, il faut que l'homme s'élève pour attirer les regards et les suffrages. On arrête ainsi l'effet des *petites* et *obscures* influences pour assurer celui des influences grandes et légitimes, et on garantit d'avance à la nation que la Chambre des députés ne sera composée que d'hommes réellement dignes de confiance, et capables, par

---

[1] 2,845 colléges de canton et 85 colléges de département.

leurs talents, leur existence et leur caractère, de concourir à la création de la loi. » Rarement ministre déploya, en termes meilleurs, une moralité politique plus élevée et une plus haute raison. Il y avait du patriotisme dans ce langage. « La nouvelle loi sera aussi simple que courte, » ajoutait M. Lainé en terminant. Le projet dont il donna lecture, bien que composé de vingt articles, se résumait en effet dans les quatre dispositions suivantes :

« Tout Français jouissant des droits civils et politiques, âgé de trente ans accomplis, et payant 300 francs de contributions directes, est appelé à concourir à l'élection des députés du département où il a son domicile politique (art. 1er).

« Il n'y a, dans chaque département, *qu'un seul* collége électoral. Il est composé *de tous les électeurs du département* dont il nomme *directement* les députés à la Chambre (art. 7).

« Les électeurs se réunissent en une seule assemblée dans les départements où leur nombre n'excède pas 600. Dans ceux où il y en a plus de 600, le collége électoral est divisé en sections dont chacune ne peut être moindre de 300 électeurs. Chaque section concourt directement à la nomination de tous les députés que le collége électoral doit élire (art. 9).

« Les électeurs votent par bulletins de liste contenant, à chaque tour de scrutin, autant de noms qu'il y a de nominations à faire (art. 13). »

Le 4 décembre, six jours après la présentation de ce projet de loi, la Chambre nomma la commission chargée de l'examiner; le 19, le rapporteur conclut à l'adoption; le 26, la discussion s'ouvrit par un discours du comte de Caumont, qui repoussa le projet ministériel par ce motif « qu'en 1815 on prenait en considération les grandes propriétés et les grands propriétaires, tandis que la nouvelle loi n'en tenait aucun compte. — Si nous cherchons dans le projet la garantie tirée de la fortune, dit à son tour M. de Villèle, nous ne la trouvons en rien. En appelant au collége électoral tous les contribuables de 300 francs, ce ne seront plus les riches propriétaires qui y exerceront la principale influence, mais évidemment les contribuables payant 3, 4 et 500 francs d'impôts, car ils seront les plus nombreux. Je vote donc contre la loi. » MM. de Castelbajac et Josse-Beauvoir firent valoir les mêmes considérations et émirent le même vote : « Le projet que l'on nous présente est beaucoup trop étendu si l'on veut un système aristocratique, dit le premier; et, si on le veut démocratique, il est beaucoup trop restreint. — Évitons, ajouta le second, que les élections tombent aux mains des plus petits propriétaires, de ces gens qui, n'ayant pas de fortune faite, ont une fortune à faire. Si l'on s'écarte de la considération des grandes propriétés, craignons que, dans de pareils colléges, les cris de *A bas les prêtres! point de nobles!* ne se fassent entendre de nouveau, et qu'on n'y ajoute : *Point de grands propriétaires!* » D'autres orateurs de la même opinion abritèrent leurs critiques derrière des déclarations dont la nouveauté étonnait à bon droit la Chambre, et qui formaient le plus étrange contraste avec leurs doctrines de la session précédente et le but réel de leur opposition à la loi : « C'est la population tout entière que vous prosternerez devant le veau d'or, la plus dure, la plus insultante des aristocraties! s'écria M. de la Bourdonnaie, en faisant allusion sans doute à l'influence que devait donner la nouvelle loi aux capitalistes et aux industriels de la classe moyenne. Fallait-il donc verser tant de sang, immoler tant de victimes, pour arriver à ce résultat, d'annuler peu à peu tous les droits que vous avez proclamés, et de réduire en esclavage politique la nation que vous avez soulevée aux accents de la liberté? Et vous, peuple français, trop crédule instrument de tous les ambitieux qui se sont élevés sur votre ruine, vous qu'on voudrait agiter encore, reconnaissez du moins quels sont vos ennemis et quels sont vos défenseurs! — Des lois de circonstance, ajouta M. Cornet-d'Incourt, ont remplacé plusieurs articles de la Charte, les lois elles-mêmes ont été remplacées par de simples ordonnances, les ordonnances par des instructions ministérielles, commentées à leur tour par les préfets. Le ministre de la police est devenu le grand électeur du royaume. Nous n'avons ni loi sur la responsabilité des ministres, ni la liberté individuelle, ni la liberté de la presse, ni la liberté des élections; le projet de loi ne garantit pas cette dernière liberté; il est également impuissant pour garantir l'indépendance de la Chambre; je le rejette. » M. Corbière montra plus de franchise : « Je repousse le projet de loi, dit-il, parce que, loin de ménager tous les intérêts, il tend à écarter de la Chambre ceux qui sont le plus intéressés à la discussion de l'impôt et à la discussion des lois d'où dépendent l'ordre et la stabilité. Oui, par ce projet, les classes supérieures, sacrifiées aux classes inférieures, seront privées de toute influence dans les élections. » M. de Bonald ne déguisa pas davantage sa pensée; il termina en ces termes un long discours contre le projet de loi : « Je finis par une réflexion que je recommande à votre attention la plus sérieuse. Si, par des lois nées des habitudes révolutionnaires, en appelant les *petits* et les *moyens* propriétaires, vous excluez de fait les *chefs de la propriété*, c'en est fait de l'ordre social. Si, au contraire, par le sage rétablissement des *corporations*, vous rendez à la propriété toute son influence, vous sauvez la patrie de tout danger. Je vote pour que le projet de loi soit rejeté comme anticonstitutionnel et antisocial. »

Les membres de l'ancienne majorité furent les seuls adversaires de la nouvelle loi électorale. Nous ne rapporterons pas leurs critiques de détail; on en pourra juger par celle-ci : dans certains départements, disaient-ils, il y aurait impossibilité pour les électeurs de se loger et de se nourrir pendant le temps de l'élection : « On a été embarrassé aux dernières élections pour loger tout à coup deux cents personnes dans une petite ville; que sera-ce quand il s'agira de deux mille, d'une armée? s'écriait M. de Cardonnel. Adopterez-vous l'idée de M. Royer-Collard, ferez-vous bâtir des maisons exprès pour les recevoir? — Cette difficulté de loger les électeurs avec leurs chevaux et leurs voitures est plus grave qu'on ne le suppose, ajoutait M. Piet; vous ne la lèverez jamais. D'un autre côté, comment voulez-vous que six à sept cents électeurs terminent en quelques heures leurs opérations? Je sais, par mon expérience des assemblées électorales, qu'il y a des hommes qui, par la lenteur de l'apposition de leur signature, *mangent* à eux seuls plusieurs minutes. »

Ces objections n'avaient rien de sérieux : ce n'étaient pas des armées, ainsi que le disait M. de Cardonnel, mais quelques centaines d'électeurs au plus, que la nouvelle loi appelait à se réunir dans le chef-lieu de chaque département [1] : l'influence dans les élections appartiendrait-elle aux *chefs de la propriété*, pour employer les expressions de M. de Bonald, ou bien aux *petits* et aux *moyens propriétaires?* Voilà l'unique question existant au fond de ces débats. Le gouvernement, au reste, ne contestait point le déplacement de force que la mesure devait opérer au profit de la moyenne propriété, et l'un de ses commissaires, M. Cuvier, termina la discussion par ces paroles : « On reproche à la loi de ne pas représenter tous les intérêts. Veut-on appeler tous les propriétaires aux élections? La chose n'est pas possible. Tous les intérêts sont représentés, messieurs, en y appelant cette *classe moyenne* dont la démarcation a été établie par la Charte. On a dit que les contribuables de 3 à 500 francs étaient précisément ceux qui avaient une fortune à faire. Mais qui donc croit jamais avoir sa fortune faite? L'avare a-t-il jamais assez d'or? Les favoris comblés des bienfaits d'un roi n'ambitionnent-ils pas toujours des bienfaits nouveaux? Le conquérant qui a pris la moitié de l'Europe ne demande-t-il pas l'autre moitié? Alexandre trouvait le

---

[1] Le ministère avait fait distribuer aux députés, à l'appui du projet de loi, un tableau des contribuables payant 300 fr. d'impôts et au-dessus; trente et un départements, seulement, présentaient un chiffre d'électeurs supérieur à 1,000. Voici les résultats généraux fournis par ce tableau : citoyens âgés de quarante ans et payant 1,000 fr. d'impôts, c'est-à-dire éligibles, 16,052; payant 300 fr. par leur patente seule, 3,836; sans patente, 74,900; patente comprise, 90,878; ce dernier chiffre était celui de la totalité des électeurs du royaume.

monde trop petit. Or, je le demande, croyez-vous que ces grands propriétaires qui parviendraient à dominer dans les assemblées électorales n'auraient pas aussi des désirs plus difficiles même à satisfaire que ceux des hommes qui se contenteraient d'une place obscure ? » Ce discours termina la séance du 3 janvier. La discussion générale avait duré six jours; le vote des articles ne fut pas moins long. Comprenant que le projet ministériel était surtout dirigé contre eux, les membres de l'ancienne majorité de 1815 disputèrent chaque paragraphe et chaque expression; ils présentèrent des amendements sur tous les articles. Mais le souvenir des violences de la dernière session était encore trop vif, le péril trop récent, pour que la majorité ralliée autour de l'ordonnance du 5 septembre se laissât entamer; elle n'admit que quelques changements sans importance et ayant pour objet, soit de simples dispositions réglementaires, soit des modifications de rédaction; les articles essentiels de la loi furent adoptés dans les termes que nous avons reproduits. Le 8, on procéda au scrutin; le nombre des votants était de 232; il y eut 132 boules blanches et 100 boules noires : la loi se trouvait adoptée à une majorité de 32 voix.

Cette loi, portée à la Chambre des pairs, y fut combattue par le même parti politique : MM. de Polignac, de la Ferronays, de Montmorency, de Fitz-James, de Brissac, de la Trémoille et de Chateaubriand la repoussèrent avec énergie; leurs arguments étaient ceux de la nouvelle minorité de la Chambre des députés; mais il y avait cette différence que les opposants de la pairie, déjà redoutables par leur nombre, empruntaient encore une grande force à l'appui personnel et public du comte d'Artois, à qui une ordonnance, rendue au début de la session, avait ouvert une seconde fois les portes de cette Assemblée. Les ministres, n'osant ouvertement lutter contre un tel adversaire, opposèrent à son influence la volonté même du roi. Le monarque devint tout à coup le partisan prononcé de l'élection à un seul degré et d'un collége unique par département tous les dignitaires de sa cour, ainsi que les gentilshommes de son intimité, étaient pairs de France et partageaient les passions politiques de son frère; il entreprit de les convertir au projet ministériel. Discutant les principes de la loi avec chacun d'eux, s'efforçant de les convaincre, sollicitant leur vote, témoignant sa mauvaise humeur quand il rencontrait quelque résistance, il réussit, par son active intervention, à diminuer le nombre des opposants; grâce à ce secours, le ministère finit par l'emporter : une majorité composée des recrues du roi, des anciens sénateurs et des autres pairs mêlés aux faits de la Révolution et de l'Empire, repoussa tous les amendements, et la loi, votée au scrutin, fut adoptée le 30 janvier par 95 voix contre 77. La discussion, commencée le 23, avait duré sept jours. Le 5 février, le *Moniteur* promulgua la nouvelle loi d'élection comme loi d'État.

Des élections ne sont sincères qu'à la condition d'être directes; les votes ne sont indépendants et libres qu'avec des colléges concentrés et nombreux : par cela qu'elle réunissait ces deux conditions, la nouvelle loi, malgré le chiffre peu considérable d'électeurs qu'elle créait pour tout le royaume, était donc une bonne loi. Disons plus : en faisant abstraction de l'absence si regrettable d'une indemnité pour les députés et des conditions d'impôt exigées pour l'éligibilité comme pour l'électorat, cette loi était et est peut-être encore la meilleure que l'on ait rendue depuis le rétablissement des institutions monarchiques en France. Complément de l'ordonnance du 5 septembre, elle devint une consécration nouvelle des garanties inscrites dans la Charte, et fut l'honneur de la carrière politique de M. Lainé[1].

La Chambre des députés, après le vote de la loi du 5 février, discuta deux projets de loi présentés dans la séance du 7 décembre et relatifs, l'un à la suspension de la liberté individuelle, le second à la suspension de la liberté de la presse.

[1] Paragraphe écrit en 1847, date de la première publication de ce volume.

Le premier de ces projets portait en substance « que tout individu prévenu de complots ou de machinations contre la personne du roi, la sûreté de l'État ou les personnes de la famille royale, pourrait, sans qu'il y eût nécessité de le traduire devant les tribunaux, être arrêté et détenu en vertu d'un ordre signé du président du conseil des ministres et du ministre de la police (article 1er); que les geôliers et gardiens seraient tenus, dans les vingt-quatre heures de l'arrivée de la personne arrêtée, de remettre copie de l'ordre d'arrestation au procureur du roi, lequel, toutes les fois que le prévenu en ferait la demande, se rendrait immédiatement près de ce dernier, dresserait procès-verbal de ses dires, recevrait de lui tous mémoires, réclamations écrites ou autres pièces, et transmettrait le tout, par l'intermédiaire du procureur général, au ministre de la justice pour en être fait rapport au conseil du roi qui statuerait (art. 2); la loi du 29 octobre 1815 était abrogée (art. 3); la présente loi cesserait de plein droit au 1er janvier 1818 (art. 4).

La loi du 29 octobre donnait à tous les fonctionnaires du royaume le droit de faire arrêter et de détenir sans jugement tout citoyen suspect. Comparées à cette effrayante faculté d'arbitraire dont l'usage venait de jeter dans le pays tant d'inquiétudes et de souffrances, les nouvelles dispositions pouvaient sembler une véritable conquête. On devait dès lors penser qu'elles seraient vivement combattues par les partisans et par les soutiens du régime de 1815, comme une concession coupable, comme une sorte de trahison envers la royauté. Les ultra-royalistes, en effet, repoussèrent le projet de loi; mais, chose étrange! ils le rejetaient au nom de la Charte méconnue et de la liberté violée! Du moins, en repoussant la loi des élections, ils étaient restés fidèles à leurs doctrines. L'adoption de cette dernière loi, à la vérité, venait d'accroître leur irritation; et, décidés à venger leur défaite par toutes les voies et avec toutes les armes, ils ne virent dans le projet destiné à remplacer la loi du 29 octobre qu'une occasion d'attaquer le ministère. Transformant tout à coup leur attitude et leur langage, ils se constituèrent les gardiens inexorables des droits inscrits dans cette Charte que peu de mois auparavant ils voulaient reviser; l'arbitraire et les mesures d'exception eurent soudainement en eux les plus rudes adversaires. Ce brusque changement fut le principal argument invoqué par tous les orateurs ministériels en faveur de la loi : « L'année dernière, dit M. Duvergier de Hauranne, nous ne pouvions rendre des lois trop sévères; tout ce que l'arbitraire a de plus rigoureux était permis. Cette année, au contraire, on a une confiance sans bornes; nous n'avons plus d'ennemis intérieurs à craindre; il faut rentrer dans le cercle tracé par les lois ordinaires. — J'éprouve, je l'avoue, un grand étonnement, ajoutait M. Delamalle, commissaire du roi, de voir parmi les opposants tous ceux qui, dans la session de 1815, appuyaient avec le plus d'ardeur la loi du 29 octobre. Les temps ou les choses seraient-ils changés? ou seraient-ce seulement les personnes? — J'ai d'abord été incertain sur le rejet ou l'adoption de la loi qui nous est soumise, dit à son tour M. Courvoisier; mais les contradictions de ceux qui, l'année dernière, demandaient de la violence et de l'arbitraire avec tant de chaleur, et qui n'en veulent plus aujourd'hui, m'ont éclairé. A mon tour, j'ai changé d'opinion. Nos adversaires, il y a moins d'un an, menaçaient les Français dans leurs propriétés et dans tous leurs droits... » (Une foule de voix : *A l'ordre! à l'ordre!* — *A l'ordre vous-mêmes!* crie M. Royer-Collard aux interrupteurs.) Le désordre se met bientôt dans la salle; M. Courvoisier quitte la tribune; il y est remplacé par M. Camille Jordan, qui s'écrie : «Il ne faut pas s'abuser; si les ministres, au lieu de marcher avec fermet dans la voie de l'ordonnance du 5 septembre, se fussent laiss égarer par des conseils imprudents, qui sait si, au lieu de dis cuter aujourd'hui de simples restrictions à la liberté individuelle, nous ne serions pas occupés à voter des *catégories* sans fin, des épurations sans mesure! » Ces accablantes récriminations n'intimident pas MM. de la Bourdonnaie, de Villèle et

Corbière ; ils combattent imperturbablement le projet comme inutile et dangereux, comme annulant la liberté individuelle et n'offrant aux citoyens que des garanties illusoires. Un de leurs amis, moins retenu, n'hésite pas à livrer le secret de ce subit revirement : « S. E. M. le ministre de la police nous a esquissé le tableau le plus rassurant de notre situation actuelle et de notre prospérité future, dit M. de Sallaberry. Les élections vont être libres ; les choix deviendront de jour en jour meilleurs ; les électeurs *à cent écus*, reconnus par excellence l'élite de la nation, ne nommeront que les hommes les plus dignes, et, s'il arrivait quelque mécompte, ce ne serait qu'aux dépens de quelque Aristide que ces messieurs s'ennuieraient d'entendre appeler le *juste*. L'instruction va être régénérée et le mot *légitime* sera maintenu. Il n'existe plus aujourd'hui en France qu'une douzaine de jacobins dont on se moque, cinq ou six buonapartistes visionnaires, et quelques cerveaux malades qui rêvent le retour du vieux temps ; tout le reste est dévoué au roi et à son auguste famille. Si ce tableau est vrai, la loi est inutile ; s'il est faux, comme je le crois, la loi est *insuffisante*. Sans doute le gouvernement veille ; mais gardons-nous de nous livrer à une sécurité imprudente. Ce n'est pas à nous à nous affliger si l'ordonnance du 5 septembre a fait la joie de tous les ennemis du roi ; mais c'est à nous de faire en sorte que leur joie soit courte. Je voterais donc encore en ce moment la loi du 29 octobre *tout entière*, si... (l'orateur s'arrête ; on rit) mais je rejette celle-ci, je le répète, comme inutile ou insuffisante. » La majorité qui avait voté la loi des élections accorda également au ministère la suspension de la liberté individuelle ; la discussion, commencée le 13 janvier, fut terminée le 16 ; 136 voix adoptèrent le projet contre 92.

La même lutte s'établit sur le projet relatif à la liberté de la presse ; ce projet ne se composait que de deux articles ainsi conçus : « *Article 1ᵉʳ*. Les journaux et écrits périodiques ne pourront paraître qu'avec l'autorisation du roi. — *Article* 2. La présente loi cessera d'avoir son effet au 1ᵉʳ janvier 1818. »

Mais ces dispositions tinrent bien moins de place dans la discussion que la nouvelle loi électorale et l'ordonnance du 5 septembre. « Cette ordonnance a arraché la France au péril des partis, à leurs passions et à leurs vengeances, dit M. Royer-Collard; par la loi des élections, le gouvernement a voulu mettre la nation en état de lui rendre à lui-même l'appui qu'il lui accorde aujourd'hui. » M. de Castelbajac, en entendant ces déclarations, se levait de son ban, poussait les cris *A l'ordre!* et combattait la mesure par des considérations pour lesquelles l'histoire ne pourrait avoir que des éloges, si la soudaine passion de liberté qui inspirait cet orateur et ses amis eût été sincère. M. de Villèle, au reste, confessa que, partisan de la loi, il ne la repoussait que parce qu'elle mettait toute l'influence de la presse au service des ministres actuels; et M. Cornet-d'Incourt, aux applaudissements des membres de l'ancienne majorité, proposait de substituer au projet de loi cet article unique : « La liberté de la presse est suspendue en ce qui concerne les journaux; le gouvernement en disposera comme il le jugera convenable. » La majorité ne faillit pas encore cette fois au cabinet; la discussion, ouverte le 25 février, se termina le 29, et le projet, mis aux voix, fut adopté par 128 boules blanches contre 89 boules noires.

La discussion du budget, qui termina les travaux de cette session, offrit la même physionomie que les débats précédents : d'un côté, les membres de l'ancienne majorité accusant le cabinet d'une prodigalité sans mesure; de l'autre, les membres de la majorité nouvelle répondant à toutes les critiques par des votes constamment approbatifs. Les bois appartenant à l'ancien clergé devinrent, pour les premiers, l'occasion de nouvelles et véhémentes réclamations. Vainement la Chambre avait adopté, le 24 décembre précédent, la loi qui accordait aux établissements ecclésiastiques la faculté de recevoir par donation entre-vifs et par testament, d'acquérir et de posséder *à perpétuité*, toute espèce de biens meubles et immeubles, loi que plusieurs changements de rédaction n'avaient point permis de voter en temps utile dans la dernière session; ce rétablissement des biens de mainmorte au profit du clergé, avantage encore lointain, ne pouvait compenser aux yeux des membres de l'ancienne majorité, de ceux, surtout, qui appartenaient à la Congrégation, l'aliénation immédiate de 150,000 hectares de bois, fonds et superficie, donnés une seconde fois en toute propriété, par la nouvelle loi des finances, à la caisse d'amortissement, dont la dotation en rentes était, en outre, portée au double de l'année précédente, c'est-à-dire à 40 millions. Cette aliénation fut attaquée avec violence par tous les adversaires du cabinet. Par une étrange confusion de faits, tous voyaient dans les évêques et dans les prêtres composant le clergé actuel les successeurs et les héritiers des anciens moines : « Nous voulons qu'on rende à la religion ce qui n'a pas été vendu; nous ne voulons pas laisser commettre une nouvelle spoliation! s'écria M. Cornet-d'Incourt. — Les bois donnés à la caisse d'amortissement ne sont pas des bois de l'État, ils appartiennent au clergé, ajouta M. de Caumont; ne perpétuons pas les confiscations révolutionnaires. Louis XVIII est le digne héritier de saint Louis et de Henri IV, et non l'héritier de la Convention et des autres gouvernements usurpateurs qui ont suivi. Je déclare que je n'ai ni le droit ni la volonté de consentir à la vente de ces bois. — Je demande que le titre xi (*dotation de l'amortissement*) soit supprimé tout entier, dit, à son tour, le marquis de Causans ; car il dépouille l'Église de France, l'*ordre de Malte* et la famille de nos rois. » Cette réclamation en faveur de l'ordre de Malte, ordre disparu depuis 1799 et dont la principale possession était aux mains de l'hérétique Angleterre, fut vivement appuyée par M. de Maccarthy. De tous les orateurs qui demandaient qu'on restituât au clergé les bois des anciens couvents, M. de Bonald fut le plus verbeux; au dire de tous les écrivains royalistes de l'époque, il se montra le plus éloquent. Affectant l'élévation dans son style et la profondeur dans ses pensées, nul orateur, à la vérité, ne savait cacher mieux sous l'apprêt de ses phrases et la pompe de ses mots des principes économiques plus faux et des maximes politiques plus paradoxales; il dit: « Une forêt ne peut être assimilée à aucun autre genre de propriétés : berceau des peuples nouveaux, asile des peuples malheureux, elles sont le plus précieux trésor des peuples policés. Tous les arts de la société, tous les besoins de la vie, en réclament la conservation parce qu'ils en exigent l'usage. Vendre les forêts, ce serait ruiner à jamais les productions destinées à soutenir les générations pendant la durée des siècles. Et l'on propose cette mesure funeste lorsque la France *périt* sous la *division* des propriétés, cause croissante du renchérissement des subsistances, et qui fait que nous mourrons de faim quand chacun aura un arpent de terre à cultiver. Je ne puis m'expliquer à moi-même ce luxe de destruction. Nous semblons agités, comme ces coupables de l'antiquité, par cette fureur sacrée qui les portait à se déchirer de leurs propres mains; nous accomplirons ainsi cette prédiction d'un grand ministre: « La France périra faute de bois. » Ah! si les chênes que vous voulez abattre, semblables à ceux de Dodone, rendaient des oracles, ils ne vous prédiraient que des malheurs. On a senti la nécessité d'une concession; mais elle est illusoire : donné comme une aumône, le don pourra être retiré. »

La *concession* dont parlait M. de Bonald était une création de 4 millions de rente proposée au profit du clergé par la commission du budget, et hypothéqués sur les forêts de l'État restées libres. « Est-il donc indispensable que les dépenses ecclésiastiques soient hypothéquées sur des forêts? s'était écrié, à cette occasion, M. Laffitte. Ne sont-elles pas inscrites sur le même livre que la dette publique et la liste civile ? Les prêtres auraient-ils donc moins de confiance que le roi, les princes et tous les créanciers de l'État, dans la France et dans sa fortune? Pourquoi cette dangereuse préférence? Eh quoi! ce ne serait pas assez d'avoir autorisé le clergé à s'enrichir par des acquisitions et des donations, il faudrait encore, au mépris des lois les plus sacrées, aux dépens du crédit public, lui accorder de nouveaux biens, de nouvelles richesses, afin de donner plus d'éclat à son ministère ! Le luxe et les propriétés ne sont pas nécessaires pour prêcher avec succès la charité et les vertus évangéliques. » De violents murmures, partis des bancs ministériels et ultra-royalistes, éclatèrent à ces paroles. M. Pasquier s'empressa de défendre la proposition de la commission ; il dit : « La création au profit du clergé de 4 millions de rente hypothéqués sur les forêts de l'État est une salutaire transaction entre le passé et le présent ; elle concilie les intérêts passés et présents ; je dirai plus, elle concilie aussi les intérêts de *nos consciences*. Quels que puissent être les égarements de la conscience dans ses scrupules, ils sont toujours respectables. S'il y avait en France une partie considérable de citoyens qui crussent leur conscience calmée par cette concession salutaire, qui de nous n'y donnerait son assentiment? La conscience, messieurs, est une des grandes bases du *crédit public*. » Telles sont trop souvent les assemblées nombreuses, que des applaudissements prolongés accueillirent cet inqualifiable pathos, et qu'il y eut un redoublement d'enthousiasme et de bravos lorsque, poursuivant son discours, l'étrange orateur ajouta : « Depuis dix-huit mois, tout ce qui a pu rassurer sur la foi a été donné par le roi. Je souhaite à toutes les nations *du monde* d'avoir, pour le repos et la stabilité de leurs institutions, des garanties pareilles à celle que nous offre la maison de Bourbon assise sur la légitimité ! »

Tous les membres de l'ancienne majorité de 1815, dans leur opposition à la loi des finances, ne s'étaient point contentés, à l'exemple de M. de Bonald, de demander la restitution des biens de corporations religieuses qui n'existaient plus au profit d'héritiers qui n'existaient pas ; quelques-uns avaient parlé d'*ordre* et d'*économie*, mais en termes généraux ; ce fut M. de Villèle, déjà l'homme de finances de son parti, comme M. de Bonald en était le philosophe et le penseur, qui se chargea de formuler les réductions à faire dans le budget. Pour couvrir l'excédant des dépenses sur les recettes, le ministre des finances sollicitait l'autorisation d'émettre 30 millions de rente; M. de Villèle demanda, sur cette émission, un retranchement de 10 millions, soit 200 millions en capital nominal. Les économies qu'il proposait dans les dépenses pour remplacer cette diminution dans la recette étaient celles-ci : suppression du traitement des ministres d'État, suppression du conseil d'État tout entier et de tous les sous-secrétaires d'État; réduction du nombre des cours royales à dix-huit, et des tribunaux inférieurs à trois cents; suppression de la direction des contributions indirectes; réduction du nombre des préfectures; diminution du traitement et des frais de bureau des préfets qui seraient conservés; retranchement de 1,500,000 francs sur les fonds demandés pour l'instruction publique, etc. Nous avons rendu justice au bon sens pratique et à la rigidité déployée par la dernière Chambre dans la fixation du budget de 1816; M. de Villèle et ses amis dominaient dans cette Assemblée, et y avaient réglé le budget des dépenses; cependant aucun d'eux n'avait songé à proposer une seule des économies que nous venons d'indiquer, économies qu'ils devaient également oublier, quatre ans plus tard, quand ils devinrent maîtres du pouvoir : aussi, en demandant ces réformes radicales, M. de Villèle s'inquiétait-il moins du soulagement des contribuables que de ses intérêts de position et de parti. Mais ses efforts furent vains : les demandes du ministère ou les propositions de la commission l'emportèrent constamment sur les siennes ou sur celles de ses amis. Ces continuelles défaites devinrent, en plus d'une circonstance, l'occasion de scènes violentes. Une fois, entre autres, à la fin d'une séance, le président annonce qu'il va mettre aux voix un amendement de la commission relatif aux dépenses de la marine, et que repoussaient les membres de la minorité; deux de ceux-ci, MM. de Caumont et Dussumier-Fombrune, crient de leur place « que la Chambre n'est plus en nombre compétent pour délibérer. » Le président n'en interroge pas moins la Chambre sur l'adoption ou le rejet de l'amendement. « Vous ne le pouvez pas! » crient de nouveau les deux députés en se précipitant vers la tribune. « Je demande la parole pour une motion d'ordre! » dit M. Dussumier-Fombrune, dont la voix ne tarde pas à être couverte par les bruyantes réclamations de la majorité. Cette opposition l'irrite; M. de Caumont et lui persistent à vouloir parler; bientôt ils s'emportent. « Mais c'est de la fureur! s'écrie M. Courvoisier. — *M. Roy:* Quels sont donc ces deux énergumènes? c'est épouvantable! *A l'ordre!* — *M. Courvoisier:* C'est affreux! *A l'ordre!* » Le tumulte devient extrême; après avoir longtemps essayé de dominer le désordre, le président peut enfin se faire entendre. « Messieurs Dussumier-Fombrune et de Caumont, dit-il, je vous rappelle à l'ordre! » Cette scène avait lieu le 1er mars; le 6, l'ensemble du budget était mis aux voix et adopté par 135 boules blanches contre 88 boules noires, chiffre de la minorité royaliste.

Cette loi, portée à la Chambre des pairs le surlendemain, 8, y fut adoptée le 24, malgré MM. de Fitz-James et de Chateaubriand, qui, reproduisant les réclamations de leurs amis de l'autre Chambre pour la restitution des bois de l'État au profit du clergé et de l'*ordre de Malte*, demandaient aussi la suppression de tous les articles relatifs à la dotation de la caisse d'amortissement. Deux jours après, le 26, une ordonnance, lue dans les deux Chambres, prononçait la clôture de la session [1].

La situation morale de la France, à ce moment, n'était cependant pas modifiée aussi profondément que pourraient le faire croire les plaintes bruyantes des membres de l'ancienne majorité de la Chambre de 1815. Sans doute la majorité nouvelle se montrait disposée à respecter les garanties inscrites

---

[1] Le budget de 1817 se montait en recettes et en dépenses à un total semblable de 1,069,260,258 fr. Les dépenses se subdivisaient ainsi : budget *de la dette publique et de l'amortissement* 157,000,000 fr.; *des dépenses ordinaires* 612,260,258 fr.; *des dépenses extraordinaires*, 300,000,000 fr. Les dépenses extraordinaires se composaient 1° de 140,000,000 fr. formant le cinquième de la contribution de guerre, à échoir le 20 novembre suivant; 2° et de 160,000,000 fr. pour l'entretien du corps d'occupation.

dans la Charte, et le gouvernement, de son côté, cessant de provoquer les vengeances et d'encourager les réacteurs, était animé d'un certain esprit de conciliation. Mais l'ordonnance du 5 septembre, objet de tant de clameurs, n'en restait pas moins un acte *isolé*; aucune mesure d'exécution n'en avait assuré l'efficacité. On eût dit que les ministres étaient inquiets de leur triomphe, et que, désireux de se faire pardonner cette ordonnance par le parti politique qu'elle avait frappé, ils cherchaient à caresser ses doctrines et ses passions en ménageant ses nombreux instruments. Tout le personnel administratif improvisé par les comités royalistes, ou imposé au gouvernement par les épurateurs de 1815 et de 1816, restait en fonctions. Le changement ou le renvoi de quatre ou cinq préfets des plus exaltés, ainsi que la destitution de quelques subalternes des plus décriés, voilà les seules réparations que M. Decazes avait eu le courage de faire à l'opinion. En d'autres termes, si la modération était entrée dans la sphère supérieure du pouvoir, l'arbitraire, la violence et la persécution contre tous les hommes qualifiés de révolutionnaires ou de bonapartistes demeuraient la règle de l'immense majorité des fonctionnaires de tous les ordres et des tribunaux de tous les degrés.

Le 30 juin, dix mois après la publication de la fameuse ordonnance, le juge de paix de Richelieu (Indre-et-Loire) convoque tous les habitants de cette ville, au son du tambour, à la salle de son audience; on se hâte d'obéir, et, quand la salle est comble, le magistrat annonce « qu'il vient d'apprendre que des propos séditieux étaient tenus dans un grand nombre de maisons; que dix fois il avait mis la main à la plume pour en instruire l'autorité supérieure, mais que toujours il avait été retenu par cette bonté si naturelle aux royalistes ; » il signale « l'horreur d'un pareil oubli de tous les devoirs imposés aux Français envers leur roi, » commande ensuite à tous les citoyens qui l'écoutent « de se rallier aux lis, de repousser la canaille, de renoncer à tous desseins perfides. » puis il les congédie en les menaçant, s'ils ne reviennent pas à de meilleurs sentiments, de provoquer lui-même le bannissement de tous les meneurs. Le 1er mars précédent, plusieurs habitants de la commune de Pagny s'étaient réunis, après un dîner de famille, dans la chambre particulière d'un café. Au moment de se retirer, l'un d'eux, M. Nanteuil, ex-maire de Labruyère, tire sa bourse pour payer la dépense commune. Une des pièces qu'elle contenait appelle, par sa forme et par son volume, l'attention de ses voisins; on demande à la voir, on l'examine; c'était une médaille frappée à l'occasion de la fondation de l'Université, et qui portait d'un côté cette exergue : *Université impériale*, de l'autre l'effigie de Napoléon. La médaille est rendue à son possesseur, et chacun rentre chez soi. Peu de jours après, M. Nanteuil et plusieurs autres convives, au nombre desquels se trouvait un notaire de la ville de Seurre, voient leurs demeures envahies par la force armée; on les arrête et on les conduit dans les prisons de Beaune. Quelques-uns sont relâchés au bout d'un ou de deux mois; d'autres ne recouvrent leur liberté qu'après onze mois d'incarcération; enfin, à la suite d'une instruction qui n'avait pas duré moins d'une année, M. Nanteuil, resté détenu depuis le commencement des poursuites, est traduit en jugement et condamné, pour avoir conservé et montré dans un lieu public un objet séditieux (la médaille), à 4,000 francs d'amende, deux ans de privation de ses droits civiques et deux ans de surveillance de la haute police. Cet ancien maire, du moins, avait obtenu d'être jugé; moins heureux que lui, deux citoyens, dont les biens avaient été pillés et les propriétés ravagées, MM. Mercurin frères, l'un notaire et l'autre lieutenant de douanes dans l'arrondissement de Tarascon, condamnés par contumace comme bonapartistes, et qui, confiants dans les promesses de l'ordonnance du 5 septembre, s'étaient volontairement constitués prisonniers après une longue et ruineuse expatriation, mouraient, à la même époque, dans les prisons d'Aix, en laissant dix orphelins, et sans avoir pu obtenir le jugement qu'ils étaient venus solliciter

L'esclavage absolu de la presse protégeait tous ces faits: la censure la plus lourde continuait à peser sur les journaux; aucune publication semi-périodique n'existait encore, et le livre le plus timide était poursuivi et puni avec une rigueur dont le fait suivant donnera la mesure. Un vieillard, dont la vie était une longue lutte en faveur de la royauté, M. Rioust, avait publié sur Carnot un opuscule où il essayait d'excuser, au point de vue royaliste et monarchique, le rôle de cet ancien conventionnel pendant les Cent-Jours : le 1er avril, jugement du tribunal de police correctionnelle de Paris qui déclare M. Rioust coupable « d'avoir professé dans cet écrit des principes contraires aux maximes fondamentales de la monarchie et tendant à affaiblir le respect dû à la personne et à l'autorité du roi; d'avoir, à l'audience du 29 mars précédent, dans une plaidoirie entièrement écrite, osé soutenir une doctrine contraire à la légitimité, en prétendant que l'usurpateur des Cent-Jours pouvait encore être salué du titre de monarque, et d'avoir osé déclarer, à la face de la justice, qu'il professait hautement des principes qualifiés par lui de *libéraux*, et qui ne sont que séditieux. En conséquence de quoi, le tribunal condamne ledit Rioust à deux ans de prison, 10,000 francs d'amende, 10,000 francs de cautionnement de bonne conduite, dix ans de privation de ses droits civiques et de famille, cinq ans de surveillance de la haute police, et aux frais. » M. de Vatisménil, substitut, avait demandé, outre les autres peines, 20,000 francs d'amende, 20,000 francs de cautionnement et dix ans de surveillance.

Le sang, d'un autre côté, pour être versé moins abondamment qu'en 1815 et 1816, coulait cependant encore sur les échafauds. Le 22 mai, on exécutait à Alençon les nommés Desfontaines et Raymond, condamnés la veille par la cour prévôtale de l'Orne comme chefs d'un rassemblement séditieux, réuni dans les environs de Domfront. Le 6 juillet, Bordeaux voyait tomber les têtes du capitaine Bédrine, du praticien Cassaigne et d'un agent de police appelé Randon, condamnés par la cour d'assises de la Gironde pour crime de conspiration contre l'État. Plusieurs noms inscrits sur des listes, quelques réunions de cabaret, et un plan d'organisation militaire impossible, voilà les seuls éléments de cette prétendue conspiration ébauchée par Randon à cent cinquante lieues de Paris; elle était sérieuse et dirigée contre l'autorité de S. M. Louis XVIII, disait l'accusation; elle était factice et organisée pour le compte des autorités de Bordeaux et du département de la Charente-Inférieure, répliquait Randon. Ce misérable, durant tout le procès, avait réclamé vainement le bénéfice de son rôle d'agent provocateur; il protesta jusque sur l'échafaud de ce qu'il appelait son innocence, et, moins résigné que ses deux victimes, il mourut en poursuivant de ses imprécations ses juges ainsi que les principaux fonctionnaires de la Gironde. Le 22 du même mois, la cour d'assises de Melun condamnait à la peine de mort quatre malheureux paysans, déclarés coupables d'avoir formé, de concert avec un Hongrois, cabaretier à Ponthiéry, et contumace, un complot ayant pour but de s'emparer de la ville de Fontainebleau, de désarmer les gendarmes ainsi que le régiment de chasseurs à cheval de la garde royale casernés dans cette ville, de se porter ensuite sur Melun et d'en désarmer également la gendarmerie et la garnison, puis de marcher sur Paris et de renverser, à eux quatre, le gouvernement du roi. Le 28 août suivant, la peine capitale était prononcée par le premier conseil de guerre de Paris contre deux sous-officiers du 2ᵉ régiment d'infanterie de la garde royale, les fourriers Desbans et Chayoux, accusés d'avoir *conçu le projet* de profiter de la première revue à laquelle assisteraient les princes de la famille royale pour tirer sur ceux-ci. L'accusation reposait sur une confidence que le sergent-major Faiseau prétendait avoir reçue des deux fourriers, et que ces deux jeunes gens niaient avec la plus grande énergie. Conduits le 6 septembre à la plaine de Grenelle et arrivés en face du peloton d'exécution, ils se dépouillèrent de leurs vêtements, en priant qu'on les remît à leur famille, se donnèrent un dernier baiser, entrelacèrent leurs bras, ordonnèrent eux-mêmes le feu, et tombèrent ensemble.

Ces jugements et ces exécutions, retentissement déjà affaibli des fureurs de 1815 et de 1816, n'étaient nullement l'indice d'une fermentation d'opinion qui pût alarmer les ministres; pas une condamnation ne reposait sur un fait quelconque de révolte; les juges ne punissaient que des *intentions* ou des *projets*, véritables rêves : aussi M. Decazes et ses collègues, en sollicitant la prolongation de la suspension de la liberté de la presse et de la liberté individuelle, s'étaient-ils appuyés moins sur la nécessité politique que sur une agitation matérielle qui portait alors le trouble dans tout le royaume, agitation ayant pour cause la rareté ainsi que le haut prix des denrées alimentaires, et pour dernier mot la misère et la faim.

Le séjour des 1,200,000 soldats alliés campés en France pendant les six derniers mois de 1815 n'avait pas seulement ruiné nos récoltes, épuisé nos réserves en grains et en fourrages, et enlevé dans les campagnes, par le pillage et par les contributions en argent, une partie des ressources nécessaires aux agriculteurs pour les avances de la récolte suivante; une quantité énorme de bétail avait, en outre, été abattue pour les besoins de cette masse d'hommes armés ayant toutes les exigences de vainqueurs campés en pays conquis. L'emploi du cheval aux travaux de l'agriculture était encore fort peu répandu dans la plus grande partie de la France en 1815; on n'y employait que des bœufs. Les moyens de culture, dans bon nombre de cantons ruraux, se trouvèrent donc insuffisants : on ne labourait pas, en certains lieux, faute de semences; ailleurs, où la semence existait, on ne labourait pas, faute de bœufs. Si l'on ajoute à ces différentes causes d'improduction la destruction par l'ennemi d'une multitude de bâtiments d'exploitation rurale, ainsi que la fuite et le séjour dans les bois d'un nombre considérable de gens de la campagne, on comprendra que la récolte de 1816, même avec les conditions atmosphériques les plus favorables, devait se trouver au-dessous du produit des années les plus médiocres. Or il arriva que, pendant tout le printemps et tout l'été, par une de ces calamités qui défient les prévisions humaines, des pluies générales, persistantes, vinrent détruire en germe ou sur pied les récoltes de toute nature. Les blés qui avaient pu croître ne mûrissaient pas, ou bien, couchés sur le sol par la pluie des orages, on ne les recueillait que germés. La plus grande partie des prairies, noyées par le débordement de tous les cours d'eau, ne donnaient qu'une herbe insalubre ou sans force. Il n'était pas jusqu'à la vigne, cette ressource et cette richesse d'une notable partie de la France, qui ne trompât l'espérance des populations; sa fleur coula; les fruits ne se développèrent pas; il n'y eut point de vendanges, et si, dans quelques lieux, on essaya de cueillir ce qui avait pu échapper au fléau, on ne récolta que des raisins à demi venus et sans maturité.

Les habitants de nos campagnes sont économes et sobres : ces pauvres gens luttèrent avec courage contre les privations qui les assaillirent à l'entrée de l'hiver, et que vint bientôt augmenter la cessation de tous les travaux, résultat de la rigueur de la saison et de la gêne commune. On les vit alors faire ressource de toutes les plantes, de toutes les racines qu'ils purent arracher aux jardins, aux champs et même à la terre des bois. La charité publique s'efforça de venir au secours des plus nécessiteux; des collectes furent faites dans toutes les communes; nombre de propriétaires, de fermiers même, délivrèrent du grain à des prix inférieurs à ceux des marchés; la plupart des villes s'imposèrent d'énormes sacrifices; la famille royale surtout semblait infatigable dans ses dons : bien qu'elle continuât d'abandonner le tiers de sa liste civile aux besoins généraux de l'État, elle laissait rarement se passer plusieurs jours sans que des sommes importantes allassent, en son nom, soulager quelque misère. Il n'y eut pas jusqu'aux troupes du corps d'occupation qui ne se cotisassent au profit de la population pauvre des places où elles étaient casernées. Tous ces efforts aidèrent à franchir l'hiver de 1816 à 1817; mais, quand arriva le printemps, les provisions faites par chaque famille se trouvèrent consommées, les secours s'épuisèrent par leur continuité même, et le blé, rendu plus rare par la consommation, s'éleva à un prix énorme. Si, à Paris, par exemple, les boulangers, indemnisés chaque jour par la ville, pouvaient donner le pain à raison de 1 franc 25 centimes les quatre livres, la même quantité, dans certains cantons de la Picardie et de la Bourgogne, coûtait 4 et 5 francs[1]. Un pareil prix était inabordable pour la masse des classes pauvres de la campagne; bon nombre de malheureux eurent alors recours aux champignons, aux orties, et même à l'herbe des champs; l'autorité fit ouvrir quelques cadavres trouvés sur les chemins; leur estomac contenait du sainfoin et de la luzerne. Des bandes de vingt, cinquante, cent individus, de tout sexe et de tout âge, erraient en même temps au milieu des hameaux, des villages et des bourgs, implorant la pitié publique. A Paris, une foule de pauvres gens de la Champagne et de la Bourgogne, vieillards, femmes et enfants, se tenaient tristement assis, en longues files, le long des quais et sur les ponts, attendant silencieusement de la charité des passants quelque aumône pour apaiser leur faim. Ce fut à ce moment que les cultivateurs et les ouvriers à qui restaient quelques ressources, dupes de ces bruits d'accaparement, accompagnement habituel de toute disette, se crurent en droit d'obtenir du grain, non pas au prix des mercuriales, prix factice, mensonger, disaient-ils, mais à un taux qui, pour eux, représentait la valeur réelle de cette denrée. Convaincus qu'ils étaient victimes d'une odieuse collusion entre tous les détenteurs de blé; décidés d'ailleurs à payer, et n'apercevant

---

[1] Nous croyons que Paris est la seule ville où le prix du pain ne dépassa pas 1 franc 25 centimes les deux kilogrammes (31 centimes 1/4 la livre); aussi la sortie en était-elle sévèrement interdite aux barrières. Les sommes dépensées par le conseil municipal pour maintenir le prix du pain à ce taux, ou pour distributions gratuites faites aux indigents, s'élevèrent à 24 millions.

dès lors dans cette fixation arbitraire qu'un acte de rigoureuse justice, ils s'attroupèrent, et on les vit, dans les premiers jours de mai 1817, envahir en force un grand nombre de marchés. Les marchands et les fermiers, en plusieurs lieux, furent d'abord obligés de subir la loi de cette foule affamée; l'autorité était prise au dépourvu; mais bientôt la résistance s'organisa; le gouvernement dirigea des troupes sur les points les plus menacés; et, lorsque de nouvelles tentatives de taxe forcée vinrent à se produire, les campagnards furent partout repoussés. La seule présence de quelques gendarmes suffisait, au reste, pour vaincre habituellement leur résistance; souvent même ils cédaient à de simples exhortations. Il n'y eut collision que sur un très-petit nombre de marchés, collision sans péril sérieux pour la force publique, garde nationale ou troupe de ligne, car elle n'avait pour adversaires que de malheureux paysans, tumultueusement assemblés, et armés seulement de fourches, de pierres ou de bâtons. Les défenseurs de l'ordre ne comptèrent pas une seule victime; plusieurs mutins, au contraire, furent tués et un assez grand nombre grièvement blessés. Le gouvernement, une fois la tranquillité rétablie, aurait dû se contenter de cette répression : d'abord, les troubles n'étaient que passagers; provoqués par la misère et par la faim, leur cause allait disparaître; non-seulement des arrivages considérables de blés étrangers, provoqués par M. de Richelieu, ou faits au compte de l'État, ramenaient déjà l'abondance sur les principaux marchés; mais la récolte approchait, récolte riche et qui ne laissait plus place à l'inquiétude[1]. En second lieu, cette agitation, qui se manifesta principalement en Bourgogne, en Champagne, dans la vallée de la Loire et sur quelques points de l'Auvergne, loin de présenter un caractère po-

---

[1] Le gouvernement eut recours à deux moyens pour combattre la disette : il accorda de fortes primes à l'importation des céréales, et des achats considérables furent effectués directement à l'étranger pour le compte de l'État. Il résulte d'un *rapport au roi*, de M. Lainé, *sur l'administration générale des subsistances en* 1816 *et* 1817, et distribué à la Chambre des députés le 19 janvier 1818, que les achats faits par ordre du gouvernement à Odessa,

litique, avait partout rencontré devant elle les nombreux officiers à demi-solde disséminés dans les départements; leur intervention, en beaucoup d'endroits, suffit pour rétablir l'ordre. Malheureusement il existait, sous le nom menteur de justice, d'odieux tribunaux dont les membres se montrèrent avides de sévir dès que les troubles furent passés. La garde nationale et la troupe avaient fait des arrestations; les cours prévôtales se hâtèrent de traduire ces prisonniers devant elles. Des condamnations nombreuses et rapides frappèrent une foule de pauvres gens, hommes et femmes, coupables d'avoir tumultueusement demandé les moyens de ne pas mourir de faim ou exigé à 50 centimes ou 1 franc de rabais le blé nécessaire à la subsistance de leurs familles. Deux de ces cours, celles de l'Yonne et du Loiret, eurent seules, toutefois, le triste privilége de prononcer des sentences de mort; l'une et l'autre, dans leur ardeur de sanglante répression, s'étaient transportées sur les lieux mêmes du tumulte, emmenant à leur suite la guillotine et le bourreau. Le 9 juin, trois cultivateurs, condamnés à la peine capitale par la cour d'Auxerre, furent exécutés sur la place publique de Sens, immédiatement après le prononcé de l'arrêt; le 2 juillet suivant, une femme et quatre journaliers, condamnés par la cour prévôtale d'Orléans, subirent la même peine à Montargis, peu d'instants après avoir entendu leur sentence. Rendons cette justice au gouvernement : il parut improuver ces cruautés inutiles; un mois après le dernier sacrifice, le 13 août, une ordonnance accorda amnistie pleine et entière à tous les individus condamnés correctionnellement pour faits relatifs à la *rareté des subsistances*, et commanda la cessation immédiate de toutes poursuites commencées pour la même cause.

dans les ports de la Baltique et des États-Unis, s'élevèrent à 1,460,000 hectolitres de blé ou de farine; sur cette quantité, 443,000 hectolitres furent distribués aux départements où la disette se faisait le plus sentir, et les 1,017,000 hectolitres restants servirent à la consommation de Paris. L'opération, qui était une simple avance, coûta, tous frais compris, 70 millions, dont les cinq septièmes, à la date du rapport, étaient déjà rentrés.

« Malgré l'effervescence des esprits, disait le *Journal des Débats* à l'occasion de ces troubles, aucun cri séditieux ne s'est fait entendre; la révolte était dans les actes sans être dans les dispositions. » — « La multitude a demandé du blé et du pain, ajoutait la *Quotidienne*; elle a été imprudente, malavisée, tumultueuse, mais nulle part révolutionnaire. » Cette appréciation était vraie : à Lyon, pourtant, deux généraux, un maire et un préfet, parvinrent à donner à cette agitation l'apparence d'un soulèvement politique, qui devint, pour ces autorités, l'occasion des plus grands excès, et, pour la cour prévôtale de la ville, le prétexte de cent vingt-deux condamnations.

Dans le Rhône, comme dans les autres départements, la généralité des autorités instituées par la réaction royaliste avant l'ordonnance du 5 septembre étaient restées en fonctions, et maudissaient, dans les termes les plus violents, le principe ainsi que les résultats de cette mesure. Pour la plupart des fonctionnaires de Lyon, la dissolution de la Chambre royaliste de 1815 compromettait le sort de la monarchie; les ministres qui l'avaient décidée étaient des traîtres, et le roi qui l'avait consentie un aveugle complice ou un monarque insensé. De tous ces mécontents, le commandant militaire de la division, un homme dont nous avons dit le rôle indigne dans le procès de l'infortuné Travot, le lieutenant général Canuel, se montrait le plus bruyant et le plus emporté. Fils d'un marchand de bois, et vivant au milieu d'un monde qui regardait l'obscurité de la naissance, dans un homme élevé en dignité, comme une véritable tache; exécuteur impitoyable des dévastations et des vengeances ordonnées en Vendée par le général montagnard Rossignol, et recherchant les bonnes grâces d'un parti pour qui le moindre Vendéen était un héros ou un martyr, le général Canuel s'efforçait d'effacer le vice de son origine et son passé révolutionnaire par un dévouement et un zèle monarchique exceptionnels. D'un autre côté, par une singularité ayant sa cause dans la nature des services militaires de ce général, services peu recommandables, de courte durée, et qui ne l'avaient jamais placé qu'en face des insurgés de l'Ouest, il était peut-être le seul officier de son grade que l'Empire eût laissé sans un titre nobiliaire; c'est à peine s'il avait une décoration. Cette espèce d'infériorité parmi les officiers généraux de son rang l'irritait; le mouvement de Grenoble et la facile victoire du général Donnadieu venaient de donner à ce dernier, déjà baron, nous ne savons quel grand cordon et le titre de vicomte; le général Canuel résolut de demander les mêmes honneurs à des faits semblables; la révolte n'existait pas : il entreprit de la créer.

Quatre mois environ après le soulèvement de Grenoble, lors de l'approche des élections destinées à former la nouvelle Chambre, on vit tout à coup se répandre dans Lyon et dans les campagnes voisines des officiers sans traitement ou à demi-solde, des sous-officiers de la ligne ou de la gendarmerie, qui, organisés en police militaire par le général Canuel et par son subordonné, le général Maringonné, commandant le département du Rhône, s'introduisaient dans tous les lieux publics et jusque dans les maisons particulières, jouaient le rôle de mécontents, exhalaient contre le gouvernement les plaintes les plus vives et annonçaient une prochaine révolution. S'adressaient-ils à un ancien militaire, ils lui rappelaient la présence du corps d'occupation, notre gloire perdue, la dissolution de l'armée et les dégoûts de toute nature dont on abreuvait les soldats de la République et de l'Empire; à un ouvrier, ils se plaignaient de la stagnation du commerce, de la rivalité des Anglais, des facilités données à la contrebande et du déclin des manufactures; à un père de famille, ils s'élevaient contre la cherté du pain, et attribuaient la disette, non à l'insuffisance des récoltes, mais à une collusion coupable entre les riches monopoleurs et le gouvernement. Dès que quelques pauvres gens, ainsi provoqués, cédant au cri de la misère ou à l'irritation de vexations récentes, semblaient approuver les déclamations d'un de ces agents, celui-ci dressait un rapport, édifiait sur le papier un complot dont l'autorité militaire faisait aussitôt grand bruit, et l'on arrêtait les malheureuses dupes. Ces provocations n'étaient pas uniquement le privilége des généraux Canuel et Maringonné; le comte de Fargues, maire de Lyon, les maires de plusieurs communes voisines, avaient aussi leurs agents particuliers; il n'était pas jusqu'aux autorités ecclésiastiques qui ne vinssent aider à ce travail d'agitation. Le contact de ces différentes polices, toutes indépendantes de la police administrative, devenait parfois l'occasion de méprises étranges : il arrivait que plusieurs provocateurs se rencontraient sans se connaître ; luttant alors de violence contre l'ordre de choses établi, ils ne se séparaient que pour se dénoncer et se faire arrêter mutuellement. Leur détention, à la vérité, n'était jamais de longue durée; chacun d'eux se réclamait immédiatement de l'autorité dont il était l'agent, obtenait sa liberté, puis se remettait à l'œuvre.

Le 4 octobre 1816, le jour même de la réunion du collège électoral, le préfet, sur la demande des deux généraux, convoque les principales autorités de la ville, et, lorsque l'assemblée est complète, le général Canuel annonce « que les campagnes voisines de Lyon sont en proie à une agitation extraordinaire; que de nombreux conjurés sont réunis dans la ville; que leur chef, un nommé Blanchet, de Valence, se tient caché dans une maison à deux pavillons, située sur le revers de la montagne de Fourvières; qu'ils ont le projet de mettre le feu à plusieurs quartiers à la fois, de se porter ensuite sur les prisons pour délivrer les *coquins* dont elles sont remplies, de massacrer tous les prêtres, tous les royalistes, et de proclamer Napoléon II; que deux cents fusils ont été introduits, l'avant-dernière nuit, dans deux maisons dont on donne l'adresse; que cinq cents autres, arrivés par le Rhône, ont été débarqués, la nuit précédente, dans deux autres maisons des Brotteaux et de l'Observance; enfin, que les conspirateurs ont du canon, des munitions en quantité considérable, et que le dernier jour de la semaine est fixé pour l'explosion du complot. » Un des assistants, M. de Sainneville, commissaire général de police, demande quels sont les auteurs de ce rapport alarmant; le général Canuel se contente de répondre que la source en est sûre, et qu'il émane de fidèles serviteurs du roi. Peu d'heures après, M. de Sainneville faisait fouiller avec soin tous les endroits indiqués; dans une maison désignée comme étant le lieu d'où le signal de l'insurrection devait être donné à l'aide d'une cloche, il n'y avait point de cloche; les deux pavillons où devait être caché le chef du mouvement étaient inhabités et inhabitables; on n'y trouva que du bois à brûler; nulle part ni fusils, ni canons; enfin, les maisons servant de dépôt d'armes, et où se réunissaient, disait-on, les conjurés, étaient occupées par des royalistes connus et éprouvés.

Cinq jours plus tard, le 9, le général Canuel mande de nouveau le commissaire général de police, et lui annonce « qu'un chef de complot s'apprêtait à faire entrer deux cents hommes dans la ville, par divers chemins; que des tentatives pour corrompre la troupe avaient lieu dans tous les corps de la garnison, et que des distributions de poudre et de cartouches étaient faites aux ouvriers. » Le 15, il ajoute de nouveaux détails; il dit « que les conjurés se réunissent à Fourvières, au *Soleil d'Or*, et dans deux maisons voisines, portant les n°ˢ 16 et 17, et que d'autres assemblées se tiennent au faubourg de Vaise. » M. de Sainneville recommence ses recherches; toutes sont encore vaines. Le 22, le bruit se répand que l'autorité est enfin sur la trace d'une formidable conspiration ayant des ramifications dans tout le royaume ; les postes sont doublés ; de fortes patrouilles sillonnent tous les quartiers; le maire et les deux généraux ordonnent des visites domiciliaires nombreuses; des arrestations ont lieu. Une troisième fois, le commissaire général de police se livre aux investigations les plus sévères ; elles demeurent encore sans résultat. M. de Sainneville n'avait jusqu'alors obtenu des deux généraux que des avis et des renseignements verbaux ; cette fois, il insiste pour obtenir communication des rapports qui ont motivé les arrestations. Le général Canuel, après avoir d'abord hésité, se décide à lui remettre une liasse de dénonciations faites par le maréchal des logis de gendarmerie Gauthié, un des agents les plus actifs de la police militaire, et par une fille perdue, à demi folle, nommée Lallemant. Ces rapports contenaient en substance « qu'une vaste conspiration, comprenant dix à douze mille conjurés, et ayant pour chefs les nommés Favier, ancien armurier de la garde nationale active; Bize, logeur; Mistralet, ouvrier en soie, et Cogniet, tambour, n'attendait, pour éclater, que la réception d'engagements promis par Marie-Louise, ainsi que la nouvelle du débarquement de Napoléon; que ce dernier, échappé de sa prison de Sainte Hélène, se trouvait à l'île de Tabago, avec cinq régiments de nègres, selon les uns; aux États-Unis, d'où il devait arriver dans quinze jours, selon d'autres; ou bien encore en Égypte, où il faisait de grands progrès; que l'empereur d'Autriche, les rois de Saxe, de Bavière, d'Espagne, et plusieurs princes d'Italie, étaient entrés dans le complot, et que l'on devait, à l'aide de ces secours, égorger tous les nobles ainsi que tous les prêtres. » Des listes de conspirateurs, prétexte des dernières arrestations, accompagnaient ces contes ridicules. L'absurdité de la révélation n'arrêta point les juges; on instruisit sérieusement le procès, et sept individus furent traduits en police correctionnelle : trois furent acquittés, et les quatre autres condamnés à une assez longue détention. « Si l'on doit faire honneur à un esprit de zèle des premières informations, écrivait le préfet Chabrol au ministre de la police, cinq jours après la prétendue découverte de cette troisième conspiration, il n'en est pas moins avéré qu'une tactique coupable s'en est emparée pour produire une agitation *factice*, et *l'opposer à la marche du ministère*. Une ville défendue par dix mille hommes de garnison ne peut concevoir aucune inquiétude; il suffit de prendre des mesures dans le secret et de ne pas alarmer l'opinion par un déploiement public de forces qui, en entretenant une agitation pénible, ne peut que faire naître le danger qu'on veut prévenir. Mais des patrouilles continuelles à pied et à cheval ne cessent de traverser les rues dans tous les sens, et les citoyens étonnés se demandent quels périls les menacent, quels dangers ils peuvent craindre. Quoi qu'on en ait dit, la ville et les campagnes sont dans la plus grande tranquillité [1]. » Le 4 novembre suivant, M. de Chabrol, dans un nouveau rapport au ministre de la police sur les dénonciateurs de cette troisième conspiration et sur le procès qui avait suivi, ajoutait : « Le premier fondement de cette *prétendue conspiration* tient aux révélations d'une femme sur laquelle me sont parvenus les plus mauvais renseignements. Cette femme (la fille Lallemant) paraît avoir de grands rapports avec un des vicaires de Saint-François, qui s'est mis à la tête d'un petit comité de police d'où sont sorties, depuis l'hiver dernier, une foule de notes, prétendues révélées sous le sceau de la confession, et qui toutes, soigneusement vérifiées, n'ont jamais conduit à aucun résultat. Un missionnaire, nommé l'abbé l'Enfantin, connu par son dévouement plus ardent qu'éclairé, est membre de ce comité, qui me paraît un peu trop disposé à mêler les affaires de la religion avec celles de la politique. Quant au maréchal des logis Gauthié, employé directement par son colonel et par le général pour parler et agir dans le sens d'un *jacobin prononcé*, il a pris l'initiative et proposé lui-même des enrôlements, au lieu de se borner à rendre compte. Les hommes enrôlés, les projets dénoncés, les fusils, les canons, n'avaient d'existence que dans l'imagination de ce gendarme. On a pourtant *prononcé des condamnations*, mais moins *par justice* que *par égard* pour ceux qui ont *inventé la conspiration.* »

Cependant les deux généraux ne se décourageaient pas. Soutenus par l'immense majorité des fonctionnaires et par tous les royalistes, qui applaudissaient à ces incessantes découvertes de complots comme à la formelle condamnation de la nouvelle politique ministérielle, MM. Canuel et Maringonné continuaient à exciter le zèle de leurs agents et à montrer dans

[1] Dépêche de M. de Chabrol, du 27 octobre 1816.

les dénonciations de ces misérables la plus imperturbable confiance. Vers le milieu de décembre, les deux généraux annoncent qu'une insurrection doit éclater le 25 ; les hauteurs de Saint-Just, disaient-ils, étaient le point de réunion et la place d'armes des insurgés. Le 25 décembre arriva, rien ne parut. Le 28, le même bruit se renouvelle ; les deux généraux avertissent toutes les autorités de se tenir sur leurs gardes ; les postes sont doublés, les patrouilles sillonnent encore une fois la ville ; tout resta calme. Quinze jours plus tard, sur un nouveau rapport de la fille Lallemant, MM. Maringonné et Canuel apprennent à M. de Sainneville « qu'il existe à Fourvières un dépôt d'armes, et que cette fille a vu de ses propres yeux les sabres et les fusils dans le souterrain où ils sont cachés. » Le commissaire général de police fait fouiller la maison indiquée : cette habitation ne renfermait rien de suspect ; il n'y existait pas de souterrain. Le même fonctionnaire, vers le milieu de février 1817, apprend encore, par les mêmes autorités militaires, qu'un individu, se disant officier de l'ancienne armée, décoré et privé de sa solde, proposait des enrôlements contre le gouvernement ; il fait arrêter cet embaucheur, l'interroge, et trouve, à la place d'un officier, un simple gendarme de Paris, nommé Mathey, alors en congé de semestre, et qui déclare que ses démarches ont uniquement pour but d'être *utile* au gouvernement et de découvrir des bonapartistes pour les *livrer* ensuite à l'autorité. Au commencement de mars, la nouvelle se répand que le général Donnadieu tient les troupes de la division de Grenoble dans un perpétuel mouvement ; que, le jour et la nuit, il les fatigue de marches et de contre-marches ; qu'il vient de mettre Valence dans un état de défense formidable ; qu'en un mot, un nouveau mouvement se prépare dans le Dauphiné. M. de Sainneville se hâte d'écrire à son collègue de Grenoble, qui lui répond « que la tranquillité règne dans tout le département de l'Isère, mais qu'on y fait courir sur la situation de Lyon des bruits semblables à ceux qui circulent à Lyon sur la position de Grenoble. » Le mois d'avril fut encore signalé par plusieurs alertes, et, dans les premiers jours de mai, on annonça un nouveau complot. Un dépôt d'armes et de munitions existait, disait-on, dans la commune de Saint-Rambert; on désignait même les dépositaires. Le commissaire général de police intervient encore, il ordonne des visites domiciliaires, et l'on découvre, chez quelques habitants, une douzaine de fusils primitivement enfouis dans un jardin. Une information est faite; M. de Sainneville apprend que ces fusils ont été fournis et changés plusieurs fois de place par un capitaine Cormeau, ayant fait partie des troupes de l'île d'Elbe, employé tour à tour par la police militaire et civile, et qui, interrogé sur le but de ce guet-apens, répond « que, rayé des contrôles de l'armée, ainsi que tous ses camarades, privé de toutes ressources et cherchant à rentrer au service, il a sollicité la protection du général Maringonné, lequel la lui a promise à la condition de lui rendre compte de tout ce qui se passerait à Saint-Rambert, et en l'autorisant à dire et à faire tout ce qu'il jugerait convenable pour inspirer plus de confiance aux ennemis du gouvernement. »

L'inquiétude que venaient jeter à toute heure dans la population ces bruits de conjurations sans cesse découvertes était le moindre des maux causés par ces provocations odieuses; chacune de ces rumeurs devenait le signal de nombreuses arrestations. Au commencement de mars, lorsque les autorités de Lyon faisaient grand bruit d'un de ces complots prétendus, deux agents de police et quatre surveillants se présentent à l'hôtel où était descendu un notable habitant de Belleville, médecin de l'hospice de cette commune; il était dix heures du soir; le docteur venait de se mettre au lit; on le contraint de se lever, et, malgré les pleurs et les cris de sa femme, couchée près de lui, on l'entraîne dans les caves de l'hôtel de ville [1]. Il y passe la nuit, toute la journée, ainsi que la soirée du lendemain, au secret le plus rigoureux; puis, à minuit,

[1] Les caves de l'hôtel de ville de Lyon servent habituellement de lieu de dépôt pour les prisonniers arrêtés dans la journée.

après trente-six heures de séquestration solitaire, quatre fusiliers le conduisent dans une salle étroite, où trente à quarante citoyens, arrêtés et détenus comme lui, attendaient le moment de subir un premier interrogatoire. A deux heures du matin, son tour arrive ; il comparaît devant une espèce de tribunal composé du comte de Fargues, maire de la ville, du commissaire de la police municipale et de plusieurs de ses agents. M. de Fargues, après avoir fait décliner au prisonnier son nom, ses prénoms et sa profession, lui demande les motifs de sa présence à Lyon. Le docteur répond qu'il y est venu pour régler une affaire d'intérêt privé, et dépose, en preuve, plusieurs titres et contrats sur le bureau. Le maire les examine, puis il dit au prisonnier : « Vous lisez habituellement les ouvrages des philosophes, où vous puisez sans cesse des leçons d'athéisme et de révolte contre l'autorité légitime. Vous feriez mieux d'étudier votre religion et de corriger ainsi l'éducation révolutionnaire que vous avez reçue. Vous êtes un chef de parti ; vous avez une grande influence sur vos concitoyens. Si jamais la tranquillité de votre commune est troublée, c'est votre tête qui en répond. Sortez ! » Le docteur devint libre. A quelques jours de là, le comte de Montrichard, chevalier de Saint-Louis et sous-préfet de Villefranche, reçoit des instructions des autorités supérieures de Lyon, et fait immédiatement arrêter, comme *prévenus d'opinions suspectes*, tous les officiers en demi-solde ou en retraite de sa résidence ; ils étaient dix-sept ; seize recouvrent leur liberté après un emprisonnement d'un mois ; le dernier, qui comptait vingt ans de services, demeure détenu à la suite de l'interrogatoire suivant : « D. Vos noms et qualités? — R. Vélu, ancien capitaine de cavalerie. — D. N'avez-vous pas appelé votre cheval *Cosaque?* — R. Cela peut être, mais je n'en ai nul souvenir. — D. Comment avez-vous pu donner à votre cheval un nom *cher à tous les bons Français?* — R. Je l'avais acheté d'un officier russe, et je l'avais appelé Cosaque comme je l'aurais appelé Normand, s'il eût été Normand. — D. Vous deviez cependant savoir que c'était outrager un peuple au courage duquel la France doit en partie le rétablissement de l'autorité légitime? » Le capitaine Vélu, à cette observation, reste sans réponse : on lui annonce qu'il sera traduit devant la cour prévôtale; toutefois, l'absence absolue de tout autre fait à sa charge décide le tribunal à prononcer enfin sa mise en liberté; mais la secousse qu'il a ressentie de son arrestation, les ennuis et les maux de la prison, ont aggravé d'anciennes infirmités, et il ne tarde pas à succomber.

Tous ces faits, simples préludes des événements qui vont suivre, forment dans l'histoire de Lyon, en 1817, une première période de cinq mois, dont le terme fut marqué par le départ du commissaire général de police Sainneville pour Paris. Placé sous les ordres directs de M. Decazes, et ayant surtout pour mission d'assurer l'effet politique et moral de l'ordonnance du 5 septembre; sans ambition, d'ailleurs, car il touchait à l'heure de sa retraite, M. de Sainneville s'absorbait dans les devoirs sérieux de sa fonction et s'était constamment servi de son autorité pour éventer les basses intrigues des agents de l'autorité militaire, intrigues dont lui-même, par une singularité de sa position, soldait les frais entre les mains du général Canuel[1]. Mais, dans les derniers jours du mois de mai, les bruits de complots s'étant soudainement apaisés, l'approvisionnement et le service de la boulangerie de Lyon se trouvant assurés de manière à prévenir toute augmentation dans le prix du pain jusqu'à la récolte, ce fonctionnaire crut pouvoir enfin profiter d'un congé qu'il avait sollicité et obtenu depuis deux mois. Le 2 juin, il partit pour Paris, après avoir successivement reçu du préfet Chabrol et du général Canuel l'assurance que l'un et l'autre partageaient sa sécurité. L'auto-

---

[1] Voici le texte d'une quittance donnée par le général Canuel à M. de Sainneville : « J'ai reçu de M. de Sainneville, commissaire général de police, la somme de 1,200 francs pour remboursement de pareille somme que j'ai déboursée pour *frais de haute police.* Dont quittance, à Lyon, ce 25 juin 1817. Le lieutenant général commandant la 19ᵉ division, *signé* : CANUEL »

rité royale, à Lyon, protégée par cinq régiments, ne courait en effet aucun péril, et le commandant de la division, malgré un semblant d'insurrection organisé par ses soins et qui allait éclater, ne trompait nullement le commissaire général de police en lui affirmant « qu'il était sans la moindre inquiétude[1]. »

Des bruits de conjuration ne se renouvellent pas durant plusieurs mois au milieu d'une population irritée par le plus violent arbitraire et torturée par la faim sans entraîner quelques natures ardentes à conspirer réellement. Dupes des rumeurs propagées par l'autorité militaire, et voyant dans ces incessantes découvertes de complots l'indice des efforts d'un puissant parti décidé à profiter de la misère et du mécontentement public pour renverser les Bourbons, quelques pauvres officiers à demi-solde de la ville et de la campagne avaient écouté les propositions d'un ancien facteur de la poste nommé Brunet, agent de la police militaire, plusieurs fois arrêté au milieu de son œuvre d'agitation par les soins de M. de Sainneville, et toujours relâché sur les réclamations de l'état-major de la place. Cette fois, il est vrai, la complicité simulée d'un officier de la légion de l'Yonne, le capitaine Ledoux, donnait à la conspiration une apparence sérieuse. Ce capitaine, au dire de Brunet, était le principal agent d'un comité chargé de gagner au complot la plus grande partie de la garnison. Des rapports furent promptement établis entre Ledoux et les officiers à demi-solde. Une fois d'accord sur le fait principal, on s'occupa des détails d'exécution. Ledoux, au nom du prétendu comité, se chargea de diriger le mouvement dans l'intérieur de la ville, et promit le concours, non-seulement de ses soldats, mais encore de quelques-unes des autorités; le soin de soulever cinq communes situées au sud-ouest de Lyon fut con-

---

[1] Ces régiments se composaient d'un régiment suisse (infanterie) de la garde royale; de deux légions d'infanterie de ligne, dont la légion de l'Yonne; d'un régiment de dragons, et du régiment des chasseurs à cheval des Pyrénées, ayant pour colonel M. de Castelbajac, un des juges de Mouton-Duvernet.

fié au capitaine de dragons à demi-solde Oudin, et un simple soldat retraité, chef d'un corps franc dans les Cent-Jours, nommé Garlon, accepta la mission d'insurger six communes placées au nord-ouest de la ville. La cocarde tricolore était le signe de ralliement convenu; on proclamerait Napoléon II, et la population pauvre de Lyon, comme celle des campagnes, aurait la promesse d'obtenir à *trois sous* la livre le pain qu'elle payait alors onze sous.

Tous ces arrangements se trouvèrent arrêtés dans les premiers jours de juin; on fixa l'explosion au dimanche 8, jour de la Fête-Dieu. Le 8 au matin, le petit nombre de conjurés lyonnais qui devaient se ranger sous le commandement de Ledoux ou prendre ses ordres se rendent au lieu désigné par cet officier; ils l'attendent vainement. Chose étrange! la ville est calme; les points indiqués comme centres de réunion pour de nombreux complices restent déserts; nulle part on n'aperçoit le moindre symptôme d'agitation. Deux des conjurés se rendent à la demeure du capitaine; on leur annonce qu'il est parti le matin pour aller rejoindre sa femme à Charbonnières, petite commune voisine. Soupçonnant une trahison, ils vont se poster dans le faubourg de Vaise pour épier son retour; la journée entière se passe sans que Ledoux paraisse; enfin, à l'entrée de la nuit, les deux officiers l'aperçoivent, le suivent, et le voient entrer chez le général Canuel, d'où il ne sort qu'à onze heures du soir. L'un d'eux s'avance alors sur lui et lui tire un coup de pistolet en pleine poitrine. Le capitaine tombe mortellement blessé.

Ce coup de feu, tiré à onze heures du soir, fut le seul incident qui troubla la tranquillité de Lyon dans la journée du 8; les villages que le capitaine Oudin et Garlon devaient insurger ne conservèrent pas le même calme. Ces villages, au nombre de onze, formaient deux groupes placés aux points les plus opposés de Lyon, qui les séparait, et étaient éloignés l'un de l'autre d'environ six lieues. Le premier, celui du nord-ouest, dans la direction de Tarare, se composait des communes de

Charnay, Chasay, Anse, Ambérieux, Chessy et Chatillon; le second, celui du sud-ouest, vers Givors, comprenait les communes de Saint-Genis-Laval, Irigny, Millery, Brignais et Saint-Andéol. Le 8, dans l'après-midi, l'ordre de commencer le soulèvement fut apporté à Garlon et au capitaine Oudin par un nommé Jacquet, lequel remplissait entre Ledoux et les conjurés de la campagne le rôle d'intermédiaire dont Brunet était chargé avec les insurgés de la ville. Vers la fin du jour, le tocsin se fit entendre dans les onze communes; des rassemblements se formèrent le soir et pendant la nuit, mais confusément, sans ordre et sans but. A Charnay, quelques hommes, réunis par Garlon, s'enfuirent le lendemain devant deux ou trois gendarmes accourus de Tarare. A Saint-Genis-Laval, résidence du capitaine Oudin, la seule apparition de quatre gendarmes de Lyon, avant-garde d'un détachement de vingt cavaliers, suffit pour dissiper l'attroupement qui s'y était formé. A Saint-Andéol, un certain nombre d'ouvriers chapeliers sortirent de la commune, firent environ deux cents pas, s'arrêtèrent longtemps au milieu d'un champ, sans dessein fixe, et se dispersèrent en apercevant au loin quelques gardes nationaux d'un village voisin, qui se dirigeaient vers eux. Dans sept autres communes, le mouvement se borna à la réunion tumultueuse de quelques habitants, qui, attirés par le bruit, l'exemple ou la curiosité, ne sortirent point de leurs villages, et se séparèrent d'eux-mêmes, sans avoir fait autre chose que dire des injures à leur curé, méconnaître l'autorité des gardes champêtres et pousser des cris de *Vive l'Empereur!* Les gens de Millery firent moins encore : s'ils quittèrent leurs maisons, ce fut avec des seaux à la main, et en croyant que le tocsin les appelait à éteindre un incendie. Telles étaient l'insignifiance de cette émeute et l'absence de toute organisation, que pas une seule des nombreuses communes placées dans l'intervalle des six lieues qui séparent les deux groupes ne prit la moindre part au mouvement. Enfin, dix gendarmes, dix chasseurs à cheval et une compagnie d'infanterie, unique force dirigée, le lendemain, 9, sur le théâtre des troubles, ne rencontrèrent de résistance sur aucun point; nulle part les soldats composant ce petit détachement n'eurent à faire usage de leurs armes. Un seul gendarme mit son sabre hors du fourreau en poursuivant un habitant de Saint-Genis-Laval, qui essaya de l'arrêter par un coup de fusil. Ce coup de feu, tiré pour un acte de défense personnelle, fut l'*unique* fait d'agression des villageois contre la force publique; le sabre dégaîné par le gendarme fut la *seule* démonstration à laquelle recourut la troupe pour le complet rétablissement de la tranquillité. Le soir, toute trace d'agitation avait disparu. « Tout fut ainsi dispersé en un clin d'œil, disait, à quelque temps de là, le préfet Chabrol; en moins de vingt-quatre heures, tout était rentré dans l'ordre sans que la force armée eût été obligée de tirer *un seul coup de fusil*[1]. » Faut-il ajouter, pour achever de caractériser l'événement, que le général Canuel et le comte de Fargues, dans deux écrits publiés pour leur défense, ont avoué, le premier, qu'il savait à l'avance « que la conspiration devait éclater le 8 juin; » et le second, « que, plusieurs jours avant l'explosion, il avait saisi tous les fils du complot[2]? » Et pourtant ce fut seulement le 9 que l'on dirigea sur les onze communes vingt cavaliers et une compagnie d'infanterie! La prudence la plus vulgaire exigeait l'envoi d'une force respectable sur les lieux dès le premier avertissement; mais le maire de Lyon et les deux généraux n'avaient garde de prendre une telle précaution : ils n'auraient pas eu leur complot[3].

[1] *Sur les événements de Lyon en* 1817, par le comte de Chabrol.
[2] *Réponse à l'écrit intitulé* Lyon *en* 1817, par le lieutenant général Canuel; la *Vérité sur les événements de Lyon en* 1817, par le comte de Fargues.
[3] Le *Compte rendu des événements de Lyon*, par le commissaire général de police Sainneville, contient ce passage : « La commune de Saint-Genis Laval, habitée par Oudin, possédait depuis longtemps une brigade de gendarmerie. Le 8 juin, un dimanche, jour de Fête-Dieu, les quatre gendarmes se trouvèrent absents toute la journée pour leurs affaires ou pour leurs plaisirs. Le brigadier seul était resté à son poste; or ce brigadier, après avoir passé au cabaret une partie de ce jour-là avec le capitaine Oudin, s'éloigna de Saint-Genis au moment où le mouvement allait commencer.

Ce fut le 9 au matin que le télégraphe transmit au gouvernement la nouvelle de ce simulacre d'insurrection, en lui donnant les proportions d'un soulèvement formidable. M. de Sainneville, alors à Paris, mandé sur-le-champ chez M. Decazes, reçut l'ordre de retourner en toute hâte à son poste. Il y arriva le 13, cinq jours après les événements, et se présenta le soir même chez M. de Chabrol, où il trouva réunis MM. de Fargues, Canuel et Maringonné, qui, exaltant à l'envi leurs services et leur énergie, se décernaient à eux-mêmes, dans leurs mutuelles félicitations, les titres de sauveurs du trône et de l'État. Jusqu'alors, on l'a vu, M. de Chabrol avait constamment partagé la juste méfiance du commissaire général de police pour les découvertes de l'autorité militaire; six jours auparavant, le 6 et le 7 juin, la veille de l'émeute, ce préfet écrivait encore à M. Decazes : « Des bruits extraordinaires circulent dans les campagnes; mais je les regarde comme semés par des hommes à qui la leçon a été faite : ils sont à mes yeux le résultat des mêmes manœuvres que j'ai déjà signalées à Votre Excellence. Du reste, je n'ai aucune inquiétude, la ville est parfaitement calme. » M. de Sainneville avait eu communication de ces dépêches par M. Decazes, dans son entrevue avec ce ministre. Étonné de tout ce qu'il entend, il s'approche de M. de Chabrol, qui ne peut dissimuler un premier sentiment d'embarras, et adresse à ce fonctionnaire quelques questions. Il trouve le préfet complétement transformé. Jaloux, sans doute, de ne pas laisser au maire et aux deux généraux l'honneur d'avoir sauvé à eux seuls l'État et le trône, M. de Chabrol témoigne la confiance la plus absolue dans la réalité du soulèvement, « conspiration immense, disait-il, qui venait de menacer le repos de la France entière, et que les autres autorités, ainsi que lui-même, avaient miraculeusement comprimée. » Puis, voulant donner une preuve de la grandeur du péril auquel la monarchie venait d'échapper, le préfet apprend au commissaire général de police que, le 9 et le 10, M. de Fargues a fait opérer, dans la *seule* ville de Lyon, *deux cent quinze arrestations*, et que près de *trois cents* autres prisonniers ont été ramenés des villages insurgés par les colonnes mobiles envoyées sur les lieux après le retour du premier détachement. Ces renseignements terminent l'entretien entre les deux fonctionnaires; la conversation devient générale. M. de Sainneville propose alors aux autorités présentes dans le salon d'instruire l'affaire en commun, et d'interroger, de concert, les cinq à six cents prévenus déjà placés sous la main de la justice; les généraux évitent de répondre; M. de Fargues, plus résolu, déclare qu'il entend ne partager avec personne le soin de questionner les deux cent quinze citoyens arrêtés par ses ordres. Le lendemain, le commissaire général de police, s'appuyant de ses fonctions et de son titre, veut pourtant soumettre quelques détenus à des interrogatoires sommaires; toute communication entre les prisonniers et M. de Sainneville est aussitôt interdite. Son intervention, au reste, devenait sans but : la cour prévôtale était déjà à l'œuvre[1].

Par une disposition que peut seul expliquer le désir de multiplier les condamnations et les supplices, cette cour, au lieu de comprendre dans une seule et même accusation tous les faits qu'elle-même présentait comme le résultat d'un seul et même complot, venait de diviser la procédure en douze accusations différentes; elle faisait un procès par commune; la douzième procédure embrassait les seuls accusés de Lyon. Ce fractionnement violait les règles les plus élémentaires du droit criminel : il y avait eu concert entre tous les prévenus, disaient les membres du parquet et les juges; tous ces prévenus, obéissant aux mêmes ordres et poursuivant le même but, appartenaient à la même conspiration; et la cour les partageait en douze catégories qu'elle allait juger isolément ! Bien plus :

[1] Cette cour était ainsi composée : le colonel Deshutes, *prévôt*; MM. Bernat, vice-président du tribunal de première instance, *président*; Balleydier, Durand, Montonnat, Joanon, membres du même tribunal, *juges*; Reyre, *procureur du roi*.

le signal, disait-on encore, était parti de Lyon; c'était à Lyon que résidaient les organisateurs et les chefs, et l'on réservait les prévenus de cette ville pour être jugés les derniers; ils ne devaient comparaître devant ce tribunal odieux que lorsque tous les malheureux, condamnés comme leurs instruments, auraient déjà subi leur sentence, que le bagne aurait reçu les uns, et que la tête des autres serait tombée sous la hache du bourreau! Jamais on ne foula plus ouvertement aux pieds les plus vulgaires prescriptions légales. On croira difficilement que le ministre de la justice, baron Pasquier, interrogé sur ce mode de procédure, osa répondre, le 18 juillet, au procureur général près la cour royale : « Je ne puis qu'applaudir au zèle éclairé et soutenu que les magistrats mettent dans les poursuites qui doivent assurer la répression de cet attentat (8 juin). J'approuve les mesures que vous avez adoptées relativement à la marche de l'instruction et à l'ordre des jugements dans l'immense procédure dont la cour prévôtale est actuellement saisie. »

Dix sentences de mort étaient rendues, et dix têtes étaient déjà tombées, lorsque M. Pasquier applaudissait ainsi au zèle de la cour prévôtale. Le quatrième jour après l'événement, le 13 juin, lorsque la nouvelle était encore ignorée dans la plus grande partie du royaume, deux accusés, Claude Raymond, pionnier à Saint-Genis-Laval, et Saint-Dubois, ouvrier couverturier, avaient comparu devant cette cour, et tous deux, condamnés à mort au bout de quelques heures, avaient été exécutés avant la nuit. Jean Valençot, de Trévoux, condamné le 19, et transféré, aux termes de la sentence, à Quincieux, sur la rive droite de la Saône, fut exécuté, le 20, aux yeux des populations des deux bords du fleuve, dans une vaste prairie découverte qui s'étendait en face de Trévoux, ville assise sur la rive opposée, et lieu habituel de son domicile. Joseph Lourd, dit Deschamps, condamné le 23, fut exécuté le 24 dans la commune de Brignais. Laurent Colomban, Jean-Baptiste Fillion et Christophe-Andéol Desgranges, ouvriers chapeliers, condam-

nés le 31 juin, subirent tous les trois la peine capitale, le
1ᵉʳ juillet, au lieu dit les Échires, commune de Saint-Andéol.
Quatre jours plus tard, le 5, on exécutait à Charnay un tailleur de pierres, Jean-François Déchet, qui, la veille, en entendant la sentence, s'était écrié : « J'espère que celui pour qui je vais perdre la vie vengera ma mort! » Le 18, le capitaine Oudin, échappé d'abord aux recherches dirigées contre lui, puis arrêté à Tarascon, et Pierre Dumont, apprenti maréchal, âgé de *seize ans*, furent exécutés à Saint-Genis-Laval, devant la demeure du jeune apprenti, sous les yeux de sa mère. Le 12 août, la commune d'Anse vit à son tour tomber la tête de Tavernier, tuilier à Quincieux. Ainsi, dans l'espace de quelques semaines, sept fois la guillotine se dressa dans Lyon et dans les campagnes voisines; six fois un tombereau peint en rouge transporta l'instrument du supplice dans des localités différentes, à des distances de plusieurs lieues, et six fois ce tombereau fatal traversa de nombreux villages, entraînant après lui, au milieu des populations épouvantées, un funèbre cortége de condamnés, de soldats, de gendarmes et de bourreaux! Par une déloyauté infâme, quelques-unes de ces condamnations frappaient des malheureux qui, confiants dans les promesses d'oubli publiquement faites par les chefs des colonnes mobiles envoyées à leur poursuite, avaient quitté la sûre retraite où ils se tenaient cachés. Laurent Colomban, entre autres, l'un des trois infortunés exécutés le 1ᵉʳ juillet, avait nominativement reçu, le 11 juin, d'un major, chef de colonne, l'invitation de se rendre auprès de lui; il se livra; au lieu de la grâce promise, on lui donna la mort. Presque toujours ces exécutions devenaient l'occasion de scènes révoltantes : les soldats d'escorte envahissaient les maisons, forçaient les caves, s'enivraient et frappaient leurs hôtes. A Saint-Genis-Laval, un soldat ivre dépouilla le capitaine Oudin, au moment de son exécution, et lui arracha son pantalon, ses guêtres et ses souliers. Le capitaine commandant l'escorte, nommé Darillon, ivre lui-même, maltraita un fonctionnaire

qui lui refusait du vin, et répondit par des injures à un officier général, le baron de Vioménil, qui lui commandait de se retirer avec son détachement[1].

Telle était la rapidité des coups frappés par la cour prévôtale, que, le 1er septembre, deux mois et demi après l'événement, elle avait terminé onze procès, jugé cent cinquante-cinq accusés, et prononcé vingt-huit condamnations à mort[2]; vingt-six condamnations à la déportation (mort civile); six aux travaux forcés, et quarante-huit à plusieurs années d'emprisonnement. Le petit nombre des accusés que ces sentences n'atteignaient pas étaient soumis à une longue surveillance et à des cautionnements hors de toute proportion avec leur fortune. Sur ces cent cinquante-cinq accusés, *cent dix* furent atteints comme *auteurs* ou *chefs* de sédition; ces chefs, pour la seule commune d'Ambérieux, se trouvèrent au nombre de *dix-neuf*; la cour prévôtale en découvrit *douze* à Saint-Andéol, qui ne fournissait que dix-huit prévenus. Les dispositions du Code pénal sur la sédition donneront le mot de cette profusion de qualifications aggravantes; l'article 100 est ainsi conçu: « Il ne sera prononcé AUCUNE PEINE pour le fait de sédition contre ceux qui, ayant fait partie des bandes séditieuses sans y exercer *aucun commandement*, et sans y remplir aucun emploi ni fonctions, se seront retirés au premier avertissement des autorités civiles ou militaires, ou *même depuis*, lorsqu'ils n'auront été saisis que hors des lieux de la réunion séditieuse, sans opposer de résistance et sans armes. » Or nulle part il n'y avait eu résistance; l'émeute s'était dissipée d'elle-même dans la plupart des villages, avant même l'apparition des premiers détachements, dans la journée du 9; et, où elle avait persisté, les attroupements s'étaient dispersés, avant toute

---

[1] Ce Darillon, condamné en l'an XI comme parricide, s'était réfugié en Espagne, d'où il était rentré en France, au commencement de 1814, à la suite de l'armée anglaise.

[2] Sur ce nombre, seize condamnations, prononcées le 7 août, étaient rendues par contumace.

sommation, devant la seule approche des patrouilles; enfin, les arrestations n'avaient eu lieu que lorsque le calme était partout rétabli. La cour n'aurait donc pu prononcer que deux ou trois condamnations à peine, si elle n'avait pas transformé en autant de *chefs* la presque totalité des accusés. Le nombre de ceux-ci, la multiplicité et la violence des châtiments, font comprendre, d'un autre côté, la division des procédures. Quels que fussent leur passion et leur cynisme, les juges, en faisant comparaître à la fois devant eux, rangés sur les mêmes bancs, près de cent cinquante prévenus, n'auraient jamais osé proclamer sur ce nombre, dans un seul et même arrêt, cent dix *chefs de sédition*, déclarer près de cent quarante coupables, prononcer vingt-huit sentences capitales, et imposer au bourreau la tâche de faire tomber douze têtes en un jour.

La cour prévôtale s'apprêta, au commencement de septembre, à prononcer sur le sort des accusés domiciliés dans Lyon, et qui composaient la douzième catégorie. Cette cour, depuis le lendemain des troubles, n'avait pas cessé un seul instant d'instruire ou de juger; ses poursuites sans relâche et ses condamnations sans mesure semblaient avoir surexcité, par l'exemple, les mauvaises passions des fonctionnaires de tous les ordres et de tous les degrés. La plupart des autorités, depuis le 8 juin, s'étaient abandonnées, à leur tour, à la plus incroyable débauche de violence et d'arbitraire. A dater de cette journée, le cours ordinaire des lois, dans toute l'étendue du département du Rhône, était demeuré suspendu : chaque fonctionnaire disposait en maître de la fortune, de la liberté, même de la vie de ses administrés. Les maires d'un grand nombre de communes, utilisant la présence des colonnes mobiles qui parcouraient incessamment les campagnes avec mission de désarmer la population rurale et de rechercher les accusés en fuite, en profitaient, les uns, pour imposer des corvées à leurs administrés, ceux-ci pour s'emparer de propriétés privées, ceux-là pour prononcer des emprisonnements, d'autres, comme le maire de Saint-Genis-Laval, pour frapper sur leurs concitoyens des amendes de 2,000 francs, dont le préfet Chabrol osait légaliser la perception. Ce dernier maire força la veuve Dumont, entre autres, à payer une partie des frais occasionnés par le supplice de son enfant, exécuté sous les fenêtres de sa demeure, le 18 juillet, en même temps que le capitaine Oudin. Le chef d'une autre commune, voulant se venger d'une pauvre jeune femme, alors enceinte de huit mois et déjà mère de trois enfants, dont le plus âgé avait à peine six ans, fit arrêter et fusiller son mari devant elle; la victime, après une première décharge, ayant donné quelques signes de vie, le maire prêta, pour l'achever, deux pistolets qu'il portait constamment à sa ceinture, et dont il accueillit la détonation par des sauts de joie. Quant aux colonnes mobiles, envahissant les villages comme auraient pu le faire des troupes ennemies, prodiguant aux habitants l'insulte et l'outrage, elles levaient sur eux des contributions de vivres, de fourrages, de chaussures et de vêtements. Souvent, à leur approche, la population entière d'une commune s'enfuyait, et ne rentrait que lorsque le détachement était passé. Le désarmement, mesure ordonnée après le 8 juin par le préfet et le commandant de la division, était le prétexte des perquisitions les plus brutales; les agents, les gendarmes et les soldats ne respectaient aucun asile; ils fouillaient tous lieux et toutes choses. Bien plus, l'autorité fixait elle-même la nature et la quantité des armes que chaque citoyen était présumé posséder; livrer celles que l'on avait réellement ne suffisait pas; il fallait en acheter pour satisfaire aux exigences de ces visiteurs souvent infidèles. Les officiers à demi-solde subissaient des rigueurs exceptionnelles; on ne se contentait pas, en beaucoup de communes, de les dépouiller de leurs pistolets et de leurs armes de chasse; ils étaient obligés de déposer leurs épées dans les mairies. Nulle part ils ne pouvaient paraître en uniforme; s'ils se présentaient dans un lieu public plus de deux ensemble, ils étaient insultés et dénoncés. Un ordre du général Canuel les obligeait, sous peine d'arrestation, de fournir la preuve *qu'ils n'avaient point pris part* aux événements du 8 juin, et ils ne pouvaient toucher leur modique traitement que sur un certificat de bonne conduite délivré par le maire ou le commissaire de police de leur résidence.

Ce n'est pas tout : de nouveaux bruits de complots se répandaient; les agents provocateurs s'étaient remis à l'œuvre. Deux agents de la police militaire, les nommés Dehit et Fiévée, dit Champagne, se concertant avec des maires et des officiers de gendarmerie, qui leur fournissaient des armes, de la poudre, des aigles et des cocardes tricolores, s'efforçaient de produire dans les campagnes un nouveau 8 juin, tandis que le préfet Chabrol, devenu provocateur à son tour, accréditait auprès des fonctionnaires sous ses ordres un nommé Pierre Leblanc, qui, parcourant les villes du département, et visitant les sous-préfets, les maires et les commissaires de police, trouvait dans le concours de ces autorités le moyen d'inventer une conspiration pour chaque ville, de désigner les prétendus conspirateurs, de raconter le détail de leurs réunions et d'improviser jusqu'aux conversations qu'il assurait y avoir entendues [1]. De même que dans la période antérieure aux événements de juin, des arrestations signalaient chacune de ces rumeurs. Cependant les prisons étaient pleines; on y voyait entassés pêle-mêle jusqu'à des femmes, des jeunes filles et des enfants, coupables de ne pouvoir pas dénoncer la retraite de leurs pères et de leurs maris, et qui, pendant des semaines, des mois entiers, sollicitaient vainement la faveur même d'un interrogatoire. De mauvais traitements étaient l'ordinaire réponse à leurs réclamations. Une consigne, donnée par le général Canuel, et que plusieurs de ces malheureux payèrent

---

[1] Les rapports adressés par Leblanc à M. de Chabrol, depuis les premiers jours de juin jusqu'au 15 août, sont au nombre de vingt-neuf et ont été publiés par M. de Sainneville dans son écrit : *Compte rendu des événements de Lyon*, déjà cité. — Les sieurs Baboin, Hue de la Colombe, adjudant de place, et de Mesmay, officier de gendarmerie, figurent parmi les autorités civiles et militaires qui fournissaient à Dehit et à Fiévée leurs moyens de provocation,

de leur vie, ordonnait aux sentinelles de chaque prison de faire retirer, à coups de fusil, les détenus qui se tiendraient aux fenêtres. *On tirait presque journellement*, disait, à quelque temps de là, un officier déposant devant un conseil de guerre. Ces bruits de complots devinrent surtout inquiétants vers le milieu d'août; les autorités, sans doute pour les confirmer, prenaient de nouveau les mesures les plus alarmantes : non-seulement on doublait tous les postes, mais, chaque matin, les soldats désignés pour le service de la journée chargeaient publiquement leurs armes, et de fortes patrouilles de cavalerie et d'infanterie sillonnaient les principales rues de Lyon à toutes les heures du jour et de la nuit. Des listes de conspirateurs, où figuraient des notaires, des avoués, des négociants et des propriétaires, circulaient en même temps dans les salons royalistes : Villefranche, Tarare, Belleville, fournissaient leur contingent à ces tables de proscription. La terreur se mit encore une fois dans toutes les familles, et chacun, tremblant pour sa liberté, attendait avec effroi un redoublement de condamnations et de supplices, lorsque, le 2 septembre, arriva enfin de Paris une nouvelle qui permit d'entrevoir le terme de cette horrible situation.

Les premiers renseignements parvenus au ministre de la police sur l'état réel des choses à Lyon lui furent transmis par M. de Sainneville. Averti par les faits antérieurs au 8 juin, ce fonctionnaire, malgré les défiances et le mauvais vouloir des autres autorités, avait étudié et suivi avec le zèle le plus persévérant, depuis son retour, chacune des onze procédures instruites par la cour prévôtale. Ses recherches, aidées par sa position, ne tardèrent pas à lui montrer la vérité. Il la fit connaître à M. Decazes, qui, après avoir longtemps repoussé ces révélations, finit cependant par les soumettre à M. Lainé et au duc de Richelieu. Ces deux ministres, à l'exemple de leur collègue de la police, se montrèrent d'abord incrédules. Opposant aux rapports de M. de Sainneville les nombreuses condamnations prononcées par la cour prévôtale, les exécutions qui avaient eu lieu, ainsi que les affirmations si publiques et si concordantes de M. de Chabrol et du général Canuel, ils n'admettaient pas, dans leur probité, que, pour des intérêts d'ambition personnelle ou par passion de parti, des hommes, revêtus de hautes fonctions, pussent se rendre coupables de machinations aussi odieuses, et que des magistrats s'en fissent les complices. D'un autre côté, le ministère, à la première nouvelle des événements, s'était empressé de prodiguer les croix, les grades, les titres, et, glorifiant la mémoire du capitaine Ledoux, il avait donné à sa veuve une pension, et à son fils une bourse dans un des établissements de l'État. Le gouvernement n'avait-il donc récompensé que des services frauduleux? Les pouvoirs, quels qu'ils soient, ne confessent pas volontiers de pareilles erreurs; leur prétention ordinaire est de ne jamais faillir, même dans la personne de leurs agents. Cependant les rapports accusateurs se multipliaient; les plaintes arrivaient de tous les côtés; des lettres nombreuses, adressées de Lyon ou des villes voisines à des députés ou à de hauts fonctionnaires, révélaient les abus d'autorité les plus monstrueux. Une fois l'attention éveillée, d'ailleurs, on interrogea les faits, et l'on trouva difficile de concilier la faute avec la violence des châtiments. Le sang coulait sur les échafauds, la cour prévôtale frappait des centaines de coupables, et, chose étrange! la sédition, d'après tous les rapports, avait été réprimée sur-le-champ, sans que la troupe eût fait le moindre usage de ses armes! Le ministère, voulant connaître la vérité, résolut d'envoyer sur les lieux un homme qui eût donné à la cause royale assez de gages pour forcer au silence les royalistes les plus défiants, que ses lumières et la modération de son caractère rendissent suffisamment impartial, et dont la position élevée pût imposer aux autorités de tous les ordres. Il fit choix du duc de Raguse. Ce maréchal reçut le titre de *lieutenant du roi dans les 7ᵉ et 19ᵉ divisions militaires*, avec les pouvoirs les plus étendus. Son départ, fixé au 10 septembre, fut brusquement avancé par la nouvelle d'un incident, symptôme irrécusable de l'épouvante où vivait la population lyonnaise.

Peu de jours avant la Saint-Louis (25 août), on entendit les familiers ou les confidents de la plupart des autorités annoncer l'explosion prochaine d'une effroyable conjuration; les forêts voisines, disaient-ils, se remplissaient de révoltés, et Lyon serait envahi, dévasté par eux dans la journée du 25. Ce bruit, qui avait sa source dans les impostures de Fiévée de Dehit et de Leblanc, causa une véritable panique; le 25 au matin, les habitants en foule désertèrent la ville pour se réfugier dans la campagne; ils sortirent au nombre de *huit mille*. Le duc de Raguse, à cette nouvelle, se hâta de partir, et entra dans Lyon le 3 septembre. Reçu à son arrivée par les principales autorités civiles et militaires, entouré d'abord par elles seules, et placé sous l'influence de leurs flatteries et de leurs récits, le maréchal, pendant quelques jours, parut ébranlé par l'unanimité des rapports qu'il entendait. Cette impression n'échappa point à M. de Sainneville dans la première audience que lui accorda Marmont; il ne chercha pas à la combattre et se contenta de prier l'envoyé du ministère d'attendre les informations et de suspendre son jugement. Ce fut un officier supérieur dont nous avons déjà prononcé le nom à l'occasion des événements de la nuit du 4 au 5 avril 1814, le colonel Fabvier, chef d'état-major du maréchal, qui, le premier, fit entrer le doute dans l'esprit de Marmont. Moins enchaîné que son général dans les devoirs officiels de sa position, caractère loyal, organisation énergique, et doué de cette chaleur de cœur qui est le privilége d'un petit nombre, le colonel n'avait pas craint de voir et d'interroger d'autres personnes que les habitués des salons privilégiés du commandant de la division, du préfet et des sommités royalistes de la ville. Une fois averti par les rapports et par les observations de son chef d'état-major, le maréchal, à son tour, chercha la vérité en dehors du cercle où il s'était d'abord renfermé[1]. Il entendit des citoyens de

[1] Le colonel Fabvier leva, le premier, le voile qui recouvrait les événe-

toutes les classes et se fit remettre les nombreux rapports adressés aux différentes autorités avant et après le 8 juin. Des traits de lumière jaillirent pour lui de ces documents. Poursuivant ses investigations, il voulut connaître les dossiers des onze procès déjà jugés par la cour prévôtale, en exigea la communication, et confia leur dépouillement à M. Gras, avocat et ancien membre de la Chambre des représentants des Cent-Jours. Au moment de l'arrivée de Marmont, la cour prévôtale, on l'a vu, s'apprêtait à faire comparaître devant elle les accusés de la douzième catégorie; aussitôt des retards survinrent; le jour de l'audience était sans cesse reculé; le maréchal insista pour que ces remises eussent un terme, et, dès la première séance, il chargea un de ses officiers de suivre le débat et de sténographier les dépositions des témoins ainsi que les réponses des accusés. Ce procès était celui des prévenus de Lyon. Abattus par les souffrances d'une longue détention, par les privations et les mauvais traitements, accablés de menaces, enlacés de questions insidieuses ou de promesses, la plupart de ces malheureux, croyant se concilier la bienveillance de leurs interrogateurs et de leurs juges, avaient pris le parti de répondre affirmativement à toutes les demandes, de simuler des aveux et des révélations, et de composer, dans ce but, les fables les plus absurdes. Ainsi le nommé Vernay, l'un d'eux, avait déclaré que, le 8 juin, il était chargé d'enlever, à la tête d'une troupe nombreuse, le poste de la poudrière de Lyon et la poudrière elle-même; qu'il devait rejoindre ensuite, avec sa troupe, trois colonnes, composées chacune de 800 hommes équipés militairement, coiffés de bonnets à poil, ayant le sac au dos et parfaitement armés, puis se porter, avec cette espèce d'armée, à l'assaut de l'hôtel de ville, dont la possession, ajoutait-il, décidait toute l'affaire. Chaque colonne, au dire de Ver-

---

ments de Lyon, dans une brochure intitulée : *Lyon en 1817*; cet écrit, qui était un acte de rare courage et une noble action, ne lui fut point pardonné, comme nous aurons à le dire plus loin, et brisa sa carrière militaire sous la Restauration.

nay, avait des chefs et des sous-chefs dont il avait donné les noms, et qui, arrêtés sur cette seule indication, comparaissaient, comme accusés, sur le même banc que lui. La nouvelle de la mission de Marmont avait pénétré dans les prisons. La vue de l'officier assis dans l'auditoire et recueillant les détails de l'audience pour les transmettre au maréchal rendit le courage à Vernay, qu'une première sentence, prononcée par contumace, avait déjà condamné à la peine de mort[1]. Interrogé par le prévôt, qui lui demande s'il persiste dans ses précédentes déclarations, il se lève, et, étendant la main vers le Christ placé derrière les juges, il répond d'une voix ferme : « J'atteste ce Christ qui est devant mes yeux que tout ce que j'ai dit est faux. On m'y a forcé par les plus terribles menaces. Je vous eusse accusé vous-même, monsieur le prévôt, si on l'eût exigé. Me voilà à votre disposition. Vous pouvez me faire mourir, je le sais; mais j'aime mieux mourir sans honte et sans remords que de vivre déshonoré par le mensonge et par la calomnie. Quand vous voudrez, je suis prêt. » Quelques-uns des coaccusés de Vernay, amenés pendant l'instruction à des révélations analogues aux siennes, et qui avaient la promesse de leur grâce s'ils ne se rétractaient pas, n'osèrent l'imiter; ils furent acquittés comme *révélateurs*; Vernay, ayant persisté dans son désaveu, fut condamné à mort. Son exécution, toutefois, n'eut point lieu; le gouvernement commua la peine en dix ans de prison. Marmont n'avait pas attendu le cri de ce malheureux pour éclairer les ministres; ils avaient alors dans les mains la preuve que tous les bruits de complots qui, depuis une année entière, tenaient la population du Rhône sous une véritable terreur, étaient autant de trames ourdies par les agents des principales autorités du département contre le repos public, la liberté et la vie des citoyens. Le maréchal avait transmis aux ministres, entre autres documents, des pièces établissant la complicité du capitaine Ledoux dans les

[1] Vernay n'avait pu être arrêté que plusieurs semaines après les événements du 8 juin.

faits du 8 juin. Par une singularité que doit expliquer sans doute la crainte de quelque révélation inattendue sur cet agent du général Canuel, son nom n'avait pas été prononcé une seule fois dans le cours des douze procès jugés par la cour prévôtale; sa mort n'avait pas provoqué même un commencement d'instruction. Cependant il fallait une satisfaction aux persécutés. Le gouvernement la donna, mais dans la mesure de son courage et de ses forces, et avec les ménagements qu'il apportait toujours envers les hommes adoptés par le parti royaliste : le préfet Chabrol fut déplacé, et le général Canuel dépossédé du commandement de la division; les condamnés à cinq ans de détention et au-dessous obtinrent leur grâce entière; les condamnés à plus de cinq ans virent leur peine réduite à une année; on commua en trois ans de prison la peine de ceux que la déportation et les travaux forcés avaient frappés; des amendes énormes compromettaient la fortune de près de cent cinquante familles; toutes furent remises; enfin, Marmont ayant prononcé le renvoi de six officiers et la destitution de sept maires signalés par leur complicité dans les provocations, ou par des actes empreints du plus odieux arbitraire, le gouvernement confirma ces deux mesures[1]. — Satisfaction incomplète et stérile, car les malheureux tués par la main du bourreau ne pouvaient être rappelés à la vie; les veuves et les nombreux orphelins qu'ils avaient laissés demeuraient dans la misère, et ne recevaient aucune indemnité; enfin, on ne rétablissait ni la carrière ni la fortune de cette foule de citoyens qu'une longue détention, la persécution ou la fuite, avaient ruinés, tandis qu'ils conservaient leurs titres, leurs honneurs, leurs récompenses, ces généraux, ces administrateurs et ces juges, serviteurs infidèles et funestes, qui, sacrifiant

---

[1] Les six officiers renvoyés par le maréchal furent : MM. Brissollier, Bénévent, Hue de la Colombe, de Romilly, de Rochelle et Demesmay; et les sept maires destitués : MM. Henri Destournelles, maire de Saint-Didier, au Mont-d'Or; Hue de la Blanche, maire d'Irigny; Figuray, maire de Brignais; Perret, maire de Soucieux; Bourlier, maire de Saint-Andéol; Durand, maire de Neuville, et Puy, maire de Saint-Genis-Laval.

à des intérêts égoïstes ou à de basses passions l'intérêt et l'honneur du gouvernement, rendaient le nom des Bourbons odieux, appelaient la malédiction des peuples sur ces malheureux princes, et léguaient à l'avenir des haines implacables et d'inévitables vengeances! Telle était la faiblesse des ministres, que le plus coupable de ces fonctionnaires, le général Canuel, reçut, en quitant Lyon, le titre d'inspecteur général d'infanterie; une ordonnance du mois de juin, postérieure de quelques jours aux événements, avait, en outre, donné satisfaction à sa vanité : il était enfin *baron*[1].

Pendant qu'un ancien maréchal de l'Empire apportait ainsi un terme à des excès qui venaient de faire revivre le régime de 1815 dans un des départements les plus importants du royaume, et s'efforçait d'y calmer le trouble causé par la passion d'autorités hostiles à l'ordonnance du 5 septembre, M. Decazes accomplissait ses promesses envers les hommes dont les démarches et les écrits l'avaient le plus activement aidé à préparer et à obtenir cette ordonnance : M. Pasquier, prenant la place de M. Dambray, était rentré, dès le 19 janvier 1817, dans son ancienne position de garde des sceaux; le 12 septembre suivant, M. Molé remplaçait au ministère de la marine le maréchal Gouvion-Saint-Cyr, nommé ministre de la guerre en remplacement du duc de Feltre[2]. Enfin, M. de Barante obtenait, peu de temps après, une direction générale, et recevait plus tard un siége dans la pairie.

Le maréchal Gouvion-Saint-Cyr était le seul des nouveaux ministres qui apportât, par sa capacité incontestée, quelque

---

[1] Il est un nom que les Lyonnais, dans leurs malédictions, ne séparaient pas du nom du général Canuel, c'est celui du procureur du roi Reyre. Des élections ayant eu lieu quelque temps après les événements que nous venons de raconter, ce magistrat crut, sans doute, trouver un titre à la confiance des électeurs dans ses violences et dans ses sanguinaires emportements : il se présenta comme candidat; mais ses amis politiques eux-mêmes, effrayés de la déplorable notoriété attachée à son nom, n'osèrent lui donner leurs voix; c'est à peine s'il obtint quelques suffrages.

[2] Le maréchal Saint-Cyr n'était resté que deux mois et demi à la marine; il y avait succédé à M. Dubouchage, le 23 juin précédent.

force au cabinet; son court passage à la marine avait eu un double but : délivrer le ministère de l'incapacité de M. Dubouchage, puis donner à MM. Decazes et Richelieu un moyen de remplacer prochainement et sans secousse le duc de Feltre, qu'ils voulaient éloigner. Le duc de Richelieu ne cessait de poursuivre la pensée qui avait décidé son entrée dans le cabinet, et à laquelle il attachait l'honneur de sa carrière politique. Impatient d'obtenir des Alliés la complète libération du territoire, il voulait pouvoir leur montrer la royauté de Louis XVIII protégée par une armée nationale, organisée assez puissamment pour rendre inutile un plus long séjour du corps d'occupation. Lorsqu'en 1815 il avait replacé le duc de Feltre dans la position que ce général avait occupée si longtemps sous l'Empire, M. de Richelieu espérait que l'ancien ministre de la guerre de l'Empereur donnerait au roi une de ces armées qui, sous Napoléon, sortaient pour ainsi dire du sol et s'organisaient en quelques mois; au bout de deux ans de ministère, le duc de Feltre n'avait rien constitué. Le mérite de cet administrateur, sous le précédent gouvernement, résidait uniquement dans son obéissance; simple instrument dans la main du maître, il n'avait aucune initiative, et son rôle se bornait à l'exécution des ordres de l'Empereur. Abandonné à ses seules forces, il ne sut prendre que des mesures incomplètes ou mauvaises : les corps ne présentaient aucune unité; aucun lien ne réunissait les officiers aux soldats; une dissipation scandaleuse existait dans tous les services; certains chefs montraient la plus honteuse immoralité; la plupart étaient profondément incapables; les nouvelles troupes n'avaient pas même le mérite du nombre : sur quatre-vingt-six légions d'infanterie, douze seulement étaient organisées à deux bataillons; les soixante-quatorze autres n'en comptaient qu'un seul; encore leurs cadres restaient-ils à peu près vides, et nul moyen, autre que l'impuissante ressource des enrôlements volontaires, n'était préparé pour les remplir. Le duc de Feltre, en un mot, n'avait su organiser que la délation et les persécutions. Chargé de réparer le désordre et de doter le nouveau gouvernement d'une armée digne de ce nom, le maréchal Saint-Cyr, comme on le verra, ne faillit pas à cette tâche difficile.

Un autre soin, celui des élections, occupait les membres influents du cabinet; la loi du 5 février allait subir l'épreuve des faits. Une ordonnance du 20 août avait convoqué pour le 20 septembre suivant les colléges électoraux des départements dont la députation formait le *cinquième* désigné par le sort pour être renouvelé le premier [1]. Ces départements étaient ceux-ci : Hautes-Alpes, Côte-d'Or, Creuse, Dordogne, Gers, Hérault, Ille-et-Vilaine, Indre-et-Loire, Loiret, Lozère, Meuse, Oise, Orne, Haut-Rhin, Rhône, Seine et Deux-Sèvres. Cinquante et un députés les représentaient; en ajoutant à ce chiffre douze élections à faire dans les autres séries par suite de vacances survenues par décès ou par démission, on arrivait à un total de soixante-trois nominations. Jusqu'à ce moment, les électeurs avaient circonscrit leurs choix entre deux seules nuances ostensibles d'opinion : les royalistes exclusifs, partisans du régime de 1815, et que leurs adversaires, depuis quelques mois, désignaient sous le nom d'*ultra-royalistes*, mot que Fouché, dit-on, avait prononcé le premier; puis les royalistes prenant le titre de *constitutionnels*, ayant l'ordonnance du 5 septembre pour drapeau, tous partisans du ministère, et fonctionnaires publics ou aspirant à le devenir. De nouveaux candidats allaient paraître.

Les hommes qui songèrent, les premiers, à se présenter ouvertement aux élections sous des couleurs politiques différentes de celles adoptées depuis deux ans appartenaient à ce *tiers parti* dont les membres, adversaires tout à la fois de Napoléon et de Louis XVIII. en 1815, avaient alors abrité leur

---

[1] La division des départements en cinq séries électorales avait été déterminée par une ordonnance du 27 novembre 1816; le tirage au sort de ces séries pour le renouvellement annuel et partiel de la Chambre, à dater de la promulgation de la nouvelle loi, avait eu lieu dans la séance des députés du **22 janvier 1817.**

double hostilité sous le nom d'*indépendants*. Nous avons dit leurs espérances et leur déplorable rôle après Waterloo ; on sait leur triste attitude en présence de l'invasion. Par un singulier bénéfice de leur opposition nouvelle, ces hommes qui avaient renversé Napoléon, ouvert à l'ennemi les portes de la France, et aux Bourbons celles de Paris, allaient devenir les représentants et les guides non-seulement des admirateurs les plus passionnés du chef du gouvernement impérial, mais encore de cette foule de citoyens que soulevait contre les nouveaux princes leur rétablissement par l'étranger. Courbés, après la seconde chute de Paris, sous les colères et sous les menaces de ce parti royaliste qui leur devait pourtant son facile triomphe, ils étaient demeurés immobiles tant qu'avait duré la tourmente de la réaction, attendant, dans le silence, l'heure où ils pourraient reparaître sur la scène politique. Délivrés, par l'ordonnance du 5 septembre, des périls qui menaçaient leur sûreté personnelle, enhardis par la marche chaque jour plus modérée du ministère, quelques-uns, MM. Voyer-d'Argenson, Comte, Dunoyer et Gévaudan, entre autres, s'étaient réunis chez M. de la Fayette pendant la dernière session. D'autres opposants, qui avaient franchement soutenu le gouvernement des Cent-Jours, comme le général Thiard et Benjamin Constant, ne tardèrent pas à grossir ce premier groupe. La réunion devint bientôt assez nombreuse ; l'approche des élections, vers le mois d'août, multiplia les entrevues. La police pouvait en prendre ombrage et invoquer contre eux les dispositions de l'article 291 du Code pénal [1] ; on convint de se rencontrer alternativement chez MM. de la Fayette, Benjamin Constant et le général Thiard, qui, tous les trois, habitaient rue d'Anjou, faubourg Saint-Honoré. Décidés à appeler au mouvement et à la vie politique les opinions et les intérêts attachés aux conquêtes matérielles et morales de

---

[1] Cet article interdit toute assemblée, de plus de vingt personnes, qui se réunit tous les jours ou à certains jours marqués pour s'occuper d'objets religieux, littéraires, politiques ou *autres*.

la Révolution; adversaires tout à la fois des ministres et des *ultras;* obligés, dès lors, d'arborer un drapeau qui marquât leur place en dehors des hommes de 1815 et des royalistes ministériels, les nouveaux opposants firent revivre ce titre d'*indépendants* qui devait disparaître, deux ans plus tard, sous la dénomination plus précise de *libéraux*. Germe et berceau de cette opposition *parlementaire* qui, depuis 1817 jusqu'en 1830, eut à combattre les tendances contre-révolutionnaires de la Restauration, les premières réunions de la rue d'Anjou-Saint-Honoré se ressentirent de l'incertitude et de la faiblesse d'un début; les membres de ce comité se bornèrent à publier quelques brochures, et à établir des rapports avec les principales villes des départements composant la série appelée à renouveler sa députation. Quoique faibles, ces moyens leur suffirent cependant pour décider l'élection de plusieurs députés de leur opinion.

L'opposition ultra-royaliste ne restait pas inactive : une partie de ses membres les plus influents habitaient la province; obligés de s'entendre et d'avoir pour leurs efforts un centre commun, ils acceptèrent le secours de la Congrégation. Cette société avait à Paris, dans la demeure de M. Adrien de Rougé, un lieu de réunion politique et des moyens de correspondance établis; un de ses membres dirigeants, M. Jules de Polignac, aide de camp du comte d'Artois, était, en outre, inspecteur général de la garde nationale du royaume, et partageait, en cette qualité, avec M. de Bruges, son collègue, l'influence principale dans l'administration de cette garde. M. de Polignac utilisa cette double position pour les élections; par lui, la Congrégation eut, dans les bureaux de la garde nationale, une sorte de succursale à l'aide de laquelle on put agir sur les états-majors des départements. Malgré cette réunion d'efforts, le résultat des nouvelles élections justifia les craintes des membres de l'ancienne majorité de 1815 : non-seulement ils ne purent obtenir aucune nomination nouvelle, mais onze des leurs, sur treize qui se trouvaient soumis à la réélection, cédèrent la place à des ministériels ou à des *indépendants*. Ceux-ci gagnèrent treize voix. La Chambre *introuvable* comptait *neuf* membres qui, cachés alors dans les rangs de sa minorité, devaient accepter ce titre d'*indépendants* en 1817; ces neuf membres, parmi lesquels nous citerons MM. Voyer-d'Argenson, Jobez, Beslay, Ruperou, Savoie-Rollin et de Grammont, ayant tous été renommés lors des élections générales, après l'ordonnance du 5 septembre, élections qui firent arriver encore à la Chambre MM. Laffitte, Revoire et Martin (de Gray), il en résulta que les indépendants se trouvèrent *vingt-cinq* après le renouvellement du premier cinquième; MM. Dupont (de l'Eure), Hernoux, Caumartin, de Chauvelin, Bignon et Casimir Périer étaient au nombre des derniers élus. Par un remarquable résultat des violences de l'époque que la France venait de traverser, quelques-uns des nouveaux députés, M. Hernoux, ancien maire de Dijon, entre autres, allaient se trouver assis à côté des fonctionnaires et des ministres qui, l'année précédente, les poursuivaient et les retenaient en prison comme révolutionnaires ou bonapartistes. La composition de la Chambre, modifiée par les élections du premier cinquième, était celle-ci : opposants royalistes, partisans du régime de 1815, environ 75 ; royalistes ministériels, 155; opposants indépendants, 25.

L'ouverture de la session eut lieu le 5 novembre, jour indiqué par l'ordonnance de convocation. Louis XVIII, dans le discours qu'il prononça, annonçait : la conclusion d'un nouveau traité ou concordat avec la cour de Rome; l'ouverture d'une nouvelle négociation avec les puissances alliées pour la liquidation des créances réclamées par elles pour dettes antérieures au traité de Paris de 1814; la diminution d'un cinquième dans les troupes d'occupation, ainsi que l'espérance d'une complète et prochaine libération du territoire. Puis il ajoutait :

« J'ai fait rédiger, conformément à la Charte, une loi de recrutement. Je veux qu'aucun privilége ne puisse être invoqué ; que l'esprit et les dispositions de cette Charte, notre véritable boussole, qui appelle indistinctement tous les Français aux grades et aux emplois, ne soient pas illusoires, et que le soldat n'ait d'autres bornes à son honorable carrière que celles de ses talents et de ses services. »

La loi d'élection du 5 février avait été la tâche principale de la session de 1816-1817 ; la loi sur le recrutement de l'armée devait être, à son tour, le résultat le plus important de la session de 1817-1818.

CHAPITRE VIII

Session de 1817-1818. — État de *l'armée;* loi pour son recrutement et sur l'avancement des officiers; législation antérieure; discussion à la Chambre des députés, qui adopte la loi; discussion de cette loi à la Chambre des pairs; son adoption. Projet de loi sur la liberté de la presse; exposé de motifs de M. Pasquier; discussion à la Chambre des députés; les *doctrinaires;* cette Chambre adopte le projet de loi; la Chambre des pairs le repousse. Nouveau *concordat;* ses dispositions; il est momentanément abandonné. Liquidation des *créances étrangères;* leur total; offre de M. de Richelieu aux puissances; lettre d'Alexandre au duc de Wellington; création d'une commission spéciale à Paris; transaction; traité. Vote du budget; les Suisses. Clôture de la session. — Suppression des cours prévôtales; les journaux; les recueils semi-périodiques; poursuites; condamnation de la *Bibliothèque historique;* texte du jugement. Différents procès de presse. — M. Decazes et le maréchal Gouvion-Saint-Cyr. Réorganisation de l'armée. — Préliminaires pour la libération du territoire; *conférences d'Aix-la-Chapelle;* traité de libération. Voyage de l'empereur de Russie et du roi de Prusse à Paris. Mécontentement du parti royaliste; complot dit *du bord de l'eau;* envoi à Alexandre du Mémoire connu sous le nom de *Note secrète;* historique de cette note; elle ne produit d'abord aucun effet. — Approche des élections de la seconde série; efforts des différents partis; comité royaliste; suppression de l'administration de la garde nationale, et destitution du comte d'Artois; comité des *indépendants;* réunion des colléges électoraux; résultat; inquiétudes causées à Aix-la-Chapelle par les nouvelles nominations. M. de Richelieu prend l'engagement de changer la loi électorale. — Nouveau traité de quadruple alliance contre la France. — Retour de M. de Richelieu à Paris; craintes de M. Decazes; première réunion du cabinet; M. Decazes offre sa démission; M. Lainé veut également donner la sienne; tous deux consentent à rester. — Retraite de M. Corvetto et ses causes; ce ministre est remplacé par M. Roy. — Ouverture de la session; discours de Louis XVIII; réunions de cabinet; les ministres ne peuvent s'entendre; ils se rendent devant le roi; mot de ce dernier. — Ouvertures faites par M. de Richelieu aux ultra-royalistes des deux Chambres. Crise ministérielle; ses incidents; sa durée: tous les ministres donnent leur démission. — M. de Richelieu est chargé de former un nouveau cabinet; sa lettre à Louis XVIII; il échoue; M. Decazes reçoit la même mission; formation d'un nouveau ministère. Le général Dessolle, MM. de Serre, Louis et Portal, remplacent le duc de Richelieu, MM. Pasquier, Roy et Molé. — Inquiétudes publiques; agitation dans le Midi.

1818. — Nous avons dit que, depuis le licenciement des troupes retirées en 1815 derrière la Loire, la France ne possédait qu'un simulacre d'armée. Les enrôlements volontaires sollicités sur tous les points du royaume avaient à peine suffi pour compléter les corps de la garde royale. Quant aux légions, leurs cadres étaient vides à ce point que, dans nombre de compagnies, on comptait plus d'officiers et de sous-officiers que de soldats. L'effectif de plusieurs de ces légions ne s'élevait pas à 350 hommes. Chargé de la malheureuse mission de dissoudre la dernière armée impériale, le maréchal Gouvion-Saint-Cyr, par l'ordonnance du 16 juillet 1815, avait réglé la formation de l'armée nouvelle[1]; cette formation, pendant les deux années du déplorable ministère du duc de Feltre, était pour ainsi dire restée à l'état de projet; deux mois et demi après la retraite de ce dernier, son successeur présenta à la Chambre des députés un projet de loi destiné à donner enfin au pays la force militaire qui lui manquait.

Ce projet de loi, divisé en six titres et en trente articles, présentait trois dispositions principales : recrutement régulier de l'armée; établissement d'une réserve sous le titre de *légionnaires vétérans;* règles de l'avancement.

Le *recrutement* de l'armée, aux termes du projet, s'opérait par deux moyens : les enrôlements volontaires, puis les appels forcés. La garde royale, la cavalerie et les troupes d'artillerie et du génie se recrutaient exclusivement à l'aide d'enrôlements volontaires; ces enrôlements étaient également admis pour la troupe de ligne; mais, cette ressource devant se trouver impuissante pour maintenir au complet de paix l'effectif des 86 légions (150,000 hommes), on suppléait chaque année à son insuffisance à l'aide d'appels forcés qui ne pouvaient dépasser 40,000 hommes. Ces appels avaient lieu par la voie du tirage au sort entre tous les jeunes gens ayant l'âge de vingt ans révolus; ceux de ces jeunes gens que le sort plaçait en dehors du contingent demandé se trouvaient libérés sur-le-champ et d'une manière absolue; les autres étaient inscrits immédiatement sur les registres matricules de l'armée et obli-

---

[1] Voir tome III, pages 394 et 395,

gés à un service de six ans. A l'expiration de ces six années, qui couraient du 1ᵉʳ janvier de l'année de leur inscription, les soldats devenaient libres, quelles que fussent d'ailleurs les circonstances de paix ou de guerre, et ils n'étaient plus assujettis qu'au service territorial des légionnaires vétérans.

Ces *légionnaires vétérans*, composés des sous-officiers et soldats ayant achevé leur temps d'activité, formaient une compagnie dans chaque canton; ils ne pouvaient être appelés à aucun service, même dans l'intérieur de leur département, à moins de circonstances extraordinaires. Leur service était exclusivement territorial. Une loi spéciale était nécessaire pour les requérir de marcher hors de leur département en temps de paix, et hors de leur division militaire en temps de guerre. Ils pouvaient se marier et former des établissements. Enfin, leur complète libération était de droit après douze années de service ou lorsqu'ils avaient atteint l'âge de trente-deux ans.

Les règles de l'*avancement* étaient celles-ci : nul ne pouvait être sous-officier s'il n'était âgé de vingt ans, et s'il n'avait servi au moins durant deux années dans un des corps de l'armée ; nul ne pouvait être officier s'il n'avait servi pendant deux ans comme sous-officier ou suivi pendant le même temps les cours d'une école spéciale militaire, et satisfait aux examens de cette école; *un tiers* des sous-lieutenances de la ligne était donné aux sous-officiers; les *deux tiers* des grades et emplois de lieutenant, capitaine, chef de bataillon ou d'escadron et de lieutenant-colonel, appartenaient à l'ancienneté; enfin, nul ne pouvait être promu à un grade ou emploi supérieur, s'il n'avait servi quatre ans dans le grade ou l'emploi inférieur; il n'y avait exception qu'en temps de guerre, pour des besoins extraordinaires, ou des actions d'éclat mises à l'ordre du jour de l'armée.

Ces dispositions étaient de nature à constituer une armée vigoureuse et vraiment nationale. Si ce résultat intéressait la puissance du pays, il n'importait pas moins à la dignité et à l'indépendance de la royauté, que devait blesser justement la protection offensante des 150,000 soldats alliés, encore maîtres d'une partie de nos places fortes. Or le gouvernement nouveau pouvait difficilement songer à solliciter l'éloignement de cette force étrangère, à moins de présenter aux souverains une force nationale composée de régiments assez nombreux et assez solidement organisés pour rendre inutile un plus long appui matériel de l'Europe. On devait donc supposer que toutes les opinions se trouveraient d'accord pour adopter les mesures proposées par Gouvion-Saint-Cyr; il n'en fut rien : la formation d'une forte armée rencontra d'intraitables adversaires; l'obstacle ne vint pas du dehors, mais du dedans; non de quelques puissances ennemies, intéressées au maintien de notre faiblesse et de notre abaissement, mais du parti ultra royaliste.

Le rapporteur de la commission chargée de l'examen préparatoire de la loi fit connaître son travail à la Chambre le 7 janvier 1818; la commission proposait plusieurs amendements; trois d'entre eux modifiaient assez profondément les principales dispositions du projet ministériel : au lieu de laisser la garde royale, la cavalerie, l'artillerie et le génie se recruter exclusivement par des enrôlements volontaires, le premier amendement statuait que la garde se recruterait tout à la fois par des enrôlements et par des soldats choisis dans les autres corps de l'armée, et que toutes les troupes de ligne, l'infanterie comme la cavalerie, l'artillerie comme le génie, auraient pour ressource commune les enrôlements et les appels forcés. En second lieu, le service des légionnaires vétérans était réduit à quatre ans, et l'on ne pouvait les requérir de marcher qu'en temps de guerre. Enfin, dans le titre de l'avancement, la commission effaçait tous les droits accordés à l'ancienneté.

Avant d'analyser la discussion engagée à la suite de ce rapport, il n'est peut-être pas sans intérêt de faire connaître la législation qui réglait les dispositions essentielles de la loi antérieurement à la Restauration.

Sous l'ancien régime, les enrôlements volontaires étaient le principe du recrutement des troupes de toutes armes ; lorsque la guerre augmentait les besoins, on recourait à des levées de milices qui avaient lieu dans chaque paroisse, par la voie du tirage au sort. Les enrôlements volontaires furent également la principale ressource des premiers jours de la Révolution ; mais, quand arriva la nécessité de multiplier les armées et de couvrir nos frontières de soldats, la République fit des *réquisitions* d'hommes ; tous les citoyens compris dans une limite d'âge fixée, et qui ne pouvaient réclamer le bénéfice des exceptions spécifiées dans le décret de réquisition, étaient sommés de se rendre sous les drapeaux. On procédait par masses, sans autre règle que les besoins du moment. Ce fut la loi du 19 fructidor an VI (6 septembre 1797) qui, régularisant le recrutement de l'armée, établit le régime de la *conscription* tel qu'il subsista, sauf quelques modifications, jusqu'à la chute de l'Empire. Aux termes des articles 15 et 17, la conscription comprenait tous les Français depuis l'âge de vingt ans accomplis jusqu'à celui de vingt-cinq ans révolus, et les divisait en cinq classes, qui devenaient la première, la deuxième, la troisième classe, etc., selon que les conscrits avaient atteint, au 1ᵉʳ vendémiaire (22 septembre), l'âge de vingt ans, de vingt et un ans ou de vingt-deux ans. La Charte de 1814 mit fin à ce système de levées par son article 12, ainsi conçu : « La conscription est abolie ; le recrutement de l'armée *de terre* et *de mer* est déterminé par une loi [1]. » Voilà pour le recrutement.

[1] Trente-trois ans se sont écoulés depuis la promulgation de cet article ; chaque année le gouvernement a réuni les Chambres sous prétexte de régler les grands intérêts du pays, et l'*armée de mer* attend encore la *loi nouvelle* qui doit organiser son recrutement. Nous devons ajouter, il est vrai, que depuis longues années le département de la marine en France n'a jamais été l'objet de l'attention sérieuse et réfléchie des pouvoirs publics : on place à la tête des bureaux un officier de mer qui signe le travail des chefs de division ; ceux-ci, par amour de ce qu'ils appellent la *tradition*, suivent religieusement l'ornière tracée par leurs prédécesseurs ; de temps à autre, des commissions composées d'officiers et d'administrateurs, adversaires, par routine ou par po-

Quant à l'avancement, il n'était soumis, sous l'ancienne monarchie, à aucun principe fixe; l'organisation militaire de cette époque ne le permettait pas : le moyen d'imposer des conditions et des règles à l'obtention de chaque grade, quand la volonté sans cesse changeante du souverain et de ses ministres était la seule loi, quand les grandes charges de l'armée formaient le patrimoine de certaines familles, et que les régiments ainsi que les compagnies constituaient des propriétés privées transmissibles par vente ou par succession? La première loi sur l'avancement fut rendue par l'Assemblée constituante, le 29 octobre 1790; mais, en voulant garantir les officiers contre le caprice de leurs chefs, et détruire toute possibilité d'injustice ou de faveur, cette Assemblée tomba dans un autre extrême : tous les grades, jusqu'à celui de lieutenant général inclusivement, furent donnés à l'ancienneté. Cette disposition, même modifiée par les exigences de l'état de guerre, produisit des résultats si contraires au bien du service, que la Convention, par une loi du 14 germinal an III (4 avril 1795), soumit l'avancement à des conditions nouvelles; elle le constitua ainsi : le tiers de tous les grades, jusques et y compris le grade de chef de demi-brigade (colonel), fut donné à l'ancienneté; un second tiers à l'élection, et le dernier tiers au choix. Un arrêté du 10 brumaire an IV ne tarda pas à modifier cette règle pour les officiers supérieurs, c'est-à-dire pour les grades de chefs de bataillon ou d'escadron et de colonel; le Directoire, par cet arrêté, réserva ces dernières

---

sition, de tout changement, se réunissent pour décider que tout est pour le mieux, quand elles décident quelque chose ; les millions votés par les Chambres sont fidèlement dépensés chaque année sans résultat; et l'on dit alors que la marine est administrée. Quelque brave que soit un capitaine de vaisseau, si habile que l'on veuille supposer un chef d'escadre, ces officiers ne sont et ne peuvent être que des ministres déplorables; tous les hommes sensés connaissent et comprennent cette vérité; nul n'ose la dire. Ce n'étaient pas des officiers de mer qui dirigeaient ce département à toutes les époques glorieuses de notre histoire maritime; en revanche, on y trouve presque toujours des amiraux à chaque époque de décadence. (Note imprimée en 1847, date de la première publication de ce volume.)

nominations au pouvoir exécutif. La Convention, dans sa loi du 14 germinal, avait également réglé le mode d'avancement des caporaux et des sous-officiers; l'avancement, pour eux, était exclusivement le résultat de l'élection : les caporaux étaient choisis par les sergents sur une liste de candidats présentée par les *volontaires* de la compagnie; les sergents, par les sous-lieutenants, sur la présentation des caporaux; les sergents-majors, par les capitaines du bataillon, sans présentation. Quand il s'agissait de l'élection d'un sous-lieutenant, elle était faite par les lieutenants sur la présentation d'une liste de candidats que formaient tous les sous-lieutenants du bataillon; l'élection des lieutenants appartenait aux capitaines du bataillon, sur la présentation des lieutenants; celle d'un capitaine, aux chefs de bataillon et au colonel sur la présentation de tous les autres capitaines. Enfin, tout officier ou sous-officier, présenté déjà deux fois, avait droit à la première place vacante s'il était présenté une troisième fois; dans ce cas, il se trouvait nommé *de droit*, sans besoin d'aucun scrutin (article 28). Cette loi ne subit point de modifications essentielles sous l'Empire; les circonstances de la guerre rendirent son application moins régulière et moins fréquente; mais elle restait en vigueur et se trouvait encore appliquée lors des événements de 1814 [1]. Le général Dupont et ses successeurs virent la complète abrogation de la loi de l'an III dans ces mots de l'article 14 de la Charte : « Le roi est le chef suprême de l'État, commande les forces de terre et de mer, nomme à tous les emplois d'administration publique, » etc.; et ce fut en s'appuyant sur cette définition du pouvoir royal qu'ils improvisèrent cette multitude de généraux et d'officiers de tout grade,

---

[1] La loi de l'an III n'était pas tombée en désuétude sous l'Empire, ainsi qu'on le croit généralement; nous connaissons nombre d'officiers nommés par la voie de l'élection, en 1812 et en 1813, ceux-ci en France, ceux-là en Espagne, d'autres en Allemagne; les procès-verbaux d'élection existent dans les bureaux de la guerre. Il y a plus : il est des officiers, que nous pourrions nommer, qui ont acquis leur grade, à la fin de l'Empire, par une de ces promotions *de droit* que consacrait l'article 28, après trois présentations successives.

gens de cour, émigrés, Vendéens, ou jeunes gens sans service, que l'on vit inopinément envahir, en 1814, 1815 et 1816, tous les emplois de l'armée.

La loi présentée par le maréchal Gouvion-Saint-Cyr, comparée aux lois des régimes précédents, leur était supérieure, du moins en ce qui concerne le recrutement; elle joignait au mérite d'une clarté rare l'avantage de la précision et de la fixité. Les conscrits, sous la République et sous l'Empire, restaient pendant cinq années à la disposition du gouvernement, incertains jusqu'au dernier jour de savoir si leur classe serait appelée ou non sous les drapeaux. Un décret du pouvoir exécutif les obligeait-il de partir, ils ignoraient le moment du retour; le temps de leur service demeurait indéterminé; leur libération dépendait des événements. Avec la loi nouvelle, plus d'attente pénible ni d'incertitude; la position de chaque *appelé* devenait définitive immédiatement après le tirage : favorisé par le sort, il se trouvait complétement libre, sans pouvoir jamais être appelé; désigné pour partir, il pouvait d'avance préciser le jour et l'heure de sa libération, quelles que fussent d'ailleurs les circonstances de guerre ou de paix. En revanche, si dignes d'éloges que pussent être les nouvelles règles de l'avancement, nous croyons que celles établies par la Convention étaient mieux conçues : l'ancienneté a ses droits, il lui faut une part; mais elle n'est pas toujours un gage de capacité; trop souvent, d'un autre côté, la faveur dicté les avancements laissés au choix du pouvoir ou des supérieurs; l'élection, cette voix des égaux, offrait du moins aux officiers de chaque régiment, quand venait leur tour de nomination, le moyen de réparer, envers le mérite méconnu, l'erreur ou l'injustice produites par les deux autres modes d'avancement. Ces observations ne sont pas un reproche pour le ministre de la guerre de 1818; l'application du principe électif à l'avancement dans l'armée était alors un fait impossible; nous voulons seulement signaler une disposition qui doit reprendre sa place dans notre législation militaire.

La création des légionnaires vétérans, institution sans précédents dans l'organisation de nos armées, était une innovation heureuse que la Restauration ne tarda pas à supprimer et que le gouvernement venu après elle eut le tort de ne pas rétablir. En 1847, nous nous trouvons moins avancés qu'en 1818 sous le rapport des véritables principes d'une bonne défense nationale; l'armée attend encore l'établissement de sa réserve.

Le 14 janvier, lorsque s'ouvrit la discussion, quarante-six membres s'étaient fait inscrire pour parler sur la loi; vingt-trois devaient la défendre, et vingt-trois la combattre; les premiers appartenaient tous au parti ministériel ou à la fraction des opposants indépendants; les seconds se composaient exclusivement d'anciens membres de la majorité royaliste de 1815. Les *ministériels* et les *indépendants* approuvaient les dispositions organiques de la loi : ceux-ci au nom des principes et des intérêts consacrés par la *Révolution*, ceux-là en invoquant les droits assurés par la *Charte* à toutes les classes de citoyens; cette loi est *constitutionnelle*, disaient les premiers; c'est une loi *nationale*, disaient les seconds. En revanche, les opposants royalistes, subordonnant tous les droits aux droits du prince, tous les intérêts à l'intérêt de la royauté, la repoussaient avec violence comme anticonstitutionnelle et *antimonarchique*. L'armée doit être monarchiquement organisée, il faut *qu'elle soit au roi*, disaient-ils; et, pour arriver à ce résultat, ils exigeaient que la couronne conservât le droit exclusif de nommer à tous les grades, à tous les emplois, et rejetaient le système des appels annuels; pour eux, les engagements volontaires étaient le seul mode convenable de recrutement. En vain on leur démontrait, par les faits des deux dernières années, que ces engagements fournissaient à peine le tiers des hommes nécessaires aux besoins de la force militaire que nous imposaient les changements survenus dans l'organisation de l'Europe à la suite des événements des vingt-cinq dernières années; leurs regards ne quittaient point la vieille monarchie; et ils n'admettaient pas que l'on pût faire mieux en faisant autrement. Pour dernier argument, ils en appelaient à ces premiers mots de l'article 12 de la Charte : « La conscription est abolie. » Dans le secret de leur pensée, le nouveau mode de recrutement constituait le moindre défaut du projet ministériel : c'étaient les conditions mises à la nomination et à l'avancement des officiers de toutes armes qui blessaient surtout leurs préjugés de caste et de parti. Depuis trois années, tous leurs efforts tendaient à restreindre les conquêtes politiques et civiles de la Révolution et à rendre à la royauté, ainsi qu'aux anciennes classes privilégiées, quelques-uns des avantages dont cette Révolution les avait dépouillés. Or le projet qu'on osait leur soumettre n'allait à rien de moins qu'à consacrer pour l'armée, ancien patrimoine des classes nobles, le principe le plus révolutionnaire qui fût sorti de la chute de l'ancienne monarchie, l'*égalité*. Désormais, non-seulement leurs fils n'auraient pas plus de droits que les fils de leurs fournisseurs et de leurs fermiers, mais ils pourraient encore avoir ceux-ci pour supérieurs. Une pareille loi leur semblait un retour vers la République. Aussi dirigèrent-ils les attaques les plus furieuses contre les ministres, auteurs ou soutiens du projet de loi, projet anarchique, disaient-ils, et dans lequel leurs orateurs signalaient le complément d'une conspiration dont l'ordonnance du 5 septembre était le début, et la loi des élections le second terme de progression. « Cette conspiration est flagrante, s'écria M. de Sallaberry dans la séance du 15 janvier; je la suis; je la vois se révéler hideusement dans toutes les mesures et dans toutes les erreurs successivement adoptées. Ce que la conspiration a obtenu pour le civil (par la loi des élections), elle veut l'obtenir pour le militaire. Ce qu'on nous propose est une concession *décisive* qu'attendent tous les ennemis domestiques qui n'ont cessé d'espérer et de méditer, depuis la Restauration, le renversement de la monarchie et de la légitimité. Suivez leur marche rapide, et voyez quels succès ils ont obtenus! Il ne manque plus qu'une armée au génie du mal; il vous la demande; c'est à l'établissement du gouverment illégitime qu'il veut arriver sur les débris de la légitimité renversée, sur les débris du trône, au pied duquel tomberait massacrée la fidélité impuissante, inutile, rappelée trop tard et trop tard reconnue. »

M. de Bonald, envisageant le côté pour ainsi dire moral et philosophique de la loi, s'éleva contre les appels forcés, en les signalant comme la violation de la liberté personnelle et des droits de la famille; il dit : « C'est la traite des blancs substituée à la traite des noirs, car on forcera le père qui veut conserver son fils à marchander la vie d'un remplaçant avec un autre père qui consent à la vendre, trafic essentiellement immoral et dans lequel la vie de l'homme est tarifée d'autant plus bas que le prix de l'argent est plus élevé. » Il s'en prit ensuite aux mots : « Autrefois, dit-il, lorsque les expressions étaient justes comme les idées, on ne donnait pas le nom d'*armé* aux corps de troupes en temps de paix; ainsi appliqué, ce mot appartient à une langue de nouvelle fabrique; il est peu monarchique et de nouvelle création. » Puis il ajouta : « Les armées que donnent les appels forcés, les conscriptions, et qu'on appelle *nationales*, sont plus funestes que d'autres à la liberté publique. La force militaire d'un État doit avoir moins pour objet la défense extérieure que le maintien de l'ordre intérieur, afin que « force demeure à justice, » selon la belle expression de notre ancienne langue politique. Contre un grand péril, une invasion, par exemple, on a la ressource des levées spontanées. » M. de Villèle combattit la loi en se plaçant, pour employer son expression, *sur le terrain de la Charte;* il repoussa les appels forcés comme rétablissant cette conscription formellement abolie par l'article 12, et les dispositions sur l'avancement comme la violation des prérogatives réservées à la royauté par l'article 14. « Les ministres, dit-il, nous proposent de sacrifier la prérogative royale au besoin de fixer les droits de chacun; désormais, à les entendre, les protections, les sollicitations, les dénonciations et les espionnages vont fuir loin de nous; la loi seule réglera l'avancement des officiers. Mais cette loi, qui sera chargé de l'exécuter? Les ministres. Par quels moyens les contraindra-t-on à la suivre mieux qu'ils n'ont suivi les autres ordonnances du roi? Vous cherchez, ajouta-t-il, des garanties dans l'institution militaire la plus forte, la plus contraire à la liberté publique qui ait jamais existé. Dans quel état sont vos institutions civiles pour diriger l'effet de cette institution militaire? Avez-vous des institutions civiles? La famille, la commune, le canton, l'arrondissement, le département, le gouvernement et le ministère, sont-ils organisés? Vous êtes sous la Monarchie constitutionnelle, et ce sont les lois de la République et du despotisme qui règlent vos lois de famille! Aucun motif ne peut vous porter au vote inconstitutionnel que l'on sollicite de vous. La réunion de tous les membres de cette Chambre doit s'opérer sur le terrain de la Charte. C'est là que nous attendrons sans arrière-pensée, sans souvenirs, sans défiance, tous ceux qui voudront s'y placer avec nous. »

Cet appel fit monter, le lendemain, M. Courvoisier à la tribune : « Une opposition opiniâtre, funeste, dit-il, puisque, au dedans de cette enceinte comme au dehors, elle provoque toutes les autres, attend sur le terrain de la Charte tous ceux qui voudront se réunir à elle. La Charte existe depuis quatre ans, et cet espace, l'ordonnance du 5 septembre le divise. Sur quel terrain cette opposition veut-elle nous placer? Est-ce sur l'espace antérieur à l'ordonnance, sur le terrain de 1815? Nous lui répondrons que nous ne voulons ni décimer la France, ni diviser sa population en catégories. Elle préconise la fixité! Est-ce nous qui, en 1815, avons désorganisé, pour nous et les nôtres, l'armée, l'administration et les tribunaux? Elle ose parler de destitutions, de dénonciations et d'espionnage ! De quelle source sont sortis ces fléaux? Elle brûle de zèle en ce moment pour la prérogative royale; mais la France ne s'est jamais nourrie de défiance envers ses rois; la France fut et est plus que jamais en garde contre les prétentions *de caste;* elle s'attache au présent en envisageant le passé. Que le gouvernement dissipe les craintes, qu'il répare les erreurs et les excès du régime qui les a fait naître; que les fonctionnaires soient impartiaux, sans passion, et la France entière tombe au pied du trône, et les acclamations générales étoufferont par leur concert les murmures d'un frêle parti. »

La discussion générale fut fermée, le 26 janvier, par un discours où le maréchal Saint-Cyr répondit à toutes les attaques dirigées contre les dispositions organiques de la loi; ce discours, plein de faits ainsi que de véritable savoir militaire, et empreint d'une haute raison politique, contenait un passage qui doit être signalé. La plupart des opposants royalistes avaient repoussé l'institution des légionnaires vétérans par méfiance surtout des soldats qui devaient concourir à la première formation. La Restauration ne datait que de quatre ans; les premiers vétérans, par cela qu'ils compteraient six années de service au 31 décembre suivant, auraient donc appartenu à l'ancienne armée. Plusieurs orateurs, à cette occasion, avaient reproduit contre cette armée les accusations dont on ne cessait de l'accabler depuis 1815; le maréchal y répondit en ces termes : « La franchise est ici un devoir; la question que nous agitons est une question nationale. Il s'agit de savoir s'il existe parmi nous deux armées, deux nations dont l'une sera frappée d'anathème et regardée comme incapable de servir le roi et la France; et, pour me renfermer directement dans ce qui me concerne, il s'agit de savoir si nous appellerons encore à la défense de la patrie les soldats qui ont fait sa gloire, ou si nous les déclarerons à jamais dangereux pour son repos. Ce dernier arrêt serait injuste, car ces soldats étaient admirables au jour du combat; une ardeur infatigable les animait, une patience héroïque les soutenait; jamais ils n'ont cessé de croire qu'ils sacrifiaient leur vie à l'honneur de la France; et, quand ils ont quitté leurs drapeaux, ils avaient encore à lui offrir d'immenses trésors de force et de bravoure. Faut-il que la

France renonce à les leur redemander? Faut-il que, dans ses adversités, elle cesse de s'enorgueillir de ces hommes que l'Europe n'a pas cessé d'admirer? Non, messieurs, je ne puis le croire; notre salut ne réside point dans l'oubli de tant de services, dans la méfiance de tant de courage, dans l'abandon d'un boulevard si sûr. Nos soldats ont beaucoup expié, car ils ont beaucoup souffert; qui donc s'obstinerait à les repousser encore? »

Ce langage était nouveau pour la Chambre comme pour la France. Jusqu'alors, on n'avait jamais parlé de l'ancienne armée, à la tribune, que pour déverser sur elle la haine et l'insulte. Formée d'éléments révolutionnaires, disaient ses détracteurs, oppressive pour les peuples, docile au despotisme, rebelle à ses princes légitimes, deux mots résumaient son rôle au dehors et au dedans : dévastation et révolte. Pour la première fois, depuis le retour de Gand, une voix prenait enfin la défense de nos soldats, un homme politique osait honorer hautement leur bravoure, et prononcer les mots d'héroïsme et de gloire à l'occasion de leurs services. Ce noble et patriotique hommage, si un simple député l'avait rendu, aurait inévitablement soulevé les clameurs d'une partie de la Chambre, mais l'éloge tombait de la bouche d'un maréchal de France, ministre du roi; on n'osa protester; les opposants royalistes l'accueillirent avec un silencieux étonnement; une partie des membres ministériels avec un visible embarras; d'autres députés de cette nuance, ainsi que les opposants indépendants, firent entendre, en revanche, de nombreux bravos. Mais ce fut surtout dans les tribunes publiques que les paroles du maréchal rencontrèrent d'ardentes sympathies; l'enthousiasme y éclata, à plusieurs reprises, en applaudissements bruyants et prolongés. La discussion des articles occupa quatre séances, les mêmes attaques se produisirent; chaque vote était signalé par les plus vifs débats, la majorité de la Chambre, formée par les ministériels et par les indépendants, adopta les changements proposés par la commission dans le titre du *recrute-*

ment; les appels forcés devinrent la ressource de tous les corps de l'armée sans distinction, à défaut de recrutement suffisant par les enrôlements volontaires. Le projet ministériel, d'un autre côté, se bornait à fixer le complet des légions, qu'il portait à 150,000 hommes; la Chambre, sur la proposition de la commission, établit le complet de paix de toute l'armée et le fixa à 240,000 soldats. La commission fut moins heureuse dans ses autres demandes; toutes furent rejetées : le service des vétérans demeura maintenu à six ans, et l'Assemblée adopta, sans modification, toutes les dispositions relatives à l'avancement. Le 5 février, on vota sur l'ensemble de la loi; chaque opinion avait réuni toutes ses forces; jamais la Chambre ne s'était encore trouvée aussi nombreuse; 239 députés prirent part au scrutin; la loi fut adoptée par 147 voix contre 92.

Quatre jours plus tard, le 9 février, les ministres présentèrent la nouvelle loi à la Chambre des pairs; le 24, la commission fit son rapport, et la discussion s'ouvrit le 27. Le système des appels forcés, l'institution de la vétérance, mais surtout les règles sur l'avancement, rencontrèrent, dans cet asile des priviléges, une opposition encore plus nombreuse qu'à la Chambre des députés. Ces différentes dispositions y furent combattues avec la même passion et les mêmes arguments. « Que devient le rôle de la royauté avec vos articles sur l'avancement? s'écria M. de Fitz-James. La main royale n'est plus qu'une machine à signatures ! » M. de Chateaubriand réunit dans son discours la double argumentation de MM. de Bonald et de Villèle; après avoir repoussé l'institution des vétérans, comme constituant une armée à côté d'une autre armée composée d'autres éléments et ayant d'autres intérêts; après avoir déclaré qu'il rejetait les articles sur l'avancement, sans vouloir même les discuter, tant ils lui semblaient attentatoires à la prérogative royale, l'orateur termina ainsi : « Tout se détériore autour de nous; l'esprit fatal qui a produit nos malheurs renaît de toutes parts; on ressuscite le langage et les erreurs de l'anarchie; les mots avec lesquels on a dépouillé, égorgé les propriétaires, et conduit Louis XVI au supplice, se font entendre de nouveau. Nous semblons retourner sur nos pas; nous reprenons le chemin des abîmes. Tâchons, messieurs, que la loi qu'on nous présente aujourd'hui ne vienne pas augmenter les dangers de l'avenir. » Les ducs de Doudeauville et de Brissac, les marquis de Boisgelin, d'Herbouville, de Talaru et de Raigecourt, combattirent également la loi. Dépossédés par la Révolution de tous les priviléges de la naissance, les opposants dont nous venons de citer les noms devaient naturellement repousser des dispositions consacrant la perte d'avantages qu'ils avaient cru sans doute ressaisir à la suite du rétablissement des anciens princes. Il est moins facile de comprendre l'opposition de plusieurs membres, soldats de la Révolution, qui devaient au régime d'égalité inscrit dans la nouvelle loi leur rang social et leur fortune militaire. Était-ce défaut d'intelligence ou bien faiblesse de parvenus, désireux de faire leur cour aux hommes de cette ancienne aristocratie qui s'obstinait à les tenir loin d'elle et à leur fermer ses rangs? Parmi les anciens chefs militaires de la République et de l'Empire qui repoussaient quelques-unes des dispositions organiques de la loi, le général Lauriston et le maréchal Victor (duc de Bellune) furent les plus opiniâtres à réclamer le régime des ordonnances pour l'avancement dans la plupart des grades. Malgré leur secours, le parti des vieilles institutions ne put l'emporter : les différents articles, fortement soutenus par les généraux Dessole, Ricard et de la Roche-Aymon, par le marquis de Lally-Tollendal, les ducs de la Vauguyon et de la Rochefoucauld-Liancourt, furent successivement adoptés; et, le 9 mars, à la suite d'une vive discussion sur le titre de l'*avancement*, dernier titre du projet, après un discours où le maréchal Saint-Cyr discuta le mérite du régime des ordonnances comparé au régime de la loi, discours nourri de faits empruntés au passé, et dont l'argumentation, restée sans réponse entraîna les pairs jusqu'alors indécis, la Chambre procéda au vote définitif de la loi; 96 voix contre

74 l'adoptèrent[1]. Cet acte législatif était une grande mesure politique qui honore M. de Richelieu et ses collègues. Le président du conseil, MM. Decazes et Lainé, contribuèrent puissamment à son adoption; mais la principale part de l'éloge revient au ministre de la guerre, et c'est avec justice que les contemporains, attachant le nom du maréchal à cette loi, l'ont appelée la *loi Gouvion-Saint-Cyr*.

Six semaines auparavant, la Chambre des pairs avait rejeté un projet destiné à remplacer les dispositions des deux lois du 21 octobre 1814 et du 9 novembre 1815, qui réglaient la police ainsi que la poursuite des écrits ou publications non soumis à l'obtention de l'autorisation royale, c'est-à-dire des livres, brochures et recueils de toute nature autres que les journaux. Les formalités imposées aux imprimeurs par la loi de 1814 étaient celles-ci : nul imprimeur ne pouvait imprimer un écrit *avant* d'avoir déclaré qu'il se proposait de l'imprimer, ni le publier, de quelque manière que ce fût, *avant* d'en avoir déposé à la direction de la librairie un nombre déterminé d'exemplaires en échange desquels on lui délivrait un récépissé qui devenait alors un *permis* de publication. Le di-

---

[1] Dans le discours qu'il prononça pour démontrer la *nécessité* de soustraire l'avancement des officiers au régime des *ordonnances* et de lui assurer le bénéfice d'une fixité légale, le maréchal Gouvion-Saint-Cyr présenta le tableau de toutes les ordonnances rendues sur la matière depuis 1675. Rien de variable comme cette législation; aucune disposition d'ensemble; la règle établie la veille est constamment détruite le lendemain. Une armée était-elle battue avec des officiers tous admis à la faveur, vite une ordonnance accordait des droits à l'ancienneté. Nos soldats, mieux commandés, gagnaient-ils une victoire, la faveur reprenait tous ses priviléges. Ces décisions, qui changeaient au gré du caprice de chaque ministre ou de chaque favorite, avaient eu pour résultat une profusion et une confusion de grades presque inextricable. Gouvion-Saint-Cyr rapportait que, sous le ministère du maréchal de Muy, il existait dans l'armée des colonels *propriétaires, commandants, en second, en troisième, par commission, à la suite, attachés à l'armée*, des lieutenants-colonels *colonels*, des majors *colonels*, des capitaines *colonels*, des sous-lieutenants *colonels*, des maréchaux de logis *colonels*. Ces colonels étaient alors en si grand nombre, que le ministre fut obligé d'en réformer à la fois *onze cents*. Quant aux capitaines, Gouvion-Saint-Cyr cite encore cette nomenclature empruntée à la même époque : capitaines *commandants, en second, réformés, à réformer, à la suite, à finances*, etc.

recteur de la librairie avait en outre le droit d'exiger, *avant* comme *pendant* l'impression, la communication de l'écrit, et, sur l'avis de deux censeurs, d'en suspendre l'impression. La loi de 1815 avait aggravé ces dispositions : elle ne se bornait plus à donner au directeur de la librairie le droit de suspendre ou d'empêcher l'impression: ses articles 1 et 4 autorisaient la saisie non-seulement des écrits imprimés *non publiés*, mais encore des écrits *livrés* à l'impression, c'est-à-dire *non encore imprimés*, et permettaient aux tribunaux d'infliger aux imprimeurs et aux auteurs de ces écrits les peines les plus sévères, entre autres la déportation (mort civile[1]). M. Pasquier, en présentant le nouveau projet de loi, dans la séance du 17 novembre 1817, ne s'était pas contenté de rappeler ces incroyables dispositions que lui-même, au reste, avait proposées et défendues comme rapporteur de la loi, et votées comme député; croyant, sans doute, se trouver encore devant la Chambre introuvable, il osa de nouveau les justifier; il dit : « Nos lois punissent la tentative du crime comme le crime même; il y a tentative de crime toutes les fois que l'*intention* de le commettre a été manifestée par un acte extérieur et suivie d'un commencement d'exécution : *le fait de donner* un écrit à *l'impression*, quand cet écrit renferme un crime ou un délit, peut donc être considéré comme une tentative de délit ou de crime et puni comme le crime ou le délit même. » Après cette argumentation monstrueuse, qui caractérise une époque et ses hommes, M. Pasquier annonça « que le gouvernement, faisant la part de circonstances plus heureuses, s'était décidé à *adoucir singulièrement* les dispositions de la loi de 1815; que l'application de cette loi serait désormais restreinte aux écrits contenant une provocation directe à des faits qualifiés *crimes*, et que tous les autres écrits ne seraient poursuivis et punis *qu'après avoir été publiés*. » Cette concession n'était qu'appa-

[1] On n'a pas oublié les efforts faits par un grand nombre d'orateurs pour substituer, contre les auteurs de ces écrits *non imprimés*, la peine de MORT à celle de la déportation. Voyez pages 140 à 147 de ce volume.

rente : publier un écrit ou un livre, dans l'acception ordinaire des mots, c'est le mettre en vente, le produire *en public*. M. Pasquier ne l'entendait pas ainsi; voici comment l'article 8 de son projet de loi définissait la *publication* :

« Sont considérés comme publication, soit la distribution de tout ou partie de l'écrit, soit le *dépôt* qui en est fait en exécution de l'article 14 de la loi du 21 octobre 1814. »

Le *dépôt* exigé par cet article 14 était fait à la direction de l'imprimerie et de la librairie *avant* qu'un seul exemplaire pût sortir des mains de l'imprimeur. Il résultait des deux dispositions principales du projet que, dans le cas où un écrit renfermait l'apparence d'une provocation à un *crime*, il pouvait être saisi entre les mains des ouvriers, et puni *sans avoir été imprimé;* et que, dans le cas de provocation à un simple *délit*, on pouvait le saisir lors du dépôt dans les bureaux de la police, puis punir l'auteur, l'éditeur et l'imprimeur, *sans que l'écrit eût été publié.*

Voilà la loi que M. Pasquier présentait comme la réalisation de la liberté de la presse dans son application la plus large, et qu'il proclamait un modèle de modération indulgente et de douceur. Elle fut attaquée avec vivacité par les opposants royalistes comme par les opposants indépendants; la censure, à la vérité, ne pesait pas moins lourdement sur les écrits des premiers que sur ceux des seconds, et ses rigueurs étaient égales pour les deux opinions; leurs orateurs se rencontrèrent donc pour demander, d'abord la suppression de l'article 8, ensuite l'application du jury au jugement de tous les délits commis par la voie de la presse. Une majorité formée par la réunion des deux oppositions et par un certain nombre de membres ministériels, parmi lesquels nous devons citer les deux conseillers d'État Royer-Collard et Camille Jordan, ainsi que l'ancien ministre Beugnot, prononça la suppression de l'article 8. L'introduction du jugement par jurés fut ensuite mise aux voix; il n'y avait pas un accord parfait sur ce point entre les deux oppositions : les indépendants ne réclamaient que le droit commun, le jury ordinaire; les royalistes voulaient un *jury supérieur;* adversaires par principes de cette institution et ne l'acceptant, pour la presse, que comme un moyen de défense temporaire, comme une mesure d'exception dont ils entendaient se réserver le bénéfice, ils demandaient, par l'organe de M. de Villèle, que ce jury fût choisi, à l'aide du sort, parmi les contribuables payant 1,000 francs d'impôts directs, c'est-à-dire parmi les seuls éligibles à la Chambre des députés. Le vote se ressentit de cette divergence d'opinion, et, malgré le secours de MM. Royer-Collard, Camille Jordan, Beugnot, et de quelques-uns de leurs amis, qui, cette fois encore, se séparèrent du cabinet, l'amendement destiné à introduire le jury dans la loi fut repoussé après deux épreuves douteuses[1]. Un autre amendement, présenté par M. Cornet-d'Incourt pour rendre les différentes dispositions pénales du projet « communes à la réimpression des *anciens* ouvrages séditieux, immoraux, blasphématoires et attentatoires à la religion, » amendement que soutint M. de Marcellus au nom de la majesté du *Très-Haut* et de l'*Homme de sa droite,* fut également rejeté comme inutile et faisant double emploi avec les termes généraux de plusieurs articles. Le 24 décembre, on vota sur l'ensemble du projet amendé; il fut adopté par 122 voix contre 111.

Cette loi était l'œuvre spéciale de MM. Decazes et Pasquier; ces deux ministres, dominés sans doute par certaines habi-

---

[1] Ce furent ces votes séparés de quelques hauts fonctionnaires sur certaines questions de principe ou de *doctrine* constitutionnelle qui donnèrent alors naissance à une petite fraction politique désignée sous le nom de *doctrinaire.* Ces dissidents, gens honnêtes et convaincus, formaient un groupe de sept ou huit députés au plus. M Beugnot, un des hommes de ce temps les plus flexibles en politique, ayant voté en deux ou trois occasions avec les doctrinaires, fut rangé parmi eux. Un de ses amis lui témoignait son étonnement : « Ce parti des doctrinaires, lui disait-il, est donc bien puissant, bien nombreux? — J'ai voulu m'assurer de sa force, lui répondit M. Beugnot; je suis allé le visiter; il tiendrait tout entier sur mon canapé. » De là, la désignation de parti du *canapé* qui fut donnée à ces dissidents; M. de Serre, alors président de la Chambre, en faisait partie.

tudes d'esprit contractées dans leurs anciennes fonctions de police, n'admettaient pas qu'il y eût une législation possible sur la presse sans le droit de saisie *préventive*, et voyaient dès lors l'entier renversement de leur travail dans la suppression de l'article 8; espérant que la Chambre des pairs rétablirait cette disposition, ils soumirent à cette Assemblée le projet amendé. L'événement les trompa : tous les amendements destinés à faire revivre la définition du fameux article 8 furent successivement repoussés. En revanche, la Chambre, sur la proposition d'un de ses membres, adopta l'amendement présenté dans l'autre Assemblée par M. Cornet-d'Incourt, amendement évidemment dirigé contre les ouvrages des écrivains les plus célèbres du dernier siècle. Cette décision mécontenta tous les pairs qui avaient appartenu aux anciennes Assemblées de la Révolution, et qui, la plupart, donnaient leur voix au ministère. Aussi, lorsque, le 23 janvier, on vota au scrutin sur l'ensemble de la loi, leurs boules, réunies à celles des membres adversaires absolus de la liberté d'écrire, décidèrent le rejet du projet de loi, à la majorité de 102 voix contre 59.

Cet échec ne laissa cependant pas le ministère complétement désarmé vis-à-vis de la presse périodique : incertain du sort du projet de loi, il en avait détaché, trois semaines auparavant, l'article 27, relatif à la police des journaux, pour le convertir en un projet de loi spécial qui continuait à soumettre, jusqu'à la fin de la session suivante, toutes les publications politiques, soit quotidiennes, soit périodiques, à la nécessité de l'autorisation royale. Ce projet de loi spécial, présenté à la Chambre des députés le 20 décembre, fut adopté le jour même, presque sans débat, par 121 voix contre 97. Porté, le 23, à la Chambre des pairs, mis en discussion le 27, il y fut adopté, le 29, après une discussion où M. de Broglie, réclamant pour les journaux une liberté complète, absolue, fut combattu par le ministre de la marine, M. Molé, qui repoussait la liberté de la presse comme une institution fatale, comme la source de toutes les mauvaises doctrines et de tous les maux. « On s'exagère son importance, disait-il ; quels pas a-t-elle fait faire à la civilisation, aux arts et aux sciences ? a-t-elle jamais éclairé une seule question législative ? L'opposition elle-même ne doit pas rechercher son appui. »

Louis XVIII, en ouvrant la session, avait annoncé la présentation aux deux Chambres d'un nouveau concordat. Ce traité, conclu à Rome, le 11 juin 1817, entre M. de Blacas et le cardinal Gonsalvi, avait été communiqué, en effet, à la Chambre des députés le 22 novembre précédent ; mais il devait avorter avant même d'arriver à une discussion publique. Toutes ses dispositions portaient l'empreinte de l'inintelligence politique et des incurables préjugés de l'homme qui l'avait négocié ; en voici l'analyse : « Le concordat passé entre Léon X et François Ier était rétabli ; celui de 1801 et les articles organiques de 1802 demeuraient abrogés ; tous les siéges épiscopaux, supprimés en 1801, seraient rétablis ; ces siéges, ainsi que ceux existants, obtiendraient une dotation convenable *en biens-fonds ou en rentes sur l'État*; les chapitres, les cures et les séminaires, tant existants que ceux à établir, seraient pourvus d'une *dotation* semblable ; le roi s'obligerait à employer tous les moyens en son pouvoir pour faire cesser, le plus tôt possible, les désordres et les obstacles qui s'opposaient *au bien de la religion et à l'exécution des lois de l'Église*; enfin, les abbayes, prieurés et autres bénéfices qui pourraient être établis, seraient gouvernés par les règlements prescrits par le concordat de François Ier. »

Ce rappel d'une loi disparue, et dont l'application, dans la plupart des cas, n'était plus matériellement possible ; ce retour à des règlements vieux de trois siècles, et appartenant à une autre civilisation, n'avaient pas coûté la moindre hésitation à M. de Blacas. Loin de là : non-seulement cet ancien favori avait cru se montrer un homme véritablement politique ; non-seulement il s'était flatté de rendre à la royauté un puissant élément de force et de splendeur en faisant revivre au dix-neuvième siècle les institutions du seizième ; mais il était encore convaincu que, négociateur ferme autant qu'habile, il avait amené la cour de Rome à des concessions que la France ne devait pas espérer. Le saint-père avait en effet posé, comme bases premières de la négociation, la restitution d'Avignon et du comtat Venaissin, ainsi que le rétablissement des annates ; et M. de Blacas avait obtenu que, tout en protestant par une bulle, pour l'honneur des principes, contre la réunion d'Avignon et du Comtat à la France, le pape se résignerait à échanger ses droits contre une indemnité pécuniaire convenable; quant aux annates, on était convenu que la cour de Rome les laisserait momentanément en oubli.

La Chambre de 1815 aurait applaudi aux conditions souscrites par le favori qui, pendant une année, avait gouverné la France sous le nom de Louis XVIII; mais les temps étaient changés : la majorité de la Chambre n'appartenait plus au parti religieux; le ministère lui-même n'obéissait plus aux mêmes passions. Aussi M. de Richelieu et ses collègues, n'osant rendre publique la convention du 11 juin, avaient-ils rédigé, pour la Chambre, un projet de concordat particulier, et qui n'empruntait au traité signé par M. de Blacas que les dispositions relatives au rétablissement du concordat de 1515, ainsi qu'à la création de nouveaux siéges au nombre de quarante-deux. La difficulté principale n'en subsistait pas moins tout entière : comment concilier les prescriptions de 1515 avec les institutions civiles et ecclésiastiques actuelles? En second lieu, comment instituer la circonscription des nouveaux siéges épiscopaux sans porter le trouble et le désordre dans les circonscriptions établies ? Enfin où trouver, au milieu de nos finances obérées, les ressources nécessaires à l'érection d'un aussi grand nombre de nouveaux évêchés? La commission chargée par la Chambre d'examiner le projet ministériel multipliait vainement ses séances ; elle ne pouvait sortir d'embarras ; les ministres eux-mêmes, appelés fréquemment dans son sein, ne pouvaient lui indiquer aucune issue. Les prétentions révélées par le traité original, par les différentes bulles qui l'accompagnaient, par celle, entre autres, où le pape réclamait la possession d'Avignon et de son territoire, et qui toutes avaient été traduites et communiquées à la commission, ajoutaient encore à l'incertitude des esprits. Le ministère ne trouva qu'un moyen de trancher la difficulté il retira le projet de loi, et annonça le prochain départ pou Rome d'un plénipotentiaire chargé de reprendre la négocia tion [1].

Les embarras causés au gouvernement par les prétentions de la cour de Rome, unique résultat de la faiblesse du ministère et de la sottise de notre ambassadeur, étaient sans importance, comparés aux difficultés que rencontrait M. de Richelieu dans une négociation, préliminaire indispensable de la libération du territoire, et qui défiait, depuis plusieurs mois, tous les efforts de ce ministre. On n'a pas oublié que les charges pécuniaires imposées à la France par le traité du 20 novembre 1815, et par les conventions annexes, étaient de trois sortes : payement de 700 millions de contribution de guerre ; solde et entretien de 150,000 hommes de troupes d'occupation ; liquidation et remboursement des créances dues par la France aux étrangers pour dettes antérieures au 1ᵉʳ avril 1814. La contribution de guerre était religieusement acquittée jour par jour dans les conditions stipulées par la première *convention-annexe* du traité du 20 novembre ; la solde et l'entretien du corps d'occupation n'avaient jamais subi un retard d'une heure ; enfin, sur les créances antérieures au 1ᵉʳ avril 1814, la

---

[1] La Congrégation était représentée dans la commission par MM. de Marcellus et Trinquelague. Témoin des incertitudes des autres commissaires et des ministres, scandalisé d'ailleurs de la différence existant entre le projet de concordat présenté par le gouvernement et le traité signé avec la cour de Rome, M. de Marcellus écrivit au pape pour lui demander s'il était résolu de maintenir le concordat du 11 juin ainsi que les bulles y annexées, et si un chrétien pouvait obéir à une loi qui serait en contradiction avec les dispositions primitivement convenues avec le saint-siège. Le saint-père adressa pour réponse à ce député un bref apostolique où, le félicitant de ses scrupules religieux, il lui annonçait sa ferme résolution de maintenir toutes les clauses du concordat du 11 juin et des bulles-annexes.

France, vers le milieu de 1817, avait déjà liquidé une masse de créances s'élevant en capital à 180 millions, capital qui absorbait non-seulement les 7 millions de rente affectés à la garantie des dettes de cette nature, mais encore deux autres millions de rente ajoutés à cette garantie par une loi du 23 décembre 1815 [1]. Cependant les réclamations n'avaient pas tardé à dépasser toutes les prévisions des négociateurs de 1815 ; elles prirent des proportions fabuleuses ; on ne se borna pas, il est vrai, à produire de prétendues créances ayant leur origine dans les premières guerres de la Révolution ; on nous portait en compte jusqu'à des dettes qui remontaient à plusieurs siècles, et que l'ancienne monarchie n'avait jamais voulu reconnaître. Un exemple donnera la mesure de l'insolence de ces réclamations. Le duc d'Anhalt-Bernbourg réclamait le prix et la solde, pendant une année, de 4,000 *reîtres* levés par le chef de sa branche pour venir au secours de Henri IV dans ses luttes contre les ligueurs. D'après une déclaration faite à la Chambre par M. de Richelieu, le 25 avril 1818, les demandes de cette nature s'élevaient, en dehors des 180 millions déjà liquidés, à 1 milliard 390 millions. Ce nouveau sacrifice était au-dessus des forces de la nation. Le 30 septembre 1817, M. de Richelieu adressa aux différentes légations une note où, démontrant l'impossibilité, pour la France, d'ajouter ce fardeau aux charges écrasantes qui pesaient déjà sur elle, il offrait, à titre de transaction, 10 millions de rente, soit, en capital, 200 millions. On ne lui répondit pas, ou bien il reçut des promesses évasives. Une fois encore, il recourut au souverain dont l'intervention avait été si secourable aux Bourbons en 1814 et en 1815 ; il sollicita l'appui d'Alexandre. Le Tzar le lui accorda, et, le 30 octobre, ce souverain écrivit au duc de Wellington, commandant en chef du corps d'occupation, une lettre où, rappelant qu'il s'était constamment adressé à lui (Wellington) dans toutes les circonstances qui pouvaient par-

---

[1] Voyez, pour la teneur du traité du 20 novembre 1815 et des conventions-annexes, t. III, pages 451 à 457.

ticulièrement influer sur l'affermissement de l'ordre de choses rétabli en France, il ajoutait « qu'il l'invitait à porter toute son attention sur un *mémoire* rédigé sous ses yeux par M. de Nesselrode, et dans lequel étaient exposés les motifs de droit et de convenance politiques qui devaient diriger la solution des difficultés inhérentes à l'acquittement des créances particulières imposées à la France par le traité du 20 novembre, créances dont il n'avait pas été possible de prévoir alors l'*énorme développement;* qu'il venait de faire connaître aux monarques, ses alliés, son opinion sur cet engagement onéreux, sur les moyens de le rendre exécutable et sur la modération et la bonne foi qu'il était nécessaire d'apporter à la décision de cette question, de laquelle dépendait peut-être le repos de la France. » Alexandre terminait ainsi : « Sil me restait un vœu à énoncer, ce serait que l'assentiment unanime de mes alliés vous déférât la direction principale des négociations sur cette question des créances particulières, et sur le mode le plus équitable de la décider. » Le mémoire de M. de Nesselrode mentionné dans cette lettre portait en substance « que les réclamations autorisées par le traité du 20 novembre dépassaient, outre mesure, tous les moyens dont S. M. T. C. pouvait disposer pour remplir loyalement ses engagements envers les puissances étrangères; que les offres faites par M. de Richelieu semblaient, à sa cour, offrir un moyen d'arriver à un résultat sans détruire le texte des conventions arrêtées; que si ces offres n'eussent regardé que les sujets de S. M. I., elle n'aurait pas hésité à les accepter; mais que, d'autres États étant intéressés dans la négociation, l'Empereur son maître ne pouvait donner qu'un avis, celui de remettre à une commission spéciale le soin de régler les difficultés soulevées par cette liquidation. »

L'opinion d'Alexandre entraîna toutes les grandes puissances : une commission spéciale de liquidation fut formée, et le duc de Wellington, ainsi que l'avait proposé le Tzar, en eut la présidence. Les conférences s'ouvrirent immédiatement à Paris, et, après cinq mois de travaux assidus, le résultat en fut consigné dans une *convention* portant la date du 25 avril 1818 et contenant en substance « que les cours d'Autriche, de la Grande-Bretagne, de Prusse et de Russie, voulant éteindre par une *transaction* toutes les réclamations élevées contre la France en vertu de l'article 9 du traité du 20 novembre 1815, avaient arrêté, d'accord avec toutes les parties intéressées, que ces réclamations seraient éteintes à l'aide d'une rente de 12,040,000 fr., représentant un capital de 240,800,000 fr., laquelle rente serait inscrite sur le grand-livre de la dette publique française, avec jouissance du 22 mars précédent [1]. » Le jour même de la signature de cette convention, M. de Richelieu la fit connaître à la Chambre des députés, en lui présentant un projet de loi portant inscription sur le grand-livre de la dette publique d'une rente de 16,040,000 fr. au capital de 320,800,000 fr., destinée à l'extinction de cette dette. Les 4 millions formant la différence entre le chiffre de cette inscription et celui de la rente stipulée dans le traité conclu avec les puissances se composaient de 1 million alloué à l'Espagne par une convention particulière, et de 3 millions donnés à l'Angleterre par un traité également séparé [2]. Ce projet de loi ne pouvait soulever aucune discussion ; quatre jours après sa communication, qui avait été entendue avec une résignation silencieuse, il fut adopté sans débats par 162 voix sur 179 votants. La Chambre des pairs le vota, à son tour, dans sa séance du 4 mai. On comprend le silence des deux oppositions

[1] Cette convention était signée au nom de l'Autriche, de l'Angleterre, de la Prusse et de la Russie, par le baron de Vincent, sir Charles Stuart, les comtes de Goltz et Pozzo di Borgo; le duc de Richelieu y intervenait comme représentant de la France. L'article 7 faisait le partage de ces 12,040,000 fr. de rente entre tous les intéressés, c'est-à-dire entre tous les États de l'Europe, grands et petits, au nombre de trente-quatre; les plus fortes parties prenantes étaient : la Prusse pour 2,600,000 fr. de rentes; l'Autriche et la Sardaigne, chacune pour 1,250,000 fr.; les plus faibles étaient Saxe-Meiningen pour 1,000 fr. de rentes, et Mecklembourg-Strelitz pour 1,700 fr.; la cour de Rome y figurait pour une rente de 250,000 fr.

[2] Une partie de ces 3 millions de rentes (60 millions de capital) servait à indemniser les Anglais possesseurs de rentes françaises sous la République qui avaient eu à supporter, comme tous les rentiers regnicoles, la réduction

de la Chambre des députés devant ce nouveau sacrifice : indépendants, comme les royalistes exclusifs, n'auraient pu se plaindre sans accuser, ceux-ci le triomphe de leur cause, ceux-là leurs fautes et leur passé. Ces 300,200,000 fr., les 400,000,000 fr. que coûtèrent au pays les cinq premiers mois de la seconde invasion, 700,000,000 fr. de contribution de guerre, et près de 400,000,000 dépensés pour la solde et l'entretien du corps d'occupation, soit en totalité près de 2 milliards, voilà effectivement les sacrifices imposés à la France par la trahison des chefs ou par l'imbécile lâcheté des pouvoirs publics qui, après Waterloo, livrèrent Paris et le reste du royaume à l'ennemi.

Lorsque, le 25 avril, M. de Richelieu présentait à la Chambre le résultat de cette difficile liquidation, cette Assemblée discutait le budget, et les opposants royalistes attaquaient avec une extrême vivacité le maintien du ministère de la police. Repoussant l'emploi des fonds secrets comme immoral et comme dangereux pour la sécurité de l'État, M. de Villèle, regardé, dès cette époque, comme le chef politique de son parti, demandait la suppression de toutes les dépenses et de tous les agents occultes, et déclarait « que, depuis le procès de Pleignier, Carbonneau et Tolleron, jusques et y compris les événements de Lyon, on n'avait pas jugé un seul procès politique sans qu'on y eût senti l'influence de la police, et aperçu l'action de ses agents. » Malgré cette vigoureuse accu-

---

des *deux tiers* du capital nominal de leurs créances; ces deux tiers leur furent restitués sur le pied de 100 fr. par chaque 5 fr. des anciennes rentes. Une autre portion était destinée à rembourser : 1° à quelques marchands anglais, des droits de douane payés par eux à Bordeaux en 1814, au mépris d'une ordonnance du duc d'Angoulême qui les en avait exemptés; 2° et aux officiers et soldats du corps d'armée de lord Beresfort les prises qu'ils prétendaient avoir faites par suite de leur entrée dans cette ville le 12 mars 1814. Lorsqu'ils s'emparent d'un port, les Anglais considèrent comme prise de guerre, à titre de propriétés publiques, tous les bâtiments qui s'y trouvent à flot; ils n'avaient emmené aucun navire de Bordeaux; c'était la valeur présumée des bâtiments de commerce alors ancrés devant cette ville qu'ils se faisaient payer.

sation, condamnation éclatante des monstruosités judiciaires dont le chef-lieu du Rhône, Paris et tant d'autres villes avaient été le théâtre, l'opposition de M. de Villèle et de ses amis était cependant moins absolue qu'on ne pourrait le penser : s'ils combattaient les ministres, ils défendaient en même temps le gouvernement contre les opposants indépendants, à l'occasion de prodigalités et d'abus empruntés à l'ancien régime. La Restauration, dans son culte pour les coutumes de l'ancienne monarchie, avait introduit dans l'armée un certain nombre de régiments suisses, ayant une existence à part de celle des troupes nationales, une discipline particulière et une solde beaucoup plus élevée. M. Casimir Périer blâma cette intrusion de mercenaires dans nos rangs, et réclama contre les priviléges qui leur étaient accordés. M. de Bonald prit avec chaleur la défense des soldats suisses : « Plût à Dieu que tous tant que nous sommes nous fussions aussi bons Français que ces nobles étrangers ! » s'écria-t-il en terminant un long discours sur la loi des finances, discours où il avait émis le vœu de voir l'impôt en argent remplacé par l'impôt en nature. Le budget de 1818, évalué, tant en dépenses qu'en recettes, à 1,098,362,693 francs, fut soumis à la discussion de la Chambre des députés le 31 mars, et voté le 29 avril. La Chambre des pairs l'adopta, à son tour, le 14 mai. Le surlendemain, 16, une ordonnance lue dans les deux Chambres prononça la clôture de la session [1].

Parmi les résultats de cette session, nous devons signaler la suppression de la juridiction prévôtale. La loi d'institution en limitait l'existence au 1er janvier 1818, à moins d'une prorogation législative ; cette prorogation ne fut pas demandée ; le ministère laissa ces tribunaux odieux tomber sous le senti-

---

[1] Les dépenses votées pour 1818 se divisaient en trois budgets différents : budgets *de la dette publique et de l'amortissement*, 180,782,000 fr ; *des dépenses ordinaires*, 616,442,271 fr. ; *des dépenses extraordinaires*, 301,468,422 fr., non compris 265,000,000 fr. restant à payer au 1er janvier 1819 sur la contribution de guerre.

ment d'indignation et d'horreur qu'ils avaient partout soulevé. Toutefois la juridiction disparut, non les juges ; il y eut, il est vrai, quatre-vingt-cinq prévôts de moins ; mais les cinq cent dix magistrats composant le reste du personnel de ces cours, maintenus sur leurs siéges, dans les tribunaux de tous les chefs-lieux de département, continuèrent à poursuivre et à frapper. A défaut de causes politiques, les ministres de la justice et de la police leur donnaient des procès de presse à juger.

Les journaux quotidiens ne pouvaient offrir le moindre prétexte à ces poursuites : chaque ligne qu'ils publiaient avait subi l'examen de la censure. Les gens du parquet et les juges durent chercher un autre aliment à leur zèle; ils le trouvèrent dans les recueils qui, soit par leur volume, soit par l'irrégularité de leur publication, échappaient aux ciseaux des censeurs [1]. On ne comptait encore qu'un petit nombre de ces recueils en 1818. La *Bibliothèque historique*, la *Minerve* et le *Conservateur*, étaient les plus répandus. Le *Conservateur*, organe de l'opposition royaliste, avait pour rédacteur principal M. de Chateaubriand, et pour devise *le Roi, la Charte et les honnêtes gens*. Un membre de la Chambre des Cent-Jours, ancien familier de Fouché, et dont nous avons dit le rôle dans les journées des 21 et 22 juin 1815, M. Jay, était un des directeurs de la *Minerve*, organe des indépendants. Quant à la *Bibliothèque historique*, non-seulement sa publication avait devancé celle des autres recueils, mais un de ses fondateurs, M. Chevallier, avait subi le premier procès et la première condamnation pour délit de presse qu'eussent prononcée les tribunaux de Paris depuis le retour de Gand. La *Minerve* et le *Conservateur*, journaux d'examen et de discussion plutôt que journaux de faits, échappaient facilement aux rigueurs de la justice de cette époque. Le premier s'abritait sous la *Charte*,

---

[1] La loi du 21 octobre 1814 exemptait de la censure préalable les écrits de 20 feuilles et au-dessus, ainsi que les recueils paraissant à des époques indéterminées.

et semblait ne combattre que pour elle; la rédaction en était timide. Le second se montrait plus résolu; à la vérité, il parlait au nom de la *monarchie*, et, rédigé par des députés et par des pairs de France, il exprimait les opinions de la cour et de l'immense majorité des fonctionnaires de tous les ordres. Dans leurs critiques, d'ailleurs, ces deux recueils atteignaient moins les personnes que les choses, moins les administrateurs que la marche de l'administration; un peu d'habileté dans la rédaction suffisait pour les mettre à l'abri de toute poursuite. La *Bibliothèque historique* n'avait pas ces ménagements : ouverte à toutes les réclamations et à toutes les plaintes, elle enregistrait, sans hésiter jamais, tous les actes injustes ou violents qui lui étaient dénoncés, et donnait une salutaire notoriété à cette foule de décisions arbitraires, de jugements et d'arrêts iniques, dont les autorités administratives et judiciaires des départements étaient alors si prodigues. Sa publicité n'appartenait pas seulement aux intérêts et aux faits du moment; elle éclairait le passé par le récit de ces excès de 1815 et de 1816, qu'avait jusqu'alors protégés le silence de la presse censurée. OEuvre tout à la fois de patriotisme et de courage, ses hardies révélations ne demeuraient pas la vaine satisfaction des persécutés; elles arrêtaient la persécution et devenaient le châtiment des persécuteurs. Nulle publication contemporaine ne rendit autant de véritables services. « Si l'on continue à publier ainsi tous les actes arbitraires, écrivait un fonctionnaire de province, il n'y aura plus moyen d'administrer; je donnerai ma démission. » Le titre de ce recueil n'est pas demeuré une annonce stérile; sans la *Bibliothèque historique*, l'histoire ne pourrait raconter qu'imparfaitement la réaction royaliste amenée par la seconde invasion.

Il fallait une grande énergie de cœur à MM. Chevallier et Reynaud, rédacteurs de cette patriotique publication, pour braver la persécution judiciaire qu'ils avaient à subir. Un jugement rendu contre eux, le 24 juillet 1818, par le tribunal de police correctionnelle de Paris, sur le réquisitoire de M. Marchangy, avocat du roi, apprendra, mieux que tout ce que nous pourrions dire, à quelle législation et à quels juges étaient soumis la presse et les écrivains de cette époque; le texte de cette sentence fera connaître les motifs de la poursuite ainsi que la défense invoquée par les prévenus :

« Le tribunal, en ce qui touche la fin de non-recevoir tirée de ce que, sur les représentations qui leur ont été faites, *avant la délivrance du récépissé* (c'est-à-dire avant le dépôt de l'écrit à la direction de la librairie, et conséquemment avant toute publication), ils ont *volontairement* supprimé du 5ᵉ cahier les *différents écrits* saisis, et que *d'eux-mêmes* ils ont fait une pareille suppression dans le 6ᵉ ;

« Attendu que, d'après l'article 5 de la loi du 9 novembre 1815, le *seul fait* d'avoir *livré à l'impression* un écrit séditieux est réputé *délit*, et que le *dépôt* équivaut à la *publication;*

« Attendu, *en général*, que leur ouvrage, examiné dans *son ensemble* et dans toutes ses parties, est répréhensible, en ce que, sous prétexte de recueillir des matériaux pour l'histoire du temps, ils recherchent et admettent dans leur compilation des actes qui tendent presque toujours à jeter de la défaveur sur le gouvernement et sur les fonctionnaires publics, ce qui dénote une malveillance constante et réfléchie, et des intentions ennemies du bien public; et qu'en descendant à un examen approfondi de chacun des passages inculpés on reconnaît, à la manière dont parlent les auteurs sur les événements du commencement de 1815, sur l'ordonnance du roi du 24 juillet 1815 et sur les effets de la *Sainte-Alliance*, à laquelle Sa Majesté a accédé, des passages qui tendent à affaiblir le respect dû au roi et à son autorité;

« Que cet écrit est ensuite condamnable comme calomnieux; qu'en effet, dans les pétitions aux Chambres et les différents arrêtés des préfets que rapportent les auteurs, lesdits Chevallier et Reynaud imputent aux préfets du Cher et de la Seine-Inférieure, à l'adjoint de Parthenay, au sieur Parnajou, commissaire de police à Bourges, au sieur Hansart, lieutenant de gendarmerie à Sancerre, et aux magistrats ayant composé les cours prévôtales, des faits qui exposeraient ceux contre lesquels ils sont articulés à la haine ou au mépris des citoyens, et que les sieurs Chevallier et Reynaud n'en apportent pas la preuve *légale;*

« Attendu que lesdits Chevallier et Reynaud ne sont pas fondés à supposer qu'une partie des imputations par eux faites sont prouvées par les arrêtés mêmes des préfets, et que c'est de copies *authentiques* et *imprimées* que la preuve peut seule résulter; que ces copies, ils ne les produisent pas; mais que, *lors même qu'ils les produiraient, ils seraient encore punissables,* puisque la loi, expresse sur ce point, ne répute *preuve légale* que celle qui résulte d'un *jugement* ou de tout autre acte authentique, d'après lequel il serait *irrévocablement décidé* par l'*autorité compétente* que lesdites imputations *sont fondées;*

« Le tribunal condamne lesdits Chevallier et Reynaud chacun en *six mois* de prison et 3,000 francs d'amende, les interdit des droits civils et les met sous la surveillance de la haute police pendant *cinq ans*, fixe à 3,000 francs le cautionnement de *bonne conduite* qu'ils devront fournir, et les condamne à tous les dépens. »

Ainsi l'on *saisissait* des articles volontairement *supprimés;* on en punissait les auteurs, bien que ces articles *n'eussent pas été publiés;* toute critique de faits passés ou d'actes diplomatiques signés par le roi était interdite; reproduire avec blâme un arrêté ou un jugement iniques constituait un délit d'autant plus grave que le jugement ou l'arrêté étaient plus odieux; enfin enregistrer des pétitions aux Chambres, ou des plaintes dénonçant des actes arbitraires, sans produire à l'appui, non des copies authentiques et imprimées, mais un *jugement* ou une *décision* de l'*autorité compétente* déclarant les *faits fondés*, était un délit. Si cette sentence inqualifiable nous était venue dépouillée de l'authenticité que lui donne la presse censurée de l'époque, nous n'y aurions vu qu'une parodie composée dans le but de calomnier la justice et les juges de 1818, une œuvre de fantaisie destinée à faire justice des doctrines émises sur la liberté de la presse, dans la session précédente, par le garde des sceaux Pasquier. Ce jugement n'était pas, d'ailleurs, un fait isolé : les magistrats se montraient prodigues de condamnations pour délits de presse. Six semaines auparavant, le 6 juin, le même tribunal avait, entre autres, puni de trois mois de prison, 500 francs d'amende, de l'interdiction de ses droits civils et de la mise en surveillance sous la haute police pendant *cinq ans*, un jeune écrivain déclaré coupable, 1° d'avoir demandé le rappel des citoyens proscrits ou exilés par l'ordonnance du 24 juillet et par la loi d'amnistie, en invoquant le souvenir des émigrés, « qui avaient bien été rappelés; » 2° et d'avoir osé faire imprimer cette phrase : « Le système des persécutions judiciaires est le germe de la révolte contre le souverain; voilà l'explication des malheurs de Charles I*er*, de la chute de Jacques II, des journées des 9 thermidor, 13 vendémiaire, 18 brumaire, » etc. — « Pourrait-on trouver dans les archives de la Révolution des paradoxes plus étranges! » s'était écrié, après avoir lu ce passage, M. de Marchangy, avocat du roi. L'assertion de l'écrivain n'avait rien de paradoxal ; loin de là : les persécutions judiciaires, tous les faits de l'histoire l'attestent, furent toujours le signe précurseur de la chute des systèmes politiques assez mal inspirés ou assez faibles pour chercher une protection dans les rigueurs de la justice. Si la Révolution trouva dans l'appui de la grande masse nationale assez de force pour braver les ressentiments soulevés par les tribunaux révolutionnaires, qui ne sait que l'existence seule de ces tribunaux créa cependant plus d'ennemis à la Convention que le renversement de la monarchie et le vote de ses lois les plus démocratiques? Jefferys et ses iniquités juridiques, au lieu de sauver les Stuarts, précipitèrent leur chute, et, même aujourd'hui, le nom du grand juge de Jacques II poursuit encore la mémoire de ce monarque et de sa race. La magistrature de la Restauration a pesé d'un poids plus lourd qu'on ne le pense sur le destin des Bourbons : plus d'un combattant, douze ans plus tard, devait se lever pour venger d'odieuses sentences. Mais l'avenir de ces princes importait assez peu aux gens du parquet et aux juges; ils n'avaient qu'un but : attirer à soi les traitements et les honneurs, qui leur sont en effet venus, et que bon nombre d'entre eux possèdent encore aujourd'hui.

Un seul publiciste appartenant à l'opinion royaliste exclusive, M. Fiévée, vint s'asseoir comme accusé, en 1818, à côté des écrivains voués à la défense des intérêts et des principes consacrés par la Révolution. Ancien préfet de l'Empire, puis rédacteur du *Conservateur*, et auteur d'une *correspondance politique et administrative*, publiée tous les trois mois, M. Fiévée avait inséré dans ce recueil deux passages qui furent poursuivis. Le premier, relatif à un discours prononcé par lord Stanhope à la Chambre des pairs d'Angleterre, était ainsi conçu : « Le comte Stanhope prévoit que, si nous entrons de nouveau dans les révolutions, nous y entraînerons tous les peuples ; il a raison ; mais ce ne serait certainement pas au profit de Buonaparte. L'égalité absolue, la souveraineté du peuple, la manie de la république, l'avaient précédé et lui survivent, et personne ne pourrait répondre qu'en moins de temps (cent jours) le monde ne puisse être encore en feu. Un incident imprévu suffirait pour entraîner les esprits. » Le second passage incriminé était celui-ci : « Il s'est formé entre les peuples et ceux qui les gouvernent une hypocrisie de sentiment qui serait dangereuse si elle n'était pas de convention. Les rois se croient aimés quand on leur dit qu'ils le sont, et quelquefois même ils le répètent avec une rare bonhomie. » Ce dernier passage, aux yeux de M. de Marchangy, avocat du roi, constituait une calomnie et une injure d'autant plus graves, que le monarque, dans le discours d'ouverture de la session, avait effectivement dit : *Je sens que je suis aimé de mon peuple*. Quant à la phrase où M. Fiévée, — qui, certes, était loin de prévoir les trois journées de juillet 1830, — annonçait qu'en moins de cent jours le monde pourrait se trouver encore en feu, le ministère public y voyait une tendance séditieuse à alarmer les citoyens sur la durée du gouvernement, et à les éloigner de l'obéissance due au roi; le tribunal partagea cette opinion, et condamna l'auteur à trois mois de prison et à 500 francs d'amende. Cette condamnation, quelque imméritée qu'elle fût, n'avait cependant pas la sévérité des peines infligées à la plupart des écrivains libéraux. M. Fiévée obtint un autre bénéfice : il fit appel à la cour royale, et cette cour, contrairement à son usage, se contenta de confirmer la sentence. Habituellement, lorsque des condamnés pour délit de presse comparaissaient devant les magistrats de la cour royale de Paris, soit par suite de leur appel propre, soit par appel du ministère public, toujours la durée de la prison, ainsi que le chiffre de l'amende, étaient triplés ou quadruplés. Telle était la condition des écrivains devant la magistrature, que l'on exigeait d'eux, à l'audience, le désaveu de l'opinion pour laquelle ils étaient poursuivis, et que l'on punissait leur refus comme un délit nouveau. Essayaient-ils de défendre la phrase ou les mots incriminés, de contester les interprétations données par l'accusation à l'expression qu'ils avaient employée et à leurs intentions : nouveaux délits. Le scandale était porté si loin, que M. Martin (de Gray), dans une des séances de la dernière session, avait pu s'écrier, en restant dans l'exactitude matérielle des faits : « La jurisprudence des tribunaux à l'égard de la presse est digne de l'Inquisition; le ministère public injurie les avocats, insulte et outrage les accusés; les condamnations prononcées contre les imprimeurs qui ont rempli toutes les formalités prescrites, et lorsque les auteurs répondent de l'ouvrage, ont porté une telle terreur parmi ces industriels, que tous ont dernièrement refusé d'imprimer la défense d'un accusé! »

Malgré ces rigueurs contre tout écrit qui exprimait un blâme, même indirect, de la politique générale du gouvernement ou des actes de ses agents, les flatteurs de M. Decazes n'en vantaient pas moins la douceur et la libéralité de son administration. Prenant pour l'écho de l'opinion publique la voix des nombreux courtisans de sa faveur et de sa fortune, le ministre de la police croyait sincèrement, sans doute, qu'il donnait satisfaction à tous les besoins et à tous les intérêts, et qu'il réparait les maux du passé, ainsi que ses propres fautes, en imposant à M. Pasquier des commutations de peines, des grâces nombreuses, et en rouvrant les portes de la France à un certain nombre de proscrits. Ces grâces, bien qu'elles fussent seulement des actes d'incomplète et tardive justice, étaient louables sans doute; mais elles ne suffisaient pas pour commander la reconnaissance du pays, et pour accuser d'ingratitude ou donner le droit de frapper les citoyens qui, organes de la plainte commune, demandaient, contre la violence des lois politiques existantes et contre l'arbitraire de l'administration et des tribunaux, des garanties plus puissantes que les promesses de l'ordonnance du 5 septembre. Ces promesses, après deux années d'attente, demeuraient vaines; hardi sur les principes, mais timide dans l'application, le ministère se posait en adversaire des doctrines et des excès de 1815, et, par une contradiction singulière, il laissait tous les postes de l'administration, depuis les plus humbles jusqu'aux plus élevés, aux mains des hommes que la réaction royaliste de 1815 et de 1816 y avait placés. Un seul membre du cabinet, le maréchal Gouvion-Saint-Cyr, marchait franchement dans la voie des réparations : guérissant les maux que lui-même avait causés, il recomposait l'armée, en complétait l'effectif, doublait plusieurs légions, et rappelait au service cette multitude d'officiers à demi-solde que le licenciement des anciennes troupes impériales avait laissés sans emploi ; les officiers incapables ou indignes que le duc de Feltre y avait introduits sortirent des rangs[1]; la plupart des généraux de cour et des émigrés chargés du commandement des divisions militaires et des départements furent remplacés par des généraux de l'Empire. Deux faits caractériseront les actes du maréchal dans ce second ministère : il confia l'une des directions les plus importantes de ses bureaux au général Dejean, père de l'aide de camp de Napoléon dont Fouché avait inscrit le nom sur les listes de proscription du 24 juillet, et qui, lui-même, membre de la pairie des Cent-Jours, insistait si noblement, après Waterloo, malgré les maréchaux Soult et Ney, pour une résis-

[1] Les journaux du mois de juillet de cette année (1818) fournissent un singulier exemple de l'indignité de quelques-uns de ces choix : la légion de la Seine avait pour lieutenant-colonel, sous le nom usurpé de comte de Pontis de Sainte-Hélène, un nommé Pierre Coignard, forçat évadé du bagne de Toulon, qui se servait de son titre et de l'accès qu'il lui donnait dans un grand nombre de maisons opulentes, pour y faire exécuter des vols considérables par une bande dont il était le chef. Traduit devant la cour d'assises de Paris, il fut renvoyé au bagne. — On se rappelle que le capitaine chargé d'assurer une des exécutions ordonnées l'année précédente par la cour prévôtale de Lyon était un parricide.

tance à outrance. En second lieu, un état distribué aux Chambres dans les premiers jours de janvier (1818) portait à 15,959 le chiffre alors existant des officiers à demi-solde de tout grade et de toutes armes; le plus grand nombre, lorsque le maréchal sortit du ministère, se trouvaient replacés.

Pendant que Gouvion-Saint-Cyr donnait enfin à la France une armée capable de garantir son indépendance, le duc de Richelieu, à Aix-la-Chapelle, complétait l'œuvre qui, depuis trois ans, était l'objet de toutes ses pensées, le but de tous ses efforts : ce ministre obtenait des Alliés la libération définitive du territoire.

On n'a pas oublié que l'article 5 du traité du 20 novembre 1815, en fixant à cinq années le *maximum* de l'occupation militaire, ajoutait « qu'elle pouvait finir avant ce terme, si, au bout de *trois ans*, les souverains alliés, après avoir mûrement examiné la situation, s'accordaient à reconnaître que les motifs de cette occupation avaient cessé d'exister. » Cet examen, provoqué depuis longtemps par M. de Richelieu, soit dans ses conversations avec les représentants étrangers à Paris, soit par ses dépêches à nos ambassadeurs près des quatre grandes cours, avait été l'objet de communications officieuses entre celles-ci, dès les premiers jours de 1817. L'Angleterre ne s'opposait pas à la délivrance de notre territoire, et se déclarait prête à accepter la résolution qui serait adoptée par les trois autres puissances; mais les cabinets de Vienne et de Berlin, toujours poursuivis par le souvenir de notre gloire et de leur humiliation passée, voyaient du péril pour l'Europe à devancer le terme fixé pour le *maximum* de l'occupation. Cédant encore une fois aux sollicitations de M. de Richelieu, Alexandre était intervenu auprès des deux principaux ministres de Frédéric-Guillaume et de François II, et avait fait fléchir leur mauvais vouloir. Non-seulement on était convenu que la question de notre complète libération serait positivement examinée, en conférence, dans le cours de la *troisième année;* mais, pour alléger les charges de la France, on avait décidé de diminuer d'un cinquième les troupes du corps d'occupation, et l'avis en avait été officiellement communiqué à M. de Richelieu par une note du 10 février 1817, signée au nom des quatre cours par le baron de Vincent, sir Charles Stuart, les comtes de Goltz et Pozzo di Borgo, et contenant en substance « que l'armée d'occupation serait diminuée de 30,000 hommes à partir du 1er août suivant. » Cette diminution, qui avait eu lieu dans le délai indiqué, était surtout destinée à faciliter à M. de Richelieu, vis-à-vis des Chambres, la demande des crédits nécessaires à l'acquittement de l'arriéré antérieur à 1814, arriéré alors en liquidation. Nous avons dit plus haut quels obstacles inattendus cette opération avait rencontrés; la transaction qui la termina portait la date du 25 avril; la Chambre des députés et la Chambre des pairs l'avaient ratifiée le 1er et le 4 mai; huit jours après, les cours d'Autriche, d'Angleterre, de Prusse et de Russie, adressaient à leurs ministres près de toutes les autres cours une note dans laquelle elles annonçaient « que les souverains alliés se réuniraient *prochainement* pour prononcer sur la cessation ou la prolongation de l'occupation militaire de la France; que, l'article 5 du traité du 20 novembre réservant aux quatre cabinets la décision exclusive de cette question, aucun plénipotentiaire d'une autre cour ne serait admis à la réunion; que cette réunion serait une simple conférence, et non un *congrès*, et que cette note avait pour but d'éviter toute interprétation qui tendrait à lui donner ce dernier caractère. »

Ce ne fut pas, en effet, un *congrès*, mais une simple conférence qui se tint à Aix-la-Chapelle, lieu désigné pour la réunion. Les ministres des quatre cours y arrivèrent du 20 au 25 septembre. Le roi de Prusse entra, le 26, dans cette ancienne cité, devenue son domaine à la suite des partages de 1814, et y reçut, le 28, les empereurs d'Autriche et de Russie au bruit d'une salve de cent et un coups de canon. Le 30, une première conférence eut lieu chez le premier ministre prussien, le prince de Hardenberg; le lendemain, 31, on se rencontra chez M. de Metternich. Il avait été convenu à l'avance que, pour éviter de donner à l'assemblée l'apparence d'un conseil politique européen, on écarterait toutes les formalités habituelles de préséance et tout cérémonial; que le salon des conférences, conformément à la note dont nous venons de reproduire la substance, serait fermé à tous les ministres autres que ceux des cinq cours; et que chacun de ceux-ci y paraîtrait moins comme un personnage officiel que comme une personne privée ayant à traiter une affaire politique particulière. Ces dispositions furent scrupuleusement observées, même en présence des souverains. Ce fut le 2 octobre, dans la troisième conférence, que l'on posa officiellement la question de l'évacuation de la France et de ses forteresses. Alexandre avait prononcé : la question se trouvait dès lors résolue; elle fut décidée sur-le-champ, en ces termes, sans objection, sans débat, et à l'unanimité des voix :

« Les troupes composant l'armée d'occupation seront retirées du territoire français le 30 novembre prochain. Les places fortes occupées par lesdites troupes seront remises dans l'état où elles se trouvaient au moment de l'occupation. La somme destinée à pourvoir à la solde, à l'équipement et à l'habillement des troupes, sera payée jusqu'au dit jour 30 novembre sur le même pied qu'elle l'a été depuis le 1er décembre 1817. »

Immédiatement après la signature de ce protocole, M. de Caraman en portait la nouvelle à Paris, où il arriva le 5 ; le 8, les actes destinés à donner à cette décision la forme officielle et définitive d'un traité se trouvèrent prêts ; et le lendemain ce traité, fait en quatre originaux, entre la France, d'une part, puis, de l'autre, l'Angleterre, l'Autriche, la Prusse et la Russie, séparément, reçut les signatures de toutes les parties; chaque original, rédigé dans les mêmes termes, était ainsi conçu :

« Art. 1er. Les troupes composant l'armée d'occupation seront retirées du territoire de France le 30 novembre prochain, ou plus tôt, si faire se peut.

« Art. 2. Les places et forts que les susdites troupes occupent seront remis aux commissaires nommés à cet effet par Sa Majesté Très-Chrétienne, dans l'état où ils se trouvaient au moment de l'occupation.

« Art. 3. La somme destinée à pourvoir à la solde, à l'habillement et à l'équipement des troupes d'occupation sera payée, dans tous les cas, jusqu'au 30 novembre sur le même pied qu'elle l'a été depuis le 1er décembre 1817.

« Art. 4. Tous les comptes entre la France et les puissances alliées ayant été réglés et arrêtés, la somme à payer par la France, pour compléter l'exécution de l'article 4 du traité du 20 novembre 1815 (contribution de guerre), est définitivement fixée à deux cent soixante-cinq millions de francs [1].

« Art. 5. Sur cette somme, celle de cent millions, valeur effective, sera acquittée en inscriptions de rente sur le grand livre de la dette publique de France, portant jouissance du 22 septembre 1818. Lesdites inscriptions seront reçues au cours du lundi 5 octobre 1818.

« Art. 6. Les cent soixante-cinq millions restant seront acquittés par neuvièmes, de mois en mois, à partir du 6 janvier prochain, au moyen de traites sur les maisons Hope et Ce, Baring frères et Ce, de même que les inscriptions de rente mentionnées à l'article ci-dessus seront délivrées aux commissaires des cours d'Autriche, d'Angleterre, de Prusse et de Russie, par le Trésor royal de France, à l'époque de l'évacuation complète et définitive du territoire français.

« Art. 7. A la même époque, les commissaires desdites cours remettront au Trésor royal de France les six engagements non encore acquittés, qui sont restés entre leurs mains, sur les quinze engagements délivrés conformément à l'article 2 de la convention conclue pour l'exécution de l'article 4 du traité du 20 novembre, en même temps que l'inscription de 7 millions de rente, créée en vertu de l'article 8 de cette convention.

« Art. 8. La présente convention sera ratifiée, et les ratifications seront échangées à Aix-la-Chapelle dans le délai de quinze jours, ou plus tôt, si faire se peut.

« Fait à Aix-la-Chapelle, le 9 octobre 1818.

« *Signé :* pour la France, Richelieu; pour l'Autriche, prince de Metternich, pour l'Angleterre, Robert Stuart, Castlereagh, Wellington; pour la Prusse, prince de Hardenberg, comte de Bernstorff; pour la Russie, comte Nesselrode et comte Capo-d'Istria. »

[1] Cette somme, qui représentait le solde des 700 millions de contribution

L'empereur de Russie et le roi de Prusse profitèrent des délais exigés par l'échange des ratifications et le règlement des détails financiers de cette convention pour faire un voyage à Paris et visiter Louis XVIII. Alexandre ne resta qu'un jour dans la capitale française, et alla inspecter ensuite les troupes russes du corps d'occupation. Le séjour de Frédéric-Guillaume eut plus de durée [1]; mais tous deux étaient de retour à Aix-la-Chapelle le 31 octobre. Des faits que nous allons raconter, et qui devaient modifier singulièrement les dispositions des Alliés à l'égard de la France, occupaient alors tous les diplomates signataires de l'acte de libération, ainsi que les nombreux personnages politiques attirés au siége de la conférence par l'intérêt ou par la curiosité.

Les ultra-royalistes ne voyaient pas sans inquiétude le départ des troupes d'occupation. Pour les moins intelligents et les plus emportés, la libération du territoire allait enlever à la royauté sa plus grande force. Appuyée sur la loi des élections et sur celle du recrutement; aidée par les deux ministres de la police et de la guerre, la révolution envahirait la Chambre des députés et l'armée; les *patriotes* de 1789, les *jacobins* de 1793 et les *bonapartistes* de 1814, maîtres bientôt de toutes les positions, rendraient aux royalistes les injures qu'ils en avaient reçues; la persécution et la ruine atteindraient, à leur tour, les hommes compromis, pour le salut du trône, dans les faits des trois dernières années. Voilà les appréhensions et les plaintes qu'échangeaient, entre autres, des généraux et des officiers supérieurs dépossédés de leurs commandements

---

de guerre, était indépendante des 240,800,000 fr. montant de l'arriéré payé aux divers États pour créances antérieures à 1814, et se divisait ainsi : Russie, 48 millions; Angleterre, 48; Autriche, 40; Prusse, 40; Pays-Bas, 22; Bavière, 10; les autres États ensemble, 57.

[1] Ce roi, caractère triste, esprit morose, intelligence vide, avait pour le séjour de Paris une prédilection que peut expliquer le vague ennui qui le dévorait; il avait rencontré, dans un des petits théâtres du boulevard, un acteur dont le jeu grotesque et les bouffonneries produisaient chez lui une sensation de plaisir toute nouvelle; cet acteur le faisait rire.

et de leurs emplois par Gouvion-Saint-Cyr, et que les hasards d'une oisiveté forcée avaient fait se rencontrer, au commencement de l'été de 1818, tantôt le soir, dans un établissement public du Palais-Royal, le café Valois, rendez-vous habituel de royalistes, et tantôt le jour, sur la terrasse des Tuileries qui longe le cours de la Seine. La conformité de position et d'opinions n'avait pas tardé à rendre quotidiennes ces rencontres et à donner aux causeries plus d'animation et de liberté. Comment sauver la monarchie et restituer aux vrais royalistes la plénitude de l'influence politique et du pouvoir? Chacun présentait son remède; les moyens proposés étaient en rapport avec les habitudes et le caractère des mécontents; hommes d'action et de violence, ils ne comprenaient de succès qu'avec l'emploi de la force : réunir un petit nombre d'officiers résolus et quelques soldats dévoués, enlever le roi par un coup de main, le contraindre à abdiquer ou l'enfermer, arrêter tous les ministres, et placer la couronne sur le front du comte d'Artois, tel était le plan qui réunissait le plus de suffrages. L'entreprise semblait facile; pas un des mécontents, à la vérité, n'avait de troupes à sa disposition; mais il existait, disaient-ils, dans les gardes du corps et dans la garde royale, une foule d'officiers dévoués autant qu'eux-mêmes à la royauté, et portant une haine non moins vive à M. Decazes et au maréchal Saint-Cyr; on demanderait leur concours; douter un seul instant de leur empressement à le donner était faire à leur royalisme une injure dont la pensée ne venait à aucun des causeurs.

De pareilles conversations ne se tiennent pas en plein vent, sur une promenade fréquentée, ou dans l'intérieur d'un café, sans que la police en soit bientôt avertie; mais, pendant plusieurs semaines, il fut difficile d'y trouver autre chose que de vagues propos ou des boutades de colère que protégeaient contre l'arbitraire habituel de la police l'opinion et le rang de quelques-uns des mécontents. M. Decazes était donc au courant de toutes ces menées; mais il s'en inquiétait peu, lorsque, vers le milieu de juin, un des nombreux confidents de ces projets de renversement vient le trouver et lui raconte « que, le mercredi 24 juin, au lever du conseil du roi, à Saint-Cloud [1], les ministres doivent être arrêtés par un détachement de grenadiers de la Rochejaquelein [2], et conduits au château de Vincennes, dont la route, depuis Saint-Cloud, sera occupée par deux bataillons du 3° régiment d'infanterie de la garde royale, commandé par M. Berthier de Sauvigny, et par une partie du 2° régiment suisse, placés en échelons ; que 3,000 gardes du corps, Vendéens et volontaires royaux, réunis à la même heure sur la place du Carrousel, se rendront chez les fonctionnaires publics désignés à l'avance, et procéderont à leur arrestation ; que l'abdication du roi en faveur du comte d'Artois est le but de la conjuration ; que, dans le cas où le roi refuserait de se démettre, on lui réserve le sort de Paul Ier ; enfin, que le général Canuel doit prendre le portefeuille de la guerre, le général Donnadieu le commandement de la division militaire de Paris, M. de Chateaubriand le ministère des affaires étrangères, M. de Villèle celui de l'intérieur, et M. de la Bourdonnaye le ministère de la police. »

Il était difficile que M. Decazes acceptât comme sérieux ce récit, sorte de résumé de toutes les extravagances échangées au café Valois ou sur la *terrasse du bord de l'eau*. Cependant cette communication le servait trop utilement dans la lutte qu'il avait journellement à soutenir contre le comte d'Artois et les royalistes pour qu'il ne s'en fît pas une arme contre ses adversaires et un nouvel appui auprès de Louis XVIII. Peu soucieux, toutefois, de poursuivre ou de mettre lui-même en lumière cette conjuration en germe dont sa propre influence était la cause première, et sa chute le principal but, il adressa le révélateur d'abord à M. Lainé, ensuite au procureur général Bellart, qui ordonnèrent l'arrestation immédiate des principaux comploteurs. Le 2 juillet, des mandats d'amener furent

[1] Le roi habitait depuis plusieurs semaines le palais d'été de Saint-Cloud.
[2] Un des régiments de grosse cavalerie de la garde royale.

décernés contre les généraux Canuel et Chappedelaine, les officiers supérieurs en retraite ou en disponibilité de Joannis, comte de Rieux-Songis, de Chauvigny de Blot, de Romilly, et deux autres personnes[1]. Le général Canuel prit la fuite ; le général Donnadieu, d'abord désigné pour être arrêté, fut seulement entendu comme témoin[2], on mit en prévention les autres officiers ; mais, après une instruction de cinq mois, cette poursuite, qui eut pour résultat de rendre encore plus profonde la séparation entre le roi et son frère, se termina le 3 novembre, devant la chambre des mises en accusation de la cour royale de Paris, par une ordonnance de *non lieu*.

Si les enfants perdus du parti ultra-royaliste, inquiets du départ des étrangers, cherchaient le salut de la royauté dans des mesures de force brutale et dans la déchéance du roi, les hommes politiques de cette opinion et leur chef, le comte d'Artois, gagnés par les mêmes alarmes, recouraient à des moyens plus pacifiques, et n'allaient pas, dans leurs projets, au delà du renversement des ministres. A leurs yeux, la libération du territoire était un fait nécessaire, inévitable, dont l'Europe devait profiter pour intervenir auprès de Louis XVIII, et lui imposer un changement de politique et de ministres. L'occupation, disaient-ils, doit cesser ; mais il est nécessaire que les Alliés, en retirant leurs troupes, réparent le désordre qu'eux-mêmes ont causé par leur constante approbation de la marche du ministère ; il faut qu'ils conjurent le péril en exigeant du roi des garanties d'hommes et de principes. Ce péril, comment le signaler ? Le comte Orloff, aide de camp de l'empereur de Russie, allait quitter Paris ; on résolut de lui confier, pour le remettre à Alexandre, un *mémoire* qui fût de nature, par l'ensemble des considérations et des faits, à frapper

---

[1] Le prévenu Romilly était l'un des six officiers mis en disponibilité par le duc de Raguse à l'occasion des événements de Lyon.

[2] Dépossédé de son commandement de Grenoble par le maréchal Saint-Cyr, ce général résidait alors à Paris et était un des promeneurs de la terrasse du bord de l'eau.

vivement l'attention de ce souverain, et qui lui indiquât tout à la fois le mal et le remède. Nul, autour du comte d'Artois, ne se sentait capable de rédiger ce travail ; le prince recourut à M. de Vitrolles.

Nous avons dit le rôle de M. de Vitrolles en 1814 et en 1815 ; il était le seul royaliste dont l'intervention avait été influente sur l'avénement de la première Restauration; on sait la part active qu'il prit également à la seconde. Les princes oublient vite de pareils dévouements ; les courtisans et leurs ministres ne les pardonnent jamais. La position de M. de Vitrolles, sous le gouvernement des Bourbons, fut celle de tous les hommes qui ont des droits exceptionnels à la faveur du prince : leurs services inquiètent, leur présence fait ombrage ; médiocres, ils seraient peut-être tolérés, mais on les tient pour d'autant plus dangereux, qu'ils sont plus intelligents et plus capables; chaque ambitieux les repousse, chaque favori les éloigne; au besoin même, on les calomnie ; ils ont semé, d'autres recueillent; c'est l'éternelle histoire de l'ingratitude des gouvernements et des cours. Le comte d'Artois, que sa lutte contre la toute-puissance de M. Decazes et la politique ministérielle transformait en un chef d'opposition, continuait cependant ses bonnes grâces à M. de Vitrolles ; leurs rapports étaient demeurés assez intimes : aussi, lorsque dans les premiers jours de juillet, peu de temps après l'arrestation des prétendus conspirateurs du bord de l'eau, M. de Bruges, un des aides de camp du prince, vint, au nom de ce dernier, demander à l'ancien chef de la secrétairerie d'État de rédiger le *Mémoire* destiné à Alexandre, M. de Vitrolles n'hésita-t-il pas à le promettre pour le surlendemain. Au jour indiqué, lui-même porta son travail aux Tuileries et le lut au comte d'Artois, qui l'approuva dans toutes ses parties, puis le garda pour en faire faire plusieurs copies par les employés de ses bureaux de la garde nationale. Une de ces copies fut ensuite portée au comte Orloff par M. de Bruges. Ce dernier devait signaler à l'aide de camp du Tzar l'importance de cette communication, et le prier de l'appuyer chaleureusement auprès de son maître. Persuadé sans doute que, pour frapper juste, il faut frapper fort, M. de Bruges ne se borna pas à s'acquitter de cette double recommandation; il dit au général russe que le *Mémoire* qu'il allait emporter renfermait le sort de la monarchie; qu'il était essentiel qu'Alexandre en eût promptement communication, car la France disait-il, marchait à une seconde révolution; l'anarchie allait renaître, et les échafauds ne tarderaient pas à se relever. Soldat plutôt qu'homme politique, le comte Orloff prit ces exagérations au sérieux; il fit hâte, et, en passant à Stuttgard, où résidait une sœur d'Alexandre, reine de ce petit État, il s'arrêta quelques heures auprès de cette princesse, et lui annonça qu'il avait laissé le gouvernement royal au milieu des plus graves périls; qu'à l'heure où il parlait Louis XVIII avait probablement quitté Paris, et qu'un *papier* dont il était chargé pour le Tzar expliquait les causes de l'événement.

Un courrier, expédié sur-le-champ par la reine de Wurtemberg au prince de Metternich, porta la nouvelle à Vienne, d'où elle se répandit rapidement à Berlin et à Francfort; on y attendit impatiemment les courriers de France; toutes les dépêches et toutes les lettres continuèrent à donner l'assurance de la tranquillité la plus parfaite. La rumeur revint à Paris; M. Decazes pressa de questions M. Galatin, ministre de Wurtemberg, sur les causes de ce bruit étrange; il insista surtout pour connaître la nature de ce *papier* mystérieux dont le comte Orloff avait parlé à la cour de Stuttgard : « C'est probablement ce *Mémoire*, » répondit le chargé d'affaires de Wurtemberg en donnant au ministre de la police un assez volumineux manuscrit qui n'était autre chose qu'une des copies faites, par ordre du comte d'Artois, dans les bureaux de la garde nationale, et remise, par ses soins, aux principaux ministres étrangers résidant à Paris.

Ce sont les circonstances qui ont fait la principale importance de ce Mémoire, connu sous le nom de *note secrète*. Beaucoup de gens en ont parlé sans l'avoir lu. On n'y trouve pas précisément ce que l'on a dit : il est le développement de cette phrase du début : « La Révolution occupe tout, depuis le cabinet du roi, qui en est le foyer, jusqu'aux dernières classes de la nation, qu'elle agite partout avec violence. La position et la marche actuelle du gouvernement conduisent au triomphe certain et prochain de la Révolution. » Ce principe posé, l'auteur examine les différents moyens « de sauver la France des fureurs révolutionnaires. Cinq combinaisons, ajoute-t-il, peuvent se présenter à différents esprits : 1° partager la France ou l'occuper militairement ; 2° placer une nouvelle dynastie sur le trône ; 3° détruire le gouvernement représentatif ; 4° ramener le roi et ses ministres actuels aux principes qui peuvent consolider la monarchie ; 5° changer le système du gouvernement en changeant les ministres qui le dirigent. » L'auteur refuse de discuter le premier moyen, qu'il déclare une pensée exécrable, et se contente d'ajouter : que les souverains se tromperaient s'ils croyaient que les 120,000 hommes du corps d'occupation suffiraient pour comprimer l'insurrection quand elle aurait éclaté ; que l'Europe ne pourrait songer à intervenir, car, cette fois, on ne la verrait plus arriver qu'avec l'horreur qu'inspire toujours l'ennemi ; que le prince ou le parti qui rappellerait les Alliés deviendrait odieux à la nation entière et serait repoussé avec eux ; et qu'une nouvelle invasion transformerait la France en un camp, en une citadelle impénétrable dont la population entière formerait la garnison. Quant à l'établissement d'une nouvelle dynastie, l'auteur demande ce que deviendrait ce principe de la *légitimité*, proclamé si solennellement, et conservateur des peuples comme des rois ; un roi révolutionnaire, d'ailleurs, ne pourrait rien fonder, rien conserver, et c'est uniquement pour compléter le tableau de toutes les suppositions qu'il a cru devoir discuter cette question ainsi que celle de l'occupation militaire de la France et du partage de ses provinces. Songerait-on à recourir au troisième moyen, à détruire le gouvernement représentatif ? Une pareille tentative serait impossible ; on ne pourrait pas rétablir ce qu'on appelle l'ancien régime; tous les éléments en sont brisés, la poussière même en est dispersée. On ne retrouverait même plus le fantôme de ces grands corps de l'État qui, défenseurs à la fois des droits de la couronne et des privilèges des peuples, se balançaient si noblement dans le cercle qui leur était tracé. Ce serait donc un despotisme nu et hideux qu'il faudrait mettre à la place de ces belles et irréparables institutions des temps anciens. Or un pareil gouvernement répugnerait à la France et ne conviendrait pas davantage à ses princes légitimes. Pourrait-on du moins espérer de ramener les ministres *actuels* aux principes qui peuvent établir une monarchie? L'auteur déclare cette quatrième combinaison également impossible : les ministres, il est vrai, se sont d'abord montrés royalistes; ensuite ils ont passé à une prétendue modération; aujourd'hui ils sont avec la Révolution, qui, cependant, ne veut pas d'eux; jouets livrés aux vents de tous les partis, incertains dans leur marche, ils ne peuvent embrasser ni un système de gouvernement, ni un ensemble d'opérations. Reste donc, comme unique moyen de salut, cette dernière combinaison : *changer le système de gouvernement en changeant le ministère.* — C'est ce changement que l'auteur de la note demande aux souverains : « Il s'agit bien plus, dit-il, d'éclairer la volonté du roi que de lui en imposer une; et l'on ne saurait douter que l'intervention franche et ouverte des puissances alliées ne suffise pour l'éclairer sur ses véritables intérêts et le ramener à des idées plus simples et plus saines. Ne peuvent-ils donc lui dire : « La marche « incertaine de votre ministère n'a rien établi qui puisse nous « rassurer; au lieu de trouver en lui des garanties, nous de- « vons en chercher contre lui. Formez une autre administra- « tion, et toutes nos conditions seront faciles. »

M. Decazes fit d'abord publier dans les journaux étrangers de longs fragments de cette *note*, qui, pour ne pas solliciter ouvertement la prolongation de l'occupation du territoire, conseillait cependant aux souverains alliés d'imposer à notre libération la condition d'un changement de système politique et de ministres; M. Decazes avait pensé que ce recours à l'étranger soulèverait l'opinion publique contre ses auteurs; mais telles sont les préoccupations des partis, au milieu des luttes politiques, que, pendant les premiers jours, les *indépendants* ne virent dans cet appel aux rois de l'Europe qu'une attaque dirigée contre le ministre de la police et ses collègues, et un incident favorable à leur propre opposition. Le comte d'Artois et ses amis ne devaient pas atteindre davantage leur but : les fausses alarmes qui avaient accompagné l'envoi de ce Mémoire en affaiblirent l'influence. L'empereur d'Autriche et le roi de Prusse, lors des premières visites que leur rendit M. de Richelieu à Aix-la-Chapelle, lui avaient en effet parlé de la loi *électorale* et de la loi sur le *recrutement* comme de moyens de perturbation redoutables pour le repos de la France et de l'Europe si l'esprit de révolution venait à s'en emparer; et tous deux, à ce sujet, avaient laissé entrevoir quelques craintes sur les résultats d'une libération trop prompte. Alexandre, sans tenir le même langage, avait interrogé, de son côté, M. de Richelieu sur l'état politique de la France. Le premier ministre de Louis XVIII avait répondu que l'Europe devait être sans crainte; qu'une nouvelle explosion révolutionnaire n'était pas à redouter, et que, dans tous les cas, le gouvernement royal se trouvait assez fort pour comprimer toute tentative de troubles. « Je me contente de votre seule parole, avait répliqué Alexandre, et je me charge de lever tous les doutes et toutes les difficultés qui pourraient retarder l'évacuation. » Le Tzar, on l'a vu, avait tenu sa promesse. Mais, pendant que, à Aix-la-Chapelle, on laissait la *note secrète* dans un oubli qui ne devait cependant pas être de longue durée, M. Decazes, à Paris, s'efforçait de réveiller l'attention publique sur ce *mémoire;* il le faisait répandre à un nombre considérable d'exemplaires, et, appelant sur ses auteurs, dans une longue et véhémente préface, l'indignation ainsi que la haine du pays, il s'en faisait une arme contre les ultra-royalistes dans la lutte électorale qui venait de s'engager, et dont les résultats étaient alors l'unique préoccupation de tous les partis[1].

C'était le 26 septembre, au même moment où s'ouvraient les conférences d'Aix-la-Chapelle, qu'une ordonnance avait convoqué, pour le 20 et le 26 octobre, les colléges électoraux de vingt départements; dix-sept avaient à élire 52 députés composant la seconde série; les trois autres devaient nommer 3 députés en remplacement de membres décédés ou démissionnaires. Ni les indépendants ni les royalistes exclusifs n'avaient attendu cette ordonnance pour se préparer à disputer les choix. Nous avons dit ailleurs le secours prêté à ces derniers, lors du renouvellement du premier cinquième, par la Congrégation et par les bureaux de l'administration de la garde nationale. Cette dernière administration, complétement indépendante des ministres, constituait une sorte de puissance tout à la fois militaire et civile, ayant, dans le comte d'Artois, un chef irresponsable; dans ses aides de camp, des directeurs soumis uniquement au prince, et, dans les officiers supérieurs de la garde nationale de chaque département, des instruments d'autant plus actifs et plus dévoués, que leurs grades et leurs emplois étaient à l'absolue disposition du frère du roi. Plusieurs préfets, l'année précédente, avaient déjà signalé aux deux ministres de l'intérieur et de la police l'influence exercée dans les élections par les chefs supérieurs de cette administration; ils s'étaient plaints de rencontrer en eux des adversaires dont l'action paralysait leur autorité. Les plaintes devinrent encore plus vives à l'approche des élections nouvelles : tout ce qui tenait à la garde nationale, écrivait-on aux ministres, annonçait des dispositions hostiles aux candidats désignés par le cabinet. M. Decazes résolut d'enlever cette force aux ultra-royalistes, et proposa, non de destituer le frère du roi, mais

---

[1] La brochure publiée par la police portait pour titre : *Note secrète exposant les prétextes et le but de la dernière conspiration* (du bord de l'eau); elle contenait 58 pages in-8°. Le texte était exact; la seule addition faite à la note originale consistait dans la préface.

de ne lui laisser que les honneurs de la charge : le prince conserverait le titre de colonel général sans l'autorité. Les scrupules de Louis XVIII n'étaient pas à craindre : irrité par cette *note secrète*, où l'on invoquait le secours de l'étranger contre le libre exercice de sa prérogative; alarmé sérieusement par cette prétendue conspiration *du bord de l'eau*, alors soumise à l'instruction, et dans laquelle on lui montrait un complot ourdi contre son pouvoir et sa vie, le roi ne pouvait voir, dans la destruction d'une force placée tout entière entre les mains des amis de son frère, qu'un acte de défense personnelle, pour ainsi dire. M. Decazes n'avait pas davantage à redouter l'opposition de M. Lainé, à qui son titre, dans le cabinet, imposait la responsabilité officielle de la mesure : personne, plus que ce ministre, ne ressentait les inconvénients de cette organisation anomale offrant l'étrange spectacle d'une institution de police civile que le ministre chargé de l'administration intérieure du royaume ne pouvait ni diriger ni surveiller; d'une force exclusivement départementale et communale, dont les administrateurs des départements et des communes ne pouvaient cependant pas disposer. La mesure fut décidée, et, le 30 septembre, quatre jours après la convocation des colléges électoraux, une ordonnance prononça la suppression de l'administration de la garde nationale telle que l'avait instituée M. de Vaublanc le 18 novembre 1815, et remit la disposition de cette garde aux autorités civiles, sous la direction du ministre de l'intérieur [1].

Cet acte, qui enlevait aux royalistes une sorte d'armée dont l'organisation était, depuis trois ans, un des principaux soins

---

[1] La composition de la garde nationale, à cette époque, n'avait rien des conditions de sa première institution ; cette composition était, pour ainsi dire, arbitraire dans la plupart des départements, et variait au caprice des chefs de chaque localité. Dans un grand nombre de villes, on éloignait de ses rangs les propriétaires dont les principes politiques étaient suspects, et on y admettait tous les prolétaires dont les principes semblaient sans reproche. Elle avait perdu son caractère de force nationale, pour devenir une force exclusivement royaliste, un instrument de parti.

de leurs chefs, porta au comble l'exaspération de ce parti contre le ministre de la police. Le comte d'Artois, ses deux fils et la duchesse d'Angoulême ressentirent vivement l'injure; une ligne profonde isola, de ce moment, Louis XVIII des autres membres de sa famille. On se tromperait pourtant si l'on voyait dans cette espèce de coup d'État l'indice d'un conflit engagé entre le parti des priviléges et celui des intérêts généraux du pays; la lutte ne dépassait guère l'enceinte de la cour; elle existait entre deux influences plutôt qu'entre deux principes, et ce qui va suivre fera comprendre mieux encore que, malgré les coups frappés sur les royalistes exclusifs et sur leur chef par le membre le plus influent du cabinet, les électeurs indépendants de l'administration fussent cependant amenés à diriger exclusivement leur choix sur des candidats non moins hostiles au ministère qu'à ses adversaires ultra-royalistes.

Si les hommes de 1815, restés en possession des préfectures, des sous-préfectures, des mairies, ainsi que de tous les emplois de magistrature et de police, se montraient moins violents et moins persécuteurs que par le passé, cependant leur impunité et la faveur que leur conservait le ministère continuaient d'être un motif constant d'irritation pour cette foule de citoyens qui avaient eu à subir leurs menaces, leurs insultes ou leurs poursuites. Qu'importaient, en effet, à la masse des électeurs de campagne et de petite ville la guerre faite par M. Decazes au comte d'Artois, ainsi que l'interdiction mise par ce ministre à l'entrée du prince dans le cabinet de Louis XVIII? C'étaient des réparations que ces électeurs demandaient. Or, non-seulement l'administration supérieure ne donnait aucune satisfaction à leurs griefs passés, aucune garantie à leurs craintes pour l'avenir, mais, si de hautes positions venaient à vaquer, dans l'ordre judiciaire, par exemple, ces positions servaient à récompenser les magistrats les plus décriés par leurs rigueurs : M. Decazes les faisait conférer à MM. Trinquelague et de Marchangy. En repoussant les candidats du ministère, la majorité des électeurs de la classe moyenne faisait donc moins un acte d'opposition contre les ministres qu'une protestation contre les excès des trois dernières années. Les petits despotes demeurés depuis 1815 dans chaque sous-préfecture, dans chaque tribunal et dans chaque mairie, voilà l'ennemi contre lequel ils se disposaient à voter[1]. Peut-être cette disposition fût-elle demeurée stérile, si une direction habile et une parfaite entente n'eussent pas réuni toutes les volontés et guidé toutes les voix.

Nous avons dit, à l'occasion du renouvellement du premier cinquième, comment s'était formé le comité électoral des *indépendants*. Ce comité avait étendu ses relations et fortifié son organisation depuis les élections de 1817; le siége de ses réunions était resté chez les généraux la Fayette et Thiard, et chez Benjamin Constant; mais le nombre de ses membres avait augmenté; on y comptait alors huit ou dix députés des plus prononcés et des plus actifs, quelques propriétaires opulents, des écrivains, des savants, et jusqu'à des banquiers. On a longtemps répété que ce comité, arbitre souverain de la présentation des candidats, les désignait *par la poste* aux électeurs de province, lesquels élisaient les yeux fermés. Cette assertion n'est point fondée.

[1] Nous nous bornerons à citer un seul exemple de l'étrange arbitraire que l'on rencontrait encore dans les actes des fonctionnaires de cette époque. Le dimanche 27 juillet (1818), M. Martin, officier à demi-solde résidant à Melle (Deux-Sèvres), assistait à la messe paroissiale, célébrée par le juge d'instruction du tribunal, lequel réunissait le double caractère de prêtre et de magistrat; M. Martin aperçoit auprès du procureur du roi un de ses amis, fils du juge de paix de la ville; il le salue d'un signe de tête et en souriant. Le procureur du roi, croyant que ce sourire lui est adressé, élève la voix, malgré l'office, désigne du doigt M. Martin, et le traite tout haut de *polisson, de drôle, de sot, de mauvais sujet qu'il devrait faire arrêter sur-le-champ*. Le lendemain, sur un mandat délivré par le juge qui avait célébré la messe, M. Martin fut, en effet, conduit en prison; relâché au bout de quelques jours sous caution, il fut traduit, à la suite d'un arrêt en règlement de juges, devant le tribunal de Niort, qui l'acquitta. L'affaire avait fait du bruit; les recueils semi-périodiques s'en étaient emparés; M. Martin menaça de poursuivre, à son tour, le procureur du roi. M. Pasquier, ministre de la justice, intervint; le procureur du roi fut, non pas destitué, mais changé de résidence et envoyé à Confolens.

Dès que la session était close, le comité central de Paris, improprement appelé *comité directeur*, établissait des correspondances avec les électeurs *indépendants* les plus influents des départements dont la députation était à renouveler, et les engageait à former un comité ayant à son tour des correspondants dans chaque canton. Ces premiers rapports établis, et les comités locaux organisés, on invitait ceux-ci à faire connaître leurs candidats, et on les consultait en même temps sur les chances que pouvait présenter, dans leur localité, la nomination de *tel* personnage politique, de *tel* général ou savant éminent. Lorsque approchaient ensuite les élections, les comités de chaque département envoyaient à Paris une députation chargée de discuter et d'arrêter avec le comité central le choix définitif des candidatures ; ces choix une fois convenus, on en dressait une liste générale que tous les journaux de l'opposition publiaient le même jour. Telle était la fidélité des électeurs des départements pour les engagements pris en leur nom, que, dans les colléges où ils l'emportaient par le nombre, on citerait difficilement une seule élection faite en dehors des candidats ainsi désignés ; cette organisation et cette entente, jointes au dévouement et à l'activité des électeurs, devaient triompher, dans les élections nouvelles, de tous les moyens de séduction ou d'intimidation employés par le ministère pour écarter les candidats *indépendants*. La lutte, au reste, n'allait sérieusement s'engager qu'entre ceux-ci et les candidats ministériels, presque tous fonctionnaires ; quant aux ultra-royalistes, ils devaient se trouver battus, en quelque sorte, sans combattre ; il y eut plusieurs colléges où ils renoncèrent même à présenter des candidats. Les qualifications inscrites sur les listes de candidature publiées par les journaux indépendants caractérisent les luttes de cette époque : les candidats de l'opinion indépendante sont tous *propriétaires, négociants, avocats,* généraux ou fonctionnaires *en retraite ;* les candidats ministériels sont tous pourvus de fonctions actives dans l'*administration,* la *magistrature* ou l'*armée* ; les ultra-royalistes se trouvent ainsi qualifiés : *marquis*, *comte*, *émigré*, *noble* ou *gentilhomme*. « Point d'anciens privilégiés ni de fonctionnaires ! » tel était le cri des indépendants. « Point de députés que leur position n'attache pas au gouvernement ! » répondaient les ministres. Plusieurs préfets, pour éloigner les premiers, descendirent jusqu'à l'injure et à l'insulte[1]. Enfin, le 27 octobre, toutes les élections furent terminées ; le chiffre des députés à réélire se décomposait ainsi : 16 ultra-royalistes, 36 ministériels, 3 indépendants : total, 55 ; les nouvelles élections présentèrent le résultat suivant : 4 ultra-royalistes, 28 ministériels, 23 indépendants. Les premiers avaient donc perdu 12 membres sur 16, et les seconds 8 sur 36 ; seuls, les indépendants se trouvaient en bénéfice : ils gagnaient 20 membres nouveaux, parmi lesquels on comptait quatorze représentants de la Chambre des Cent Jours, entre autres MM. de la Fayette, Manuel et le général Grenier.

Depuis la mise à exécution de la loi du 5 février, 29 ultra-royalistes avaient été soumis à la réélection, et 6 seulement étaient revenus s'asseoir au Palais-Bourbon ; encore quelques élections, et ce parti disparaîtrait forcément de la Chambre. Ses organes et ses chefs poussèrent un cri d'alarme qui retentit jusqu'à Aix-la-Chapelle, et vint troubler les souverains ainsi que les diplomates encore retenus dans cette ville par le règlement des stipulations financières du traité de libération. Spectateurs attentifs de cette lutte électorale, livrée pour ainsi dire sous leurs yeux, ils s'étonnaient du résultat, et ne pouvaient comprendre la soudaine réapparition sur la scène politique, après trois années de silence et d'oubli, de ce général

---

[1] Un exemple fera juger de la violence des attaques dirigées par le ministère contre les candidats indépendants : un libelle, publié sous les yeux et par les soins de l'administration, rangeait, entre autres, Benjamin Constant « parmi ces méchants à figure contrefaite, pâle et cadavéreuse, qui, dans le désespoir de leur conscience, conspirent la nuit comme le jour, rêvent le crime, jurent le crime, et n'attendent que l'instant de le commettre avec la plus affreuse barbarie ; indépendants, autrement dits assassins, qui voudraient un second 21 janvier. »

la Fayette, dont le souvenir restait attaché à la chute de l'ancienne monarchie; de ce général Grenier, le collègue du régicide Carnot dans le dernier gouvernement provisoire; et de Manuel, cet orateur de la Chambre des représentants dont le nom, pour les contemporains, était alors inséparable de la prétendue proclamation de Napoléon II. Un nouvel ébranlement politique, un nouveau gouvernement des Cent-Jours, étaient-ils donc à la veille de se produire? On se ressouvint alors de la *note secrète* et de ses avertissements; chacun la rechercha et la lut avec avidité; elle devint le sujet de toutes les conversations, et chaque diplomate étranger crut découvrir dans ses prédictions l'avenir de la France monarchique. « Les ministres de Louis XVIII ont évidemment fait fausse route, s'écriait-on autour des souverains; ils doivent revenir sur leurs pas. » M. de Richelieu, resté aux conférences, se vit aussitôt sollicité, pressé de toutes parts, pour modifier la marche du gouvernement; on lui disait que sa rupture avec les royalistes et ses concessions aux révolutionnaires avaient fait tout le mal : il promit de se rapprocher des ultra-royalistes et prit l'engagement de changer la loi d'élection. Mais ces garanties ne pouvaient suffire aux craintes qui venaient de s'emparer des souverains : une nouvelle quadruple alliance fut résolue.

Le 1er novembre, lorsque le résultat des élections n'était encore qu'imparfaitement connu des membres de la conférence, les huit signataires étrangers du traité de libération avaient adressé à M. de Richelieu une note, dans laquelle ils lui annonçaient, au nom de leurs cours, « qu'ayant mûrement examiné l'*état intérieur* de la France, et rassurés sur l'*affermissement de sa tranquillité*, ils priaient S. M. T. C. d'unir désormais ses conseils et ses efforts à ceux des autres cours, et invitaient son représentant à prendre part à leurs délibérations présentes et *futures* dans tout ce qui aurait rapport au maintien de la paix et à l'exécution des traités. Le 12, le duc de Richelieu répondit « que le roi, son maître, avait accueilli avec une véritable satisfaction l'offre des Alliés, et l'avait en conséquence autorisé à prendre part à toutes les délibérations ayant pour but de maintenir et de consolider les droits et les rapports établis par les traités entre les différents Etats de l'Europe. »

Ces deux notes semblaient établir pour la France une situation nouvelle : son isolement cessait; elle rentrait dans le concert européen; le 15, un *protocole*, puis une *déclaration*, signés par M. de Richelieu et par les ministres des quatre autres cours, vinrent donner à ce double résultat l'apparente garantie d'une convention diplomatique. Le *protocole* proclamait l'union intime des *cinq* cours, la déclarait réelle, durable, et stipulait que, si des réunions devenaient ultérieurement nécessaires pour régler les intérêts généraux de l'alliance, les délibérations seraient prises en *commun*. La *déclaration* confirmait, en termes solennels, cette alliance, et lui imprimait le caractère d'un engagement presque religieux. Mais telle est la sincérité des manifestations politiques officielles, que, le même jour où, dans le salon de la conférence, M. de Metternich, lord Castlereagh et les autres ministres étrangers apposaient leurs noms au bas de ces protestations d'union intime, sincère, indissoluble, avec la France, ils réalisaient l'alliance dont nous avons parlé, se coalisaient une troisième fois contre nous, et signaient dans une salle voisine les deux traités que nous allons analyser.

Le premier, rappelant les dispositions du traité secret du 20 novembre 1815[1], les renouvelait dans toute leur force et valeur, et contenait l'engagement, entre les quatre cours d'Angleterre, d'Autriche, de Prusse et de Russie, « de se concerter, dans des réunions particulières, sur les moyens les plus propres à prévenir les funestes effets d'un *nouveau bouleversement révolutionnaire* dont la France serait menacée. » Ce traité posait le principe de la coalition nouvelle; le second réglait les moyens d'exécution. Il stipulait : « que le contingent

---

[1] Voyez tome III, page 461.

à fournir par chaque puissance serait celui fixé par les articles 7, 8 et 12 du traité de Chaumont [1]; que le corps britannique se réunirait à Bruxelles, le corps prussien à Cologne, le corps autrichien à Stuttgard et le corps russe à Mayence; et que le roi des Pays-Bas, le cas de ces rassemblements d'armées arrivant, livrerait aux troupes anglaises les forteresses d'Ostende, de Nieuport, d'Ypres, ainsi que les places de l'Escaut, et, aux troupes prussiennes, les citadelles de Huy, de Namur, de Dinan, les places de Charleroi, de Marienbourg et de Philippeville. Ces deux traités portaient la date du 15 novembre; le 18, les conférences d'Aix-la-Chapelle furent dissoutes; elles avaient eu trois phases : la première, toute d'union, où la France n'avait rencontré que des dispositions amicales; la seconde fut un temps de suspension, occasionné par l'absence des souverains et par le règlement des conventions pécuniaires, et qui dura près de six semaines; la troisième eut un caractère prononcé d'hostilité contre nous et vit renouveler la coalition qui, depuis le traité de Chaumont, avait mis la France au ban de l'Europe. Les anciens et les nouveaux traités présentaient, cependant, une différence : ceux de 1814 et de 1815 étaient exclusivement dirigés contre l'*esprit de conquête;* le traité de 1818 avait pour but de combattre l'*esprit de révolution.*

Ce fut seulement le 28 novembre que M. de Richelieu revint à Paris. Son absence avait fait remettre au 10 décembre l'ouverture de la session, d'abord fixée au 30 novembre. Décidé à tenir la parole qu'il avait donnée aux Alliés, le premier ministre arrivait avec la résolution de modifier la loi des élections et de faire servir ce changement à un rapprochement entre le cabinet et les ultra-royalistes. M. de Richelieu n'intervenait que rarement dans les affaires de politique intérieure; il les abandonnait à MM. Decazes et Lainé, et s'absorbait dans le soin des nombreuses et difficiles négociations qu'il

---

[1] Voyez tome I*er*, pages 257 et 258.

avait dû suivre, depuis trois années, avec tous les États de l'Europe. Habitué à voir ses collègues approuver, sans observation, toutes ses propositions sur les affaires de son département, affaires auxquelles les circonstances donnaient une importance tout exceptionnelle, croyant, dès lors, exercer sur leur esprit un empire absolu, il avait quitté Aix-la-Chapelle avec la conviction qu'ils hésiteraient d'autant moins à le suivre dans la voie nouvelle où il voulait entrer, que la libération du territoire, service immense rendu à la France comme à la royauté, fortifierait sa position et son influence auprès des Chambres et du roi. L'événement devait le détromper.

« Je vois avec peine que la loi de 1817 éloigne successivement tous les royalistes de la Chambre, avait-il écrit d'Aix-la-Chapelle à ses collègues ; je tremble que nous n'allions trop tout d'un côté; à tout prendre, j'aime encore mieux l'exaltation royaliste que le jacobinisme, et je vois arriver avec terreur les hommes des Cent-Jours. » — « *Votre Majesté doit se rapprocher des royalistes*, » avait dit également à Louis XVIII, le duc de Wellington, lors de son retour à Aix-la-Chapelle; et ses paroles avaient été répétées au roi par les ambassadeurs de Prusse et d'Autriche. Ces faits avaient suffisamment averti M. Decazes d'un rapprochement probable et prochain entre le chef du cabinet et les ultra-royalistes. Dans la position où le plaçaient, vis-à-vis de ce parti et du comte d'Artois, ses actes politiques des deux dernières années, mais surtout les défaites électorales des royalistes et la récente ordonnance sur la garde nationale, le ministre de la police ne pouvait se faire illusion sur les suites de ce raccommodement : sa chute, quelles que fussent les intentions de M. de Richelieu pour le conserver dans le ministère, serait la condition première et l'inévitable résultat de la réconciliation. « M. de Richelieu va revenir, disait-il à M. de Chabrol, préfet de la Seine, je ne sais ce qu'il en adviendra pour moi. » Or, non-seulement M. Decazes ne voulait pas tomber, mais sa position même dans le gouvernement ne lui semblait nullement en rapport avec son influence et son crédit. Jeune, confiant dans sa fortune, encouragé par les flatteries de cette nombreuse clientèle de fonctionnaires et d'ambitieux qu'attiraient autour de lui sa faveur et son caractère facile, certain, d'ailleurs, de son empire sur son maître, il résolut d'aller au-devant de la lutte et d'éprouver sa puissance et sa force en prenant lui-même l'initiative d'une rupture. Dès la première réunion de cabinet qui suivit le retour de M. de Richelieu, M. Decazes fit observer que les lois votées dans la dernière session et celles qu'il faudrait prochainement présenter le laisseraient en quelque sorte sans attributions; que la suppression de son département, réclamée à grands cris, depuis deux ans, par les opposants royalistes comme par les indépendants, serait probablement prononcée lors de la discussion du nouveau budget; que sa démission devenait dès lors un sacrifice nécessaire, et qu'il croyait devoir l'offrir immédiatement au conseil. Cette brusque ouverture jeta l'étonnement et l'alarme parmi les ministres; elle fut repoussée tout d'une voix.

Le caractère et le cœur, chez M. de Richelieu, étaient plus élevés que l'intelligence politique. Il n'était pas arrivé avec la pensée de se séparer de M. Decazes : dans sa conviction, le cabinet pouvait se rapprocher des royalistes exclusifs sans leur faire le moindre sacrifice de personnes. La suppression du ministère de la police était une des mesures le plus vivement réclamées par leurs orateurs; M. Decazes lui-même la proposait; ne pouvait-on leur donner cette première satisfaction sans se priver des services d'un ministre utile et particulièrement agréable au roi? Peu d'instants après la tenue du conseil, le chef du cabinet chargeait M. Molé de voir M. Lainé, et de lui offrir, en échange du portefeuille de l'intérieur, qu'il céderait à M. Decazes, la place de M. Pasquier, que l'on dédommagerait des sceaux en faisant revivre pour lui le ministère de la maison du roi. M. Pasquier, visité le premier, déclara qu'il était prêt à accepter tous les déplacements qui lui laisseraient un portefeuille; mais M. Lainé, moins accommodant, répondit qu'il resterait ministre de l'intérieur ou qu'il se retirerait; puis, le soir même, voyant, dans le fait seul de la proposition, une sorte de disgrâce, il envoya sa démission. Cependant il consentit à la reprendre en entendant M. de Richelieu menacer de donner la sienne, si le ministre de l'intérieur quittait le cabinet. M. Decazes, à son tour, déclara ne pas persister dans sa proposition, et l'on convint d'aborder les Chambres sans autre changement que la substitution de M. Roy à M. Corvetto, pour qui toutes ces démissions offertes, puis retirées, avaient été une occasion de donner définitivement la sienne.

La résolution de quitter le ministère remontait, chez M. Corvetto, à plusieurs mois, et tenait aux causes suivantes. Toutes les conventions conclues avec les étrangers, depuis Waterloo, avaient eu pour résultat la reconnaissance de dettes dont le payement se soldait par des créations de rentes; on a vu que la loi des finances de 1817 avait autorisé, en une seule fois, une création de 30 millions. Ces dernières rentes, abandonnées à la maison anglo-hollandaise Hope et Baring, au taux de 55 fr. pour 100 fr., n'avaient pas tardé à s'élever à 70 fr. [1]. Les immenses bénéfices donnés par cette hausse de 15 fr. sur 55 fr., soit plus de 27 pour 100, émurent les principaux banquiers de Paris; ils réclamèrent avec force, non contre ces profits prodigieux, mais contre la décision qui les avait attribués à des prêteurs étrangers. Leurs bruyantes protestations et les attaques dirigées à cette occasion contre le ministre des finances décidèrent ce dernier à livrer aux capitalistes nationaux 14,600,000 fr. de rente sur les 16,040,000 fr. dont la Chambre avait autorisé l'émission pour solder l'arriéré réclamé par les puissances. La loi qui consacrait cette nouvelle émission avait été promulguée le 6 mai; le 9, un avis de M. Corvetto annonça que le Trésor recevrait, jusqu'au 27, toutes les souscriptions partielles qui lui seraient faites pour cet emprunt;

---

[1] Le 5 pour 100 était à 69 francs 15 centimes le 28 mai 1818.

aucune demande ne pouvait être moindre de 5,000 fr. de rentes; les soumissions plus fortes seraient divisibles par coupons de 5, de 10 et de 20,000 fr., transmissibles à volonté, par voie de simple endossement, et le capital payable en sept mois, à dater du 27. Cette annonce enflamma toutes les imaginations; les articles de journaux et les brochures publiés sur la question avaient fait connaître les gains énormes donnés par les premiers emprunts; chacun voulut avoir sa part dans la nouvelle curée; les bureaux du Trésor furent littéralement assiégés par une foule avide, ardente, où le millionnaire coudoyait le laquais, où l'on voyait se presser pêle-mêle des duchesses et des bourgeoises, de petits marchands et des pairs de France, des femmes entretenues et des députés, des actrices et des magistrats, des comédiens et des abbés. Tout ce monde se heurtait, se foulait, demandant à grands cris, comme une faveur immense, à échanger son argent contre des *coupons de l'emprunt*. Les 14,600,000 fr. de rente à souscrire formaient un capital de 292 millions; le 30 mai, le *Journal des Débats* annonça que les soumissions déposées s'élevaient à 163 millions de rente, soit, en capital, à *trois milliards deux cent soixante millions*. Il semblait si commode, en effet, d'obtenir un simple morceau de papier, d'attendre pendant quelques jours, quelques semaines, la hausse que chacun prévoyait, puis de revendre avec un bénéfice de 3, 4 ou 6 fr. par chaque 5 fr. de rente, un capital de plusieurs centaines de mille francs n'ayant coûté qu'un premier versement de 20 pour 100! Les faits semblèrent donner d'abord raison aux spéculateurs : délivrés le 30 mai au taux de 66 fr. 60 c., les certificats d'emprunt étaient montés, le 18 juin, à 74 fr. 50 c.; le 31 août, on les cotait à 80 fr. Mais la plupart des souscripteurs avaient pris au delà de leurs forces; bon nombre n'avaient que les capitaux nécessaires au premier versement; beaucoup même ne l'avaient soldé qu'en empruntant : ils furent obligés de vendre; les puissances étrangères, d'un autre côté, la Prusse la première, pressées d'argent, voulurent profiter de la hausse pour se défaire des inscriptions qu'elles avaient reçues en payement de la contribution de guerre et des créances réglées par la convention du 25 avril précédent; d'autres détenteurs, les plus prudens, songèrent à réaliser leurs bénéfices. Une masse énorme de titres afflua dès lors sur la place. La baisse eut lieu; elle fut rapide : en deux mois, du 1er septembre au 3 novembre, le 5 pour 100 descendit de 80 fr. à 68. Bientôt même on ne trouva plus de preneurs; dans les premiers jours de décembre, le cours devint nominal, pour ainsi dire; les transactions se bornèrent aux achats de la caisse d'amortissement. De nombreuses catastrophes furent le résultat de ce double mouvement de hausse et de baisse. Les joueurs ne pouvaient accuser de leur ruine que leur imprévoyance ou leur avidité; ils l'attribuèrent à l'impéritie de M. Corvetto. La tâche de ce ministre avait été singulièrement difficile depuis trois ans : obligé de faire face aux embarras d'une affreuse disette et de trouver chaque jour, malgré l'épuisement du pays, les ressources nécessaires, tout à la fois, à l'acquittement de la contribution de guerre, à l'entretien et à la solde du corps d'occupation, puis aux dépenses courantes, sa part dans le fardeau imposé au gouvernement par la seconde invasion avait assurément été la plus lourde; il l'avait portée avec courage, intelligence et la plus rare probité. Mais sa santé s'était altérée, et les accusations dirigées contre lui à l'occasion des premiers emprunts l'avaient blessé d'autant plus profondément, que, entré pauvre aux affaires, il demeurait pauvre au milieu des fortunes qu'il voyait chaque jour s'élever autour de lui; les clameurs provoquées par les récentes catastrophes de bourse achevèrent de le décourager : le 7 décembre, neuf jours après le retour de M. de Richelieu, il remit son portefeuille à M. Roy.

Le surlendemain, 9, le nouveau ministre des finances assista à la réunion où furent arrêtés les termes du discours d'ouverture de la session. Ce document, qui se ressentait de la situation morale du ministère, n'abordait aucune question de politique intérieure et gardait le silence le plus absolu sur les mesures que le cabinet comptait soumettre aux Chambres. Une phrase heureuse et digne sur la libération du territoire, fait accompli ; une phrase pieuse sur la prochaine cérémonie du sacre de Louis XVIII, événement qui ne devait jamais se réaliser ; une sortie contre « ces principes qui, sous le masque de la liberté, attaquent l'ordre social, conduisent, par l'anarchie, au pouvoir absolu, et dont le funeste succès avait causé au monde tant de sang et de larmes, » menaces qui s'adressaient aux *indépendants*, adversaires de M. Decazes autant que de M. de Richelieu, voilà, en effet, tout ce que renfermait le discours prononcé par Louis XVIII le 10 décembre, en procédant à l'ouverture des deux Chambres. Le surlendemain, 12, les ministres se réunirent de nouveau chez M. de Richelieu, pour arrêter la marche du cabinet pendant la session.

M. Pasquier prit la parole le premier ; il entretint longtemps le conseil des difficultés de la situation, insista sur la nécessité d'y porter remède, et termina sans indiquer la moindre solution. M. Roy se tint dans le même vague. MM. de Richelieu et Lainé firent ressortir, en termes généraux, le besoin de s'appuyer sur tous les amis de la monarchie, quelles que fussent, d'ailleurs, les nuances qui pouvaient les diviser. M. Molé se borna à faire l'éloge du duc de Richelieu et à déclarer que, en dehors du négociateur d'Aix-la-Chapelle et de sa direction politique, il n'existait pas de ministère possible. Seuls, le maréchal Gouvion-Saint-Cyr et M. Decazes émirent une opinion précise : « Le cabinet, disaient-ils, devait continuer à marcher dans la ligne politique qu'il avait jusqu'alors suivie. » Aucun de leurs collègues ne répondit ; on se sépara sans rien décider. Le 14, les ministres se réunirent de nouveau, mais sans plus de résultat ; le même vague se reproduisit dans les opinions. Pas un d'eux ne se dissimulait qu'un dissentiment profond divisait le cabinet, mais aucun n'osait l'indiquer nettement ; on eût dit que, prévoyant une rupture, tous hésitaient à la provoquer. Un troisième conseil fut convenu pour le 17; mais cette fois on devait discuter aux Tuileries, devant le roi, dans l'espérance sans doute que l'intervention du monarque amènerait enfin des explications positives et une solution. M. Pasquier parla encore le premier, mais, comme toujours, pour ne rien dire; M. Molé déclara en termes généraux qu'il croyait indispensable de modifier la politique du ministère; M. Lainé et M. Roy émirent le même avis, mais sans s'expliquer davantage sur les modifications à opérer; Gouvion-Saint-Cyr et M. Decazes, abordant enfin la question qui se trouvait au fond de tous ces vains débats, dirent que le cabinet, loin de rien changer à sa marche, devait s'attacher plus fortement que jamais à la loi des élections. M. de Richelieu parla le dernier : on pouvait croire que, ayant entendu la déclaration des ministres de la police et de la guerre, il se prononcerait enfin sur le maintien ou sur le changement de la loi électorale; la décision lui manqua; il se contenta de reproduire l'opinion de M. Molé. Chaque ministre s'était expliqué; tous les regards interrogèrent Louis XVIII. Le roi éprouvait un visible embarras; obligé, pourtant, de répondre à l'interrogation muette de ses conseillers, et de leur faire connaître, sinon sa volonté, du moins son opinion, il dit enfin, après un assez long silence : « Eh bien, plantons notre drapeau sur l'ordonnance du 5 septembre; continuons à suivre la ligne qui nous a réussi jusqu'à ce jour; tendons toujours la main à droite et à gauche, et disons comme César : *Celui qui n'est pas contre moi est avec moi.* » Cette citation mit fin au conseil; les ministres se retirèrent, laissant Louis XVIII convaincu qu'il venait de rétablir la concorde parmi ses conseillers.

La résolution de modifier profondément la loi des élections n'avait pas abandonné un seul instant M. de Richelieu. La nécessité de cette mesure ne résultait pas seulement pour lui des engagements pris à Aix-la-Chapelle; elle était encore le résultat d'une conviction sincère. Il avait en même temps promis de se rapprocher du parti ultra-royaliste; ce rapprochement s'était déjà opéré, du moins à la Chambre des pairs, par l'in-

*ter*médiaire du cardinal de Beausset, membre de cette Assemblée, son ami particulier, chez qui se réunissaient habituellement cinquante pairs environ, dont le plus grand nombre, entraînés par la confiance que leur inspirait M. de Richelieu, avaient jusqu'alors appuyé la politique ministérielle. Des pourparlers avaient également eu lieu avec quelques-uns des ultraroyalistes influents de l'autre Chambre. Le président du conseil s'était rencontré avec M. de Villèle, qui, affamé du ministère, accueillait peu de jours auparavant les avances de M. Decazes; M. de Richelieu l'avait trouvé de composition facile. M. Lainé s'était abouché, de son côté, avec d'autres membres du même parti; mais ceux-ci élevaient les prétentions les plus exorbitantes; non-seulement ils exigeaient le renvoi immédiat de M. Decazes, ainsi que le rapport des dispositions relatives à l'avancement dans l'armée, mais ils demandaient encore le changement de la loi électorale dans les conditions suivantes : il y aurait deux degrés d'élection; les contribuables payant 300 francs d'impôts seraient électeurs de premier degré et nommeraient des candidats parmi lesquels le collége de second degré, ou *haut collége*, choisirait les députés. Les électeurs de ce haut collége devaient payer 2,000 francs de contributions; ce qui mettait l'élection, dans la plupart des départements, aux mains de *dix* ou *douze* individus, et, dans quelques-uns, l'abandonnait à *deux* ou *trois* propriétaires. Malgré la défiance qu'inspirait son impatiente ambition à plusieurs de ses amis politiques, M. de Villèle obtint pourtant des députés de son parti qu'ils s'uniraient provisoirement à M. de Richelieu sans exiger de lui un engagement formel sur ces différents points; on ne discuterait la question des garanties que lors de la recomposition définitive du ministère. Cependant cette reconstitution ne se décidait pas ; le cabinet n'adoptait aucun parti; tous ses membres semblaient attendre, pour prendre une résolution, que les Chambres eussent manifesté leur esprit par la nomination des membres de leurs bureaux. La composition du bureau de la Chambre des pairs fut tout entière ultra-royaliste; la nomination des candidats pour la présidence, à la Chambre des députés, sans présenter un caractère aussi prononcé, avait cependant une signification hostile à la politique jusqu'alors suivie par le ministère. M. de Richelieu semblait l'emporter; il était resté plusieurs jours sans voir M. Decazes; le lendemain de ces dernières nominations, deux jours après le conseil tenu chez le roi, on le vit tout à coup paraître à la soirée du ministre de la police. Cette visite était une avance faite à ce dernier, une sorte d'invitation à se ranger de bonne grâce à l'opinion qui paraissait dominer dans les deux Assemblées. Mais tout rapprochement était devenu impossible. Depuis longtemps, M. Decazes ne voyait pas sans une secrète envie l'influence acquise à M. de Richelieu dans les rapports de la France avec l'Europe; les souverains ne traitaient qu'avec ce ministre; leurs représentants n'interrogeaient et n'écoutaient que lui seul. Les faits des derniers ours avaient encore irrité chez le ministre de la police ce sentiment de rivalité jalouse; il manœuvra, à son tour, dans la Chambre des députés; et, le 21, cette Assemblée, ayant à élire ses vice-présidents et ses secrétaires, dirigea tous ses choix sur des hommes opposés à toute modification à la loi électorale. Ce revirement inattendu irrita M. Molé, ministre sans influence politique, n'ayant su faire autre chose, dans son département, que continuer la tradition d'impéritie de son prédécesseur, et persécuter, à l'exemple de ce dernier, les malheureux officiers de marine mêlés comme lui-même à l'effort des Cent-Jours; esprit rancunier, d'autant plus susceptible dans les questions intéressant son amour-propre, que des passions égoïstes et un savoir de petits expédients étaient les seules forces qu'il pût mettre au service d'une immense vanité[1]. Engagé fort avant dans les négociations de M. de Ri-

---

[1] Le 1ᵉʳ septembre 1818, M. Decaen, capitaine de frégate, publiait une lettre où se trouvent ces passages : « J'ai lutté pendant deux ans et trois mois, et ce n'est qu'après le *refus le plus formel*, grâce au puissant appui que j'ai trouvé dans les deux Chambres, et particulièrement auprès de MM. de

chelieu avec la pairie et les ultra-royalistes de la Chambre élective, il en avait prédit le succès. A la nouvelle des nominations faites par les députés, il accourt chez M. Lainé, accuse M. Decazes de s'être joué du cabinet, déclare qu'il est impossible de rester avec un tel homme, ajoute qu'il donne sa démission, entraîne M. Lainé à donner la sienne, puis l'emmène chez M. de Richelieu, qui, après avoir entendu ses deux collègues, les imite. M. Molé écrit alors à M. Pasquier, lequel, voyant le cabinet dissous, cède à l'exemple, et avertit M. Decazes, qui se démet également de son portefeuille. Le soir, M. Molé portait les cinq démissions au roi : celle du duc de Richelieu était motivée « sur sa conviction intime de ne pouvoir plus être utile au service du roi, ni au bien du pays ; » M. Molé appuyait la sienne « sur la situation du ministère ; » M. Lainé se démettait purement et simplement, sans alléguer aucun motif ; M. Pasquier motivait sa retraite sur celle de M. de Richelieu ; M. Decazes invoquait la même cause : « *rien au monde*, disait-il, ne pourrait m'engager à rester *un seul instant* au ministère *après* M. de Richelieu ; » puis il ajoutait : « Hors du ministère comme au dedans, je n'en continuerai pas moins à faire tout ce qui sera utile au service de Votre Majesté et au succès de son gouvernement, auquel j'appartiendrai toujours de vœux et d'intention, comme j'appartiendrai de cœur et d'âme à Votre Majesté tant que j'aurai une goutte de sang dans les veines. »

Broglie et Lanjuinais, que j'ai pu *forcer* M. Molé, non pas à me rendre mon emploi, mais à me donner du moins un traitement de retraite. Trente de mes camarades, dont plusieurs seraient morts de faim si des amis généreux ne leur eussent tendu la main, doivent également l'existence aux deux nobles pairs que je viens de nommer. On croira peut-être que le ministre, *forcé* de nous régler une retraite, s'est conformé aux lois qui régissent, ou plutôt qui devraient régir la marine ? Malheureusement on serait dans l'erreur. Ainsi, ma retraite n'est que de *cinq cent trente-cinq francs*, bien que le *maximum* de celle des officiers de mon grade soit de 1,800 francs, et le *minimum* de 900 francs. » — Parmi les officiers de marine cités par le capitaine de frégate Decaen, il en était un, l'enseigne de vaisseau Bourdin, que le ministre maintenait à la retraite après *quinze ans* de service, avec **une** pension de 276 francs.

Le roi se trouvait sans ministère au moment même où il croyait avoir rétabli la concorde entre ses ministres, et lorsque les deux Chambres discutaient l'une et l'autre leur réponse au discours d'ouverture de la session. Il écrivit immédiatement à M. de Richelieu pour lui demander une entrevue ; elle eut lieu le lendemain 22. Louis XVIII se plaignit amèrement de la situation difficile où le plaçait cette retraite en masse, et pria le duc de reprendre sa démission. M. de Richelieu refusa, puis, sur de nouvelles instances du roi, il promit de faire connaître, le jour suivant, sa dernière résolution. Le 23, après s'être concerté avec MM. Molé et de Villèle, il fit remettre, en effet, au roi une lettre, où son caractère se peint tout entier, et dont nous reproduirons les passages suivants :

« Votre Majesté peut imaginer dans quelle situation m'a laissé l'entretien d'hier, et tout ce que j'ai souffert en voyant le chagrin que je causais à Votre Majesté. Je connais trop bien mon insuffisance dans des circonstances aussi difficiles, et pour un genre d'affaires auquel il est impossible d'être moins propre que je ne le suis, pour que je ne vous répète pas, Sire, ce que j'ai eu l'honneur de vous dire hier. Ma mission a été finie au moment où les grandes affaires avec les étrangers ont été terminées; celles de l'intérieur, ainsi que la conduite des Chambres, me sont tout à fait étrangères, et je n'y ai ni aptitude ni capacité. Il est de mon devoir de dire à Votre Majesté, dans toute la sincérité de mon cœur, qu'en me retenant, elle fait le plus grand tort à ses affaires et au pays, et que ce sentiment, qu'elle avait la bonté d'appeler hier modestie, n'est que le résultat d'une connaissance plus approfondie de moi-même; penser autrement ne serait pour moi qu'une inexcusable présomption.

« Après avoir fait à Votre Majesté cette profession de foi, à laquelle je la supplie de réfléchir bien sérieusement, je dois lui dire que, si elle persiste à vouloir me retenir, malgré les pressantes raisons que je lui donne, je ne puis ni dois m'y refuser; mais, pour que mes services ne soient pas, dès l'abord, entièrement inutiles, il faut rétablir dans le ministère une unité d'opinion qui n'existe plus. Votre Majesté sait si j'aime et estime M. Decazes : ces sentiments sont et seront toujours les mêmes. Mais, d'un côté, outragé sans raison par un parti dont les imprudences nous ont causé tant de maux (les ultra-royalistes), il est impossible à M. Decazes de se rapprocher de ce parti; de l'autre, poussé vers un côté dont les doctrines nous menacent bien davantage (les indépendants), tous les hommes opposés au ministère, tant qu'il ne sera pas fixé hors de France par des fonctions éminentes, le considéreront comme le but de leurs espérances, et il deviendra, bien malgré lui, un obstacle à la marche du gouvernement. Il m'en coûte de tenir ce langage au roi... Mais je dois la vérité à Votre Majesté, telle au moins que je la vois... L'ambassade de Naples ou de Saint-Pétersbourg, et un départ annoncé et exécuté dans une semaine, tels sont, suivant moi, les préliminaires indispensables, je ne dis pas au succès, mais à la marche de l'administration...

« Après vous avoir exprimé ma pensée, souffrez, Sire, que je me jette encore aux pieds de Votre Majesté pour lui demander avec les plus vives instances de m'accorder ma liberté : je le répète, je n'ai ni la capacité ni les talents nécessaires pour me mêler du gouvernement des Chambres; rien ne m'a préparé à cette vie, et bien sûrement je n'y réussirai pas. Votre Majesté est prévenue d'avance; qu'elle ne s'expose pas à la douleur de voir bientôt tous mes pronostics vérifiés. »

Lors même que l'on ne connaîtrait de la carrière politique de M. de Richelieu que cette lettre au roi, elle suffirait pour honorer l'homme. Louis XVIII, dont les rapports avec M. Decazes n'avaient pas été interrompus, répondit au duc qu'il persistait à lui confier la composition du nouveau ministère; il consentait à l'éloignement du ministre de la police; mais, objectant la rigueur de la saison, ainsi que la convenance d'un délai qui ôtât à la mesure le caractère d'un exil, il obtint de M. de Richelieu que M. Decazes, au lieu de partir sur-le-champ pour Naples ou Saint-Pétersbourg, ne se retirerait provisoirement qu'à Libourne. MM. Molé et de Villèle blâmèrent le premier ministre de cette condescendance, qu'ils taxèrent de faiblesse ; elle n'eut cependant pas sur la situation toute l'influence qu'ils ne tardèrent pas à lui prêter : par cela seul que M. Decazes ne partait pas pour l'étranger dans la journée, à l'heure même, toutes les tentatives du duc de Richelieu pour former un cabinet devaient demeurer vaines. La veille, la Chambre des députés, dans son Adresse, avait déclaré « qu'elle repousserait toute atteinte à la Charte ou aux lois *dérivées de son esprit.* » Après une protestation aussi formelle en faveur de la loi des élections, quel homme politique sérieux pouvait croire à la durée d'un ministère chargé de détruire cette loi et ayant à lutter tout à la fois contre la Chambre élective et contre l'ancien ministre, qui, retiré même à Libourne, n'en demeurerait pas moins le conseiller réel, l'homme de l'intime confiance du roi? D'ailleurs, tel est le cours des choses humaines, que les récents services de M. de Richelieu, contrairement à son attente, affaiblissaient sa position au lieu de la fortifier : ministre nécessaire avant le traité d'Aix-la-Chapelle, M. de Richelieu, après la libération du territoire, n'était plus un ministre indispensable; il cessait de dominer la situation. « Son œuvre est accomplie, » répétaient après lui tous les ambitieux. D'abord, il avait espéré, en supprimant le ministère de la police, pouvoir reconstituer l'ancien cabinet, sans autre changement que celui du ministre de la guerre; mais M. Lainé, bien que partisan prononcé d'un changement de la loi électorale, loi dont les résultats l'avaient alarmé dès l'année précédente, persista à vouloir se retirer. « C'est moi, disait-il, qui ai proposé et soutenu cette loi; il ne m'appartient pas d'en demander la réforme; les modifications qu'elle exige doivent être la tâche d'un autre ministre. » Le même scrupule ne retenait pas MM. Molé, Pasquier et Roy; en revanche, effrayés des embarras qui menaçaient de toutes parts M. de Richelieu, ils n'avaient plus qu'une confiance médiocre dans le succès des efforts qu'il allait tenter; ils hésitaient. Le duc, alors, offrit l'*intérieur* à M. Cuvier, la *marine* à M. de Villèle, la *justice* à M. Siméon, les *finances* à M. Mollien, et la *guerre* au général Lauriston. Une conférence eut lieu, le 26 au soir, entre ces candidats et le duc; quelques-uns des personnages composant cette réunion ne s'étaient jamais vus; la plupart appartenaient à des nuances politiques différentes; ils ne purent s'entendre; seuls, M. de Villèle et le général Lauriston déclaraient être prêts à accepter; MM. Mollien, Siméon et Cuvier firent connaître au duc leur refus le soir même. Il y avait loin de tous ces échecs aux espérances apportées d'Aix-la-Chapelle par M. de Richelieu. Déconcerté par ces luttes, qui répugnaient

— 1818 —

à ses habitudes et à son caractère, blessé dans sa fierté, il tomba soudainement malade, et, le 27 au matin, il transmit au roi sa renonciation formelle à la tâche de reformer le cabinet. La mission revenait dès lors à M. Decazes, qui l'attendait, certain qu'elle devait lui arriver; il l'accepta, et pria M. de Richelieu de désigner lui-même son successeur à la présidence du conseil. Le duc proposa les maréchaux Macdonald ou Marmont. Gouvion-Saint-Cyr tenait déjà le portefeuille de la guerre; admettre un second maréchal dans un ministère composé seulement de six membres était donner une part trop forte à ces dignitaires; M. Decazes chercha un autre nom. Nous avons raconté, dans le précédent volume, de quelle manière M. de Talleyrand, ayant à compléter la pairie, créait des pairs de France; voici comment fut nommé le président du nouveau cabinet.

M. Pasquier servait d'intermédiaire entre M. Decazes et le duc de Richelieu; courant sans cesse de l'un à l'autre, s'efforçant de plaire à tous deux et de les rapprocher, c'était lui qui avait transmis au premier les noms des maréchaux Macdonald et Marmont. A leur défaut, qui choisir? M. Pasquier, ouvrit un *Almanach royal*, et se mit à parcourir, avec M. Decazes, la liste, par ordre alphabétique, des membres de la pairie; arrivé au nom du marquis Dessolle, il s'arrêta. La présence de ce général à la conférence qui, dans la nuit du 4 au 5 avril 1814[1], décida la chute de l'Empire, avait établi, entre l'empereur de Russie et lui, des relations devenues encore plus fréquentes lors de la seconde invasion; c'était, en outre, au général Dessolle que Louis XVIII, en considération de ces anciens rapports, avait confié la mission de recevoir le Tzar à la frontière et de l'accompagner à Paris lors de la courte apparition que ce souverain y avait faite, quelques semaines auparavant; sa nomination ne pouvait donc déplaire à Alexandre. M. Pasquier fut chargé, d'abord, de soumettre ce choix à Louis XVIII, qui l'accueillit sans observation, ensuite de demander le consente-

---

[1] Voyez tome Ier, pages 402, 403 et 404.

ment du général Dessolle, qui s'empressa d'accepter. Cependant la crainte de mécontenter le Tzar en donnant la succession de M. de Richelieu à un homme que ce souverain n'agréerait pas poursuivait toujours M. Decazes : il sonda, dans la matinée du 28, le comte de Nesselrode, qui se trouvait à Paris; l'opinion du chancelier d'État russe fut favorable au nouveau ministre des affaires étrangères. Rassuré par cette approbation, M. Decazes employa le reste de la journée à compléter son ministère. M. Pasquier devait espérer que, quel que fût le vainqueur, la conservation de son portefeuille serait le prix de sa neutralité entre les deux rivaux et de ses soins empressés auprès de l'un et de l'autre; mais ses hésitations mêmes étaient, pour les prétentions et pour la fortune de M. Decazes, une sorte d'offense que ce dernier voulut punir : il ne lui rendit point sa démission, et lui donna pour successeur M. de Serres, alors président de la Chambre des députés, qui apportait au nouveau ministère l'appui de qualités que l'opinion publique se plaignait de ne pas trouver dans le dernier garde des sceaux, une parole éloquente et ferme, un caractère élevé, et une moralité politique incontestée. Le baron Louis reprit des mains de M. Roy le portefeuille des finances ; le conseiller d'État Portal remplaça M. Molé; Gouvion-Saint-Cyr conserva le département de la guerre ; et M. Decazes, quittant le ministère de la police, qui demeurait supprimé, prit, à l'intérieur, la place de M. Lainé.

Ces arrangements, terminés dans la soirée du 28, et convertis en ordonnances le lendemain 29, mirent fin à la crise qui, depuis un mois, suspendait, pour ainsi dire, l'action du gouvernement, et mettait hors d'haleine toute la population officielle de Paris. Les hauts fonctionnaires, la foule des gens d'intrigue et des coureurs de place, étaient littéralement aux abois; ils ne savaient plus où adresser leurs compliments; pendant près de trois semaines, on les avait vus se précipiter chaque soir, selon les rumeurs de la journée, chez M. Decazes ou chez M. de Richelieu, chez les autres ministres en titre, ou dans les salons de leurs successeurs désignés, prodiguant aux uns comme aux autres leurs protestations de dévouement, laissant désertes les demeures qu'ils encombraient la veille, et regrettant, chaque matin, leurs félicitations du jour précédent. Nous aurions passé sous silence ces déconvenues fort peu dignes de sympathie, si la même cause n'avait pas produit dans le pays une inquiétude et une agitation sérieuses.

L'annonce de ce déchirement ministériel, interdite par la censure aux journaux quotidiens, était parvenue jusqu'aux extrémités du royaume par les lettres particulières et par les recueils semi-périodiques. On en ignorait la cause précise; le débat, disait-on, était entre les partisans du régime de 1815 et les soutiens de l'ordonnance du 5 septembre; les noms de MM. Decazes et de Richelieu servaient à personnifier la lutte. Par un malheur qui tenait à l'illustration même de son nom et à son émigration, le dernier, aux yeux de tous les citoyens attachés aux intérêts et aux principes de la Révolution, représentait le principe de la coalition des vieilles royautés de l'Europe contre la France républicaine et impériale, ainsi que l'intérêt contre-révolutionnaire. Ses services, d'ailleurs, n'étaient pas de ceux qui frappent la foule et qu'elle apprécie; mais, lors même qu'elle les aurait aperçus, il suffisait que le négociateur d'Aix-la-Chapelle fît alliance avec le parti ultra-royaliste pour que ces services fussent immédiatement effacés, et pour qu'on ne vît plus en lui qu'un ancien grand seigneur, homme du vieux régime, et un incorrigible émigré. M. Decazes, au contraire, était protégé par le souvenir et par les promesses de l'ordonnance du 5 septembre. Étrange bénéfice de certaines situations politiques : par cela seul qu'il luttait en apparence pour cette ordonnance et pour la loi des élections, M. Decazes représentait l'intérêt national et devenait l'homme de la liberté! Les royalistes, par leur attitude dans cette crise, rendaient encore plus ardents les vœux de la population pour le triomphe du ministre de la police : on les entendait parler de revanche et annoncer le changement des lois rendues dans les deux dernières sessions, ainsi que le rétablissement de celles que le ministère avait laissées tomber, ou que les Chambres avaient abrogées; leurs réunions se reformaient, et l'on voyait reparaître, dans leur ancien costume de volontaires royaux, la tête haute et l'injure à la bouche, des hommes que l'indignation publique, depuis deux ans, avait condamnés à la retraite et au silence.

Ces menaces et ces forfanteries étaient la source des bruits les plus alarmants : des coups d'État, disait-on, se préparaient; les proscriptions allaient renaître; des listes, déjà prêtes, désignaient, par département, cent citoyens destinés à subir les premiers l'exil ou la prison. Ces exagérations, fruits de la passion ou de la peur, agitaient toutes les familles. Dans certaines villes du Midi, où les partis étaient déjà en présence, à Nîmes, entre autres, où des bandes de royalistes parcouraient les boulevards en promenant des drapeaux blancs à liséré vert et en chantant des couplets hostiles aux protestants, on attendait les journaux de Paris avec une anxiété plus vive peut-être que celle qui se manifeste en temps de guerre, lorsque chaque heure peut apporter la nouvelle d'une de ces batailles qui décident du sort des empires. Enfin le *Moniteur* du 30 décembre fit connaître les noms des nouveaux ministres : l'ordonnance du 5 septembre triomphait. Ce résultat, accueilli par les royalistes, ici avec colère, ailleurs par un morne silence, fit pousser des cris de joie à leurs adversaires. Dans la conviction des premiers, des destitutions en masse allaient les atteindre, et le volcan révolutionnaire, faisant irruption de toutes parts, ensevelirait la monarchie; les seconds voyaient toutes les lois d'exception disparaître et le gouvernement entrer enfin dans la voie du progrès politique et des réparations. Chaque parti se trompait : ni ces craintes ni ces espérances ne devaient se éaliser, ainsi qu'on le verra dans le récit des faits de l'année -1819, — qui s'ouvrait le surlendemain.

FIN DU TOME QUATRIÈME.

TABLE DES CHAPITRES

CONTENUS DANS LE TOME QUATRIÈME.

CHAPITRE PREMIER

1815.— Réaction royaliste.— *Départements :* massacres de Marseille.— Assassinat du maréchal Brune à Avignon ; procès fait aux assassins. — Massacres de Nîmes et d'Uzès ; incident à la Chambre des députés. — Assassinats des généraux Lagarde et Ramel, à Nîmes et à Toulouse. — Procès des frères Faucher de la Réole, à Bordeaux ; leur condamnation et leur exécution.. 1

CHAPITRE II

Suite de la réaction royaliste de 1815. — *Paris :* le général de Labédoyère ; son arrestation, son procès devant un conseil de guerre, son exécution. — Procès du comte Lavalette : il est traduit en cour d'assises et condamné à mort ; préparatifs pour son exécution ; il parvient à s'évader. — Procès du maréchal Ney : sa comparution devant un conseil de guerre qui se déclare incompétent ; il est traduit devant la Cour des pairs ; débats ; sentence prononcée contre lui ; vote de chaque juge ; exécution du maréchal. — Mort de Murat. . 50

CHAPITRE III

1816. — Situation du gouvernement royal au 1ᵉʳ janvier 1816. Comités royalistes dans les départements. Dénonciations. Épurations dans les ministères de la marine, de la justice et de la guerre ; catégories établies par le duc de Feltre. — *Session de* 1815-1816. — Adresses des deux Chambres au roi. Suspension de la liberté individuelle. Loi sur les cris, les actes et les écrits séditieux ; discussion et vote dans les deux Chambres. Établissement des *cours prévôtales.* Proposition dite *d'amnistie,* par M. de Labourdonnaie ; ses catégories ; alarmes jetées dans la population ; projet d'amnistie présenté par le ministère ; rapport de la commission ; nouvelles catégories et nouvelles inquiétudes ; discussion et vote de la loi. Votes de monuments expiatoires à Louis XVI, Louis XVII, Marie-Antoinette, madame Élisabeth et au duc d'Enghien. Lecture, à la Chambre des députés, du testament de la reine ; discours de M. de Marcellus.. 124

CHAPITRE IV

Suite de la session. Projet de loi électorale; premier rapport de M. de Villèle; second rapport; amendements; discussion et vote de la loi dans la Chambre des députés; son rejet par la Chambre des pairs. Nouveau projet de loi électorale. Rappel à l'ordre de M. Forbin-des-Issarts. Démission de M. Lainé comme président de la Chambre; il reprend ses fonctions. Discussion du second projet de loi électorale; M. de Vaublanc se sépare des autres ministres; vote du projet. — Loi du budget; tableau des dépenses pour 1816; discussion soulevée, à l'occasion des bois de l'État, entre le gouvernement et la commission; le gouvernement renonce à l'aliénation de ces bois; économies adoptées par la Chambre; caractère du budget de 1816; création de la caisse d'amortissement; rétablissement de la *vénalité des offices.* — Plan pour la reconstitution de la fortune et de la puissance du clergé. La *Congrégation;* son origine; ses progrès; son influence dans la Chambre des députés. Augmentation des fonds alloués au clergé; suppression des pensions allouées aux prêtres mariés; le clergé est autorisé à recevoir par donation ou testament toute espèce de biens; rétablissement des propriétés de *mainmorte.* La Chambre des députés donne à l'Église tous les biens de l'État ayant appartenu aux anciens couvents et au clergé. Abolition du divorce. Propositions pour donner aux évêques la direction de l'Université, aux desservants de chaque commune la tenue des registres de l'état civil, et pour rétablir le gibet. — Clôture de la session. — Modification ministérielle : renvoi de MM. de Vaublanc, Barbé-Marbois et Guizot; leur remplacement par MM. Lainé, Dambray et Trinquelague. — Dépêche télégraphique de Lyon 175

CHAPITRE V

Événements de Grenoble. Paul Didier; ses antécédents politiques; ses rapports avec le duc d'Orléans après les Cent-Jours. Exil de ce prince. — Association de l'*Indépendance nationale.* Didier part pour Lyon; son séjour dans cette ville; arrestations; Didier se rend dans le Dauphiné. — *Tableau moral de la France dans les premiers mois de 1816.* Circulaire de M. Decazes; arrestations; exils; adresses et amendes honorables à l'occasion de la mort de Louis XVI; destruction des insignes du régime impérial, feu de joie, danses et chants à Orléans; visites domiciliaires; destitutions. — *Suite des événements de Grenoble.* Efforts de Didier pour organiser un soulèvement en faveur du duc d'Orléans; il est obligé d'invoquer le nom de Napoléon II; sa proclamation; organisation définitive du mouvement; plan d'attaque contre Grenoble. Le général Donnadieu, le comte de Montlivault et M. Armand de Bastard; avis qui leur sont transmis; arrestation d'un lieutenant en demi-solde. Marche et approche des insurgés. Dispositions prises par le général Donnadieu. Les insurgés arrivent devant la porte de Bonne; ils sont repoussés et poursuivis par le colonel Vautré. Premières dépêches du général Donnadieu; lettre du colonel Vautré. Réunion de la cour prévôtale; elle prononce trois sentences de mort; exécution de deux des condamnés. Première dépêche télégraphique adressée de Paris aux autorités de Grenoble; circulaire de M. Decazes à quinze préfets. Mise en état de siége du département de l'Isère; arrêtés publiés par le général et par le préfet. Formation d'une commission militaire et d'un conseil de guerre; réunion de ce conseil; il prononce vingt et une condamnations à mort. Recours en grâce en faveur de huit condamnés; quatorze sont passés par les armes. Délibération du conseil des ministres sur les demandes en grâce; elles sont rejetées; nouvelle dépêche télégraphique; nouvelle exécution de huit condamnés. — Recherches à Paris à l'occasion de ces événements; destitution du colonel Clouet, du préfet Séguier et du procureur général Morgan de Belloi; arrestation du général Thiard. — Fuite de Didier en Savoie avec trois autres insurgés; il est livré. Sa comparution devant la cour prévôtale et sa condamnation; ses dernières paroles; son exécution. — Le duc d'Orléans, les généraux Donnadieu et de Vautré; M. Decazes. — Annonce de la découverte d'une nouvelle conspiration.. 215

CHAPITRE VI

Procès et jugement des *patriotes* de 1816; exécution de Plaignier, Carbonneau et Tolleron. — Affaire Perlet et Fauche-Borel; MM. Pasquier et de Talleyrand. — Procès de l'amiral Duran de Linois et du colonel Boyer de Peireleau; condamnation à mort de ce dernier. Procès et condamnation à mort des généraux Debelle et Travot. Comparution, devant le conseil de guerre de Paris, des généraux Drouot et Cambronne. Procès et exécution du général Chartran. Condamnation du général Bonnaire; exécution de son aide de camp Mietton. Procès et exécution du général Mouton-Duvernet. Condamnations prononcées contre les généraux Lefebvre-Desnouettes, Rigaud, Gilly, Gruyer, Radet, Drouet-D'Erlon, Lallemand aîné, Lallemand jeune, Clausel, Brayer et Ameilh. Lettre du général Clausel. — Le duc de Feltre. — Mariage du duc de Berri. Création de maréchaux; serment qui leur est imposé. Le maréchal Soult. — Jugements et exécutions au Lude (Sarthe), à Montpellier et à Nîmes. — Procès en police correctionnelle. — Le préfet, la cour d'assises et la cour prévôtale de Carcassonne; procès et exécutions. — Les juges de 1815 et de 1816; MM. Guizot, Pasquier et Dupont (de l'Eure). — M. Decazes forme le projet de dissoudre la Chambre; causes et progrès de sa faveur auprès de Louis XVIII; sa position vis-à-vis du comte d'Artois et du parti royaliste; ses efforts pour obtenir le consentement de MM. de Richelieu et Lainé à la dissolution; intervention de MM. Molé, Pasquier et de Barante. Ovations faites à quelques députés royalistes dans le Midi. Hésitations de Louis XVIII; lettre d'Alexandre. — *Ordonnance du 5 septembre*. — Irritation du parti royaliste; brochure et protestation de M. de Chateaubriand; sa destitution. — Élections générales. — Ouverture de la session de 1816-1817; discours du roi.. 299

CHAPITRE VII

Session de 1816-1817. — Vérifications de pouvoirs; pétition de la demoiselle Robert. — Loi des élections du 5 février; exposé de motifs par M. Lainé; discussion de la loi dans les deux Chambres; son adoption. — Loi sur la suspension de la liberté individuelle. Prolongation de la suspension de la liberté de la presse. — Budget; sa discussion à la Chambre des députés; réclamations pour la restitution de tous les biens de l'État à l'ordre de Malte et au clergé; économies proposées par M. de Villèle; adoption de la loi. Discussion à la Chambre des pairs. — *État politique et moral de la France* : le juge de paix de Richelieu; arrestations et condamnation pour une médaille; procès de presse; condamnations capitales pour cause politique et exécutions à Alençon, à Bordeaux, à Melun et à Paris. — *Disette* : ses causes, ses progrès; troubles dans les départements; condamnations à mort et exécutions à Sens et à Montargis; amnistie. — *Affaires de Lyon* : faits antérieurs au mois de juin ; provocations de police et bruits de complots; journée du 8 juin; soulèvement de neuf communes, cinq cents arrestations sont opérées; cent cinquante-cinq accusés comparaissent devant la cour prévôtale; cette cour prononce cent vingt-deux condamnations, dont vingt-huit à la peine capitale; exécutions à Lyon et dans six communes rurales; nouveaux bruits de conspiration; nouvelles arrestations; terreur dans le département du Rhône. Mission donnée à Marmont; son arrivée à Lyon; ses découvertes; réparations ordonnées par le gouvernement. — Modification ministérielle : le maréchal

Gouvion-Saint-Cyr, MM. Pasquier et Molé, remplacent le duc de Feltre et MM. Dambray et Dubouchage. — Élections : apparition de nouveaux candidats ; les *indépendants*; résultats du renouvellement du premier cinquième de la Chambre des députés. — Ouverture de la session.. 389

CHAPITRE VIII

Session de 1817-1818. — État de l'*armée*; loi pour son recrutement et sur l'avancement des officiers ; législation antérieure ; discussion à la Chambre des députés, qui adopte la loi ; discussion de cette loi à la Chambre des pairs ; son adoption. Projet de loi sur la liberté de la presse ; exposé de motifs de M. Pasquier ; discussion à la Chambre des députés ; les *doctrinaires*; cette Chambre adopte le projet de loi ; la Chambre des pairs la repousse. Nouveau *concordat*; ses dispositions ; il est momentanément abandonné. Liquidation des *créances étrangères*; leur total ; offre de M. de Richelieu aux puissances ; lettre d'Alexandre au duc de Wellington ; création d'une commission spéciale à Paris ; transaction ; traité. Vote du budget ; les Suisses. Clôture de la session. — Suppression des cours prévôtales ; les journaux ; les recueils semi-périodiques ; poursuites ; condamnation de la *Bibliothèque historique*; texte du jugement. Différents procès de presse. — M. Decazes et le maréchal Gouvion-Saint-Cyr. Réorganisation de l'armée. — Préliminaires pour la libération du territoire ; *conférences d'Aix-la-Chapelle*; traité de libération. Voyage de l'empereur de Russie et du roi de Prusse à Paris. Mécontentement du parti royaliste ; complot dit du *bord de l'eau*; envoi à Alexandre du Mémoire connu sous le nom de *Note secrète*; historique de cette note ; elle ne produit d'abord aucun effet. — Approche des élections de la seconde série ; efforts des différents partis ; comité royaliste ; suppression de l'administration de la garde nationale et destitution du comte d'Artois ; comité des *indépendants*; réunion des colléges électoraux ; résultat ; inquiétudes causées à Aix-la-Chapelle par les nouvelles nominations. M. de Richelieu prend l'engagement de changer la loi électorale. — Nouveau traité de quadruple alliance contre la France. — Retour de M. de Richelieu à Paris ; craintes de M. Decazes ; première réunion du cabinet ; M. Decazes offre sa démission ; M. Lainé veut également donner la sienne ; tous deux consentent à rester. — Retraite de M. Corvetto et ses causes ; ce ministre est remplacé par M. Roy. — Ouverture de la session ; discours de Louis XVIII ; réunions de cabinet ; les ministres ne peuvent s'entendre ; ils se rendent devant le roi ; mot de ce dernier. — Ouvertures faites par M. de Richelieu aux ultra-royalistes des deux Chambres. Crise ministérielle ; ses incidents ; sa durée : tous les ministres donnent leur démission. — M. de Richelieu est chargé de former un nouveau cabinet ; sa lettre à Louis XVIII ; il échoue ; M. Decazes reçoit la même mission ; formation d'un nouveau ministère. Le général Dessolle, MM. de Serre, Louis et Portal, remplacent le duc de Richelieu, MM. Pasquier, Roy et Molé. — Inquiétudes publiques ; agitation dans le Midi... 453

FIN DE LA TABLE DES CHAPITRES.

PARIS. — IMP. SIMON RAÇON ET COMP., RUE D'ERFURTH, 1.

www.ingramcontent.com/pod-product-compliance
Lightning Source LLC
Chambersburg PA
CBHW051356230426
43669CB00011B/1667